Barcelona

„Hat man sich erst einmal zum Reisen entschlossen, ist das Wichtigste auch schon geschafft.

Also, los geht's!"

TONY WHEELER, GRÜNDER VON LONELY PLANET

Regis St. Louis,
Anna Kaminski, Vesna Maric

Inhalt

Reiseplanung 4

Barcelona erkunden 62

Barcelona verstehen 235

Praktische Informationen 271

Cityatlas 302

DIEGO LEZAMA / LONELY PLANET IMAGES ©

NEIL SETCHFIELD / LONELY PLANET IMAGES ©

Links: **Meeresfrüchte S. 133** In Barcelona locken jede Menge Fischrestaurants

Oben: **Palau de la Música Catalana S. 108**

Rechts: ***Sardana* S. 134** Volkstanz vor der Kathedrale

GUILLEM LOPEZ / ALAMY ©

Gràcia & Park Güell (S. 164)

Camp Nou, Pedralbes & Zona Alta (S. 176)

Barceloneta & die Uferpromenade (S. 119)

Sagrada Família & Eixample (S. 136)

La Ribera (S. 103)

La Rambla & Barri Gòtic (S. 66)

El Raval (S. 89)

Montjuïc (S. 189)

Willkommen in Barcelona

Die Stadt am Mittelmeer bietet nicht nur Kultur und fabelhafte Architektur im Überfluss, sondern auch eine erstklassige Kneipen- und Restaurantszene.

Architektur aller Epochen

Die Architekturjuwele Barcelonas umspannen mehr als 2000 Jahre. Hohe Tempelsäulen, uralte Stadtmauern und unterirdische Steingänge eröffnen ein Fenster ins römische Barcino. Bei einem Spaziergang durch das schattige Gotische Viertel, vorbei an stillen Plätzen und gewaltigen Kirchen aus dem 14. Jh., findet man sich im Mittelalter wieder. In anderen Teilen der Stadt erblühen die einzigartigen Meisterwerke des Modernisme, die genialen phantastischen Schöpfungen von Gaudí und seinen katalanischen Zeitgenossen, für die die Stadt so berühmt ist. Schon seit Langem inspiriert Barcelona außerdem Künstler – man denke nur an Salvador Dalí, Pablo Picasso und Joan Miró, deren Werke in den zahlreichen Museen der Stadt zu finden sind.

Ein Fest für den Gaumen

Große Kunst ist in Barcelona nicht nur in Museen zu finden. Starköche wie Ferran Adrià und Carles Abellán sind Teil einer langen Tradition katalanischer Kochkunst. Einfache, geschmacksintensive Zutaten – Olivenöl, *jamòn,* Meeresfrüchte – werden in erstaunliche Köstlichkeiten verwandelt, die in umwerfendem Ambiente serviert werden, etwa draußen am Meer oder in einem Jugendstil-Speisesaal aus den 1920er-Jahren.

Unter der iberischen Sonne

Die sonnigen Strände des tiefblauen Mittelmeers laden zum Joggen, Radfahren und Spazierengehen ein – natürlich gefolgt von einem erfrischenden Bad. Oder man genießt bei einer Kajaktour, beim Windsurfen oder einer gemütlichen Bootsfahrt zum Sonnenuntergang den Blick vom Meer. Hinter der Stadt bieten sich die bewaldeten Collserola-Berge zum Wandern und Mountainbikefahren an. Näher beim Zentrum verlockt der Hausberg Montjuïc mit seinen wunderschönen Gärten, einer alten Burg, erstklassigen Museen und grandiosen Ausblicken zu ausgedehnten Erkundungstouren.

24 Stunden Party

Die Nacht hält in Barcelona unendliche Möglichkeiten parat. Los geht's mit einem Sonnenuntergangsdrink auf einer Bergterrasse oder in einem *chiringuito* am Strand. Ist es dann dunkel, verzaubert Musik die Stadt: die schnellen Rhythmen des Flamenco, kehliger Jazz, der aus Kellern heraufklingt, und Indie-Rock in alten Konzertsälen. Gegen Mitternacht füllen sich die Kneipen – altmodische Tavernen mit Wandbildern aus dem 19. Jh., edle Lounges in mittelalterlichen Gemäuern oder festliche Cava-Bars. Wer um 3 Uhr noch unterwegs ist, kann in den Clubs die schamlos wilde Seite der Stadt erkunden.

Warum ich Barcelona so liebe

Von Regis St. Louis, Hauptautor

Ich liebe das Meer; am frühen Morgen am Mittelmeer entlangzujoggen ist meine liebste Art, den Tag zu beginnen. Außerdem bin ich ein kleiner Geschichtsfreak und genieße es, durch das Gotische Viertel zu streifen und an all die Leute zu denken, die im Lauf der Jahrhunderte auch hier unterwegs waren. Dazu kommen die erstklassigen Tapasbars, der gute Wein, die hervorragenden, ausgedehnten Mittagsmahlzeiten. Und dann gibt's noch den schöpferischen Reichtum Kataloniens und die wunderbaren Ausflugsziele in der Nähe. Das alles zusammen ergibt eine der faszinierendsten Städte der Welt.

Mehr Infos über unsere Autoren gibt's auf S. 291.

Die Casa Batlló von Antoni Gaudí

Barcelonas Top 10

JOSE FUSTE RAGA / CORBIS ©

La Rambla *(S. 68)*

1 Sicher ist das der touristischste Teil der Stadt. Aber man kann nicht nach Barcelona kommen und nicht über den berühmten 1,2 km langen Fußgängerboulevard zum Meer hinunter flanieren. Es ist ein Fest für die Sinne, mit all den Menschen in den Straßencafés, den duftenden Blumenständen, einem oft übersehenen Mosaik von Miró und den ziemlich surrealen lebenden Statuen. Gesäumt ist die Straße von wichtigen Sehenswürdigkeiten wie dem eleganten Gran Teatre del Liceu, dem großen Mercat de la Boqueria und mehreren bedeutenden Galerien.

La Rambla & Barri Gòtic

La Sagrada Família *(S. 138)*

2 Das Meisterwerk des Modernisme, eines der Wahrzeichen der Stadt, ist auch 80 Jahre nach dem Tod seines Schöpfers Antoni Gaudí noch nicht fertig. Die phantastisch anmutende und von der Neugotik kaum gebändigte Kirche erhebt sich in spielerischer Majestät gen Himmel. Wer durch die Portale tritt, fühlt sich wie in einer Märchenwelt, in der sich Säulenwälder zur Decke hin verzweigen und Licht durch brillante Buntglasfenster schimmert. Mit ihrem Übermaß an schön gearbeiteten Details und ihrer umfassenden Symbolik lädt die Basilika zu stundenlangem Verweilen ein.

Sagrada Família & Eixample

2

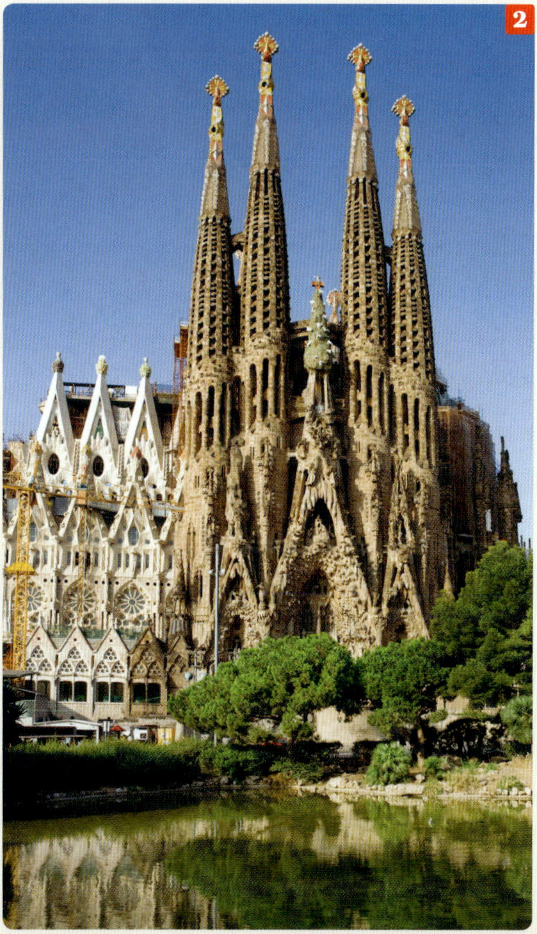

3
Periódico
SPORT
unicef
31

Camp Nou *(S. 178)*

3 Für Fußballfans gibt's fast nichts Größeres als den Besuch eines Spiels des FC Barcelona in dessen riesigem Stadion. Dank der treuen Fans und einer ungeheuer guten Mannschaft hat der Camp Nou immer etwas zu bieten. Auch wer's nicht zu einem Spiel schafft: Ein Besuch lohnt sich trotzdem. Die „Camp Nou Experience" umfasst ein interaktives Museum und eine Stadiontour, die durch die Umkleidekabinen und aufs Spielfeld führt – für viele Katalanen heiliges Gelände.

Camp Nou, Pedralbes & Zona Alta

Mercat de la Boqueria *(S. 90)*

4 Dieser Tempel der Versuchung ist einer der größten ständigen Lebensmittelmärkte Europas. Restaurantköche, Hausfrauen, Büroangestellte und Touristen bummeln inmitten des scheinbar endlosen Angebots an frischem Obst und Gemüse, glitzerndem Fisch, Rauchfleisch, aromatischem Käse, Oliven und eingelegten Paprikaschoten sowie Pralinen und anderem Naschkram. Hinten serviert eine Handvoll beliebter Tapasbars köstliche Kleinigkeiten. Hier gibt's immer eine Warteschlange, aber das Warten lohnt sich!

El Raval

La Pedrera *(S. 143)*

5 Erstaunliche architektonische Werke prägen das Viertel Eixample („die Erweiterung"), in dem im späten 19. und frühen 20. Jh. einige der schönsten Gebäude Spaniens entstanden. La Pedrera ist eines von mehreren Gaudí-Meisterwerken am prächtigen Passeig de Gràcia. Hier findet man die klassischen Gaudí-Schnörkel: eine wellige felsartige Fassade, wild geformte schmiedeeiserne Balkone und tiefe parabolische Bögen. Oben auf dem Dach, wo manchmal Sommerkonzerte stattfinden, kann man zwischen den viel fotografierten Schornsteinen herumklettern, die wie Wachen auf die Stadt blicken.

Sagrada Família & Eixample

Fundació Joan Miró (S. 196)

6 Picasso wurde in Málaga geboren, Dalí stammte aus Figueres, aber der surrealistische Visionär Joan Miró war ein echter *barcelonin*. Als revolutionärer Künstler und stolzer Katalane hinterließ Miró der Stadt ein stattliches Erbe. Die Fundació Joan Miró umfasst zahlreiche Werke aus seiner langen Karriere. Filmmaterial mit Miró und Werke seiner Zeitgenossen lassen ein aufschlussreiches Bild des Künstlers und seiner Zeit entstehen. Die geräumige Galerie befindet sich oberhalb der Stadt auf dem Montjuïc und ist von Skulpturengärten flankiert.

Montjuïc

Museu Picasso (S. 104)

7 Das Museu Picasso beeindruckt mit der vielleicht besten Sammlung von Frühwerken des Meisters. Picasso lebte im Alter von 15 bis 23 Jahren in Barcelona und die Stadt hatte ohne Zweifel Einfluss auf sein Schaffen, von den dramatischen Fresken im Museu Nacional d'Art de Catalunya bis zu den phantasievollen Mosaiken im *trencadís*-Stil – präkubistisch, sagen einige – von Gaudí. Reizvoll ist auch die Lage des Museums in fünf aneinandergrenzenden mittelalterlichen Häusern.

La Ribera

6

Església de Santa Maria del Mar *(S. 106)*

8 Die 1384 geweihte Kirche der Heiligen Maria des Meeres ist eines der reinsten Beispiele katalanischer Gotik, großzügig breit und frei von den Spielereien, die gotische Kirchen sonst zum Teil aufweisen. Sie wurde in nur 59 Jahren errichtet (also in der Hälfte der Zeit, die für die Sagrada Família benötigt wird); die Steine wurden mühevoll von einem Steinbruch auf dem Montjuïc herbeigeschafft. Die Kirche ist bemerkenswert wegen ihrer architektonischen Harmonie und weil sie während des Bürgerkriegs ein elf Tage andauerndes verheerendes Feuer überstand. Hier finden regelmäßig Konzerte und Lesungen statt.

La Ribera

Museu Nacional d'Art de Catalunya *(S. 191)*

9 Für viele Katalanen ist Katalonien nicht ein Teil Spaniens, sondern eine eigene Nation mit einer stolzen Geschichte. Das Museu Nacional d'Art de Catalunya im stattlichen Palau Nacional auf dem Montjuïc untermauert diese Sichtweise mit einer eindrucksvollen Sammlung aus 1000 Jahren katalanischer Kunst. Die romanischen Fresken, Altarbilder und Schnitzereien – gerettet aus verfallenden Kirchen in den Pyrenäen – sind wahrhaft atemberaubend. Die Sammlung an gotischer Kunst bildet eine glänzende Ergänzung zum Barri Gòtic (Gotisches Viertel) unten in der Stadt.

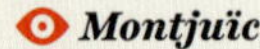

Montjuïc

Kathedrale *(S. 71)*

10 Das Meisterwerk der katalanischen Gotik ist zu Recht eines der ersten Ziele eines Besuchs in der Ciutat Vella (Altstadt). Staunend bummeln Besucher durch das schattige Innere mit einem Dutzend gut verborgener Kapellen, einer unheimlichen Krypta und einem merkwürdigen gartenähnlichen Kreuzgang, in dem 13 Gänse zu Hause sind (die in der Legende der hl. Eulalia, einer der Schutzheiligen der Stadt, eine wichtige Rolle spielen). Draußen gibt's immer Unterhaltung, vom Sardana-Tanz am Wochenende bis zu Prozessionen und Märkten, und auch Straßenmusiker sind nie weit entfernt.

La Rambla & Barri Gòtic

BALUARD

FACTORIA BALUARD S.L.

c/ Baluard 38 08003 Barcelona

NIF: **B64149065**

Tel: **932211208**

Fra. Simple: T3-0-IR226 Data: 02/04/2015
Hora: 16:24:12 Venedor: GLORIA

QuanDescrip	Preu	Import
1.00 BAGUETTE BIOLÒGIC	1.55	1.55
2.00 CROISSANT MANTEG	1.00	2.00

%	Base Imp.	Iva%	Imp. Iva	Total
	1,49	4,00	0,06	1,55
	1,82	10,00	0,18	2,00

EFECTIU TOTAL: 3,55
Mostrador

IVA INCLOS

Gracies per la seva visita

Was gibt's Neues?

Tickets – ein neues Adrià-Abenteuer

Wer es nicht zum El Bulli schafft - nicht verzweifeln: Die Brüder Adrià haben das Tickets eröffnet, ein neues Restaurant, das verspricht, ihrem Schöpfergeist treu zu sein und Geschmacksnerven zu verzaubern - falls man einen Tisch bekommt! Gebucht werden kann nur im Internet, zwei Monate im Voraus. Wenn's geklappt hat, kann man sich hier kunstvolle Speisen schmecken lassen. (S. 202)

Wiedereröffnung des Palau Güell

Nach fast zwei Jahrzehnten wurde 2011 der spektakuläre Palau Güell wiedereröffnet. Gaudís frühes Projekt zeugt von seinem innovativen Genie. (S. 95)

Filmoteca de Catalunya

Ist dieses Projekt der Auslöser für die endgültige Aufwertung von El Raval? Die Filmoteca de Catalunya öffnete im Februar 2012 die Pforten und möchte als kultureller Schmelztiegel dienen. (S. 94)

Einheimische treffen

Airbnb (www.airbnb.com) bietet eine phantastische neue Möglichkeit, günstige Unterkünfte zu finden. Man mietet ein Zimmer im Haus eines *barcelonin* oder eine komplette Wohnung. (S. 221)

Japanische Küche

Überall in der Stadt eröffnen tolle Restaurants, so etwa der Sushi-Hotspot Koy Shunka und das Can Kenji im *izakaya*-Stil mit leckere Fusionsküche. (S. 80, S. 150)

Las Arenas

Die Stierkampfarena an der geschäftigen Plaça d'Espanya wurde von Richard Rogers in ein fünfstöckiges Einkaufszentrum umgebaut. Die Ausblicke vom Dach sind spektakulär.

Museu Marítim

Das wunderbare Museu Marítim soll 2013 vollständig wiedereröffnet werden, mit einer nachgebauten Galeere und interaktiven Ausstellungen zur Seefahrt, die Erwachsene wie Kinder ansprechen. (S. 121)

MIBA (Museu d'Idees i Invents de Barcelona)

Das vergnügliche und lehrreiche Museum mit originellen interaktiven Exponaten wurde 2011 mitten im Barri Gòtic eröffnet. (S. 75)

Disseny Hub

Es hat ein paar Jahre gedauert, aber im Sommer 2013 soll an der Plaça de les Glòries das atemberaubende neue Gebäude des Disseny Hub, ein Ausstellungsraum für Design, eröffnen. (S. 109)

El Paral.lel

Ein Viertel, das früher für seine zwielichtigen Vergnügungen bekannt war, wird durch einige Varietés und trendige Bars wiederbelebt.

Behindertengerechtes Barcelona

Barcelona ist stolz auf seine Bemühungen, die Stadt für Menschen mit Behinderungen zugänglicher zu machen. Die Metro, die Strände von Barceloneta, eine Reihe von Hotels und die meisten Museen sind besonders darauf eingestellt. (S. 279)

Noch mehr aktuelle Tipps und Empfehlungen gibt's auf:
lonelyplanet.com/barcelona

Gut zu wissen

Währung

Euro (€)

Sprache

Spanisch und Katalanisch

Einreise

EU-Bürger und Schweizer können mit ihrem Personalausweis oder Reisepass einreisen und unbegrenzt bleiben.

Geld

Geldautomaten sind weit verbreitet, z. B. an der Rambla. Die meisten Hotels, Geschäfte und Restaurants nehmen Kreditkarten.

Handy

In entsperrte Handys können spanische SIM-Karten eingesetzt werden. Ansonsten nutzt man das Roaming.

Zeit

Mitteleuropäische Zeit.

Touristeninformation

Die Oficina d'Informació de Turisme de Barcelona (☎93 285 38 34; www.barcelonaturisme.com; Plaça de Catalunya 17-S; 🕗8.30–20.30 Uhr; Ⓜ Catalunya) bietet Karten, Infos über Sehenswertes, Last-Minute-Unterkünfte und Tickets für Touren, Konzerte und Events.

Tagesbudget

Mit diesen durchschnittlichen Kosten pro Tag muss man rechnen:

Budget unter 50 €

- Dormbetten 15–25 €
- Mittagsteller ab 9 €
- Sonntags kostenloser Eintritt zu Museen

Mittelklasse 50–200 €

- Standard-Doppelzimmer 80–120 €
- 2-Gänge-Abendessen mit Wein für 2 Pers. 50 €
- Geführte Rundgänge und Touren 15–25 €

Gehoben über 200 €

- Boutique- und Luxushotels ab 200 €
- Mehrgängige Mahlzeit in Spitzenrestaurants pro Person 80 €
- Konzertkarten für den Palau de la Música Catalana ca. 50 €

Vor der Reise

Drei Monate Tisch im Spitzenrestaurant reservieren. Karten für wichtige Fußballspiele besorgen.

Ein Monat Theater- und Konzertbesprechungen durchschauen und Karten kaufen.

Eine Woche Veranstaltungskalender für Konzerte, Ausstellungen usw. durchsehen. Wellnessbehandlungen und organisierte Touren buchen.

Ein paar Tage Den Wetterbericht checken.

Websites

- **Lonely Planet** (www.lonelyplanet.com/spain/barcelona) Infos, Hotelbuchung, Travellerforum und mehr.
- **Barcelona** (www.bcn.cat/en) Offizielle Seite der Stadt mit jeder Menge Links.
- **Barcelona Turisme** (www.barcelonaturisme.com) Offizielle Tourismusseite der Stadt.
- **Le Cool** (lecool.com) Kostenloser wöchentlicher Führer zu Veranstaltungen in Barcelona und anderen Städten.

REISEZEIT

Hauptreisezeit ist der heiße Sommer; in der Stadt und an den Stränden ist es voll. Angenehmes Wetter herrscht am Ende des Frühjahrs (Mai); zum Baden ist es dann aber zu kalt.

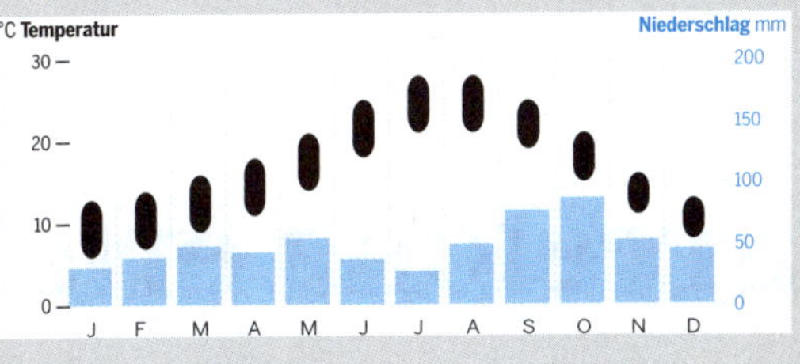

Ankunft in Barcelona

Flughafen El Prat Von 6 bis 1 Uhr fahren regelmäßig Busse in die Stadt (35 Min., 5,65 €). Ein Taxi kostet ca. 25 €.

Estació Sants Fernzüge kommen an diesem großen Bahnhof in Zentrumsnähe an; von hier fährt die Metro in andere Stadtteile.

Estació del Nord Der Busbahnhof für Überlandbusse liegt im Eixample, ca. 1,5 km nordöstlich der Plaça de Catalunya, in der Nähe mehrerer U-Bahnhöfe.

Mehr zum Thema **Anreise** S. 277

Unterwegs vor Ort

➡ **U-Bahn** Das praktischste Verkehrsmittel. Fährt sonntags bis donnerstags von 5 bis 24 Uhr, freitags bis 2 Uhr und samstags rund um die Uhr. Am günstigsten sind **Targetas T-10** (Zehnerkarten): Sie kosten 9,25 €, eine Einzelfahrt 2 €.

➡ **Bus** Praktisch für Leute, die die Highlights an ein oder zwei Tagen sehen möchten, ist der Bus Turístic (S. 31) ab der Plaça de Catalunya.

➡ **Zu Fuß** Für die Altstadt braucht man nur ein Paar gute Schuhe.

Mehr zum Thema **Unterwegs vor Ort** S. 274

Schlafen

Barcelona bietet verschiedenste Unterkünfte, von billigen Altstadthostels bis zu Luxushotels am Wasser. Preisgünstig sind kleine Wohnungen, die es in der gesamten Stadt gibt. Ein Mittelklasse-Doppelzimmer kostet gewöhnlich 80 bis 120 € pro Nacht. Auf jeden Fall sollte man lange im Voraus reservieren. Wer zu Weihnachten, Neujahr, Ostern oder im Sommer unterwegs ist, sollte drei bis vier Monate im Voraus ein Zimmer buchen.

Websites

➡ **Airbnb** (www.airbnb.com) Globales Netz mit Hunderten von Zimmern und Wohnungen in Barcelona.

➡ **Oh-Barcelona** (www.oh-barcelona.com) Preisgünstige Hotels, Hostels und auch Wohnungen.

➡ **Barcelona 30** (www.barcelona30.com) Budget-Unterkünfte.

Mehr zum Thema **Schlafen** S. 221

WAS MITNEHMEN?

➡ Robuste Schuhe für Kopfsteinpflastergassen.

➡ Appetit auf Meeresfrüchte, Durst auf Cava (katalanischen Sekt) und Lust auf spätes Essen.

➡ Sonnenbrille, Sonnencreme und Kopfbedeckung gegen die Mittelmeersonne.

➡ Einen in Barcelona spielenden Roman z. B. von Manuel Vázquez Montalbán oder Carlos Ruiz Zafón.

➡ Schwimmsachen zum Baden im Meer.

➡ Regenjacke oder -schirm, besonders in den feuchteren Monaten April und November.

Barcelona erleben

1. Tag

La Rambla & Barri Gòtic (S. 66)

Den Vormittag des ersten Tags verbringt man mit der Erkundung der engen mittelalterlichen Gassen des Barri Gòtic, inklusive der **Kathedrale** mit ihren Gänsen im Klosterhof und den malerischen Plätzen **Plaça de Sant Josep Oriol** und **Plaça Reial**. Von den Wurzeln der Stadt erzählt das faszinierende **Museu d'Història de Barcelona**. Vor dem Mittagessen bietet sich ein Bummel über die Rambla an.

Mittagessen Im Can Culleretes (S. 80) mit katalanischer Küche.

La Ribera (S. 103)

Nachmittags geht's hinüber nach La Ribera mit Architekturjuwelen wie der majestätischen **Església de Santa Maria del Mar**. Im wunderbar auf mehrere mittelalterliche Häuser verteilten **Museu Picasso** lässt sich das Frühwerk eines der größten Künstler des 20. Jhs. bestaunen.

Abendessen Meeresfrüchte satt serviert El Passadís del Pep (S. 114).

La Ribera (S. 103)

Vor dem in Spanien üblichen späten Abendessen schaut man sich eine Vorstellung im **Palau de la Música Catalana** an, einem der wunderbaren Meisterwerke des Modernisme in Barcelona. Ausklingen kann der Abend mit einem Drink im **El Xampanyet**.

2. Tag

Eixample (S. 136)

Am zweiten Tag geht's morgens zur **Sagrada Família**, Gaudís Meisterwerk, an dem immer noch gebaut wird. Hier lohnt sich die Investition in eine Führung oder einen Audioguide, damit man das berühmteste Wahrzeichen der Stadt besser versteht.

Mittagessen Tapaç 24 (S. 150) bietet Gourmet-Tapas von Carles Abellán.

Eixample (S. 136)

Nach dem Mittagessen bummelt man über den **Passeig de Gràcia** im Eixample und schaut sich weitere tolle Gebäude des Modernisme an. Die drei berühmtesten Bauten bilden zusammen **La Manzana de la Discordia**. Danach empfiehlt sich ein Besuch in einem von Gaudís Hausmuseen in derselben Straße, entweder der **Casa Batlló** oder **La Pedrera** weiter die Straße hinunter.

Abendessen Kulinarischer Zauber im Alkímia (S. 150) im Eixample.

Eixample (S. 136)

Der Eixample wartet mit der größten Ansammlung preisgekrönter Restaurants in Barcelona auf. Ein unvergleichliches kulinarisches Erlebnis bietet Jordi Vilàs hoch gepriesenes **Alkímia**, wo man sich an kreativer katalanischer Küche erfreuen kann, zu der erstklassige spanische Weine gereicht werden. Danach genehmigt man sich einen Drink im edlen **Les Gens Que J'Aime**, um dann im **City Hall** die Kalorien wegzutanzen.

3. Tag

Barceloneta & die Uferpromenade (S. 119)

Am dritten Tag in Barcelona ist es Zeit fürs Mittelmeer. Am besten beginnt man den Tag mit einem Lauf oder einer Radtour am Meer entlang, von Barceloneta zum Parc del Forum; Restaurants und Cafés am Strand laden zu Verschnaufpausen ein.

Mittagessen Köstliche *suquets* (Fischeintöpfe) im Can Majó (S. 125).

Barceloneta & die Uferpromenade (S. 119)

Mittags sollten Meeresfrüchte auf dem Speiseplan stehen. Dafür bieten sich in Barceloneta unzählige Möglichkeiten, wer jedoch zum Essen einen schönen Ausblick genießen möchte, steuert das **Can Majó** an und sucht sich einen Tisch im Freien. Danach schlendert man zum **Museu d'Història de Catalunya**, um sich auf einen interaktiven Streifzug durch die katalanische Geschichte zu begeben.

Abendessen Das Vaso de Oro (S. 126) ist ein berühmtes Tapaslokal.

Barceloneta & die Uferpromenade (S. 119)

Auch abends bleibt man am Meer. Den Sonnenuntergang zelebriert man mit einem Drink in einer der *chiringuitos* (Strandbars). Dann genießt man im **Vaso de Oro** in Barceloneta Tapas oder – etwas nobler – ein Essen im **Torre d'Alta Mar**. Ausklingen lässt man den Abend hoch oben in der Bar **Eclipse** im **W Hotel**, von wo sich atemberaubende Ausblicke auf das Meer und die Stadt eröffnen.

4. Tag

Montjuïc (S. 189)

Der Tag beginnt mit einer schönen Seilbahnfahrt auf den Montjuïc, gefolgt von einem Spaziergang vorbei an Blumen- und Skulpturengärten zum **Museu Nacional d'Art de Catalunya** mit seinen wundervollen romanischen Fresken, lebendigen gotischen Gemälden und Werken spanischer Meister des 17. Jhs.

Mittagessen Das reizende O'Gràcia! (S. 170) serviert katalanische Küche.

Gràcia (S. 164)

Vom Monjuïc geht's mit der Metro nach Gràcia zu einem Bummel durch die reizenden dörflichen Straßen. Cafés, Buchläden und Boutiquen für Secondhandmode laden zum Verweilen und Stöbern ein. Nach Sonnenuntergang erwachen die Kneipen um die Plätze zum Leben.

Abendessen La Vinateria del Call (S. 80) liegt im zauberhaften El Call.

Camp Nou, Pedralbes und Zona Alta (S. 176)

Abends geht's zu einem Fußballspiel im **Camp Nou**, dem Heimstadion des FC Barcelona. Besonders hoch her geht es hier, wenn ein Spiel gegen den Erzrivalen Real Madrid auf dem Spielplan steht. Nach dem Spiel erkundet man im Barri Gòtic das muntere Nachtleben um die Plaça Reial und in den engen Gassen um die Plaça George Orwell.

Wie wär's mit ...

Märkte

Mercat de la Boqueria Einer der größten Lebensmittelmärkte Europas, mit Tapasbars. (S. 90)

Mercat de Sant Antoni Riesiger, meist nur von Einheimischen frequentierter Lebensmittelmarkt, sonntags mit Flohmarkt. (S. 43)

Mercat de Santa Caterina Großer Lebensmittelmarkt in La Ribera mit gewelltem, buntem Dach und archäologischen Zeugnissen des 15. Jhs. (S. 110)

Els Encants Vells Weitläufiger Flohmarkt mit jeder Menge Schätzen und Trödel am Rand des Eixample. (S. 160)

Mercadillo de la Plaça de Sant Josep Auf der Plaça de Sant Josep Oriol verkaufen einheimische Künstler am Wochenende ihre Arbeiten. (S. 75)

Port Antic Winziger Wochenend-Antiquitätenmarkt am Wasser, am Fuß der Rambla. (S. 130)

Feria de Artesanía del Palau de Mar Markt am Wasser, schön für Kunstgewerbe und Souvenirs. (S. 130)

Parks & Gärten

Parc de la Ciutadella Hübsche Anlage mit eindrucksvollen Brunnen, origineller Kunst, dem Parlament Kataloniens und einem Zoo. (S. 110)

Park Güell Grünes Wunderland mit schönen Ausblicken über die Stadt und surrealer Baukunst von Gaudí. (S. 166)

Jardí Botànic Einer der vielen üppigen Gärten auf dem Montjuïc, voller Mittelmeerflora und Pflanzen aus ähnlichen Klimazonen. (S. 200)

Der Club Moog (S. 100) in El Raval

Parc de la Creueta del Coll Beliebter Familienpark beim Park Güell mit Pool, Snackbar und Spazierwegen. (S. 180)

Parc de Collserola Großes Strauch- und Waldgebiet auf einem Hügel mit Mountainbike- und Joggingpfaden und erstklassigen Ausblicken. (S. 181)

Jardins del Laberint d'Horta Malerische Gärten außerhalb des Stadtzentrums mit künstlichem See und Wasserfällen und einem komplizierten Labyrinth. (S. 182)

Museen

Museu d'Història de Catalunya Interaktive Ausstellungen zu über 2000 Jahren katalanischer Geschichte: Römer, Araber, Feudalzeit, Spanischer Bürgerkrieg und die Zeit nach Franco. (S. 123)

Museu d'Història de Barcelona Ruinen des römischen Barcino und schöne Architektur der katalanischen Gotik im ehemaligen Königspalast. (S. 74)

Museu d'Art Contemporani de Barcelona Umfassende Sammlung von Kunst des 20. Jhs. in modernem Gebäude von Richard Meier. (S. 93)

Centre de Cultura Contemporània de Barcelona Ausgezeichnete Ausstellungen am Puls der Kunstszene – ein Muss für alle Kunstfreunde. (S. 94)

CosmoCaixa Ein vergnügliches Wissenschaftsmuseum, toll für Familien mit Kindern – besonders der Amazonas-Regenwald. (S. 183)

CaixaForum Kunstmuseum in einem von Puig i Cadafalch entworfenen Gebäude des Modernisme mit phantastischen (kostenlosen) Ausstellungen. (S. 197)

Dalí Bizarre und zum Nachdenken anregende Sammlung von Skulpturen und Zeichnungen des großen katalanischen Surrealisten. (S. 79)

Museu-Monestir de Pedralbes Friedvolles altes Kloster mit Kreuzgang aus dem 14. Jh. und sakraler Kunst. (S. 179)

Poble Espanyol Das kitschige Überbleibsel der Weltausstellung 1929 bietet einen Überblick über die verschiedenen Kulturen Spaniens. (S. 198)

Museu Blau Großes Naturkunde- und Wissenschaftsmuseum mit interaktiven Exponaten und riesiger Tiersammlung inklusive Dinosaurier. (S. 125)

Zeitgenössische Architektur

Torre Agbar Jean Nouvels auffallender gurkenförmiger Turm beherrscht die neue Hightech-Zone 22@. (S. 124)

Teatre Nacional de Catalunya Das Design des stattlichen Theaters ist eine perfekte Mischung aus antik griechisch und hypermodern. (S. 159)

El Fòrum Blaues, dreieckiges Gebäude von Herzog & de Meuron, das gleichermaßen organisch wie futuristisch anmutet. (S. 124)

Plaça de les Glories Catalanes Eines der jüngsten Stadterneuerungsprojekte mit neuem Museum, Wasserbecken und Grünanlage. (S. 260)

Las Arenas Faszinierender Umbau einer Stierkampfarena zu einem Einkaufszentrum, mit tollen Ausblicken von der Dachpromenade. (S. 260)

Nachtleben

Moog Kleiner, recht unversnobter Club im Zentrum, toll zum Tanzen. (S. 100)

Dietrich Gay Teatro Café Eines der besten Varietés der Stadt; Transvestitenshows. (S. 159)

Weitere Highlights:

➡ Werke des Modernisme (S. 32)

➡ Essen (S. 38)

➡ Ausgehen & Nachtleben (S. 46)

➡ Schwulen- & Lesbenszene (S. 50)

➡ Unterhaltung (S. 52)

➡ Shoppen (S. 54)

➡ Sport & Aktivitäten (S. 60)

Elephant Feiern mit den Promis in glamourösem Haus oben in der Zona Alta. (S. 185)

Tinta Roja Livemusik, Theater, Tanz und jede Menge Überraschungen in buntem Szeneladen. (S. 205)

Opium Mar Favorit unter den Clubs wegen seiner Lage am Meer, der Freiluftterrasse und dem pulsierenden Dancefloor. (S. 128)

Mirablau Das bekannte Mirablau am Fuß des Tibidabo bietet herrliche Ausblicke über die Stadt. (S. 184)

Harlem Jazz Club Verschiedenste Livemusik bis früh am Morgen in altmodischem Juwel im Barri Gòtic. (S. 85)

La Confitería Bar mit Wandbildern des Fin-de-Siècle in ehemaliger Konditorei. (S. 98)

Marula Cafè Kleiner Tanzladen im Barri Gòtic mit ausgeprägtem Hang zu Funk und Soul. (S. 83)

Haute Cuisine

Tickets Einen Tisch in Ferran Adriàs neuem Gourmettempel muss man weit im Voraus buchen. (S. 202)

Cal Pep Eines der berühmtesten Tapaslokale der Stadt, mit kreativen himmlischen Gerichten. (S. 114)

Torre d'Alta Mar Klassische Fischgerichte und spektakuläre Ausblicke auf die Uferpromenade. (S. 126)

Restaurant 7 Portes Elegantes Jugendstilrestaurant, berühmt für göttliche Paellas. (S. 126)

Cinc Sentits Raffinierte experimentelle mehrgängige Menüs, ausgezeichnet mit einem Michelin-Stern. (S. 153)

Pla Eines der besten Restaurants in der Ciutat Vella, mit toller Karte und mittelalterlichem Ambiente. (S. 80)

La Balsa Lohnt dank der katalanischen Küche mit kreativen Akzenten den Weg hinaus in die Zona Alta. (S. 184)

Alkímia Das originelle und schöne Restaurant sollte bei Gourmets ganz oben auf der Liste stehen. (S. 150)

Cafè de l'Acadèmia Elegantes Restaurant mit köstlicher katalanischer Küche; sehr preisgünstig sind die Mittagsmenüs. (S. 80)

Koy Shunka Ausgezeichnete japanische Gerichte. (S. 80)

Mode

La Manual Alpargatera Die Geburtsstätte der Espadrilles und einer der besten Orte weltweit, um sich ein Paar dieser typisch katalanischen Leinenschuhe zu besorgen. (S. 88)

L'Árca de l'Àvia Stimmungsvolles Geschäft mit außergewöhnlicher Sammlung edler Vintage-Mode, teils aus den 1920er-Jahren. (S. 86)

L'Illa Diagonal Eines der besten Einkaufszentren für Designermode – mit großartiger Gastronomie. (S. 57)

Antonio Miró Elegante Boutique mit Haute Couture von einem der besten Modeschöpfer Barcelonas. (S. 161)

Regia Seit 1928 bestehende Parfümerie mit eigenem Parfümmuseum. (S. 162)

Obach Schöner altmodischer Hutladen im Barri Gòtic. (S. 88)

Bagués Klasse Schmuck in der umwerfenden Casa Amatller. (S. 162)

FC Botiga Fanshop des FC Barcelona. (S. 187)

Schokolade

Museu de la Xocolata Ein Muss für alle Schokoladenjunkies. Mit Geschäft! (S. 111)

Cacao Sampaka Eine der besten Schokolaterien der Stadt mit Café, in dem man cremige *xocolata calenta* genießen kann. (S. 160)

Escribà Bekanntes Geschäft mit zwei Filialen; die Schöpfungen sind (fast) zu schön zum Vernaschen. (S. 155)

Xocoa Modernes Geschäft im Barri Gòtic mit Pralinen, Backwaren, Kaffee und mehr. (S. 87)

Hofmann Pastisseria Jede Menge Pralinen, Backwaren und andere Köstlichkeiten in einladendem Geschäft in La Ribera. (S. 117)

Foix de Sarrià Die ausgezeichnete Konditorei stellt schon seit den 1860er-Jahren die köstlichsten Schokoladentorten her. (S. 184)

Bubó Konditorei und Restaurant in La Ribera mit phantastischen Schöpfungen. (S. 115)

Geheimtipps

Museu Frederic Marès Das größte Kuriositätenkabinett der Stadt mit einer wilden Sammlung von sakralen Skulpturen, Architekturfragmenten und Alltagsgegenständen aus dem 19. und 20. Jh. (S. 73)

Observatori Fabra Ein Abendessen unterm Sternenhimmel in dieser Sternwarte in der Zona Alta. (S. 182)

El Rey de la Magia Hundert Jahre alter Laden für Zaubereibedarf – geheimnisvoll und fesselnd. (S. 118)

Transbordador Aeri Altmodische Seilbahn (mit modernen Kabeln) mit toller Aussicht. (S. 198)

Sinagoga Major Eine der ältesten Synagogen Europas; die geheimnisvolle Stätte lag jahrhundertelang verborgen. (S. 78)

Bosc de les Fades Wie eine Seite aus einem Märchen: Die Bar im Barri Gòtic ist ein zauberhafter Ort für einen Drink. (S. 83)

Herboristeria del Rei Seit 1823 bestehender Gewürz- und Kräuterladen. (S. 87)

Speakeasy Das renommierte Restaurant im Eixample versteckt sich hinter einer Cocktailbar. Für den Einlass ist kein Passwort erforderlich. (S. 152)

Barcelona Pipa Club Der versteckte Club oberhalb der Plaça Reial zieht seit Langem die Pfeifenraucher der Stadt an. (S. 84)

La Caseta del Migdia Freiluftbar mit tollem Blick inmitten der grünen Vegetation des Montjuïc. (S. 205)

Monat für Monat

TOP-EVENTS

Festes de Santa Eulàlia, Februar

Feria de Abril de Catalunya, April

Festival del Grec, Juni

Festa Major de Gràcia, August

Festes de la Mercè, September

Januar

Viele Bewohner Barcelonas zieht es zum Skifahren in die Pyrenäen, andere erholen sich zu Hause von den Feiertagen (die Schulferien dauern bis zum 8. Januar).

Reis/Reyes

Am 5. Januar, dem Tag vor *Epifanía* (Dreikönigstag), erfreuen sich die Kinder an der *Cavalcada dels Reis Mags* (Umzug der Heiligen Drei Könige), einem bunten Umzug mit Festwagen und Musik, bei dem Unmengen von Süßigkeiten in die Menge geworfen werden.

Festes dels Tres Tombs

Zusätzlich zu Livemusik und *gegants* (Pappmaschee-Riesen, die auf den Schultern getragen werden, gibt's beim Fest für Sant Antoni im Eixample beim Mercat de Sant Antoni am 17. Januar eine Pferdewagenparade.

Februar

Im kältesten (und scheinbar längsten) Monat kommen nur wenige Besucher in die Stadt. Dabei finden jetzt einige der größten und fröhlichsten Feste statt.

Carnestoltes/ Carnaval

Zum Karneval im Februar oder März gibt es allerlei bunte Festumzüge und Feierlichkeiten, bis das Ganze dann am Fastnachtsdienstag ausklingt. Die *Gran Rua* (Großer Umzug) findet am Samstagnachmittag um 17.30 Uhr statt. Erheblich wilder ist der Karneval in Sitges.

Festes de Santa Eulàlia

Dieses große einwöchige Winterfest um den 12. Februar herum ist der ersten Stadtheiligen gewidmet; es finden jede Menge Kulturevents statt, von Konzerten bis zu den Menschenpyramiden der *castellers*. Näheres auf www.bcn.cat/santaeulalia.

April

Der Frühling hält Einzug: Auf dem Land blühen die Wildblumen, es wird Ostern gefeiert und Schulkinder haben Ferien. Allerdings kann der Aprilregen die Stimmung trüben. Wer zu Ostern anreist, sollte weit im Voraus buchen.

Día de Sant Jordi

Am 23. April huldigt Katalonien seinem Schutzheiligen Sant Jordi (hl. Georg). Traditionell schenken die Männer den Frauen eine Rose und die Frauen den Männern ein Buch – auf der Rambla und der Plaça de Sant Jaume machen sich daher Bücher- und Blumenstände breit.

Feria de Abril de Catalunya

Bei diesem einwöchigen Fest ab Ende April im Parc del Fòrum mit Flamenco, Jahrmarkt und allerlei Essens- und Getränkeständen kommt Andalusien in die Stadt.

Mai

Mit seinen schönen Sonnentagen zählt der Mai zu den besten Zeiten für eine Reise nach Barcelona. Mit der Eröffnung der Strandbars wappnet die Stadt sich langsam für den Sommer.

L'Ou Com Balla

Zu Fronleichnam (Ende Mai oder Juni) sieht man auf blumengeschmückten Brunnen in der Stadt L'Ou com Balla (das tanzende Ei).

Festa de Sant Ponç

Zum Gedenken an den Schutzheiligen der Imker und Kräuterkundler verwandeln die Einheimischen den Carrer de l'Hospital in El Raval am 11. Mai in einen wimmelnden und lärmenden Marktplatz.

Primavera Sound

Drei Tage lang sind Ende Mai/Anfang Juni im Auditori Fòrum und an anderen Orten in der Stadt internationale DJs und Musiker zu Gast (www.primaverasound.com).

Festival de Flamenco de Ciutat Vella

Wer in Barcelona großartigen Flamenco erleben möchte, sollte dieses Festival aufsuchen: Das Programm im Centre de Cultura Contemporània de Barcelona (CCCB) konzentriert sich auf vier Tage.

Juni

Zu Beginn des Sommers steigen die Besucherzahlen stark an. Musikfestivals und Freiluftevents verleihen dem Juni eine festliche Stimmung.

Festival del Grec

Das Festival mit Musik, Tanz und Theater zieht sich fast durch den ganzen Sommer und durch alle Teile der Stadt. Aufführungsstätten sind u. a. das Teatre Grec auf dem Montjuïc, dem das Festival seinen Namen verdankt (www.barcelonafestival.com, auf Katalanisch).

La Revetlla de Sant Joan/Verbenas de Sant Joan

Am Abend vor dem Fest zu Ehren Johannes des Täufers am 24. Juni feiern die Einheimischen auf den Straßen oder bei sich zu Hause.

Pride Barcelona

Das Fest der Schwulengemeinde erstreckt sich Ende Juni über eine ganze Woche. Es gibt Konzerte und sonstige Kulturveranstaltungen und am letzten Sonntag des Monats die traditionelle Gay-Pride-Parade (www.pridebarcelona.org, auf Katalanisch).

Sónar

Sónar, gewöhnlich Mitte Juni, ist Barcelonas Festival der elektronischen Musik und gilt als das größte seiner Art in ganz Europa. Die Veranstaltungsorte ändern sich jedes Jahr (www.sonar.es).

Día de la Música

Am 21. Juni kommen unzählige Bands in Barcelona (und anderen Städten) zusammen, denn diese Nacht gehört der Indie-Musik – vor allem im Maremàgnum (www.diadelamusica.com, auf Spanisch).

August

Jetzt wird's heiß: Die *barcelonins* flüchten in Scharen aus der Stadt, dafür kommen massenweise Touristen. Eine tolle Zeit für einen Strandbesuch.

Festa Major de Gràcia

Bei dem einwöchigen Fest in Gràcia um den 15. August herum konkurrieren die Bewohner um den Preis der am aufwendigsten geschmückten Straße. Abertausende kommen zu Konzerten und versorgen sich an zahllosen Imbissständen mit Snacks und Drinks (www.festamajordegracia.org, auf Katalanisch).

Festa Major de Sants

Ein vergleichbares Ereignis findet um den 24. August herum auch in Sants statt (www.festamajordesants.net, auf Katalanisch).

Festes de Sant Roc

Mitte August wird die Plaça Nova im Barri Gòtic vier Tage lang zum Schauplatz farbenfroher Umzüge, *correfocs* (Feuerläufe), eines Markts, traditioneller Musik und von Zaubervorstellungen für Kinder.

September

Nach einem Monat Urlaub geht's zurück an die Arbeit. Der September bleibt warm und ermöglicht schöne Strandtage.

(Oben) *Castellers* (Menschenturmbauer) feiern die Festes de la Mercè auf der Plaça de Sant Jaume

(Unten) *Barcelonins* entzünden während der vorweihnachtlichen Fira de Santa Llúcia Kerzen

Diada Nacional de Catalunya

Am katalanischen Nationalfeiertag wird der Kapitulation Barcelonas vor den spanischen Bourbonen am 11. September 1714 gedacht.

Festes de la Mercè

Bei dem großen viertägigen Fest wird eine der Schutzheiligen der Stadt gefeiert, mit Sportveranstaltungen, kostenlosen Konzerten und jeder Menge Straßenkunst (www.bcn.cat/merce).

Mostra de Vins i Caves de Catalunya

Bei der viertägigen Weinmesse kann man Cava (katalanischen Sekt) verkosten. Sie läuft meist Ende September im Maremàgnum.

Festa Major de la Barceloneta

Das zweite große Fest dieses Monats wird ab dem 29. September eine Woche zu Ehren von Sant Miquel mit Tanz und Getränken gefeiert, vor allem am Strand.

Dezember

In der Vorweihnachtszeit ist Barcelona festlich geschmückt. Es sind nur wenige Besucher in der Stadt, zumindest bis Weihnachten – dann kommen wieder mehr Leute.

Fira de Santa Llúcia

Von Anfang Dezember bis Weihnachten werden auf dem Weihnachtsmarkt allerlei Weihnachtsgeschenke und -deko verkauft, u. a. der *caganer* (Scheißer), eine berüchtigte Figur des katalanischen Krippenspiels.

Reisen mit Kindern

Barcelona ist eine tolle Stadt für Kinder – hier sind sie bei vielem dabei, was anderswo Erwachsenen vorbehalten ist, wie späten Abendessen in Kneipen oder Restaurants. Babys genießen gewöhnlich die mediterrane Wärme und Kleinkinder dürfen sich über jede Menge Aufmerksamkeit freuen.

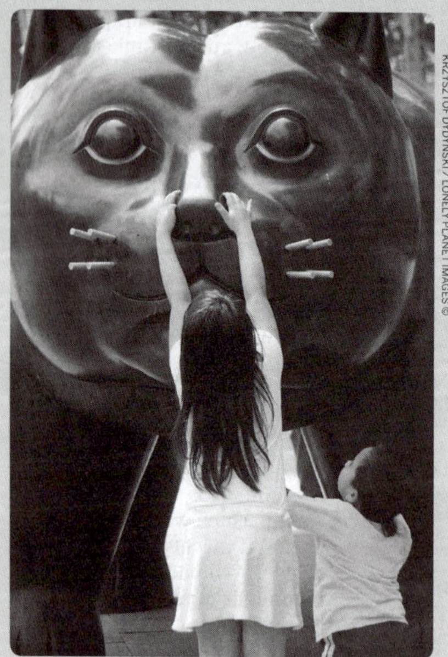

KRZYSZTOF DYDYNSKI / LONELY PLANET IMAGES ©

El Gat de Raval von Fernando Botero

Essen gehen mit Kindern

Barcelona ist wie Spanien überhaupt superfreundlich, was das Essengehen mit Kindern angeht. Die Einheimischen schleppen ihre Kinder zu jeder Tages- und Nachtzeit mit, sodass man nicht unbedingt einen Aufpasser braucht, wenn man abends essen oder etwas trinken gehen möchte. Die spanischen Kinder essen gewöhnlich dieselbe mediterrane Küche wie ihre Eltern, aber viele Restaurants haben auch Kinderkarten mit Burgern, Pizza, Nudeln mit Tomatensauce u. Ä. Gute Tapas für Kinder sind z. B. *tortilla de patatas* (Kartoffelomelett) oder *croquetas de jamón* (Kroketten mit Schinken).

Kinderfreundliche Lokale

La Nena (S. 170)

Das Café hat äußerst leckere Schokolade und anderen Naschkram und dazu eine Spielecke mit Spielzeug und Büchern.

Fastvínic (S. 152)

Toll für ein Mittagessen außerhalb der Stoßzeiten oder ein schnelles Abendessen; die Kinder können auf einer Glaswand malen.

Granja Viader (S. 97)

Alle Kinder lieben hier die cremige heiße Schokolade!

Parks

Parc de la Ciutadella (S. 110)

Mit Zoo, Teich und Spielplatz, der nach 16 Uhr mit spaßigem Spielzeug bestückt wird; auch toll zum Kennenlernen anderer Eltern.

Parc d'Atraccions (S. 181)

Der fabelhafte Jahrmarkt auf dem Tibidabo bereitet nicht nur Kindern einen Adrenalinschub.

Parc de la Creueta del Coll (S. 180)

Mit Planschbecken, Schaukeln und Snackbar.

Font Màgica (S. 198)

Am Ende dieser Lichtschau schreien die Kleinen garantiert nach mehr!

Parc de Collserola (S. 181)

Großer, üppiger Park in den Bergen, beliebt bei Familien.

Kinderfreundliche Museen

CosmoCaixa (S. 183)

Phantastisches Wissenschaftsmuseum mit interaktiven Exponaten.

MIBA (Museu d'Idees i Invents de Barcelona, S. 75)

Das Museum der Erfindungen und Ideen eignet sich mit seinen vergnüglichen und vielseitigen interaktiven Exponaten hervorragend für Kleinkinder wie Teenager.

Museu de la Xocolata (S. 111)

Hier dreht sich alles um Schokolade – und damit ist alles gesagt! Nicht versäumen: Schokoladenmodellherstellung für Kinder.

Zoo de Barcelona (S. 111)

Alle möglichen Tiere versammeln sich hier auf recht kleinem Raum: gähnende Nilpferde, trötende Elefanten und stirnrunzelnde Gorillas. Dazu gibt's Großkatzen und Affen.

L'Aquàrium (S. 122)

Wunderbares Aquarium, eines der größten Europas, mit jeder Menge bunter Fische.

Poble Espanyol (S. 198)

Kinder und Eltern können zusammen durch ein Minispanien bummeln; für Kinder gibt's dazu besondere Spiele.

Stadtbesichtigung

Mit dem Fahrrad

Barcelona bietet unzählige Möglichkeiten, Fahrräder mit Kindersitzen zu leihen (S. 275).

Mit dem Segway

Für Eltern, größere Kinder und Teenager (S. 31).

GUT ZU WISSEN

- Einen Babysitter bekommt man über **5 Serveis** (www.5serveis.com) oder **Tender Loving Canguros** (www.tlcanguros.com).
- Windeln, Schnuller, Cremes und Babynahrung gibt's in allen Drogerien. Windeln sind in Supermärkten meistens billiger.
- Die **Krankenversicherungskarte** des Kindes mitnehmen!
- Die U-Bahn von Barcelona ist toll für Familien mit Kinderwagen. Für Taschendiebe sind abgelenkte Eltern jedoch eine leichte Beute!
- Die engen Straßen der Ciutat Vella sind mit ihrem chaotischen Verkehr und den vielen Hundehaufen weniger kinderwagenfreundlich als der Rest der Stadt.

Mit dem Bus

Stadtrundfahrten in Doppeldeckerbussen sind vor allem für größere Kinder toll (S. 274).

Mit der Seilbahn

Auf dem Luftweg von Barceloneta auf den Montjuïc – den Transbordador Aeri finden alle Kinder klasse (S. 123).

Shoppen mit Kindern

Imaginarium

Die internationale Kette mit Filialen in ganz Barcelona (und Spanien) verkauft Spielwaren und Bekleidung. Einige Filialen haben ein Café für Babys und Kinder (www.imaginarium.ie).

Ivo & Co.

Perfekt für Secondhand-Designerklamotten und Holzspielzeug für die Kleinen (www.ivoandco.com).

Costura (S. 102)

Wer die Kleidung seiner Kinder selbst fabriziert: Hier gibt's Stoffe, Muster und alles, was man zum Nähen braucht. Oder man kauft einfach was Fertiges.

Wie die Einheimischen

Ob Barcelona-Anfänger oder Wiederholungstäter: Wer sich in Sachen Essen und Ausgehen an den Einheimischen orientiert, liegt selten falsch.

STEVEN VIDLER / CORBIS ©

Tapasbar im Mercat de la Boqueria (S. 90)

Essenszeiten

In Barcelona wird spät gegessen. Die meisten Restaurants machen abends erst um 20.30 oder 21 Uhr auf und schließen um Mitternacht oder 1 Uhr; meistens wird gegen 22 Uhr gegessen. Das Mittagessen wird zwischen 14 und 16 Uhr eingenommen. Danach gibt's eine schöne lange Siesta (bei gutem Wetter z. B. am Strand oder in einem Park). Frühstück ist nicht so wichtig – ein Croissant und ein *cortado* (Espresso mit Milch) reichen, um den Tag einzuläuten.

Wasser & Wein

Ob mittags oder abends, ein Gläschen Wein, so finden die meisten *barcelonins,* ist immer eine gute Idee. Viele Restaurants bieten ein *menú del día* (Tagesmenü) mit einem Glas Weiß- oder Rotwein. Stammgästen wird das Glas vielleicht kostenlos nachgefüllt oder der Kellner lässt die Flasche da. Natürlich kann man auch ein anderes Getränk auswählen. Zum Wasser: Niemand trinkt es direkt aus dem Hahn – wer's probiert, weiß warum. Man bestellt *agua mineral,* entweder *con* (mit) oder *sin gas* (ohne Kohlensäure).

Tapas

Wenn sich am frühen Abend der Hunger meldet, gönnen sich die Einheimischen vor dem Abendessen eine *tapa*, vielleicht eine kleine Portion Sardellen, Wurst, Tintenfisch oder etwas Ähnliches. Dazu passen sehr gut Wein, Cava (Sekt) und Bier. Bei vielen Tapasbars handelt es sich um sehr gesellige Lokale mit Stehplätzen an einer Theke. Danach geht's vielleicht weiter ins Restaurant zum Abendessen oder in eine andere Tapasbar, wenn man zum Essen auf einen förmlicheren Rahmen verzichtet.

Restaurants

Die Rambla ist nett zum Bummeln, aber kein Einheimischer würde hier essen. Dasselbe gilt für den Carrer Ferran und andere Touristenstraßen im Barri Gòtic. Es gibt aber in dem Viertel einige versteckte Juwele, besonders in den schmalen Gassen auf der Ostseite Richtung Via Laietana. Authentische Speiseerlebnisse versprechen El Born, Barceloneta, El Raval und Gràcia.

Wochenenden

Viele *barcelonins* kehren der Stadt am Wochenende den Rücken, im Winter zum Skifahren in den Pyrenäen, im Sommer zum Baden an der Costa Brava. Wer bleibt, steuert vielleicht einen Markt, Strand oder Park an. In den Parks ist am Wochenende viel los: Dann herrscht hier eine entspannte Stimmung. Kulturfreunde zieht es in eine Ausstellung, einen Film (das CCCB ist eine gute Adresse für alle möglichen Kulturevents) oder ein Konzert.

Essen am Sonntag

Der ruhige Sonntag stellt für die Einheimischen eine gute Gelegenheit dar, sich mit Familie oder Freunden zum Essen zu treffen. Das passiert meist mittags und viele Restaurants bieten spezielle Sonntagsmahlzeiten. Außerdem haben nicht wenige Lokale sonntagabends geschlossen, sodass es sich anbietet, mittags ausgiebig zu essen – eine reichhaltige Paella in Barceloneta, gefolgt von einem langen, gemütlichen Spaziergang am Wasser, ist immer sehr beliebt.

Festivals & andere Events

Eine der besten Gelegenheiten, sich unter die Einheimischen zu mischen, sind die großen Feste in der Stadt (S. 21). Im Sommer finden im Rahmen von Musica als Parcs in einem Dutzend Parks in Barcelona rund 30 Freiluftkonzerte statt, an verschiedenen Spielstätten außerdem kostenlose Konzerte. Veranstaltungskalender gibt's in der Touristeninformation.

Veranstaltungsinfos

Wer ein bisschen Spanisch lesen kann, findet Infos zu aktuellen Ausstellungen, Filmvorführungen, Konzerten und anderen Events im Guia del Ocio (www.guiadelocio.com), Time Out Barcelona (www.timeout.cat, auf Katalanisch) und in den Tageszeitungen wie *La Vanguardia* (www.lavanguardia.com) und *El Pais* (www.elpais.com). Die Wochenendveranstaltungen finden sich in den Freitagsausgaben (meist als Sonderbeilagen).

GUT ZU WISSEN

- **Spotted by Locals** (www.spottedbylocals.com/barcelona) Aktuelle Besprechungen von Restaurants, Bars, Kinos, Galerien und mehr, mit einer Mischung aus Alteingesessenem und Neuem, verfasst von Einheimischen.
- **Living Barcelona** (http://barcelona.bligoo.es, auf Spanisch) Besprechungen interessanter Restaurants, Kneipen und Geschäfte auf Spanisch.
- **Barcelona Sights** (http://barcelonasights.blogspot.com) Infos zu bevorstehenden Events.
- **Oh-Barcelona** (www.oh-barcelona.com/en/blog) Die Wohnungsvermittlungsseite listet auch Veranstaltungen und gibt Tipps für Wochenendausflüge.
- **Barça Central** (http://barcacentral.com) Die neusten Nachrichten über Barça.

Fußball

Der FC Barcelona spielt eine wichtige Rolle in der Stadt. Bei einem Match im Camp Nou (S. 187) wird man leicht vom Fan-Fieber angesteckt, aber es kann auch Spaß machen, sich ein Spiel in einer Kneipe anzuschauen – je nach Publikum. Die treuesten Fans sind in Barceloneta, El Raval, Gracia und Sarria unterwegs, wo es auch entsprechend muntere Kneipen gibt.

Eine täglich erscheinende Sportzeitung ist *Marca* (www.marca.com, auf Spanisch).

Sardana

Am Wochenende (samstags um 18 und sonntags um 12 Uhr) treffen sich die Freunde des traditionellen katalanischen Volkstanzes Sardana vor der Kathedrale; für Musik sorgt eine zehnköpfige Band.

Barcelona gratis

Mit ein bisschen Planung erweist sich Barcelona als überraschend erschwinglich. Viele Museen bieten Tage mit freiem Eintritt und vieles ist sowieso umsonst – am Strand abhängen, durch faszinierende Viertel und Parks bummeln und die Aussicht von den Hügeln genießen.

GUY MOBERLY / LONELY PLANET IMAGES ©

CaixaForum

Rundgänge

Ein Rundgang in Eigenregie (S. 30) ist eine tolle Art, einige der Architekturjuwele der Stadt zu erkunden. Zu den Highlights zählen der Park Güell (S. 166), die Sagrada Família (S. 138), der Palau de la Música (S. 108) und die vielen Gebäude im Eixample. Mehrere Veranstalter bieten außerdem Stadtführungen, für die man nach eigenem Ermessen zahlt. Runner Bean Tours (S. 30) haben täglich zwei Routen, eine durch die Ciutat Vella und eine durch den Eixample mit den Bauten des Modernisme.

Picknicks

Wer sich mittags an die Tagesmenüs hält, kann recht günstig speisen. Noch günstiger ist ein Picknick mit frischem Obst, Käse, Wurst und anderen Leckereien von einem Markt – in der Boqueria (S. 90) sind die Preise etwas höher als normal. Günstiger ist es, bei gleichermaßen erschlagendem Angebot, auf dem Mercat de Sant Antoni (S. 43) am Westrand von El Raval. In La Ribera gibt's den praktischen Mercat de Santa Caterina (S. 110). Gute Plätze für ein Picknick sind Barceloneta und die anderen Strände. Schattiger und ruhiger ist es auf dem Montjuïc.

Museen

Manchmal hat man zu einigen Sehenswürdigkeiten freien Eintritt, gewöhnlich am ersten Sonntag des Monats. In recht viele Attraktionen gelangt man sonntags von 15 bis 20 Uhr gratis und andere sind immer umsonst. Am interessantesten sind die rechts aufgeführten Institutionen.

Mit einem Kombiticket für 7 € hat man Zutritt zu allen Teilen des Museu d'Història de Barcelona. Der Hauptteil ist der Komplex an der Plaça del Rei, wo es Teile des römischen und mittelalterlichen Barcelona zu sehen gibt. Das Ticket umfasst außerdem den Zutritt zum Museu-Monestir de Pedralbes (S. 179), zum Centre d'Interpretació im Park Güell (S. 166), zum Bürgerkriegs-Schutzbunker Refugi 307 (S. 201), zur Via Sepulcral Romana (S. 78) und zum Domus Romana (S. 79).

Feste

Günstig ist auch, den Barcelona-Trip um ein Fest (S. 21) herum zu planen. Bei den besten Festen der Stadt muss man keinen Eintritt zahlen und es gibt kostenlose Konzerte und andere Events; an Straßenständen kann man billig essen und trinken.

Konzerte

Von Juni bis August findet in Barcelona Música als Parcs (Musik in den Parks) statt, eine Reihe von Freiluftkonzerten in verschiedenen Parks und Grünanlagen der Stadt. Bei den über 40 Konzerten erklingen Klassik, Blues und Jazz. Beliebte Veranstaltungsorte sind der Parc de la Ciutadella (S. 110), der Parc de Joan Miró (S. 201) und der Parc Turó (Av. de Pau Casals 19, Sant Gervasi). Ein Veranstaltungsverzeichnis gibt's in der Touristeninformation oder im Internet unter www.bcn.cat.

Tanz

Tanzfreunde, die Anfang Juli in der Stadt sind, sollten sich nicht die fünf Dies de Dansa (www.mataro.com) entgehen lassen, mit kostenlosen Veranstaltungen tagsüber und abends z. B. im Centre de Cultura Contemporània de Barcelona (S. 94), der Fundació Joan Miró (S. 196) und im Macba (Museu d'Art Contemporani de Barcelona, S. 93).

Andere Events

Ein weiteres tolles Gratis-Event im Juli ist Montjuïc de Nit (www.bcn.cat/cultura/montjuicnit) mit einem Abend voller Musik, Tanz, Theater und Filmen – alles kostenlos – sowie kostenlosem Eintritt zu den Museen (geöffnet bis 1 Uhr) auf dem Montjuïc. Wer zum Earth Day (21. & 22. April) in der Stadt ist: Zur Fira de la Terra gibt's kostenlose Darbietungen, Ausstellungen, Essensstände und Workshops zu Umweltthemen.

KOSTENLOSE MUSEEN

Immer kostenlos

- CaixaForum (S. 197)
- Castell de Montjuïc (S. 179)
- Centre d'Art Santa Mònica (S. 69)
- Església de Sant Pau (S. 94)
- Església de Santa Maria del Mar (S. 107)
- Església de Santa Maria del Pi (S. 75)
- Estadi Olímpic (S. 198)
- Fundació Joan Brossa (S. 148)
- Museu de Carrosses Fúnebres (S. 149)
- Museu d'Història de la Immigració de Catalunya (S. 123)
- Palau del Lloctinent (S. 73)
- Park Güell (S. 166)
- Temple Romà d'August (S. 78)
- Universitat de Barcelona (S. 147)

Kostenlos am 1. Sonntag des Monats

- Museu d'Història de Catalunya (S. 123)
- Museu Etnològic (S. 200)
- Museu Barbier-Mueller d'Art Pre-Colombí (S. 109)
- Museu Nacional d'Art de Catalunya (S. 197)
- Museu Picasso (S. 105)
- Palau Güell (S. 95)
- Palau Reial de Pedralbes (S. 180)

Kostenlos zu anderen Zeiten

- La Catedral (S. 71) Mo–Sa 8–12.45 und 17.15–20 Uhr.
- Jardí Botànic (S. 200) am letzten Sonntag des Monats.
- Jardins del Laberint d'Horta (S. 182) mittwochs und sonntags.
- Museu de la Música (S. 147) So 15–20 Uhr.
- Museu d'Història de Barcelona (S. 74) am 1. Samstag des Monats 16–20 Uhr.
- Museu Marítim (S. 121) So 15–20 Uhr.

Geführte Touren

Es gibt vielerlei Arten, die Stadt näher kennenzulernen, ob auf einem Themenrundgang durch die Ciutat Vella, einer geführten Radtour durchs Zentrum oder einer Bustour durch die gesamte Stadt.

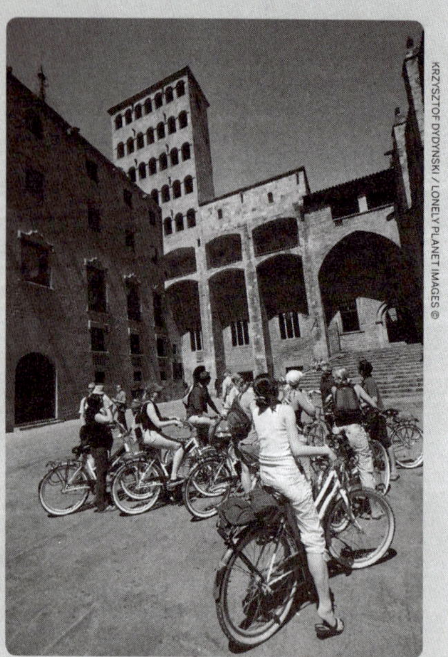

KRZYSZTOF DYDYNSKI / LONELY PLANET IMAGES ©

Radtour über die Plaça del Rei

Stadtrundgänge

Die Oficina d'Informació de Turisme de Barcelona organisiert eine Reihe von Stadtführungen (S. 163). Eine geht durch das Barri Gòtic, eine weitere wandelt auf den Spuren Picassos und endet im Museu Picasso (Eintritt inbegriffen) und eine dritte stellt die Hauptwerke des Modernisme vor. Dazu gibt's noch eine „Gourmettour" zu traditionellen Feinkosthändlern in der Altstadt. Alle Touren dauern zwei Stunden und beginnen an der Touristeninformation.

Über die Touristeninformation sind außerdem Führungen zu Themen wie dem literarischen Barcelona, Shoppen, Film, Vogelbeobachtung und dem Bürgerkrieg buchbar.

Barcelona Metro Walks (http://bcnshop.barcelonaturisme.com) Sieben Routen, die mit der U-Bahn und anderen öffentlichen Verkehrsmitteln und zu Fuß zu absolvieren sind. Das Paket für 13 €, erhältlich in den Touristeninformationen auf der Plaça de Catalunya (S. 281) und der Plaça de Sant Jaume (S. 281), umfasst eine Broschüre, einen 2-Tage-Pass für die öffentlichen Verkehrsmittel und eine Karte.

My Favourite Things (☎63 726 54 05; www.myft.net; Touren 26–32 €) Touren mit bis zu zehn Teilnehmern zu unterschiedlichen Themen, von Design bis Essen. Möglich sind auch Flamenco- und Salsa-Unterricht oder Radtouren in und um Barcelona. Die Treffpunkte variieren, also vorher anrufen oder auf der Website nachschauen.

Runner Bean Tours (☎63 610 87 76; www.runnerbeantours.com; ⏱ganzjährig 11 Uhr & April–Sept. 16.30 Uhr) Täglich mehrere Thementouren. Teilnehmer zahlen, was sie wollen: Am Ende der Führung wird gesammelt. Die Altstadttour in der Ciutat Vella beleuchtet die römische und mittelalterliche Geschichte Barcelonas. Die Gaudí-Tour erfordert zwei Fahrten mit der U-Bahn und präsentiert die großen Werke des Modernisme in Barcelona. Beide Touren beginnen um 11 Uhr an der Plaça Reial (April–Sept. auch 16.30 Uhr) und dauern ca. zweieinhalb Stunden. Am besten bucht man im Voraus, da das Angebot eher knapp ist. Runner Beans bietet außerdem einen Rundgang für Kinder und Familien; Näheres auf der Website, wo man auch buchen kann.

Motorroller & Gokarts

Barcelona Scooter (Karte S. 314; ☎93 221 40 70) Dreistündige Fahrten per Motorroller (50 €) in Zusammenarbeit mit dem städtischen Fremdenverkehrsamt. Gestartet wird donnerstags um 15.30 Uhr und samstags um 10.30 Uhr bei der Verleihstation von Cooltra.

Barcelona Segway Fun (Karte S. 304; ☎67 048 40 00; www.barcelonasegwayfun.com) Touren in der Stadt und im Umland. Eine 90-minütige Tour kostet 45 €, Beginn täglich um 12.30 Uhr auf der Plaça San Just im Barri Gòtic. Hier starten auch zweistündige Touren (10 und 17 Uhr, 57 €).

GoCar (Karte S. 312; ☎90 230 13 33; www.gocartours.es; Carrer de Freixures 23bis; pro Std./Tag 35/99 €) Verleiht mit GPS ausgestattete dreirädrige Fahrzeuge mit zwei Sitzen. Man darf die Gefährte auf Motorradparkplätzen abstellen. Bei allen Sehenswürdigkeiten bekommt man Erläuterungen über Kopfhörer geliefert. Und dank der GPS-Ausrüstung kann sich praktisch niemand unterwegs verfahren.

Trixi-Touren

Die dreirädrigen Fahrradtaxis (Karte S. 304; ☎93 268 21 05; www.trixi.info; Plaça dels Traginers 4) verkehren in der Ciutat Vella, am Hafen und im Stadtzentrum (März–Nov. tgl. 12–20 Uhr) und bieten Rundfahrten für jeweils zwei Personen (30 Min./1/2/3/8 Std. 15/25/45/65/150 €). Sie warten vor der Kathedrale.

FAHRRADTOUREN

Viele Veranstalter haben Radtouren im Programm, die zwei bis vier Stunden dauern und zur Sagrada Família, Ciutat Vella und zu den Stränden führen.

➡ **Bike Tours Barcelona** (☎93 268 21 05; www.bicicletabarcelona.com; Carrer de l'Esparteria 3; Ⓜ Barceloneta; Touren 22 €)

➡ **Barcelona by Bike** (☎93 268 81 07; www.barcelonabybike.com; Carrer de la Marina 13; Ⓜ Ciutadella Vila Olímpica; Touren 22 €)

➡ **CicloTour** (☎93 317 19 70; www.barcelonaciclotour.com/deu; Carrer dels Tallers 45; Ⓜ Catalunya; Touren 21 €)

➡ **BarcelonaBiking.com** (S. 276)

STADTSPAZIERGÄNGE

Weitere Stadtrundgänge sind in den folgenden Kapiteln beschrieben:

➡ Barri Gòtic (S. 82)

➡ El Raval (S. 96)

➡ La Ribera (S. 113)

➡ Barceloneta & die Uferpromenade (Radtour, S. 127)

➡ Eixample (S. 151)

➡ Gràcia (S. 169)

➡ Montjuïc (S. 189)

Bustouren

Bus Turístic (☎93 285 38 32; www.barcelonaturisme.com; 1 Tag 24/14 € Erw./Kind, 2 Tage 31/18 € Erw./Kind; ⏲9–20 Uhr, im Winter bis 19 Uhr; alle 5–25 Min.) Diese Busse halten an fast allen wichtigen Sehenswürdigkeiten der Stadt. Audioguides in zehn Sprachen liefern Erläuterungen zu den 44 Haltestellen auf den drei verschiedenen Rundtouren. Startpunkte sind die Plaça de Catalunya und die Plaça del Porta de la Pau.

Die Fahrkarten sind in den Bussen erhältlich und ermöglichen eine unbegrenzte Nutzung der Busse an einem oder zwei aufeinanderfolgenden Tagen.

Die beiden Hauptstrecken sind je rund zwei Stunden lang. Die blaue Route führt über den Passeig de Gràcia und vorbei an La Pedrera zur Sagrada Família, zum Park Güell und in die Zona Alta (mit Pedralbes und Camp Nou). Die rote Route führt ebenfalls über den Passeig de Gràcia und dann zum Port Vell, Port Olímpic und Montjuïc. Die dritte (grüne) Route vom Port Olímpic zum Fòrum wird nur von April bis September befahren (40 Min.). Privatunternehmen bieten ähnliche Dienste.

Das Barcelona Guide Bureau veranstaltet maßgeschneiderte Führungen in verschiedenen Sprachen, außerdem Tagestouren, von der Barcelona-Entdeckungstour (Erw./Kind 66/35 €, Abfahrt 9 Uhr, 6 Std.) bis zu einer Fahrt auf den Montserrat (Erw./Kind 45/20 €, Abfahrt 15 Uhr, ca. 4 Std.).

Möglich sind außerdem Bootstouren (S. 131) und Hubschrauberflüge (S. 276).

Die Treppe hinauf zur Sala Hipóstila (Säulenhalle), Park Güell

Bauwerke des Modernisme

Mit seinen Hunderten von wunderschönen Gebäuden, die sich über die ganze Stadt verteilen, stellt Barcelona für Freunde des katalanischen Jugendstils eine echte Herausforderung dar. Im Folgenden bieten wir einen praktischen Führer zu den Meisterwerken dieser unglaublichen Stadt. Mehr über Gaudí, seine Zeitgenossen und den Modernisme siehe S. 253.

Die Casa Batlló von Antoni Gaudí

GUT ZU WISSEN

Organisierte Touren

Einige Veranstalter haben Touren zu den Bauten des Modernisme im Programm.

Barcelona Walking Tours (S. 163) bietet täglich eine Tour ab der Touristeninformation auf der Plaça de Catalunya zu großartigen modernistischen Gebäuden im Eixample.

Runner Bean Tours (S. 30) unternimmt täglich eine Gaudí-Tour mit zwei kurzen U-Bahnfahrten, ansonsten zu Fuß.

Außerdem gibt's weitere Möglichkeiten für geführte Touren, u. a. per Bus, Fahrrad oder Motorroller (S. 31).

Ruta del Modernisme

Für Fans des katalanischen Jugendstils ist auch das Paket **Ruta del Modernisme** (www.rutadelmodernisme.com) interessant. Für 12 € erhält man einen Führer zu 115 Gebäuden des Modernisme, einen Plan und bis zu 50 % Ermäßigung bei den wichtigsten Jugendstil-Attraktionen in Barcelona und einigen anderen Städten in Katalonien. Die Ermäßigungen gelten für ein Jahr. Für 18 € bekommt man *Sortim*, einen weiteren Führer samt Karte, der zu Kneipen und Restaurants in Jugendstilbauten in der Stadt führt. Die Erträge aus diesen Paketen fließen in den Unterhalt und die Renovierung modernistischer Gebäude.

Der Führer *Ruta del Modernisme* ist in verschiedenen Sprachen in den Buchhandlungen der Stadt erhältlich. Die Rabattcoupons bekommt man dann in einem der drei Centres del Modernisme oder man kauft einfach alles zusammen dort. Das am praktischsten gelegene Zentrum befindet sich in der Touristeninformation an der Plaça de Catalunya (S. 281).

Der Modernisme

Die Gebäude im Stil des Modernisme entstanden während der Renaixença, einer Zeit großen künstlerischen und politischen Enthusiasmus, der eng mit der Frage der katalanischen Identität zusammenhing und das Barcelona des frühen 20. Jhs. in ein Experimentierfeld avantgardistischer Architektur verwandelte. Im Bemühen, eine neue katalanische Architektur zu schaffen, ließen sich Gaudí und seine Mitstreiter von der Vergangenheit inspirieren: Sie bedienten sich in der spanischen Architekturgeschichte und entliehen ihr islamische, gotische und Renaissance-Elemente. Die Modernisten belebten außerdem traditionelles Handwerk wieder. Das zeigt sich in feiner Steinmetzkunst, Buntglasfenstern und der kunstvollen Verwendung von Schmiedeeisen, Keramik und Mosaikfliesen. Die Natur wurde verehrt und in Gaudís organischen Formen perfekt nachgeahmt: in baumähnlichen, geneigten Säulen, dem Meer nachempfundenen gewellten Fassaden und einheimischen Pflanzen als Schmuckelementen. Drinnen in den Gebäuden setzt sich das Kunst- und Phantasievolle fort. Um zu sehen, wie ein Bauwerk als Einheit funktioniert, sollte man viel Zeit sowohl draußen als auch drinnen verbringen.

Zu Fuß oder mit der U-Bahn?

Die Gebäude des Eixample und der Ciutat Vella steuert man am besten zu Fuß an. Zur Sagrada Família und zum Park Güell nimmt man besser die U-Bahn – zu Fuß wäre man sehr lange unterwegs.

Wie viel Zeit braucht man?

Es ist unmöglich, alle wichtigen Bauten an einem Tag zu sehen; an einem oder zwei vollgepackten Tagen kann man einige der Highlights abklappern. Am besten verteilt man seine Architekturtour auf drei oder vier halbe Tage und mischt das Ganze mit Museumsbesuchen, anderem Sightseeing und Abhängen am Strand.

(Oben) Die Casa Batlló, unter den Einheimischen bekannt als *casa dels ossos* (Haus der Knochen) oder *casa del drac* (Haus des Drachen)

(Links) Gaudís Echse im Park Güell im katalanischen Mosaikstil *trencadís*

Bauwerke des Modernisme

Wo geht's los?

EIXAMPLE

Die Plaça de Catalunya ist ein guter Ausgangspunkt für die Juwele des Modernisme im Eixample. Von hier bummelt man einfach den schönen Passeig de Gràcia entlang. Man kann einen ganzen Tag damit verbringen, die Hausmuseen in der Straße zu besuchen und zwischen der Plaça de Catalunya und der Plaça de Joan Carles I auch die Seitenstraßen zu erkunden (etwa neun Häuserblocks Richtung Nordwesten).

Wer wenig Zeit hat, begibt sich zum U-Bahnhof Passeig de Gràcia, ganz in der Nähe von drei der schönsten Häuser in der Straße, der Casa Batlló (S. 144), Casa Amatller (S. 145) und Casa Lleó Morera (S. 146), allesamt Meisterwerke verschiedener Architekten mit radikal unterschiedlicher Sichtweise des Modernisme. Die drei Gebäude von Gaudí, Puig i Cadafalch und Domènech i Montaner liegen im selben Häuserblock und bilden zusammen die Manzana de la Discordia (Block der Zwietracht, S. 144.

PARK GÜELL

Der Park Güell bietet einen faszinierenden Kontrast zum Eixample. Hier interagiert die Architektur auf ungewöhnliche Weise mit dem hügeligen Terrain: Das Resultat ist wirklich märchenhaft. Neben mit Mosaiken überzogenen Mauern und Skulpturen, einer Halle mit geneigten, baumähnlichen Säulen und einer phantastischen, viel fotografierten Echse (oder Drachen) beherbergt der Park auch das **Casa-Museu Gaudí** (www.casamuseugaudi.org; Erw./Sen. & Stud. 5,50/4,50 €; ⏲10–20 Uhr), wo Gaudí 20 Jahre lang lebte. Hier finden sich Unmengen seiner spannenden Designs.

LA SAGRADA FAMÍLIA

Von der Plaça de Catalunya sind es 2 km bis zur Basilika, deshalb fährt man besser mit der U-Bahn und spart sich seine Energie für die riesige Kirche auf. Für die Besichtigung draußen und drinnen sollte man sich mehrere Stunden Zeit nehmen. Wer sich langes Warten ersparen möchte: Tickets sind auch online erhältlich – allerdings muss man Zugang zu einem Drucker haben.

CIUTAT VELLA

Nicht alle Bauten des Modernisme liegen im Eixample. El Raval verfügt über ein interessantes Gaudí-Werk, den Palau Güell (S. 95), im Barri Gòtic gibt's die spannende Casa Martí, besser bekannt als das Restaurant Els Quatre Gats (S. 37), und La Ribera hat den atemberaubenden Palau de la Música Catalana (S. 108). Diese Bauten kann man sich auf einem gemütlichen Halbtagsbummel durch die drei Viertel anschauen.

Besichtigungszeiten

Am besten ist der frühe Vormittag: Dann ist es leerer und das Licht gut zum Fotografieren. Vor der Sagrada Família gibt's immer lange Warteschlangen und am längsten sind sie am Wochenende.

RICHARD CUMMINS / LONELY PLANET IMAGES ©

Die Casa Amatller von Josep Puig i Cadafalch

DARAUF SOLLTE MAN ACHTEN

- Parabol-Bögen
- Organische Formen (Knochen, Äste, Blätter, Nautilusmuscheln)
- Originelle Schornsteine
- Bunte Fliesen
- Blütenähnliche, kegelförmige Türme
- Mit Mosaiken überzogene Flächen
- Bildhauerische Details mit Motiven aus Flora und Fauna
- Baumähnliche Säulen
- Buntglas, schmiedeeiserne Gitter, Keramik
- Historische Anspielungen (z. B. Drachen für den katalanischen Schutzpatron St. Georg, gotische Schnitzereien für das Mittelalter)

Audioguides

Die Audioguides, die für ein paar Euro extra bei den meisten wichtigen Stätten erhältlich sind, bieten Infos über das jeweilige Gebäude, den Architekten und die Entstehungszeit des Hauses. Viele Museumsshops verkaufen außerdem Führer in Buchform zu den wichtigsten architektonischen Stätten der Stadt.

Empfohlene Routen

EIN VORMITTAG MIT DEM MODERNISME

Los geht's mit Gebäck und Kaffee im modernistischen Juwel Escribà (Karte S. 304). Von hier geht's ein paar Häuserblocks Richtung Süden und durch den Carrer Nou de Rambla zum kürzlich restaurierten Palau Güell (S. 95), einem von Gaudís frühen Meisterwerken. Dann nimmt man die U-Bahn zum Passeig de Gràcia und schaut sich die sogenannte Manzana de la Discordia mit der Casa Batlló (S. 144), Casa Amatller (S. 145) und Casa Lleó Morera (S. 146) an und überlegt sich, welcher der drei Architekten Gaudí, Puig i Cadafalch und Domènech i Montaner das in sich stimmigste Kunstwerk geschaffen hat. Anschließend bummelt man über den Passeig de Gràcia, einen echten architektonischen Vorzeigeboulevard, und beendet den Rundgang an Gaudís La Pedrera (S. 143).

Die Buntglasdecke des Palau de la Música Catalana von Lluís Domènech i Montaner

EIN TAG MIT DEM MODERNISME

Nach der Vormittagstour gönnt man sich ein Mittagessen im erstklassigen Restaurant Casa Calvet (S. 150, reservieren) in einem von Gaudís klassischen Bauten. Dann geht's weiter zur Sagrada Família (S. 138), einem der faszinierendsten Sakralbauten der Welt. Es folgt ein Bummel durch den einzigartigen Park Güell (S. 166). Von hier geht's zurück hinunter in die Ciutat Vella zu einem Konzert im leuchtenden Palau de la Música Catalana (S. 108, Tickets am besten vorher besorgen). Hier gibt's auch ein Café für eine Stärkung vor der Vorstellung. Danach begibt man sich hinüber ins **Els Quatre Gats** (Karte S. 304; ✆93 302 41 40; Carrer de Montsió 3; Mahlzeiten 30 €; ⏲8–2 Uhr; Ⓜ Urquinaona) auf einen Drink oder zu einem Essen in einem originellen Gebäude von Puig i Cadafalch.

Tapasbar Quimet i Quimet (S. 202), El Poble Sec

Essen

Barcelona beeindruckt mit einer wundervollen gastronomischen Szene, die von Weltklasseköchen, phantasievollen Rezepten und großartigen Zutaten, frisch vom Feld und aus dem Meer, geprägt ist. Katalanische Spitzenköche wie Ferran Adrià und Carles Abellán sind inzwischen international bekannt und haben die Welt der Haute Cuisine verändert, während sich klassische katalanische Rezepte in Lokalen und Tapasbars der ganzen Stadt nach wie vor großer Beliebtheit erfreuen.

Abendessen an der Plaça Reial

Neue katalanische Küche

Seit das El Bulli – das viele für eins der besten Restaurants der Welt hielten – im Jahr 2011 schloss, haben Ferran Adrià und sein Bruder Albert ihr Augenmerk auf Barcelona gerichtet und hier die Tapasbars Tickets und 41-degrees eröffnet. Wie im El Bulli verbirgt sich hinter dekonstruierten Gerichten wie „flüssigen Oliven", „Luftbaguettes" (mit Ibérico-Schinken) und Parmesan-Eiscreme jede Menge Schöpfergeist. Näheres zur neuen katalanischen Küche, besser bekannt als *nueva cocina española*, siehe S. 267.

Auch andere großartige Köche bereichern die zeitgenössische Küche. Der Michelin-gekrönte Koch Carles Abellán interpretiert im Tapaç 24 auf spielerische Weise traditionelle Tapas neu mit Gerichten wie Minipizza-Sashimi mit Thunfisch, *melón con jamón*, einem Millefeuille aus karamellisiertem Ibérico-Schinken und dünn geschnittener Melone, oder Ochsenschwanz mit Blumenkohlpüree.

Ein weiterer Star der katalanischen Kochszene ist Jordi Vilà, der seine Gäste im Alkímia weiter mit neu interpretierten katalanischen Klassikern verzaubert. Die Gebrüder Roca, berühmt für ihr mit zwei Michelin-Sternen ausgezeichnetes Restaurant El Cellar de Can Roca in Girona, haben ihre hohe kulinarische Kunst ins Moo im Hotel Omm mitgebracht. Interessant sind außerdem Fermi Puig, Chefkoch im Fünfsternehotel Majestic, Xavier Pellicer im ABaC Barcelona und Sergi Arola, der das Zepter in der Küche des Hotel Arts schwingt.

GUT ZU WISSEN

Preise

Die Preissymbole beziehen sich jeweils auf ein Hauptgericht:

€	unter 10 €
€€	10–20 €
€€€	über 20 €

Öffnungszeiten

Die meisten Restaurants sind von 13 bis 16 und von 20.30 bis 24 Uhr geöffnet.

Reservierung

- In Mittelklasserestaurants und einfacheren Lokalen braucht man gewöhnlich keinen Tisch zu reservieren.
- In noblen Restaurants empfiehlt sich abends eine Reservierung. Besonders voll ist es donnerstags bis samstags.

Trinkgeld

Bedienungsgeld ist oft, aber nicht immer in der Rechnung enthalten. Katalanen (und Spanier im Allgemeinen) sind in dieser Hinsicht nicht besonders spendabel. Bei sehr gutem Service reichen 5–10 % Trinkgeld.

Menú del Día

Das *menú del día*, ein komplettes Mittagessen (oft mit Auswahl) mit Wasser und Wein ist hervorragend geeignet, sich preisgünstig zu ernähren. Es kostet im unteren Bereich zwischen 8 und 10 € und kann bis 25 € für ein reichhaltigeres Angebot gehen.

Menú de Degustación

In den teureren Lokalen gibt es gelegentlich ein *menú de degustación*, eine Zusammenstellung kleinerer Portionen verschiedener Gerichte – eine gute Gelegenheit, das Restaurantangebot kennenzulernen, und das zu einem festen Preis.

Dresscode

Die Einheimischen kleiden sich fürs Essengehen in Tapasbars und Mittelklasselokalen eher lässig-stilvoll. Es gibt keine strikten Dresscodes, jedoch geht es in gehobeneren Restaurants etwas formeller zu, mit Röcken oder Kleidern für die Damen und Hemden und langen Hosen (auch Designerjeans) für die Herren (Sackos müssen nicht sein, Krawatten sind eine Seltenheit).

IZZET KERIBAR / LONELY PLANET IMAGES ©

(Oben) Gebäck und Kuchen im Schaufenster einer Konditorei

(Links) Tapas

Klassische katalanische Küche

Traditionelle katalanische Rezepte bringen die Erzeugnisse des Mittelmeerraums bestens zur Geltung: Fisch, Garnelen, Tintenfisch, Schwein, Kaninchen, Wild und erstklassiges Olivenöl. Typisch sind auch ungewöhnliche Kombinationen: Tintenfisch mit Kichererbsen, gepökeltes Schwein mit Kaviar, Kaninchen mit Garnelen.

SAUCEN

Katalanisches Essen zeichnet sich vor allem durch seine Saucen für Fisch- und Fleischgerichte aus. Es gibt insgesamt fünf Hauptarten: *sofregit* (gebratene Zwiebeln, Tomaten und Knoblauch), *samfaina* oder *chanfaina* (*sofregit* mit roten Peperoni und Auberginen oder Zucchini), *picada* (auf Basis gemahlener Mandeln, meist mit Knoblauch, Petersilie, Pinienkernen oder Haselnüssen, hin und wieder mit Semmelbröseln), *allioli* (Knoblauchpüree mit Olivenöl, manchmal mit Eigelb vermischt, für eine Art Mayonnaise) und *romesco* (Essigsauce mit Mandeln, rotem Paprika, Tomaten, Olivenöl und Knoblauch; häufig zu *calçots*).

PAELLA & FIDEUÀ

Arròs a la cassola oder *arròs a la catalana* – so heißen katalanische Paellas. Sie werden in einem Tontopf ohne Safran zubereitet; *arròs negre* ist Reis, der in Tintenfischsud gekocht wird und viel köstlicher ist, als es sich anhört. *Fideuà* ähnelt der Paella, jedoch werden statt Reis Vermicelli verwendet. Dazu wird in der Regel als Beilage eine *allioli* gereicht.

CALÇOTS

Die Katalanen lieben *calçots* (große süße Frühlingszwiebeln), die gegrillt und in würzige *romesco*-Sauce gestippt in der Saison (Januar bis März) eifrig gegessen werden. *Calçots* sind gewöhnlich ein erster Gang, danach gibt's reichhaltige Fleisch- und Wurstgerichte.

Klassische katalanische Gerichte

VORSPEISEN

Amanida catalana (Katalanischer Salat) Eine beliebige Mischung aus Blattsalaten, Oliven, Tomaten, hartgekochten Eiern, Zwiebeln, Chicorée, Sellerie, grünem Paprika und Knoblauch mit Thunfisch, Schinken oder Würstchen und entweder Mayonnaise oder Essig-und-Öl-Dressing.

Calçots amb romesco Süße, saftige Frühlingszwiebeln vom Holzkohlengrill.

Escalivada Roter Paprika und Auberginen (oft mit Zwiebeln und Tomaten) werden gegrillt, abgekühlt, geschält, in Streifen geschnitten und in einer Sauce aus Olivenöl, Salz und Knoblauch serviert.

Esqueixada Salat aus *bacallà/bacalao* (gehacktem Stockfisch) mit Tomaten, rotem Paprika, Zwiebeln, Weißen Bohnen, Oliven, Olivenöl und Essig.

Pintxos Baskische Tapas, oft mit einem Zahnstocher serviert.

HAUPTGERICHTE

Arròs a la cassola/arroz a la catalana Katalanische Paella, ohne Safran zubereitet.

Arròs negre Reis in schwarzem Tintenfischsud gegart.

Bacallà a la llauna Stockfisch in Tomaten, Knoblauch, Petersilie, Paprikagewürz und Wein gebacken.

Botifarra amb mongetes Schweinswurst mit gebackenen Weißen Bohnen.

Cargols/Caracoles Schnecken, oft mit *conill/conejo* (Kaninchen) und Chili geschmort.

Escudella Eintopf aus Fleisch, Wurst und Gemüse, dessen Brühe mit Nudeln oder Reis vermischt als Suppe serviert wird. Der Rest wird als *card d'olla* als Hauptgang gegessen. Steht hauptsächlich im Winter auf der Karte.

TOP-TAPAS

Hier einige der beliebtesten *tapes* (Tapas):

- **boquerons/boquerones** weiße Anchovis in Essig – köstlich und pikant
- **mandonguilles/albóndigas** Fleischbällchen
- **pebrots/pimientos de Padrón** kleine grüne Peperoni aus Galicien – zum Teil scharf
- **patates braves/patatas bravas** Kartoffelstücke in würziger Tomatensauce, manchmal mit Mayonnaise vermischt
- **gambes/gambas** Garnelen, entweder *al all/al ajillo* (mit Knoblauch) oder *a la plantxa/plancha* (gegrillt)
- **chipirons/chipirones** zarte Tintenfische
- **calamars/calamares a la Romana** frittierte Tintenfischringe

Fideuà Ähnlich wie Paella, aber mit Vermicelli als Basis. Meist mit Tomaten und Fleisch und/oder Würsten oder Fisch serviert. Es gibt auch eine Tintenfischsud-Variante. Gewöhnlich wird eine *allioli* dazugestellt, die man hineinmischen kann.

Fricandó Eintopf aus Schweinefleisch und Gemüse.

Sarsuela/zarzuela Verschiedene Meeresfrüchte gegart in *sofregit* (Sauce aus gedünsteten Zwiebeln, Tomaten und Knoblauch) mit Gewürzen.

Suquet de peix Fischeintopf mit Kartoffeln.

Truita de botifarra Wurstomelett, die katalanische Version der berühmten spanischen Tortilla.

DESSERTS

Crema catalana Eine Eiercreme mit Kruste aus karamellisiertem Zucker.

Mel i mató Honig und Frischkäse.

Music Eine Portion Trockenfrüchte und Nüsse, manchmal mit Eiscreme oder einem leicht süßen Frischkäse, serviert mit einem Glas Muskatellerwein.

Lebensmittelmärkte

Barcelona wartet mit einigen phantastischen Lebensmittelmärkten auf. Freunde des guten Essens werden begeistert sein vom **Mercat de la Boqueria** (S. 90), wahrscheinlich dem besten und größten Markt Spaniens, praktisch gelegen gleich bei der Rambla. Hier gibt's alles nur Erdenkliche, von frischem Obst und Gemüse und frisch gepressten Obstsäften bis zu Käse, Wurst, Fisch und Backwaren. Auch toll sind die Tapasbars und Essensstände im hinteren Bereich, wo man frisch und gekonnt zubereitete Speisen probieren kann.

La Boqueria ist nicht der einzige Lebensmittelmarkt der Stadt. In den meisten Vierteln gibt's eigene Märkte, gewöhnlich viel kleiner und nur von Einheimischen aufge-

Essen nach Stadtvierteln

eeresfrüchteplatte im Los Caracoles (S. 81)

sucht. Weitere tolle Märkte sind der **Mercat de Sant Antoni** (Karte S. 318; Carrer de Mallorca 157; ⌚7–20.30 Uhr; Ⓜ Hospital Clínic), Mercat de Santa Caterina (S. 110), **Mercat del Ninot** (Karte S. 322; Carrer de Mallorca 157; Ⓜ Hospital Clínic), **Mercat de la Llibertat** (Karte S. 324; Plaça de la Llibertat; FGC Gràcia) und **Mercat de l'Abaceria** (Karte S. 322; Travessera de Gràcia 186; Ⓜ Fontana).

Tapas bestellen

Statt eine Mahlzeit im Sitzen einzunehmen macht es oft viel mehr Spaß, sich von *tapes* (Tapas) zu ernähren. Viele Reisende scheuen sich, eine Tapasbar aufzusuchen, da sie das Bestellen ohne Spanischkenntnisse fürchten. Dabei ist es bei Weitem nicht so schwierig, wie es zunächst aussehen mag.

Tapas werden immer zusammen mit einem Getränk zu sich genommen, oft im Stehen oder am Tresen sitzend. (In einigen Kneipen erhält man eine kleine Tapa, wenn man etwas zum Trinken bestellt.) Und so funktioniert's: Der Kunde setzt sich an die Theke oder einen der Tische, bestellt etwas zu trinken (eventuell den weißen Perlwein *txacolí*) und einen Teller. Die meisten Tapas sind *montaditos* (eine Art Kanapee), vielleicht mit cremigem Roquefort und Walnuss oder scharf gewürzten Wurststückchen. Tapas werden praktischerweise mit Zahnstochern serviert; diese werden zum Schluss gezählt, und so ergibt sich der zu zahlende Betrag.

Eine Tapa ist nur eine kleine Portion; wenn man mehr von etwas möchte, bestellt man eine *ración* (große Tapas-Portion) oder eine *media ración* (mittelgroße Tapas-Portion). Zwei oder drei *raciónes* summieren sich in der Regel zu einer vollständigen Mahlzeit. Wer mehr Speisen probieren möchte, sollte besser auf die *media ración* ausweichen.

Außer den Speisen, die am Tresen ausgestellt sind, bieten einige Tapaslokale auch warme Gerichte aus der Küche an. Gewöhnlich fragen die Angestellten im Lokal herum, ob jemand Interesse hat. In anderen Lokalen werden warme Gerichte nur dann gereicht, wenn sie eigens bestellt werden. Eventuell sind Tagesgerichte auf einer Tafel verzeichnet. Wer sich nicht entscheiden kann, fragt nach der *especialidad de la casa* (Spezialität des Hauses) und liegt damit selten falsch.

Top-Tipps

Tickets (S. 202) Das tolle neue Restaurant von Ferran Adrià mit der besten *nueva cocina española* Barcelonas.

Alkímia (S. 150) Großartige katalanische Küche von Michelin-Sternträger Jordi Vilà.

Koy Shunka (S. 80) Köstliche avantgardistische japanische Küche, wohl die beste der Stadt.

Tapaç 24 (S. 150) Meisterkoch Carles Abellàn kreiert einige der besten Tapas der Stadt.

Pla (S. 80) Ausgezeichnetes Essen in kerzenbeschienenem mittelalterlichem Speisesaal.

Casa Delfin (S. 114) Himmlische mediterrane Küche im stimmungsvollen La Ribera.

Preiskategorien

€

Can Maño (S. 126)

Sureny (S. 170)

La Llar de Foc (S. 171)

Bitácora (S. 126

La Cova Fumada (S. 125)

Envalira (S. 171)

€€

Cafe de l'Academia (S. 80)

La Vinateria dell Call (S. 80)

Cal Pep (S. 114)

Botafumeiro (S. 170)

La Molina (S. 183)

Bar Pinotxo (S. 95)

€€€

El Passadís del Pep (S. 114)

Restaurant Evo (S. 202)

Torre d'Alta Mar (S. 126)

Hofmann (S. 183)

Can Travi Nou (S. 184)

Tapas

Bar Pinotxo (S. 95)

La Cova Fumada (S. 125)

Vaso de Oro (S. 126)

Cata 1.81 (S. 152)

Taktika Berri (S. 152)

Quimet i Quimet (S. 202)

Cal Pep (S. 114)

Bodega Sepúlveda (S. 154)

Katalanisch

Sureny (S. 170)

El Glop (S. 171)

La Molina (S. 183)

Via Veneto (S. 182)

Envalira (S. 171)

Restaurant Roig Robí (S. 170)

Nueva Cocina Española

Tickets (S. 202)

Alkímia (S. 150)

Cinc Sentits (S. 153)

Baskisch

Ipar-Txoko (S. 170)

Taktika Berri (S. 152)

Zarautz (S. 204)

Architekturjuwele

Casa Calvet (S. 150)

El Asador de Aranda (S. 184)

Cafés

Liadísimo (S. 184)

Lilipep (S. 115)

La Nena (S. 170)

Cosmo (S. 156)

La Clandestina (S. 84)

Čaj Chai (S. 83)

Caelum (S. 81)

Fusionsküche

Pla (S. 80)

Con Gracia (S. 170)

Can Kenji (S. 150)

Vegetarisch

Cerería (S. 81)

Himali (S. 171)

Amaltea (S. 154)

Organic (S. 98)

Sesamo (S. 97)

Für Fleischfreunde

Bilbao (S. 171)

Patagonia (S. 150)

El Asador de Aranda (S. 184)

Spät abends

Dos Trece (S. 98)

Elisabets (S. 97)

El Glop (S. 171)

Schokolade

La Nena (S. 170)

Xocoa (S. 87)

Cacao Sampaka (S. 160)

Museu de la Xocolata (S. 111)

Granja Viader (S. 97)

Nostalgisches Flair

Can Culleretes (S. 80)

Els Quatre Gats (S. 37)

Ca L'Isidre (S. 95)

Casa Leopoldo (S. 95)

Picknickzutaten

Mercat de la Boqueria (S. 90)

La Llavor Dels Orígens (S. 115)

Joan Murrià (S. 162)

Mauri (S. 154)

Casa Gispert (S. 117)

Schöne Aussicht

Torre d'Alta Mar (S. 126)

Miramar (S. 204)

Xiringuito D'Escribà (S. 128)

Can Majó (S. 125)

Essen auf dem Markt

Bar Joan (S. 115)

Bar Pinotxo (S. 95)

Brunch

Milk (S. 83)

Dos Trece (S. 98)

Romantisch

La Vinateria dell Call (S. 80)

Pla de la Garsa (S. 115)

Alba Granados (S. 153)

Pla (S. 80)

Casa Calvet (S. 150)

Essen & Wein

La Vinateria dell Call (S. 80)

Cata 1.81 (S. 152)

Terrabacus (S. 153)

La Panxa Del Bisbe (S. 171)

Historisches Ambiente

Casa Leopoldo (S. 95)

Can Travi Nou (S. 184)

Barramòn (S. 202)

Restaurant 7 Portes (S. 126)

Mittagsangebote

Cafè de l'Acadèmia (S. 80)

O'Gràcia! (S. 170)

Casa Amalia (S. 152)

En Aparté (S. 114)

Desserts

Foix de Sarrià (S. 184)

Bubó (S. 115)

Mandarosso Pastis (S. 115)

Olivia (S. 98)

Escribà (S. 155)

Caelum (S. 81)

Essen vor/nach dem Museum

Museu d'Historia de Catalunya (S. 123)

Pla dels Àngels (S. 97)

Museu Nacional d'Art de Catalunya (S. 192)

Meeresfrüchte

Restaurant 7 Portes (S. 126)

El Cangrejo Loco (S. 128)

Bar Celta (S. 81)

Els Pescadors (S. 128)

Can Majó (S. 125)

Can Ros (S. 126)

Lateinamerikanisch

El Rincón Maya (S. 154)

Patagonia (S. 150)

Cantina Machito (S. 172)

Mediterran

Noti (S. 150)

La Balsa (S. 184)

Hofmann (S. 183)

Embat (S. 152)

O'Gràcia! (S. 170)

Italienisch

Lac Majùr (S. 171)

Melton (S. 153)

Xemei (S. 202)

Le Cucine Mandarosso (S. 114)

Monty Café (S. 172)

Tantarantana (S. 114)

Portugiesisch

A Casa Portuguesa (S. 174)

Cerveseria Brassia Gallega (S. 153)

Bar Celta (S. 81)

Botafumeiro (S. 170)

Ausgehen & Nachtleben

Barcelona ist ein Mekka für Nachteulen, mit kerzenbeleuchteten Weinlokalen, altmodischen Kneipen, stilvollen Lounges und schillernden Nachtclubs, in denen bis zum Morgengrauen gefeiert wird. Ruhiger geht es in den stimmungsvollen Cafés und Teesalons zu – wunderbare Zufluchtsstätten an grauen Tagen.

Bars & Lounges

Barcelona verfügt über ein umwerfendes Angebot an allen möglichen Lokalen mit ganz unterschiedlichem Ambiente – kerzenbeschienene, mit Wandgemälden verzierte Gewölbe im mittelalterlichen Viertel, umgebaute Ladenlokale voller Antiquitäten und quirlige modernistische Räumlichkeiten.

In Barcelona gehören wie überhaupt in Spanien Essen und Trinken zusammen und viele der beliebtesten Bars servieren ebenso viele Tapas wie Drinks.

Hier folgt ein Überblick über die Ausgehszene der Stadt nach Vierteln.

Wein- & Cava-Bars

Immer mehr Weinbars in der Stadt widmen sich tollen Weinen aus Spanien und von anderswoher. Lokale, die ihr Weinangebot ernst nehmen, wie das Tapasrestaurant Cata 1.81 (S. 152), servieren zahlreiche offene Weine, mit besonderem Schwerpunkt auf herausragenden neuen Jahrgängen. Die kleinen Leckereien, die man zum Wein verzehrt, vervollkommnen den Genuss. Vielleicht teilt man sich mit mehreren Personen eine Käse- oder Wurstplatte oder ein paar Tapas.

In Cava-Bars dreht es sich gewöhnlich mehr um das festliche Ambiente als ums Getränk (S. 268) an sich, einen weißen oder Rosé-Schaumwein, der meist aus der katalanischen Region Penedès stammt.

In den bekannteren Cava-Bars muss man sich durch die schnatternde Menge drängeln und seinen Drink im Stehen einnehmen. Zwei der angesagtesten Cava-Bars sind El Xampanyet (S. 116) in La Ribera und Xampanyeria Can Paixano (S. 128) in Barceloneta.

Dach- & Hotelbars

Barcelona wartet mit einer Handvoll Dachbars auf, von denen sich ein zauberhafter Blick auf die Stadt bietet. Je nach Lage blickt man auf die Dächer der Altstadt, den geschwungenen Strand oder die ganze Stadt mit den Collserola-Bergen und dem Tibidabo im Hintergrund. Die meisten dieser Bars befinden sich auf dem Dach oder in den oberen Etagen der Top-Hotels. Dort sind aber beileibe nicht nur ausländische Besucher anzutrefffen: Immer mehr stilbewusste Einwohner der Stadt zieht es in diese Bars und spätabends trifft man sogar überwiegend Einheimische an.

Einige der besten Adressen:

➡ **B-Lounge** (S. 225) Atemberaubender Rundumblick von der Dachterrasse; gute Lage in Raval, um später in die nahen Clubs umzuziehen.

➡ **La Isabala** (S. 224) Die hübsche Sommerbar auf der Terrasse im 7. Stock des Hotel 1898 ist eine friedvolle Oase oberhalb der Rambla.

➡ **Eclipse Lounge** (S. 227) Keine Dachbar, aber hoch oben im 26. Stock des am Wasser gelegenen Hotels W Barcelona, mit Panoramablick und loungeähnlicher Atmosphäre mit DJs, raffinierten Cocktails und Promi-Publikum.

➡ **Angels & Kings** (S. 228) Freiluftbar im 6. Stock des Hotel ME mit großer Terrasse mit Pool, tollem Ausblick und festlichem Ambiente.

➡ **Mirablau** (S. 184) Die Freiluftbar am Fuß des Tibidabo ist ein echtes Wahrzeichen, berühmt für den unvergleichlichen Ausblick auf die Stadt.

Strandbars

Im Sommer eröffnen überall am Strand kleine hölzerne Strandbars, liebevoll *chiringuitos* genannt, von Barceloneta bis hinauf zur Platja de la Nova Mar Bella. Hier kann man mit den Zehen im Sand einen Cocktail schlürfen und den Bewohnern der Stadt dabei zuschauen, wie sie sich vor der Kulisse des tiefblauen Mittelmeers am Strand vergnügen. Ambience-Klänge tragen zur relaxten Atmosphäre bei.

Eine der quirligsten Strandbars liegt nordöstlich der Stadt am Cavaió-Strand in Arenys de Mar (von Barcelona mit dem Zug erreichbar). Im **Lasal** (www.lasal.com) gastieren erstklassige DJs und es herrscht eine Art tropische Partystimmung. Geöffnet von Mitte Mai bis September.

Clubs

In Barcelonas *discotecas* (Clubs) ist von Donnerstag bis Samstag am meisten los – einige öffnen auch nur an diesen Tagen. In der labyrinthartigen Altstadt versteckt sich eine überraschend große Bandbreite an Clubs – von plüschigen altmodischen Tanzlokalen bis zu düsteren Kellerclubs, die oft aus allen Nähten platzen.

Am Hafen herrscht ein ganz anderes Treiben: Am Port Olímpic treffen sich sonnenverbrannte Yachtbesitzer, Touristen und ein paar Einheimische zum Tanzen in einem der Clubs, die nebeneinander aufgereiht direkt am Wasser liegen. Die besten Locations finden sich in Barceloneta.

Einige bekannte Nachtclubs sind in den nobleren Stadtteilen ansässig, so etwa im Eixample und in der Zona Alta. Hier treffen sich in der Regel die Schönen der Stadt.

STRASSEN & PLÄTZE ZUM BAR-HOPPEN

- **Plaça Reial**, Barri Gòtic
- **Carrer dels Escudellers**, Barri Gòtic
- **Carrer de Joaquín Costa**, El Raval
- **Carrer Nou de la Rambla**, El Raval
- **Carrer de Santa Mònica**, El Raval
- **Platja de la Barceloneta**, Barceloneta
- **Carrer d'Aribau**, Eixample
- **Plaça del Sol**, Gràcia
- **Plaça de la Revolucion de Septembre de 1868**, Gràcia
- **Plaça de la Vila de Gracia**, Gràcia

GUT ZU WISSEN

Öffnungszeiten

- **Bars** Meist von etwa 18 bis 2 Uhr (am Wochenende bis 3 Uhr) geöffnet.
- **Clubs** Donnerstag bis Samstag von Mitternacht bis 6 Uhr.
- **Strandbars** April bis Oktober von 10 bis 24 Uhr (am Wochenende länger).

Wann gehen?

- In den Bars ist ab 23 oder 24 Uhr etwas los.
- In den Clubs wird es ab ca. 2 Uhr voll.

Preise

Der Eintritt kostet von 0 bis über 20 €. Inbegriffen ist meistens ein Getränk. Türsteher entscheiden, wer rein darf. Wer mit einer größeren Gruppe unterwegs ist, sollte sich in kleinen Grüppchen anstellen.

Szeneführer

- **Guia del Ocio** (www.guiadelociobcn.com)
- **Go Mag** (www.go-mag.com)
- **Metropolitan** (www.barcelona-metropolitan.com)
- **Barcelonarocks.com** (www.barcelonarocks.com)
- **Clubbingspain.com** (www.clubbingspain.com)

Getränkeglossar

Kaffee

- *cafe con leche:* halb Kaffee, halb Milch
- *cafe solo:* Espresso
- *cortado:* Espresso mit wenig Milch

Bier

- *cerveza:* Bier
- *caña:* kleines Bier vom Fass
- *tubo:* großes Bier vom Fass
- *jarra*: Krug Bier
- *quinto:* 200-ml-Flasche
- *tercio*: 300-ml-Flasche
- *clara*: Radler

Wein

- *vino de la casa:* Hauswein
- *txakolin:* leicht moussierender Weißwein aus dem Baskenland

Ausgehen nach Stadtvierteln

Gràcia & Park Güell
Junges, hippes Publikum
(S. 171)

Camp Nou, Pedralbes & Zona Alta
Exklusive Nachtclubs
(S. 184)

Sagrada Família & Eixample
Studentenbars, kleine Lounges, Schwulenclubs
(S. 155)

La Ribera
Cava- und Weinbars, Lounges
(S. 115)

Plaça de Catalunya

El Raval
Unkonventionelle Bars, kleine Clubs
(S. 98)

La Rambla & Barri Gòtic
Jede Menge Bars, Cafés, Freiluftlokale und Clubs
(S. 83)

Barceloneta & die Uferpromenade
Eckkneipen, Strandbars, Touristenclubs
(S. 128)

Port Olímpic

Port Vell

Mittelmeer

Montjuïc
Stilvolle Bars, Clubs, Freiluftlokale
(S. 205)

Cafés

Die Cafészene Barcelonas ist ungeheuer lebendig und bunt. In den schmalen Gassen des Barri Gòtic verstecken sich charmante Teeläden, in El Raval Künstlertreffs, im Eixample Hipsterläden und auf der Rambla Schmuckstücke des Modernisme. Hauptattraktionen sind zwar Kaffee, Tee und vielleicht *xocolata calenta* (heiße Schokolade), aber in den meisten Cafés gibt's auch Snacks und in einigen Bier, Wein und gelegentlich Cocktails.

Top-Tipps

Les Gens Que J'Aime (S. 158) Schickes, aber unprätentiöses Juwel im Eixample.

Terrazza (S. 205) Tanz unter freiem Himmel im Sommer im Poble-Espanyol-Komplex.

La Caseta del Migdia (S. 205) Stimmungsvolles Freiluftlokal auf dem Montjuïc.

Monvínic (S. 155) Eine der besten Weinbars Spaniens.

Elephant (S. 185) Superhipper Nachtclub in der Zona Alta.

Wein

La Vinya del Senyor (S. 116)

La Baignoire (S. 173)

Premier (S. 157)

Absinth

Bar Marsella (S. 101)

Absenta (S. 128)

Bier

La Cerveteca (S. 83)

Café de l'Opera (S. 84)

Hausgemachter Wermut

La Confitería (S. 98)

Absenta (S. 128)

Cocktails

Dry Martini (S. 156)

Gimlet (S. 116)

Boadas (S. 100)

Modernistische Einrichtung

Bar Muy Buenas (S. 99)

Casa Almirall (S. 100)

London Bar (S. 99)

El Paraigua (S. 84)

Café de l'Opera (S. 84)

Nostalgisches Flair

Raïm (S. 172)

Bar Marsella (S. 101)

La Confitería (S. 98)

Bar Pastís (S. 99)

Bar Muy Buenas (S. 99)

Mittelalterliches Ambiente

La Fianna (S. 116)

Dusk (S. 83)

Tanzen

Marula Cafè (S. 83)

Jamboree (S. 85)

Razzmatazz (S. 129)

Mirablau (S. 184)

Sutton The Club (S. 186)

CDLC (S. 128)

City Hall (S. 157)

Künstlertreffs

Ké? (S. 128)

Oviso (S. 83)

Absenta (S. 128)

Rockmusik

Alfa (S. 173)

Musical Maria (S. 173)

Noise i Art (S. 173)

Garaje Hermético (S. 158)

Für Stilbewusste

Otto Zutz (S. 186)

33|45 (S. 99)

Shôko (S. 129)

Strandlage

Santa Marta (S. 129)

Shôko (S. 129)

Opium Mar (S. 128)

Für Studenten

Le Journal (S. 173)

Mediterráneo (S. 156)

Betty Ford (S. 99)

Negroni (S. 99)

Partystimmung

La Fira (S. 155)

Museum (S. 157)

Bosc de les Fades (S. 83)

Tinta Roja (S. 205)

Nachtcafés

Cosmo (S. 156)

Cafè de l'Ópera (S. 84)

La Clandestina (S. 84)

Salterio (S. 84)

Čaj Chai (S. 83)

Caffè San Marco (S. 185)

Schwulen- & Lesbenszene

Barcelona verfügt über eine muntere Schwulen- und Lesbenszene mit einer ausgezeichneten Auswahl an Restaurants, Bars und Clubs in „Gaixample" (aus „gay" und Eixample), dem Viertel fünf bis sechs Häuserblocks südwestlich des Passeig de Gràcia um den Carrer del Consell de Cent herum.

Haltung der Einheimischen

Trotz massiven Widerstands seitens der katholischen Kirche legalisierte Spanien 2005 als viertes Land weltweit die Eheschließung zwischen gleichgeschlechtlichen Paaren. Eine Umfrage kurz vor Verabschiedung des Gesetzes ergab, dass über 60 % der Spanier die Legalisierung befürworteten. Homosexuelle verheiratete Paare dürfen auch Kinder adoptieren.

Generell ist Barcelona recht tolerant und ein schwules Pärchen Arm in Arm ruft für gewöhnlich kein Stirnrunzeln hervor.

Bars

Wie für eine Stadt dieser Größe zu erwarten ist die Barszene sehr vielfältig, mit stilvollen Cocktailbars, Lederbars, Bear Bars, geselligen Kneipen und Themenbars (mit Transvestitenshows und anderen Events).

Clubs

Wie bei den anderen Clubs in der Stadt ist auch in den Schwulenclubs erst ab 2 Uhr morgens richtig was los. Die größeren und bekannteren Clubs wie das Metro (S. 158), einer der Pioniere unter den Schwulenclubs in Barcelona, hat erstklassige DJs, verschiedene Bars, einen Darkroom, Transvestitenshows und anderes. Die meisten Clubs haben nur Donnerstag bis Samstag geöffnet.

Die Lesbenszene

Die Lesbenbarszene ist verglichen mit der Schwulenbarszene etwas dürftig; viele Bars richten sich an ein gemischt schwules und lesbisches Publikum und auch an Heteros.

Ein dezidiert lesbischer Laden ist das Aire (S. 157), das für lesbische Barcelona-Besucherinnen ein Muss darstellt. In einigen Heterobars und -clubs finden manchmal Lesbenpartys statt. Sie werden auf Handzetteln angekündigt, die in Geschäften und Bars in Gaixample ausliegen.

Besondere Events

Die Schwulen- und Lesbenszene Barcelonas rückt beim jährlichen **Pride Barcelona** (www.pridebarcelona.org) ins Rampenlicht. Das einwöchige Event Ende Juni umfasst Konzerte, Transvestitenshows, Filmvorführungen, Kunstausstellungen und Tanzpartys im Freien – und jede Menge Schaum. Den Höhepunkt bildet ein festlicher Umzug über den Carrer de Sepúlveda zur Plaça d'Espanya, wo auch die großen Events stattfinden.

Eine wichtige Veranstaltung ist auch das **Barcelona International Gay and Lesbian Film Festival** (www.barcelonafilmfestival.org) von Ende Oktober bis Anfang November; die meisten Filme laufen in der Filmoteca de Catalunya (S. 94). Kurz zuvor findet Anfang Oktober das **Sitges Film Festival** (sitgesfilmfestival.com) statt.

Sitges: Kataloniens Schwulenhauptstadt

Barcelona hat eine lebendige Schwulenszene, aber die Schwulenhauptstadt Spaniens ist das hedonistische Sitges (S. 216), ein wichtiges Ziel der internationalen Schwulenpartyszene. Die dortige Schwulengemeinde spielt eine große Rolle beim wilden Carnaval im Februar/März.

Top-Tipps

Metro (S. 158) Der beste (und älteste) Schwulenclub der Stadt.

Dietrich Gay Teatro Café (S. 159) Hier ist immer was los; jeden Abend Transvestitenshows.

Hotel Axel (S. 231) Stilvolles Boutiquehotel für Schwule im Herzen von Gaixample.

Aire (S. 157) Barcelonas beste Lesbenbar mit tollem Dancefloor.

Unterkünfte

Hotel California (S. 231)

Casa de Billy Barcelona (S. 231)

Schwulenclubs

Arena Madre (S. 157)

La Base (S. 158)

Relaxte Schwulenbars

Átame (S. 156)

La Chapelle (S. 156)

Museum (S. 157)

Punto BCN (S. 157)

Dacksy (S. 156)

Lederbars

New Chaps (S. 158)

Bear Bars

Bacon Bear (S. 156)

Gemischte Clubs

Arena Classic (S. 157)

Terrazza (S. 205)

Schwulenfreundliche Strände

Platja de la Mar Bella (S. 122)

Platja de Sant Miquel (Karte S. 314)

Schwulenshops

Nosotraos (S. 162)

Cómplices (S. 87)

GUT ZU WISSEN

Schwulenorganisationen

➡ **Casal Lambda** (☎93 319 55 50; www.lambdaweb.org; Carrer de Verdaguer i Callís 10; Ⓜ Uquinaona) Gemeinde-, Kultur- und Infozentrum in La Ribera.

➡ **Coordinadora Gai-Lesbiana Barcelona** (☎93 298 00 29; www.cogailes.org; Carrer de Violant d'Hongria 156; Ⓜ Plaça del Centre) Wichtigste Koordinationsstelle der Stadt für Schwule und Lesben.

➡ Ca la Dona (S. 278) beherbergt einige Lesbengruppen und betreibt die Lesbeninfohotline **Línia Rosa** (☎90 060 16 01).

Websites

➡ **Gay Apartments Barcelona** (www.gayapartmentbarcelona.com) Ferienwohnungen und Infos über Saunen, Geschäfte, Restaurants.

➡ **Nois** (www.revistanois.com) Kostenlose Zeitschrift mit aktuellen Events.

➡ **60by80** (www.60by80.com) Sehr gute Website für schwule Reisende. Barcelona findet man unter „City guides".

➡ **VisitBarcelonaGay.com** (www.visitbarcelonagay.com) Alles von Fetischrubriken bis zu Saunen und Unterkünften.

➡ **GaySitges** (www.gaysitges.com) Eine Seite für die schwulenfreundliche Küstenstadt.

Unterhaltung

In Barcelona wimmelt es von Bühnen, auf denen ein buntes Unterhaltungsprogramm geboten wird, vom Untergrundkabarett über die komische Oper bis zum ernsten Drama. Es gibt eine ganze Reihe von Tanzkompanien, und beliebte Theatergruppen ziehen, wenn sie nicht gerade durchs restliche Spanien touren, das Publikum in ihren Bann.

Klassische Musik & Oper

Barcelona kann stolz sein auf seine schönen Theater, in denen in festlichem Rahmen Konzerte, Opern und anderes stattfinden. Die beiden historischen Bühnen sind das Gran Teatre del Liceu (S. 85) und der Palau de la Música Catalana (S. 116).

Tanz

Neben diversen guten einheimischen Ensembles für modernen Tanz treten in Barcelona auch international renommierte Truppen auf. Die im Palau de la Virreina (S. 69) ausliegenden Flyer werben für aktuelle Stücke, zusätzlich lohnt auch der Blick in den Veranstaltungskalender. Wer Ballett und andere hochkarätige Produktionen besuchen möchte, muss schauen, ob gerade eine Tanztruppe aus dem Ausland in der Stadt weilt.

FLAMENCO

Gute Darbietungen dieses andalusischen Tanz- und Musikstils sind nicht leicht zu finden. Die wenigen *tablaos* sind touristisch und oft kitschig. Freitagabends gibt's Flamenco im Jazz Sí Club (S. 100); bekannte Künstler gastieren zuweilen im Palau de la Música Catalana (S. 116). Im Mai findet das **Festival de Flamenco de Ciutat Vella** (http://ciutatflamenco.com) statt. Das **De Cajón Festival Flamenco** (www.theproject.es, auf Spanisch) besteht aus einer Konzertreihe zwischen Mitte Februar und April.

SARDANA

Die beste Gelegenheit, in Barcelona eine Sardana zu erleben, bietet sich am Sonntag um 12 Uhr und am Samstag um 18 Uhr vor der Kathedrale. Manchmal wird der Tanz auch auf der Plaça de Sant Jaume aufgeführt.

Nähere Informationen erteilt die **Agrupació Cultural Folclòrica de Barcelona** (☎93 315 14 96). Darüber hinaus kann der Tanz im Rahmen der verschiedenen Festivals der Stadt bewundert werden.

Theater

Die meisten Theaterinszenierungen sind auf Katalanisch oder Spanisch. Den Monatsführer *Teatre BCN* gibt's im Palau de la Virreina (S. 69).

Kinos

Filmvorführungen im Freien finden im Sommer im oder beim Castell de Montjuïc sowie im Fòrum statt. Ausländische Filme in Originalfassung mit Untertiteln sind in den Kinoprogrammen mit „vo" *(versió original)* gekennzeichnet.

Unterhaltung nach Stadtvierteln

➡ **La Rambla & Barri Gòtic** Hier steht das Gran Teatre de Liceu und wird jede Woche die Sardana getanzt.

➡ **El Raval** Toll für Theater, Jazz und – freitagabends im Jazz Sí Club – Flamenco.

➡ **La Ribera** Wo der spektakuläre Palau de la Música Catalana ein vielfältiges Programm bietet.

➡ **Montjuïc** Mit dem Palau de la Virreina und manchmal Freilichtkino auf dem Montjuïc.

Top-Tipps

Palau de la Música Catalana (S. 116) Das glitzernde Juwel des Modernisme, die traditionelle Bühne der Stadt für Klassik und Chormusik, ist ein Fest für die Sinne.

Gran Teatre del Liceu (S. 85) Im wichtigsten Opernhaus der Stadt vereint sich der Stil des 19. Jhs. mit erstklassiger Akustik.

Filmoteca de Catalunya (S. 94) Das neue Kulturzentrum umfasst ein Filmarchiv, einen Buchladen, ein Café, Büros und Ausstellungsräume.

Cangrejo (S. 100) Großartiger Varietékitsch mit dem Transvestiten-Kultstar Carman Mairena aus Barcelona.

Theater

Teatre Nou Tantarantana (S. 101)

Teatre Romea (S. 101)

Teatreneu (S. 174)

Sala Beckett (S. 174)

Shows abseits des Mainstreams

Teatre Llantiol (S. 101)

Sala Apolo (S. 205)

Dietrich Gay Teatro Café (S. 159)

Jazz

Harlem Jazz Club (S. 85)

Jazz Sí Club (S. 100)

Jamboree (S. 85)

Bel-Luna Jazz Club (S. 159)

Flamenco

Jazz Sí Club (S. 100)

Tablao Nervión (S. 116)

Sala Tarantos (S. 86)

Kulturzentren

Filmoteca de Catalunya (S. 94)

Centre de Cultura Contemporània de Barcelona (S. 94)

Teatre Nacional de Catalunya (S. 159)

Livebands

Heliogàbal (S. 173)

Elèctric Bar (S. 174)

Sala Apolo (S. 205)

Sidecar Factory Club (S. 85)

Kinos

Verdi (S. 174)

Casablanca Kaplan (S. 174)

Méliès Cinemes (S. 159)

Yelmo Cines Icària (S. 130)

Klassische Musik

Palau Robert (S. 159)

L'Auditori (S. 159)

L'Ateneu (S. 85)

GUT ZU WISSEN

Tickets

➡ Eintrittskarten *(entradas)* für die meisten Veranstaltungen sind am einfachsten bei **Tel-Entrada** (www.telendra.com) der Caixa de Catalunya oder bei **Servi-Caixa** (www.servicaixa.com) zu bekommen. Online bei ServiCaixa gekaufte Tickets kann man sogar an ausgewählten Geldautomaten der Bank La Caixa abholen.

➡ Kostenlose Ausstellungen usw. findet man auf www.forfree.cat.

Programmverzeichnisse

➡ Das Kulturinformationsbüro des Palau de la Virreina (S. 69) hat jede Menge Infos über Theater, Oper, klassische Musik und mehr.

➡ Der **Guía del Ocio** (www.guiadelociobcn.es, auf Spanisch; 1 €) bietet einen umfassenden Veranstaltungskalender.

➡ Für klassische Musik ist die Monatsbroschüre *Informatiu Musical* am besten, erhältlich in den Touristeninformationen und im Palau de la Virreina.

Coquette (S. 117)

Shoppen

Barcelona ist ein echtes Einkaufsmekka. In der Ciutat Vella (Barri Gòtic, El Raval und La Ribera), im Eixample und in Gràcia reiht sich ein Laden an den anderen: unzählige Boutiquen, historische Geschäfte, originelle Läden, Gourmettempel, Weinkeller und so viele Designershops, dass selbst eine goldene Kreditkarte nicht ausreicht. Was immer man möchte, hier findet sich alles, was das Herz begehrt.

Herboristeria del Rei (S. 87)

Design

Ob Haushaltswaren, Geschenke oder Dekoartikel – man merkt schnell, dass Barcelona ein echtes Designerparadies ist. Das beweisen schon die Vorzeigedesignläden wie Vinçon und Cubiña. Und selbst die Souvenirs sind geschmackvoll. Edle Designgeschäfte finden sich v. a. im Eixample und in El Born, kreative Läden eher in El Raval, mit allem von originellen Möbeln bis zu Haushaltswaren mit dem gewissen Extra.

Lauter kleine Läden

Im Herzen des Barri Gòtic wimmelte es schon immer von kleinen Geschäften, seit Mitte der 1990er-Jahre aber boomt das Viertel. In den schmalen Gassen rund um die Plaça de Sant Jaume verstecken sich faszinierende alte Läden, die etwa Hüte oder Kerzen verkaufen. Der einst schäbige Carrer d'Avinyó entwickelte sich zum Zentrum für junge Mode. Entlang dem Carrer de la Palla und dem Carrer dels Banys Nous finden sich dagegen vor allem Antiquitätengeschäfte.

La Ribera ist das Paradies für Feinschmecker. Berühmte alte Geschäfte und verlockende Neueröffnungen bieten Spezialitäten von Kaffee und Schokolade bis zu Käse. Und inmitten all der wunderbaren Düfte kümmern sich Mode- und Designerläden um die vielen Yuppies im Viertel.

Auch in Gràcia wimmelt es von kleinen schrulligen Läden. Besonders lohnend für alles von Kleidung bis Nippes ist der Carrer de Verdi.

GUT ZU WISSEN

Wo gibt's was?

Die Hauptgeschäftsstraßen für edle Mode, Schmuck, Design und Kaufhäuser liegen in einem Bereich von der Plaça de Catalunya entlang dem Passeig de Gràcia, nach links in die Avinguda Diagonal und weiter bis zur Plaça de la Reina Maria Cristina. Das Gebiet zwischen der Plaça de Francesc Macià und der Plaça de la Reina Maria Cristina ist ein besonders lohnendes Jagdrevier.

Öffnungszeiten

- Normalerweise sind die Geschäfte montags bis freitags von 9/10 bis 13.30/14 Uhr und dann wieder von 16/16.30 bis 20/20.30 Uhr geöffnet. Ähnliches gilt auch für den Samstag, allerdings schließen dann einige Geschäfte schon am Nachmittag.
- Die großen Supermärkte, Einkaufszentren und Kaufhäuser wie El Corte Inglés haben montags bis samstags von etwa 10 bis 22 Uhr geöffnet.
- Viele Boutiquen, Designerläden u. Ä. öffnen montags bis samstags von 10 bis 20 Uhr.
- Einige Geschäfte sind auch sonntags und an Feiertagen geöffnet, vermehrt vor wichtigen Ferien.

Schlussverkäufe

Der Winterschlussverkauf beginnt direkt nach Reis (6. Januar) und reicht bei manchen Geschäften bis weit in den Februar hinein. Der Sommerschlussverkauf fängt im Juli an, um die Einheimischen zum Geldausgeben zu verleiten, bevor sie im August in den Urlaub verschwinden. In manchen Geschäften dauert der Schlussverkauf bis Ende August.

El Raval beherbergt einzigartige Geschäfte und Künstler, die ihre eigenen Arbeiten verkaufen – von Mode bis zu Drucken, Lebensmitteln und Trödel.

Ketten & Kaufhäuser

Spanische Ketten sind in ganz Europa zu finden, so etwa Zara, Mango, Pull and Bear, Bershka, Massimo Dutti, Zara Home (die übrigens alle demselben Unterneh-

(Oben) Wahre Fundgruben mit Vintage-Mode finden sich in El Raval

(Links) El Ingenio (S. 87)

men angehören, Inditex) – und auch in Barcelona sind sie vertreten. Erschwingliche stilvolle Damenunterwäsche gibt's bei Oysho und Women's Secret, und beliebte Läden wie Topshop und Topman findet man abseits der Rambla de Catalunya.

Das Kaufhaus mit dem besten und umfassendsten Angebot ist El Corte Inglés – die riesige, festungsartige Hauptfiliale thront über der Plaça Catalunya. Hier gibt's alles von Büchern, Musik und Lebensmitteln bis zu Mode, Schmuck, Kinderkleidung, Elektrogeräten und Haushaltsartikeln. In der gesamten Stadt sind noch weitere, kleinere Filialen angesiedelt. Groß – und ein bisschen moderner – ist FNAC.

Vintage-Mode

Das beste Viertel für Vintage-Mode ist El Raval. Hier verlocken altmodische Geschäfte zum Stöbern. Und es gibt viele preiswerte Boutiquen (meistens Secondhandläden). Hauptgeschäftsstraße ist der Carrer de la Riera Baixa, auf dem von Siebziger-Jahre-Utensilien bis zu gebrauchten Armeeklamotten alles zu finden ist. Auf dem Carrer dels Tallers sammeln sich immer mehr Bekleidungs- und Schuhgeschäfte, noch überwiegen aber CD-Läden. Kunstgalerien, Designer-Outlets und gute Buchläden drängeln sich auf den Straßen östlich des Macba in Richtung der Rambla.

Designerläden

Das Herz des Eixample, durch das der Passeig de Gràcia verläuft, wird Quadrat d'Or (goldenes Viereck) genannt: Ein glitzernder Laden liegt hier neben dem anderen. Und der Passeig de Gràcia liest sich wie das Who's Who der internationalen Marken, ergänzt durch spanische Nobeldesignermarken wie Loewe.

El Born, besonders der Carrer del Rec, bietet in kleinen, schnörkellosen Boutiquen coole Designer wie Isabel Marant, Marni, Chloé und Hoss Intropia. Hier findet man auch Sachen von Modeschöpfern aus der Stadt selbst. Eine tolle Gegend für Leute mit genügend Kleingeld und Zeit zum Stöbern.

Märkte

Die Lebensmittelmärkte der Stadt zählen zu den besten Europas, wie der verführerische Mercat de la Boqueria (S. 90) und der **Mercat de Santa Caterina** (Karte S. 312; Avinguda de Francesc Cambó; Ⓜ Jaume I). Doch daneben hat jedes Viertel auch noch seinen eigenen Markt.

Mehrere stimmungsvolle Flohmärkte wie Els Encants Vell (S. 160) bieten Gelegenheit zum ausgiebigen Stöbern.

Einkaufsmeilen

➡ **Avinguda del Portal de l'Àngel** Die breite Fußgängerzone bietet nicht nur das Kaufhaus El Corte Inglés, sondern auch alle möglichen Läden, vom Schuhgeschäft bis zu Patisserien. Sie mündet in den Carrer dels Boters und den Carrer de la Portaferrissa, die von Geschäften mit Modeschmuck und junger Mode geprägt sind.

➡ **Avinguda Diagonal** Auf diesem Boulevard drängeln sich die großen internationalen Modemarken, Kaufhäuser und Designläden, dazwischen gibt's nette Lokale, in denen sich müde Einkäufer ausruhen können.

➡ **Carrer d'Avinyó** Früher eine ziemlich verwahrloste Altstadtstraße (Picasso und seine Freunde besuchten hier Häuser von zweifelhaftem Ruf), ist der Carrer d'Avinyó heute eine dynamische Straße mit junger Mode.

EINKAUFSZENTREN

Barcelona ist auch eine Stadt der Einkaufszentren. Eines der ersten war **L'Illa Diagonal** (Karte S. 328; ☎93 444 00 00; www.lilla.com; Avinguda Diagonal 549; ⌚Mo–Sa 10–21.30 Uhr; Ⓜ Maria Cristina), das vom spanischen Stararchitekten Rafael Moneo entworfen wurde. Das **Centre Comercial Diagonal Mar** (Karte S. 316; ☎902 530300; www.diagonalmar.com; Avinguda Diagonal 3; Ⓜ El Maresme Fòrum) direkt am Meer gehört zu den jüngsten Shoppingtempeln.

Weitere Einkaufszentren sind das **Centre Comercial de les Glòries** (Karte S. 316; ☎93 486 04 04; www.lesglories.com; Gran Via de les Corts Catalanes; Ⓜ Glòries) in der ehemaligen Olivetti-Fabrik, **Heron City** (☎902 401144; www.heroncitybarcelona.com; Passeig de Rio de Janeiro 42; Ⓜ Fabra i Puig), nicht weit von der Avinguda Meridiana, ca. 4 km nördlich der Plaça de les Glòries Catalanes, und das **Centre Comercial Gran Via 2** (☎902 301444; www.granvia2.com; Gran Via de les Corts Catalanes 75; Ⓡ FGC Ildefons Cerdà) in L'Hospitalet de Llobregat.

Hutladen im Barri Gòtic

➡ **Carrer de la Rierwa Baixa** Die Straße ist ein Tummelplatz für Läden mit Secondhand-Klamotten.

➡ **Carrer del Petritxol** Toll für Schokolade und Kunst.

➡ **Carrer del Consell de Cent** Zwischen dem Passeig de Gràcia und dem Carrer de Muntaner konzentriert sich die private Kunstszene Barcelonas.

➡ **Carrer del Rec** Eine weitere Modestraße, mit bunten, coolen Boutiquen. Auch der Carrer del Bonaire und der Carrer de l'Esparteria lohnen einen Besuch. Hier locken Discount-Outlets und originelle einheimische Designer.

➡ **Carrer dels Banys Nous** Zusammen mit dem nahen Carrer de la Palla ist die Banys Nous die beste Adresse für Antiquitäten.

➡ **Passeig de Gràcia** Am führenden Einkaufsboulevard der Stadt liegen die schicken Läden der großen internationalen Designer.

➡ **Rambla de Catalunya** Hübscher als der Passeig de Gràcia und mit einem vielseitigeren Angebot an Geschäften. Und es gibt ausreichend Cafés für eine Pause zwischendurch.

Shoppen nach Stadtvierteln

➡ **Barri Gòtic & La Rambla** Toll für alle möglichen Geschäfte: Boutiquen, Designläden und Souvenirs.

➡ **El Raval** Hier findet sich eine Ansammlung unabhängiger Läden – Boutiquen für Vintage-Mode und alle möglichen originellen und kreativen Läden – sowie der herrliche Mercat de la Boqueria.

➡ **La Ribera** El Born ist das Viertel der coolen Designer-Boutiquen mit edler Mode sowie ausgezeichneten Feinkostläden.

➡ **Port Vell & Barceloneta** Barceloneta wartet mit einigen riesigen Einkaufszentren und kleinen Märkten auf.

➡ **Eixample** In den teuren Straßen des Eixample finden sich noble Geschäfte wie auch Ladenketten.

➡ **Gràcia** Mit phantastischen kleinen Geschäften für alles von alten Kameras bis zu einzigartiger Mode und Lebensmitteln.

➡ **Zona Alta** Dies ist eine noble Adresse – hohe Preise und superschicke Boutiquen sind also an der Tagesordnung.

Top-Tipps

Vinçon (S. 160) Der berühmte Designerladen verkauft wunderbare Möbel und Wohnaccessoires.

Mercat de la Boqueria (S. 90) Einer der buntesten Lebensmittelmärkte Europas.

Vila Viniteca (S. 117) Die ausgezeichnete Weinhandlung ist ein beliebter Treff der Bacchusjünger.

Coquette (S. 117) Einfache, aber schöne Designer-Klamotten für Frauen.

A Casa Portuguesa (S. 174) Lebensmittel, Wein und köstliche Torten aus Portugal.

Design & Kunsthandwerk

Cubiña (S. 161)

Costura (S. 102)

Fantastik (S. 102)

Teranyina (S. 102)

Mode

Antonio Miró (S. 161)

Farrutx (S. 163)

Loewe (S. 161)

Bagués (S. 162)

Märkte

Mercat de Santa Caterina (S. 110)

Els Encants Vells (S. 160)

El Bulevard dels Antiquaris (S. 160)

Geheimtipps

El Rey De La Magia (S. 118)

Herboristeria Del Rei (S. 87)

La Portorriqueña (S. 102)

Sala Parés (S. 86)

El Ingenio (S. 87)

Taller de Marionetas Travi (S. 86)

Lebensmittel & Wein

Casa Gispert (S. 117)

Vila Viniteca (S. 117)

Barcelona Reykjavik (S. 101)

Caelum (S. 81)

Bücher

Casa del Llibre (S. 160)

Ras (S. 101)

Come In (S. 160)

Laie (S. 160)

Hibernian (S. 175)

Antiquitäten & Vintage

L'Arca de l'Àviva (S. 86)

El Bulevard dels Antiquaris (S. 160)

Els Encants Vells (S. 160)

Port Antic (S. 130)

Schuhe

La Manual Alpargatera (S. 88)

Nu Sabates (S. 118)

Camper (S. 162)

Farrutx (S. 163)

Accessoires

Obach (S. 88)

Sergio Aranda (S. 162)

Espacio de Creadores (S. 87)

La Roca Village (S. 162)

Sport & Aktivitäten

Das Mittelmeer und der weitläufige Hügelpark oberhalb der Stadt bilden eine tolle Kulisse für ein bisschen Bewegung unter dem gewöhnlich blauen Himmel über Barcelona. Zum Ausgleich für die Museumsbesuche und das Schlemmen in den Tapasbars kann man hier joggen, schwimmen und Rad fahren – oder man verausgabt sich als Zuschauer bei einem der stets unterhaltsamen Spiele des FC Barcelona.

Fußball

Fußball ist in Barcelona Ersatzreligion, und angebetet wird zumeist der FC Barcelona. Ein weniger bekannter Verein ist der RCD Espanyol. Der FCB wird traditionell mit Katalonien assoziiert, während Espanyol oft mit den Zuwanderern aus anderen Teilen des Landes in Verbindung gebracht wird.

Radfahren

Das lange Meeresufer lädt zum Radeln ein und der vom Straßen- und Fußgängerverkehr getrennte Radweg ermöglicht ein zügiges Vorwärtskommen – außer an Sommerwochenenden. In der Stadt gibt's über 180 km Radwege, u. a. an wichtigen Straßen wie Passatge de Sant Joan, Consell de Cent, Av. Diagonal und Ronda de Sant Pau/Comte d'Urgell. Mountainbiker zieht es derweil hinauf in den riesigen Parc de Collserola (S. 181) mit langen Trails auf einem bewaldeten Massiv oberhalb der Stadt. Geführte Radtouren siehe S. 31, Radverleih S. 275.

Joggen

Die Meerespromenade und Strände sind ideal, um früh am Morgen zu laufen. Ambitionierte Einheimische lieben den Parc de Collserola, durch den sich diverse Wege ziehen. Zu den schönsten zählt die Carretera de les Aigües, ein 9 km langer Weg vom Tibidabo zum Vorort Sant Just Desvern, mit tollem Ausblick über die Stadt. Praktischer gelegen sind die Grünanlagen des Montjuïc.

Schwimmen

Wer gern im Meer badet, sollte die Strände nördlich der Platja Nova Icària (S. 122) ansteuern: Sie sind sauberer als diejenigen näher am Hafen. Außerdem gibt es einige tolle Schwimmbäder, um Bahnen zu schwimmen, darunter mehrere Sportzentren am Wasser (S. 130) und die ehemals olympischen **Piscines Bernat Picornell** (Karte S. 330; www.picornell.cat; Avinguda de l'Estadi 30–38; Erw./Kind 9,65/5,95 €; ⌚Mo–Fr 6.45–24, Sa 7–21, So 7.30–16 Uhr; 🚌50, 61 oder 193).

Wellness & Entspannung

Ein Tag in einem Spa ist eine tolle Art, nach ein paar Tagen der Stadterkundung die Akkus wieder aufzuladen. Die besten Spas wie **Aire de Barcelona** (Karte S. 312; ☎90 255 57 89; www.airedebarcelona.com; Passeig de Picasso 22; Ⓜ Arc de Triomf; Anwendungen 28–125 €) verfügen über kerzenbeleuchtete Vorräume und üppig ausgestattete Bäder und Saunen. Die meisten Top-Hotels verfügen über Wellnessbereiche, doch schöne Anlagen sind über die ganze Stadt verstreut.

NACKTBADEN

Neben dem FKK-Abschnitt am südwestlichen Ende der Platja de la Mar Bella und der überwiegend von Schwulen besuchten Platja de Sant Miquel besteht in den Piscines Bernat Picornell ganzjährig die Möglichkeit, die Hüllen fallen zu lassen. Am Samstagabend von 21 bis 23 Uhr öffnet das Bad ausschließlich den Freunden der FKK seine Pforten – einschließlich Sauna. Von Oktober bis Mai ist das Becken in der Halle sonntags von 16.15 bis 18 Uhr ebenfalls FKK-Anhängern vorbehalten.

Top-Tipps

Camp Nou (S. 178) Berühmter Fußballtempel.

Aire de Barcelona (S. 60) Schönes Spa im Banys-Àrabs-Stil in historischem Ambiente in El Born.

Platja de Sant Sebastià (Karte S. 314) Ausgangspunkt für einen schönen Lauf oder eine Radtour am Wasser entlang.

Piscines Bernat Picornell (S. 60) Schwimmen, wo einst die Olympioniken ihr Können zeigten.

Joggen & Radfahren

Montjuïc (S. 194)

Parc de Collserola (S. 181)

Uferpromenade (S. 127)

Spas

Rituels d'Orient (S. 188)

Aqua Urban Spa (S. 175)

Flotarium (S. 175)

Stadtspaziergänge

Altstadttour von Runner Bean Tours (S. 30)

Modernisme-Tour der Oficina d'Informació de Turisme de Barcelona (S. 30)

Picasso-Tour der Oficina d'Informació de Turisme de Barcelona (S. 30)

Gourmet-Tour der Oficina d'Informació de Turisme de Barcelona (S. 30)

Barcelona Metro Walks (ungeführt, S. 30)

Touren

Radtouren (S. 31)

Bootsausflüge (S. 131)

BCN Skytour (Hubschrauberrundflüge, S. 276)

Trixi (Fahrradtaxitouren, S. 31)

Barcelona Segway Fun (S. 31)

GUT ZU WISSEN

Karten für Barça

Karten für Spiele des FC Barcelona sind im Camp Nou (S. 178) sowie über den Ticketservice **Servi-Caixa** (www.servicaixa.com) erhältlich und kosten gewöhnlich zwischen 35 und 200 €. Die Schalter sind am Samstagvor- und -nachmittag bis Spielbeginn geöffnet. Findet das Spiel am Sonntag statt, ist nur am Samstagvormittag geöffnet und dann am Sonntag bis Spielbeginn. Für Spiele gegen Real Madrid sind normalerweise keine Karten zu bekommen.

Meistens treiben sich in der Nähe der Kartenschalter Schwarzhändler herum. Häufig sind das Vereinsmitglieder, die Karten zu stark ermäßigten Preisen anbieten. Aber Achtung: Erst drinnen bezahlen, wenn einem der Sitzplatz auch wirklich sicher ist!

Wer es nicht zu einem Spiel schafft: Auch eine Stadionführung mit Besuch des Multimedia-Museums (S. 178) lohnt sich!

Wassersport

Das sonnige Mittelmeer lockt! Vom Fuß der Rambla starten Ausflugsboote (S. 131) zu kurzen Trips. Wer lieber selbst Hand anlegt: Die Base Nautica Municipal (S. 131) bietet Unterricht im Segeln, Kajaken und Windsurfen.

Barcelona erkunden

BARCELONAS HIGHLIGHTS

Die Stadtviertel im Überblick

1 La Rambla & Barri Gòtic (S. 66)

Auf der berühmten Rambla herrscht dank den vielen Straßenkünstlern und Straßenhändlern, Touristen aus aller Welt und Trickbetrügern (Vorsicht!) zwischen sonnigen Cafés und Geschäften immer jede Menge Action. Das angrenzende Barri Gòtic strotzt nur so vor historischen Schätzen: römischen Ruinen, gotischen Kirchen und stimmungsvollen Gassen mit Geschäften, Bars und Restaurants.

2 El Raval (S. 89)

Das einstige Armenviertel El Raval ist teils immer noch etwas zwielichtig, hat aber in den vergangenen Jahren dank modernster Museen und Kulturzentren, darunter das Museu d'Art Contemporani de Barcelona (Macba) von Richard Meier, eine bemerkens-

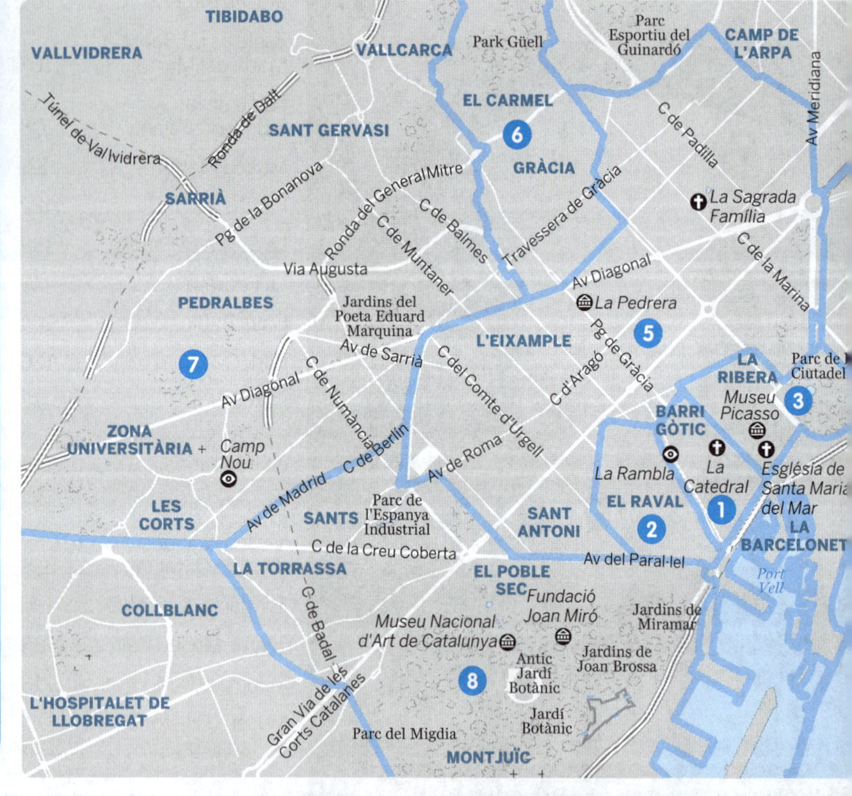

werte Aufwertung erfahren. Klasse sind auch das unkonventionelle Nachtleben des Viertels und die kulinarischen Genüsse auf dem Mercat de la Boqueria.

3 La Ribera (S. 103)

Das mittelalterliche Viertel bietet von allem etwas, von teuren Boutiquen bis zu munteren Tapasbars. Highlights sind das großartige Museu Picasso, die gotische Kirche Santa Maria del Mar und die Jugendstil-Konzerthalle Palau de la Música Catalana. Die grüne Lunge des Viertels ist der gepflegte Parc de la Ciutadella.

4 Barceloneta & die Uferpromenade (S. 119)

Der alte Industriehafen hat in den letzten drei Jahrzehnten eine dramatische Wandlung durchgemacht. Heute finden sich hier saubere Strände mit Bars und Restaurants, elegante Skulpturen, eine 4,5 km lange Uferpromenade, ultramoderne Hochhäuser und Yachthäfen. Das Tor zum Mittelmeer ist das alte Fischerviertel Barceloneta mit seinen traditionellen Fischlokalen.

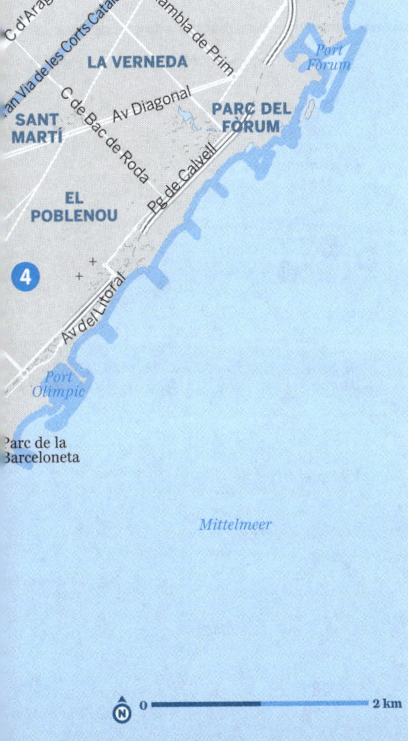

5 Sagrada Família & Eixample (S. 136)

Die elegante Stadterweiterung Eixample ist ein Tummelplatz für Bauten des Modernisme wie Gaudís unfertiges Meisterwerk, die Sagrada Família. Hier gibt's eine erstklassige Restaurantszene, edle Boutiquen und ein sehr vielfältiges Nachtleben mit Partylocations für Studenten, edlen Cocktaillounges und der quirligen Schwulenclubszene von „Gaixample".

6 Gràcia & Park Güell (S. 164)

Die engen Gassen und malerischen Plätze von Gràcia verströmen immer noch dörfliches Flair, und die alten Cafés und Kneipen, Secondhandläden und Ethno-Restaurants ziehen schon seit einiger Zeit ein junges, hippes, größtenteils internationales Publikum an. Auf einem Hügel Richtung Norden erstreckt sich der Park Güell, ein weiteres faszinierendes Werk von Gaudí.

7 Camp Nou, Pedralbes & Zona Alta (S. 176)

Einige der heiligsten Stätten der Stadt befinden sich in dem riesigen Gebiet hinter dem Eixample. Eine davon ist das Kloster Pedralbes, eine andere ist der Tempel des katalanischen Fußballs, Camp Nou. Weitere Attraktionen sind der Tibidabo mit Vergnügungspark und tollen Ausblicken, der Parc de Collserola mit seinen Wegen und das großartige Wissenschaftsmuseum CosmoCaixa.

8 Montjuïc (S. 189)

Der Berg oberhalb des Hafens von Barcelona beherbergt einige der besten Kunstsammlungen der Stadt: das Museu Nacional d'Art de Catalunya, die Fundació Joan Miró und das CaixaForum. Weitere Galerien sowie Gärten und eine imposante Festung zieren den Berg, der dazu mit einmaligen Ausblicken über die Stadt aufwartet.

La Rambla & Barri Gòtic

Highlights

❶ Über die quirligste Straße der Stadt, die **Rambla** (S. 68), mit ihren lebenden Statuen, Café- und Restaurantterrassen, Blumenständen und Flaneuren aus aller Welt bummeln.

❷ Die versteckten Ecken und Winkel der **Kathedrale** (S. 71), eines großartigen Meisterwerks der Gotik, erkunden.

❸ Durch die Ruinen des römischen Barcino im **Museu d'Història de Barcelona** (S. 74) wandeln.

❹ Die originelle Sammlung des **Museu Frederic Marès** (S. 73) bestaunen.

❺ Auf der malerischen **Plaça Reial** (S. 76) eine Verschnaufpause einlegen.

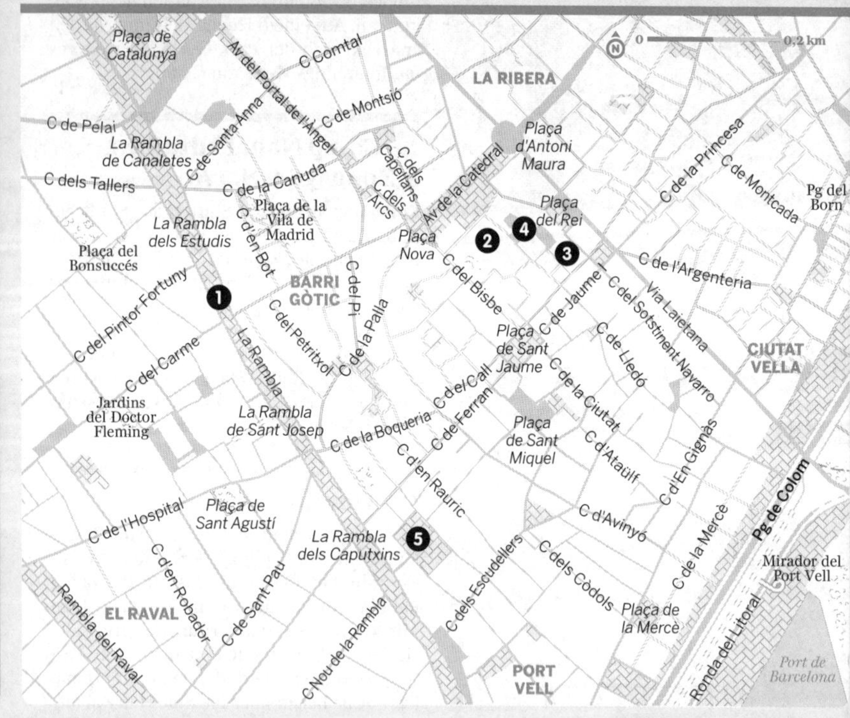

Details s. Karte S. 304 ➡

Rundgang: La Rambla & Barri Gòtic

La Rambla ist die bekannteste Flaniermeile in Spanien mit einem sehr facettenreichen Ambiente. Alles hat hier Platz: Blumenstände, historische Bauten, überteuertes Bier und Touristennepp – von den Menschenmassen ganz zu schweigen. Einst ein Abwasserkanal am Rand des mittelalterlichen Barcelona, begrenzt La Rambla heute die Südwestflanke des alten Stadtkerns, des Barri Gòtic.

Auf der Rambla geht es eigentlich mehr ums Flanieren als darum, Sehenswürdigkeiten abzuhaken. Am friedlichsten ist es am frühen Vormittag, während sich die Straße am Nachmittag von ihrer quirligsten Seite zeigt.

Leicht könnte man eine Woche nur mit der Erkundung der mittelalterlichen Straßen des Barri Gòtic zubringen. In dem Labyrinth von engen Gassen und stillen Plätzchen verstecken sich einige der stimmungsvollsten Geschäfte, Restaurants, Cafés und Bars der Stadt. Natürlich sind hier jede Menge Touristen unterwegs – und daher gibt's auch einige überteuerte Restaurants, die man meiden sollte.

Ziellos umherzustreifen macht Spaß, aber trotzdem sollte man die Kathedrale und die römischen Ruinen im Museu d'Història de Barcelona nicht versäumen. Ein weiteres Highlight ist es, bei einem Kaffee oder einem Essen auf einem der vielen Plätze im Barri Gòtic zu verweilen.

Abends verwandelt sich das Barri Gòtic in eine Ansammlung von Bars und Clubs, die tagsüber nicht als solche zu erkennen sind. Die Straßen um die Plaça Reial und die Plaça de George Orwell (auch bekannt als Plaça del Trippy) eignen sich gut für einen Kneipenbummel, doch finden sich im gesamten Viertel Kneipen und Clubs.

Lokalkolorit

➡ **Volkstanz** Samstags um 18 und sonntags um 12 Uhr wird vor der Kathedrale (S. 71) der traditionelle katalanische Tanz, die Sardana, getanzt.

➡ **Treffs** Beliebt sind die Kneipen Bootleg (S. 83) und La Clandestina (S. 84) sowie das Čaj Chai (S. 83).

➡ **Kneipenbummel** Die Plaça Reial, die Plaça de George Orwell und die Gassen dazwischen bilden das Zentrum des Nachtlebens im Barri Gòtic (S. 83).

Anfahrt

➡ **U-Bahn** Wichtige Haltestellen an der Rambla sind Catalunya, Liceu und Drassanes; im Osten des Barri Gòtic sind Jaume I und Urquinaona praktisch.

➡ **Bus** Flughafen- und Nachtbusse fahren von der Plaça de Catalunya ab.

➡ **Taxi** Man findet sie z. B. auf der Rambla und der Plaça de Catalunya.

Top-Tipp

Am preisgünstigsten speist man mittags. Viele Restaurants im Barri Gòtic bieten dreigängige Menüs inklusive Wein für 10 bis 12 €.

Gut essen

➡ Pla (S. 80)

➡ La Vinateria del Call (S. 80)

➡ Koy Shunka (S. 80)

➡ Can Culleretes (S. 80)

➡ Cafè de l'Acadèmia (S. 80)

Mehr dazu S. 80 ➡

Schön ausgehen

➡ Oviso (S. 83)

➡ La Cerveteca (S. 83)

➡ Čaj Chai (S. 83)

➡ Marula Cafè (S. 83)

➡ Polaroid (S. 83)

Mehr dazu S. 83 ➡

Historische Schätze

➡ Temple Romà d'August (S. 78)

➡ Via Sepulcral Romana (S. 78)

➡ Sinagoga Major (S. 78)

➡ Domus Romana (S. 79)

Mehr dazu S. 73 ➡

HIGHLIGHTS LA RAMBLA

Zwei schmale, verkehrsreiche Straßen begrenzen den breiten, mit Bäumen gesäumten Fußgängerboulevard La Rambla. Bis in die frühen Morgenstunden drängt sich hier eine bunte Menschenmenge aus Einwohnern und Auswärtigen. Gespickt mit Cafés, Restaurants, Kiosken, Zeitungsständen, Straßenmusikanten, Pflastermalern, Performancekünstlern und lebenden Statuen erlebt die Rambla kaum eine ruhige Minute.

Ihren Namen verdankt die Rambla (von Arabisch *raml,* sandiges Flussbett) dem Fluss, der einst hier verlief und den die Stadtbewohner ab dem frühen Mittelalter Cagalell (Kotfluss) nannten. Bis zum 14. Jh. lag das meist ausgetrocknete Flussbett außerhalb der Stadtmauer. Vom 16. bis zum frühen 19. Jh. wurden hier Klostergebäude errichtet und Wohlhabende ließen sich Häuser bauen. Inoffiziell ist die Rambla in fünf Abschnitte unterteilt. Das erklärt auch, warum so viele Einheimische von *les rambles* (Spanisch: *las ramblas*) sprechen.

NICHT VERSÄUMEN

- Palau de la Virreina
- Centre d'Art Santa Mònica
- Església de Betlem
- Palau Moja
- Mosaïc de Miró

PRAKTISCH & KONKRET

- Karte S. 304
- Ⓜ Catalunya, Liceu oder Drassanes

La Rambla de Canaletes

Der Abschnitt der Rambla nördlich der Plaça de Catalunya ist nach der **Font de Canaletes** (Karte S. 304) benannt, einem unauffälligen Trinkbrunnen, der um die Wende vom 19. zum 20. Jh. errichtet wurde. Gespeist wird er angeblich von dem Wasser, das man einst die Quellen der Canaletes nannte. Früher galt als echter Einwohner von Barcelona, wer das Wasser von Les Canaletes trank. Heute heißt es: Wer Wasser aus diesem Brunnen trinkt, kehrt bestimmt nach Barcelona zurück. Außerdem ist der Brunnen der traditionelle Treffpunkt aller Fans des FC Barcelona, die hier ausgelassen gewonnene Meisterschaften und Pokale feiern.

Einen Häuserblock weiter östlich entlang dem Carrer de la Canuda liegt die Plaça de la Vila de Madrid. Sie birgt die Via Sepulcral Romana (S. 79) mit mehreren römischen Gräbern.

La Rambla dels Estudis

An der Rambla dels Estudis, die sich vom Carrer de la Canuda Richtung Süden bis zum Carrer de la Portaferrissa zieht, gab es 150 Jahre lang einen Vogelmarkt, der jedoch 2010 geschlossen wurde.

Església de Betlem

Die **Kirche** (Karte S. 304) unmittelbar nördlich des Carrer del Carme ist eine von den Jesuiten erbaute Barockkirche, die Ende des 17. und Anfang des 18. Jhs. eine 1671 niedergebrannte Vorgängerkirche ersetzte. Feuer ist offenbar das Schicksal dieses Gotteshauses: Einst zählte es zu den großartigsten Zeugnissen der in Barcelona raren Barockarchitektur, doch Anarchisten steckten die Kirche 1936 in Brand.

Palau Moja

Auf der östlichen Seite der Rambla findet sich ein Beispiel für die ähnlich dünn gesäten Gebäude im rein klassizistischen Stil: der **Palau Moja** (Karte S. 304) mit Verwaltungsbüros und einem Buchladen der Generalitat (der katalanischen Regierung) – hier gibt's schöne Bildbände über katalanische Kunst und Architektur, allerdings meist auf Katalanisch. Die klaren klassizistischen Linien des Bauwerks sind von der gegenüberliegenden Seite am besten zu erkennen.

La Rambla de Sant Josep

Die nach einem nicht mehr existierenden Kloster benannte Rambla de Sant Josep (Carrer de la Portaferrissa bis Plaça de la Boqueria) ist von Blumenständen gesäumt; ihnen verdankt der Abschnitt seinen Zweitnamen La Rambla de les Flors.

Palau de la Virreina

Der **Palau de la Virreina** (Karte S. 304) ist ein stattliches Rokoko-Herrenhaus mit mehreren klassizistischen Elementen. Er beherbergt ein städtisches Informations- und Ticketbüro sowie das **Centre de la Imatge** (Karte S. 304; ☎93 316 10 00; www.bcn.cat/virreinacentredelaimatge; 99 Palau de la Virreina) mit wechselnden Fotoausstellungen (Eintrittspreise und Öffnungszeiten variieren).

Unmittelbar südlich befindet sich in El Raval der **Mercat de la Boqueria** (S. 90), einer der größten und buntesten Lebensmittelmärkte Europas.

Mosaïc de Miró

An der Plaça de la Boqueria, nördlich des U-Bahnhofs Liceu, kann man über einen Miró gehen - ein buntes **Mosaik** (Karte S. 304) im Bürgersteig. Miró wählte die Stelle, da sie sich in der Nähe seines Geburtshauses in der Passatge del Crèdit befindet. Miró-Fans erkennen sofort die kräftigen Farben und die lebendigen Kreisformen des Meisters. Die Signatur des Künstlers findet man auf einer Kachel unten am Werk.

La Rambla dels Caputxins

Der Name dieses Abschnitts von der Plaça de la Boqueria bis zum Carrer dels Escudellers geht auf ein nicht mehr existierendes Kapuzinerkloster zurück. Namensgeber des Carrer war die Töpferzunft, die sich im 13. Jh. zusammenschloss und deren Mitglieder hier lebten und arbeiteten. An der Westseite der Rambla steht das Gran Teatre del Liceu (S. 76); weiter südlich befindet sich auf der Ostseite ein Zugang zur Plaça Reial (S. 76), wo Palmen Schatten spenden. Ab diesem Punkt wird die Rambla schäbiger und es tauchen Stripteaselokale und Peepshows auf.

La Rambla de Santa Mònica

Der letzte Abschnitt endet vor dem Mirador de Colom (S. 77), hinter dem sich der Port Vell erstreckt. Benannt ist dieses Teilstück nach dem ehemaligen Convento de Santa Mònica an der Westflanke der Straße. Das Kloster wurde in das Centre d'Art Santa Mònica (Karte S. 304; ☎935671110; www.artssantamonica.cat; La Rambla de Santa Mònica 7; Eintritt frei; ⌚Di–So & Feiertage 11–21 Uhr; Ⓜ Drassanes) umgewandelt, das v. a. moderne Multimedia-Installationen zeigt.

ESSEN & AUSGEHEN IN LA RAMBLA

Auf der Rambla gibt's Eis, kalte Getränke und Snacks. Größeren Hunger sollte man nicht in den chaotischen Restaurants an der Straße stillen, sondern in einem der folgenden Lokale:

- ➡ **Bosc de les Fades** (S. 83) – eine urige Kneipe wie aus dem Märchenbuch.
- ➡ **Café de l'Òpera** (S. 84) – elegantes Jugendstilcafé gegenüber vom Gran Teatre del Liceu.
- ➡ **Plaça Reial** (S. 76) – für eine echte Mahlzeit im Sitzen sind die Restaurants um diesen Platz am besten.

In *Mein Katalonien* beschreibt Orwell anschaulich, wie die Rambla in den ersten Tagen des Bürgerkriegs vom revolutionären Eifer erfasst wird: „Auf den Ramblas, der breiten Hauptstraße im Zentrum, auf der ständig Massen von Leuten hin und zurück wogten, ertönten aus den Lautsprechern den ganzen Tag bis spät am Abend revolutionäre Lieder ...“

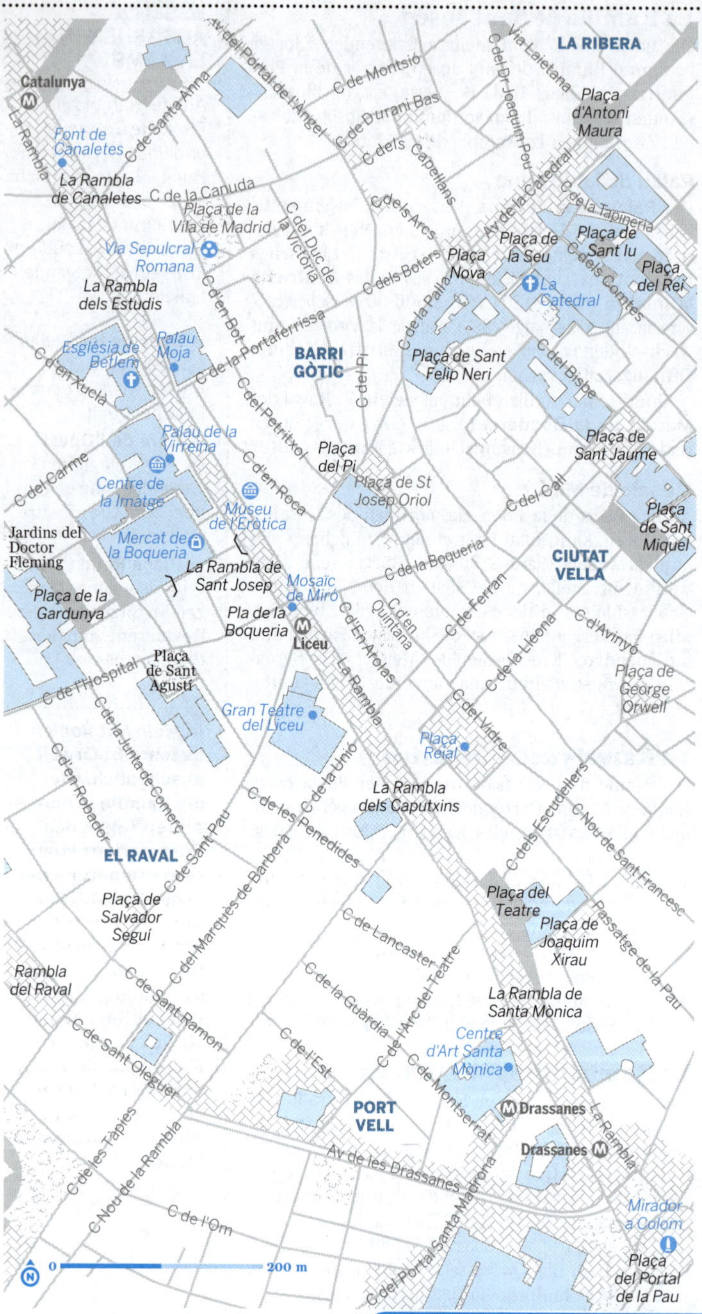

LA RIBERA
BARRI GÒTIC
CIUTAT VELLA
EL RAVAL
PORT VELL

Catalunya
Font de Canaletes
La Rambla de Canaletes
Via Sepulcral Romana
La Rambla dels Estudis
Església de Betlem
Palau Moja
Palau de la Virreina
Centre de la Imatge
Museu de l'Eròtica
Mercat de la Boqueria
Jardins del Doctor Fleming
Plaça de la Gardunya
La Rambla de Sant Josep
Mosaïc de Miró
Pla de la Boqueria
Liceu
Plaça de Sant Agustí
Gran Teatre del Liceu
Plaça Reial
La Rambla dels Caputxins
Plaça de Salvador Seguí
Rambla del Raval
Plaça del Teatre
Plaça de Joaquim Xirau
La Rambla de Santa Mònica
Centre d'Art Santa Mònica
Drassanes
Mirador a Colom
Plaça del Portal de la Pau
Plaça de la Vila de Madrid
Plaça Nova
Plaça de la Seu
La Catedral
Plaça de Sant Iu
Plaça del Rei
Plaça d'Antoni Maura
Plaça de Sant Felip Neri
Plaça del Pi
Plaça de St Josep Oriol
Plaça de Sant Jaume
Plaça de Sant Miquel
Plaça de George Orwell

La Rambla
C de Santa Anna
Av del Portal de l'Àngel
C de Montsió
C de Durani Bas
C dels Capellans
C del Dr Joaquim Pou
Via Laietana
Av de la Catedral
C de la Tapineria
C dels Comtes
C de la Canuda
C del Duc de la Victòria
C dels Arcs
C dels Boters
C de la Palla
C del Bisbe
C d'en Bot
C de la Portaferrissa
C d'en Xuclà
C del Pi
C del Petritxol
C d'en Roca
C del Carme
C del Call
C de la Boqueria
C d'en Quintana
C de Ferran
C d'Avinyó
C de l'Hospital
C d'En Arolas
C de la Lleona
C del Vidre
C de la Junta de Comerç
C d'en Robador
C de Sant Pau
C de la Unió
C de les Penedides
C del Marquès de Barberà
C dels Escudellers
C Nou de Sant Francesc
C de Lancaster
C de l'Arc del Teatre
Passatge de la Pau
C de Sant Ramon
C de la Guàrdia
C de Sant Oleguer
C de l'Est
C de Montserrat
C de les Tàpies
C Nou de la Rambla
Av de les Drassanes
C de l'Om
C del Portal Santa Madrona

0 200 m
N

HIGHLIGHTS
KATHEDRALE & UMGEBUNG

Wenn man sich Barcelonas Kathedrale von der Avinguda de la Catedral her nähert, bietet sie einen besonders prachtvollen Anblick. Durch die reich verzierte Hauptfassade mit ihren Wasserspeiern und feinen Steinmetzarbeiten, wie man sie sonst von der nordeuropäischen Gotik kennt, unterscheidet sich La Seu deutlich von den anderen Kirchen der Stadt. Die Fassade wurde erst 1870 angefügt, beruht aber auf einer Skizze von 1408. Das restliche Gebäude wurde zwischen 1298 und 1460 errichtet. Alle übrigen Fassaden der Kathedrale weisen deutlich weniger Verzierungen auf. Dies zeigt (ebenso wie die schlichten, achteckigen Glockentürme), dass selbst hier die Prinzipien der katalanischen Sonderform der Gotik vorherrschen.

Das Innere

Das Kircheninnere ist ein hoher Raum mit einem breiten Mittelschiff und zwei Seitenschiffen, die jeweils durch eine Reihe schlanker Säulen abgetrennt sind. Die Kathedrale gehört zu den wenigen Kirchen, die während des Spanischen Bürgerkriegs von den Anarchisten verschont blieben. Daher ist ihre schlichte Innenausstattung so unversehrt.

Coro

In der Mitte des Hauptschiffs befindet sich der kunstvoll geschnitzte *coro* (Chorgestühl) aus dem späten 14. Jh. Auf dem Gestühl sind u. a. die Wappen der barcelonischen Mitglieder des Ordens vom Goldenen Vlies zu sehen, die hier 1519 unter dem Vorsitz von Kaiser Karl V. (Carlos V.) zusammentraten.

NICHT VERSÄUMEN

- Kreuzgang mit 13 Gänsen
- Ausblick vom Dach
- Krypta
- *Coro*

PRAKTISCH & KONKRET

- Karte S. 304
- ☎93 342 82 60
- www.website.es/catedralbcn
- Plaça de la Seu
- Eintritt frei, Sonderbesuch 5 €, Eintritt Chor 2,20 €, Eintritt Sala Capitular 2 €
- ⏲Mo–Sa 8–12.45 & 17.15–20 Uhr, Sonderbesuch Mo–Sa 13–17, So & Feiertage 14–17 Uhr, Sala Capitular Mo–Sa 10–12.15 & 17.15–19, So 10–12.45 & 17.15–19 Uhr
- Ⓜ Jaume I

In der ersten Kapelle rechts vom Nordwestportal befindet sich über dem Altar die Kreuzigungsfigur Sant Crist de Lepant. Don Juan de Austria soll diese Figur auf seinem Flaggschiff mit in die Schlacht bei Lepanto genommen haben. Dass dieser Christus ganz verdreht am Kreuz hängt, liegt der Legende nach daran, dass er einer Kanonenkugel ausweichen musste. Links vom Haupteingang steht das Taufbecken, mit dessen Wasser der Überlieferung zufolge sechs nordamerikanische Indianer getauft wurden, die Kolumbus von seiner ersten Reise mitgebracht hatte.

Krypta

Eine Treppe vor dem Hauptaltar führt zur Krypta mit dem Grab der Schutzheiligen Santa Eulàlia.

Das Dach

Wer das mittelalterliche Barcelona aus der Vogelperspektive betrachten möchte, sollte bei der Capella de les Animes del Purgatori in der Nähe des nordöstlichen Querschiffs den Aufzug nehmen (2,20 €) und auf das Dach der Kathedrale fahren.

Claustre

Vom südwestlichen Querschiff führt ein romanisches Portal in den Kreuzgang mit einem Brunnen und 13 Gänsen. Die Zahl der Gänse entspricht angeblich dem Alter, in dem Santa Eulàlia als Märtyrerin starb. Gänse, die als Wache dienten, wurden hier schon im Mittelalter gehalten. Eine der Kapellen im Kreuzgang erinnert an 930 Priester, Mönche und Nonnen, die während des Spanischen Bürgerkriegs umkamen.

In der Nordwestecke des Kreuzgangs befindet sich die gotisch ausgestaltete **Capella de Santa Llúcia** (Karte S. 304), eines der seltenen intakten Zeugnisse des romanischen Barcelona.

Casa de L'Ardiaca

Von der Capella de Santa Llúcia aus überquert man nur die Straße und gelangt zur Casa de L'Ardiaca aus dem 16. Jh., in der heute das Stadtarchiv untergebracht ist. Es ist schön, durch den ruhigen Innenhof zu schlendern, in dem Bäume und ein Springbrunnen stehen. Nachdem das Gebäude als Juristenschule säkularisiert worden war, wurde es 1902 von Lluis Domènech i Montaner, einem der drei berühmten Architekten des Modernisme, renoviert. Domènech i Montaner entwarf auch den Briefkasten mit Schwalben als Symbol für eine schnelle Wahrheitsfindung und – als Gegenbild dazu – einer Schildkröte, die die langsamen Mühlen der Justiz darstellen soll. In dieser Ecke finden sich außerdem Überreste der römischen Stadtmauer. Von oben hat man einen schönen Blick in den Innenhof und zur Kathedrale hinüber.

Palau Episcopal

Auf der anderen Seite des Carrer del Bisbe liegt der **Palau Episcopal** (Karte S. 304; Palau del Bisbat; Bischofspalast) aus dem 17. Jh. Von der romanischen Bausubstanz aus dem 13. Jh. ist fast nichts erhalten. In der Römerzeit stand hier das Nordwesttor der Stadt. Reste der beiden antiken Tortürme sind noch an der Basis des Palau Episcopal und an der Casa de L'Ardiaca auszumachen. Der ganze untere Teil der nordwestlichen Mauer der Casa ist römischen Ursprungs.

HIGHLIGHTS MUSEU FREDERIC MARÈS

In diesem riesigen mittelalterlichen Komplex, einst Teil des Königspalasts, befindet sich eine der wildesten Sammlungen historischer Kuriositäten. Wie das etwas abgenutzte Wappen an der Mauer zeigt, hatte hier eine Zeit lang die spanische Inquisition ihren Sitz.

Frederic Marès i Deulovol (1893–1991) war ein wohlhabender Bildhauer, Weltenbummler und besessener Sammler. Sein Spezialgebiet waren mittelalterliche spanische **Skulpturen**, von denen unzählige im Untergeschoss, im Erdgeschoss und im 1. Stock ausgestellt sind – u. a. einige wundervoll bemalte Holzkruzifixe und Statuen der Jungfrau Maria. Ein echter Blickfang ist die Rekonstruktion einer vierbogigen römischen Eingangstür aus dem 13. Jh., die aus einer Dorfkirche in der aragonischen Provinz Huesca stammt.

Die beiden oberen Stockwerke umfassen das **„Sammlerkabinett"**, ein umwerfendes Sammelsurium mittelalterlicher Waffen, schön geschnitzter Pfeifen, feiner Damenfächer, komplizierter Blumenbilder aus Muscheln, Daguerreotypien und Fotografien aus dem 19. Jh. Ein Raum, der Marès einst als **Arbeitszimmer** und Bibliothek diente, ist vollgestopft mit Skulpturen. Im Sommer gibt's im schattigen Innenhof ein hübsches **Café** (Cafè de l'Estiu), das durchaus einen Besuch wert ist.

NICHT VERSÄUMEN

- Das Sammlerkabinett
- Skulpturen im 1. Stock
- Marès' Arbeitszimmer
- Café im Innenhof

PRAKTISCH & KONKRET

- Karte S. 304
- ☎93 256 35 00
- www.museumares.bcn.es
- Plaça de Sant Iu 5
- Eintritt 4,20 €, So nach 15 Uhr & 1. So des Monats frei
- ⏲Di–Sa 10–19, So 11–20 Uhr
- Ⓜ Jaume

SEHENSWERTES

LA RAMBLA STRASSE
Siehe S. 68.

KATHEDRALE KIRCHE
Siehe S. 71.

GRATIS **PALAU DEL LLOCTINENT** HISTORISCHE STÄTTE
Karte S. 304 (Carrer dels Comtes; ⏲10–19 Uhr; Ⓜ Jaume I) Der 2006 restaurierte Palast aus dem 16. Jh. verfügt über einen friedvollen Innenhof, der einen Blick lohnt. Besucher sollten auf der Haupttreppe den Blick nach oben richten, um den außergewöhnlichen *artesonado* zu bewundern, eine getäfelte Decke im Mudéjar-Stil. Diese kunstvolle Holzdecke, die wie ein umgedrehter Schiffsrumpf aussieht, hat Antoni Carbonell im 16. Jh. geschaffen. Hin und wieder werden im Palast Dokumente aus dem Archiv ausgestellt.

Der Palast an der Plaça del Rei wurde um 1550 als Residenz des spanischen *lloctinent* (des Vizekönigs) für Katalonien erbaut und später in ein Kloster umgewandelt. Seit 1853 beherbergt der Bau das Arxiu de la Corona d'Aragón, das Archiv der Krone von Aragón, ein einzigartiges Archiv, das die Geschichte des Königshauses und seine Bedeutung für Katalonien bezeugt. Die Dokumentation beginnt im 12. Jh. und reicht bis ins 20. Jh.

MUSEU DIOCESÀ MUSEUM
Karte S. 304 (Casa de la Pia Almoina; ☎93 315 22 13; www.arqbcn.org; Avinguda de la Catedral 4; Erw./Kind 6/3 €; ⏲Di–Sa 10–14 & 17–20, So 11–14 Uhr; Ⓜ Jaume I) Barcelonas römische Stadtmauer verlief über die heutige Plaça de la Seu. In ihre Rudimente wurde später die Casa de la Pia Almoina integriert. Das bedeutendste Armenhaus der Stadt existiert seit dem 11. Jh.; die an dem Gebäude noch erkennbaren Überreste stammen jedoch aus dem 15. Jh. Heute birgt es das Diözesanmuseum, das im obersten Stockwerk eine kleine Ausstellung über Antoni Gaudí zeigt, einschließlich eines faszinierenden Dokumentarfilms über sein Leben und seine Philosophie. Außerdem gibt's hier eine kleine Sammlung mittelalterlicher

HIGHLIGHTS
MUSEU D'HISTÒRIA DE BARCELONA

Eines des faszinierendsten Museen der Stadt entführt Besucher zurück durch die Jahrhunderte zu den Fundamenten des römischen Barcino. Man wandelt durch die weitläufigen Ruinen der Stadt, die nach ihrer Gründung unter Kaiser Augustus ca. 10 v. Chr. erblühte.

Unterirdisch können Besucher auf einem etwa 4 km² großen Areal zwischen Ausgrabungen des römischen und westgotischen Barcelonas spazieren. Lässt man das Modell eines typischen römischen *domus* (Villa) hinter sich, gelangt man zu den Resten einer öffentlichen **Waschanstalt** mit Behältern zum Urinieren: Urin wurde damals als Desinfektionsmittel genutzt. Der Weg führt vorbei an Färbereien, einem öffentlichen Kaltwasserbad und Läden, in denen *garum* (eine Fischsauce, die im gesamten Römischen Reich beliebt war) hergestellt wurde, außerdem an einer Kirche des 6. Jhs. und **Weinkellereien**.

Befestigungswälle führen dann an den Überresten des Innenhofs eines römischen Hauses vorbei nach oben zum mittelalterlichen Palau Episcopal (Bischofspalast) und in zwei große Hallen mit Gewölbedecken, in denen **Ausstellungen zum mittelalterlichen Barcelona** gezeigt werden. Den Abschluss bildet der **Saló del Tinell**, der Bankettsaal des Königspalastes – ein schönes Beispiel katalanischer Gotik (1359–1370 erbaut). Hier lauschte das Königspaar Ferdinand und Isabella Kolumbus' ersten Berichten aus der Neuen Welt.

NICHT VERSÄUMEN

- Waschanstalt
- Weinkellereien
- Saló del Tinell
- Mittelalterliches Barcelona

PRAKTISCH & KONKRET

- Karte S. 304
- ☎93 256 21 00
- www.museuhistoria.bcn.cat
- Plaça del Rei
- Erw./Kind 7 €/frei
- ⏲Di–Sa 10–19, So 10–20 Uhr
- Ⓜ Jaume I

sakraler Kunst, gewöhnlich ergänzt um ein oder zwei Wechselausstellungen.

PLAÇA DE SANT JAUME PLATZ

Karte S. 304 (Ⓜ Jaume I) Seit sich die Römer vor gut 2000 Jahren auf dem Boden der heutigen Stadt niederließen, steht die Gegend rund um diesen – häufig umgestalteten – Platz im Mittelpunkt des Gemeindelebens. Wo sich einst das römische Forum befand, dominieren heute zwei offizielle Bauwerke, die sich gegenüberstehen: der Palau de la Generalitat (Sitz der katalanischen Regierung) an der Nordseite und der Ajuntament (das Rathaus) an der Südseite. Leider nicht zu übersehen ist hinter dem Rathaus das hässliche Bürogebäude der Stadtverwaltung, das in den 1970er-Jahren an der Plaça de Sant Miquel errichtet wurde. Gegenüber, an der Ecke zur Baixada de Sant Miquel, steht dafür ein weiterer prachtvoller Bau aus dem 15. Jh., die Casa Centelles. Falls das Tor geöffnet ist, sollte man einen Blick in den schönen Innenhof werfen; er weist Elemente aus Gotik und Renaissance auf.

AJUNTAMENT ARCHITEKTUR

Karte S. 304 (☎93 402 70 00; www.bcn.cat; Plaça de Sant Jaume; ⏲So 10.30–13.30 Uhr; Ⓜ Liceu oder Jaume I) Im Ajuntament, auch bekannt als Casa de la Ciutat, residieren seit Jahrhunderten die Stadtverordneten. Schon im 14. Jh. tagte hier der Consell de Cent (Rat der Hundert), der Stadtrat. Doch das Bauwerk erfuhr seit Barcelonas glanzvoller gotischer Ära leider manch gravierende Veränderung.

Vom Original übrig geblieben ist nur der Eingang am Carrer de la Ciutat, ein Portal mit gotischen Ornamenten. Den heutigen, im 19. Jh. entstandenen Bau mit seiner klassizistischen Fassade betrachten die Einwohner von Barcelona als einen der schlimmsten Schandflecken ihrer Stadt. An die alte Pracht erinnert im Inneren des Gebäudes der Saló de Cent, in dem der Rat der Stadt einst seine Versammlungen abhielt. Das Deckengewölbe besticht durch seine reine katalanische Gotik – die Täfelung der Decke *(artesonado)* ist ein Meisterwerk für sich. Die schweren Schäden durch den Beschuss von 1842 sind Stück um Stück ausgebessert worden. Das hölzerne neugotische Gestühl und der herrliche *retablo* (Altaraufsatz) aus Alabaster stammen aus dem frühen 20. Jh. Rechts vom Saló de Cent liegt der wesentlich kleinere, 1860 fertiggestellte Saló de la Reina Regente, in dem der heutige Stadtrat seine Sitzungen abhält. Links grenzt der Saló de les Croniques an. Die Fresken darin erzählen, wie das aufstrebende katalanische Reich sich anstrengte, seinen Einfluss bis nach Griechenland und in den Nahen Osten auszudehnen.

PALAU DE LA GENERALITAT — PALAST

Karte S. 304 (www.gencat.cat; Plaça de Sant Jaune; Ⓜ Liceu oder Jaume I) Der im frühen 15. Jh. erbaute Palau de la Generalitat ist nur sehr eingeschränkt öffentlich zugänglich, am zweiten und am vierten Wochenende des Monats und an Tagen der offenen Tür. Der eindrucksvollste Festsaal ist der nach dem hl. Georg, dem Schutzpatron der Region, benannte **Saló de Sant Jordi**. Jederzeit kann man aber den gotischen Originaleingang am Carrer del Bisbe bewundern. Für eine Palastbesichtigung am Wochenende kann man sich auf der Website anmelden.

Der Entwurf für den gotischen Eingang (den ursprünglichen Haupteingang) im Carrer del Bisbe stammt von Marc Safont. Der heutige Haupteingang an der Plaça de Sant Jaume ist ein Spätrenaissance-Gebilde mit klassizistischem Einschlag. Wer in den Abendstunden einen Blick durch die Fenster des hell erleuchteten Saló de Sant Jordi wirft, gewinnt einen Eindruck von der Pracht der Inneneinrichtung.

Wer es schafft, in den Palast zu gelangen, bekommt einiges zu sehen. Besucher betreten den Bau gewöhnlich durch einen Eingang am Carrer de Sant Sever. Sie durchqueren zunächst einige Räume mit niedrigen Gewölbedecken, um dann über eine Treppe in den spätgotischen Pati dels Tarongers (Orangenhof) zu gelangen, eine bescheidene Orangerie. Hier kommt man an einem bestimmten Tag im Monat in den Genuss des Glockenspiels des Palastes. Die Sala Daurada i de Sessions aus dem 16. Jh., einer der an den Hof grenzenden Räume, ist ein Sitzungssaal mit riesigen Kronleuchtern. Der Saló de Sant Jordi im Renaissancestil mit Fresken aus dem 20. Jh. wirkt allerdings noch imposanter – hier finden viele wichtige Empfänge statt. Den Abschluss bildet der Pati Central, ein gotischer Innenhof; hier führt eine Treppe zum ursprünglichen Haupteingang des Gebäudes hinunter.

> **INSIDERWISSEN**
>
> **GRAFFITIKÜNSTLER**
>
> Gegenüber der Kathedrale, auf der anderen Seite der Plaça Nova, fallen an der Fassade des **Col.legi de Arquitectes** (Hochschule für Architektur, Karte S. 304) Kritzeleien auf, die wie Kinderzeichnungen aussehen. Aber weit gefehlt: Die Darstellung mediterraner Feste ist eine Arbeit von Picasso aus dem Jahr 1962. Bei der Enthüllung wurde das Werk allerdings von der örtlichen Presse ziemlich verspottet.

MIBA (MUSEU D'IDEES I INVENTS DE BARCELONA) — MUSEUM

Karte S. 304 (Museum der Ideen und Erfindungen; ☎93 332 79 30; www.mibamuseum.com; Carrer de la Ciutat 7; Erw./Kind 7/5 €; ⌚Di–Sa 10–19, So bis 14 Uhr; Ⓜ Jaume I) Das 2011 eröffnete Museum bietet eine faszinierende Sammlung von Kuriositäten aus der Welt der brillanten wie bizarren Erfindungen: Wischmops mit Mikrofon am Griff, sodass man bei der Arbeit singen kann, einen Stuhl fürs Einführen von Zäpfchen, Becher mit Stauraum für Kekse, Armbänder, die die UV-Strahlung messen, und Brillen, die sich auf jede Stärke einstellen lassen. Zwischen den Stockwerken befinden sich Metallrutschen – wer braucht schon Treppen? – und es gibt auch einige ziemlich kreativ gestaltete Toiletten.

PLAÇA DE SANT JOSEP ORIOL — PLATZ

Karte S. 304 (Ⓜ Liceu) Dieser kleine Platz ist der netteste des Barri Gòtic. Seine vielen Bars und Cafés locken jeden Tag Straßenmusiker und sonstige Künstler an, die für eine entspannte Atmosphäre sorgen. In vielen der abzweigenden Gassen findet man weitere einladende Cafés und Restaurants sowie eine ganze Reihe hübscher Läden.

An den Platz grenzt die Seitenfassade der **Església de Santa Maria del Pi** (Karte S. 304; ⌚9.30–13 & 17–20.30 Uhr; Ⓜ Liceu).

RÖMISCHE STADTMAUERN

Von der Plaça del Rei lohnt sich ein Abstecher Richtung Nordosten zu den beiden am besten erhaltenen Abschnitten der römischen Stadtmauer, die einst über 78 Türme verfügte – eine Frage des Prestiges ebenso wie der Verteidigung. Das eine **Mauerstück** (Karte S. 304) ist auf der Südwestseite der Plaça Ramon de Berenguer El Gran zu sehen, mit der **Capella Reial de Santa Àgata** (Karte S. 304) oben drauf. Der Platz selbst wird von einer Statue des Grafen und Königs Ramon de Berenguer el Gran von Josep Llimona aus dem Jahr 1880 beherrscht. Das andere **Mauerstück** (Karte S. 304) ist ein bisschen weiter südlich am nördlichen Ende des Carrer del Sotstinent Navarro. Die Römer bauten und verstärkten diese Mauern im 3. und 4. Jh. nach den ersten Angriffen germanischer Stämme aus dem Norden.

Die Bauzeit der gotischen Kirche zog sich vom 14. bis ins 16. Jh. Der größte Teil wurde zwischen 1320 und 1391 fertiggestellt. Die wunderschöne Fensterrose über dem Hauptportal an der Plaça del Pi zählt mit ihrem Durchmesser von 10 m zu den größten der Welt. Anarchisten plünderten die Kirche 1936 schon in den ersten Monaten des Bürgerkriegs und setzten sie in Brand. Auch das alte Buntglas verschwand und musste durch modernes ersetzt werden. Das Feuer zerstörte die neugotische Bestuhlung aus dem 19. Jh., die dann durch das barocke Originalgestühl ersetzt wurde (der einzige Vorteil, den der Brand mit sich brachte).

Die dritte Kapelle auf der linken Seite ist Sant Josep Oriol geweiht, der hier 1687–1702 Gemeindepfarrer war und 1909 heiliggesprochen wurde. In der Kapelle zeigt eine Karte die Plätze in der Kirche, an denen er seine Wunder vollbracht haben soll. Eine Legende erzählt, einem Fischer sei im 10. Jh. die Jungfrau Maria in einer Pinie *(pi)* erschienen, als er diesen Baum für den Bau seines Bootes fällen wollte. Beeindruckt von der Vision, ließ er den Baum stehen und errichtete daneben eine kleine Kapelle – die später durch den gotischen Kirchenbau ersetzt wurde. Noch heute wächst eine Pinie auf der Plaça del Pi.

PLAÇA REIAL — PLATZ

Karte S. 304 (Ⓜ Liceu) Die Plaça Reial, einer der fotogensten Plätze der Stadt, ist ein wunderbarer Rückzugsort abseits des Trubels auf der nahen Rambla. Zahlreiche Restaurants, Bars und Nachtlokale verbergen sich unter den Arkaden des klassizistischen Gebäudes aus dem 19. Jh. – hier ist immer was los.

Die Plaça Reial erstreckt sich auf dem Gelände eines Klosters, das zerstört wurde, als man in ganz Spanien die Trennung von Kirche und Staat gesetzlich verankerte. Im Zuge dessen verlor die Kirche einen stattlichen Teil ihrer Besitztümer. Sein Schicksal teilte das Kloster mit einer ganzen Reihe weiterer christlicher Einrichtungen an der Rambla, die im Mittelalter mit kirchlichen Gebäuden geradezu gepflastert war. Die Laternenpfähle am Springbrunnen in der Platzmitte sind Antoni Gaudís erste bekannte Arbeiten in der Stadt.

In der Südhälfte des Barri Gòtic ist der Maler Pablo Picasso noch heute allgegenwärtig. Als Teenager lebte er mit seiner Familie im Carrer de la Mercè. Sein erstes Atelier bezog er im Carrer de la Plata. Im Bordell im Haus Carrer d'Avinyó 27 war er Stammgast. Letzteres inspirierte ihn vielleicht zu dem 1907 entstandenen Gemälde *Les Demoiselles d'Avignon*.

GRAN TEATRE DEL LICEU — ARCHITEKTUR

(☎93 485 99 14; www.liceubarcelona.com; La Rambla dels Caputxins 51–59; ⌚Führung 10 Uhr, Besuche ohne Führung 11.30, 12, 12.30 & 13 Uhr; Ⓜ Liceu) Wer keine Karten für die Oper ergattern konnte, kann sich immerhin ein wenig in diesem zu den größten Opernhäusern Europas zählenden Haus umsehen. Bei den Einheimischen wird die Oper nur das „Liceu" genannt. Es ist zwar kleiner als die Mailänder Scala, aber größer als Venedigs La Fenice oder die Bayerische Staatsoper und bietet in seinem hufeisenförmigen Zuschauerraum bis zu 2300 Personen Platz.

In dem 1847 erbauten Opernhaus begann die Karriere bekannter katalanischer Stars wie José Carreras und Montserrat Caballé. Ein Großbrand zerstörte das Haus 1994, die Stadtobersten sorgten jedoch für einen raschen Wiederaufbau. Der Zuschauerraum aus dem 19. Jh. wurde behutsam instandgesetzt, ohne äußerlich viel zu verändern; gleichzeitig wurde modernste Theatertechnik eingebaut. So konnte schon im Oktober 1999 der Spielbetrieb wieder aufgenommen werden. Besucher können die öffentlichen Bereiche besichtigen – entweder rund 20

Minuten auf eigene Faust oder im Rahmen einer einstündigen Führung.

Wer sich einer Führung anschließt, kommt auch in das große Foyer mit seinen imposanten Pfeilern und den kostbaren Kronleuchtern. Über das Marmortreppenhaus geht es hinauf in den Saló dels Miralls (Spiegelsaal), in dem sich die Besucher traditionell während der Pause aufhalten. Foyer und Spiegelsaal überstanden den Brand von 1994 unversehrt. Der Saló dels Miralls mit seinen Spiegeln, üppigen Deckengemälden und kannelierten Säulen wirkt bis ins Detail wie eine Hymne an die Kunst. Die ganze Pracht strahlt einen typisch neubarocken Reichtum aus, der der Liceu-Mäzene des 19. Jhs. würdig ist. Zum Abschluss geht es hinauf in den 4. Rang, von dem aus sich der ganze Saal überblicken lässt.

Im Rahmen der Führung wird auch der Privatclub El Cercle del Liceu besucht, wo eine Sammlung von Werken des Modernisme – darunter einige von Ramon Casas – zu sehen ist. Es besteht außerdem die Möglichkeit, Sonderführungen zu buchen. Eine davon gleicht der oben vorgestellten Tour, schließt aber zusätzlich ein halbstündiges Konzert im Saló dels Miralls ein. Auf einer anderen Führung lernen die Teilnehmer das Innenleben der Bühne und die Werkstätten kennen.

Die Finanzkrise hat in ganz Spanien Auswirkungen auf die Kultur gezeitigt, und das Liceu hatte wegen der Anfang 2012 angekündigten Budgetkürzungen seine ganz eigene Auseinandersetzung mit der Regierung. Der Generaldirektor des Liceu, Joan Francesco Marco, drohte für das Frühjahr und den Sommer 2012 mit einer zweimonatigen Schließung des Hauses, wofür er in der örtlichen Presse heftig angegriffen wurde, und das Personal mit Streiks drohte. Nach Verhandlungen mit den Gewerkschaften wurde die Krise vorerst beigelegt, indem versucht wurde, die Haushaltslücke in Höhe von 3,7 Mio. € zu schließen. Es bleibt jedoch abzuwarten, wie sich das Liceu in den kommenden Jahren finanzieren wird.

MIRADOR DE COLOM — AUSSICHTSPUNKT

Karte S. 314 (☎93 302 52 24; Plaça del Portal de la Pau; Aufzug Erw./Kind 4/3 €; ⏲8.30–20.30 Uhr; Ⓜ Drassanes) Während der Verkehr rund um das Denkmal tost, hält Kolumbus hoch oben unbeirrt Wache. Sein ausgestreckter Arm weist vage Richtung Mittelmeer. Die Statue wurde 1888 für die Weltausstellung errichtet. Ein Aufzug befördert die Besucher auf 60 m Höhe hinauf. Von oben bietet sich ein schöner Blick aus der Vogelperspektive auf die Rambla und den Hafen von Barcelona.

In Barcelona soll Christoph Kolumbus den erfreuten Katholischen Königen einen Bericht über seine ersten Entdeckungsreisen nach Amerika 1492 gegeben haben. Im 19. Jh. vereinnahmten viele Einwohner den Genuesen als einen der berühmten Söhne der Stadt, auch wenn das nicht den historischen Tatsachen entspricht. Einige Historiker folgen jedoch noch heute diesem Wunschdenken.

ESGLÉSIA DE SANTS JUST I PASTOR — KIRCHE

Karte S. 304 (☎93 301 74 33; www.basilicasantjust.cat; Plaça de Sant Just 5; ⏲Mo–Sa 11–14 & 17.30–20, So 10–13 Uhr; Ⓜ Liceu oder Jaume I) Die etwas abseits stehende einschiffige Kirche mit Kapellen auf beiden Seiten der Strebepfeiler wurde 1342 im katalanisch-gotischen Stil an der Stelle erbaut, an der sich die älteste Gemeindekirche von Barcelona befunden haben soll. Im Inneren leuchten einige sehenswerte farbige Kirchenfenster. Gegenüber der Kirche steht auf einem hübschen kleinen Platz der angeblich älteste gotische Brunnen der Stadt. Der Platz diente übrigens 1996 als Set für die Verfilmung von Patrick Süskinds Roman *Das Parfum*.

Am Morgen des 11. September 1924 wurde Antoni Gaudí festgenommen, als er die Kirche zu einer Messe betreten wollte. Damals – unter der Diktatur von General Primo de Rivera – reichte wenig, um die offiziellen Machthaber zu reizen. Bei Gaudí war es seine Weigerung, mit den Soldaten der Guardia Civil Kastilisch (also die offizielle spanische Hochsprache) zu sprechen, um ihn für den größten Teil des Tages in einer Gefängniszelle schmoren zu lassen. Die konnte er erst wieder verlassen, als ihn ein Freund gegen Kaution auslöste.

GRATIS CENTRE D'INTERPRETACIÓ DEL CALL — HISTORISCHE STÄTTE

Karte S. 304 (☎93 256 21 22; www.museuhistoria.bcn.cat; Placeta de Manuel Ribé; ⏲Di–Fr 11–14, Sa & So bis 19 Uhr; Ⓜ Jaume I oder Liceu) Im 14. Jh. war es das Haus des jüdischen Webers Jucef Bonhiac, heute ist es ein kleines Museum über die Geschichte des jüdischen Viertels in Barcelona, El Call. Einige verglaste Abschnitte des Fußbodens geben den Blick frei auf die früheren Brunnen

INSIDERWISSEN

EL CALL

Eines der schönsten Gebiete für einen Altstadtbummel ist El Call (sprich: „kai"), das mittelalterliche jüdische Viertel, das hier bis zu einem Pogrom im 14. Jh. bestand. Heute verbergen sich in den engen Gassen einige Überraschungen wie eine in den 1990er-Jahren ans Tageslicht beförderte alte Synagoge und die Überreste eines Frauenbadehauses im Keller des Cafés Caelum. Einige der ungewöhnlichsten Geschäfte der Altstadt, die u. a. exquisite Antiquitäten, handgemachte Lederwaren und sogar koscheren Wein verkaufen, befinden sich hier. Am Abend sind die gut versteckten Restaurants und kerzenbeschienenen Bars und Cafés gute Adressen.

El Call – das Wort stammt wahrscheinlich vom hebräischen „kahal" (Gemeinde) – ist nicht ganz leicht zu finden: Es ist ein winziges Gebiet in etwa zwischen Carrer del Call, Carrer dels Banys Nous, Baixada de Santa Eulalia und Carrer de Sant Honorat.

und Lager des Webers Bonhiac. Das Haus ist auch als Casa de l'Alquimista (Haus des Alchimisten) bekannt und beherbergt eine kleine Sammlung jüdischer Artefakte, darunter Keramikgegenstände, die man bei Ausgrabungen im Gebiet von El Call fand. Die Sammlung wird ergänzt durch Karten des ehemaligen jüdischen Viertels.

Den Kern von El Call Major bildeten damals der Carrer dels Banys Nous und die Plaça de Sant Jaume. Im 14. Jh. wurden die Juden durch ein blutiges Pogrom aus ihrem Viertel verjagt. Mit der anschließenden Vertreibung aller Juden aus Spanien im 15. Jh. endete die Präsenz der Juden in Barcelona. El Call Menor wiederum war ein abgegrenztes Wohnviertel zwischen dem heutigen Carrer de Ferran, der Baixada de Sant Miquel und dem Carrer d'en Rauric. Wo sich heute die Església de Sant Jaume am Carrer de Ferran erhebt, stand einst eine Synagoge.

Aber schon vor dem Pogrom von 1391 waren die Juden wenig geachtete Bürger ihrer Stadt. Wie in vielen mittelalterlichen Städten mussten sie auch in Barcelona ein spezielles Erkennungszeichen tragen und durften ihr Ghetto nicht vergrößern, als die Bevölkerungszahl in El Call stieg (damals lebten bis zu 4000 Menschen in den winzigen Gässchen von El Call Major).

SINAGOGA MAJOR — SYNAGOGE

Karte S. 304 (☎93 317 07 90; www.calldebarcelona.org; Carrer de Marlet 5; Spende von 2,50 € erwünscht; ⌚Mo–Fr 10.30–18.30, Sa & So bis 14.30 Uhr; Ⓜ Liceu) Als ein argentinischer Investor das heruntergekommene Elektrogeschäft kaufte, um es zur x-ten Bar in Barcelona umzugestalten, konnte er nicht ahnen, dass er dort auf bauliche Überreste der zentralen mittelalterlichen Synagoge der Stadt stoßen würde. (Es gibt allerdings auch Historiker, die bezweifeln, dass dies die Hauptsynagoge der Stadt war.) Eine Broschüre, die den Besuchern die besondere Bedeutung dieses Ortes nahebringt, ist in mehreren Sprachen erhältlich.

Das schmale Gewölbe, das Besucher von der Straße her betreten, enthält Teile mittelalterlicher und römischer Mauern. Auch die Reste der Bottiche einer Gerberei aus dem 15. Jh. sind zu sehen. Der zweite, von Grund auf renovierte Raum wurde als Synagoge genutzt. Aus dem Rest einer spätrömischen Mauer, die gen Jerusalem ausgerichtet ist, ziehen manche Experten den Rückschluss, dass hier bereits in römischer Zeit eine Synagoge gestanden haben muss. Im Mittelalter gab es in der Stadt vier Synagogen, nach dem Pogrom von 1391 wurde die Sinagoga Major (sofern es sich wirklich um diese handelt) konfisziert und christianisiert, indem man eine Statue des hl. Dominik auf das Gebäude stellte.

GRATIS TEMPLE ROMÀ D'AUGUST — RUINE

Karte S. 304 (Carrer del Paradis; ⌚Di–So 10–20 Uhr; Ⓜ Jaume I) Gegenüber der südöstlichen Ecke der Kathedrale führt der schmale Carrer del Paradis zur Plaça de Sant Jaume. Das Haus Nummer 10 – ein faszinierendes Bauwerk mit gotischen und barocken Elementen – beherbergt vier Säulen und einen Architrav (Säulenverbindung in der antiken Baukunst). Hierbei handelt es sich um die Überreste von Barcelonas bedeutendstem römischen Tempel, den die Römer im 1. Jh. n. Chr. zu Ehren und zur Anbetung von Kaiser Augustus erbauten.

Die Besucher stehen hier 16,9 m über dem Meeresspiegel und zugleich auf dem höchsten Punkt der römischen Siedlung Barcino, dem Mont Tàber – aber keine Angst, der Berg verursacht keine Höhenkrankheit. Wenn die Eingangstür außerhalb der regulären Öffnungszeiten nicht verschlossen ist, darf man hineingehen.

VIA SEPULCRAL ROMANA ARCHÄOLOGISCHE STÄTTE

Karte S. 304 (☎93 256 21 00; www.museuhistoria.bcn.cat; Plaça de la Vila de Madrid; Eintritt 2 €; ⏲Di–Fr 11–14, Sa & So bis 19 Uhr; Ⓜ Catalunya) Am Carrer de la Canuda, einen Block östlich des oberen Endes der Rambla, sieht man freigelegte römische Grabstätten und steinerne Sarkophage – ein römisches Friedhofsgelände. Es erstreckt sich zu beiden Seiten der Straße, die in nordwestlicher Richtung aus Barcino – Barcelonas römischem Vorgänger – hinausführte. Da die römischen Gesetze Bestattungen innerhalb der Stadtgrenzen verboten, wurde jeder verstorbene Bürger, ob reich oder arm, auf dem Gelände rechts und links der Ausfallstraße beerdigt. In dem kleinen Informationszentrum werden in einem Schaukasten auf Spanisch und Katalanisch das römische Straßensystem sowie römische Beerdigungsriten und -bräuche erklärt. Auch ein paar Töpferwaren, darunter eine Bestattungsamphore mit dem Skelett eines dreijährigen römischen Kindes, sind ausgestellt.

DOMUS ROMANA ARCHÄOLOGISCHE STÄTTE

Karte S. 304 (☎93 256 21 00; www.museuhistoria.bcn.cat; Carrer de la Fruita 2; Eintritt 2 €; ⏲Sa & So 10–14 Uhr; Ⓜ Liceu) Hier handelt es sich um die Überreste eines römischen *domus* (Stadthauses), die freigelegt und der Öffentlichkeit zugänglich gemacht wurden. Das Haus (und die Reste von drei kleinen Läden) liegt in der Nähe des römischen Forums und wurde von wohlhabenden Bürgern bewohnt. Die Überreste vermitteln einen Eindruck vom römischen Alltag. Unabhängig davon enthält die Ausgrabungsstätte auch sechs mittelalterliche Getreidesilos. Sie stammen aus der Zeit, als sich in der Gegend das jüdische Viertel El Call erstreckte. Die gesamte Stätte befindet sich in der Casa Morell, die Mitte des 19. Jhs. erbaut wurde. So bekommen die Besucher an einem Ort einen kleinen Einblick in drei ganz unterschiedliche Perioden der Stadtgeschichte Barcelonas.

MUSEU DE L'ERÒTICA MUSEUM

Karte S. 304 (Erotikmuseum; ☎93 318 98 65; www.erotica-museum.com; La Rambla de Sant Josep 96; Eintritt 9 €; ⏲10–20 Uhr; Ⓜ Liceu) Anhand von historischen Zeugnissen wie indischen Flachreliefs, die verschiedene Aspekte tantrischer Liebe zeigen, Holzschnitten des 18. Jhs. von Positionen des Kamasutra, japanischen pornografischen Darstellungen aus Porzellan und erotischen afrikanischen Schnitzereien kann man sich hier über die Lasterhaftigkeit vergangener Zeiten informieren. Aber trotz des Themas gibt sich das Ganze recht zugeknöpft und ist trotz des Freigetränks den hohen Eintrittspreis eher nicht wert.

MUSEU DE CERA MUSEUM

Karte S. 304 (☎93 317 26 49; www.museocerabcn.com; Passatge de la Banca 7; Erw./Kind 15/9 €; ⏲Juni–Sept. tgl. 10–22 Uhr, Okt.–Mai Mo–Fr 10–13.30 & 16–19.30, Sa, So & Feiertage 11–14 & 16.30–20.30 Uhr; Ⓜ Drassanes) In dem Gebäude aus dem 19. Jh., einer ehemaligen Bank, stehen, sitzen und liegen rund 300 Wachsfiguren. In der Sammlung gibt sich Frankenstein ebenso die Ehre wie Luke Skywalker, Hitler, Mussolini, Che Guevara, Fidel Castro, General Franco und Josep Tarradellas, der Präsident der ehemaligen katalanischen Exilregierung. Für Kinder mag das Museum einigermassen interessant sein, aber angesichts der oft schlecht gemachten Figuren ist der Eintrittspreis recht hoch.

ESGLÉSIA DE LA MERCÈ KIRCHE

Karte S. 304 (Plaça de la Mercè; Ⓜ Drassanes) Die der wichtigsten Stadtheiligen geweihte Barockkirche wurde in den 1760er-Jahren auf dem Platz ihrer gotischen Vorgängerin errichtet. Leider wurde das Gotteshaus im Spanischen Bürgerkrieg stark beschädigt. Die Überreste sind ein Kuriosum: Die barocke Fassade zum Platz hin steht in auffälligem Kontrast zur Renaissancefassade am Carrer Ample. Diese wurde von einer nahe gelegenen, in den 1870er-Jahren zerstörten Kirche übernommen.

DALÍ MUSEUM

Karte S. 304 (Museo Real Círculo Artístico de Barcelona; ☎93 318 17 74; www.daliabarcelona.com; Carrer dels Arcs 5; Erw./Kind 10/7 €; ⏲10–22 Uhr; Ⓜ Liceu) Fast schon das Beste an dieser Sammlung ist ihr Standort im Gebäude des Königlichen Kunstkreises in der Nähe der Kathedrale. Die etwas aufgebauschte Sammlung umfasst 60 eher unbekannte Skulpturen von Dalí, der ja eigentlich erst durch seine Malerei weltberühmt wurde. Dokumente, Skizzen und Fotos vom und

MONTAGS GEÖFFNET

Viele Sehenswürdigkeiten haben montags geschlossen, aber es gibt auch eine Reihe von Ausnahmen wie:

- Gran Teatre del Liceu (S. 76)
- La Catedral (S. 71)
- Museu de l'Eròtica (S. 79)
- Museu de Cera (S. 79)
- Dalí (S. 79)
- Sinagoga Major (S. 78)

über den Künstler vervollständigen die Präsentation. Wer das Museum-Mausoleum in Figueres nicht besichtigen kann, findet hier zwar keinen vollwertigen Ersatz, erhält aber immerhin einige Infos über Leben und Werk des zwirbelbärtigen Maestros.

MUSEU DEL CALÇAT MUSEUM

Karte S. 304 (Schuhmuseum; ☎93 301 45 33; Plaça de Sant Felip Neri 5; Eintritt 2,50 €; ⌚Di–So 11–14 Uhr; Ⓜ Jaume I) Das Museum zeigt so ziemlich alles, was mit Schuhwerk zu tun hat. Die Schuhsammlung reicht von ägyptischen Sandalen bis hin zu eleganten Damenpumps aus dem 18. Jh. Das Museum und die Schustergilde, deren Gründung bis in die mittelalterliche Vergangenheit der Stadt zurückreicht, zogen kurz nach dem Bürgerkrieg in das heutige Gebäude.

ESSEN

Zu allererst: Nur schauen, nicht essen! Auf der Rambla guckt man sich die Leute an, aber das Essen ist hier nicht besonders. Wer den Magen – und sein Portemonnaie – beglücken will, sollte stattdessen die Straßen ins Barri Gòtic hinein auskundschaften. In diesem mittelalterlichen Labyrinth findet sich alles, was den Gaumen entzückt, insbesondere in der Osthälfte des *barri* (Viertels) bei der Via Laietana, in den engen Straßen oberhalb der Kathedrale (um den Carrer de les Magdalenes herum) sowie zwischen der Plaça de Sant Jaume und dem Wasser. Hier warten eine Reihe altmodischer Tapasbars sowie einige innovative Neuzugänge, die allesamt reichlich Atmosphäre bieten.

LP TIPP KOY SHUNKA JAPANISCH €€€

Karte S. 304 (☎93 412 79 39; www.koyshunka.com; Carrer de Copons 7; mehrgängige Menüs 72–108 €; ⌚Di–So mittags, Di–Sa abends; Ⓜ Urquinaona) Das in einer schmalen Gasse nördlich der Kathedrale gelegene Koy Shunka öffnet die Pforte zu exquisiten Gerichten aus dem Osten – köstliche Sushi, Sashimi, scharf angebratenes Wagyu-Rind und geschmacksintensive Seetangsalate werden zusammen mit kreativer Fusionsküche angeboten wie *almejas finas al vapor con sake* (gedämpfte Venusmuscheln mit Sake) oder *tempura de vieira y lagostino con setas de japonesas* (Tempura von Jakobsmuscheln und Riesengarnelen mit japanischen Pilzen). Toll ist auch die Spezialität des Hauses, *toro* (zarter Thunfischbauch).

Die meisten Gäste sitzen an einem großen hufeisenförmigen Tresen, an dem man die Kochkünstler in Aktion erleben kann. Die angebotenen mehrgängigen Menüs sind teuer, lohnen sich aber für alle, die sich einmal etwas ganz Besonderes gönnen möchten.

LP TIPP PLA FUSIONSKÜCHE €€

Karte S. 304 (☎93 412 65 52; www.elpla.cat; Carrer de la Bellafila 5; Hauptgerichte 18–24 €; ⌚tgl. abends; ✎; Ⓜ Jaume I) Das Pla, seit Langem eines der beliebtesten Lokale im Barri Gòtic, ist ein stilvolles, romantisch beleuchtetes mittelalterliches Gewölbe (mit einem großen Steinbogen). Hier zaubern die Köche Versuchungen wie in Rotwein geschmorten Ochsenschwanz, scharf angebratenen Thunfisch mit gerösteten Auberginen und Seeteufel auf Thai-Art mit Garnelen, Zitronengras und Apfelschaum. Sonntags bis donnerstags gibt's ein Probiermenü für 36 €.

LA VINATERIA DEL CALL SPANISCH €€

Karte S. 304 (☎93 302 60 92; http://lavinateriadelcall.com; Carrer de Sant Domènec del Call 9; kleine Teller 7–11 €; ⌚abends; Ⓜ Jaume I) Dieses winzige Juwel in zauberhafter Lage im alten jüdischen Viertel serviert köstliche iberische Gerichte wie galicischen Tintenfisch, in Cidre gekochte Chorizo und katalanische *escalivada* (geröstete Paprika, Auberginen und Zwiebeln) mit Sardellen. Die Portionen sind klein und dazu gedacht, dass sie geteilt werden. Dazu gibt's ein gutes Angebot an erschwinglichen Weinen.

CAN CULLERETES KATALANISCH €€

Karte S. 304 (☎93 317 30 22; Carrer Quintana 5; Hauptgerichte 8–14 €; ⌚Di–Sa mittags & abends,

So mittags; Ⓜ Liceu) Das 1786 gegründete und damit älteste Restaurant Barcelonas erfreut sich nach wie vor großer Beliebtheit: Touristen wie Einheimische zieht es gleichermaßen in das große Lokal mit den altmodischen Kacheln und den üppigen Portionen traditioneller katalanischer Speisen. Preisgünstig sind die mehrgängigen Mittagsangebote (12,80 €).

CAFÈ DE L'ACADÈMIA KATALANISCH **€€**

Karte S. 304 (☎ 93 319 82 53; Carrer de Lledó 1; Hauptgerichte 13–17 €; ⏲ Mo–Fr; Ⓜ Jaume I) Das Café bietet eine Mischung traditioneller Gerichte, die kreativ zubereitet werden. Zur Mittagszeit stürzen sich die Bürokraten vom Ajuntament (Rathaus) auf das Tagesmenü, das *menú del día* (14 € oder 10 € an der Bar). Abends, wenn gedämpftes Licht die Deckenbalken und die Holzmöbel in Szene setzt, wird's romantischer. Auf der Karte finden sich *chuletón* (riesige T-Bone-Steaks) für zwei Personen, aber auch *guatlla farcida de foie d'ànec i botifarra amb salsa de ceps* (Wachteln, gefüllt mit Entenleber und Würstchen in Pilzsauce).

CERERÍA X VEGETARISCH **€€**

Karte S. 304 (☎ 93 301 85 10; Baixada de Sant Miquel 3; Hauptgerichte 9–16 €; ⏲ Mo–Sa abends; 📶 🖉; Ⓜ Jaume I) Schwarz-weiße Marmorböden, alte Holztische und ein Sammelsurium an Instrumenten (die meisten davon vor Ort hergestellt) verleihen diesem kleinen vegetarischen Restaurant ein Künstler-Flair. Für die köstliche Pizza werden Zutaten aus biologischem Anbau verwendet, genauso wie für die Galettes, Crêpes und üppigen Salate. Außerdem gibt's einige gute vegane Gerichte.

CERVECERÍA TALLER DE TAPAS SPANISCH **€€**

Karte S. 304 (☎ 93 481 62 33; Carrer Comtal 28; Hauptgerichte 8–15 €; ⏲ Mo–Sa 10–24, So ab 12 Uhr; Ⓜ Urquinaona) Das muntere, zwanglose Lokal mit weißen Steinwänden und Balkendecke serviert ein breites Angebot an Tapas sowie wechselnde Tagesgerichte wie *cochinillo* (Spanferkel). Reizvoll sind auch die Biere aus aller Welt wie Leffe Blond, Guinness, Brahma und Sol.

BUN BO VIETNAMESISCH **€**

Karte S. 304 (☎ 93 301 13 78; Carrer dels Sagristans; Hauptgerichte 7–11 €; ⏲ 13–24 Uhr; Ⓜ Jaume I) An einem winzigen Platz bei der Kathedrale serviert das Bun Bo herzhafte *pho* (Nudelsuppe mit Rind oder Huhn), *bánh xèo* (herzhafte Pfannkuchen) und andere vietnamesische Klassiker. Speisen kann man draußen im Schatten an Chromtischen oder drinnen inmitten von Papierlaternen, übergroßen Fotos der Halong-Bucht und einem waghalsig geneigten Fahrradtaxi. Außerdem gibt's gute Cocktails und Mittagsangebote.

LA PLATA TAPAS **€**

Karte S. 304 (Carrer de la Mercè 28; Tapas ca. 3,50 €; ⏲ Mo–Sa 9–15 & 18 Uhr bis spät; Ⓜ Jaume I) Das versteckt in einer schmalen Gasse gelegene La Plata ist eine bescheidene, aber beliebte *bodega* mit nur drei Gerichten: *pescadito frito* (kleine gebratene Sardinen), *butifarra* (Wurst) und Tomatensalat. Dazu gibt's sehr erschwinglichen und trinkbaren Wein (1 € pro Glas) – und fertig ist ein tolles Tapaslokal.

AGUT (x) KATALANISCH **€€**

Karte S. 304 (www.restaurantagut.com; Carrer d'en Gignàs 16; Hauptgerichte 16–25 €; ⏲ Di–Sa mittags & abends, So mittags; Ⓜ Drassanes) Hier wird klassisch gekocht – tief im Innern des gotischen Labyrinths. Gemütliche Nischen sind durch breite Bögen miteinander verbunden, an den Wänden hängt Kunst. Auch die Köche zaubern wahre Kunstwerke: über Eichenholz gegrilltes Fleisch oder köstliche Gerichte mit Meeresfrüchten wie etwa die *cassoleta de rap a l'all cremat amb cloïsses* (Seeteufel mit angebräuntem Knoblauch und Venusmuscheln).

LOS CARACOLES SPANISCH **€€€**

Karte S. 304 (☎ 93 301 20 41; www.los-caracoles.es; Carrer dels Escudellers 14; Hauptgerichte 13–32 €; Ⓜ Drassanes) Die Familie Bofarull betreibt das Lokal schon in der fünften Generation. 1835 wurden „Die Schnecken" als Taverne gegründet. Heute ist das Haus eines von Barcelonas bekanntesten Restaurants, wenn inzwischen auch etwas touristisch. Die Wände der ineinander übergehenden Räume (u. a. ein kleiner, mittelalterlicher Bankettraum) sind mit Knoblauchzöpfen dekoriert und mit schönen Holztischen möbliert – die Geschichte des Hauses ist überall spürbar. Grillhähnchen und Schnecken sind die hiesigen Spezialitäten.

BAR CELTA GALICISCH **€**

Karte S. 304 (Carrer de la Mercè 16; Tapas 3–6 €; ⏲ Di–So 12–24 Uhr; Ⓜ Drassanes) Die helle, laute Tapasbar hat sich auf *pulpo* (Okto-

START **LA CATEDRAL**
ZIEL **PLAÇA DEL REI**
LÄNGE **1,5 KM**
DAUER **1½ STD.**

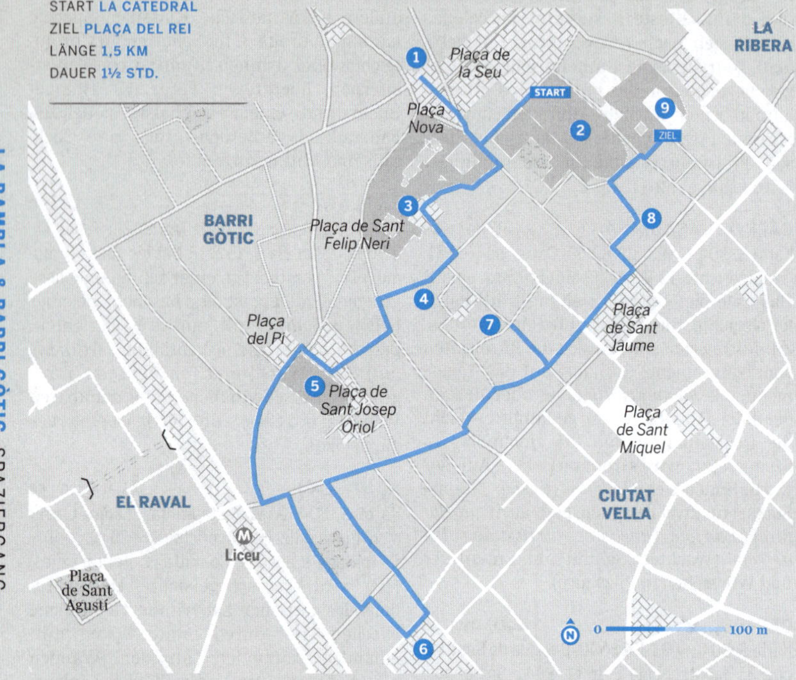

Spaziergang

Versteckte Schätze im Barri Gòtic

Der Rundgang durch das Barri Gòtic ist eine Zeitreise von den frühen Tagen des römischen Barcino bis zum Mittelalter.

Bevor man die Kathedrale besucht, sieht man sich an einem Gebäude am Platz die 1 **drei Picasso-Friese** (S. 73) im typischen Stil des Meisters an. Bei der Besichtigung der 2 **Kathedrale** (S. 71) sollte man auch einen Blick in den Kreuzgang mit seinen 13 Gänsen werfen.

Danach geht's in die alte befestigte Stadt und rechts zur 3 **Plaça de Sant Felip Neri**. Die Mauern der alten Kirche wurden 1939 durch Bomben beschädigt. Die Spuren sind noch heute zu sehen. Eine Gedenktafel erinnert an die Opfer (meist Kinder).

Nach dem Verlassen des Platzes biegt man rechts in eine Gasse mit einer kleinen 4 **Statue der Santa Eulàlia**, einer der Schutzheiligen Barcelonas; sie wurde während ihres Martyriums gefoltert.

Weiter geht es nach Westen zur großen 5 **Església de Sant Maria del Pi** aus dem 14. Jh., die v. a. wegen ihrer prächtigen Fensterrose bekannt ist.

Der Rundgang folgt danach der gekrümmten Straße und führt hinunter zur 6 **Plaça Reial** (S. 76), einem der hübschesten Plätze der Stadt. Am Brunnen stehen von Antoni Gaudí entworfene Lampen.

Dann geht's zurück zum Carrer de la Boqueria und nach links in den Carrer de Sant Domènec del Call. Er führt ins Viertel El Call, bis zum blutigen Pogrom von 1391 das Herz des jüdischen Viertels. Die 7 **Sinagoga Major** (S. 78), eine der ältesten Synagogen Europas, wurde 1996 wiederentdeckt.

Anschließend überquert man die Plaça de Sant Jaume und biegt hinter dem Carrer del Bisbe nach links ab. Bald kommt man am Eingang zu den Überresten eines 8 **Römischen Tempels** vorbei: vier Säulen versteckt in einem kleinen Hof.

Letzter Stopp ist die 9 **Plaça del Rei**, ein malerischer Platz, an dem Ferdinand und Isabella, die Katholischen Könige, Kolumbus nach dessen erster Fahrt in die Neue Welt empfingen. Im ehemaligen Palast ist heute ein ausgezeichnetes historisches Museum untergebracht.

pus) und anderes Seegetier wie *navajas* (Schwertmuscheln) spezialisiert – mit großem Erfolg. Selbst anspruchsvolle Galicier empfehlen das Lokal. An der Theke wird Ribeiro-Wein in traditionellen *tazas* (weißen Tässchen) ausgeschenkt, eine wunderbare Ergänzung zu den Meeresfrüchte-*raciones*.

CAELUM CAFÉ €

Karte S. 304 (☎93 302 69 93; Carrer de la Palla 8; Snacks 2–4 €; ⏰Mo–Do 10.30–20.30, Fr & Sa 10.30–23.30, So 11.30–21 Uhr; Ⓜ Liceu) In diesem wunderschönen mittelalterlichen Gebäude im Herzen der Stadt werden traditionelle Köstlichkeiten aus ganz Spanien verkauft. Auch Leckereien aus spanischen Nonnenklöstern (z. B. das unwiderstehliche Marzipan aus Toledo) sind hier zu haben. Neben dem Laden gibt's ein hübsches Café und in einem stimmungsvollen Kellergewölbe kann man ab 15.30 Uhr Tee und Gebäck zu sich nehmen.

MILK BRUNCH €

Karte S. 304 (www.milkbarcelona.com; Carrer d'en Gignàs 21; Hauptgerichte 9–10 €; ⏰10–16 & 18.30–23.30 Uhr; Ⓜ Jaume I) Das von Iren geführte Milk ist zwar auch als coole Cocktailbar bekannt, seine Hauptaufgabe besteht jedoch darin, nach durchfeierten Nächten für einen stärkenden Brunch (bis 16 Uhr) zu sorgen. In dem kleinen, aber gemütlichen Lokal werden dann Pfannkuchen, Eier Benedikt und andere Katerspeisen gereicht.

AUSGEHEN & NACHTLEBEN

OVISO BAR

Karte S. 304 (Carrer d'Arai 5; ⏰10–2 Uhr; Ⓜ Liceu) Das Oviso ist ein beliebtes, erschwingliches Restaurant mit Tischen an einem Platz. So richtig zum Leben erwacht das Bohèmelokal aber erst abends, dank einem wild gemischten Publikum, einer tollen Stimmung und zwei Räumen mit Fin-de-Siècle-Einrichtung und merkwürdigen Wandbildern von flüchtenden Gänsen, springenden Delphinen und blauen Pfauen auf hellrotem Hintergrund.

LA CERVETECA BAR

Karte S. 304 (Carrer de Gignàs 25; ⏰Mo–Do 16–22, Fr & Sa 13–23, So 13–22 Uhr; Ⓜ Jaume I) Die Cerveteca ist ein Muss für Bierfreunde und serviert eine eindrucksvolle Auswahl von Bieren aus aller Welt. Neben den vielen Flaschenbieren gibt's ein wechselndes Angebot an Bieren vom Fass wie Taras Boulba (aus Belgien), deutsches Helles oder Spaceman IPA (aus den USA). Die mittelalterlichen Mauern und Stehtische aus Fässern – hinten gibt's auch ein paar Sitzplätze – sorgen für ein nettes Ambiente.

ČAJ CHAI CAFÉ

Karte S. 304 (☎93 301 95 92; Carrer de Sant Domènec del Call 12; ⏰Mo 15–22, Di–So 10.30–22 Uhr; Ⓜ Jaume I) Das helle, muntere Café im Herzen des alten jüdischen Viertels nimmt sich die Prager Künstler-Teesalons zum Vorbild und ist ein echtes Paradies für Teekenner. Das Čaj Chai hat über 100 Tees aus z. B. China, Indien, Korea, Japan, Nepal und Marokko vorrätig. Sehr beliebt bei den Einheimischen!

MARULA CAFÈ BAR

Karte S. 304 (www.marulacafe.com; Carrer dels Escudellers 49; ⏰23–5 Uhr; Ⓜ Liceu) Die Kneipe im Herzen des Barri Gòtic ist wirklich eine Entdeckung! Das Marula versetzt seine Gäste mit bestem Funk und Soul zurück in die 1970er-Jahre. Die Musikrichtung wechselt immer mal wieder, die DJs legen verschiedenste Rhythmen auf – von Breakbeat bis House. Samba und Tanzmusik aus Brasilien werden ebenfalls regelmäßig gespielt.

POLAROID BAR

Karte S. 304 (Carrer dels Còdols 29; ⏰19–2.30 Uhr; Ⓜ Drassanes) Wie der Name schon andeutet, bietet das Polaroid mit den an den Wänden befestigten Videotapes, alten Filmplakaten, den Tischen mit Comics, den Actionfiguren und anderem Kitsch eine echte Reise in die Vergangenheit. Das anspruchslose Publikum erfreut sich an billigen *cañas* (Bier vom Fass; 2 €), guten Mojitos und kostenlosem Popcorn.

BOOTLEG BAR

Karte S. 304 (Carrer de Lledó 5; ⏰So–Do 9.30–0.30, Fr & Sa bis 2 Uhr; Ⓜ Jaume I) Das Bootleg, eine von einer wachsenden Zahl an Café-Bars in dieser Straße, erstreckt sich über zwei Etagen, erstrahlt in warmem Licht und erfreut sich einer schicken, aber unprätentiösen Kundschaft aus Einheimischen und Ausländern, die zum Plaudern und wegen der fairen Getränkepreise herkommen. Im Hintergrund läuft Electronica.

DUSK LOUNGE

Karte S. 304 (Carrer de la Mercè 23; ⌚18–2.30 Uhr; Ⓜ Drassanes) Das in einer stimmungsvollen Gasse im Gotischen Viertel versteckte Dusk schwankt zwischen lauter Bar und intimer Cocktaillounge. Es gibt verschiedene Räume mit gedämpftem Licht, alten Backsteinwänden und gemütlichen Sofas, gleichzeitig läuft auf großen Bildschirmen aber auch Sport. Das Cocktails schlürfende und Tapas nibbelnde Publikum besteht zumeist aus Ausländern.

BOSC DE LES FADES LOUNGE

Karte S. 304 (Passatage de la Banca 5; ⌚10–1 Uhr; Ⓜ Drassanes) Getreu seinem Namen bietet der „Feenwald" eine originelle Rückzugsmöglichkeit vom Trubel der nahen Ramblas. Unterhalb eines Wäldchens mit Brunnen und Grotte sind Lounge-Sessel und lampenbeleuchtete Tische platziert – ein interessanter Ort für einen Cocktail zum Auftakt des Abends.

BARCELONA PIPA CLUB BAR

Karte S. 304 (☎93 302 47 32; www.bpipaclub.com; Plaça Reial 3; ⌚22–4 Uhr; Ⓜ Liceu) Der Club der Pfeifenraucher erinnert mit seinen verschiedenen miteinander verbundenen Räumen und viel Nippes – vor allem natürlich Pfeifen, nach denen der Club schließlich auch benannt ist – an eine Wohnung. Wer rein will, muss unten an der Tür klingeln und dann zwei Stockwerke die Treppe hinaufgehen.

BLONDIE BAR

Karte S. 304 (www.blondie-bcn.com; Carrer d'en Roca 14; ⌚20–2 Uhr; Ⓜ Liceu) Das Lokal in einer Seitenstraße war lange eine düstere kleine Spelunke, die mit der Zeit in Vergessenheit geriet. Jetzt erfreut sich die Bar unter der Leitung eines Italieners einer treuen Stammkundschaft aus dem Viertel, die es wegen der New-Wave-Hits aus den 1980er-Jahren hierher zieht. Dazu kommen die subtile bunte Beleuchtung, schwarzweiße Kachelwände, Estrella Galicia (das erfrischendste helle Bier des Landes) und zuweilen eine konspirative Stimmung.

EL PARAIGUA BAR

Karte S. 304 (☎93 302 11 31; www.elparaigua.com; Carrer del Pas de l'Ensenyança 2; ⌚Mo–Mi 10–24, Do–Sa 11–2 Uhr; Ⓜ Liceu) Der „Regenschirm" erinnert an eine winzige Pralinenschachtel und präsentiert sich in dunklen Modernisme-Tönen. Seit den 1960er-Jahren werden hier Getränke ausgeschenkt. Die Jugendstilausstattung stammt aus einem Laden, der im Viertel abgerissen wurde, die Einrichtung wurde am alten Standort ab- und hier wieder aufgebaut: Fertig war das gemütliche Lokal.

Wer in den Gewölbekeller hinuntersteigt, unternimmt eine Zeitreise vom Modernisme ins Mittelalter: Dort unten stammen die Mauern teilweise noch aus dem 11. Jh. Donnerstags ab 22 Uhr legen hier DJs auf und freitags und samstags spielen ab 23.30 Uhr Bands Funk, Soul, Rock und Blues.

MANCHESTER BAR

Karte S. 304 (www.manchesterbar.com; Carrer de Milans 5; ⌚19–2.30 Uhr; Ⓜ Liceu) Die Kneipe wurde im Lauf der Jahre mehrmals umgestaltet. Heute bekommen die Gäste hier den Sound hervorragender Gruppen aus Manchester zu hören – von den Chemical Brothers bis zu Oasis. Jede Menge Tische stehen kreuz und quer im Raum verteilt, die Stimmung ist locker und lässig.

SINATRA BAR

Karte S. 304 (☎93 412 52 79; Carrer de les Heures 4–10; ⌚So–Do 18–2.30, Fr & Sa bis 3 Uhr; Ⓜ Liceu) Mittwochs bis samstags verwandelt sich das beliebte Restaurant ab etwa 23 Uhr in eine muntere Bar: Dann legen DJs für ein überwiegend ausländisches Publikum verschiedenste Musik auf, von House über altmodischen Jazz bis zu Hits der Achtziger. Die Einrichtung verleiht dem Ganzen ein edles Ambiente und die Cocktails sind erstklassig.

CAFÈ DE L'ÒPERA CAFÉ

Karte S. 304 (☎93 317 75 85; www.cafeoperabcn.com; La Rambla 74; ⌚8.30–2.30 Uhr; Ⓜ Liceu) Gegenüber dem Gran Teatre del Liceu liegt seit 1929 das interessanteste Café der Rambla – ein angenehmer Ort für Drinks am frühen Abend oder einen Kaffee mit Croissants am Vormittag. Das obere Stockwerk bietet interessante Ausblicke auf den belebten Boulevard. Sehr zu empfehlen ist der verführerische *cafè de l'Òpera* – ein Kaffee mit Schokoladenmousse.

LA CLANDESTINA CAFÉ

Karte S. 304 (☎93 319 05 33; Baixada de Viladecols 2; ⌚So–Do 10–22, Fr & Sa bis 24 Uhr; 📶; Ⓜ Jaume I) Tee, türkischer Kaffee, Mango-Lassis und Wasserpfeifen – wie viele Cafés und Bars in der Nähe verströmt auch das Clandestina mit seinen bunten Wänden, den schwarzen Katzen, die überall herumstreifen, und wechselnder Kunst ein kreatives Flair. Es werden auch Bier und Wein ausgeschenkt.

SALTERIO CAFÉ

Karte S. 304 (Carrer de Sant Domènec del Call 4; ⌚Mo–Sa 14–1 Uhr; Ⓜ Jaume I) Das Salterio, ein sehr stimmungsvolles Café in einer winzigen Gasse in El Call, serviert Tee, türkischen Kaffee und Snacks; für das Ambiente sorgen Steinwände, Weihrauch und nahöstliche Hintergrundmusik. Toll ist der Minztee mit echter Minze – so gut wie in Marokko!

BLVD CLUB

Karte S. 304 (☎93 301 62 89; www.boulevardcultureclub.com; La Rambla 27; ⌚Mi–Sa 0–6 Uhr; Ⓜ Drassanes) Der (gemäß dem alten Geist der unteren Rambla) von Stripteasebars flankierte Laden hat schon unzählige Wandlungen durchgemacht. Heute prägen die verschiedenen DJs den Charakter des Clubs. Es gibt drei Tanzräume, einen davon oben, und das Ganze hat ein nett kitschiges Flair; gespielt wird alles von Hits der Achtziger bis zu House (besonders samstags im Hauptraum). Kein besonderer Dresscode.

KARMA CLUB

Karte S. 304 (☎93 302 56 80; www.karmadisco.com; Plaça Reial 10; ⌚Di–So 0–5.30 Uhr; Ⓜ Liceu) Unter der Woche läuft hier gute Mainstream-Indiemusik, am Wochenende alles von Rock bis Disko. Der Club ist ein Evergreen in Barcelona und in dem kleinen, schlauchartigen Lokal wird es meist brechend voll: Jede Menge nette Einheimische und Auswärtige treffen sich hier.

LA MACARENA CLUB

Karte S. 304 (☎637 416647; www.macarenaclub.com; Carrer Nou de Sant Francesc 5; ⌚0–5 Uhr; Ⓜ Drassanes) Kaum zu glauben, dass hier früher ein mit Kacheln verkleidetes andalusisches Flamenco-Lokal zu Hause war! Heute ist der winzige Club ein dunkler Tanzschuppen, auf dessen wenigen Quadratmetern die Gäste an der Bar hocken und angeregt mit den Nachbarn plaudern und dann zwischendurch aufstehen, um zu E-Musik und House vom DJ zu tanzen.

☆ UNTERHALTUNG

HARLEM JAZZ CLUB LIVEMUSIK

Karte S. 304 (☎93 310 07 55; www.harlemjazzclub.es; Carrer de la Comtessa de Sobradiel 8; Eintritt 6–15 €; ⌚Di–Do & So 20–4, Fr & Sa bis 5 Uhr; Ⓜ Drassanes) Die enge Altstadtkneipe zählt zu den besten Adressen der Stadt für Jazz; gelegentlich wird auch ein bisschen Latin, Blues und Afrikanisches gespielt. Das bunt gemischte Publikum lauscht mit großem Respekt aufmerksam den einzelnen Darbietungen. In der Regel finden pro Abend zwei Sessions mit verschiedenen Musikern statt. Wer gern nah an der Bühne sitzen möchte, sollte frühzeitig eintreffen.

JAMBOREE LIVEMUSIK

Karte S. 304 (☎93 319 17 89; www.masimas.com/jamboree; Plaça Reial 17; Eintritt 8–13 €; ⌚20–6 Uhr; Ⓜ Liceu) Lange bevor Franco dieser Welt *adiós* sagte, hat das Jamboree den Swingfans schon Freuden mit Jazz- und Bluesgrößen vom Kaliber eines Chet Baker oder einer Ella Fitzgerald beschert. Heute finden in der Regel zwei Konzerte statt (um 20 und 22 Uhr). Um Mitternacht verwandelt sich das Jamboree in einen DJ-Club mit Hip-Hop, Funk und R&B. Montags finden Jamsessions statt (Eintritt nur 4 €).

SIDECAR FACTORY CLUB LIVEMUSIK

Karte S. 304 (☎93 302 15 86; www.sidecarfactoryclub.com; Plaça Reial 7; Eintritt 8–18 €; ⌚Mo–Sa 22–5 Uhr; Ⓜ Liceu) Der Eingang befindet sich an der Plaça Reial. Die Gäste kommen aus ganz unterschiedlichen Gründen hierher: Die einen, um vor Mitternacht etwas zu essen oder sich im Erdgeschoss (schließt spätestens um 3 Uhr morgens) ein paar Drinks zu genehmigen, die anderen, um im rot gestrichenen Kellergewölbe Livemusik zu hören (an den meisten Abenden der Woche). Das musikalische Spektrum reicht von Indie aus England bis zu Country Punk – Rock und Pop stehen jedoch an erster Stelle. Die meisten Konzerte beginnen um 22 Uhr. Ab 0.30 Uhr übernehmen DJs das Ruder.

CONCERT DE CARILLÓ LIVEMUSIK

Karte S. 304 (www.gencat.net/presidencia/carillo, auf Spanisch; Palau de la Generalitat, Plaça de Sant Jaume; ⌚Okt.–Juli 1. So des Monats 12 Uhr, Juli an versch. Tagen 21 Uhr; Ⓜ Jaume I) Ein fünf Tonnen schweres Glockenspiel mit 49 Bronzeglocken ertönt im Amtssitz der katalanischen Regierung im Rahmen von monatlich stattfindenden kostenlosen „Konzerten" – eine der seltenen Gelegenheiten, das Gebäude zu betreten. Im schönen gotischen Pati dels Tarongers, einer von Orangenbäumen gesäumten Terrasse in der Mitte der

DIE FURIOSE FURA DELS BAUS

Augen auf und aufgepasst: Fast schon ein Muss ist der Besuch einer Aufführung von Barcelonas exzentrischer Theatertruppe **La Fura dels Baus** (www.lafura.com). Sie gilt mittlerweile weltweit als Markenzeichen für spektakuläres, oft akrobatisches Chaos-Theater, in das oft auch das Publikum mit einbezogen wird. Die Truppe ging aus dem Straßentheater der 1970er-Jahre in Barcelona hervor. Obwohl sich das technische Können natürlich weiterentwickelt und international große Anerkennung erfahren hat, ist die Truppe ihren Wurzeln im spontanen Straßentheater treu geblieben.

Anlage, wird das Publikum mit einem Mittagskonzert verwöhnt, bei dem auf den Glocken unterschiedlichste Musikrichtungen, von Klassik bis Bossa Nova, erklingen.

L'ATENEU KLASSISCHE MUSIK

Karte S. 304 (☎93 343 21 61; www.masimas.com/fundacio; Carrer de la Canuda 6; Eintritt 12–15 €; ⓂCatalunya) Intensive halbstündige Sessions mit Kammermusik bietet diese altehrwürdige Institution (mit Club). Die Konzerte finden in der Regel freitags, samstags und sonntags um 18, 19 und 20 Uhr statt.

GRAN TEATRE DEL LICEU THEATER, LIVEMUSIK

Karte S. 304 (☎93 485 99 00; www.liceubarcelona.com; La Rambla dels Caputxins 51–59; ⌚Theaterkasse Mo–Fr 13.30–20 & Sa & So 1 Std. vor Vorstellungsbeginn; ⓂLiceu) Barcelonas prächtiges altes Opernhaus wurde nach dem Brand 1994 restauriert und zählt nun zu den technisch modernsten Theatern der Welt. Das großartige Auditorium erstrahlt wieder im Glanz des 19. Jhs. und besticht gleichzeitig mit hochmoderner Akustik. Wer hier Platz nimmt, begibt sich auf eine Art Zeitreise. Die Preise reichen von 8 € für einen Platz hinter einer Säule bis zu stattlichen 194 € für einen guten Platz an einem Opernabend.

SALA TARANTOS FLAMENCO

Karte S. 304 (☎93 319 17 89; www.masimas.net; Plaça Reial 17; Eintritt ab 7 €; ⌚Vorstellungen 20.30, 21.30 & 22.30 Uhr; ⓂLiceu) Seit 1963 gilt das Kellerlokal als *die* Bühne für aufstrebende Flamencogruppen, die in Barcelona gastieren. Heute bedient das Tarantos vorwiegend Touristen: Dreimal am Abend finden halbstündige Vorstellungen statt. Trotz allem ist dies eine gute Einführung in den Flamenco und außerdem ein recht nettes Plätzchen für einen Drink.

TABLAO CORDOBÉS FLAMENCO

Karte S. 304 (☎93 317 57 11; www.tablaocordobes.com; La Rambla 35; Show 39 €, mit Abendessen 62–70 €; ⌚Vorstellungen 20.15, 22 & 23.30 Uhr; ⓂLiceu) Dieser *tablao* (Restaurant mit Flamenco-Darbietungen) ist seit 1970 gut im Geschäft. Die Künstler treten auf einer winzigen Holzbühne mit einer Kulisse auf, die wohl an die Alhambra von Granada erinnern soll. Im Allgemeinen buchen die Gäste die Show in Kombination mit einem Abendessen. Es ist aber auch möglich, nur die Vorführung zu besuchen (Dauer etwa 1¼ Std.). Einige berühmte Namen sind hier schon aufgetreten, es ist also nicht nur Tourikitsch.

SHOPPEN

Die Rambla bietet einige nette Läden, aber so richtig interessant wird es erst im Labyrinth des Barri Gòtic, wo es in den schmalen alten Gassen viel zu entdecken gibt. Im Carrer d'Avinyó findet man junge Mode, die Avinguda del Portal de l'Àngel bietet die unterschiedlichsten Geschäfte, süße altmodische Läden säumen den Carrer de la Dagueria.

TALLER DE MARIONETAS TRAVI SPIELWAREN

Karte S. 304 (☎93 412 66 92; Carrer de n'Amargós 4; ⌚Mo–Sa 12–21 Uhr; ⓂUrquinaona) Der in den 1970er-Jahren eröffnete stimmungsvolle Laden verkauft schöne handgefertigte Marionetten. Neben Don Quixote, Sancho Panza und anderen typisch spanischen Figuren gibt's auch ungewöhnlichere Arbeiten aus anderen Teilen der Welt, darunter seltene sizilianische Puppen und Stücke aus Birma und Indonesien. Die meisten sind aus Holz oder Pappmaschee und vollständig beweglich. Wer möchte, kann sich eine Marionette anfertigen lassen, die so aussieht wie man selbst (ab 300 €); Näheres im Geschäft, auf jeden Fall muss man dafür ein Foto mitbringen.

L'ARCA DE L'ÀVIA VINTAGE-MODE

Karte S. 304 (☎93 302 15 98; Carrer dels Banys Nous 20; ⓂLiceu) Großmutters Truhe steckt voller außergewöhnlicher Erinnerungen an die Vergangenheit, von bestickten Seidenwesten aus dem 18. Jh. und aufwendigen Seidenkimonos bis zu Hochzeitskleidern und Schultertüchern aus den 1920er-Jahren. Auch die Kostümbildner von Filmen wie *Titanic, Sprich mit ihr* und *Das Parfum* wurden hier fündig.

SALA PARÉS KUNST & KUNSTHANDWERK

Karte S. 304 (☎93 318 70 20; www.salapares.com; Carrer del Petritxol 5; ⏲Mo 16–20, Di–Sa 10.30–14 & 16.30–20 Uhr; Ⓜ Liceu) In der Galerie, die zu den ehrwürdigsten und immer noch aktivsten Privatgalerien der Stadt gehört, wurden vor hundert Jahren Picassos Werke verkauft. Die Sala Parés existiert seit 1877 und behauptet ihre Position als einer der führenden Händler alter und neuer katalanischer Kunst.

PAPABUBBLE LEBENSMITTEL

Karte S. 304 (☎93 268 86 25; www.papabubble.com; Carrer Ample 28; Ⓜ Liceu) Der Bonbonladen erscheint Besuchern wie eine Reise in die Vergangenheit. Noch heute bekommt man hier quietschbunte, klebrige Lutscher wie einst in den Tante-Emma-Läden der Kindheit. Trotz der scheinbaren Zeitlosigkeit ist das Unternehmen aber relativ jung. Australier haben es in Barcelona gegründet, mittlerweile gibt es weitere Läden in Amsterdam, New York und einer Handvoll anderer Städte.

CERERIA SUBIRÀ KERZEN

Karte S. 304 (☎93 315 26 06; Baixada de la Llibreteria 7; Ⓜ Jaume I) Auch wer kein Interesse an bunten Kerzen hat, sollte sich den ältesten Laden Barcelonas mit seinem barocken Ambiente anschauen. Er existiert seit 1761 und ist seit dem 19. Jh. an diesem Ort.

XOCOA LEBENSMITTEL

Karte S. 304 (☎93 301 11 97; www.xocoa-bcn.com; Carrer del Petritxol 11–13; Ⓜ Liceu) In der süßen Lasterhöhle am von Cafés und Boutiquen gesäumten Carrer de Petritxol gibt's endlose Reihen von Schokotafeln, gefüllten Pralinen und süßem, klebrigem Gebäck. Zusätzlich zu diesem Laden finden sich noch über ein Dutzend weitere Filialen in der Stadt.

GOTHAM EINRICHTUNG

Karte S. 304 (☎93 412 46 47; www.gotham-bcn.com; Carrer de Cervantes 7; ⏲Mo–Fr 11–14 & 17–20 Uhr; Ⓜ Jaume I) Liebhaber von Retrodesign werden sich Hals über Kopf in diesen faszinierenden Laden mit seinen Chromlampen von der Mitte des 20. Jhs., den schicken modernen dänischen Möbeln und den geometrischen Wohnaccessoires verlieben. Es gibt Sachen von den 1930er- bis zu den 1970er-Jahren. Wenn das Elchgeweih nicht in den Koffer passt, nimmt man vielleicht doch lieber ein Gotham-T-Shirt.

ESPACIO DE CREADORES MODE

Karte S. 304 (☎93 318 03 31; Carrer Comtal 22; Ⓜ Catalunya) Dieser Outletstore mit einem breiten Angebot an günstiger Damenmode und Accessoires von einer langen Liste spanischer und einiger internationaler Designer wirbt damit, dass die Preise hier um bis zu 70 % unter den Originalpreisen liegen.

URBANA MODE

Karte S. 304 (☎93 269 09 20; Carrer d'Avinyó 46; ⏲Mo–Sa 11–21 Uhr; Ⓜ Liceu) Fröhliche bunte Klamotten, Schuhe und Accessoires warten auf kauflustige junge Leute. Das zwanglose baskische Geschäft bietet auffällige Kleidung wie Männer-T-Shirts von Supremebeing, Blumenkleider von Yumi und stilvolle Hüte von Atlantis.

CÓMPLICES BÜCHER

Karte S. 304 (Carrer de Cervantes 4; Ⓜ Jaume I) Der Laden, eine der größten Schwulen- und Lesben-Buchhandlungen der Stadt, bietet eine breite Palette an anspruchslosem erotischen Material – DVDs, Zeitschriften, Comicromane – sowie intellektuell anspruchsvolleren Lesestoff. Ein freundlicher Laden für alle Altersgruppen und sexuellen Vorlieben.

FC BOTIGA SOUVENIRS

Karte S. 304 (☎93 269 15 32; Carrer de Jaume I 18; ⏲10–21 Uhr; Ⓜ Jaume I) Wer ein Lionel-Messi-Trikot, einen blau-weinroten Ball oder andere Fußballfanartikel sucht, wird in diesem günstig gelegenen Fanshop fündig.

HERBORISTERIA DEL REI FACHGESCHÄFT

Karte S. 304 (☎93 318 05 12; www.herboristeriadelrei.blogspot.com; Carrer del Vidre 1; ⏲Di–Fr 16–20, Sa 10–20 Uhr; Ⓜ Liceu) Der frühere Hoflieferant von Königin Isabella II. verkauft alle möglichen seltsamen Kräuter, Gewürze und Heilpflanzen. Das Geschäft existiert seit 1823 und wurde seit den 1860er-Jahren nicht mehr verändert. Aber bei den Produkten hat sich einiges getan und heute gibt's hier alles Mögliche von Duftseifen bis zu Massageölen. Tom Tykwer drehte hier einige Szenen seines Films *Das Parfum*.

LE BOUDOIR FACHGESCHÄFT

Karte S. 304 (☎93 302 52 81; www.leboudoir.net; Carrer de la Canuda 21; Ⓜ Catalunya) Zum Aufpeppen des Liebeslebens ist der Laden genau richtig. Hier wird alles von der gewagten Spitzenwäsche bis zu Sexspielzeug verkauft – wie wär's mit kristallverzierten Handschellen oder Peitsche und Maske?

EL INGENIO FACHGESCHÄFT

Karte S. 304 (☎93 317 71 38; www.el-ingenio.com; Carrer d'en Rauric 6; Ⓜ Liceu) In dem skurrilen Phantasieladen werden riesige Karnevalsmasken, Kostüme, Theaterzubehör und ähnliche lustige Dinge angeboten. Auch venezianische Masken, Flamencokostüme, Gorillamasken, Jo-Jos, Kazoos und Einräder findet man hier.

OBACH ACCESSOIRES

Karte S. 304 (☎93 318 40 94; Carrer del Call 2; Ⓜ Liceu) Seit 1924 handelt der Laden im Herzen des Call (jüdisches Viertel) mit allen möglichen Kopfbedeckungen. Hier gibt's Kangol-Flatcaps aus Mohair, Hipster-Hüte mit kurzer Krempe, Filzhüte, elegante Strohhüte und *barrets* (Barette) in allen möglichen Farben.

CASA BEETHOVEN MUSIK

Karte S. 304 (☎93 301 48 26; La Rambla de Sant Josep 97; Ⓜ Liceu) Die Casa Beethoven ist nicht irgendein altes Notengeschäft: Der Laden existiert bereits seit 1880 und gleicht eher einem Museum als einem Geschäft. Zu den prominenten Kunden zählen Montserrat Caballé, José Carreras und Plácido Domingo. Doch die Inhaber gehen mit der Zeit und verkaufen sowohl Mozart als auch Metallica. Samstags finden manchmal kleine Konzerte statt.

LA MANUAL ALPARGATERA SCHUHE

Karte S. 304 (☎93 301 01 72; http://homepage.mac.com/manualp; Carrer d'Avinyó 7; Ⓜ Liceu) Alle Welt – von Salvador Dalí bis zu Jean Paul Gaultier – hat hier bereits *espadrilles* bestellt. Die berühmten Leinenschuhe mit der geflochtenen Sohle erblickten in diesem kurz nach dem Bürgerkrieg gegründeten Laden das Licht der Welt; die Wurzeln des einfachen Designs reichen aber weit in die Vergangenheit zurück.

El Raval

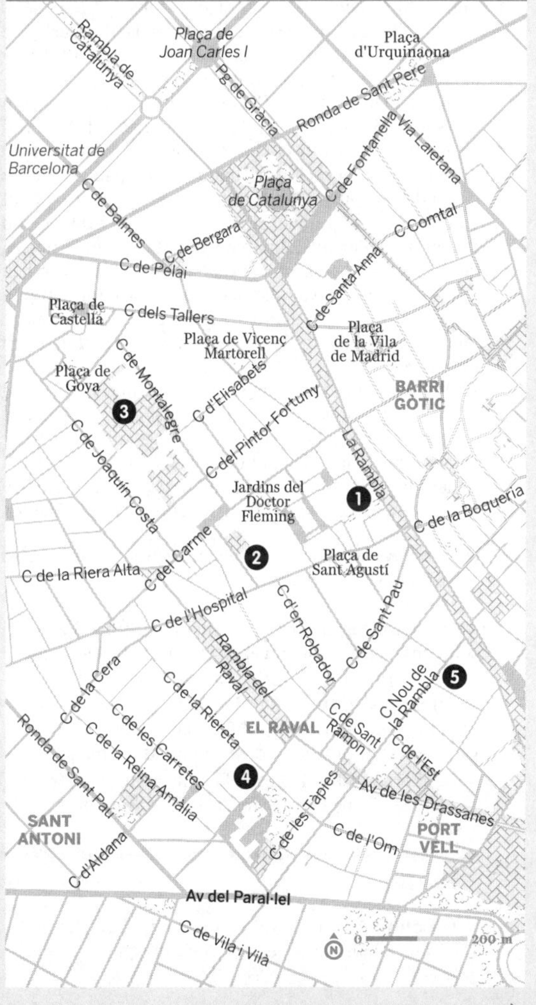

Details siehe Karte S. 304

Highlights

❶ Auf dem bunten **Mercat de la Boqueria** (S. 90) stöbern und dann in einer der munteren Marktkneipen schlemmen.

❷ Das **Antic Hospital de la Santa Creu** (S. 92) erkunden und eine Kaffeepause im angeschlossenen Hofcafé einlegen.

❸ Die Kunstsammlung des **Macba** (S. 93) inspizieren und den Skatern vor dem Gebäude zuschauen.

❹ In einer der **alten Kneipen in El Raval** (S. 99) ein Gläschen Absinth kippen.

❺ Durch den kunstvoll restaurierten **Palau Güell** (S. 95) schlendern.

Top-Tipp

Wer den lauten Straßen von El Raval entfliehen möchte, sollte das Gartencafé des **Antic Hospital de la Santa Creu** (S. 92) aufsuchen.

Gut essen

- Bar Pinotxo (S. 95)
- Ca L'Isidre (S. 95)
- Casa Leopoldo (S. 95)
- Granja Viader (S. 97)
- Elisabets (S. 97)

Mehr dazu S. 94

Schön ausgehen

- Bar La Concha (S. 98)
- 33I45 (S. 99)
- La Confitería (S. 98)
- Negroni (S. 99)

Mehr dazu S. 98

Kunstgewerbeläden

- Costura (S. 102)
- Fantastik (S. 102)
- Teranyina (S. 102)

Mehr dazu S. 101

Rundgang: El Raval

El Raval, lange Zeit Barcelonas raueste Gegend, entwickelt sich Stück für Stück zu einem Szeneviertel und ist so angesagt, dass die *barcelonins* sogar ein Wort für das Bummeln durch El Raval erfunden haben: *ravalejar.*

Den Streifzug durchs Viertel beginnt man am besten in der Nordhälfte von El Raval mit ihren Kunstläden am Carrer del Pintor Fortuny, dem bunten Mercat de la Boqueria (S. 90) und im faszinierenden Macba (S. 93). Abends gesellt man sich zu den Hedonisten in den Bars an der Rambla del Raval. Nachts erwacht El Raval erst richtig zum Leben, nicht nur wegen all der illegalen Aktivitäten, die im Schutz der Dunkelheit vor sich gehen, sondern auch, weil hier einige der exzentrischeren, angesagteren und echt uralten Bars und Clubs zu Hause sind. In den Lokalen am Carrer de Valldonzella und Carrer de Joaquín Costa tummeln sich viele der rund 6000 Studenten der im Viertel angesiedelten Fakultäten.

Im Gebiet zwischen Carrer de l'Hospital und dem Wasser, auch bekannt als Barri Xino, hat sich El Raval sein altes zwielichtiges Gesicht erhalten. Bei Kneipentouren zu vorgerückter Stunde sollte man in dieser Gegend Vorsicht walten lassen: Um den Carrer de Sant Pau herum versammeln sich nach wie vor Junkies und Dealer. Das zentrale Filmarchiv der Stadt, die Filmoteca de Catalunya (S. 94), ist kürzlich in das Gebiet zwischen der Rambla del Raval und dem Carrer de Sant Pau umgezogen, um diesen Teil der Stadt etwas aufzumöbeln. Mehrere schöne alte Bars (S. 99) haben hier die Zeiten überdauert.

Wer sich für den Alltag im multikulturellen Raval interessiert, sollte einen Nachmittagsbummel über den Carrer de l'Hospital machen. Freitags füllen sich die Straßen mit Muslimen auf dem Weg zum Freitagsgebet in der Moschee; zahlreiche Halal-Metzger, Cafés und Friseure bedienen die vielen Pakistaner und Nordafrikaner.

Lokalkolorit

- **Marktmittag** Das Essen auf dem Markt La Boqueria sollte man sich nicht entgehen lassen. Entweder man kauft Lebensmittel ein oder lässt sich bekochen.
- **Kunstgeschäfte** El Raval ist das kreativste Viertel der Stadt; Kunstfreunde sollten sich in den hiesigen Galerien und Kunstgewerbeläden umschauen.
- **Zuckerrausch** Einheimische schwören, dass Granja Viader (S. 97) die beste Schokolade der Stadt hat.

Anfahrt

- **U-Bahn** Durch El Raval fahren die Linien 1, 2 und 3. Die Linie 3 hält am bequemen Ausgangspunkt Liceu.

HIGHLIGHTS
MERCAT DE LA BOQUERIA

Barcelonas zentralster Lebensmittelmarkt, der Mercat de la Boqueria, ist ein Fest der Farben, Düfte und Klänge. Hier reihen sich Obst- und Gemüsestände mit bunten Auslagen aneinander, dazu gesellen sich Stände mit einer schier endlos erscheinenden Auswahl an Meeresfrüchten, Wurst, Käse, Fleisch (auch feinster Jabugo-Schinken) und Süßigkeiten.

Einigen Chroniken zufolge existiert bereits seit 1217 ein Markt an diesem Ort. Die Einheimischen kommen also schon seit Urzeiten zum Einkaufen hierher.

Zwischen dem 15. und 18. Jh. bestand hier ein Schweinemarkt, der Mercat de la Palla (Strohmarkt). Er gehörte zu einem größeren Markt, der sich bis zur Plaça del Pi ausdehnte. Was heute als La Boqueria bekannt ist, entstand erst im 19. Jh. Damals entschlossen sich die städtischen Behörden, eine Markthalle für Fischhändler, Metzger, Obst- und Gemüsehändler zu bauen. Das eiserne Tor im Stil des Modernisme wurde 1914 errichtet.

Viele Top-Restaurants der Stadt kaufen hier ihre Lebensmittel ein, obwohl es heute nicht leicht ist, an den Touristenmassen vorbeizukommen, um eine gute Seezunge oder ein verlockendes Stück *queso de cabra* (Ziegenkäse) zu ergattern.

Auf dem Markt versteckt sich eine Handvoll anspruchsloser Lokale, in denen man gut essen kann. Es lohnt sich durchaus, einige katalanische Spezialitäten zu probieren: *bacallà salat* (Stockfisch), gewöhnlich serviert auf einer *esqueixada,* einem Salat aus Tomaten, Zwiebeln und schwarzen Oliven; *calçots* (eine Mischung aus Lauch und Zwiebel), die gegrillt und ganz gegessen werden; *cargols* (Schnecken), ein katalanisches Standardessen, am besten gebacken (*a la llauna*) zu essen; *peus de porc* (Schweinefüße), oft mit Schnecken gekocht; oder *percebes,* eine spezielle Muschelart, die in ganz Spanien beliebt ist und mit einer Knoblauch-Petersilien-Sauce gegessen wird.

NICHT VERSÄUMEN

- ➡ An einem Essensstand regionale Spezialitäten probieren
- ➡ Frische Zutaten für ein Picknick am Strand kaufen

PRAKTISCH & KONKRET

- ➡ ☎93 412 13 15
- ➡ www.boqueria.info
- ➡ La Rambla 91
- ➡ ⌚Mo–Sa 8–20.30 Uhr
- ➡ Ⓜ Liceu

HIGHLIGHTS
ANTIC HOSPITAL DE LA SANTA CREU

Hinter dem Mercat de la Boqueria (S.91) steht das Gebäude, in dem sich im 15. Jh. das wichtigste Krankenhaus der Stadt befand. Das restaurierte Antic Hospital de la Santa Creu (Altes Heilig-Kreuz-Krankenhaus) beherbergt heute die Biblioteca de Catalunya (Katalanische Nationalbibliothek) und das Institut d'Estudis Catalans (Institut für katalanische Studien).

NICHT VERSÄUMEN

- Lesesäle und Wechselausstellungen
- Garten im Innenhof
- Casa de Convalescència de Sant Pau aus dem 17. Jh.
- Die gotische Capella

PRAKTISCH & KONKRET

- Karte S. 308
- ☎93 270 23 00
- www.bnc.cat
- Carrer de l'Hospital 56
- Ⓜ Liceu

Die Bibliothek

Das Krankenhaus wurde ab 1401 errichtet und diente seiner Bestimmung bis in die 1930er-Jahre. In seiner Blütezeit im Mittelalter zählte es zu den besten Krankenhäusern Europas. Kommt man vom Carrer de l'Hospital zum Krankenhaus, findet man sich in einem **Garten** wieder, der von Obdachlosen und pausierenden Studenten bevölkert wird. Auch eine freundliche Café-Bar hat hier ihre Tische stehen. Hinter dem Garten liegt der Eingang zum renommierten Massana-Konservatorium, ein paar Treppenstufen hinauf folgt die **Bibliothek** (Karte S. 308; Eintritt frei; ⌚Mo–Fr 9–20, Sa 9–14 Uhr; Ⓜ Liceu). Sie hütet die vollständigste Sammlung von Dokumenten zur Geschichte der Region – geschätzte 3 Mio. Dokumente. Am stärksten beeindrucken die großen Lesesäle mit ihren gotischen Steinbögen; sie können ohne Führung besichtigt werden. Zu sehen sind auch kleine Wechselausstellungen zu diversen Themen – das Spektrum reicht von alten Schallplatten bis zu Gesangbüchern aus mittelalterlichen Klöstern.

Die gotische Kapelle des ehemaligen Krankenhauses, **La Capella** (Karte S. 308; ☎93 442 71 71; www.bcn.cat/lacapella; Eintritt frei; ⌚Di–Sa 12–14 & 16–20, So & Feiertage 11–14 Uhr; Ⓜ Liceu), lohnt wegen der hier häufig stattfindenden zeitgenössischen Ausstellungen einen Blick.

Am 23. April (Tag des Sant Jordi) und an einem weiteren Tag Ende September (das Datum wechselt) finden Führungen durch das gesamte Gebäude statt. Dabei gelangen die Besucher nicht nur in den Publikumsbereich, sondern auch in Räumlichkeiten, die der Öffentlichkeit normalerweise nicht zugänglich sind, wie das Museu del Llibre Frederic Marès, eine ehemalige Privatstation des Krankenhauses. Deren helle Wandfliesen mit der Darstellung des Kreuzweges Jesu stammen aus dem 17. Jh. Der Bildhauer Frederic Marès (1893–1991) vermachte der Bibliothek insgesamt 1500 Dokumente und Bücher, von denen aber nur wenige ausgestellt sind. Er schuf auch die Wandmedaillons mit Personen, die in der katalanischen Kultur eine bedeutende Rolle spielten. Als Antoni Gaudí 1926 von einer Straßenbahn überfahren wurde, brachte man ihn in den Via-Crucis-Saal, wo er starb.

Das Institut für katalanische Studien

Vom Carrer del Carme bzw. den Jardins del Doctor Fleming (einem kleinen Park mit Schaukeln) führt ein schmaler Weg zum Eingang des **Instituts** (Karte S. 308; Ⓜ Liceu), das manchmal geöffnet ist, wenn Ausstellungen stattfinden. Es handelt sich um die **Casa de Convalescència de Sant Pau** aus dem 17. Jh., die Patienten des Hospitals zur Genesung aufnahm. Zunächst waren es nur sieben Männer und fünf Frauen, doch Ende des 17. Jhs. bot das Haus Platz für 200 Betten und 400 Matratzen. Die Patienten bekamen Fleisch und sogar Desserts – ein Luxus, auf den nur wenige außerhalb dieses Hauses hoffen konnten. Bis ins frühe 20. Jh. umsorgte man hier Patienten. Zahlreiche Keramiken schmücken das Gebäude (vor allem das Vestibül). Es flankiert einen Kreuzgang, in dessen Mitte eine Statue von San Pau (St. Paul) steht, nach dem das Haus benannt ist. Die Orangerie im 1. Stock trägt den Namen der katalanischen Schriftstellerin Mercè Rodoreda.

NEIL SETCHFIELD/LONELY PLANET IMAGES © RICHARD MEIER & PARTNERS

HIGHLIGHTS MACBA

Das von Richard Meier entworfene und 1995 eröffnete Macba (Museu d'Art Contemporani de Barcelona) hat sich zum wichtigsten Ausstellungshaus für zeitgenössische Kunst der Stadt entwickelt und bietet Kunstliebhabern fesselnde Ausstellungen. Im Erdgeschoss befindet sich die ständige Sammlung, die spanische und katalanische Kunst ab der zweiten Hälfte des 20. Jhs. umfasst mit Arbeiten von u. a. Antoni Tàpies, Joan Brossa und Miquel Barceló; es sind aber auch ausländische Künstler wie Paul Klee, Bruce Nauman und John Cage vertreten.

Zwei Stockwerke sind Wechselausstellungen vorbehalten, die fast immer faszinieren und eine Herausforderung darstellen. Das Macba möchte mit dem traditionellen Museumsbild aufräumen, wonach das Kunstwerk ein Spektakel darstellt, und einen Raum schaffen, in dem Kunst kritisch betrachtet werden kann. Parallel zu den Ausstellungen werden daher gewöhnlich immer Vorträge und andere Veranstaltungen geboten. Wer intellektuelle Herausforderungen sucht, geht ins Macba!

Gegenüber vom Museum, auf der anderen Seite des von Skatern heimgesuchten Platzes, steht der restaurierte, 400 Jahre alte Convent dels Àngels mit **La Capella Macba** (Karte S. 308; Plaça dels Àngels; Ⓜ Universitat), einer ehemaligen Klosterkirche. Die in ihrer Substanz gut erhaltene gotische Kirche wird vom Macba regelmäßig für Wechselausstellungen genutzt, um Werke aus der eigenen Sammlung zu zeigen.

In der Bibliothek und im Auditorium finden regelmäßig Konzerte, Vorträge und andere Events statt, allesamt sehr preisgünstig oder sogar umsonst. Phantastisch ist zudem die große Kunstbuchhandlung, in der es auch originelle Mitbringsel und kleine Designartikel gibt.

NICHT VERSÄUMEN

- Die ständige Sammlung mit spanischer und katalanischer Kunst des 20. Jhs.
- La Capella Macba
- Die faszinierenden Sonderausstellungen

PRAKTISCH & KONKRET

- Karte S. 308
- ☎ 93 412 08 10
- www.macba.cat
- Plaça dels Àngels 1
- Erw./erm. 7,50/6 €
- ⏲ Mo & Mi 11–20, Do & Fr bis 24, Sa 10–20, So & Feiertage 10–15 Uhr
- Ⓜ Universitat

SEHENSWERTES

MERCAT DE LA BOQUERIA MARKT

Siehe S. 91.

ANTIC HOSPITAL DE LA SANTA CREU HISTORISCHES GEBÄUDE

Siehe S. 92.

MACBA MUSEUM

Siehe S. 93.

LP TIPP FILMOTECA DE CATALUNYA KULTURZENTRUM

Karte S. 308 (☎93 567 10 70; www.filmoteca.cat; Plaça Salvador Seguí 1–9; Tickets ab 2–4 €; ⏲8–22 Uhr; Ⓜ Liceu) Nach fast zehn Jahren Planung zog die Filmoteca de Catalunya im März 2012 in dieses moderne 6000 m² große Gebäude aus Glas, Metall und Beton. Es steht inmitten des zwielichtigsten Teils von El Raval – auf dem Platz sind Tag und Nacht Prostituierte anzutreffen –, doch drinnen kündet das Haus mit viel Licht und freiem Raum, riesigen Fenstern, Dachfenstern und Glaspaneelen, durch die das Sonnenlicht in den katalanischen Farben Rot und Gelb strömt, vom Aufwind.

Zusätzlich zu zwei Kinosälen mit insgesamt 555 Plätzen umfasst die neue Filmoteca einen Buchladen, ein Café, Büros und Ausstellungsräume. In erster Linie ist das Haus jedoch ein Filmarchiv; es soll einen kulturellen Wendepunkt für das ganze Viertel markieren. 2012 befasste sich das Programm der Filmoteca u. a. mit den Werken von Bigas Lunas und Jacques Tourneur.

CENTRE DE CULTURA CONTEMPORÀNIA DE BARCELONA KULTURKOMPLEX

Karte S. 308 (CCCB; ☎93 306 41 00; www.cccb.org; Carrer de Montalegre 5; 2 Ausstellungen Erw./Kind unter 16 J./Sen. & Stud. 6 €/frei/4,50 €, 1 Ausstellung 5 €/frei/3 €, Mi, Do 20–22, So 15–20 Uhr frei; ⏲Di, Mi & Fr–So 11–20, Do 11–22 Uhr; Ⓜ Universitat) Das Zentrum für zeitgenössische Kunst mit Vortrags-, Ausstellungs- und Konferenzräumen eröffnete 1994 in der umgebauten Casa de la Caritat, einem ehemaligen Krankenhaus aus dem 18. Jh. Ziemlich spektakulär ist der Innenhof, der an einer Seite von einer riesigen Glaswand begrenzt wird. Die in vier Bereiche unterteilten Ausstellungsflächen umfassen 4500 m². Das Zentrum bietet ein ständig wechselndes Programm an Ausstellungen, Filmreihen und anderen Veranstaltungen.

ESGLÉSIA DE SANT PAU KIRCHE

Karte S. 308 (Carrer de Sant Pau 101; ⏲Kreuzgang Mo–Sa 10–13 & 16–19 Uhr; Ⓜ Paral.lel) Der nette kleine Kreuzgang dieser Kirche ist das schönste Beispiel romanischer Architektur in der Stadt. Die in einem kleinen Garten stehende Kirche verfügt außerdem am Haupteingang über einige westgotische Architekturelemente.

ESSEN

El Raval ist wahrscheinlich der gegensätzlichste und interessanteste Teil der Altstadt. Lange Zeit das ärmste Viertel Barcelonas, gibt es hier sowohl traditionelle Gaststätten als auch, seit Ende der 1990er-Jahre, eine Menge hipper neuer Lokale und Künstlerkneipen, die sich besonders um das Macba herum gruppiert haben. In den Straßen von El Raval bieten stimmungsvolle Lokale die zum Teil preisgünstigsten Gerichte der Stadt an, und zwar vom Carrer de Sant

DIE WIEDERBELEBUNG VON EL RAVAL

Der Umzug der Filmoteca de Catalunya aus dem Viertel Sarrià nach El Raval ist Teil der „Raval-Renaissance“, eines fortdauernden Projekts, mit dessen Hilfe das Viertel in eines der wichtigsten Kulturzentren Spaniens verwandelt werden soll. Im Rahmen des Projekts treffen sich Vertreter des Macba, des Gran Teatre del Liceu, des Centre de Cultura Contemporània de Barcelona, der Biblioteca de Catalunya, von Arts Santa Mònica, des Virreina Centre de la Imatge, des Institut d'Estudis Catalans und der Filmoteca de Catalunya dreimal jährlich, um ein Kulturnetzwerk zu schaffen, in dessen Mittelpunkt El Raval stehen soll. Bei den geplanten Multimedia-Kooperationen soll der Film eine Vorreiterrolle spielen – ein Beispiel hierfür ist die Restaurierung von Fritz Langs Film *Die Nibelungen* durch die Filmoteca de Catalunya, die dafür beim Orchester des Liceu eine neue Filmmusik bestellte.

HIGHLIGHTS
PALAU GÜELL

Das außergewöhnliche Palais, eines der wenigen modernistischen Gebäude, die in der Ciutat Vella erbaut wurden, hat im Mai 2010 nach fast 20 Jahren Restaurierung wiedereröffnet. Es ist ein prachtvolles Zeugnis aus der Frühzeit von Gaudís überschäumender architektonischer Phantasie und ermöglicht einen Einblick in das ungeheure Genie seines Schöpfers.

Gaudí erbaute den Palast in den späten 1880er-Jahren direkt an der Rambla für seinen reichen, großzügigen Gönner, den Industriellen Eusebi Güell. Auch wenn das Gebäude im Vergleich zu seinen späteren Entwürfen vielleicht etwas düster wirkt, zeigt es doch schon die charakteristische Mischung verschiedener Stilrichtungen (gotisch, maurisch, Jugendstil). Nach dem Ende des Spanischen Bürgerkriegs besetzte zunächst einmal die Polizei den Palau Güell und folterte im Untergeschoss politische Gefangene. Danach wurde das Gebäude aufgegeben und verfiel langsam.

Im zweiten Stock befindet sich der Hauptsaal mit seinen Nebenräumen. Den Mittelpunkt des Baus bildet das prächtige Musikzimmer mit der nachgebauten Orgel, auf der während der Öffnungszeiten jemand spielt. Die Eingangshalle erstreckt sich über drei Stockwerke; ihre hohen Bögen vereinen sich oben zu einer Kuppel. Die Familienräume sind teils sehr verwinkelt, teils üppig mit Buntglas geschmückt. Das Dach besteht aus einem Meer von Mosaiken und phantastischen Schornsteinen. Der im Eintrittspreis inbegriffene Audioguide bereichert das Bild durch Fotos und Musikstücke zum Familienalltag der Güells.

NICHT VERSÄUMEN

- Das Musikzimmer
- Die Familienzimmer
- Das geflieste Dach

PRAKTISCH & KONKRET

- Karte S. 308
- ☎93 317 39 74
- www.palauguell.cat, auf Spanisch
- Carrer Nou de la Rambla 3–5
- Erw./erm. 10/8 €
- ⌚April–Sept. tgl. 10–20 Uhr, Okt.–März 10–17.30 Uhr
- Ⓜ Drassanes

Pau aus nach Norden Richtung Carrer de Pelai sowie um die Universität und die Ronda de Sant Antoni herum.

LP TIPP BAR PINOTXO — TAPAS €€

Karte S. 308 (Mercat de la Boqueria; Mahlzeiten 20 €; ⌚Sept.–Juli Mo–Sa 6–17 Uhr; ⓂLiceu) Die Bar Pinotxo ist vielleicht die beste Tapasbar des Markts La Boqueria oder sogar von ganz Barcelona. Sie ist eine von rund einem Dutzend Tapasbars in der Markthalle. Der beliebte Betreiber Juanito serviert Kichererbsen mit einer süßen Sauce aus Pinienkernen und Rosinen, eine phantastisch weiche Mischung aus Kartoffeln und Spinat mit grobem Salz, zarten jungen Tintenfisch mit Cannellini-Bohnen oder süßen Schweinebauch.

LP TIPP CA L'ISIDRE — KATALANISCH €€€

Karte S. 308 (☎93 441 11 39; www.calisidre.com; Carrer de les Flors 12; Hauptgerichte 20–70 €; ⌚Mo–Sa, Ostern & 3 Wochen im Aug. geschl.; ⓂParal.lel) Das in einer wenig einladenden Seitenstraße gelegene Ca L'Isidre ist ein altmodisches Juwel mit gepflegten, von dunklem Holz geprägten Essbereichen. Die Karte selbst ist ein kleines Kunstwerk; zu empfehlen sind z. B. mit Pilzen und Stopfleber gefüllte Artischockenherzen, Thunfischsteak mit Tomatencoulis oder Lammhirn mit schwarzer Butter. König Juan Carlos und Starkoch Ferran Adrià lieben dieses Restaurant.

CASA LEOPOLDO — KATALANISCH €€€

Karte S. 308 (☎93 441 30 14; www.casaleopoldo.com; Carrer de Sant Rafael 24; Mahlzeiten 50 €; Festpreismenü 25 € Di & Do mittags & abends, Mi nur mittags; ⌚Sept.–Juli Di–Sa mittags & abends, So mittags; ⓂLiceu) Verborgen in den Slums von El Raval, war dies das Lieblingsrestaurant des Autors Manuel Vázquez Mon-

START **CASA ALMIRALL**
ZIEL **LONDON BAR**
LÄNGE **2 KM**
DAUER **45 MIN.**

Spaziergang

Essen & Trinken in Gebäuden des Modernisme

Die Familie Almirall eröffnete Mitte des 19. Jhs. am Carrer de Joaquín Costa die 1 **Casa Almirall** (S. 100), die Casa zählt damit zu den ältesten Bars der Stadt und begeistert bis heute mit ihren vielen Jugendstildetails, vor allem den Fenstern, der Theke und den vielen Vitrinen.

Ein gemütlicher Ort, um in schönem Jugendstil-Ambiente ganz in Ruhe ein Bierchen zu trinken und dazu eine Kleinigkeit zu essen, ist die 2 **Bar Muy Buenas** (S. 99) auf dem Carrer del Carme. Im 19. Jh. als Milchbar eröffnet, blieb in der Bar bis heute viel von der ursprünglichen Ausstattung erhalten.

Die Bar 3 **La Confitería** (S. 98) taucht am Carrer de Sant Pau hinter der romanischen Kirche auf. Früher hatte hier ein Frisör seine Räume, dann lange Zeit eine Konditorei. Für die Umwandlung in eine Bar wurden die Räume 1998 liebevoll renoviert. Die meisten architektonischen Elemente wie die Fassade, der Tresen und die Vitrinen sind original.

Das 4 **Hotel España** (S. 226) ist vor allem für seine beiden Speisesäle berühmt, die Domènech i Montaner 1903 gestaltete. Der Entwurf für den Alabasterkamin in der Sala Arnau stammt von Eusebi Arnau. Auf der Speisekarte stehen traditionelle katalanische Gerichte zu moderaten Preisen.

Beim Streifzug durch El Raval sollte niemand den Star des Modernisme auslassen: Gaudís frühes Auftragswerk, der 5 **Palau Güell** (S. 95), ist ein bemerkenswertes Gebäude, kürzlich perfekt renoviert. Wer nachts bei seiner Zechtour durch die Bars hier vorbeikommt, sollte sich eine Notiz machen, damit er nicht vergisst, sich das Haus noch mal bei Tageslicht anzuschauen.

Seit über einem Jahrhundert ist die 6 **London Bar** (S. 99) mit ihrer modernistischen Einrichtung ein Klassiker des Nachtlebens der Stadt. Bis heute wird sie von der Familie des Kellners geführt, der sie 1910 gründete. In ihrer Blütezeit tranken hier Stammgäste wie Picasso und Miró unzählige Male „ein Bier auf die Schnelle“.

talbán. Einige der geräumigen Speiseräume des Klassikers aus dem Jahr 1929 haben interessant gekachelte Wände und freiliegende Deckenbalken. Die Karte führt eine große Auswahl an Meeresfrüchten, auch die Weinliste ist gut. Zum sehr preiswerten Menú de la Fonda gehören alle Spezialitäten des Hauses.

GRANJA VIADER
CAFÉ €

Karte S. 308 (☎93 318 34 86; www.granjaviader.cat; Carrer d'en Xuclà 4; ⏲Di–Sa 9–13.45 & 17–20.45, Mo 17–20.45 Uhr; Ⓜ Liceu) Seit über einem Jahrhundert suchen die Menschen diese Gasse auf, um sich in der klassischen katalanischen Milchbar mit angeschlossenem Feinkostladen ihre Tasse hausgemachte heiße Schokolade mit Sahne *(suís)* servieren zu lassen. Dazu gibt's eine große Auswahl an köstlichem Gebäck – ideal für Menschen, die es zum Frühstück gerne süß mögen. Der Viader-Clan hat Cacaolat erfunden, einen Vorläufer des modernen Kakaopulvers. Die Einrichtung ist wunderbar altmodisch und die Stimmung immer fröhlich.

ELISABETS
KATALANISCH €

Karte S. 308 (☎93 317 58 26; Carrer d'Elisabets 2–4; Hauptgerichte 7–9 €; ⏲Sept.–Juli Mo–Sa; Ⓜ Catalunya) Das ungezwungene Restaurant ist bekannt für seine einfache einheimische Küche. Die Wände sind mit alten Radios dekoriert; das *menú del día* (10,75 €) wechselt täglich. *A la carta* gibt es u. a. *ragú de jabalí* (Wildschweineintopf) und zum Nachtisch *mel i mató* (einen katalanischen Nachtisch aus Käse und Honig). Hungrige Nachtschwärmer können hier, wenn sie etwas Glück haben, freitagabends bis 1 Uhr morgens eine warme Mahlzeit bestellen.

PLA DELS ÀNGELS
MEDITERRAN €

Karte S. 308 (☎93 329 40 47; www.semproniana.net; Carrer Ferlandina 23; Mittags-/Abendmenü 10/15 €, Hauptgerichte 20 €; ⏲tgl. 13.30–16 & 21–23.30 Uhr; Ⓜ Universitat) Das bunte und muntere kleine Bistro neben dem Macba mit dicht beieinander stehenden Tischen im Hinterzimmer bietet mehr Platz im Barbereich vorne, wenngleich es da nicht so hübsch ist. Die Küche ist katalanisch-französisch und italienisch und kann recht originell daherkommen, z. B. in Form von Salaten mit Mango, Tofu, Minze und Oregano oder Suppe mit Birne, Kastanien und Pinienkernen.

SESAMO
VEGETARISCH €

Karte S. 308 (☎93 441 64 11; www.sesamo-bcn.com, auf Spanisch; Carrer de Sant Antoni Abat 52; Mittagsmenü 7 €; ⏲Mo, Di & Do–Sa mittags & abends, So mittags; Ⓜ Sant Antoni) Das relaxte vegetarische Ecklokal lockt alle möglichen Gäste an. Zum Frühstück gibt's Säfte und Backwaren, ansonsten dreigängige Mittagsmenüs und Abendessen. Für die akustische Untermalung sorgen Electronica-Klänge. Nett sind auch das Brot und der Kuchen aus eigener Herstellung.

RESTAURANT EL CAFETÍ
KATALANISCH €€

Karte S. 308 (☎93 329 24 19; www.elcafeti.com; Passatge de Bernardí; Hauptgerichte 8–15 €, menú del día 12 €; ⏲Di–Sa mittags & abends, So mittags; Ⓜ Liceu) Das winzige Speiselokal ist mit alten Möbeln vollgestellt und bietet traditionelle regionale Küche mit ein oder zwei unorthodoxen Variationen. Es dominieren Paella und andere Reisgerichte. Das Restaurant liegt an einer Arkade abseits des Carrer de Sant Rafael.

BIBLIOTECA
MEDITERRAN €€€

Karte S. 308 (☎93 412 62 21; www.bibliotecarestaurant.cat; Carrer de la Junta de Comerç 28; Mahlzeiten 35–40 €; ⏲Mo–Fr abends, Sa mittags & abends; Ⓜ Liceu) In der „Bibliothek" dominieren nackte Backsteinwände und Cremetöne. Die Karte versammelt Gerichte aus ganz Spanien mit sorgfältigen kreativen Elementen und dazu einer guten Auswahl an Weinen. Ein leckeres Gericht ist etwa *bacallà confitat amb suc d'escamarlans i llegums de temporada* (gepökelter Stockfisch in Langustensud mit Gemüse der Saison).

CAN LLUÍS
KATALANISCH €€€

Karte S. 308 (Carrer de la Cera 49; Mahlzeiten 30–35 €; ⏲Sept.–Juli Mo–Sa; Ⓜ Sant Antoni) Seit 1929 führen drei Generationen derselben Familie diesen blitzblanken Klassiker. Unter den olivgrünen Balken im hinteren Speisesaal blickt man auf die Stelle, an der 1946 die Bombe eines Anarchisten explodierte und den damaligen Eigentümer tötete. Es gibt frischen Fisch und Meeresfrüchte; die *llenguado* (Seezunge) wird im Ofen in Whisky und Rosinen gebacken.

EN VILLE
FRANZÖSISCH €€

Karte S. 308 (☎933 02 84 67; www.envillebarcelona.es; Carrer del Doctor del Dou 14; Mittagsmenü 10 €, Hauptgerichte 10–12 €; ⏲mittags & abends; Ⓜ Universitat) Hier lockt eher die phantastische Einrichtung als das durchschnittliche Essen; das *menú del día* für 10 € ist mit seinen üppigen Meeresfrüchteplatten, den großen Salaten und großen Gläsern Wein jedoch sehr preisgünstig. Daher muss man mittags auch früh da sein, möchte man nicht lange Schlange stehen. Einladend sind die duftenden Blumensträuße auf den Tischen, die Gemälde an den Wänden und die Antiquitäten überall.

MAMA I TECA KATALANISCH €

Karte S. 308 (☎93 441 33 35; Carrer de la Lluna 4; Hauptgerichte 8–10 €; ⏲So, Mo & Mi–Fr mittags & abends, Sa abends; Ⓜ Sant Antoni) Das winzige Lokal mit seiner Handvoll Tische ist mehr Lifestyle als Restaurant. Mitten in El Raval liegt es in einer Multikultistraße, in der es oft raubeinig zugeht. Anwohner halten sich für einen kurzen Drink dort auf. Serviert werden (ganz ohne Eile) frisch zubereitete katalanische Spezialitäten, z. B. Kabeljau in Olivenöl frittiert mit Knoblauch und roter Paprika oder saftige Sirloin-Steaks.

ORGANIC VEGETARISCH €

Karte S. 308 (www.antoniaorganickitchen.com; Carrer de la Junta de Comerç 11; Hauptgerichte 5–8 €; ⏲12.45–24 Uhr; Ⓜ Liceu) Vom Eingang aus links befindet sich die offene Küche des weiträumigen vegetarischen Lokals. Dort steht eine begrenzte Anzahl täglich frischer Gerichte zur Auswahl. Die großzügigen Portionen sind kreativ zusammengestellt. Auch das reichhaltige Salatbüfett und die Desserts sind gut. Das Mittagsmenü des Tages kostet 9,50 € plus Getränke.

DOS TRECE INTERNATIONAL €

Karte S. 308 (☎93 301 73 06; www.dostrece.net; Carrer Carme 40; Mittagsmenü 11 €, Hauptgerichte 8 €; ⏲Mo–Do 10–2, Fr–So 10–3 Uhr; Ⓜ Universitat) Das nette Dos Trece eignet sich perfekt zum Essen am späten Abend und für einen Sonntagsbrunch. Abends kann man einen Burger oder etwas anderes von der vielseitigen Karte bestellen und sich nach dem Essen in geselligem Ambiente noch den einen oder anderen Drink gönnen.

OLIVIA CAFÉ €

Karte S. 308 (☎93 318 63 80; Carrer Pintor Fortuny 22; Kuchen ab 3 €; ⏲Okt.–Mai Mo–Sa 9–21, So 10–21 Uhr, Juni–Sept. Mo–Sa 9–21 Uhr; 📶; Ⓜ Catalunya) Das relaxte kleine Café an einer ruhigen Straße in El Raval bietet ausgezeichneten Kuchen (Möhren, Ananas usw.) und guten Kaffee. Von den Plätzen im Ladenfenster hat man einen tollen Blick auf die Straße – was im quirligen El Raval schon eine Attraktion für sich ist. Die Einrichtung ist einfach und minimalistisch mit einer einzigen Reihe von Holztischen und im Hintergrund läuft immer guter Jazz.

AUSGEHEN & NACHTLEBEN

In den langen, etwas abgewrackten Gassen von El Raval haben in den letzten zwei Jahrzehnten Bars und Clubs eröffnet und die Gegend in eines der besten Ausgehviertel der Stadt verwandelt. Hier findet man neben den angesagten Läden auch noch einige herrliche alte Hafenkneipen, die immer noch bestens laufen – einige dieser Lokale sind schon seit Picassos Zeiten Treffpunkte der Bohème der Stadt. Das untere Ende von El Raval ist schon seit Urzeiten eher zwielichtig und das Gebiet um den Carrer de Sant Pau ist auch heute noch recht rau: Hier mischen sich Drogendealer, Taschendiebe und Prostituierte unter die Nachtschwärmer. Wer spät abends in dieser Gegend unterwegs ist, sollte auf der Hut sein.

BAR LA CONCHA BAR

Karte S. 308 (Carrer de la Guàrdia 14; ⏲17–3 Uhr; Ⓜ Drassanes) Die Bar huldigt der Schauspielerin Sara Montiel: Das gesamte Lokal ist mit über 250 Fotos des sinnlichen Stars gepflastert. Die 1928 geborene Montiel zeigte sich nackt auf der Leinwand, als dies noch verpönt war – „la concha" bedeutet eigentlich „die Muschel", ist aber auch ein spanisches Slangwort für die weiblichen Genitalien.

Das La Concha war einst eher ein Tummelplatz von Schwulen und Transvestiten, doch sind hier alle willkommen und werden sicher ihren Spaß haben, besonders wenn die Transvestiten unterwegs sind. Die Musik reicht von Paso Doble (einem temperamentvollen Paartanz) bis zu spanischem Retropop.

LA CONFITERÍA BAR

Karte S. 308 (Carrer de Sant Pau 128; ⏲11–2 Uhr; Ⓜ Paral.lel) Ein Besuch hier hat etwas von einer Zeitreise ins 19. Jh. Bis in die 1980er-Jahre war das Lokal eine Confiserie – und auch wenn die einstigen Vitrinen heute mit Alkohol gefüllt sind, hat sich das Ambiente seit dem Umbau in eine gemütliche Bar kaum verändert. Gäste können am frühen Abend in aller Ruhe einen *vermut* des Hauses trinken (3 €), bevor sich die Bar am späteren Abend meist mit Theaterbesuchern und Partygängern füllt.

33|45 — BAR

Karte S. 308 (Carrer Joaquín Costa 4; ⌚Mo–Do 10–1.30, Fr & Sa 10–3, So 10–24 Uhr; Ⓜ Universitat) Die supertrendige Cocktailbar am Carrer Joaquín Costa, auf dem das Nachtleben tobt, bietet ausgezeichnete Mojitos – sogar rosafarbene mit Erdbeeren! – und ein schickes Publikum. Im Hauptbereich legen DJs auf, im Hinterzimmer stehen Sofas und Sessel zum Ausruhen nach dem Tanzen.

NEGRONI — COCKTAILBAR

Karte S. 308 (Carrer de Joaquín Costa 46; ⌚Mo–Do 19–2, Fr & Sa 19–3 Uhr; Ⓜ Liceu) „Klein, aber fein", heißt es so schön, und diese winzige Bar bestätigt die Regel. Das in Schwarz und Beige gehaltene Ambiente lockt vor allem Studenten an, die hier alle möglichen Cocktails probieren, z. B. den legendären Negroni. Diese Erfindung eines Florentiners besteht aus einem Drittel Campari, einem Drittel Gin und einem Drittel süßem Wermut.

BAR MUY BUENAS — BAR

Karte S. 308 (Carrer del Carme 63; ⌚Mo–Do 9–2, Fr & Sa 9–3, So 19–2 Uhr; Ⓜ Liceu) Die Bar nahm Ende des 19. Jhs. als Tante-Emma-Laden ihren Anfang. Die Modernisme-Ausstattung und das entspannte Publikum machen das Lokal zur idealen Adresse, um in aller Ruhe einen Mojito zu schlürfen. Mit etwas Glück werden sogar ein paar Takte Livemusik gespielt oder manchmal auch eine Dichterlesung veranstaltet. Auf der kleinen Speisekarte stehen ein paar Köstlichkeiten aus dem Nahen Osten.

BAR PASTÍS — BAR

Karte S. 308 (☎93 318 79 80; www.barpastis.com; Carrer de Santa Mònica 4; ⌚So–Fr 19.30–2, Sa 19.30–3 Uhr; Ⓜ Drassanes) Die winzige, vollgestopfte Bar im Stil eines französischen Kabaretts ist ein Klassiker mit jeder Menge Piaf im Hintergrund. Sie ist mit einigen kurzen Unterbrechungen schon seit dem Ende des Zweiten Weltkriegs gut im Geschäft. Wer gern einen Sitzplatz hätte, in die Nähe der Bar vordringen oder sich sonst irgendwie bewegen will, muss vor 21 Uhr eintrudeln. An manchen Abenden wird Livemusik gespielt – in der Regel französische Chansons.

INSIDERWISSEN

ALTE BARS IN EL RAVAL

- London Bar (s. unten)
- Bar Marsella (S. 101)
- La Confitería (S. 98)
- Bar Muy Buenas (s. unten links)
- Casa Almirall (S. 100)

BETTY FORD — BAR

Karte S. 308 (☎93 304 13 68; Carrer de Joaquín Costa 56; ⌚So & Mo 18–1.30, Di–Do 14–1.30, Fr & Sa 14–2.30 Uhr; Ⓜ Universitat) Die nette Eckkneipe zählt zu den vielen guten Zwischenstopps am Carrer de Joaquín Costa, auf dem sich die Studenten tummeln. Die Cocktails sind empfehlenswert – und so füllt sich die Bar nach und nach mit Einheimischen und Auswärtigen. In der Regel ist das Publikum selten über 30. Und wenn der Magen knurrt, helfen die guten Burger.

MARMALADE — BAR

Karte S. 308 (www.marmaladebarcelona.com; Carrer de la Riera Alta 4–6; ⌚19–3 Uhr; Ⓜ Sant Antoni) Schon von der Straße ist der goldene Lichtschein der Bar mit ihrer indirekten Beleuchtung zu sehen – sie befindet sich ganz am Ende einer langen, von Lokalen gesäumten Passage. Links von der Bar steht an einer unverputzten Ziegelwand ein Billardtisch; er wird gern genutzt, wirkt in der schicken, schummrigen Bar mit angeschlossenem Restaurant aber dennoch irgendwie fehl am Platz. Happy Hour ist von 19 bis 21 Uhr (Cocktails für 4 €).

LONDON BAR — BAR

Karte S. 308 (Carrer Nou de la Rambla 34–36; ⌚Di–So 19.30–4 Uhr; Ⓜ Liceu) Die Jugendstil-Bar existiert schon seit 1909 und war zunächst ein Treffpunkt der Zirkusartisten; später ließen sich dann Größen wie Picasso, Miró, Hemingway und Konsorten blicken. Auch heute noch ist die Bar sehr beliebt. Die vielen Gäste bevölkern den langen Tresen im vorderen Teil oder sitzen an den wackeligen alten Holztischen. An manchen Abenden gibt's auf der kleinen Bühne Livemusik.

BARRAVAL BAR

Karte S. 308 (☎93 329 82 77; Carrer de l'Hospital 104; ⏲Di–Do 19–2.30, Fr 19–5, Sa 12–5, So 12–17 Uhr; ⓂLiceu) Die multifunktionale Bar erstreckt sich über zwei Etagen; der Designerlook in Grau und Schwarz mit subtiler Beleuchtung lässt sich schwer in ein Schema pressen. Am frühen Abend wird mediterrane Fusionsküche serviert und ab 23 Uhr heizen die DJs mit einer Mischung aus Jazz, Funk, R&B, Soul und Latin ein.

BOADAS COCKTAILBAR

Karte S. 308 (Carrer dels Tallers 1; ⏲Mo–Do 12–2, Fr & Sa 12–3 Uhr; ⓂCatalunya) Das Boadas zählt zu den ältesten Cocktailbars der Stadt und ist für seine Daiquiris berühmt. Seit Miguel Boadas den Laden 1933 eröffnete, servieren Kellner mit Fliege einzigartige Kreationen. Schon Joan Miró und Hemingway haben hier gebechert. Miguel wurde in Havanna geboren, dort war er der erste Barkeeper im legendären La Floridita.

CASA ALMIRALL BAR

Karte S. 308 (Carrer de Joaquín Costa 33; ⏲So–Do 17.30–2.30, Fr & Sa 19–3 Uhr; ⓂUniversitat) Die Eckkneipe ist schon seit den 1860er-Jahren gut im Geschäft und hat sich seither nicht groß verändert – sie ist noch immer dunkel und ansprechend im katalanischen Jugendstil eingerichtet. Das Publikum ist gemischt. Zu den tollen Originalstücken zählen der Marmortresen und die gusseiserne Statue der Muse, die noch von der Weltausstellung 1888 in Barcelona stammt.

KENTUCKY BAR

Karte S. 308 (Carrer de l'Arc del Teatre 11; ⏲Di–Sa 22–3 Uhr; ⓂLiceu) Die verrauchte Kneipe ist ein Treff von US-Marinesoldaten auf Landgang und zugleich ein Lehrbuch amerikanischen Kitsches. Andererseits ist das Kentucky ideal, um den Abend zu beschließen – sofern man sich überhaupt noch in die Bar hineinquetschen kann. Denn hier amüsieren sich verschiedenste schräge Vögel aus dem *barri* und Umgebung. Da die Bar oft bis in der Früh um 5 Uhr offen hat, ist sie eine Institution der Nachtschwärmer geworden.

MOOG CLUB

Karte S. 308 (www.masimas.com/moog; Carrer de l'Arc del Teatre 3; Eintritt 10 €; ⏲0–5 Uhr; ⓂDrassanes) Der winzige, amüsante Club in der Innenstadt ist bei Partygängern schon seit ewigen Zeiten sehr beliebt. Auf der Haupttanzfläche legen die DJs House, Techno und Electro auf; im Obergeschoss feiert das Volk mit einer gelungenen Mischung aus Indie und Klassikern der Popmusik.

ZENTRAUS CLUB

Karte S. 308 (Rambla del Raval 41; ⏲23–3 Uhr; ⓂLiceu) Der fröhliche, im Souterrain gelegene Tanzclub beginnt die Woche mit Drum 'n' Bass und steigert sich am Samstag zu einem House-Crescendo, um die Woche am Sonntag mit sanften Tönen ausklingen zu lassen. Was zu essen gibt's auch. Das einzige Problem: Wenn man sich warmgetanzt hat, macht der Laden zu.

☆ UNTERHALTUNG

CANGREJO SCHWULENCLUB

Karte S. 308 (☎93 301 29 78; Carrer de Montserrat 9; ⏲So, Mi & Do 21.30–1, Fr & Sa 21.30–3 Uhr; ⓂDrassanes) Dieser Tempel des Kitsches, ein schäbiger Tanzsaal, der schon seit den 1920er-Jahren gegen die guten Sitten verstößt, wird von der schillernden Untergrundvarietéfigur Carmen Mairena geführt und verströmt ein wunderbar geschmackloses Flair, besonders mit den mitternächtlichen Transvestitenshows am Freitag und Samstag. Da der Laden auch bei Touristen sehr beliebt ist, kommt man eigentlich nur rein, wenn man früh da ist.

JAZZ SÍ CLUB LIVEMUSIK

Karte S. 308 (☎93 329 00 20; www.tallerdemusics.com; Carrer de Requesens 2; Eintritt 8 €, inkl. 1 Getränk; ⏲18–23 Uhr; ⓂSant Antoni) Die volle kleine Bar unter der Regie der Taller de Músics (einer Musikschule) bietet die Bühne für ein abwechslungsreiches Programm von Jazz bis hin zu gutem Flamenco (Fr). Am Donnerstagabend findet immer die kubanische Nacht statt, sonntags wird Rock gespielt, die übrigen Tage sind Jazz- oder auch Blues-Sessions an der Reihe. Das Lokal eignet sich bestens, um in aller Ruhe in eine lange Nacht in El Raval zu starten. Die Konzerte beginnen etwa um 21 Uhr, die Jamsessions allerdings oft bereits um 18.30 Uhr.

ROBADORS 23 LIVEMUSIK

Karte S. 308 (Carrer d'en Robador 23; Eintritt 2–3 €; ⏲20–2 Uhr; ⓂLiceu) Der Carrer d'en Robador ist eine der verbliebenen typisch heruntergekommenen Straßen in El Raval, in der allen Sanierungsbemühungen zum Trotz Prostituierte, Junkies und anderes zwielichtiges Volk herumhängen. Dennoch hat sich hier diese schmale kleine Bar durch ihre Konzerte am Mittwochabend einen Namen gemacht – Jazz lautet das Zauberwort. Die kostenlosen Konzerte beginnen immer um 20.30 Uhr; wer einen Platz will, sollte aber erheblich früher kommen.

TEATRE GOYA THEATER

Karte S. 308 (☎93 343 53 23; www.teatregoya.cat; Carrer de Joaquín Costa 68; Eintritt 23–30 €; ⏲Kartenkasse 17.30 Uhr bis Vorstellungsbeginn; ⓂSant Antoni) Die klassische Bühne war lange geschlossen, wurde 2009 jedoch mit viel Tamtam neu eröffnet. Das Programm gibt sich im Allgemeinen gehoben bis hochgestochen und stellt somit eine gute Ergänzung zu seinem Partnertheater dar, dem Teatre Romea. Zu den ersten hier aufgeführten Stücken (auf Katalanisch) gehörten *Ein idealer Gatte* von Oscar Wilde sowie *November* von David Mamet.

TEATRE LLANTIOL THEATER

Karte S. 308 (☎93 329 90 09; www.llantiol.com; Carrer de la Riereta 7; Eintritt 6–10 €; ⓂSant Antoni) In dem eigenwilligen Theater in El Raval kommt Verschiedenstes zur Aufführung – Konzerte ebenso wie Balladen und Zaubershows. Am Samstagabend findet um 0.30 Uhr regelmäßig eine Aufführung mit Kabarett-Varieté statt, eine Art Reise in eine vergangene Epoche. Einmal im Monat wird auch eine Comedyshow auf Englisch gezeigt. **Giggling Guiri** (www.comedyinspain.com) verrät, welche Künstler – überwiegend aus Großbritannien – auf dem Programm stehen (*guiri* ist übrigens Slang für „Ausländer").

TEATRE NOU TANTARANTANA THEATER

Karte S. 308 (☎93 441 70 22; www.tantarantana.com; Carrer de les Flors 22; ⏲Theaterkasse 1 Std. vor Vorstellungsbeginn; ⓂParal.lel) Neben vielerlei zeitgenössischem und experimentellem Schauspiel – von Harold Pinter bis zu einheimischen Stücken – bietet das gemütliche Theater mit Platz für bis zu 150 Personen auch ein spezielles Programm für Kinder. Die Kindervorführungen beginnen jeweils um 18 Uhr, sonntags schon um 12 Uhr. Die Theateraufführungen für Erwachsene finden von Mittwoch bis Samstag um 21 Uhr statt, sonntags bereits um 19 Uhr.

INSIDERWISSEN

DIE GRÜNE FEE

Bar Marsella (Karte S. 308; Carrer de Sant Pau 65; ⏲Mo–Do 22–2, Fr & Sa 22–3 Uhr; ⓂLiceu) Hier ist schon Hemingway bei seinem *absenta* (Absinth) versackt – die Bar existiert seit 1820. Auch heute noch ist Absinth die Spezialität des Hauses, ein Gesöff, das mit Vorsicht zu genießen ist. Zusammen mit dem Glas werden ein Stück Zucker, eine Gabel und eine kleine Flasche Mineralwasser serviert. Der Zucker kommt auf die Gabel, die man über das Glas hält, dann wird Wasser über den Zucker gegossen, damit er sich auflöst. Der Absinth nimmt durch das Wasser eine gelbe Färbung an. Von dem Ergebnis wird einem so richtig schön warm ums Herz ...

TEATRE ROMEA THEATER

Karte S. 308 (☎93 301 55 04; www.teatreromea.com; Carrer de l'Hospital 51; Eintritt 17–28 €; ⏲Theaterkasse Mi–So 16.30 Uhr bis Vorstellungsbeginn; ⓂLiceu) Das Theater aus dem 19. Jh. liegt im Herzen von El Raval und wurde Ende der 1990er-Jahre zu neuem Leben erweckt. Heute ist es eine der besten Schauspielbühnen der Stadt. Die Auswahl an interessanten Stücken ist groß. Oft werden Klassiker mit zeitgenössischem Bezug gezeigt (mal auf Katalanisch, mal auf Spanisch).

SHOPPEN

Rund um das Museum Macba haben sich einige Galerien niedergelassen, und der Carrer de la Riera Baixa ist ein Paradies für Freunde von Secondhandkleidung. Eine wichtige Adresse für Musikliebhaber ist der Carrer dels Tallers.

RAS BÜCHER

Karte S. 308 (www.rasbcn.com; Carrer del Doctor del Dou 10; ⏲Di–Sa 12–20 Uhr; ⓂUniversitat) In dieser Mischung aus Buchladen und Galerie finden Ausstellungen einheimischer und ausländischer experimenteller Künstler statt. Unter den Büchern heben sich v. a. schöne Foto-, Architektur- und Kunstbände hervor. Hier kann man stundenlang stöbern.

BARCELONA REYKJAVIK — LEBENSMITTEL

Karte S. 308 (www.barcelonareykjavik.com; Carrer Doctor del Dou 12; Mo–Sa 10–21, So 10.30–15 Uhr; Catalunya) Ein Mekka für Brotfreunde! Eigentlich gibt's in Barcelona jede Menge gutes Brot, aber so gutes wie hier doch eher selten. In dieser Bäckerei kommen nur Bio-Mehl – Dinkel, Vollkorn, gemischt usw. – und Sauerteighefe zum Einsatz. Außerdem produziert der Laden noch ausgezeichnete andere Backwaren. Filialen in El Born und Gràcia.

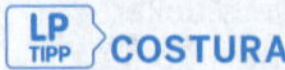

COSTURA — KUNSTGEWERBE

Karte S. 308 (www.costuratienda.com; Carrer Doctor del Dou 4; Mo–Sa 10–14 & 16–21 Uhr; Catalunya) Der winzige Laden ist eine Mischung aus Kurzwarenhandlung, Atelier und Kleiderladen und hat sich der Herstellung von Kinderkleidung verschrieben. Es werden fertige Kleidung und Muster (sowohl für Kinder als auch Erwachsene) für Blusen, Hemden, Kleider, Hosen und Shorts sowie wunderbare Stoffe verkauft. Die freundlichen Betreiber organisieren auch Nähworkshops (Näheres im Geschäft).

FANTASTIK — KUNSTGEWERBE

Karte S. 308 (www.fantastik.es; Carrer de Joaquín Costa 62; Mo–Do 11–14 & 16–21, Fr & Sa 11–21 Uhr, So geschl.; Universitat) In diesem bunten Laden werden über 400 Produkte aus Mexiko, Indien, Bulgarien, Russland, dem Senegal und 20 anderen Ländern verkauft wie etwa mexikanische Totenkopfrasseln, kleine Monderkundungsroboter aus China oder recycelte Plastikzebras aus Südafrika. Hier kann man wunderbar all das einkaufen, was man nicht braucht, ohne das man aber nicht leben kann.

LA PORTORRIQUEÑA — KAFFEE

Karte S. 308 (Carrer d'en Xuclà 25; Catalunya) Das Erfolgsrezept des 1902 gegründeten Geschäfts sind Kaffeebohnen aus der ganzen Welt, die vor den Augen der Kunden frisch gemahlen werden. Außerdem findet man hier alle Arten von Leckereien aus Schokolade. In dieser Straße finden sich auch viele altmodische Lebensmittelgeschäfte.

HOLALA! PLAZA — MODE

Karte S. 308 (Plaça de Castella 2; Universitat) Die Rückseite dieser Boutique liegt am Carrer de Valldonzella und nennt sich dort Galerie für zeitgenössische Kunst. Die Mode stammt aus Ibiza und besteht aus dem dort üblichen (inzwischen kommerzialisierten) Hippie-Look. Neben Secondhand-Kleidung gibt's Ausstellungen und gelegentlich auch andere Events.

CASTELLÓ — MUSIK

Karte S. 308 (Carrer dels Tallers 3 & 7; Catalunya) Die beiden Geschäfte gehören zu einem großen, seit 1935 bestehenden Familienunternehmen, das ein Fünftel der Plattenverkäufe in Katalonien abwickeln soll.

TERANYINA — KUNSTGEWERBE

Karte S. 308 (Carrer del Notariat 10; Catalunya) Den Textilworkshop im Herzen des Kunstviertels von El Raval betreibt die Künstlerin Teresa Rosa Aguayo. Sie bietet Webkurse an und verkauft ihre selbst entworfenen Teppiche und andere textile Kunstwerke.

La Ribera

Highlights

❶ Die schlichte Schönheit der gotischen **Església de Santa Maria del Mar** (S. 106) bewundern

❷ Im faszinierenden **Museu Picasso** (S. 104) die Ursprünge von Picassos Genie kennenlernen

❸ In der modernistischen Pracht des **Palau de la Música Catalana** (S. 108) einem Konzert lauschen

❹ Im **Museu Barbier-Mueller d'Art Pre-Colombí** (S. 109) die großartige Kunst des alten Lateinamerika betrachten

❺ Auf dem Rasen im **Parc de la Ciutadella** (S. 110) die Füße hochlegen

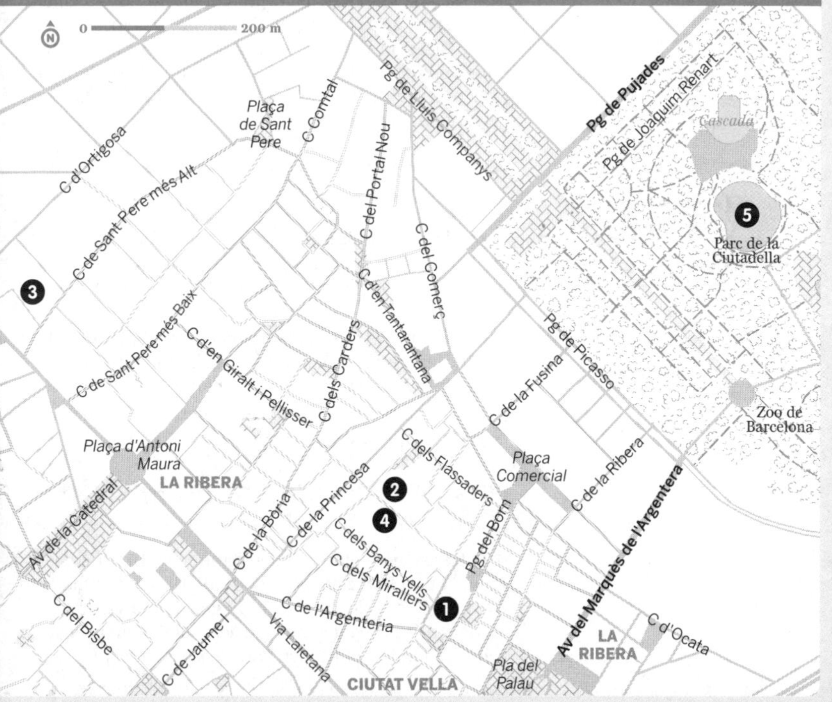

Details s. Karte S. 312

Top-Tipp

Wer alle Museen in Barcelona abklappern will, wird ganz schön aus dem Geldbeutel bluten. Da bringen die Sonntage Erleichterung mit kostenlosem Eintritt zu vielen städtischen Museen (S. 29).

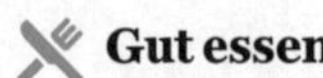

Gut essen

- Casa Delfín (S. 114)
- Le Cucine Mandarosso (S. 114)
- El Passadís Del Pep (S. 114)
- Cal Pep (S. 114)
- En Aparté (S. 114)

Mehr dazu S. 113

Schön ausgehen

- Mudanzas (S. 115)
- La Vinya del Senyor (S. 116)
- Gimlet (S. 116)
- El Xampanyet (S. 116)
- Miramelindo (S. 116)

Mehr dazu S. 115

Herausragende Architektur

- Església de Santa Maria del Mar (S. 106)
- Palau de la Música Catalana (S. 108)
- Carrer de Montcada (S. 109)

Mehr dazu S. 109

Rundgang: La Ribera

La Ribera bezeichnet das gesamte Gebiet, das die Stadtverwaltung etwas umständlich „Sant Pere, Santa Caterina i la Ribera" nennt. In Anlehnung an den lebhaften Passeig del Born wird das aufstrebende Viertel südlich des Carrer de la Princesa meist schlicht El Born genannt. Hier sollte man zuallererst herkommen, um den Carrer de Montcada entlangzuschlendern, eine Straße voller Gotik- und Barockvillen. Außerdem befinden sich hier die wichtigsten Museen der Stadt: Museu Picasso, Museu Barbier-Mueller d'Art Pre-Colombí, ein Teil des Disseny Hub sowie viele Kunstgalerien und Läden.

Vom 13. bis 18. Jh. war der Passeig del Born Barcelonas zentraler Marktplatz, und bis heute ist hier viel los. Überall sind Bars, Cafés und Restaurants, und die Seitenstraßen bieten erstklassige (und ziemlich teure) Einkaufsmöglichkeiten. Am besten sieht man sich das kosmopolitische Viertel in seinem großartigen mittelalterlichen Rahmen sowohl bei Tag als auch bei Nacht an.

Nordwestlich des Carrer de la Princesa wandelt sich das Erscheinungsbild. Ein Wirrwarr von Straßen windet sich um den markanten Neubau des Mercat de Santa Caterina in Richtung des modernistischen Palau de la Música Catalana. Nach und nach eröffnen in diesen Gassen immer mehr hervorragende Restaurants.

Im Südwesten wird La Ribera von der lauten Durchgangsstraße Via Laietana begrenzt, im Nordosten endet das Viertel am Parc de la Ciutadella, einem seltenen Stück Grün im Zentrum von Barcelona, das angesichts seiner relativ geringen Größe ziemlich voll ist: Je nach Lust und Laune kann man den großen Springbrunnen bewundern, den Zoo besuchen oder im Gras entspannen.

Lokalkolorit

- **Marktgeheimnisse** Einheimische kaufen ihre Eier am liebsten auf dem Mercat de Santa Caterina (S. 110), wo die Eier in der entsprechenden Saison zwischen Trüffeln lagern. Weich gekocht sind sie himmlisch.
- **Musik am Mittag** Am Wochenende versammelt sich ein überwiegend einheimisches Publikum mittags im Palau de la Música Catalana zu einem Klassikkonzert.
- **Städtischer Schick** Shoppen in den besten Modeboutiquen mit den Schönen der Stadt (S. 117).

Anfahrt

- **U-Bahn** Die Linie 4 mit den Bahnhöfen Urquinaona, Jaume I und Barceloneta verläuft an der Südwestflanke von La Ribera. Die Linie 1 hält in der Nähe an den Stationen Urquinaona und Arc de Triomf (dem nächstgelegenen Bahnhof für den Parc de la Ciutadella).

JEAN-PIERRE LESCOURRET / LONELY PLANET IMAGES ©

HIGHLIGHTS
MUSEU PICASSO

Allein die Lage des Picasso-Museums in fünf zusammenhängenden mittelalterlichen Häusern ist einmalig (und lohnt auch mögliche Wartezeiten). Die Innenhöfe, Galerien und Treppenaufgänge in den ersten drei Gebäuden sind ebenso schön wie die Kunstsammlung.

Die frühen Jahre

Die Sammlung konzentriert sich auf die Entwicklungsjahre des Künstlers, bietet aber auch genügend Beispiele aus späteren Perioden und demonstriert eindrucksvoll die Vielseitigkeit und das Genie des Künstlers. Vor allem wird erkennbar, dass Picasso ein echtes Original war, das sich bei seiner Suche nach neuen Ausdrucksformen immer wieder selbst übertraf und jeden anderen Künstler weit hinter sich ließ.

Die Sammlung umfasst über 3500 Kunstwerke, die größtenteils aus der Zeit vor 1904 stammen – passenderweise, denn dies waren die prägenden Jahre, die der Künstler in Barcelona verbrachte. Angeblich wurde die Gründung des Museums von Picasso selbst angeregt, der sie 1960 seinem Freund und Privatsekretär Jaume Sabartés (selbst gebürtiger *barcelonin*) vorschlug. Picassos Ablehnung des Franco-Regimes war jedoch kein Geheimnis; ein Museum unter seinem eigenen Namen wäre der Zensur zum Opfer gefallen. So wurde es drei Jahre später unter dem Namen „Sammlung Sabartés" eröffnet. Das heutige Museu Picasso wurde 1983 eröffnet und allmählich um zahlreiche Schenkungen erweitert. Die meisten Werke wurden dem Museum jedoch von Picasso selbst vermacht. Darüber hinaus stiftete seine Witwe, Jacqueline Roque, nach seinem Tod u. a. 41 Keramiken.

NICHT VERSÄUMEN

- *Retrato de la Tía Pepa*
- *Ciència i Caritat*
- *Terrats de Barcelona*
- *El Foll*
- *Las Meninas*

PRAKTISCH & KONKRET

- Karte S. 312
- ☎93 256 30 00
- www.museupicasso.bcn.es
- Carrer de Montcada 15-23
- Erw./Student/Sen. & Kind unter 16 J. 11/6 €/frei, So 15–20 Uhr & 1. So im Monat frei
- ⏲Di–So & Feiertage 10–20 Uhr
- Ⓜ Jaume I

MUSEU PICASSO: WAS IST WO?

Die ersten drei Häuser – Palau Aguilar, Palau del Baró de Castellet und Palau Meca (alle aus dem 14. Jh.) – zeigen die Dauerausstellung. Die Casa Mauri, die im 18. Jh. auf mittelalterlichen Fundamenten erbaut wurde (sogar ein paar römische Steine wurden entdeckt), und der Palau Finestres (14. Jh.) zeigen regelmäßig Wechselausstellungen.

Die letzten Räume enthalten rund 40 Keramiken aus den späteren Schaffensjahren seines unermüdlichen kreativen Lebens. Die Teller und Schüsseln sind mit schlichten Zeichnungen von Fischen, Eulen und anderen Tieren verziert, die aus einer einzigen Linie bestehen und für Picassos Pinselarbeiten auf Ton typisch sind.

Die Sammlung

Der Rundgang beginnt mit Skizzen und Ölgemälden aus Picassos Jugend in Málaga und La Coruña, die zwischen 1893 und 1895 entstanden. Schon in seinen Selbstporträts und den Porträts seines Vaters (1896) wird sein frühreifes Talent erkennbar. Das 1896 in Málaga gemalte *Retrato de la Tía Pepa* (Portrait der Tante Pepa) zeigt bereits eine unglaubliche Reife in der Pinselführung und der Fähigkeit, den Charakter eines Menschen zu portraitieren - und das im zarten Alter von 15 Jahren! Noch im selben Jahr entstand das riesige Werk *Ciència i Caritat* (Wissenschaft und Barmherzigkeit). Sein Vater stand Modell für den Arzt, während eine Bettlerin mit Kind, die Picasso auf der Straße ansprach und engagierte, diente als Vorlage für die kranke Frau mit Kind.

In den Räumen 5–7 hängen Bilder, die Picasso während seines ersten Paris-Aufenthalts malte. Raum 8 zeigt Werke der Blauen Periode, seiner ersten bedeutenden Schaffensperiode. *La dona de la còfia* (Die Frau mit der Haube), ein wichtiges Werk aus dieser Ära, zeigt eine Insassin des Frauengefängnisses und Krankenhauses für Geschlechtskrankheiten in Saint-Lazare. Picasso besuchte die Institution in Paris, was wohl den Grundstein seiner Faszination für die Verlierer der Gesellschaft legte.

Terrats de Barcelona (Dächer von Barcelona) entstand 1903 während seiner zweiten Phase im Atelier an der 17 Carrer de la Riera Sant Joan. Während dieser Zeit malte er oft die Dächer der Stadt aus verschiedenen Blickwinkeln. Im Laufe der Jahre 1903 und 1904 fertigte er viele Zeichnungen von Bettlern, Blinden und Armen an - *El Foll* (Der Verrückte) ist die eindrucksvollste aus dieser Serie.

In den Sälen 10 und 11 tauchen ein paar kubistische Bilder auf; ein besonders schönes, schlichtes Stillleben ist *Copa i paquet de tabac*, das ein Glas und eine Tabakpackung zeigt. Obwohl Picasso auch früher schon Stillleben gemalt hatte, begann er erst 1924, ernsthaft mit ihnen zu experimentieren.

Las Meninas aus Picassos Sicht

Von 1954 bis 1962 war Picasso von der Idee besessen, die großen Maler, allen voran Velázquez, eingehend zu studieren. 1957 schuf er eine ganze Serie von Variationen und Studien zu seinem späteren Meisterwerk *Las Meninas* (Die Hoffräulein), die mittlerweile in den Räumen 12–15 hängen. Es scheint, als habe Picasso das originale Velázquez-Gemälde durch das Prisma seiner bisherigen Stilrichtungen betrachtet, um schließlich ein neues Meisterwerk zu schaffen. Im Museu Picasso ist die komplette *Las Meninas*-Serie an einem Ort versammelt.

HIGHLIGHTS

ESGLÉSIA DE SANTA MARIA DEL MAR

An der Südwestseite des Passeig del Born steht die Apsis der Santa Maria del Mar (hl. Maria am Meer) aus dem 14. Jh. Sie gilt als schönste Kirche der katalanischen Gotik in Barcelona. Das Gotteshaus wurde in einer für die damalige Zeit rekordverdächtigen Bauzeit errichtet – man brauchte nur 54 Jahre – und zeigt eine bemerkenswerte architektonische Harmonie und Schlichtheit.

Die Kirche des Volkes

Die Bauarbeiten begannen 1329 unter der Leitung der Architekten Berenguer de Montagut und Ramón Despuig. Während des Baus waren die städtischen *bastaixos* (Träger) jeweils einen Tag in der Woche damit beschäftigt, die für die Kirche benötigten Steine von den königlichen Steinbrüchen in Montjuïc zur Baustelle zu tragen. Ihr Andenken ist an den Hauptportalen und in Bildhauereien an anderen Stellen der Kirche verewigt. Die Mauern, Seitenkapellen und Fassaden wurden 1350 fertiggestellt, der übrige Bau 1383.

NICHT VERSÄUMEN

- Die Architekten der Kirche als Steinrelief
- Die Konzerte

PRAKTISCH & KONKRET

- Karte S. 312
- 93 319 05 16
- Plaça de Santa Maria del Mar
- 9–13.30 & 16.30–20 Uhr
- M Jaume I

Der Innenraum

Von außen wirkt die Kirche streng und die engen Gassen der Umgebung verstärken den klaustrophobischen Eindruck. Der luftige, helle Innenraum mit einem Haupt- und zwei Nebenschiffen, getrennt durch schlanke, achteckige Säulen, ist daher beim Betreten der Kirche eine angenehme Überraschung. Insgesamt entsteht ein Eindruck von überwältigender Größe.

Verzierungen, wie sic in Barcelonas anderen großen Kirchen zu finden sind, sucht man hier fast vergeblich; allerdings hatte Santa Maria auch vor dem Bildersturm der Anarchisten in den Jahren 1909 und 1936 schon wenig überflüssigen Schmuck. Besonders schön sind hier die **Konzerte** (Barock und Klassik).

HIGHLIGHTS
PALAU DE LA MÚSICA CATALANA

Die Konzerthalle ist ein Glanzpunkt des Modernisme. Sie wirkt wie eine Reihe von Crescendos aus Keramik, Backstein, Steinskulpturen und Buntglas. Domènech i Montaner baute sie zusammen mit den besten katalanischen Kunsthandwerkern seiner Zeit zwischen 1905 und 1908 für den städtischen Musikverein Orfeo Català. Der *palau* (Palast) wurde auf dem Gelände des ehemaligen Franziskanerklosters Convent de Sant Francesc errichtet und galt als ein Tempel der katalanischen Renaixença (Renaissance). Seit 1990 wurde das Gebäude mehrfach modernisiert.

Die Fassade

Wie ein Pfau präsentiert das Gebäude seine imposante äußere Schönheit: Mosaike, bunte Säulen mit floralen Kapitellen und eine Skulptur (sie symbolisiert die katalanische Volksmusik) dominieren die Hauptfassade.

Der Innenraum

Innen fallen im Foyer und Restaurant die gekachelten **Pfeiler** ins Auge. Das Nonplusultra der phantasievollen Modernisme-Architektur ist jedoch der **Konzertsaal** im Obergeschoss. An der Decke aus blau-goldenem Buntglas ragt das gewölbte Oberlicht wie eine Brustwarze aus Kristall in den Raum. Auf der Bühne thront über einer Beethoven-Büste eine Skulptur von Wagners Walküre mit wehenden Haaren. Die opulente Pracht der Innenräume kann entweder im Rahmen eines **Konzerts** oder einer Führung bewundert werden. Karten für die Führung können bis zu eine Woche im Voraus gekauft werden.

NICHT VERSÄUMEN

- Das Mosaik und die Säulen der Hauptfassade
- Das Foyer und die Säulen im Restaurant
- Das Auditorium
- Ein Konzert – egal, ob bei Tag oder Nacht

PRAKTISCH & KONKRET

- Karte S. 312
- ☎902 475485
- www.palaumusica.org
- Carrer de Sant Francesc de Paula 2
- Erw./Kind/Student & EU-Sen. 15 €/frei/ 7,50 €
- ⏲Osterwoche & Aug. 50-minütige Führung alle 30 Min. 10–18 Uhr, Sept.–Juli 10–15.30 Uhr
- Ⓜ Urquinaona

SEHENSWERTES

MUSEU PICASSO
MUSEUM

Siehe S. 104

ESGLÉSIA DE SANTA MARIA DEL MAR
KIRCHE

Siehe S. 106

PALAU DE LA MÚSICA CATALANA
ARCHITEKTUR

Siehe S. 108

CARRER DE MONTCADA
STRASSE

(M Jaume I) Die mittelalterliche Hauptstraße wurde im 12. Jh. von der Straße, die von den Stadtmauern nach Nordosten führte, Richtung Meer gebaut und ist ein schönes Beispiel für eine gelungene Stadtplanung. Sie war damals die vornehmste Adresse der Kaufleute. Die meisten der großen Villen, die heute noch stehen, stammen aus dem 14. oder 15. Jh.

Im mittelalterlichen Barcelona war dies die Hauptschlagader des Handels. Fünf der Villen auf der östlichen Straßenseite sind heute miteinander verbunden und beherbergen das Museu Picasso (S. 104). Auf der anderen Straßenseite sind ebenfalls in mehreren Häusern das Museu Barbier-Mueller d'Art Pre-Colombí (s. rechts) und das Disseny Hub (s. rechts) untergebracht. Es gibt noch weitere Villen, in denen sich kommerzielle Kunstgalerien angesiedelt haben und die auch einen Besuch wert sind. Die größte befindet sich im Palau dels Cervelló aus dem 16. Jh. (Hausnummer 25): die örtliche Niederlassung der renommierten Pariser Galeria Maeght (S. 117). Wer bereit ist, sich einen recht teuren Wein oder Cocktail zu genehmigen und sich dabei von Barockmusik oder Opernmusik berieseln zu lassen, gelangt in den barocken Innenhof des ursprünglich mittelalterlichen **Palau de Dalmases** (Karte S. 312; ☎93 310 06 73; ⌚Di–Sa 20–2, So 18–22 Uhr; M Jaume I) mit der Hausnummer 20. Dazu muss man sich am Eingang allerdings verbindlich auf den Konsum festlegen!

Dort, wo das nördliche Ende der Straße an den Carrer dels Corders stößt, steht gleich nach dem im 19. Jh. entstandenen Carrer de la Princesa die häufig umgestaltete romanische **Capella d'en Marcús** (Karte S. 312), im Mittelalter ein Anlaufpunkt für Reisende, die Barcelona auf der Straße nach Nordosten verließen.

INSIDERWISSEN

ALTE FLAMME

Gegenüber der Südseite der Església de Santa Maria del Mar lodert auf einem scheinbar namenlosen tiefer gelegenen Platz eine ewige Flamme. Hier befand sich einst der römische Friedhof El Fossar de les Moreres (Maulbeerfriedhof). Außerdem wurden hier die im September 1714 bei der Belagerung von Barcelona besiegten katalanischen Widerstandskämpfer bestattet.

MUSEU BARBIER-MUELLER D'ART PRE-COLOMBÍ
MUSEUM

Karte S. 312 (☎93 310 45 16; www.barbier-mueller.ch; Carrer de Montcada 14; Erw./Kind unter 16 J./Sen. & Student 3,50 €/frei/1,70 €, 1. So im Monat frei; ⌚Di–Fr 11–19, Sa 10–19, So & Feiertage 10–15 Uhr; M Jaume I) Die wunderbar beleuchteten Artefakte im mittelalterlichen Palau gehören zu einer wahren Schatzkammer präkolumbischer Kunstwerke aus Südamerika. Es sind Leihgaben aus der Sammlung des Schweizer Geschäftsmanns Josef Mueller (1977 verstorben) und seines Schwiegersohns Jean-Paul Barbier, der das Musée Barbier-Mueller in Genf leitet. Die Exponate beider Museen bilden zusammen eine der weltweit renommiertesten Sammlungen ihrer Art.

In abgedunkelten Räumen hat jedes Ausstellungsstück einen eigenen Platz wie auf einer Bühne. Der Ausstellungsrundgang beginnt mit südamerikanischem Goldschmuck, dann folgen Räume mit Keramik, Schmuck, Statuen, Textilien und diversen anderen Objekten. Alle ein bis zwei Jahre wird die Dauerausstellung umgestaltet; dann werden Exponate zwischen Genf und Barcelona ausgetauscht, und die neuen Ausstellungen mit Leihgaben aus anderen Sammlungen ergänzt. Es ist eines der bezauberndsten Museen der Stadt.

DISSENY HUB
MUSEUM

Karte S. 312 (☎93 256 23 00; www.dhub-bcn.cat; Carrer de Montcada 12; Erw./Kind unter 16 J./Sen. & Student 5 €/frei/3 €, So 15–20 Uhr frei; ⌚Di–Sa 11–19, So 11–20, Feiertage 11–15 Uhr; M Jaume I) Im Palau dels Marquesos de Llió aus dem 13. Jh. (mit mehrfachen Umbauten bis ins 18. Jh.) sind vorübergehend Teile der Gebrauchsgrafiksammlung des Disseny

INSIDERWISSEN

PALAU DE LA MÚSICA CATALANA IM WANDEL DER ZEIT

Das ursprüngliche Modernisme-Gebäude, heute ebenfalls Weltkulturerbe, stieß seinerzeit nicht auf einhellige Begeisterung. Der Doyen der katalanischen Literatur, Josep Pla, bezeichnete es kurzerhand als „schauderhaft" – eine Meinung, die heute kaum einer teilen würde. Domènech i Montaner selbst war ebenfalls verschnupft. Er nahm wegen unbezahlter Rechnungen nicht an der Eröffnungsfeier teil.

2009 bis 2012 stand der Palau im Zentrum eines Betrugsskandals, als der Direktor Felix Millet zugab, Millionen Euro aus der Kasse unterschlagen zu haben. Er trat anschließend zurück. Im März 2012 bekamen er und sein Partner dann die Auflage, die veruntreuten Gelder an den *palau* zurückzuzahlen.

Hub (Designmuseum) untergebracht. Das Gebäude wird für Wechselausstellungen, Studiengalerien und Aktivitäten genutzt.

Der Eintritt zu den Ausstellungen im Erdgeschoss ist oft frei, für die umfangreichere Sammlung im 1. Stock muss jedoch gezahlt werden (die Eintrittskarte gilt für beide Häuser). Die Dauerausstellungen der Disseny-Sammlung sind im Palau Reial de Pedralbes untergebracht. Ein Neubau entsteht gerade an der Plaça de les Glòries und soll 2013 fertig sein. Ein wunderbarer Ort für eine Pause ist das Café-Restaurant im Innenhof des Gebäudes.

MERCAT DE SANTA CATERINA — MARKT

Karte S. 312 (☎93 319 17 40; www.mercatsantacaterina.net; Avinguda de Francesc Cambó 16; ⌚Mo 7.30–14, Di, Mi & Sa 7.30–15.30, Do & Fr 7.30–20.30 Uhr; Ⓜ Jaume I) Verführerisch sind nicht nur die Tomaten auf diesem ungewöhnlichen Lebensmittelmarkt. Errichtet wurde die imposante Markthalle nach Plänen von Enric Miralles und seiner italienischen Partnerin Benedetta Tagliabue. Das Projekt sollte einen Vorläufermarkt aus dem 19. Jh. ersetzen. Das 2005 vollendete Gebäude zeichnet sich durch sein ausgefallenes kaleidoskopisch-buntes Dach aus, das sich in seltsamen Wellen über einem Sammelsurium an Ständen, Restaurants, Cafés und Bars spannt. Gestützt wird es von schlanken, verzweigten Trägern, die – wohl gewollt – wie Bäume aus grauem Stahl wirken.

Das in allen Regenbogenfarben schimmernde Keramikdach erinnert an die weitverbreitete Tradition des Modernisme, Mosaiksteine *(trencadís)* als Dekoration zu verwenden (wie z. B. im Parc Güell). Innen ist die Hallendecke mit hellem, warmem Holz verschalt. Das wellenförmige Design, das an die Wellen des Mittelmeers erinnert, ist eine Referenz an eine Zeit, in der nur die eigene (lebhafte) Phantasie Barcelonas Architekten Grenzen setzte. Das Markthallendach ähnelt dem Dach der Escoles de Gaudí an der La Sagrada Família.

Der allererste, 1848 an dieser Stelle eröffnete Markt stand auf den Resten des abgerissenen gotischen Dominikanerklosters Monestir de Santa Caterina, einem mächtigen Kloster aus dem 15. Jh. Daran erinnert nur ein kleines Stück eines freigelegten Fundaments, das in einer Ecke der heutigen Halle unter Glas zu sehen ist: **Espai Santa Caterina** (Karte S. 312; Eintritt frei; ⌚Mo–Mi & Sa 8.30–14).

PARC DE LA CIUTADELLA — PARK

Karte S. 312 (Passeig de Picasso; ⌚Nov.–Feb. 8–18 Uhr, Okt. & März 8–20 Uhr, April–Sept. 8–21 Uhr; Ⓜ Arc de Triomf) Ob nun für einen Spaziergang, ein Picknick, einen Zoobesuch oder zur Besichtigung des katalanischen Parlaments – einen Besuch in der zentralen grünen Lunge der Stadt sollte niemand auslassen. Der Parc de la Ciutadella ist ideal zum Ausspannen.

Nach dem Spanischen Erbfolgekrieg ließ Felipe V einen großen Teil La Riberas abreißen, um dort eine Festung zu errichten, die über Barcelona wachen sollte – La Ciutadella. Die mächtige Festung wurde zum verhassten Symbol für alles, was die Katalanen an Madrid und den Bourbonenkönigen verabscheuten, und wurde später als politisches Gefängnis genutzt. Erst 1869 erlaubte die Zentralregierung ihren Abriss. Das Gelände wurde in einen Park umgewandelt, in dem 1888 die Weltausstellung stattfand.

Zwischen 1875 und 1881 gestaltete Josep Fontserè zusammen mit einem enthusiastischen jungen Gaudí den monumentalen Wasserfall – die **Cascada** – (Karte S. 312) unweit vom Parkeingang am Passeig de Pujades. Die theatralische Kombination aus Statuen, schroffen Felsen, Pflanzen und donnerndem Wasser wirkt natürlich, ist aber ganz und gar künstlich. Nicht weit davon werden an einem kleinen See Ruderboote vermietet.

Im Südosten des Parks residiert im ehemaligen Arsenal der Festung (vielleicht ein Anflug schwarzen Humors) das **Parlament de Catalunya** (Karte S. 312; www.parlament.cat; ⌚Führungen Sa & So 10–13 Uhr & Feiertage). Samstags und sonntags werden kostenlose Führungen auf Katalanisch und Spanisch angeboten. Am 11. September kann das Gebäude zwischen 10 und 19 Uhr auch auf eigene Faust besichtigt werden. Am interessantesten sind die ausladende Escala d'Honor (Ehrentreppe) und mehrere imposante Säle, die zum Saló de Sessions führen, dem halbkreisförmigen Sitzungssaal des Parlaments. Im Zentrum des Parlamentsgartens steht die Statue einer scheinbar untröstlichen Frau von Josep Llimona: *Desconsol* (Verzweiflung; 1907).

An der Parkseite zum Passeig de Picasso befinden sich mehrere Gebäude, die für die Weltausstellung errichtet wurden. Am bezauberndsten ist ein mittelalterlich aussehender, eigenwilliger Bau am oberen Ende, das **Castell dels Tres Dragons** (Burg der drei Drachen). Es beherbergte lange Zeit das Museu de Zoologia, das mittlerweile geschlossen ist. Domènech i Montaner verwendete beim Bau der „Burg" wegweisende Stahlrahmen. Die Wappen sind reine Phantasie und das gesamte Bauwerk wirkt verspielt. Während der Weltausstellung 1888 wurde es als Café-Restaurant genutzt.

Im Süden befindet sich **L'Hivernacle** (Karte S. 312), ein Arboretum bzw. winziger botanischer Garten. Darauf folgen das frühere **Museu de Geologia** (Karte S. 312) und **L'Umbracle** (Karte S. 312), ein weiteres Arboretum. Auf dem Passeig de Picasso selbst steht eines von Antoni Tàpies unergründlichen Werken, **Homenatge a Picasso** (Karte S. 312): An den Scheiben eines Glaskastens mit alten Möbelstücken und Stahlträgern rinnt Wasser hinab.

Nordwestlich des Parks beherrscht der modernistische **Arc de Triomf** (Karte S. 312; Passeig de Lluís Companys; Ⓜ Arc de Triomf), den Passeig de Lluís Companys. Er wurde von Josep Vilasecaals mit ungewöhnlichen, maurisch anmutenden Ziegelverzierungen als Haupteingang zum Ausstellungsgelände entworfen. Die Hauptreliefs stammen von Josep Llimona. Über was hier allerdings triumphiert werden sollte, bleibt ein Rätsel, besonders da die Weltausstellung selbst ein kommerzieller Flop war. Heute sollte man es wohl am besten als Stein gewordene Verkörperung des allgemeinen Wohlbefindens der Stadt im Fin de Siècle betrachten.

ZOO DE BARCELONA — ZOO

Karte S. 312 (☎902 457545; www.zoobarcelona.com; Passeig de Picasso & Carrer de Wellington; Erw./Kind unter 3 J./Sen./Kind 3–12 J. 17 €/frei/8,90/10,20 €; ⌚Juni–Sept. 10–19 Uhr, Mitte März–Mai & Okt. 10–18 Uhr, Nov.–Mitte März 10–17 Uhr; Ⓜ Barceloneta) Ein Zoobesuch ist für Kinder immer toll. Und der hier hat 7500 Tiere (über 400 Arten!) vom Gecko bis zum Gorilla. Picknickflächen sind im ganzen Zoo verteilt. An der Küste vor El Fòrum, nordöstlich des Stadtzentrums, entsteht außerdem ein neues Gelände, das das momentan etwas zusammengepferchte Areal entlasten soll.

MUSEU DE LA XOCOLATA — MUSEUM

Karte S. 312 (☎93 268 78 78; www.museuxocolata.cat; Plaça de Pons i Clerch; Erw./Kind unter 7 J./Sen. & Student 4,30 €/frei/3,65 €; ⌚Mo–Sa 10–19, So & Feiertage 10–15 Uhr; Ⓜ Jaume I) Schokolade – der Stoff, aus dem die Träume sind! Schokoholiker werden sich hier sehr schwer beherrschen können, denn es geht schon am Eingang los: Die Eintrittskarte ist ein Schokoriegel. Am meisten lernt man hier über die eigenen Geschmacksnerven – an Fakten wird lediglich eine lückenhafter Mischung aus Legende und Geschichte geboten.

Schleckermäulern wird beim Rundgang durch die Ausstellung (in einem Teil des ehemaligen **Convent de Sant Agustí**, Karte S. 312) mehr als einmal das Wasser im Mund zusammenlaufen! Die Ausstellungsmacher zeichnen die Ursprünge der Schokolade nach, erzählen von der Ankunft der Kakaobohne in Europa und von den vielen Mythen und Anschauungen, die sich um den Kakao und die Schokolade ranken. Zwischen den Informationstafeln in verschiedenen Sprachen und den Gerätschaften zur Herstellung von Schokolade stehen Schokoladenmodelle von bekannten Gebäuden (wie etwa der Sagrada Família) und diverser lokal und international bekannter Figuren. All das verführt zum Besuch des nächsten Süßwarenladens, was aber nicht nötig ist – denn die Schokolade wird gleich vor Ort verkauft. Kinder und Erwachsene können sich Führungen anschließen oder an einer Schokoladenherstellung samt Verkostung teilnehmen. Diese findet meist am Wochenende statt.

Unter den gotischen Bögen der Reste des einstigen Klosterkreuzgangs befindet sich heute eine nette Café-Bar, die **Bar del Convent** (Karte S. 312; ⏲Mo–Do 10–21, Fr 11–23, Sa 13–24 Uhr) – besonders empfehlenswert für Familien mit Kindern. Kids spielen auf dem Klostergelände oft Fußball. Der Eingang liegt im Carrer del Comerç 36.

ARXIU FOTOGRÀFIC DE BARCELONA GALERIE

Karte S. 312 (☎93 256 34 20; www.bcn.cat/arxiu/fotografic; Plaça de Pons i Clerch; Eintritt frei; ⏲Mo–Sa 10–19 Uhr; Ⓜ Jaume I) Der bescheidene Ausstellungsraum des städtischen Fotoarchivs befindet sich im 2. Stock des ehemaligen Convent de Sant Agustí. Die ausgestellten Fotos befassen sich hauptsächlich mit der Stadt vom 19. bis Ende des 20. Jhs., was auch daran liegt, dass der Sammlungsschwerpunkt auf dieser Epoche liegt.

Eine der schönsten Ausstellungen der jüngsten Zeit zeigte Ansichten von Barcelona vom Montjuïc aus, „neu gesehen“ vom US-amerikanischen Fotografen Mark Klett.

MUSEU DEL REI DE LA MAGIA MUSEUM

Karte S. 312 (☎93 319 73 93; www.elreydelamagia.com; Carrer de l'Oli 6; Eintritt mit/ohne Vorführung 12/5 €; ⏲Do 18–20, mit Vorführung Sa 18 & So 12 Uhr; Ⓜ Jaume I) Das Museum ist ein echtes Kuriosum. Im Innern finden nicht nur Zaubershows statt, sondern es werden auch Gegenstände ausgestellt, die bis zu den Ursprüngen des Ladens im 19. Jh. zurückreichen. Zu sehen sind u. a. alte Poster, Bücher über Zaubertricks sowie Zauberstäbe und Trickkarten. Angehende Zauberer jeden Alters können hier außerdem an Kursen teilnehmen. Kann man da noch seinen Augen trauen?

Die Betreiber des Museums besitzen außerdem einen Zauberladen (S. 312) am Carrer de la Princesa.

ESGLÉSIA DE SANT PERE DE LES PUELLES KIRCHE

Karte S. 312 (Plaça de Sant Pere; Eintritt frei; Ⓜ Arc de Triomf) Von der ursprünglichen Kirche, die hier seit dem frühen Mittelalter steht, ist nur wenig erhalten. Überdauert haben noch der frühromanische Grundriss in Form eines griechischen Kreuzes, einige korinthische Säulen unter der Kuppel (12. Jh.) und ein stark beschädigtes Renaissancegewölbe, das in eine Seitenkapelle führt.

Die Kirche war die Keimzelle der Besiedlung des Viertels La Ribera. 985 überfiel ein muslimisches Heer unter Al-Mansur Barcelona, zerstörte das Kloster fast vollständig und tötete oder verschleppte die dort lebenden Nonnen.

MERCAT DEL BORN MARKT

Karte S. 312 (Plaça Comercial; Ⓜ Barceloneta) 2001 brachten Ausschachtungsarbeiten am ehemaligen Mercat del Born, einer Markthalle aus Eisen und Glas aus dem späten 19. Jh., große Teile eines der Stadtviertel zutage, die für den Bau der verhassten Ciutadella abgerissen worden waren. Historiker entdeckten intakte Straßen und Reste von Häusern, deren Ursprünge sich bis ins 15. Jh. zurückverfolgen ließen.

Die Begeisterung war so groß, dass die Pläne für den Bau der neuen Stadtbibliothek in der stillgelegten Markthalle verworfen wurden. Stattdessen entstehen hier nun ein Museum und ein Kulturzentrum, wobei das Datum der Fertigstellung noch nicht feststeht.

CASA LLOTJA DE MAR ARCHITEKTUR

Karte S. 312 (☎902 44 84 48; www.casallotja.com; Passeig d'Isabel II, 1; Ⓜ Barceloneta) Herzstück der mittelalterlichen Börse, die auch liebevoll La Llotja genannt wird, ist der schöne gotische Saló de Contractacions (Handelssaal) aus dem 14. Jh. Pablo Picasso und Joan Miró besuchten die Kunstakademie, die ab 1849 im Saló dels Cònsols untergebracht war. Das Gebäude mit insgesamt sieben Sälen erhielt im 18. Jh. eine klassizistische Fassade. An der Börse wurde bis weit ins 20. Jh. gehandelt – noch heute gehört das Bauwerk der örtlichen Handelskammer. Gelegentlich öffnet sie ihre Tore für die Öffentlichkeit, meist aber nur im Rahmen von Veranstaltungen.

ESSEN

In den frühen 1990er-Jahren interessierte sich so gut wie niemand für El Born. Heute ist das Viertel geradezu übersät mit Bars, Clubs, coolen Designerläden und Restaurants. Auf das Viertel, das am südlichen Ende von La Ribera liegt, hat sich besonders die Avantgarde der Küchenchefs und Meister der Fusionsküche eingeschossen, die dort ihre experimentierfreudigen Erfin-

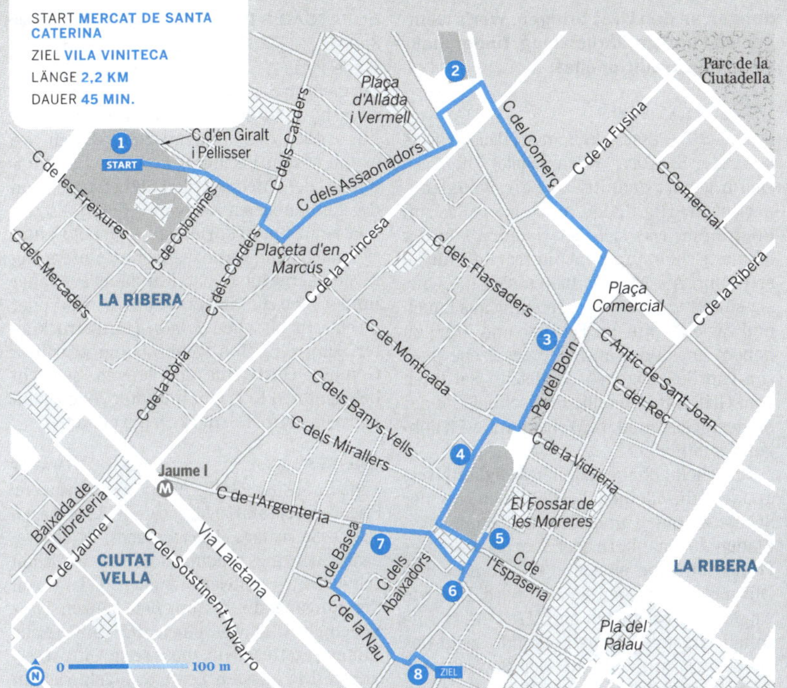

Spaziergang

Schlemmertour durch La Ribera

Feinschmeckern werden bei der Auswahl in La Ribera die Augen übergehen. Die Tour beginnt im 1 **Mercat de Santa Caterina** (S. 110), dem Neubau eines Markts aus dem 19. Jh. Die Stände des Rivalen von La Boquería quellen über mitFisch, Schinken, Käse und Oliven. Empfehlenswert sind auch der Olivenöl- und Essigspezialist Olisoliva, die Bistros und das gute Restaurant.

In Barcelona gibt es unzählige Schokoladengeschäfte, seien es traditionelle *granjas* (Milchbars), wo zum Kuchen heiße Schokolade serviert wird, oder moderne Schoko-Sündenpfuhle. Doch nirgends lässt sich die Geschichte dieser verführerischen Nascherei besser erfahren als im Schokoladenmuseum 2 **Museu de la Xocolata** (S. 111).

War die Schokodosis im Museum noch zu niedrig? Kein Problem, die 3 **Hofmann Pastisseria** (S. 117) hat Gourmet-Schokoriegel und alle möglichen Süßigkeiten.

Die stimmungsvolle 4 **Casa Gispert** (S. 117) aus dem 19. Jh. könnte glatt aus einem Film von Tim Burton stammen. Die Holzregale biegen sich fast unter den Gläsern mit Trockenfrüchten, gerösteten Haselnüssen und duftenden Pinienkernen.

Auf der anderen Seite des Platzes verkauft die 5 **Botifarreria** (S. 117) neben der typisch katalanischen *botifarra* eine schier unglaubliche Auswahl an Wurst und auch andere Leckereien.

Im 6 **Bubó** (S. 115) leuchten aus kleinen, glänzenden Schokoladenkarrees Juwelen von Himbeeren und Pistazien.

Koffeinsüchtige werden es lieben, das 7 **El Magnífico** (S. 117) mit seiner Auswahl an Kaffeesorten aus aller Welt. Der Laden ist in Barcelona längst eine Institution. Ihn zu finden ist einfach: auf dem Carrer de l'Argenteria immer der Nase nach.

Kein Essen ist perfekt ohne Wein. Die enorme Vielfalt katalanischer und spanischer Tropfen lässt sich in der Vinothek 8 **Vila Viniteca** (S. 117) erkunden. Neben spanischen Tropfen findet man hier auch viele Weine aus anderen Ländern. Wer nicht nur kaufen, sondern auch gleich ein paar edle Tropfen probieren will: Der Laden organisiert immer mal wieder Weinproben.

dungen an den Gast bringen. Wer's weniger wild und gefährlich mag, findet mehr als genug Traditionelles.

LP TIPP CASA DELFÍN KATALANISCH €

Karte S. 312 (Passeig del Born 36; Hauptgerichte 4–12 €; 12–1 Uhr; M Barceloneta) Die Casa Delfín gehört definitiv zu Barcelonas kulinarischen Highlights und hat alles im Programm, was sich der Gaumen von der katalanischen (und mediterranen) Küche erträumt. Als Auftakt bieten sich die würzig-süßen *calçots* (eine Kreuzung aus Lauch und Zwiebel; nur im Februar und März zu haben) an – oder auch die gesalzene *padron*-Paprika. Danach vielleicht Sardinen vom Grill mit Petersilie und schließlich der bissfeste Seeteufel, in Weißwein und Knoblauch gedünstet.

Muschelliebhaber können sich damit vergnügen, die kleinen Leckerbissen aus der Schale zu pulen und dazu an einem *coca*-Fladen zu knabbern, der hier in absoluter Perfektion zubereitet und mit Tomate und Olivenöl eingerieben serviert wird. Und wie wär's zum Nachtisch mit *Eton Mess* (die Inhaberin stammt aus England – zeigt das aber sonst nirgends auf der Speisekarte). Aber Vorsicht: Das lange Glas mit Sahne, Baiser und Beeren enthält genug Zucker für zwei.

LE CUCINE MANDAROSSO ITALIENISCH €

Karte S. 312 (932 69 07 80; www.lecucinemandarosso.com; Carrer Verdaguer i Callis 4; Hauptgericht 8 €, Mittagsmenü 10 €; mittags & abends; M Urquinaona) Die Welt des Mandarosso ist wirklich eine Entdeckung. Hier gibt's kulinarische Seelentröster in Reinkultur, mit täglich wechselnder Speisekarte, auf der nur sechs Hauptgerichte stehen. Fünf basieren auf Pasta, das sechste auf Gemüse, Fisch oder Fleisch. Als Vorspeise gibt's Gemüse oder Frischkäse – z. B. den wunderbar cremigen *burrata* (Frischkäse aus Mozzarella und Sahne) –, Büffelmozzarella, geräucherten Scamorza oder *provola*-Käse. Mit einem guten Nudelgericht kombiniert (die überbackenen *al-forno*-Gerichte sind hervorragend) und einem hausgemachten Kuchen abgerundet, wird das Essen perfekt. Noch mehr gibt's um die Ecke beim Mandarosso Pastis (S. 312). Die frischen Zutaten werden täglich vom Mercat de Santa Caterina gekauft, der Rest wird aus Italien importiert. Das Mittagsmenü ist mit 10 € ein guter Deal. Wer abends kommen will, sollte reservieren.

EL PASSADÍS DEL PEP MEERESFRÜCHTE €€

Karte S. 312 (93 310 10 21; www.passadis.com; Pla del Palau 2; Hauptgerichte 15–20 €; Sept.–Juli Di–Sa mittags & abends, Mo abends; M Barceloneta) Kein einziges Schild weist darauf hin – doch die Einheimischen wissen, wo es die besten Fischgerichte gibt. Die Zutaten aus dem Meer werden täglich frisch von der katalanischen Küste angeliefert. Es gibt hier keine Speisekarte; das Angebot richtet sich nach dem, was das Meer an diesem Tag gerade hergegeben hat. Mit dabei sind aber immer frische Meeresfrüchte und/oder Fisch, ein bisschen *jamón* (luftgetrockneter Schinken), Tomatenbrot und gegrilltes Gemüse. Gäste, die den langen, schlecht beleuchteten Korridor hinunter gehen, können sich getrost dem Koch anvertrauen.

CAL PEP TAPAS €€

Karte S. 312 (93 310 79 61; www.calpep.com; Plaça de les Olles 8; Hauptgerichte 8–18 €; Sept.–Juli Di–Sa mittags, Mo–Fr abends; M Barceloneta) Auch nur hineinzukommen ist schon schwierig – teilweise stehen Gäste von der Eingangstür bis um den ganzen Platz Schlange. Und wer einen der fünf Tische hinten ergattern will, muss rechtzeitig reservieren. Die meisten Leute drängeln sich an die Bar vor und sichern sich ein paar der leckersten Meeresfrüchte-Tapas der Stadt.

Pep empfiehlt *cloïsses amb pernil* (Muscheln mit Schinken) und *trifàsic* – eine Kombination aus Tintenfisch, kleinen Heringen und Garnelen. Das andere Highlight ist die superfeine *tortilla de patatas* (spanisches Omelette) mit Thunfisch-Tatar.

EN APARTÉ FRANZÖSISCH €

Karte S. 312 (932 69 13 36; www.enaparte.es; Carrer Lluis el Piados 2; Hauptgerichte 8–10 €; M Arc de Triomph oder Urquinaona) Ein schönes, unaufdringliches Lokal gleich abseits der ruhigen Plaça de Sant Pere mit gutem französischem Essen. Das Restaurant ist klein, aber geräumig, die Tische sind schmiedeeiserne Nähmaschinen, und auch sonst schmückt der Laden sich mit nostalgischen Details. Durch die raumhohen Fenster flutet am frühen Nachmittag das Sonnenlicht.

Das Mittagsmenü für 11 € ist hervorragend und umfasst einen Salat (Rote Bete, Apfel und Walnuss) und eine Quiche oder ein vegetarisches Gericht wie gefüllte Paprika mit Kartoffelgratin.

TANTARANTANA MEDITERRAN €

Karte S. 312 (93 268 24 10; Carrer d'en Tantarantana 24; Hauptgerichte 6–7 €; Mo–Sa abends;

MJaume I) Umgeben von avantgardistisch-trendigen Tempeln der *nueva cocina española* (spanische Nouvelle Cuisine), präsentiert sich dieses Lokal erfrischend einfach. An den gemütlichen Tischen mit Marmorplatten werden einfache, aber gut zubereitete Gerichte serviert, z. B. Risotto oder gegrillter Thunfisch mit Gemüse und Ingwer. Die Klientel ist um die 30 und sitzt im Sommer gerne draußen.

PLA DE LA GARSA KATALANISCH €€

Karte S. 312 (933 15 24 13; www.pladelagarsa.com; Carrer dels Assaonadors 13; Hauptgerichte 10 €; abends; MJaume I) Das Haus aus dem 17. Jh. eignet sich hervorragend für ein romantisches Kerzenlicht-Dinner. Eine Balkendecke und die bunt im Raum verteilten Tische schaffen zusammen mit der leisen Musik eine bezaubernde Atmosphäre auf zwei Etagen. Gekocht werden herzhafte katalanische Gerichte wie *timbal de botifarra negra* (Blutwurst mit Pilzen).

MANDAROSSO PASTIS CAFÉ, PASTELERÍA €

Karte S. 312 (933 19 05 02; www.lecucinemandarosso.com; Carrer General Alvarez de Castro 5–7; Di–Sa 8–21, So 9–14 Uhr, Mo geschl.; MUrquinaona) Die kleine Schwester der Cucine Mandarosso (S. 114) ist ein Café mit deutlicher Kuchenfixierung. Im winzigen Lokal stehen nur zwei kleine Tische und ein Gemeinschaftstisch, ein kleiner Plattenspieler, der alte Hits dudelt, und die Kuchentheke. Frühstück gibt's auch.

BUBÓ PASTELERÍA, RESTAURANT €

Karte S. 312 (93 268 72 24; www.bubo.ws; Carrer de les Caputxes 6 & 10; Mo 16–24, Di–Do & So 10–24, Fr & Sa 10–2 Uhr; MBarceloneta) Der Chocolatier Carles Mampel ist ein Süßspeisen-Künstler. Es ist fast unmöglich, an seiner Patisserie-Bar einfach vorbeizugehen, ohne auf einem der Stühle vor dem Haus Platz zu nehmen, um eine seiner phantastischen, aber auch reichhaltigen Kreationen zu genießen. Da gibt es Mousse aus *gianduia* (dunklem Nougat) mit Mangocreme, karamellisierte Haselnüsse mit Gewürzen und Haselnussplätzchen.

LILIPEP CAFÉ €

Karte S. 312 (933 10 66 97; Carrer del Pou de la Cadena 8; Di–Do 10–22, Fr–So 10–24 Uhr; ; MJaume I) Stärkung gefällig auf der Sightseeingtour? Oder vielleicht ein kleiner Drink mit einer *tapa* (mit jedem Drink umsonst!)? Dann ist diese deutsch-katalanische Koproduktion in einer kleinen Seitenstraße des Carrer de la Princesa genau das Richtige. Beim Kaffee kann man sich am Bücherregal bedienen und nachsehen, welcher Liveauftritt als Nächstes angesagt ist. Neben den vegetarischen und fleischlastigen Gerichten serviert das Lilipep auch ein herzhaftes deutsches Frühstück.

LA LLAVOR DELS ORÍGENS KATALANISCH €

Karte S. 312 (www.lallavordelsorigens.com; Carrer de la Vidrieria 6–8; Hauptgerichte 8–10 €; 12.30–12.30 Uhr; MJaume I) Eine wahre Schatzgrube an regionalen Produkten aus Katalonien: Die Regale biegen sich geradezu unter der Last von Flaschen und Packungen. Wer Hunger hat, kann aus einer großen Auswahl kleiner Gerichte wählen, z. B. *sopa de carbassa i castanyes* (Kürbis- und Esskastaniensuppe) oder *mandonguilles amb albergìnies* (Frikadellen mit Aubergine), zu denen der passende offene Wein zu haben ist.

BAR JOAN KATALANISCH €

Karte S. 312 (93 310 61 50; Mercat de Santa Caterina; menú del día 11 €; Mo–Sa mittags; MJaume I) Neben der populären Cuines de Santa Caterina gibt es eine Reihe von Bar-Restaurants im Mercat de Santa Caterina. Die Bar Joan ist unter Einheimischen bekannt für ihr *arròs negre* (Tintenfisch-Risotto), das nur am Dienstagmittag gekocht wird. Das Lokal ist recht einfach gehalten, doch immer gut besucht – Tintenfisch-Risotto hin oder her.

AUSGEHEN & NACHTLEBEN

Der lange Passeig del Born und das gesamte Straßennetz zwischen ihm und der Església de Santa Maria del Mar sind mit Bars übersät – hier herrscht ausgelassene Partystimmung.

MUDANZAS BAR

Karte S. 312 (93 319 11 37; Carrer de la Vidrieria 15; 10–2.30 Uhr; MJaume I) Die Bar war eine der ersten, die in El Born die Kneipenszene in Schwung brachte, und hat bis heute ihre treuen Stammgäste. Das schlichte Lokal bietet sich an, um ein Bier zu trinken, zu plaudern und vielleicht ein Sandwich zu essen. Und übrigens: Die Grappas aus Italien sind auch nicht von schlechten Eltern.

LA VINYA DEL SENYOR WEINBAR

Karte S. 312 (Plaça de Santa Maria del Mar 5; ⌚ Di–So 12–1 Uhr; Ⓜ Jaume I) Die *terrassa* im Schatten der Església de Santa Maria del Mar lädt zum Entspannen ein, während die Gäste sich drinnen um die winzige Bar drängen. Die Weinkarte ist so lang wie *Krieg und Frieden*, und im Obergeschoss können die Gäste, die lieber eine ganze Flasche bestellen und nicht bloß ein Gläschen probieren wollen, an einem der Tische Platz nehmen.

GIMLET COCKTAILBAR

Karte S. 312 (Carrer del Rec 24; Cocktails 10 €; ⌚22–15 Uhr; Ⓜ Jaume I) Willkommen im Humphrey-Bogart-Film! Barkeeper im weißen Jackett zaubern mit angemessener Contenance ganz nach Wunsch des Gastes einen Gimlet oder einen der anderen Cocktail-Klassiker (etwa 10 €). Javier Muelas, der Cocktail-Guru von Barcelona, hält hier – und in diversen anderen Bars der Stadt – das Heft in der Hand. Die Gäste können also mit hervorragenden Drinks und dem gewissen kreativen Etwas rechnen.

EL XAMPANYET WEINBAR

Karte S. 312 (Carrer de Montcada 22; ⌚Di–Sa mittags & abends, So mittags; Ⓜ Jaume I) Die Cava-Bar hat sich seit Jahrzehnten kaum verändert und ist eine der besten der Stadt. An der Bar oder an Tischen vor dekorativ gekachelten Wänden wird zum Cava (katalanischer Sekt) ein Sortiment an Tapas angeboten, darunter die säuerlichen *boquerons en vinagre* (weiße Anchovis in Essig).

MIRAMELINDO BAR

Karte S. 312 (☎93 319 53 76; Passeig del Born 15; ⌚20–2.30 Uhr; Ⓜ Jaume I) Die große Taverne in einem gotischen Gebäude gilt am Passeig del Born als Klassiker in Sachen Cocktails. Zur Untermalung hört man sanften Jazz und Soul. Am gemütlichsten sind die Tische im hinteren Teil, später am Abend wird es nämlich brechend voll. Mehrere Kneipen, ebenfalls in Scheunengröße, finden sich auf beiden Seiten des *passeig*.

LA FIANNA BAR

Karte S. 312 (www.lafianna.com; Carrer dels Banys Vells 15; ⌚So–Mi 18–1.30, Do–Sa 18–2.30 Uhr; Ⓜ Jaume I) Wegen ihrer kahlen Steinwände, der schmiedeeisernen Lüster und der Lounges mit Bergen von Kissen haftet der Bar etwas Mittelalterliches an. Was auf den ersten Blick wie ein guter Ort zum Chillen klingt, wird allerdings am späten Abend oft so voll, dass man sich mit den Ellbogen Platz verschaffen muss. Für den kleinen Hunger gibt's zu Beginn des Abends kleine Gerichte.

MAGIC CLUB

Karte S. 312 (☎93 310 72 67; Passeig de Picasso 40; ⌚Mi–So 23–6 Uhr; Ⓜ Barceloneta) Im stickigen, verrauchten Untergeschoss treten zwar manchmal Bands auf, aber im Grunde ist das Magic ein Tanzclub, in dem zu Rock, Mainstream und spanischem Pop getanzt wird.

UPIAYWASI CLUB

Karte S. 312 (☎93 268 01 54; Carrer d'Allada Vermell 11; ⌚Mo–Do 17–2, Fr & Sa 17–3, So 16–1 Uhr; Ⓜ Barceloneta) Die schummrige Cocktailbar präsentiert sich als gelungene Mischung aus entspanntem Ambiente und lateinamerikanischer Musik. Die Sofas, kleinen Tische, Lüster und gedämpften Farben verleihen dem Club ein angenehm intimes Flair.

☆ UNTERHALTUNG

LP TIPP PALAU DE LA MÚSICA CATALANA LIVEMUSIK

Karte S. 312 (☎902 442882; www.palaumusica.org; Carrer de Sant Francesc de Paula 2; ⌚Kartenverkauf Mo–Sa 10–21 Uhr; Ⓜ Urquinaona) Der Modernisme-Bau ist das traditionelle Konzerthaus der Stadt für klassische und Chormusik – ein Augen- und Ohrenschmaus! Jedes Konzert wird hier zum einzigartigen Erlebnis. Um die Räumlichkeiten in Ruhe genießen zu können, sollte man frühzeitig vor dem Konzert eintreffen und im Foyer mit seinen gekachelten Säulen noch einen Aperitif bestellen. Anschließend geht's die ausladende Treppe hinauf zum großen Konzertsaal, einem eindrucksvollen Beispiel für den Einfallsreichtum des Modernisme. Der *palau* hat ein breit gefächertes Programm.

FLOW DARSTELLENDE KÜNSTE

Karte S. 312 (☎93 310 06 67; Carrer de la Fusina 6; ⌚ Di–So 20–3 Uhr; Ⓜ Jaume I) Die aufgemotzte, altmodische Bar mit Diskokugel und (ziemlich verwaistem) Billardtisch ist ein ganz besonderer Ort für einen Cocktail. Die Bühne bietet alles zwischen experimenteller Klassik und Amateurtheater.

TABLAO NERVIÓN TANZ

Karte S. 312 (☎93 315 21 03; www.restaurantenervion.com; Carrer de la Princesa 2; Vorführung &

Abendmenü 35 €, Vorführung & Drink 12 €; ⊙Vorführungen Fr 22–1 Uhr; MJaume I) Der Laden ist auf Flamenco für Touristen spezialisiert, hat dafür aber unschlagbare Angebote. Wer um Mitternacht zur zweiten Vorführung kommt, muss nur noch für 6 € einen Drink (Bier oder Sangría) nehmen; um 23 Uhr kostet das Gleiche noch 12 €. Wer das ganze Programm will, kommt um 22 Uhr und nimmt gleich das Abendessen dazu.

SHOPPEN

Das einstige Handelszentrum des mittelalterlichen Barcelona bietet immer noch eine Fülle von altmodischen Lebensmittelläden mit jeder Menge wunderbarer Düfte und ganz viel Atmosphäre. In den späten 1990er-Jahren kamen zahlreiche hippe Boutiquen hinzu.

LP TIPP CASA GISPERT — ESSEN

Karte S. 312 (☎93 319 75 35; www.casagispert.com; Carrer dels Sombrerers 23; MJaume I) Hinter der wunderbar stimmungsvollen Holzfassade der Casa Gispert werden schon seit 1851 Nüsse geröstet und allerlei Trockenfrüchte verkauft. Unzählige Töpfe und Gläser in den hohen Regalen enthalten die unterschiedlichsten Leckereien, die alle – egal ob geröstet oder mit Honig gesüßt – nach mehr schmecken. Die Bestellung wird (ein schönes Beispiel für altmodische Abrechnung) zusammen mit dem Preis einfach zur Kasse rübergerufen.

COQUETTE — MODE

Karte S. 312 (☎93 295 42 85; www.coquettebcn.com; Carrer del Rec 65; MBarceloneta) Auch wenn es in dieser Straße von Modegeschäften nur so wimmelt: Diese Boutique lohnt besonders einen Besuch, denn sie führt schlichte, aber attraktive Mode, die Frauen lieben. Die tragbaren Modelle stammen von Designern wie Tsunoda, Vanessa Bruno, Chloé Baño und Hoss Intropia.

VILA VINITECA — WEIN

Karte S. 312 (☎902 327777; www.vilaviniteca.es; Carrer dels Agullers 7; ⊙Mo–Sa 8.30–20.30 Uhr; MJaume I) Eine der besten Weinhandlungen in Barcelona (und davon gibt's wirklich viele!). Seit 1932 werden hier die besten einheimischen und importierten Weine verkauft. Jeden November organisieren die Weinhändler im Carrer dels Agullers und in dessen Nebenstraßen an ausgewählten Abenden eine schon fast ausschweifende Weinprobe. Kellereien aus ganz Spanien präsentieren in diesem Rahmen ihre jungen Weine. Die Besitzer haben im Haus Nr. 9 einen Feinkostladen eröffnet.

GALERIA MAEGHT — KUNST

Karte S. 312 (☎93 310 42 45; www.maeght.com; Carrer de Montcada 25; ⊙Di–Fr 11–14 & 15–19, Sa 11–14 Uhr; MJaume I) Nobelgalerie in einem vornehmen Haus aus dem Mittelalter, die sich auf Kunst des 20. Jhs. spezialisiert hat. Die dort ausgestellten Kunstwerke sind ebenso faszinierend wie das Gebäude selbst.

EL MAGNÍFICO — KAFFEE

Karte S. 312 (☎93 319 60 81; www.cafeselmagnifico.com; Carrer de l'Argenteria 64; MJaume I) Seit Anfang des 20. Jhs. werden hier die unterschiedlichsten Kaffeesorten geröstet. Die Auswahl an Kaffee (und auch an Tee) ist bemerkenswert und der Duft überwältigend. Direkt gegenüber führen dieselben Besitzer den ausgezeichneten neuen Teeladen **Sans i Sans** (Karte S. 312; ☎93 319 60 81; Carrer de l'Argenteria 59).

HOFMANN PASTISSERIA — ESSEN

Karte S. 312 (☎93 268 82 21; www.hofmann-bcn.com; Carrer dels Flassaders 44; MJaume I) Die alten Holzschränke dieser kleinen Patisserie täuschen: Das Geschäft ist in Wirklichkeit noch ganz neu. Verkauft werden köstliche Schokoladen, das „Croissant des Tages" und anderes, ähnlich verlockendes Gebäck, außerdem hübsch präsentierte Kuchen und süße Leckereien.

LA BOTIFARRERIA — ESSEN

Karte S. 312 (☎93 319 91 23; www.labotifarreria.com; Carrer de Santa Maria 4; MJaume I) Der entzückende Delikatessenladen hat zwar Leckereien in allen Variationen, aber die Hauptrolle spielt eindeutig die *botifarra* – die hausgemachte Wurst, die hier in einer erstaunlichen Vielfalt angeboten wird. Und das heißt nicht nur Schweinefleisch: Unter der Wursthaut verbergen sich außerdem feine Zutaten von grünem Pfeffer und Whiskey bis hin zum Apfelcurry!

OLISOLIVA — ESSEN

Karte S. 312 (☎93 268 14 72; www.olisoliva.com; Avinguda de Francesc Cambó; MJaume I) Der kleine Laden liegt im Mercat de Santa Caterina und führt Olivenöle und diverse Essigsorten aus ganz Spanien. Alle hier präsentierten Essige und Öle können auch direkt probiert werden. Einige der besten Olivenöle kommen aus Südspanien. Auch die Auswahl an Essigsorten ist ziemlich beeindruckend.

EL REY DE LA MAGIA FACHGESCHÄFT

Karte S. 312 (☎93 319 39 20; www.elreydelamagia.com; Carrer de la Princesa 11; ⏰Mo–Fr 11–14 & 17–20, Sa 10–14 Uhr; Ⓜ Jaume I) Seit über 100 Jahren beeindrucken die Besitzer dieser Trickkiste ihre Kunden. Wer sich entschließt, in Barcelona zu bleiben und seine Brötchen als Zauberer zu verdienen, findet hier fliegende Besen, Gläser mit verschwindender Milch und Zauberkarten.

NU SABATES SCHUHE, ACCESSOIRES

Karte S. 312 (☎93 268 03 83; www.nusabates.com; Carrer dels Cotoners 14; Ⓜ Jaume I) In dem schicken Geschäft verkaufen junge katalanische Schuhmacher vor allem handgefertigte Lederschuhe, aber auch eine kleine, feine Auswahl an Handtaschen und anderen Lederwaren.

CUSTO BARCELONA MODE

Karte S. 312 (☎93 268 78 93; www.custo-barcelona.com; Plaça de les Olles 7; Ⓜ Jaume I) Die psychedelische Einrichtung und die lässige Atmosphäre dieses Ladens verleihen der Avantgarde-Boutique einen betont jugendlichen Charme. Custo präsentiert seine gewagten neuen Kollektionen für Männer und Frauen alljährlich auf den Laufstegen New Yorks. Die wilden Farben und Schnitte seiner Hotpants oder Smokingjacken sind allerdings nur etwas für Mutige. In Barcelona gibt es fünf Filialen.

Barceloneta & die Uferpromenade

PORT VELL | PORT OLÍMPIC, EL POBLENOU & EL FÒRUM | BARCELONETA

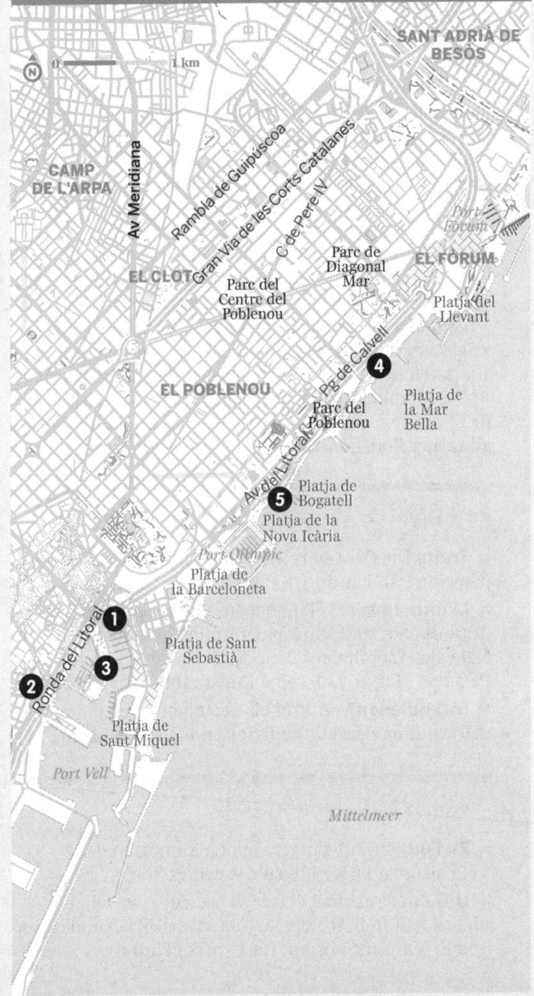

Details s. Karte S. 314 und S. 316

Highlights

❶ Im interaktiven **Museu d'Història de Catalunya** (S. 123) Römer, Muslime, Feudalherren und Freiheitskämpfer des Bürgerkriegs kennenlernen und als Krönung auf der Dachterasse essen

❷ Im **Museu Marítim** (S. 121) eine Zeitreise durch die gotischen Werften antreten

❸ Den unheimlichen Haifischtunnel im riesigen **Aquarium** (S. 122) durchqueren

❹ An der **Platja de la Mar Bella** (S. 122) sorglos im Meer planschen

❺ Eine **Radtour** (S. 127) an der Strandpromenade zwischen Barceloneta und Parc del Fòrum unternehmen

Top-Tipp

Wer Meer und Berge an einem Tag sehen will, ist mit dem Transbordador Aeri (S. 123) gut bedient, der seine Passagiere in einer museumsreif aussehenden Gondel zwischen Barceloneta und Montjuïc transportiert. Im Turm der Seilbahnstation in Barceloneta ist außerdem ein erstklassiges Restaurant, das alleine schon die Reise wert ist.

Gut essen

- Els Pescadors (S. 128)
- Can Majó (S. 125)
- Maians (S. 125)
- La Cova Fumada (S. 125)
- Torre d'Alta Mar (S. 126)

Mehr dazu S. 125

Schön ausgehen

- Xampanyeria Can Paixano (S. 128)
- Absenta (S. 128)
- Ké? (S. 128)
- Opium Mar (S. 128)

Mehr dazu S. 128

Hauptsehenswürdigkeiten

- Strände in Barceloneta
- Museu Marítim (S. 121)
- Museu d'Història de Catalunya (S. 123)
- L'Aquàrium (S. 122)
- Transbordador Aeri (S. 123)

Mehr dazu S. 122

Rundgang: Barceloneta & die Uferpromenade

Barcelonas 4 km lange Uferpromenade bietet einen angenehmen Kontrast zu den gotischen Gassen und zum Modernisme. Wer von der Altstadt aus Richtung Nordosten geht, findet sich bald auf einer schattigen Promenade zwischen verführerischen Fischrestaurants und Bars wieder, wo Radler, Jogger und Spaziergänger Kurs auf die Strände nehmen, die sich bis zum Parc del Fòrum ziehen.

Port Vell, einst Industriewüste, verlockt heute zu einem Spaziergang über die Fußgängerbrücke Rambla de Mar zu den Läden und Lokalen des Einkaufszentrums Maremàgnum sowie zum tollen Aquarium auf der anderen Seite. Kleine Parks und Plätze bieten unterwegs schöne Aussichtspunkte.

Östlich davon blicken gehobene Freiluftrestaurants auf den Yachthafen und das Museu d'Historia de Catalunya. Gleich daneben liegt Barceloneta, ein Mitte des 18. Jhs. erbautes Fischerviertel. Die engen (und touristenfreien) Gassen sind voller lebhafter Tapasbars, altmodischer Fischlokale und unkonventioneller Ausgehlokale.

Wo Barceloneta aufs Meer trifft, finden sich Restaurants mit Blick auf die Promenade und die Strände. Von hier bis El Fòrum Richtung Norden ist alles Strand. Dies ist die Domäne der *chiringuitos* – rustikale Hütten, die Tag und Nacht Musik und Cocktails anbieten.

Von den modernen künstlichen Stränden landeinwärts liegt die Hitech-Zone 22@bcn – für die meisten Touristen nicht interessant, obwohl Jean Nouvels Torre Agbar Architekturfans anzieht. Der Uferbereich endet in El Fòrum, wo es ein lohnendes Naturkundemuseum gibt. Hier finden im Sommer Open-Air-Konzerte statt.

Lokalkolorit

- **Treffs** Die Cava-Bars Vaso de Oro (S. 126) und Xampanyeria Can Paixano (S. 128) sind Favoriten.
- **Märkte** In Port Vell findet am Wochenende der Port Antic (S. 130) statt, ein kleiner Antiquitätenmarkt. In der Nähe des Yachthafens baut der Feria de Artesanía del Palau de Mar (S. 130) seine Kunsthandwerkstände auf.
- **Strandleben** Von Juni bis September bieten die *chiringuitos* eisgekühlte Drinks und viel Ambiente.

Anfahrt

- **Zu Fuß** Für Fußgänger sind La Rambla und die Via Laietana die wichtigsten Zugangsstraßen.
- **U-Bahn** Drassanes (Linie 3) bedient Port Vell; die Linie 4 hält in Barceloneta, Ciutadella Vila Olímpica und El Maresme Fòrum (für Parc del Fòrum).

HIGHLIGHTS
MUSEU MARÍTIM

Venedig hat seine Arsenale und Barcelona seine Reials Drassanes, die königlichen Werften: Hier lief das Flaggschiff vom Stapel, mit dem Don Juan d'Austria 1571 die spanisch-venezianische Flotte in der Seeschlacht von Lepanto gegen die Türken anführte.

Auch wenn die königlichen Werften lange nicht so groß sind wie ihr venezianisches Gegenstück, so bilden sie doch ein außergewöhnliches Beispiel für weltliche gotische Architektur. Heute überspannen weite Rundbögen das Museu Marítim, Barcelonas Schifffahrtsmuseum, das zu den faszinierendsten Museen der Stadt gehört.

Die Werften zählten in ihrer Blütezeit zu den größten in Europa: Die Bauzeit reichte vom 13. Jh. bis zur Fertigstellung der Anlagen 1378. Bis Ende des 18. Jhs. lagen die Werften direkt am Meer, sodass die fertigen Schiffe über eine Rampe sofort ins Wasser gleiten konnten.

Nachbau des Flaggschiffs von Don Juan d'Austria

Im Zentrum der Werften steht ein originalgetreuer Nachbau des Flaggschiffs von Don Juan d'Austria aus den 1970er-Jahren. Eine raffiniert inszenierte Multimediashow vermittelt Besuchern einen Eindruck vom grauenvollen Leben der Sklaven, Strafgefangenen und Freiwilligen (!), die das Schiff mit langen Rudern mit einer Geschwindigkeit von bis zu neun Knoten fortbewegten. Zwar konnten Galeeren auch segeln, aber selbst dann blieben die Ruderer an ihre Ruderbänke gekettet. Hier schliefen, aßen und tranken sie. Da sie sogar ihre Notdurft angekettet verrichten mussten, war eine solche Galeere vermutlich meilenweit zu riechen.

NICHT VERSÄUMEN...

- Nachbau des Flaggschiffs von Don Juan d'Austria
- Wechselausstellungen
- *Ictíneo*
- Innenhofcafé

PRAKTISCH & KONKRET

- Karte S. 316
- ☎93 342 99 20
- www.mmb.cat
- Avinguda de les Drassanes
- Erw./Kind unter 7 J./Sen. & Student 2,50 €/frei/1,25 €, So 15–20 Uhr frei
- ⌚10–20 Uhr
- Ⓜ Drassanes

Ausstellungen

Fischerboote, alte Seekarten, Schiffsmodelle und Dioramen von Barcelonas Hafen füllen den Rest des überaus spannenden Museums. Außerdem gibt's Wechselausstellungen. Zum Zeitpunkt der Recherche wurden große Teile des Museums gerade runderneuert; die Arbeiten sollen noch bis Ende 2013 andauern. Bei der Neueröffnung werden Besucher eine wesentlich erweiterte Sammlung vorfinden, die auch Multimediaexponate zu Spaniens langer Seefahrtsgeschichte umschließt. Während der Arbeiten ist nur eine begrenzte Auswahl an Exponaten im Museum zu sehen.

Ictíneo

Das angenehme **Museumscafé** hat Tische im Innenhof und eine kleine Imbissauswahl sowie mittags ein anständiges *menú de mediodía*. Ebenfalls im Innenhof steht ein Nachbau des bauchigen *Ictíneo*, eines der ersten U-Boote der Welt. Gebaut wurde es 1858 vom katalanischen Universalgelehrten Narcis Monturiol und betrieben von mehreren Propellern, die Monturiols Freunde von Hand kurbeln mussten, wenn sie ihn auf einen seiner bis zu zwei Stunden langen, erfolgreichen Tauchgänge im Hafen begleiteten. Später entwarf er noch ein größeres U-Boot mit Verbrennungsmotor, das bis auf eine Tiefe von 30 m tauchen und bis zu sieben Stunden unter Wasser bleiben konnte. Leider interessierte sich die Marine nie für das Gefährt, weshalb Monturiol bis heute weitgehend unbekannt ist.

HIGHLIGHTS PLATJAS

Nordöstlich des Yachthafens von Port Olímpic erstreckt sich eine Reihe hübscher Strände. Sie sind überwiegend künstlich aufgeschüttet, aber das hält die schätzungsweise 7 Mio. Badenden, die hier jährlich einfallen, nicht vom Besuch ab.

Am südlichsten der Strände, der **Platja de la Nova Icària**, ist am meisten los. Dahinter liegt jenseits der Schnellstraße Avinguda del Litoral die Plaça dels Campions mit dem rostenden, dreistufigen Podest, auf dem die Sieger der Segelwettbewerbe der Olympischen Spiele 1992 ihre Medaillen erhielten. Ein Großteil der einstigen Sportlerwohnungen und heutigen Apartments befindet sich in den Häusern direkt hinter dem Carrer de Salvador Espriu.

Der nächste Strand ist die **Platja de Bogatell**. Dicht am Strand befindet sich auch der **Cementiri de l'Est** (Ostfriedhof), der um 1773 eingerichtet wurde. Das zentrale Denkmal erinnert an die Opfer einer Gelbfieberepidemie, die Barcelona 1821 heimsuchte. Der Friedhof ist voller bombastischer Familiengruften. Besonders verstörend wirkt die Skulptur *El Petó de la Mort* (Der Todeskuss): Ein geflügeltes Skelett küsst einen jungen knienden, aber leblosen Körper.

Als Nächstes folgen die **Platja de la Mar Bella** (mit einem kurzen FKK-Abschnitt und einer Segelschule) und die **Platja de la Nova Mar Bella**, die ins neue Wohn- und Geschäftsviertel Front Marítim führen. Es ist Teil des Viertels Diagonal Mar im Fòrum-Bezirk. Davor breitet sich der letzte der künstlichen Strände aus, die **Platja del Llevant**.

NICHT VERSÄUMEN

- Das lebhafte Treiben an der Platja de la Nova Icària
- Die ergreifende Skulptur *El Petó de la Mort* auf dem Cementiri de L'Est

PRAKTISCH & KONKRET

- Karte S. 314
- 36 oder 41, Ⓜ Ciutadella Vila Olímpic, Bogatell, Llacuna oder Selva de Mar

SEHENSWERTES

Port Vell & Barceloneta

MUSEU MARÍTIM MUSEUM

Siehe S. 121

L'AQUÀRIUM AQUARIUM

Karte S. 302 (☎93 221 74 74; www.aquariumbcn.com; Moll d'Espanya; Erw./Kind 18/13 €, Tauchgang 300 €; ⏲ Juli & Aug. 9.30–11 Uhr, Sept.–Juni 9.30–21 Uhr, Tauchgang Mi, Fr & Sa 9.30–14 Uhr; Ⓜ Drassanes) Es läuft einem schon ein bisschen kalt den Rücken runter angesichts eines Hais, der lediglich durch eine durchsichtige Wand von den Besuchern getrennt über diesen dahingleitet und sein Maul aufreißt. Der 80 m lange Haitunnel ist die Hauptsehenswürdigkeit des Aquariums, das zu den größten seiner Art in Europa zählt. Es zeigt die weltweit beste Sammlung an Mittelmeerfischen und viele farbenprächtige Exemplare aus dem Roten Meer, der Karibik und dem australischen Great Barrier Reef. Insgesamt tummeln sich in den verschiedenen Becken 450 Arten: Das sind um die 11 000 Fische und ein Dutzend Haie.

Der Weg zum Haitunnel führt an einer Reihe Themenbecken vorbei, in denen Brassen, Seepferdchen oder verschiedene Haiarten (Weißflossen-, Sandtiger-, Hammer-, Schwarzspitzen-, Ammen- und Braunhai) herumflitzen. Hinzu kommen zahlreiche weitere Meeresbewohner – von flatternden Rochen bis zu aufgeblähten Mondfischen. In der interaktiven Zone Planeta Agua lebt neben Rochen auch eine Familie antarktischer Pinguine.

Taucher mit gültigem Tauchschein dürfen im Hauptbecken zusammen mit den Haien tauchen.

MUSEU D'HISTÒRIA DE CATALUNYA MUSEUM

Karte S. 302 (Museum für katalanische Geschichte; ☎93 225 47 00; www.mhcat.net; Plaça de Pau Vila 3; Erw./Kind nur Dauerausstellung 4/3 €, Dauer- & Wechselausstellung 5/4 €, 1. So im Monat frei; ⏲Di & Do–Sa 10–17, Mi 10–20, So 10–14.30 Uhr; Ⓜ Barceloneta) Der **Palau de Mar** am Hafen (Karte S. 302) diente einst als Speicher, wurde aber in den 1990er-Jahren umgebaut. Innen befindet sich das Museu d'Història de Catalunya, eine etwas patriotische, aber interessante Ausstellung zur wechselvollen Geschichte Kataloniens.

Die Dauerausstellungen im 2. und 3. Stock bieten Besuchern eine Zeitreise, die mit der Steinzeit beginnt und in den frühen 1980er-Jahren endet. Dioramen, Artefakte, Videos, Modelle, Dokumente sowie interaktive Spielereien vermitteln auf höchst vergnügliche Weise 2000 Jahre katalanische Geschichte.

Die Besucher können sehen, wie die Römer lebten, arabische Dichtung aus der Zeit der maurischen Besatzer hören, die Behausung einer mittelalterlichen Pyrenäenfamilie besichtigen, das (hölzerne) Schlachtross eines Ritters besteigen oder eine Ritterrüstung zu heben versuchen.

Wer sich daran sattgesehen hat, kann sich nach unten in einen Luftschutzbunker aus dem Bürgerkrieg begeben, ein Video auf Katalanisch über das Katalonien nach Franco anschauen oder sich oben im Café-Restaurant **1881** auf dem Dach ausruhen und den schönen Blick genießen.

Die Wechselausstellungen sind häufig ebenso interessant wie die Dauerausstellung. In der Nähe des Museums kann man eine ganze Reihe eleganter Freiluftrestaurants finden, die klassische Fischgerichte servieren.

TRANSBORDADOR AERI SEILBAHN

Karte S. 302 (www.telefericodebarcelona.com; Passeig Escullera; einfach/hin & zurück 10/15 €; ⏲11–19 Uhr, Jan.–Mitte Feb. geschl.; Ⓜ Barceloneta, 🚌17, 39 oder 64) Die Seilbahnfahrt über den Hafen hinweg zum Montjuïc zeigt die Stadt aus der Vogelperspektive. Die Kabinen schweben zwischen dem Torre de Sant Sebastià (in La Barceloneta) und dem Miramar (Montjuïc) hin und her – mit einem Zwischenstopp am Torre de Jaume I vor dem World Trade Center. Oben auf dem Torre de Sant Sebastià befindet sich in spektakulärer Lage ein Restaurant, das Torre d'Alta Mar.

ABSTECHER

DIE GESCHICHTE DER KATALANISCHEN EINWANDERUNG

Das **Museu d'Història de la Immigració de Catalunya** (☎93 381 26 06; www.mhic.net; Carretera de Mataró 124; ⏲Di–Do 10–14 & 17–20, Mi, Fr & Sa 10–14 Uhr; Ⓜ Verdaguer) ist ganz der Geschichte der Einwanderung in Katalonien gewidmet. Hauptattraktion ist ein Waggon des Zuges El Sevillano, der in den 1950er-Jahren vollgestopft mit Immigranten zwischen Andalusien und Katalonien pendelte. Die Horrorfahrt dauerte bis zu 30 Stunden! Der Ausstellungsraum befindet sich im ehemaligen Landhaus Can Serra, das heute zwischen Leichtindustrie, Umgehungsstraßen und Kaufhäusern eingekeilt ist. Fotografien, katalanische Texttafeln und diverse Dokumente und Gegenstände beleuchten die Geschichte der Einwanderung nach Katalonien ab dem 19. Jh. Ein bewegendes Video zeigt Szenen aus dem Migrantenleben von damals und heute.

PAILEBOT DE SANTA EULÀLIA

(Moll de la Fusta; Erw./Kind inkl. Museu Marítim 4 €/frei; ⏲Di–Fr 12–19.30, Sa & So 10–19 Uhr; Ⓜ Drassanes) Der 1918 gebaute und vom Museu Marítim restaurierte Dreimaster liegt an der palmengesäumten Promenade Moll de la Fusta vor Anker. Auch ohne an Bord zu gehen (unter Deck gibt's ohnehin nicht viel Spannendes zu sehen) erhält man einen ganz guten Eindruck vom Schiff. Manchmal sticht der Schoner auch für eine Vorführungsfahrt entlang der Küste in See.

ESGLÉSIA DE SANT MIQUEL DEL PORT KIRCHE

Karte S. 302 (☎93 221 65 50; Plaça de la Barceloneta; ⏲Mo–Fr 7–13.30, Sa 8–13.30 Uhr; Ⓜ Barceloneta) Die schlichte Barockkirche wurde 1755 als erstes Bauwerk von La Barceloneta fertiggestellt. Damals wurde sie so niedrig gebaut, dass die Kanonen von La Ciutadella jederzeit über sie hinwegfeuern konnten. In der Kirche hängen Darstellungen von Sant Miquel und zwei weiteren Schutzheiligen der katalanischen Fischer: Sant Elm und Santa Maria de Cervelló.

Gleich hinter der Kirche liegt ein Platz, auf dem ein Markt abgehalten wird, ein netter Anlaufpunkt für einen frühmorgendlichen Einkaufsbummel. Im Haus rechts der Kirche lebte Ferdinand Lesseps, der Erbauer des Suezkanals und französischer Generalkonsul in Barcelona.

Port Olímpic, El Poblenou & El Fòrum

TORRE AGBAR
ARCHITEKTUR

Karte S. 316 (☎93 342 21 29; www.torreagbar.com; Avinguda Diagonal 225; Ⓜ Glòries) Barcelonas gurkenförmiger Turm – Jean Nouvels leuchtender Torre Agbar – ist der kühnste Bau in der Skyline Barcelonas seit den ersten Türmen der Sagrada Família. Der 2005 fertiggestellte Turm schimmert nachts in verschiedenen Farben von Mitternachtsblau bis Lippenstiftrot. Im Turm befindet sich die Hauptverwaltung der städtischen Wasserwerke, deshalb ist auch nur das Foyer im Erdgeschoss zugänglich, das häufig für Ausstellungen zu wasserbezogenen Themen genutzt wird.

PARC DEL CENTRE DEL POBLENOU
PARK

Karte S. 316 (Avinguda Diagonal; ⌚10 Uhr–Sonnenuntergang; Ⓜ Poblenou) In Barcelona findet man eine ganze Reihe von Parks, deren wichtigstes Gestaltungselement Beton ist. Jean Nouvels Parc del Centre del Poblenou mit seinen metallenen Sitzgelegenheiten und Plastiken ist keine Ausnahme. Die von Gaudí inspirierten Betonmauern werden inzwischen allerdings zunehmend von Bougainvilleen überwuchert. Im Park selbst gedeihen rund tausend Bäume aus dem Mittelmeerraum, neben Tausenden von kleineren Büschen und Grünpflanzen. Nouvel hatte die Vorstellung, dass die Bäume im Lauf der Zeit ein natürliches Blätterdach über dem Park bilden und von parkeigenem Grundwasser bewässert würden.

> INSIDERWISSEN
>
> **BEGRABENE VERGANGENHEIT**
>
> Unter dem Beton des Kongresszentrums, des Badeareals und des Yachthafens im Fòrum liegt die Erinnerung an über 2000 Menschen begraben. Sie wurden auf den Feldern des Camp de la Bota zwischen 1936 und 1952 hingerichtet, die meisten von ihnen unter Franco ab 1939. An sie erinnert heute an der Rambla de Prim die Skulptur *Fraternitat* (Brüderlichkeit), ein Entwurf von Miquel Navarro.

EL FÒRUM
STADTVIERTEL

Karte S. 316 (☎93 356 10 50; ⌚Zona de Banys im Sommer 11–20 Uhr, Themenpark Juni–Sept. Sa & So 11–14.30 & 17–21 Uhr; Ⓜ El Maresme Fòrum) Wo sich in der Nordostecke der Stadt einst Brachland, halb verlassene Fabriken und eine riesige Kläranlage befanden, ragen nun Wohnhochhäuser, Luxushotels, ein Einkaufs- und ein Kongresszentrum in den Himmel, dazu kommt noch der Yachthafen Port Fòrum.

Das markanteste Bauwerk ist das gespenstisch blaue und dreieckige **Edifici Fòrum** der Schweizer Stararchitekten Herzog & de Meuron, das aus der Kulisse des Kinofilms *2001 – Odyssee im Weltraum* stammen könnte. Die dunkelblauen, strukturierten Fassaden sehen aus wie blanke Felswände mit kantigen Zacken, die von einem himmlischen Laser hineingeschnitten wurden. Gewaltige Spiegelstreifen reflektieren fragmenthaft den Himmel.

Josep Lluís Mateos **Centre de Convencions Internacional de Barcelona** (CCIB) gleich nebenan bietet Platz für 15 000 Kongressteilnehmer. Der ausladende Platz rund um die beiden Gebäude wird für größere Freiluftveranstaltungen wie Konzerte (z. B. während der Festes de la Mercè) und für das andalusische Fest Feria de Abril genutzt.

300 m östlich vom Edifici Fòrum liegt die **Zona de Banys**, ein Meerwasserschwimmbad mit Angeboten wie Kajak- und Fahrradverleih, Tauchunterricht und anderen Aktivitäten. Der ruhige Badebereich wurde durch massive Betondämme vom Meer abgetrennt. An seinem Nordrand wendet sich wie eine große, rechteckige Sonnenblume ein gewaltiges Solarzellenpaneel der Sonne entgegen und versorgt die Gegend mit Solarstrom. Zusammen mit einer weiteren Solaranlage produziert es genug Elektrizität für 1000 Haushalte. Gleich dahinter liegt der **Port Fòrum**, der dritte Yachthafen Barcelonas. Verbunden wird das Gebiet durch eine kurvige Promenade und Fußgängerstege, die sich wunderbar zum Bummeln, Radfahren und Rollschuhlaufen eignen und auch für Rollstuhlfahrer zugänglich sind. An Sommerwochenenden lockt ein **Vergnügungspark** mit dem üblichen Schnickschnack: Fahrgeschäfte,

Schießbuden, Imbissstände, Hüpfburgen für Kinder und Autoscooter.

Der von Enric Miralles entworfene **Parc de Diagonal Mar** umfasst Teiche, Brunnen, einen botanischen Lehrpfad (mit über 30 Baumarten und anderen Pflanzen) und moderne Skulpturen.

MUSEU BLAU — MUSEUM

Karte S. 316 (☎93 256 60 02; Parc del Fòrum; Erw./Kind 6/2,70 €; ⏲ Di–Fr 10–19, Sa & So 10–20 Uhr; Ⓜ El Maresme Fòrum) Das 2011 eröffnete Museu Blau ist im futuristisch angehauchten Edifici Fòrum untergebracht und nimmt seine Besucher mit auf eine Reise kreuz und quer durch die Welt der Natur. Multimedia und interaktive Exponate erkunden Themen wie die Geschichte der Evolution, die Entstehung der Erde und die herausragenden Leistungen der Naturwissenschaftler, die zum heutigen Wissen der Menschheit beigetragen haben. Darüber hinaus sind Proben aus dem Reich der Tiere, Pflanzen und Mineralien zu besichtigen – und natürlich auch Dinosaurierskelette. Alles ist in dem 9000 m² großen Ausstellungsgelände ziemlich spannend inszeniert. Außerdem gibt das „Wissenschaftsnest" (nur an Wochenenden) Kindern die Gelegenheit, selbst zu forschen. Ein stundenlanger Spaß für Naturwissenschaftsfreaks aller Altersklassen.

ESSEN

Port Vell & Barceloneta

Im Maremàgnum-Komplex an der Moll d'Espanya gibt's ein paar nette, etwas schludrige Kneipen direkt am Meer. Gutes Essen und Atmosphäre bietet das nahe gelegene Barceloneta. In den engen Gassen geht es in den lärmenden, freundlichen Tapasbars hoch her, alternativ locken anspruchsvolle Fischrestaurants. Am Sonntag- und Montagabend ist fast alles geschlossen.

CAN MAJÓ — MEERESFRÜCHTE €€

Karte S. 314 (☎93 221 54 55; Carrer del Almirall Aixada 23; Hauptgerichte 18–24 €; ⏲Di–Sa mittags & abends, So mittags; 🚌45, 57, 59, 64 oder 157, Ⓜ Barceloneta) Direkt am Strand (im Sommer kann man an Tischen im Freien essen) genießt das Can Majó seit Langem den Ruf, ausgezeichnete Fischgerichte zu servieren, insbesondere in Form von Reisgerichten und reichhaltigen *suquets* (Fischeintöpfen). Die *bollabessa de peix i marisc* (Bouillabaisse) schmeckt köstlich, ebenso der große Teller *graellada* (gegrillte Meeresfrüchte). An den Tischen draußen lässt sich das Strandleben gut beobachten.

INSIDERWISSEN

LESEN & SPIELEN AM STRAND

Zwischen Juli und September stellt die Stadt kleine Büchereien am Strand auf. Sie sind kostenlos und auch für Touristen zugänglich. Im Angebot sind Zeitschriften, Zeitungen und zwischen den spanischen Titeln auch eine kleine Auswahl an fremdsprachiger Literatur. Zu finden sind sie an zwei Stellen: beim **El Centre de la Platja** (Passeig Marítim de la Barceloneta 25; ⏲Juli–Sept. Mo–Sa 10–19, So 11–14 Uhr; Ⓜ Ciutadella Vila Olímpica) unter der Promenade gleich neben dem Parc de la Barceloneta sowie am Bootsanleger **l'Espigó de Bac de Roda** (⏲ Juli–Sept. Mo–Fr 11–14 & 15–19 Uhr; Ⓜ Poblenou) in der Nähe der Platja de la Mar Bella.

Bei denselben Stellen können auch Frisbeescheiben, Volleybälle und -netze, Strandballschläger und Bälle sowie *pétanque*-Spiele ausgeliehen werden; für die Kleinen gibt's Eimerchen, Schaufeln und Gießkannen. Wer Bücher oder Spielausrüstung ausleihen will, muss nur seinen Personalausweis vorzeigen.

MAIANS — TAPAS €

Karte S. 314 (Carrer de Sant Carles 28; Tapas 4–6 €; ⏲Mi–So; Ⓜ Barceloneta) Die winzige, fröhliche Bar und Restaurant in Maians serviert hervorragende Tapas an eine Klientel, die hauptsächlich aus der Nachbarschaft kommt. Zu den Highlights gehören der unvergessliche *cazón en adobo* (marinierter, gebratener Katzenhai) und die *mejillones a la marinera* (Muscheln in reichhaltiger Tomatensoße), gefolgt vom herzhaften *arroz negra* (Paella mit Tintenfisch).

LA COVA FUMADA — TAPAS €

Karte S. 314 (☎93 221 40 61; Carrer de Baluard 56; Tapas 3–6 €; ⏲Mo–Mi 9–15.20, Do & Fr 9–15.20 & 18–20.20, Sa 9–13.20 Uhr; Ⓜ Barceloneta) Ein Schild sucht man vergebens – ebenso wie Touristen. Aber die winzige, lebhafte Tapasbar ist immer rappelvoll. Der Grund liegt auf der Hand oder vielmehr auf dem

Teller: Es sind die unwiderstehlichen *pulpo* (Oktopus), *calamar*, *sardinias* und etwa 15 weitere Häppchen, die in reinster Perfektion aus der offenen Küche an der Tür kommen. Die *bombas* (Kartoffel-Schinken-Kroketten mit *alioli*, einer Mischung aus zerriebenem Knoblauch und Olivenöl) und gegrillten *carxofes* (Artischocken) sind auch ziemlich gut, aber vor allem ist alles unglaublich frisch. Das Lokal besitzt noch nicht mal einen Kühlschrank: Der Fisch kommt direkt vom Markt auf den Tisch.

TORRE D'ALTA MAR MEDITERRAN €€€

Karte S. 314 (☎93 221 00 07; www.torredealtamar.com; Torre de Sant Sebastià; Hauptgericht ca. 30 €; ⏲Di–Sa mittags & abends, So & Mo abends; 🚌17, 39, 57 oder 64, Ⓜ Barceloneta) Dieses erstklassige Fischrestaurant mit großartigem Ausblick auf Stadt und Meer sitzt oben auf dem Torre de Sant Sebastià in einer luftigen Höhe von 75 m. Zu den Hits auf der Speisekarte gehören der sahnige Reis mit Scampi vom Grill, Jakobsmuscheln mit Artischocken, Spargel und Schinken sowie der gegrillte Seeteufel. Die Preise sind gesalzen (mehrgängiges Mittagessen für 48 €) – hier ist eindeutig der traumhafte Ausblick im Preis inbegriffen.

CAN ROS MEERESFRÜCHTE €€

Karte S. 314 (☎93 221 45 79; Carrer del Almirall Aixada 7; Hauptgerichte 16–28 €; ⏲Di–So; 🚌45, 57, 59, 64 oder 157, Ⓜ Barceloneta) Das 1911 eröffnete Fischlokal wird nun schon in der fünften Generation geführt. Ein Restaurant, das dem Erscheinen nach an frühere Zeiten erinnert und seine Gäste nach einem einfachen Prinzip bewirtet: Saftig frischer Fisch wird hier auf leichte Art und Weise zubereitet. Es gibt aber auch ein reichhaltiges *arròs a la marinera* (Meeresfrüchte-Risotto). Oder wie wär's mit einer *fideuá* (wie Paella, nur mit Vermicelli statt Reis) mit Garnelen und Muscheln oder der gemischten Meeresfrüchteplatte für zwei?

RESTAURANT 7 PORTES MEERESFRÜCHTE €€

Karte S. 314 (☎93 319 30 33; www.7portes.com; Passeig d'Isabel II 14; Hauptgerichte 14–28 €; ⏲13–1 Uhr; Ⓜ Barceloneta) Das klassische Lokal wurde 1836 als Café gegründet und 1929 zum Restaurant umgebaut. Holztäfelung, Kacheln, Spiegel und Namensschilder berühmter Gäste (darunter auch Orson Welles) verströmen einen nostalgischen Charme. Die Spezialität des Hauses ist die Paella, populär ist aber auch die *gran plat de marisc* (große Meeresfrüchteplatte), die eigentlich kaum alleine zu schaffen ist.

VASO DE ORO TAPAS €

Karte S. 314 (Carrer de Balboa 6; Tapas 5–9 €; ⏲10–24 Uhr; Ⓜ Barceloneta) In der immer gut besuchten, engen Bar treffen sich fröhliche Biertrinker, die wissen, wie gut die Tapas hier sind. Die Kellner im weißen Jackett reden, als würden sie für die Geschwindigkeit bezahlt, und servieren die *gambes* (Gambas), *foie a la plancha* (Leberpastete) und das *solomillo* (Lendensteak) vom Grill auch gerne zusammen mit einem Scherz. Experimentierfreudige Trinker können die *flauta cincuenta* (halb helles, halb dunkles Bier) probieren.

CAN MAÑO SPANISCH €

Karte S. 314 (Carrer del Baluard 12; Hauptgerichte 8–12 €; ⏲Mo–Sa; Ⓜ Barceloneta) Es sieht zwar aus wie eine Spelunke, aber meist muss man sogar warten, bevor man sich an einen überfüllten Tisch quetschen und einen lärmend lustigen Abend voller *raciones* (größere Tapas-Portionen; die Karte steht hinten auf der Tafel) mit einer Flasche *turbio*, einem trüben weißen Fusel, beginnen kann. Serviert werden erstklassiger Tintenfisch, Shrimps und Fisch zu Tiefstpreisen.

BITÁCORA TAPAS €

Karte S. 314 (Carrer de Balboa 1; Tapas 4–8 €; ⏲Mo–Fr 10–23, Sa 10–17 Uhr; Ⓜ Barceloneta) Dieses jugendliche kleine Juwel ist im Viertel für sein schlichtes, sympathisches Ambiente und die günstigen, großzügigen Tapas-Teller beliebt. Hinter dem Haus versteckt sich noch eine kleine Terrasse. Besonders gut sind *calamares*, *boquerones* (Sardellen), *gambas* und *vedella amb rulo de cabra* (Kalb mit Ziegenkäse).

Port Olímpic, El Poblenou & El Fòrum

An zwei Seiten des Yachthafens von Port Olímpic reihen sich Dutzende von Restaurants und Tapasbars, die im Frühjahr und Sommer zwar recht populär, aber nicht sehr überzeugend sind. Etwas anspruchsvollere Lokale finden sich am nordöstlichen Ende von Platja de la Barceloneta – es gibt einfach keine schönere Kulisse als Meer, Sand und Palmen! Die Suche nach etwas Ausgefallenem führt vom Strand weg in El Poblenous Gassen.

Radtour

Das neue Barcelona

Die Radtour führt vorbei an den Stränden, Architekturjuwelen und Skulpturen, die Barcelonas Uferpromenade säumen. Der flache Radweg ist vom übrigen Verkehr abgetrennt, man muss aber auf Fußgänger achten. Mehrere Fahrradverleihe liegen in der Nähe, darunter BarcelonaBiking.com (S. 275) und Cooltra (S. 275).

Vom Kolumbusdenkmal aus geht's Richtung Nordosten am Meer entlang. Hier liegt auch der 1918 erbaute Dreimastschoner 1 **Pailebot de Sant Eulàlia** vor Anker.

Nach weiteren 400 m kommt die bunte Pop-Art-Skulptur 2 **Barcelona Head** des US-Künstlers Roy Lichtenstein in Sicht.

Um den 3 **Yachthafen** sind jede Menge Freiluftrestaurants und Spaziergänger; hier muss man u. U. absteigen und ein Stück schieben. Spätestens an der Plaça del Mar heißt's dann aber wieder aufsitzen. Hier steht die Skulptur 4 **Homenatge als Nedadors** (Hommage an die Schwimmer).

Etwas weiter nördlich, immer der Menschenmenge nach, steht eine weitere bekannte Skulptur, die 5 **Homenatge a la Barceloneta**, die an die altmodischen Hütten erinnert, die einst den Strand säumten.

Nach einem weiteren Kilometer fleißigen Strampelns führt der Weg vorbei an der kupferfarbenen Fischskulptur 6 **Peix** von Frank Gehry.

Als Nächstes kommt der Yachthafen 7 **Port Olímpic**, beidseitig gesäumt von beliebten Restaurants und Bars. Von dort geht's vorbei an den 8 **Stränden** der Stadt, wo sich im Sommer Imbiss- und Cocktailbuden drängen.

Die Promenade reicht noch etwa 2,5 km weiter, wo sie am 9 **Parc del Fòrum** endet. Den leeren Platz überwacht die Skulptur 10 **Fraternitat**, die den Hunderten von Menschen gewidmet ist, die hier während der Ära Franco hingerichtet wurden.

Der geschützte Badebereich 11 **Zona de Banys** ist im Sommer bei Familien sehr beliebt. Gleich dahinter thront eine gigantische Solaranlage, die die Gegend mit Strom versorgt.

LP TIPP **ELS PESCADORS** MEERESFRÜCHTE €€

Karte S. 316 (☎93 225 20 18; www.elspescadors.com; Plaça de Prim 1; Hauptgerichte 16–28 €; ⏱tgl.; Ⓜ Poblenou) Das gut gehende Familienrestaurant liegt an einem hübschen, von kleineren Häusern eingerahmten Platz, den vor langer Zeit aus Amerika importierte *Bella-ombre*-Bäume beschatten. Die Meeresfrüchte- und Reisgerichte sind hervorragend. Innen ist das Lokal in drei Bereiche aufgeteilt, zwei davon sind recht modern gestaltet, während der Hauptraum noch an die alte Taverne erinnert. Draußen sitzt es sich bei entsprechendem Wetter besser. Fisch, Fleisch und Gemüse werden frisch aus verschiedenen Teilen Kataloniens angeliefert.

EL CANGREJO LOCO MEERESFRÜCHTE €€

Karte S. 316 (☎93 221 05 33; www.elcangrejoloco.com; Moll de Gregal 29–30; Hauptgericht 13–25 €, menú del dia 25 €; ⏱tgl.; Ⓜ Ciutadella Vila Olímpica) Von allen Lokalen entlang der Docks von Port Olímpic gehört der „verrückte Krebs" eindeutig zu den besten. Standardgerichte wie *bacallà* (gesalzener Kabeljau) und *rap* (Seeteufel) werden auf verschiedene leckere Arten zubereitet. Die reichhaltige *paella de llamàntol* (Hummer-Paella) ist ganz hervorragend!

XIRINGUITO D'ESCRIBÀ MEERESFRÜCHTE €€

Karte S. 316 (☎93 221 07 29; www.escriba.es; Ronda Litoral 42; Hauptgerichte 18–22 €; ⏱ganzjährig tgl. mittags, April–Sept. Do–Sa 20–23 Uhr; Ⓜ Llacuna) Der Clan, der Süßigkeiten und Gebäck im Escribà kreiert, betreibt auch eines der beliebtesten Fischlokale am Hafen. Hier können diverse Paellas und *fideuà* (meist erst ab zwei Personen zu haben) auch als Einzelgerichte bestellt werden. Zum Nachtisch wird eine Auswahl an Escribà-Gebäck angeboten – schon deshalb lohnt der Besuch.

AUSGEHEN & NACHTLEBEN

Port Vell & Barceloneta

Am nordöstlichen Ende des Strandes von Barceloneta und unweit des Port Olímpic geht es abends schick zu. In den wärmeren Monaten weht ein laues Lüftchen durch die Gassen, das schon fast an die Karibik erinnert. Eine Reihe von Restaurant-Lounges und angesagten Bar-Clubs wetteifert um die Aufmerksamkeit der Gäste. Diverse weitere attraktive Alternativen liegen im Dunstkreis dieses Zentrums des Nachtlebens.

XAMPANYERIA CAN PAIXANO WEINBAR

Karte S. 314 (☎93 310 08 39; Carrer de la Reina Cristina 7; Tapas 3–6 €; ⏱Mo–Sa 9–22.30, So 9–13 Uhr; Ⓜ Barceloneta) Die noble Champagnerbar profitiert schon lange von ihrem Erfolgsrezept: Rosé-Champagner in eleganten Gläsern und dazu mundgerechte *bocadillos* (belegte Brötchen). Das Lokal ist voll bis zum Anschlag, und Besucher müssen sich regelrecht zur Bar durchkämpfen, um eine Bestellung aufzugeben.

ABSENTA BAR

Karte S. 314 (Carrer de Sant Carles 36; Ⓜ Barceloneta) Die skurril-kreative Deko besteht aus alten Gemälden, antiken Lampen und seltsamen Skulpturen (z. B. eine hängende Schmetterlingsfrau und Fernseher mit aufgemaltem Gesicht), aber die Getränke werden durchaus ernst genommen. Sehr gut ist der hausgemachte Wermut. Wer's hochprozentiger mag, findet (nomen est omen) auch eine ganze Reihe Absinth-Sorten. Die Kundschaft ist hip und entspannt.

KÉ? BAR

Karte S. 314 (Carrer del Baluard 54; ⏱11–2 Uhr; Ⓜ Barceloneta) Die kleine Hippiebar in der Nähe des Markts von Barceloneta zieht eine bunt gemischte Kundschaft an. Gäste sitzen auf gepolsterten Bierfässern oder auf abgewetzten Sofas im hinteren Bereich und verwickeln einander in lebhafte Gespräche.

OPIUM MAR CLUB

Karte S. 314 (☎902 267486; www.opiummar.com; Passeig Marítim de la Barceloneta 34; ⏱20–6 Uhr; Ⓜ Ciutadella Vila Olímpica) Der Tanzclub am Meer hat eine geräumige Tanzfläche, auf der sich hauptsächlich Ausländer tummeln. Am schönsten ist es im Sommer, wenn die Türen zur Terrasse über dem Strand geöffnet sind. Draußen ist außerdem ein chilliges Restaurant-Café. Hier geht die Party erst um 3 Uhr nachts so richtig los.

CDLC LOUNGE

Karte S. 314 (www.cdlcbarcelona.com; Passeig Marítim de la Barceloneta 32; ⏱12–3 Uhr; Ⓜ Ciutadella Vila Olímpica) Der Carpe Diem Lounge Club bietet sich an, um den Abend einzuläuten. Das asiatisch angehauchte Ambiente ist ideal, um langsam auf Touren zu kommen, bevor es in die umliegenden Clubs geht, falls man überhaupt Lust verspürt, wieder aufzustehen. Es lohnt sich, zum Essen zu kommen oder bis Mitternacht zu warten: Dann werden die Tische weggeräumt und das Lokal von DJs und Tanzwütigen erobert.

BAR LEO BAR

Karte S. 314 (Carrer de Sant Carles 34; ⌚12–21.30 Uhr; Ⓜ Barceloneta) Die Bar Leo ist ein winziger Laden, dessen Wände mit dem verstorbenen andalusischen Sänger Bambino gepflastert sind. Die Jukebox spielt hauptsächlich Flamenco. Für jugendliche *barcelonins* ist die Bar Leo der letzte Schrei. Am Wochenende ist hier am meisten los.

SANTA MARTA BAR

Karte S. 314 (Carrer de Guitert 60; ⌚So, Mo, Mi & Do 10.30–19, Fr & Sa 10.30–19 Uhr; 🚌45, 57, 59 & 157, Ⓜ Barceloneta) Die coole Bar gleich hinter dem Strand zieht eine fröhlich schwatzende Mischung aus Einheimischen und Auswanderern an, die das Lokal wegen seiner leichten Mahlzeiten, seinem Bier und seiner Lage am Holzsteg (wo man prima Leute beobachten kann) schätzen. Auch das Essen ist verführerisch: Es gibt eine gelungene Mischung aus einheimischen und italienischen Gerichten, dazu verschiedene belegte Baguettes *(bocatas)*.

SHÔKO LOUNGE

Karte S. 314 (www.shoko.biz; Passeig Marítim de la Barceloneta 36; ⌚ Di–So 12–15 Uhr; Ⓜ Ciutadella Vila Olímpica) Das schicke Restaurant mit Club, Bar und Strandblick bringt mit Bambuspflanzen, japanischer Electro-Musik und asiatisch-mediterraner Fusionsküche einen Hauch Fernost nach Barcelona. Nach dem Essen hat der Groove das Sagen und das Shôko verwandelt sich in einen angesagten Tanzclub, in dem internationale DJs wie Groove Armada und Felix da Housecat für die Schönen der Stadt auflegen. Die zum Strand hin offene Lounge ist ein beliebter Ort für einen Drink bei Sonnenuntergang.

CATWALK CLUB

Karte S. 314 (☎93 224 07 40; www.clubcatwalk.net; Carrer de Ramon Trias Fargas 2–4; Eintritt 15–18 €; ⌚Do–So 0–6 Uhr; Ⓜ Ciutadella Vila Olímpica) Das gut gekleidete Publikum strömt wegen des tollen House hierher, gelegentlich hört man auch mal Electro, R&B, Hip-Hop und Funk. Wer nicht tanzen will, lässt sich einfach in einen der klotzigen Loungesessel sinken, um in aller Ruhe etwas zu trinken und zu plaudern. An den meisten Abenden legen bekannte einheimische DJs auf.

Port Olímpic, El Poblenou & El Fòrum

Hier finden sich gleich mehrere Alternativen am Meer. Die etwas ruppigen Kneipen, die sich am Yachthafen des Port Olímpic aneinanderreihen, sind nur eine Option. Gemütlicher sind die Strandbars. Im Herzen von Poblenou finden sich einige Clubs, darunter auch einer der Klassiker der Stadt, das Razzmatazz.

RAZZMATAZZ CLUB

Karte S. 316 (☎93 320 82 00; www.salarazzmatazz.com; Carrer de Pamplona 88; Eintritt 15–30 €; ⌚Do 0–3.30, Fr & Sa 0–5.30 Uhr; Ⓜ Marina oder Bogatell) Gruppen aus nah und fern sorgen in dieser klassischen Musikkneipe mit Club gelegentlich für Szenen, die an Hysterie grenzen. Die Bands treten die ganze Woche über auf, wobei die Anfangszeiten variieren (siehe Website). Am Wochenende muss die Livemusik den Clubsounds weichen.

Die fünf verschiedenen Clubs in einem gigantischen postindustriellen Ambiente locken Leute aller Tanzrichtungen und Altersgruppen an. Die Hauptlocation ist der Razz Club, ein Eldorado für die angesagtesten internationalen Rock- und Indie-Acts. Im Loft laufen House und Electro, während die Pop Bar fast alles bietet – von Garage bis Soul. Der Lolita Room ist das Land des Techno, Pop und Deep House, und im Obergeschoss schwitzen die Jungs und Mädels im Rex Room bei peitschendem Electro-Rock.

UNTERHALTUNG

MONASTERIO LIVEMUSIK

Karte S. 314 (☎616 287197; Passeig d'Isabel II, 4; ⌚21–2.30 Uhr; Ⓜ Barceloneta) Nur ein paar Schritte die Treppe hinunter, und schon stehen die Gäste in den Backsteingewölben dieser swingenden Musikkneipe. Hier hört man von allem etwas: Jazz am Sonntagabend, Blues am Donnerstag, Rock 'n' Roll am Dienstag, montags stehen ambitionierte Liedermacher auf dem Programm.

Murphy gibt's vom Fass, aber natürlich sind auch viele andere Importbiere erhältlich.

YELMO CINES ICÀRIA KINO

Karte S. 314 (☎93 221 75 85; www.yelmocines.es; Carrer de Salvador Espriu 61; Ⓜ Ciutadella Vila Olímpica) Der riesige Kinokomplex zeigt in 15 Sälen Filme in der Originalfassung. Für Auswahl ist also gesorgt! Zum Komplex gehören mehrere nette Lokale und Bars, die vor oder nach dem Film besucht werden können.

SHOPPEN

Neben ein paar Wochenendmärkten und dem Einkaufszentrum Maremàgnum gibt es an der Uferpromenade nur wenige Einkaufsmöglichkeiten.

MAREMÀGNUM EINKAUFSZENTRUM

Karte S. 314 (www.maremagnum.es; Moll d'Espanya 5; ⏲10–22 Uhr; Ⓜ Drassanes) Das gut besuchte Einkaufszentrum mit Bars, Restaurants und Kinos entstand an der Stelle aufgegebener Docks und eignet sich durchaus für einen kleinen Bummel, der praktisch mitten durch den alten Hafen führt. Die üblichen Markenläden sind auch hier vertreten, darunter die jugendliche spanische Kette Mango, der Klamottenriese H&M und die auffällige Mode des in Barcelona ansässigen Modelabels Desigual. Fußballfans werden sich um die Fanartikel des FC Barcelona reißen. Und das Allertollste: Die Geschäfte haben auch sonntags geöffnet – ein absolutes Novum in Barcelona.

SPORT & AKTIVITÄTEN

Für alle, die es beim Anblick des tiefblauen Mittelmeers ins oder aufs kühle Nass zieht, mangelt es nicht an entsprechenden Angeboten: Hafenrundfahrten, Segelkurse, Bahnen schwimmen in einem der Sportclubs an der Uferpromenade ...

CLUB NATACIÓ ATLÈTIC-BARCELONA SCHWIMMEN

Karte S. 314 (www.cnab.cat; Plaça del Mar; Erw./Kind 11,20/6,50 €; ⏲Mo–Sa 7–23, So 8–20 Uhr; 🚌17, 39, 57, 64, Ⓜ Barceloneta) Der Sportclub bietet sowohl eine Schwimmhalle als auch zwei Becken im Freien. Eins ist beheizt, sodass die Schwimmer auch im Winter ihre Bahnen ziehen können. Im Eintrittspreis inbegriffen ist die Nutzung des Fitnessraums und des Privatstrands. Die Mitgliedschaft kostet monatlich 38 €, plus 75 € Aufnahmegebühr.

POLIESPORTIU MARÍTIM SCHWIMMEN

Karte S. 314 (www.claror.cat; Passeig Marítim de la Barceloneta 33–35; Eintritt Mo–Fr 16 €, Sa, So & Feiertage 19 €; ⏲Mo–Fr 7–24, Sa 8–21, So 8–16 Uhr; Ⓜ Ciutadella Vila Olímpica) Wasser-

INSIDERWISSEN

MÄRKTE AM MEER

Am Wochenende schießen in Port Vell die Märkte wie Pilze aus dem Boden. An entsprechend günstigen Stellen entlang der Uferpromenade werden eine Mischung aus Antiquitäten, zeitgenössischer Kunst und Kunsthandwerk angeboten.

Am Anfang der Rambla ist der kleine Trödelmarkt **Port Antic** (Karte S. 314; Plaça del Portal de la Pau; ⏲Sa & So 10–20 Uhr; Ⓜ Drassanes) ein Muss für Spaziergänger und Antiquitätenjäger. Hier gibt's alte Fotos, Bilderrahmen, Ölgemälde, Schallplatten, Tücher, Kameras, antikes Spielzeug und anderen Kleinkram. Je früher man hingeht, desto weniger ist los.

In der Nähe des Palau de Mar ist die **Feria de Artesanía del Palau de Mar** (Karte S. 314; Moll del Dipòsit; ⏲Sa & So 10–20 Uhr; Ⓜ Barceloneta), wo Kunsthandwerker die verschiedensten Sachen (Schmuck, bedruckte T-Shirts, handgeflochtene Hüte, Duftkerzen und Seife, Schals und Dekoartikel) anbieten. Im Juli und August ist der Markt jeden Tag geöffnet.

Ein Spaziergang an der autofreien Rambla de Mar führt am Wochenende zur Kunstmesse **Mercado de Pintores** (Karte S. 314; Passeig d'Ítaca; ⏲Sa & So 10–20 Uhr; Ⓜ Drassanes), deren breites Angebot an Malerei sowohl Sammlerstücke als auch eine Menge Schund umfasst.

ratten lieben das Sportzentrum mit Thalassotherapie (Meerwassertherapie). Neben einem kleinen Becken zum Bahnen schwimmen gibt es hier ein wahres Labyrinth an heißen, warmen und eiskalten Spa-Becken samt tosenden Wasserfällen zur entspannenden Massage.

BASE NAUTICA MUNICIPAL

SEGELN, WINDSURFEN

Karte S. 316 (☎93 221 04 32; www.basenautica.org; Avinguda de Litoral; Ⓜ Poblenou) Wer segeln lernen will, sollte unbedingt zu dieser städtischen Einrichtung unweit der Platja de la Mar Bella gehen, um sich dort für einen mehrstündigen Kurs bei erfahrenen Seglern einzuschreiben. Im Programm sind Sportsegeln, Kajak fahren (132 €/10 Unterrichtsstunden), Windsurfen (196 €/10 Unterrichtsstunden) oder Katamaransegeln (229 €/12 Unterrichtsstunden).

ORSOM

BOOTSFAHRT

Karte S. 314 (☎93 441 05 37; www.barcelona-orsom.com; Moll de les Drassanes; Erw./Kind 14/11 €; ⌚April–Okt.; Ⓜ Drassanes) Orsom schippert seine Passagiere mit einem großen Segelkatamaran am Port Olímpic und den Stränden vorbei, hinaus zum Fòrum und zurück. Das Schiff legt dreimal am Tag (an Wochenenden im Juli und August viermal) zur 90-minütigen Fahrt ab, wobei die letzte – zum Sonnenuntergang – von Jazzmusik begleitet ist. Derselbe Veranstalter bietet außerdem fünfmal am Tag eine Tour mit dem Schnellboot an (Erw./Kind 12/8 €).

LAS GOLONDRINAS

BOOTSFAHRT

Karte S. 314 (☎93 442 31 06; www.lasgolondrinas.com; Moll de las Drassanes; 35-minütige Rundfahrt Erw./Kind 6,80/2,60 €; Ⓜ Drassanes) Golondrinas hat mehrere beliebte Rundfahrten im Angebot, die von seinem Anleger vor dem Mirador de Colom starten. Die 90-minütige Katamarantour führt an Barceloneta und den Stränden vorbei zum Fòrum und zurück. Für alle, die nur die Hafengegend sehen wollen, gibt's auch eine 35-minütige Fahrt zum Hafendamm und zurück. Beide Varianten werden im Laufe des Tages häufig angeboten.

1

3

DIEGO LEZAMA / LONELY PLANET IMAGES ©

AA WORLD TRAVEL LIBRARY / ALAMY ©

Am Wasser

Der einst industriell geprägte Küstenstreifen Barcelonas wurde für die Olympischen Spiele 1992 durch künstliche Strände, Parks, eine Uferpromenade und weitere Baumaßnahmen komplett umgestaltet. Yachthäfen, Hotels, Einkaufszentren, Bars und Restaurants am Wasser sind heute allesamt Teil der neuen Uferlandschaft.

Radfahren

1 Der über 4 km lange Uferradweg von Barceloneta zum Parc del Fòrum ermöglicht eine nette kleine Tour an der frischen Luft. Unterwegs kann man auf Café- und Restaurantterrassen verschnaufen. Und am Ende lockt ein Bad im Meer.

Meeresfrüchte

2 Jede Menge Freiluftrestaurants säumen das Meer und bieten neben dem unschlagbaren Ausblick superfrische Meeresfrüchte. Ein klassisches katalanisches Gericht ist der *suquet* (Fischeintopf).

Strandbars

3 Von April bis Oktober verleihen *chiringuitos* (Strandbars) der Stadt mit Musik, Cocktails und entspannter Stimmung ein tropisches Flair. Andere Bars und Clubs am Meer werden ganzjährig betrieben und sind v. a. am Wochenende voll.

Strände

4 An warmen Tagen zieht es die Bewohner der Stadt in Scharen an die Strände, wo sie Volleyball oder Fußball spielen, picknicken oder ein erfrischendes Bad im Meer nehmen.

Mittelmeertörn

5 Einen schönen Blick aufs abwechslungsreiche Ufer hat man von den Ausflugsbooten und Katamaranen, die regelmäßig an der Küste entlangschippern.

Im Uhrzeigersinn von oben links

1. *Homenatge a la Barceloneta* (S. 128) von Rebecca Horn, Platja de la Barceloneta 2. Paella im Xiringuito d'Escribà (S. 128) 3. Strandbar, Platja de la Barceloneta

Katalanische Kultur

In der stolzen Hauptstadt Kataloniens werden auch im 21. Jh. noch viele uralte katalanische Traditionen gepflegt.

Das ganze Jahr über treffen sich am Wochenende Freunde des Volkstanzes Sardana vor der Kathedrale; für die Musik sorgt eine zehnköpfige Kapelle. Katalanen jeden Alters beteiligen sich an dem Tanz: In einem Kreis fassen sich die Tänzer an den Händen und bewegen sich nach rechts, zurück und nach links, hüpfen, heben die Arme und kommen mit zunehmendem Tempo der Musik immer mehr in Fahrt. Jeder kann mitmachen, am besten schaut man aber erst einmal eine Weile zu.

Eine andere katalanische Tradition, die ins 18. Jh. zurückreicht, ist der Aufbau menschlicher *castells* (Burgen). Teams aus der Region liefern sich Wettkämpfe, indem sie bis zu zehn Ebenen hohe Menschenpyramiden bauen. Auf einer Ebene stehen drei bis fünf Personen auf den Schultern der Turner unter ihnen. Andere Mitglieder des Teams bilden unten eine sichere Stütze. Um das Kastell fertigzustellen, muss ein (leichtes!) Kind, der *anxaneta,* ganz nach oben klettern und von dort ein Handzeichen geben.

Die besten katalanischen Feste kreisen um religiöse Feiertage. Am größten sind die Feiern für die beiden Schutzheiligen der Stadt, *Nostra Senyora de la Mercè* (Unsere liebe Frau der Gnade) und Santa Eulàlia, mit jeder Menge Tanz- und Kastellbaudarbietungen. Außerdem sind *gegants* (Pappmaschee-Riesen: Herren, Prinzessinnen, Sultane, Fischer und historische oder zeitgenössische Figuren) und *capgrossos* (von kostümierten Schauspielern getragene übergroße Köpfe) zu sehen. Ein weiteres Merkmal katalanischer Feste ist der *correfoc* (Feuerlauf): Gehörnte Teufel treiben mit funkensprühenden Mistgabeln auf den Straßen ihr Unwesen. Manchmal werden sie von feuerspeienden Drachen oder gar brennenden Holzwagen begleitet. Also Vorsicht!

Im Uhrzeigersinn von links oben

1. Sardana-Tänzer **2.** Die spanische und die katalanische Flagge **3.** Festliches Feuerwerk **4.** Ein *castell* im Aufbau

GUILLEM LOPEZ / ALAMY ©

2

DAVID BORLAND / LONELY PLANET IMAGES ©

3

GUY MOBERLY / LONELY PLANET IMAGES ©

Sagrada Família & Eixample

L'ESQUERRA DE L'EIXAMPLE | LA DRETA DE L'EIXAMPLE

Highlights

❶ In der **Sagrada Família** (S. 138) Zeuge der Entstehung eines Meisterwerks werden

❷ Der bahnbrechenden Architektur von **La Pedrera** (S. 143) die Ehre erweisen

❸ Die phantastische organische Innenarchitektur der **Casa Batlló** (S. 144) bewundern

❹ In der faszinierenden **Fundació Antoni Tàpies** (S. 145) zeitgenössische Kunst entschlüsseln

❺ Im **Museu del Modernisme Català** (S. 145) Einblicke in die Geschichte des katalanischen Modernisme gewinnen

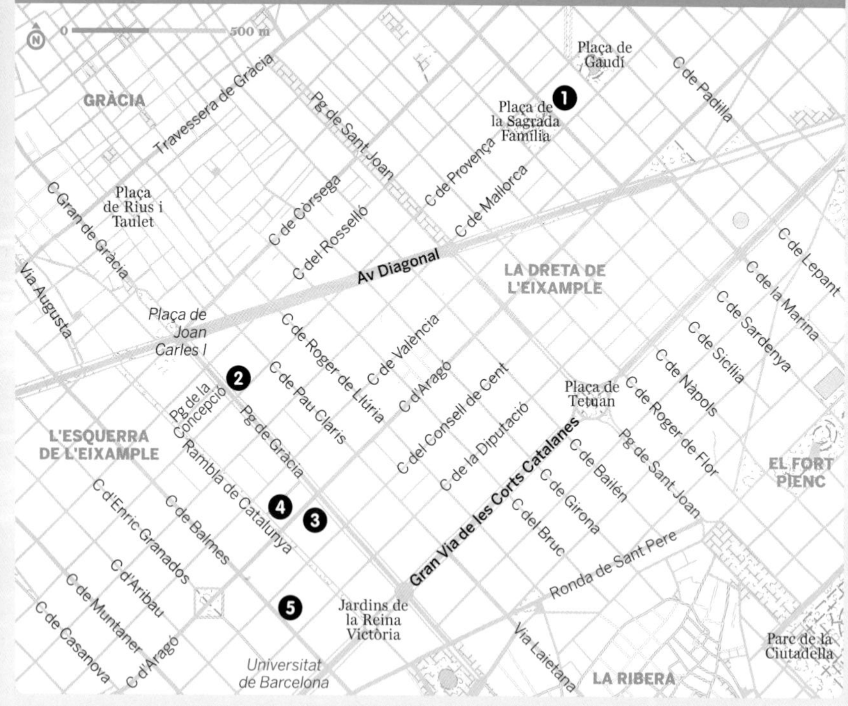

Details siehe Karten S. 318 und S. 322

Rundgang: Eixample

In den 1820er-Jahren wurde die Straße zwischen Barcelona und der Stadt Gràcia beidseitig mit Bäumen bepflanzt. So entstand die Flaniermeile Passeig de Gràcia. In den Boulevards, die vom Passeig de Gràcia abzweigen, sind die meisten teuren Läden und Hotels der Stadt sowie verschiedene Restaurants und Nachtclubs angesiedelt. Das Interessanteste ist hier die Modernisme-Architektur. Die schönsten Bauten – einmal abgesehen von der Sagrada Família – drängen sich an oder um den Passeig de Gràcia. Die Preise für ein Essen bewegen sich am oberen Ende der Skala. Zielgruppe sind designverliebte Einheimische und Touristen – mit einigen rühmlichen Ausnahmen.

La Dreta de l'Eixample (die rechte Seite des Eixample), die sich vom Passeig de Gràcia bis über den Passeig de Sant Joan hinaus erstreckt, ist ein begehrtes Wohngebiet. L'Esquerra de l'Eixample (die linke Seite des Eixample), die vom Passeig de Gràcia südwestlich verläuft, wechselt mehrmals ihren Charakter. Das gesamte Areal zwischen Carrer d'Aribau, Passeig de Sant Joan, Avinguda Diagonal und der Ronda de Sant Pere wird seit Anfang des 20. Jhs. das Quadrat d'Or – goldenes Viereck – genannt, denn hier drängen sich teure Läden, die Teakmöbel, Designerkleidung, Feinkost oder Schuhe verkaufen.

L'Esquerra de l'Eixample hat nachts eine ganz eigene Atmosphäre. Von Donnerstag bis Samstag wird der Carrer d'Aribau zur quirligen Meile des Nachtlebens. Näher an der Universität liegt das Zentrum von „Gaixample" mit schwulenfreundlichen Bars und Clubs zwischen dem Carrer de Balmes und Carrer de Muntaner.

Lokalkolorit

- **Märkte** Im Eixample sind auf dem quirligen Flohmarkt von Els Encants Vells (S. 160) originelle Schnäppchen zu haben.
- **Gartenkonzerte** Die Sommerkonzerte im Garten des wunderschönen Palau Robert (S. 159) sind nicht nur bei Einheimischen beliebt.
- **Cava-Quelle** Xampany (S. 160) beliefert eine treue Stammkundschaft mit Cava – unbedingt probieren!

Anfahrt

- **U-Bahn** Drei Linien halten am Passeig de Gràcia; mit ihnen gelangt man zur Manzana de la Discordia. Die Linie 3 hält in der Diagonal (La Pedrera), die Linien 2 und 5 an der Sagrada Família.
- **Zug** FGC-Linien von der Plaça de Catalunya fahren zur Station Provença im Zentrum des Eixample.

Top-Tipp

Die Restaurants im Eixample sind teilweise recht teuer; wer nicht so tief in die Tasche greifen will, braucht aber nicht ganz zu verzichten, denn mittags gibt's meist ein *menú del día* (Tagesmenü), bei dem die Auswahl zwar begrenzt ist, das dafür aber immer günstig ist.

Gut essen

- Tapaç 24 (S. 150)
- Can Kenji (S. 150)
- Alkímia (S. 150)
- Cata 1.81 (S. 152)
- Taktika Berri (S. 152)

Mehr dazu S. 149

Schön ausgehen

- Monvínic (S. 155)
- La Fira (S. 155)
- Les Gens Que J'Aime (S. 158)
- Dry Martini (S. 156)

Mehr dazu S. 155 

Schön shoppen

- Vinçon (S. 160)
- Els Encants Vells (S. 160)
- El Bulevard dels Antiquaris (S. 160)
- Xampany (S. 160)

Mehr dazu S. 159 

HIGHLIGHTS
SAGRADA FAMÍLIA

Besucher, die nur Zeit für eine einzige Besichtigung haben, sollten sich die Sagrada Família anschauen. Schon durch ihre Höhe erweckt die Kirche Ehrfurcht. Und wie bei den mittelalterlichen Kathedralen wird auch hier nach über 100 Jahren immer noch gebaut. Einmal fertiggestellt wird der höchste Turm nochmals um die Hälfte höher sein, als er derzeit ist.

Ein heiliger Auftrag

Der Temple Expiatori de la Sagrada Família (Sühnekirche der Heiligen Familie) war Antoni Gaudís große Obsession. Den Auftrag erhielt er von einer konservativen Gruppe, die eine Kirche als Buße für die Sünden der Moderne bauen wollte. Für Gaudí war ihre Vollendung eine heilige Mission. Als kein Geld mehr vorhanden war, zahlte er aus eigener Tasche und bat jeden denkbaren Mäzen um Geld.

Gaudí plante eine 95 m lange und 60 m breite Kirche, in der einmal 13 000 Menschen Platz finden sollen. Der Vierungsturm soll sich 170 m hoch über der Vierung erheben und Christus darstellen. Dazu plante er weitere 17 Türme – jeder einzelne rund 100 m hoch. Die zwölf Türme an den drei Seitenfassaden repräsentieren die Apostel, während die restlichen fünf für die Jungfrau Maria und die vier Evangelisten stehen. Wegen der für ihn typischen Ablehnung gerader Linien (Gaudí sagte, in der Natur gäbe es auch keine) haben auch die Kirchtürme unregelmäßige Konturen. Sie sind mit Skulpturen verziert, die aus ihnen herauszuwachsen scheinen. Vorbild für die Türme war u. a. der heilige Berg Montserrat nordwestlich von Barcelona.

NICHT VERSÄUMEN

- Die Apsis, die außergewöhnlichen Säulen und die Buntglasfenster
- Die Weihnachtsfassade
- Die Passionsfassade
- Das Museu Gaudí

PRAKTISCH & KONKRET

- Karte S. 318
- ☎ 93 207 30 31
- www.sagradafamilia.org
- Carrer de Mallorca 401
- Erw./Kind unter 10 J./Sen. & Student 13 €/frei/11 €
- ⏲ April–Sept. 9–20 Uhr, Okt.–März 9–18 Uhr
- Ⓜ Sagrada Família

Bei Gaudís Tod waren nur die Krypta, die Wände der Apsis, ein Portal und ein Turm fertiggestellt. Bis 1930 entstanden drei weitere Türme und vervollständigten die Weihnachtsfassade im Nordosten. 1936 zerstörten Anarchisten alles, was sie in der Kirche erwischen konnten, auch die Werkstätten, Pläne und Modelle. Die Arbeiten wurden 1952 wieder aufgenommen, aber Kontroversen haben den Fortschritt stets überschattet. Gegner des Weiterbaus behaupten, dass die Computermodelle, die auf den wenigen Originalplänen Gaudís beruhen, die dem Zorn der Anarchisten entgingen, zur Schaffung eines Monstrums führen, das wenig mit Gaudís Originalplänen und seinem Stil zu tun habe. Ein Ende der Debatte ist nicht wahrscheinlich. Aber egal, ob das Projekt nun geliebt oder gehasst wird: Die Faszination, die es auslöst, ist jedenfalls unbestreitbar.

Schätzungen, wann der Bau vollendet sein wird, reichen von den 2020er- bis zu den 2040er-Jahren. Aber bereits vor diesem Zeitpunkt werden einige der älteren Teile der Kirche, besonders die Apsis, bereits Restaurierungsarbeiten nötig haben.

Innenraum & Apsis

Das Dach des Innenraums wird von einem Wald aus ungewöhnlich gewinkelten Säulen gestützt. Weiter oben verzweigen sie sich zu einem Netz aus Stützbalken und erwecken so den Eindruck einer Baumkrone. Die Baumassoziation ist keineswegs zufällig, sondern von Gaudí geplant. Alles war gründlich überlegt, auch die Form und Platzierung der Fenster, die einen Lichteffekt schaffen sollten, wie man ihn vom Sonnenlicht kennt, das durch ein dichtes Walddach fällt. Die Säulen bestehen aus vier Steinarten, die sich in Farbe und Härte unterscheiden. Die Säulen an den Seitenschiffen sind aus weichem Montjuïc-Stein, andere aus Granit und dunkelgrauem Basalt. Die tragenden Säulen an der Verbindung von Haupt- und Seitenschiffen sind aus rötlichem iranischem Porphyr. Bei Sonneneinstrahlung schafft das Farbenspiel der rot, blau, grün und ockerfarben getönten Buntglasfenster eine hypnotische, magisch schöne Atmosphäre. Auf den Emporen hoch über den Seitenschiffen finden zwei Chöre Platz, auf der Hauptempore bis zu 1300 Menschen und auf der Kinderempore bis zu 300 Personen.

Weihnachtsfassade

Die Weihnachtsfassade bildet den künstlerischen Höhepunkt des Gotteshauses. Gaudí überwachte die Bauarbeiten größtenteils persönlich. Dank Aufzügen und engen Wendeltreppen kommt der Besucher in den vier Türmen hoch hinauf – ein schwindelerregendes Erlebnis. Wer Atem- oder Herzprobleme

Unvollständig, wie sie ist, zieht die Sagrada Família jedes Jahr 2,8 Mio. Besucher an und ist damit das meistbesuchte Bauwerk in ganz Spanien. Der wohl bedeutendste Tourist im Jahr 2010 war Papst Benedikt XVI., der die Kirche am 7. November im Rahmen einer riesigen Zeremonie weihte.

EIN VERSTECKTES PORTRAIT

Wer sich die Passionsfassade genau anschaut, entdeckt eine besondere Hommage des Bildhauers Josep Subirachs an Gaudí. Die mittlere Skulpturengruppe (unterhalb des Kruzifixes) zeigt von rechts nach links: Christus, der sein Kreuz trägt; Veronika, die das Tuch mit dem Blut Christi zeigt; zwei Soldaten und einen Evangelisten, der das alles betrachtet. Als Vorlage für das Gesicht des Evangelisten benutzte Subirachs ein seltenes Foto von Gaudí, das ein paar Jahre vor seinem Tod aufgenommen worden war.

ZEITLEISTE

1882 Francesc del Villar wird mit dem Bau einer neugotischen Kirche beauftragt.

1883 Antoni Gaudí übernimmt als Chefarchitekt und plant eine weitaus größere Kirche für 13 000 Gläubige.

1926 Nach Gaudís Tod Fortsetzung der Arbeiten unter Domènec Sugrañes. Große Teile der **Apsis** 1 und der **Weihnachtsfassade** 2 sind fertig.

1930 **Glockentürme** 3 der Weihnachtsfassade fertiggestellt.

1936 Bauarbeiten durch den Spanischen Bürgerkrieg unterbrochen; Gaudís Pläne werden von Anarchisten vernichtet.

1939–40 Architekt Francesc de Paula Quintana i Vidal restauriert die Krypta und setzt viele von Gaudís verlorenen Modellen mühsam wieder zusammen; einige davon sind im **Museum** 4 zu sehen.

1976 **Passionsfassade** 5 fertiggestellt.

1986–2006 Bildhauer Josep Subirachs ergänzt die Passionfassade durch Skulpturen, die u. a. den Leidensweg Jesu darstellen und für ihren Gaudí-untypischen Stil kritisiert werden.

2000 **Mittelschiffgewölbe** 6 fertiggestellt.

2010 Vollendung des Dachs; Papst Benedikt XVI. weiht die Kirche; Arbeiten an einem Bahntunnel unter der **Fassade der Herrlichkeit** 7 beginnen.

2026–2028 Anvisierte Fertiggstellung.

TOP-TIPPS

→ **Licht** Am späten Nachmittag fällt das Licht am schönsten durch die Buntglasfenster der Passionsfassade.

→ **Zeit** Am besten kommt man an einem Werktag gleich zur Öffnungszeit und kauft die Tickets vorher online.

→ **Ausblick** Da sich vor der Passionsfassade gewöhnlich lange Schlangen bilden, besteigt man besser die Glockentürme der Weihnachtsfassade.

KRZYSZTOF DYDYNSKI/LPI ©

Weihnachtsfassade
Als Vorlagen für die Gesichter in der Geburtsszene benutzte Gaudí Gipsabdrücke von Einheimischen und manchmal auch von Leichen aus dem Leichenschauhaus.

Apsis
Die kurz nach der Krypta in überwiegend neugotischem Stil errichtete Apsis weist in ihren Fialen auf das Genie Gaudís hin, das in dem Kirchenbau zur Höchstform aufläuft.

MICHELLE CHAPLOW/ALAMY ©

Glockentürme
Die Türme der drei Fassaden – acht sind inzwischen fertig – repräsentieren die zwölf Apostel. Fahrstühle bringen Besucher auf je einen Turm der Weihnachts- und der Passionsfassade hinauf.

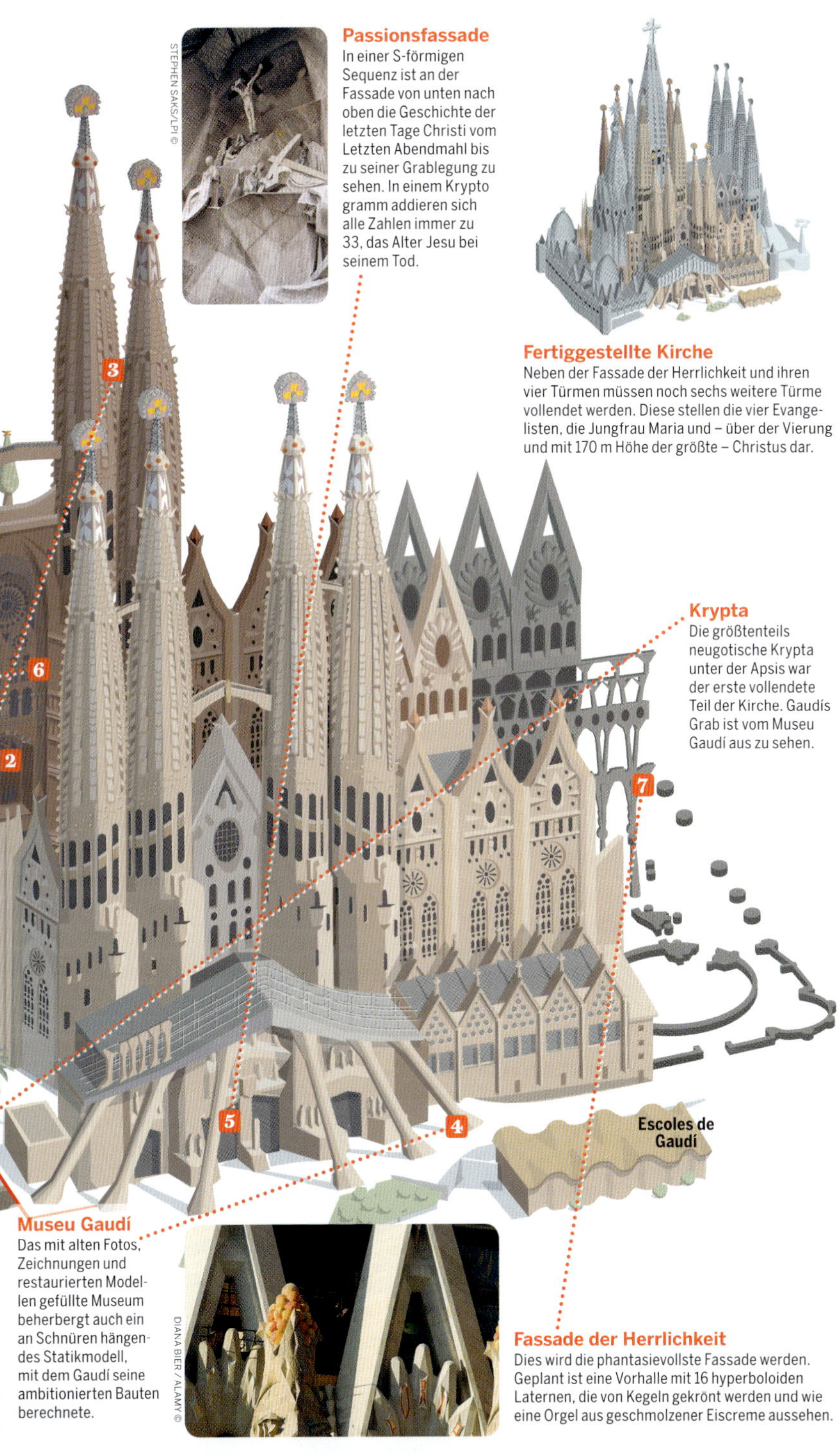

Passionsfassade
In einer S-förmigen Sequenz ist an der Fassade von unten nach oben die Geschichte der letzten Tage Christi vom Letzten Abendmahl bis zu seiner Grablegung zu sehen. In einem Kryptogramm addieren sich alle Zahlen immer zu 33, das Alter Jesu bei seinem Tod.

Fertiggestellte Kirche
Neben der Fassade der Herrlichkeit und ihren vier Türmen müssen noch sechs weitere Türme vollendet werden. Diese stellen die vier Evangelisten, die Jungfrau Maria und – über der Vierung und mit 170 m Höhe der größte – Christus dar.

Krypta
Die größtenteils neugotische Krypta unter der Apsis war der erste vollendete Teil der Kirche. Gaudís Grab ist vom Museu Gaudí aus zu sehen.

Museu Gaudí
Das mit alten Fotos, Zeichnungen und restaurierten Modellen gefüllte Museum beherbergt auch ein an Schnüren hängendes Statikmodell, mit dem Gaudí seine ambitionierten Bauten berechnete.

Fassade der Herrlichkeit
Dies wird die phantasievollste Fassade werden. Geplant ist eine Vorhalle mit 16 hyperboloiden Laternen, die von Kegeln gekrönt werden und wie eine Orgel aus geschmolzener Eiscreme aussehen.

hat, sollte auf die Treppenbesteigung lieber verzichten. In den Türmen soll einmal ein Glockenspiel hängen, das anspruchsvolle Musikstücke spielen kann. Die oberen Teile der Türme zieren Mosaiken, auf denen *„Sanctus, Sanctus, Sanctus, Hosanna in Excelsis, Amen, Alleluia"* steht. Als jemand Gaudí fragte, weshalb er so viel Mühe auf die Turmspitzen verwende, die doch niemand von Nahem sehen würde, antwortete er lapidar: „Die Engel werden sie sehen."

Die drei Teile des Portals stellen, von links nach rechts, Hoffnung, Nächstenliebe und Glaube dar. Unter den vielen Figuren am Nächstenliebeportal befindet sich auch die Krippe, umgeben von Ochs und Esel, den Hirten und Königen sowie musizierenden Engeln. 30 verschiedene Pflanzen aus Katalonien „wachsen" um die Krippe. Die Gesichter vieler Figuren entstanden nach Gipsabgüssen von Einheimischen, einige sind auch Totenmasken die zu den Leichen aus dem Leichenschauhaus gehören!

Direkt über dem blauen Glasfenster verkündet der Erzengel Gabriel Maria die Geburt ihres Sohnes. Ganz oben steht eine grüne Zypresse; sie bietet den weißen Friedenstauben, die darüber schweben, bei Sturm eine mögliche Zuflucht. Für die Mosaiken an der Spitze der Türme verwendete Gaudí venezianisches Muranoglas.

Rechts neben der Fassade liegt der eigenartige Claustre del Roser, eine Art gotischer Mini-Kreuzgang, der an der Außenseite der Kirche klebt (im Gegensatz zu den klassischen eingefriedeten Rechtecken in den großen gotischen Klöstern). Von drinnen lohnt der Blick zum reich verzierten Eingang. Auf der rechten Seite übergibt die Skulptur eines Teufels in Reptiliengestalt einem Terroristen eine Bombe. In den Jahren vor dem Bürgerkrieg erschütterten politische Gewalt und Bombenanschläge Barcelona regelmäßig.

Passionsfassade

Die südwestliche Passionsfassade, die sich den letzten Tagen und dem Tod Christi widmet, entstand 1954–78 mit vier Türmen und einem großen, mit Skulpturen geschmückten Portal nach erhaltenen Plänen von Gaudí. Der Bildhauer Josep Subirachs arbeitete von 1986 bis 2006 an der Ausschmückung. Er versuchte nicht, Gaudí zu imitieren, sondern schuf kantige und kontroverse eigene Werke. Die Hauptserie von Skulpturen auf drei Stufen folgt einer S-Form. Sie beginnt mit dem Abendmahl unten links und endet mit der Grablegung oben rechts. Die Arbeiten an der Ausschmückung der Passionsfassade dauern bis heute an.

Die Escoles de Gaudí rechts vor der Passionsfassade gehören zu Gaudís einfacheren Glanzstücken. Er baute sie als Schule für Kinder mit einem originellen wellenförmigen Dach. Innen befindet sich eine Nachbildung von Gaudís bescheidenem Büro, das so belassen wurde, wie es bei seinem Tod vorgefunden wurde.

Glorienfassade

Die zentrale Glorienfassade soll von vier Türmen gekrönt werden, die zusammen mit denen der anderen beiden Fassaden die zwölf Apostel repräsentieren. Für Gaudí sollte die Glorienfassade die prächtigste der Kirche werden. Innen ist ein Narthex geplant, ein Vorraum, der von 16 „Laternen" gebildet wird. Die weitere Ausschmückung soll aus dem gesamten Gebäude ein Symbol der christlichen Kirche machen: Ein riesiger, 170 m hoher Turm über dem Querschiff soll Christus repräsentieren, während die fünf übrigen, noch geplanten Türme die Jungfrau Maria und die vier Evangelisten darstellen sollen.

Museu Gaudí

Das unterirdische Museu Gaudí hat die gleichen Öffnungszeiten wie die Kirche und zeigt interessante Exponate zum Leben und Werk Gaudís sowie Modelle und Fotos zur Baugeschichte der Sagrada Família. Ein Seitengang führt zu einem Aussichtspunkt oberhalb der Krypta, in dem das Genie begraben ist.

CHRISTOPHER GROENHOUT / LONELY PLANET IMAGES ©

HIGHLIGHTS LA PEDRERA

Das wellenförmige Monstrum ist ein weiteres Meisterwerk von Gaudí. Es entstand von 1905 bis 1910 als Wohn- und Bürohaus. Offiziell heißt es Casa Milà nach dem Geschäftsmann, der es in Auftrag gab. Aber es wird wegen seiner ungleichmäßigen grauen Steinfassade, die sich um die Ecke des Carrer de Provença windet, gemeinhin nur La Pedrera (der Steinbruch) genannt.

Als Gaudí von Pere Milà mit dem Bau des Wohnhauses beauftragt wurde, wollte er damit alle anderen Bauwerke im Eixample übertreffen. Pere Milà war mit der älteren und weitaus reicheren Roser Guardiola verheiratet und gab deren Geld mit vollen Händen aus: So war er einer der ersten Autobesitzer der Stadt: Gaudí baute ihm deshalb eine Garage ins Haus, was ebenfalls eine Neuheit war.

Die Kulturstiftung Fundació Caixa Catalunya öffnete die Wohnung im obersten Stockwerk und das Dachgeschoss unter dem Namen Espai Gaudí (Gaudí-Raum) für die Öffentlichkeit. Am verblüffendsten wirkt das Dach mit seinen riesigen Kaminen, die an vielfarbige mittelalterliche Ritter erinnern. Gaudí wollte zusätzlich noch eine große Madonnenstatue aufstellen, das untersagte ihm aber die Familie Milà, weil sie befürchtete, das Gebäude könnte dadurch zu einem Angriffsziel für religionsfeindliche Anarchisten werden. Daraufhin zog sich Gaudí empört aus dem Projekt zurück. Direkt unter dem Dach wird Gaudís Vorliebe für parabolische Bögen sichtbar. Hier widmet sich ein bescheidenes Museum seinem Werk.

Ein Stockwerk tiefer ist die Wohnung El Pis de la Pedrera zu besichtigen. Die eleganten Zimmer sind im Stil des beginnenden 20. Jhs. eingerichtet. Die unerwarteten Akzente an jedem Einrichtungsgegenstand begeistern viele Besucher.

NICHT VERSÄUMEN

- Das wunderbare Dach
- Die Wohnung
- Die Steinfassade

PRAKTISCH & KONKRET

- Casa Milà
- Karte S. 322
- ☎902 400973
- www.lapedrera.com/ca/home
- Carrer de Provença 261–265
- Erw./Kind/Student 15/7,50/13,50 €
- ⏲März–Okt. 9–20 Uhr, Nov.–Feb. 9–18.30 Uhr
- Ⓜ Diagonal

HIGHLIGHTS
CASA BATLLÓ

Die Casa Batlló von Gaudí zählt sicher zu den merkwürdigsten Wohnhäusern in Europa. Die Fassade ist mit blauen, malvenfarbenen und grünen Kachelstücken gesprenkelt und mit wellenförmigen Fensterrahmen und Balkonen besetzt. Die Casa Batlló gehört neben den Nachbarhäusern Casa Amatller (S. 145) und Casa Lleó Morera zur *Manzana de la Discordia* – dem „Zankapfel" – und zeigt die Vielfalt des Modernisme.

Als Gaudí den Auftrag zur Umgestaltung des Hauses erhielt, legte er sich gewaltig ins Zeug. Die Lichtschächte im Haus sind mit meerblauen Kacheln ausgekleidet. Gaudí scheute gerade Linien, und so schwebt das Treppenhaus in Kurven in den 1. Stock, wo man durch die Fenster des Salons auf den Passeig de Gràcia blickt. Alles ist in Bewegung: Die Decke wirbelt um die sonnengleiche Lampe; die Türen, Fenster und Oberlichter sind traumtänzerische Wellen aus Holz und Buntglas. Kennzeichnend für das Dachgeschoss sind Gaudís hyperboloide Bögen. Gekachelte Kaminaufsätze verleihen dem Dach einen surrealistischen Touch.

Die Einwohner nennen die Casa Batlló entweder *casa dels ossos* (Knochenhaus) oder *casa del drac* (Drachenhaus), denn die Balkone sehen wie Kieferknochen eines Ungeheuers aus und das Dach repräsentiert Sant Jordi (den hl. Georg) und den Drachen. Draußen trägt jeder Pflasterstein stilisierte Bilder eines Tintenfischs und eines Seesterns.

Der Name Manzana de la Discordia beruht auf einem Wortspiel mit *manzana*, was sowohl „Häuserblock" als auch „Apfel" heißt. In der griechischen Mythologie wurde der Zankapfel von der Göttin Eros unter die Götter des Olymp geworfen. Sie befahl, dass er der schönsten Göttin überreicht werden solle.

NICHT VERSÄUMEN

- Fassade und Balkone
- Die phantastischen Muster im Innern
- Das Drachendach

PRAKTISCH & KONKRET

- Karte S. 322
- ☎ 93 216 03 06
- www.casabatllo.es
- Passeig de Gràcia 43
- Erw./Kind unter 7 J./Student, Kind 7–18 J. & Sen. 18,15 €/frei/14,55 €
- ⏲ 9–20 Uhr
- Ⓜ Passeig de Gràcia

SEHENSWERTES

L'Esquerra de l'Eixample

CASA BATLLÓ
ARCHITEKTUR

Siehe S. 144

FUNDACIÓ ANTONI TÀPIES
GALERIE

Karte S. 322 (93 487 03 15; www.fundaciotapies.org; Carrer d'Aragó 255; Erw./Kind unter 16 J. 7/5,60 €; Di–So 10–20 Uhr; M Passeig de Gràcia) Die Fundació Antoni Tàpies ist eines der ersten Modernisme-Gebäude der Stadt (1885 fertiggestellt) und stellt die größte Werksammlung eines führenden katalanischen Künstlers aus dem 20. Jh. aus: Antoni Tàpies. Der für seine geheimnisvollen Werke bekannte Tàpies starb im Februar 2012 im Alter von 88 Jahren. Sein Nachlass besteht aus einer bestechenden Vielfalt von Gemälden sowie aus einer Stiftung zur Förderung zeitgenössischer Künstler.

Das Gebäude wurde von Domènech i Montaner für das von einem Cousin geführte Verlagshaus Editorial Montaner i Simón erbaut und kombiniert roten Backstein mit Eisenträgern und islamisch inspirierten Verzierungen. Tàpies nahm sich die Freiheit, es mit seinem eigenen Phantasiegebilde zu krönen, das wie ein Sturm auf dem Gebäude sitzt: *Núvol i Cadira* (Wolken und Stuhl).

Die Kunst von Antoni Tàpies erschließt sich Betrachtern nicht so leicht. Deshalb lohnt es sich, zum Verständnis seiner Einflüsse und Methodik im obersten Stockwerk die einstündige Dokumentation über sein interessantes Leben anzusehen. Tàpies widmet sich in seinen Arbeiten zahlreichen politisch linken und humanitären Themen, der Zen-Meditation und der Beziehung zwischen Natur und Erkenntnis, der Menschwerdung Gottes im Christentum und der Kunst als Alchemie oder Magie.

Tàpies gründete 1984 die Fundació zur Förderung der Gegenwartskunst und stiftete ihr einen großen Teil seiner Werke. Die Sammlung umfasst Tàpies' eigene Arbeiten (über 800) und Werke von anderen zeitgenössischen Künstlern. Die Hauptausstellungsfläche (Ebene 1, Obergeschoss) zeigt eine ständig wechselnde Auswahl von etwa 20 Werken Tàpies' – das Spektrum reicht von frühen Selbstporträts aus den 1940er-Jahren bis zu Werken wie *Jersei Negre* (Schwarzer Pullover; 2008). Auf der Ebene 2 gibt es einen kleinen Raum für Wechselausstellungen, ebenso wie in den Untergeschossen.

MUSEU DEL MODERNISME CATALÀ
MUSEUM

Karte S. 322 (93 272 28 96; www.mmcat.cat; Carrer de Balmes 48; Erw./Kind unter 5 J./Kind 5–16 J./Student 10 €/frei/5/7 €; Mo–Sa 10–20 Uhr, So 10–15 Uhr; M Passeig de Gràcia) Das Erdgeschoss des modernistischen Gebäudes wirkt wie ein riesiger Verkaufsraum für Modernisme-Möbel. Zu etlichen Stücken von Antoni Gaudí, darunter auch Sessel aus der Casa Batlló und ein Spiegel aus der Casa Calvet, kommen unzählige Gegenstände von seinen weniger bekannten Zeitgenossen: So werden auch einige typisch schrullige, pseudomittelalterliche Kreationen von Josep Puig i Cadafalch ausgestellt.

Im Untergeschoss mit seinen modernistischen Merkmalen (mosaikverkleidete Säulen, nackte Backsteingewölbe und Metallpfeiler) ist Modernisme-Kunst zu sehen, darunter Gemälde von Ramon Casas und Santiago Rusiñol sowie Statuen von Josep Llimona und Eusebi Arnau.

GRATIS CASA AMATLLER
ARCHITEKTUR

Karte S. 322 (93 487 72 17; www.amatller.org; Passeig de Gràcia 41; Mo–Sa 10–20, So 10–15, Führung auf Katalanisch und Spanisch Fr & Mi 12 Uhr; M Passeig de Gràcia) Die Casa Amatller ist eines der verblüffendsten Phantasiegebilde von Puig i Cadafalch: Sie kombiniert gotische Fensterrahmen mit einem Stufengiebel, der sich an die niederländische Architektur anlehnt. Die Büsten und Reliefs von Drachen, Rittern und anderen Figuren an der Hauptfassade sind dagegen reine Spielerei.

Das Säulenfoyer und das Treppenhaus erhalten ihr Licht durch Buntglasfenster und wirken wie das Innere einer romantischen Burg.

Das Gebäude wurde 1900 für den Schokoladenbaron und Philanthropen Antoni Amatller (1851–1910) umgebaut. In Teilen soll es nach dem Abschluss der (zum Zeitpunkt der Recherche noch andauernden) Renovierungsarbeiten der Öffentlichkeit zugänglich gemacht werden. Im 1. Stock ist ein Museum mit historischen Gegenständen aus der Modernisme-Epoche geplant. Das Institut Amatller d'Art Hispanic (Institut Amatller für spanische Kunst) wird seine Räume im 2. Stock beziehen.

Derzeit können nur das Foyer, das Treppenhaus und der Aufzug besichtigt werden. Im hinteren Teil, der durch den Laden zugänglich ist, finden oft Wechselausstellungen statt. Je nach Stand der Renovierungsarbeiten werden auch 1½-stündige Führungen durch den 1. Stock angeboten, in dem sich Möbel und dekorative Objekte aus dem frühen 20. Jh. sowie Amatllers Fotostudio befinden.

Amatller reiste und fotografierte leidenschaftlich gern. Seine faszinierenden Fotos von Marokko an der Wende zum 20. Jh. werden manchmal ebenfalls ausgestellt. Zur Führung gehört auch eine Kostprobe von Amatllers Schokolade in der Originalküche des Hauses.

CASA LLEÓ MORERA — ARCHITEKTUR

Karte S. 322 (Passeig de Gràcia 35; Ⓜ Passeig de Gràcia) Domènech i Montaners Beitrag zur Manzana de la Discordia von 1905 sieht mit seinen modernistischen Fassadenreliefs und dem lichten, gekachelten Foyer mit überwiegend floralen Motiven von den drei Gebäuden vermutlich am wenigsten abgefahren aus. Leider kann das Haus nur von außen angeschaut werden – innen sind ausschließlich private Wohnungen. Schwindelerregend ist der 1. Stock mit seinem Sammelsurium an wirbelnden Skulpturen, üppigen Mosaiken und kurios-verspielten Verzierungen.

FUNDACIÓN FRANCISCO GODIA — GALERIE

Karte S. 322 (☎93 272 31 80; www.fundacionfgodia.org; Carrer de la Diputació 250; Erw./Kind unter 5 J./Student 6,50 €/frei/3,50 €; ⌚Mo & Mi–So 10–20 Uhr; Ⓜ Passeig de Gràcia) Francisco Godia (1921–90), Oberhaupt einer großbürgerlichen Familie aus Barcelona, liebte die Kunst und schnelle Autos (mit seinen Maseratis errang er beim Grand Prix 1956 den 6. Platz). Seine vielseitige Kunstsammlung ist eine faszinierende Mischung aus Keramiken und mittelalterlicher wie moderner Kunst.

Untergebracht sind seine Schätze in der Casa Garriga Nogués, einem sorgfältig restaurierten modernistischen Wohnhaus, das ursprünglich von Enric Sagnier 1902–05 für eine reiche Bankiersfamilie gebaut wurde.

Das Erdgeschoss wird ganz ung gar von Godias Rennfahrertrophäen (und -brillen) belegt. Unter anderem werden ein Video über seine Großtaten am Steuer und gelegentlich auch Wechselausstellungen gezeigt.

Eine sanft geschwungene Marmortreppe führt hinauf in den 1. Stock zur Kunst, die in 17 Räumen in mehr oder weniger chronologischer Reihenfolge präsentiert wird. In den ersten fünf Räumen stehen überwiegend romanische und gotische Holzskulpturen. Einige sind wegen ihrer gut erhaltenen Farben besonders sehenswert. Das Bildnis des Josef von Arimathäa stammt aus dem frühen 14. Jh. (Raum 1) und ist mit seinem leuchtend roten, pyjamaartigen Gewand ein typisches Beispiel dafür. Jaume Huguet (1412–1492) ist in Raum 5 mit seiner *Santa Maria Magdalena* vertreten – er schuf eine lichte, gotische Darstellung von Maria Magdalena in einem roten Hermelinmantel.

Raum 6 ist ein langer und überbordender Rokoko-Raum mit meergrünen Wänden und zeigt eine Auswahl der umfangreichen Keramiksammlung Godias. Die Stücke stammen aus allen historischen Keramikzentren Spaniens, darunter Manises in Valencia und Talavera de la Reina in Kastilien-La Mancha. Großartig sind auch die feinen Modernisme-Buntglasfenster in Raum 8.

Godias Interessen reichten vom neapolitanischen Barockmaler Luca Giordano bis zum katalanischen Modernisme und zu Joaquim Sorolla aus Valencia. In Raum 17, einer Empore rund um das zentrale Treppenhaus, sind mehrere Werke von Malern des Modernisme und des Noucentisme zu sehen, darunter Arbeiten von Ramon Casas, Santiago Rusiñol und Isidre Nonell. Selbst ein kleinerer Miró ist zu sehen.

MUSEU DEL PERFUM — MUSEUM

Karte S. 322 (☎93 216 01 21; www.museudelperfum.com; Passeig de Gràcia 39; Erw./Student & Sen. 5/3 €; ⌚Mo–Fr 10.30–13.30 & 16.30–20, Sa 11–14 Uhr; Ⓜ Passeig de Gràcia) Die Sammlung des Museums im hinteren Teil des Parfümladens Regia umfasst rund 5000 Fläschchen in allen Formen und Größen und aus jeder Epoche – von antiken ägyptischen und römischen Duftbehältern (Letztere stammen überwiegend aus dem 1. bis 3. Jh.) bis hin zu klassischen Eau-de-Cologne-Flakons.

Hinzu kommen noch allerlei Gegenstände von antiken, etruskischen Bronzepinzetten über kleine Potpourrischalen aus feinem Sèvres-Porzellan (frühes 19. Jh.) bis zu alten Katalogen und Werbeplakaten.

UNIVERSITAT DE BARCELONA ARCHITEKTUR

Karte S. 322 (☎93 402 11 00; www.ub.edu; Gran Via de les Corts Catalanes 585; ⌚Mo–Fr 9–21 Uhr; Ⓜ Universitat) Die Universität wurde zwar bereits im 16. Jh. an der Rambla gegründet, das heutige prachtvolle Gebäude, eine Mischung aus romanischen, gotischen und maurischen Elementen, stammt jedoch aus dem 19. Jh. (1863–82). Das Foyer, die Prachttreppe und die verschiedenen begrünten Wandelgänge können besichtigt werden. Wunderbar ist auch ein Bummel durch die Gärten hinter dem Gebäude.

Der Hauptsaal für größere Veranstaltungen, der Paranimfo im 1. Stock, ist im maurischen Stil gehalten.

GRATIS **MUSEU I CENTRE D'ESTUDIS DE L'ESPORT DR MELCIOR COLET** MUSEUM

Karte S. 318 (☎93 419 22 32; Carrer de Buenos Aires 56–58; ⌚Mo–Fr 9–14 & 15–17.30 Uhr; 🚌27, 32, 59, 66, 67 oder 68) Puig i Cadafalchs Casa Company (1911) sieht wie ein schräges Tiroler Landhaus aus und wirkt so richtig schön fehl am Platz. Auf zwei Stockwerken verteilen sich Fotos, Dokumente und andere Sportmemorabilien – von den heute ziemlich skurril wirkenden Skiern und Skischuhen aus den 1930er-Jahren bis zu einem mit Totenköpfen bedruckten Badeanzug eines katalanischen Wasserpolospielers.

Eine Kuriosität im Erdgeschoss ist die Replik eines Gedenksteins mit lateinischer Inschrift für Lucius Minicius Natal, einen Jungen aus Barcelona, der während der 227. Olympischen Spiele – 129 n. Chr.! – ein Quadriga-Rennen gewann.

XALET GOLFERICHS ARCHITEKTUR

Karte S. 318 (☎93 323 77 90; www.golferichs.org; Gran Via de les Corts Catalanes 491; ⌚Mo–Sa 17.30–21.30 Uhr; Ⓜ Rocafort) Die verspielte Villa an einem der geschäftigsten Boulevards der Stadt wirkt wie aus einer anderen Zeit hierher versetzt. Ihr Besitzer, der Geschäftsmann Macari Golferichs, wünschte sich eine Modernisme-Villa – und bekam sie auch. Backstein, Keramik und Holz sind die Hauptbestandteile des Hauses mit seinem auffallend gotischen Anstrich. In den 1970er-Jahren wäre das Wohnhaus beinahe abgerissen worden, wurde dann aber von der Stadtverwaltung gerettet und in ein Kulturzentrum umgewandelt. Die Öffnungszeiten richten sich nach den Wechselausstellungen und sonstigen Kulturveranstaltungen im Haus.

La Dreta de l'Eixample

SAGRADA FAMÍLIA KIRCHE

Siehe S. 138.

LA PEDRERA ARCHITEKTUR

Siehe S. 143.

HOSPITAL DE LA SANTA CREU I DE SANT PAU ARCHITEKTUR

(☎93 317 76 52; www.rutadelmodernisme.com; Carrer de Cartagena 167; Führung Erw./Sen. & Student 10/5 €; ⌚Englische Führungen 10, 11, 12 & 13 Uhr, zu anderen Zeiten auch auf Katalanisch, Französisch & Spanisch; Ⓜ Hospital de Sant Pau) Mit diesem Meisterwerk des Modernisme, das lange als eines der wichtigsten Krankenhäuser der Stadt galt, hat sich der Architekt und Philanthrop Domènech i Montaner selbst übertroffen. Der Komplex gehört heute zusammen mit seinen 16 Pavillons und dem Palau de la Música Catalana zum Weltkulturerbe. Überbordender Schmuck ziert das Gebäude, kein Pavillon gleicht dem anderen.

Domènech i Montaner wollte hier ein einzigartiges Umfeld schaffen, das Patienten nicht nur heilen, sondern auch aufheitern sollte. Zu den Künstlern, die Statuen, Keramiken und Kunstwerke für den Gebäudekomplex schufen, zählte auch der einfallsreiche Eusebi Arnau. Das eigentliche Krankenhaus zog in einen neuen Komplex auf dem Gelände um. Die 100 Jahre alten Gebäude werden nun zu ihrer alten Pracht restauriert, um sie als internationales Kulturzentrum für den Mittelmeerraum zu nutzen.

Momentan können Neugierige den einzigartigen Gebäudekomplex nur im Rahmen einer Führung besichtigen, aber eines Tages wird das Gelände vielleicht auch für regelmäßige Besuche geöffnet.

MUSEU DE LA MÚSICA MUSEUM

Karte S. 318 (☎93 256 36 50; www.museumusica.bcn.cat; Carrer de Lepant 150; Erw./Sen. & Student 5/4 €, So 15–20 Uhr frei; ⌚ Mo & Mi–Sa 10–18, So 10–20 Uhr; Ⓜ Monumental) Rund 500 Musikinstrumente (weniger als ein Drittel der Sammlung) zeigt das Museum im 2. Stock des Verwaltungsgebäudes des größten städtischen Konzerthauses für klassische Musik, des Auditori.

Zu den Instrumenten zählen eine Barockgitarre aus dem 17. Jh., Lauten (interessant ist die vielsaitige venezianische

MODERNISME-PAKET

Für Reisende, die sämtliche Modernisme-Juwelen im Eixample abklappern wollen, lohnt sich das Paket der Ruta del Modernisme (S. 33). Es umfasst einen mehrsprachigen Führer sowie ermäßigte Eintrittspreise für alle wichtigen Modernisme-Sehenswürdigkeiten der Stadt.

archilute von 1641), Geigen, japanische Kotos, Sitars aus Indien, acht Orgeln (einige aus dem 18. Jh.), Klaviere, diverse Trommeln und andere Schlaginstrumente aus ganz Spanien und darüber hinaus sowie alle möglichen Plattenspieler und Grammofone. Einige merkwürdige Instrumente sind ebenfalls unter den Ausstellungsstücken, z. B. ein *buccèn*, ein Blasinstrument mit Schlangenkopf.

Ein Großteil der Dokumentationen und Tonaufnahmen werden beim Rundgang mittels audiovisueller Bildschirme präsentiert. Audiogeräte ermöglichen es, sich den Klang einiger Instrumente anzuhören. Allerdings sind die Aufnahmen wegen der ständig wechselnden Hintergrundmusik nur schwer zu verstehen.

Das Museum veranstaltet ab und zu Konzerte mit bekannten Musikern, die auf seltenen Instrumenten der Sammlung spielen.

FUNDACIÓ SUÑOL — GALERIE

Karte S. 322 (☎93 496 10 32; www.fundaciosunol.org; Passeig de Gràcia 98; Erw./erm.5/3 €; ⌚Mo–Sa 16–20 Uhr; Ⓜ Diagonal) Die Privatsammlung besteht vor allem aus Kunst des 20. Jhs., umfasst rund 1200 Werke und bietet eine bunte Mischung von Man-Ray-Fotos bis zu Skulpturen von Alberto Giacometti. Regelmäßig werden die Exponate ausgetauscht. Auf insgesamt zwei Stockwerken sind überwiegend spanische Künstler zu sehen – von Picasso bis Jaume Plensa, aber auch einige Künstler aus anderen Ländern.

Das Museum ist eine wohltuende Unterbrechung nach der intensiven Besichtigung der vielen Modernisme-Gebäude am Boulevard. Ein Tipp: Vom hinteren Teil aus hat man eine interessante Seitenansicht der Pedrera.

GRATIS PALAU DEL BARÓ QUADRAS — ARCHITEKTUR

Karte S. 322 (Casa Asia; ☎93 368 08 36; www.casaasia.es; Avinguda Diagonal 373; ⌚Di–Sa 10–20, So 10–14 Uhr; Ⓜ Diagonal) Puig i Cadafalch entwarf den Palau del Baró Quadras (1902–1906) für den Baron de Quadras in einem überschäumenden, gotisch inspirierten Stil. Am augenfälligsten ist die Hauptfassade mit ihrem hohen verglasten Erker. Vor allem die Wasserspeier und Reliefs sollte man sich genau anschauen: Hier findet man u. a. zwei grinsende Fische und einen Schwert schwingenden Ritter – sie tragen alle eindeutig die Handschrift des Architekten der Casa Amatller.

Die Ausstattung der Räume ist sehr abwechslungsreich, wobei nahöstliche und ostasiatische Elemente überwiegen. Die Räumlichkeiten bilden damit den passenden Rahmen für das Kulturzentrum Casa Asia, das sich der Beziehung zwischen Spanien und der asiatisch-pazifischen Region widmet. Ein Besuch der Wechselausstellungen (meist im 2. Stock) ermöglicht einen guten Einblick in die Räume des faszinierenden Gebäudes. Die Dachterrasse bietet außerdem eine phantastische Aussicht über die Stadt.

CASA DE LES PUNXES — ARCHITEKTUR

Karte S. 322 (Casa Terrades; Avinguda Diagonal 420; Ⓜ Diagonal) Puig i Cadafalchs Casa Terrades ist wegen ihrer markanten spitzen Türme besser bekannt als Casa de les Punxes (Haus der Nadeln). Das Wohnhaus, das 1905 vollendet wurde, sieht wie ein Märchenschloss aus und steht als einziges Gebäude im Eixample vollkommen frei.

GRATIS FUNDACIÓ JOAN BROSSA — GALERIE

Karte S. 322 (☎93 467 69 52; www.fundaciojoanbrossa.cat; Carrer de Provença 318; ⌚Mo–Fr 10–14 & 15–19 Uhr; Ⓜ Diagonal) Die Kellergalerie bietet einen Einblick in das Schaffen einer der Kultur-Ikonen der Stadt: Joan Brossa ist eine schwer einzuordnende Mischung aus Dichter, Künstler, Theatermensch, katalanischem Nationalisten und universalem Visionär. Gezeigt wird ein breites Spektrum an Kunstobjekten (wie *Porró amb Daus*, ein typischer spanischer Weinkrug mit Würfel) sowie Kostproben seiner visuellen Gedichte.

MUSEU EGIPCI — MUSEUM

Karte S. 322 (☎93 488 01 88; www.museuegipci.com; Carrer de València 284; Erw./Sen. & Student 11/8 €; ⌚Mo–Sa 10–20, So 10–14 Uhr; Ⓜ Passeig de Gràcia) Der Hotelmagnat Jordi Clos verbrachte den Großteil seines Lebens damit, antike ägyptische Artefakte zu sammeln, die in diesem Privatmuseum ausgestellt werden. Das Museum gliedert sich in verschiedene thematische Bereiche (Pharaonen, Religion, Totenkult, Mumifizierung, Kunsthandwerk usw.) und bietet eine Vielfalt an interessanten Exponaten.

Zu sehen sind u. a. Statuen, Grabbeigaben und -behältnisse, Schmuck (darunter ein herrlicher Goldring aus dem 7. Jh. v. Chr.), Keramiken und sogar ein Bett aus Holz und Leder. Im Untergeschoss befinden sich eine Ausstellungsfläche und eine Bibliothek, die u. a. Erstausgaben der Arbeiten des Ägyptologen Carter umfasst, der die Ausgrabungen am Grab des Tutanchamun leitete. Auf der Dachterrasse ist ein hübsches Café.

ESGLÉSIA DE LA PURÍSSIMA CONCEPCIÓ I ASSUMPCIÓ DE NOSTRA SENYORA — KIRCHE

Karte S. 322 (Carrer de Roger de Llúria 70; ⌚9–13 & 17–21 Uhr; Ⓜ Passeig de Gràcia) Kaum jemand vermutet, in den Rasterstraßen der Stadterweiterung aus dem späten 19. Jh. auf eine mittelalterliche Kirche zu stoßen! 1871–88 wurde das Gotteshaus aus dem 14. Jh. Stein für Stein aus dem Zentrum hierher verpflanzt – samt ihrem hübschen Kreuzgang und dem idyllischen Garten aus dem 16. Jh.

Dahinter erhebt sich ein romanisch-gotischer Glockenturm, der vom 11.–16. Jh. entstand und zur mittlerweile nicht mehr existierenden Església de Sant Miquel gehörte. Die Kirche ist eine von einer Handvoll alter Kirchen, die an ihren ursprünglichen Standorten abgebaut und in den Eixample versetzt wurden.

PALAU MONTANER — ARCHITEKTUR

Karte S. 322 (☎93 317 76 52; www.rutadelmodernisme.com; Carrer de Mallorca 278; Erw./Kind & Sen. 6/3 €; ⌚Führungen: Sa Englisch 10.30, Spanisch 12.30, So Katalanisch 10.30 & 12.30, Spanisch 11.30 Uhr; Ⓜ Passeig de Gràcia) Bereits von außen faszinierend (von den Gärten ganz zu schweigen), ist dieses 1896 von Lluis Domènech i Montaner erbaute Gebäude im Innern wirklich spektakulär. Zentraler Blickfang ist die prächtige Treppe unter einem weiten, ornamentalen Oberlicht. Die Innenräume quellen über von Skulpturen (einige stammen von Eusebi Arnau), Mosaiken und feinen Holzschnitzereien. Es empfiehlt sich, vor einem Besuch anzurufen, da das Gebäude manchmal an Wochenenden geschlossen ist.

GRATIS MUSEU DE CARROSSES FÚNEBRES — MUSEUM

Karte S. 318 (☎902 076902; Carrer de Sancho d'Àvila 2; ⌚ Mo–Fr 10–13 & 16–18, Sa, So & Feiertage 10–13 Uhr; Ⓜ Marina) Für jeden, der sich für Leichenwagen (inklusive originalgetreu bekleideter, lebensgroßer Puppen) aus der Zeit zwischen dem späten 18. und Mitte des 20. Jhs. interessiert, ist dieses sonderbare Museum ein spannender Ort. Das Beerdigungsinstitut behauptet, es sei das größte Museum seiner Art weltweit.

Vom Empfangsschalter werden die Besucher von einer Aufsichtsperson in das bedrückende Untergeschoss begleitet. Dort stehen zusammen mit einem Metall-Leichenwagen der Marke Buik und einigen älteren motorisierten Gefährten elf Pferdekutschen, die im 19. und frühen 20. Jh. als Leichenwagen im Einsatz waren. Eine eigenartige kleine Ausstellung, die leicht in einer halben Stunde zu bewältigen ist.

ESGLÉSIA DE LES SALESES — KIRCHE

Karte S. 322 (☎93 265 39 12; Passeig de Sant Joan; ⌚Mo–Sa 10–14 & 17–21 Uhr; Ⓜ Tetuan) Die Kirche ist ein einzigartiges Meisterwerk neugotischer Architektur. Interessant ist sie auch wegen ihres Baumeisters: Gaudís Architekturprofessor Joan Martorell i Montells (1833–1906). Die Bauarbeiten am Gotteshaus und dem daneben liegenden Kloster, das jedoch im Bürgerkrieg stark beschädigt wurde und heute eine Schule ist, dauerten von 1878–1885. Die Verwendung von schlichtem Buntglas, Backstein und Mosaiken geben in der Kirche einige Hinweise darauf, welche Richtung der Modernisme später einschlagen sollte.

ESSEN

Die meisten der verlockend vielseitigen Lokale in diesem großen Gebiet befinden sich im Quadrat d'Or zwischen Carrer de Pau Claris und Carrer de Muntaner, Avinguda Diagonal und Gran Via de les Corts Catalanes. Hier besteht kein Mangel an guten Bar-Restaurants (oft mit Tischen auf der Straße), die preiswerte *menús del día* (Tagesmenüs) und Standardgerichte *a la carta* auftischen. Dazwischen verbergen sich echte Geheimtipps mit lokaler oder internationaler Küche.

La Dreta de l'Eixample

 **TAPAÇ 24** TAPAS €€

Karte S. 318 (www.carlesabellan.com; Carrer de la Diputació 269; Hauptgerichte 10–20 €; Mo–Sa 9–24 Uhr; M Passeig de Gràcia) Carles Abellán, der Inhaber von Comerç 24 in La Ribera, betreibt dieses Kellerlokal mit himmlischen Gourmet-Variationen beliebter Tapas. Spezialitäten sind u. a. *bikini* (ein getoastetes Schinken-Käse-Sandwich; hier ist der Schinken luftgetrocknet und etwas Trüffel sorgt für die besondere Note) und ein dicker, schwarzer *arròs negre de sípia* (Tintenfischreis).

Der originelle McFoie-Burger ist phantastisch, und zum Dessert empfiehlt sich *xocolata amb pa, sal i oli* (köstliche Schokoladenbällchen in Olivenöl, leicht gesalzen und mit einer Waffel serviert). Tischreservierungen sind nicht möglich, aber das Warten lohnt sich!

 **ALKÍMIA** KATALANISCH €€€

(93 207 61 15; www.alkimia.cat; Carrer de l'Indústria 79; Menü 38–84 €; Mo–Fr Sept.–Juli mittags & abends; M Verdaguer) Der kulinarische Alchemist Jordi Vila serviert in seinem eleganten, weiß getünchten Lokal weitab vom Touristenrummel interessant verfeinerte katalanische Speisen. Mit Gerichten wie *arròs de nyore i safrà amb escamarlans de la costa* (Safranreis mit süßem Chili und Krebsen) verdiente sich Vila seinen ersten Michelin-Stern. Er bietet auch eine Reihe von Menüs an.

CAN KENJI JAPANISCH €

Karte S. 318 (93 476 18 23; www.cankenji.com; Carrer del Rosselló 325; Hauptgerichte 6–12 €; Mo–Sa 13–15.30 & 20.30–23.30 Uhr; M Verdaguer) Japanisch essen in Barcelona? Hier ist die erste Adresse. Der Koch dieser unaufdringlichen kleinen *izakaya* (japanische Kneipe) kauft seine frischen Zutaten auf den Märkten der Stadt. Damit zaubert er traditionell japanische Gerichte mit mediterranem Einschlag, etwa Sardinen-*tempura* mit einem Püree aus Aubergine, *miso* und Sardellen oder *tataki* (leicht angebratener) Bonito (Thunfisch) mit *salmorejo* (kalte Tomaten-Brot-Suppe aus Córdoba). Das ist die hohe Kunst der Fusionsküche.

NOTI MEDITERRAN €€

Karte S. 322 (93 342 66 73; http://noti-universal.com; Carrer de Roger de Llúria 35; Hauptgerichte 10–15 €; Mo–Fr mittags & abends, Sa abends; M Passeig de Gràcia) Einst wurde hier die Zeitung *Noticiero Universal* herausgegeben. Der große Speisesaal des Noti ist mit Spiegeln gepflastert, sodass die coolen Designertische gleich mehrfach zur Geltung kommen. Zu den herausragenden Spezialitäten zählen der frische Fisch vom Boqueria-Markt mit Zucchini-Ratatouille und Zitronenbutter ebenso wie Fleischgerichte – vom Tatar bis zum Hühnchencurry. Die Bar bietet jeweils einen Cocktail des Tages.

Die Preise der Mittagsmenüs liegen bei 14–24 €, die der Abendmenüs bei 36 €.

PATAGONIA SÜDMERIKANISCH €€€

Karte S. 322 (93 304 37 35; Gran Via de les Corts Catalanes 660; Gerichte 40–45 €; mittags & abends; M Passeig de Gràcia) Ein argentinisches Rindfleischfest erwartet den Besucher in diesem eleganten Restaurant. Den Anfang machen *empanadas* (kleine Fleischpasteten); die *achuras* (Innereien) liegen nicht jedem, allseits beliebt sind dagegen die herzhaften Fleischgerichte wie *medallón con salsa de colmenillas* (Rindsmedaillon in Morchelsauce) oder Klassiker wie *bife de chorizo* (Rinderlende mit scharf gewürzter Wurst) oder brasilianisches *picanha* (Rumpsteak). Dazu gibt's eine Auswahl von fünf Beilagen.

CASA CALVET KATALANISCH €€

Karte S. 322 (93 412 40 12; www.casacalvet.es; Carrer de Casp 48; Hauptgerichte 15–30 €; Mo–Sa mittags & abends; M Urquinaona) Das frühe Meisterwerk von Gaudí mit seinen typischen Rundungen beherbergt ein elegantes Restaurant (rechts neben dem Haupteingang). Gut gekleidet diniert man in einer lauschigen *taula cabina* (holzgetäfelten Nische). Eine gute Wahl ist Seezunge und Hummer auf einem Bett aus Lauchpüree, mit einer Sauce aus Balsamico und Pedro-Ximénez-Sherry und Artischocken-Chips. Für verschiedene Degustationsmenüs werden bis zu 70 € verlangt.

DE TAPA MADRE KATALANISCH €€

Karte S. 322 (93 459 31 34; www.detapamadre.cat; Carrer de Mallorca 301; Hauptgerichte 8–15 €; Mo–Sa 20–1 Uhr; M Verdaguer) Sobald sich die Tür öffnet, umfängt den Besucher eine ausgesprochen kommunikative Atmosphäre. Ein paar Tischchen stehen am Fenster; mehr Platz ist auf der Galerie über der Tapas-Theke, und im hinteren Teil des Lokals (hinter den Schinkenhälften) gibt

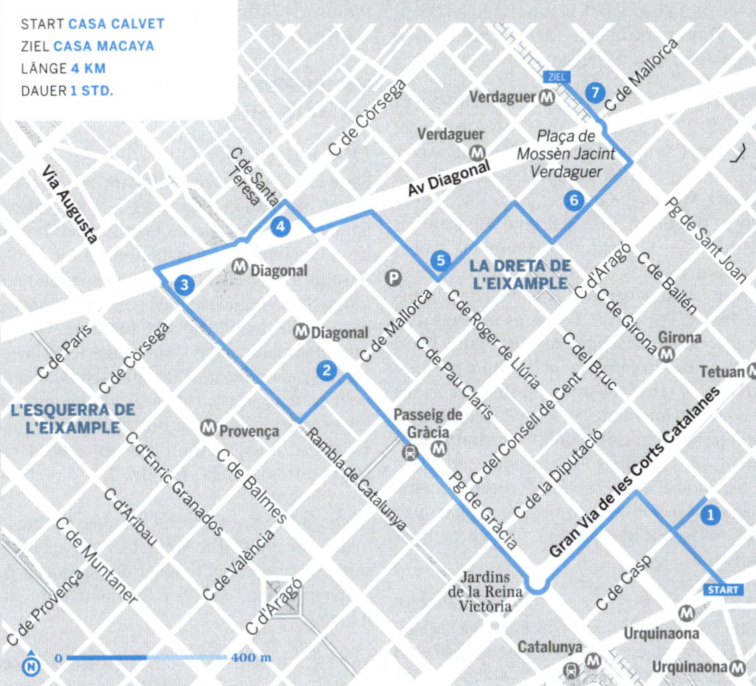

Spaziergang

Eine Extraportion Modernisme im Eixample

Gaudís konventionellster Beitrag im Eixample ist die 1 **Casa Calvet** von 1900. Die vom Barock inspirierte Fassade aus Quadersteinen wird durch schmiedeeiserne Balkone aufgelockert. Die Hauptattraktion innen ist der Treppenaufgang, der sich beim Essen im Restaurant bewundern lässt.

Die 2 **Casa Enric Batlló** wurde 1896 von Josep Vilaseca erbaut und ist Teil des Hotels Comtes de Barcelona. Die Backsteinfassade wirkt bei nächtlicher Beleuchtung besonders hübsch.

Puig i Cadafalch ließ seiner Phantasie in der 3 **Casa Serra** freien Lauf. In der neugotischen Kuriosität, die 1903–08 gebaut wurde, sind heute Regierungsbüros untergebracht. Wie es sich in dem seltsamen Haus mit dem von einem spitzen Hexenhut gekrönten Turm wohl lebte?

Eindrucksvoll ist auch die 1911 von Salvador Valeri (1873–1954) erbaute 4 **Casa Comalatis**. Der Einfluss Gaudís ist an der Hauptfassade mit dem wellenförmigen Dach und den gewölbten Balkonen unübersehbar. Hinter dem Haus zeigt sich die Fassade vom Carrer de Còrsega aus von ihrer verspielteren Seite.

Die 1912 vollendete 5 **Casa Thomas** gehört zu den ersten Werken von Domènech i Montaner. Die Keramikdetails sind ein Markenzeichen des Modernisme. Prachtvoll sind die wuchtigen schmiedeeisernen Verzierungen im Erdgeschoss. Wer die Innenarchitektur bewundern möchte, sollte dem Designladen Cubiña einen Besuch abstatten.

Die 6 **Casa Llopis i Bofill** wurde 1902 fertiggestellt und ist ein interessantes Wohnhaus nach einem Entwurf von Antoni Gallissà (1861–1903). Die von Graffiti bedeckte Fassade fällt besonders ins Auge.

Puig i Cadafalchs 7 **Casa Macaya** (1901) hat einen wundervollen Innenhof und zeigt die verspielten, pseudogotischen Verzierungen, die typisch für viele Gebäude des Architekten sind. Das Haus gehört heute der Bank La Caixa und wird gelegentlich als Veranstaltungsort für Ausstellungen genutzt.

es weitere Plätze. Das herzhafte Reisgericht mit Hummerkrabben *(arròs caldós amb llagostins)* ist ein Gedicht.

EMBAT MEDITERRAN €€

Karte S. 322 (☎93 458 08 55; www.restaurantembat.es; Carrer de Mallorca 304; Hauptgerichte 10–20 €; ⊙Di & Mi mittags, Do–Sa mittags & abends; ⓂGirona) Kreative junge Köche stellen in diesem Kellerlokal eine Auswahl an attraktiven Gerichten zusammen, wobei die Einrichtung in Braun- und Creme-Tönen wahrscheinlich nicht jedermanns Sache ist. Für 20–25 € gibt es mittags drei Fisch- oder Fleischgänge. Eine gute Wahl sind z. B. *raviolis de pollo amb bacon i calabassó* (Hühnchenravioli in einer Sauce aus feingehacktem Speck, Zucchini und weiterem Gemüse), gefolgt von butterweichem *lluç amb pa amb tomàquet, carxofes i maionesa de peres* (eine dicke Scheibe Seehecht auf einem Tomatenbrot, garniert mit Artischockenscheiben und Birnenmayonnaise).

CASA AMALIA KATALANISCH €

Karte S. 322 (☎93 458 94 58; Passatge del Mercat 4–6; Hauptgerichte 8–16 €; ⊙Sept.–Juli Di–Sa mittags & abends, So mittags; ⓂGirona) Das förmliche Lokal ist wegen seiner herzhaften katalanischen Küche aus frischen Zutaten beliebt, die vom Markt nebenan stammen. An Donnerstagen gibt es im Winter die traditionelle Bergmahlzeit *escudella*. Ansonsten lohnt es sich, die leichten Variationen der heimischen Küche zu probieren, wie *bacallà al allioli de poma* (Kabeljau in einer Apfel-basierten *allioli*-Sauce). Das viergängige *menú del día* ist mit 12 € besonders preisgünstig.

Der in Orange und Weiß eingerichtete Speisesaal erstreckt sich über zwei Etagen: eine optimale Raumausnutzung.

CASA ALFONSO SPANISCH €

Karte S. 322 (☎93 301 97 83; www.casaalfonso.com; Carrer de Roger de Llúria 6; Hauptgerichte 8 €; ⊙ Mo–Sa 9–1 Uhr; ⓂUrquinaona) Seit 1934 serviert die Casa Alfonso Gästen an der langen Marmortheke ihren Morgenkaffee oder eine Auswahl an Tapas. Zur Holzverkleidung kommen noch alte Fotos, Poster und von der Decke hängende Schinken. Eine Handvoll Stammgäste genießt zu jeder Tageszeit *flautas* (dünne, handgemachte Baguettes mit Füllung nach Wahl), Schinken, verschiedene Käsesorten, warme Gerichte oder hausgemachte Desserts. Ein *alfonsito* (Mini-Irish-Coffee) rundet das Ganze ab.

L'Esquerra de l'Eixample

CATA 1.81 TAPAS €€

Karte S. 322 (☎93 323 68 18; www.cata181.com; Carrer de València 181; Tapas 7–12 €; ⊙Mo–Sa abends; ⓂPasseig de Gràcia) Das Lokal ist nicht nur wunderschön gestaltet (z. B. besteht die Beleuchtung aus vielen kleinen Lämpchen, manche in Vogelkäfigen), sondern auch der ideale Ort für gute Weine und herausragende Gourmetgerichte wie *raviolis amb bacallà* (Salzdorschbällchen) oder *truita de patates i tòfona negre* (dicke Kartoffeltortilla mit einer Spur von Trüffeln). Zur Auswahl stehen außerdem Degustationsmenüs, für die 28–45 € verlangt werden.

Die günstigste Option ist das Mittagsmenü für 16 €. Da Wein hier so großgeschrieben wird, sollte einer der spanischen Spitzentropfen von der Weinkarte nicht fehlen.

TAKTIKA BERRI BASKISCH, TAPAS €€

Karte S. 322 (Carrer de València 169; Hauptgerichte 15 €; ⊙Mo–Fr mittags & abends, Sa mittags; ⓂHospital Clínic) Wer rein will, sollte früh kommen, denn hier versammeln sich an der Bar Gäste aus aller Welt, die sich auf baskische Tapas der Spitzenklasse freuen. Sobald die heißen Häppchen aus der Küche kommen, greifen alle gierig danach – also Augen auf und schnell sein! An den Tischen im Hinterhof isst sich's aber auch ganz gemütlich. Um 22.30 Uhr ist der Zauber vorbei.

SPEAKEASY INTERNATIONAL €€

Karte S. 322 (☎93 217 50 80; www.drymartinibcn.com; Carrer d'Aribau 162–166; Hauptgerichte 10–15 €; ⊙Sept.–Juli Mo–Fr mittags & abends, Sa abends; ⓂDiagonal) Das Restaurant versteckt sich hinter der Bar Dry Martini (S. 156). Durch die offene Küche hindurch geht es in ein „Lager", das von Hunderten von Qualitätsweinen gesäumt wird. Dunkle Einrichtung, ein paar Kunstwerke, gedämpftes Licht, Jazzmusik und ein hervorragender Service runden das Bild ab. Auf der verführerischen Speisekarte steht z. B. ein Riesenstück *burrata*-Käse mit weißem Spargel und leckeren *jamòn*-Streifen (luftgetrockneter Schinken).

FASTVÍNIC
CAFÉ €

Karte S. 322 (☎93 487 32 41; www.fastvinic.com; Carrer de la Diputació 251; Sandwiches 6–10 €; ⏰Mo–Sa 12–24 Uhr; Ⓜ Passeig de Gràcia) Hier wird Nachhaltigkeit großgeschrieben: Es gibt fix zubereitetes *slow food,* und alles – vom Baumaterial des Hauses bis zu den Zutaten und Weinen – stammt aus Katalonien. Das Design mit luftreinigenden Pflanzen, energiesparender LED-Beleuchtung und Recyclingsystem für Wasser und Essensreste stammt von Alfons Tost.

Auf der Speisekarte stehen ausschließlich Sandwiches; besonders gut ist die Variante mit Roastbeef, Senf und Honig – oder für Abenteuerlustigere: Spanferkel mit Bananenchutney und Koriander. An der Selbstbedienungsanlage können Gäste die guten spanischen Weine selbst zapfen. Die Einrichtung ist schlicht und unaufgeregt, das Essen wird von klassischer Musik untermalt. Neben den großen Tischen für Gruppen gibt's auch kleinere Nischen mit mehr Privatsphäre. Gewarnt sei allerdings vor dem Tisch rechts neben der Schiebetür und der Maschine zum Essensrecycling. Gäste, die sich hier niederlassen, bekommen ein Wechselbad aus warmer und kalter Zugluft und werden von der anderen Seite mit Essensresten traktiert.

CINC SENTITS
INTERNATIONAL €€

Karte S. 322 (☎93 323 94 90; www.cincsentits.com; Carrer d'Aribau 58; Hauptgerichte 10–20 €; ⏰Di–Sa mittags & abends; Ⓜ Passeig de Gràcia) Das etwas zu stark ausgeleuchtete Reich der „Fünf Sinne" bietet ein Degustationsmenü (49–69 €) mit einer Reihe kleiner, experimenteller Gerichte. Das Geheimnis der Qualität liegt in der ausschließlichen Verwendung frischer Zutaten aus der Gegend: Fisch von der Costa Brava und erstklassige Milchferkel aus der Extremadura. Weniger ambitioniert, aber günstiger ist das Mittagsmenü für 30 €.

MELTON
ITALIENISCH €€

Karte S. 318 (☎93 363 27 76; Carrer de Muntaner 189; Hauptgerichte 12–20 €; ⏰Di–Sa; Ⓜ Hospital Clínic) Wenn Italiener ein italienisches Restaurant empfehlen, muss es einfach gut sein: Dieses piekfeine Lokal bietet gut zubereitete Pasta und Risotto (Letzteres zum Beispiel mit *foie gras*) und leckere Hauptgerichte mit Fisch oder Fleisch. Ungewöhnlich ist die *lasagnetta de tòfona negra i múrgules* (kleine Lasagne mit schwarzen Trüffeln und Morcheln). Das Degustationsmenü kostet 55 €.

ALBA GRANADOS
SPANISCH, MEDITERRAN €€

Karte S. 322 (☎93 454 61 16; Carrer d'Enric Granados 34; Hauptgerichte 12 €; ⏰Mo–Sa mittags & abends, So mittags; Ⓡ FGC Provença) Von den romantischen kleinen Balkontischchen im Obergeschoss bietet sich im Sommer eine schöne Aussicht über die Bäume; der Verkehrslärm ist nur gedämpft zu hören. Innen findet man zwei riesige Speisesäle mit Backsteinwänden und dunklem Parkett im Erdgeschoss und im 1. Stock. Die Karte bietet ein wenig von allem, am besten sind jedoch die Fleischgerichte wie *solomillo a la mantequilla de trufa con tarrina de patata y beicon* (Rinderlende in Trüffelbutter, Kartoffel- und Speckterrine).

TERRABACUS
TAPAS €€

Karte S. 318 (☎93 410 86 33; www.terrabacus.com; Carrer de Muntaner 185; Hauptgericht 12–15 €, menú del día 18 €; ⏰Di–Fr mittags & abends, Mo & Sa abends; Ⓜ Hospital Clínic) Das Essen begleitet hier den Wein, könnte man denken. In diesem „Land des Bacchus" kann sich der Kunde durch die umfangreiche Weinliste probieren und zu jedem Glas den passenden Bissen bestellen. Verschiedene Käseplatten stehen zur Auswahl, ebenso der spitzenmäßige luftgetrocknete *joselito*-Schinken. Etwas umfangreicher sind Gerichte wie Risotto oder Tatar.

CERVESERIA BRASSERIA GALLEGA
TAPAS €€

Karte S. 318 (☎93 439 41 28; Carrer de Casanova 238; Hauptgerichte 10–20 €; ⏰Mo–Sa mittags & abends; Ⓜ Hospital Clínic) Die bescheidene Fassade erregt kaum Aufsehen, doch im Laden dahinter drängen sich die Einheimischen, um sich bei großzügig portionierten galicischen Gerichten zu unterhalten. Der stets frisch zubereitete *pulpo a la gallega* (gewürzte Tintenfischstücke mit Kartoffeln) als Vorspeise zeigt schon an, dass dieses Lokal die Konkurrenz übertrifft.

Die Ober verlieren keine Zeit, lassen aber gerne mal einen markigen Spruch los. Die Einrichtung ist recht einfach gehalten, die leckeren Fleischgerichte sind saftig und die *fideuà* (wie Paella, aber auf Basis von Vermicelli) verbreitet ihr volles Meeresfrüchtearoma.

LA BODEGUETA PROVENÇA
TAPAS €

Karte S. 322 (☎93 215 17 25; Carrer de Provença 233; Hauptgerichte 7–10 €; ⏰mittags & abends; Ⓜ Diagonal) Der „Kleine Weinkeller" bietet klassische Tapas auf besondere Art, von *calamares a la andaluza* (in Teig getauchte Kalamari) bis zu *cecina* (gebeiztes Kalbfleisch). Die Spezialität des Hauses ist *ous estrellats* (wortwörtlich „zerschlagene Eier"), eine Mischung aus gerührtem Eiweiß, Dotter, Kartoffeln und weiteren Zutaten (alles Mögliche, von *foie gras* bis *morcilla* – Blutwurst). Dazu passt ein gutes Glas Ribera del Duero oder auch eine *caña* (ein kleines Bier).

KOYUKI JAPANISCH €€

Karte S. 322 (Carrer de Còrsega 242; Hauptgerichte 14 €; Di–Sa mittags & abends, So abends; M Diagonal) Das unscheinbare japanische Lokal mit den langen Tischen ist einer jener ungeschliffenen Diamanten, die einen Besuch lohnen. Die bebilderte Speisekarte wirkt etwas billig, aber das Essen enttäuscht nicht! Täglich gibt's viele frische *sashimi moriawase,* hinter dem *tempura udon* versteckt sich eine köstliche, reichhaltige Portion Nudelsuppe. Dazu wird Sapporo-Bier angeboten.

BODEGA SEPÚLVEDA KATALANISCH €

Karte S. 318 (93 323 59 44; www.bodegasepulveda.net; Carrer de Sepúlveda 173bis; Tapas 4–12 €; Mo–Fr mittags & abends, Sa abends; M Universitat) Die Taverne beliefert seit 1952 zufriedene Gäste mit Tapas. Das Angebot ist schier überwältigend und mischt traditionell katalanische Gerichte (z. B. *cap i pota*, fettige Rindfleischstücke in Sauce) mit Überraschungen wie *carpaccio de calabacín con bacalao y parmesán* (dünne Zucchinischeiben im Kabeljau- und Parmesan-Mantel). Das Lokal ist bis 1 Uhr früh geöffnet.

Der große Speisesaal ist durch den Hinterausgang und die Treppe hinunter zu erreichen. Oben ist noch ein kleinerer Bereich mit niedriger Decke.

CERVESERIA CATALANA TAPAS €

Karte S. 322 (93 216 03 68; Carrer de Mallorca 236; Hauptgerichte 8 €; mittags & abends; M Passeig de Gràcia) Die „katalanische Brauerei" bietet gutes Frühstück, Mittag- und Abendessen. Morgens wird der Kaffee mit Croissants serviert, mittags gibt's eine große Auswahl an Tapas und *montaditos* (Kanapees). Sitzgelegenheiten finden sich an der Bar, auf dem Bürgersteig oder im hinteren Teil des Restaurants. Das Angebot an heißen Tapas, leckeren Salaten und mehr zieht eine gut gekleidete Klientel von Einheimischen und Touristen an.

EL RINCÓN MAYA MEXIKANISCH €

Karte S. 322 (93 451 39 46; Carrer de València 183; Hauptgerichte 5–10 €; Di–Sa mittags & abends, Mo abends; M Passeig de Gràcia) In dem mexikanischen Restaurant einen Platz zu bekommen, kann richtig schwierig werden. Das Lokal macht einen freundlichen und bescheidenen Eindruck. Die kleinen Portionen *nachos, guacamole* und *fajitas* schmecken phantastisch, aber auch weniger bekannte Gerichte wie *tacos de pibil* (Tacos mit Schweinefleisch) und *tinga* (Teigtäschchen mit Hühnerfleisch) verwöhnen den Gaumen. Etwas größere Gerichte kosten 9,50 €. Der Koch und Eigentümer hat den größten Teil seines Lebens in der Gastronomie von Mexiko-Stadt gearbeitet.

RESTAURANTE JARDÍN ROSA CHINESISCH €

Karte S. 318 (93 325 71 95; Avinguda Mistral 54; Hauptgerichte 8 €; mittags & abends; M Espanya) Wie überall gibt es auch in Barcelona eine Menge preisgünstiger Chinarestaurants, doch dieses hier ist wirklich einen Besuch wert. Im ersten Teil der Karte findet man Spezialitäten wie Schweinsblutsuppe, schwarzes Hühnchen mit Ingwer, Froschschenkel und Aalstreifen auf Lauch. Das sonst in Chinarestaurants übliche chintzlastige Dekor hält sich hier ebenfalls in Grenzen.

AMALTEA VEGETARISCH €

Karte S. 318 (www.amalteaygovinda.com; Carrer de la Diputació 164; Hauptgerichte 5 €; Mo–Sa mittags & abends; ; M Urgell) Ein Deckenfresko in Himmelblau bestimmt die Szene dieses beliebten vegetarischen Lokals. Das Mittagsmenü (10,50 €) an Werktagen bietet der Jahreszeit entsprechend frische Gerichte. Die beiden Abendmenüs (15 €) sind äußerst preisgünstig, die hausgemachten Desserts verlockend. Als eine Art alternatives Lifestylezentrum unterrichtet das Amaltea auch Yoga, Tai-Chi und Bauchtanz.

CRUSTO CAFÉ €

Karte S. 322 (93 487 05 51; www.crusto.es; Carrer de València 246; Brot & Gebäck ab 2 €; Mo–Sa mittags & abends; M Passeig de Gràcia) Eine französisch inspirierte Bäckerei und zugleich eine Patisserie, die jeden Passanten durch das warme und köstliche Aroma frisch gebackenen Brots, Baguettes, Croissants und anderer Backwaren anlockt, das aus dem Laden strömt.

MAURI PASTELERÍA €

Karte S. 322 (☎93 215 10 20; Rambla de Catalunya 102; Gebäck ab 1,50 €; ⏲Mo–Sa 8–21, So 8–15 Uhr; Ⓜ Diagonal) Seit seiner Eröffnung 1929 zieht diese Patisserie ihre Stammkunden an, die sich an der Riesenauswahl an Süßigkeiten, Schokocroissants und Gourmetdelikatessen berauschen.

CREMERIA TOSCANA GELATERIA €

Karte S. 318 (☎93 539 38 25; Carrer de Muntaner 161; Eis ab 1,50 €; ⏲Okt.–Ostern Di–So 13–21 Uhr, Ostern–Sept. Di–So 13–24 Uhr; Ⓜ Hospital Clínic) In Barcelona gibt es generell ganz gutes Eis, doch die Meisterschaft der Italiener auf diesem Gebiet wird in Spanien selten erreicht. Diese *gelateria* schafft es! Cremige Stracciatella, Nocciola und andere Geschmacksrichtungen warten auf die Kunden in der authentischsten *gelateria* der Stadt. Jedes Eis gibt's in der Waffel oder im Becher.

ESCRIBÀ NACHTISCH €

Karte S. 322 (☎93 454 75 35; www.escriba.es; Gran Via de les Corts Catalanes 546; Gebäck ab 2 €; ⏲ Mo–Fr 8–15 & 17–21, Sa, So & Feiertage 8–21 Uhr; Ⓜ Urgell) Antoni Escribà führt die Familientradition (seit 1906) fort, die Herzen der *barcelonins* mit erstaunlichen Patisserien und sündhaften Schokoladenkreationen zum Schmelzen zu bringen. Ein Muss zu Ostern sind die *bunyols de xocolata* (Teigbällchen gefüllt mit Schokoladencreme). Escribà hat eine Filiale im Modernisme-Stil in La Rambla de Sant Josep 83 (Karte S. 304).

ORXATERIA SIRVENT EIS €

Karte S. 318 (☎93 441 76 16; Ronda de Sant Pau 3; Horchata ab 3 €, Eis ab 1,50 €; ⏲Okt.–April 11–14 & 16–21 Uhr, Juni–Sept. 11–21 Uhr; Ⓜ Sant Antoni oder Paral.lel) Außerhalb Valencias, der geistigen Heimat dieser Eisdiele, wird hier das beste *orxata/horchata* (Erdmandelgetränk) verkauft. Man kann es im Glas oder zum Mitnehmen in der Flasche erstehen. Die Eisdiele stellt auch köstliche Eiscreme, *granissat* (geeiste Limonade) und *turrón* (Nougat) her.

AUSGEHEN & NACHTLEBEN

Der Großteil des mittelständischen Viertels Eixample ist nachts ziemlich ausgestorben, es gibt aber einige Straßen, die eine Ausnahme bilden: Der Carrer de Balmes wird vor allem von jugendlichen Rowdys bevölkert. Wesentlich interessanter ist da die Reihe von Lokalen entlang des Carrer d'Aribau zwischen der Avinguda Diagonal und dem Carrer de Mallorca. Dort findet man die gesamte Palette von ruhigen Cocktailbars bis zu Retrobars im Stil der 1960er-Jahre. Vor Mitternacht ist kaum etwas los, sonntags und mittwochs ist ganz zu (oder es herrscht absolute Flaute). Weiter unten, auf und um den Carrer del Consell de Cent und den Carrer de la Diputació, schlägt das Herz von „Gaixample" mit einer großen Auswahl an Schwulenbars und -clubs.

L'Esquerra de l'Eixample

LP TIPP **MONVÍNIC** WEINBAR

Karte S. 322 (☎932 72 61 87; www.monvinic.com; Carrer de la Diputació 249; ⏲Weinbar 13.30–23.30, Restaurant 13.30–15.30 & 20.30–20.30 Uhr; Ⓜ Passeig de Gràcia) Das Mondvínic ist laut Wall Street Journal „möglicherweise die beste Weinbar der Welt". Der Sommelier des El Bulli hält es ebenfalls für ein absolutes Muss. Vor allem aber ist es eine Liebeserklärung an den Wein und dessen Genuss. An der Bar liegt ein Tablet-PC, auf dem Gäste die digitale Weinkarte studieren können, die immerhin über 3000 Sorten umfasst.

Aber nicht nur Weinkenner werden hier glücklich – dem „normalen" Weinliebhaber stehen hier auch 60 offene Weine zur Auswahl. Die riesige internationale Palette kann nach Herkunft, Jahrgang oder Traube durchsucht werden. Die Preise beginnen bei 3,50 € für ein Glas Albariño, Flaschenweine gibt's natürlich auch. Die Betonung liegt zwar auf der Erschwinglichkeit, aber wer sich etwas gönnen will, findet hier auch phantastische Jahrgangsweine. Die sechs Sommeliers, die die Weinkarte bearbeiten, geben dazu gerne Tipps. Im hinteren Bereich ist ein Restaurant mit mediterraner Küche aus Zutaten, die aus der regionalen katalanischen Landwirtschaft stammen.

LA FIRA BAR

Karte S. 322 (www.lafiraclub.com; Carrer de Provença 171; Eintritt 8–12 €; ⏲Mi–Sa 10.30–3 Uhr; FGC Provença) Eine Designer-Bar mit dem gewissen Etwas! Im Eingangsbereich wird man mit Zerrspiegeln und alten

Jahrmarktattraktionen aus Deutschland empfangen. Ein paar Münzen Kleingeld entlocken einer Maschine Hühnergegacker – und apropos Gackern: Die Musik ist eine wilde Mischung, die von House über die Hits der 1990er-Jahre bis zu spanischen Popklassikern reicht. Die Bar ist ein schöner Einstieg in den Abend – laut hauseigener Werbung werden hier rund 500 unterschiedliche Drinks gemixt.

DRY MARTINI — BAR

Karte S. 322 (☎93 217 50 72; www.drymartinibcn.com; Carrer d'Aribau 162–166; ⏲17–3 Uhr; Ⓜ Diagonal) Kellner servieren mit einem diskreten, wissenden Lächeln köstliche Cocktails. Vom Drink des Hauses, den man an der Bar oder in einem der noblen grünen Ledersessel genießen kann, war noch keiner enttäuscht. Der Gin Tonic wird in einem riesigen Glas serviert – ein paar davon und die Stimmung ist ausgelassen! Hinten raus liegt das Restaurant Speakeasy (S. 152).

COSMO — CAFÉ

Karte S. 322 (www.galeriacosmo.com; Carrer d'Enric Granados 3; ⏲Mo–Do 10–22, Fr & Sa 12–2, So 12–22 Uhr; 📶; Ⓜ Universitat) Ein In-Café, dessen Tische und Barstühle in den verschiedensten Farben leuchten. Im hinteren Teil des Lokals bieten hohe, weiße Wände genügend Platz für Ausstellungen und Events. An der einladenden Fußgängerzone direkt hinter der Universität serviert das Café eine sehr gute Auswahl an Tees, Gebäck und Snacks: genau das Richtige am Morgen für den kurzen Blick in den Laptop oder einen Drink am Abend, während man die Kunst bewundert.

ÁTAME — SCHWULENBAR

Karte S. 322 (☎93 454 92 73; Carrer del Consell de Cent 257; ⏲19–3 Uhr; Ⓜ Universitat) Das Átame – „Fessle mich" – ist der richtige Ort, um morgens einen Kaffee zu trinken. Später am Abend geht's heiß her, wenn sich nach und nach die schwule Klientel einstellt. Am Freitagabend wird meist eine vulgäre Show gezeigt, donnerstags gibt's eine Happy Hour.

BACON BEAR — SCHWULENBAR

Karte S. 322 (Carrer de Casanova 64; ⏲18–2.30 Uhr; Ⓜ Urgell) Jeder Bär braucht seine Höhle – und diese hier ist ganz nett. Das Bacon Bear ist eine große Bar für kräftig gebaute Schwule. Wenn am Wochenende die Musik ordentlich aufgedreht wird, gehen die Tanzbären auf Tuchfühlung.

CAFÉ SAN TELMO — BAR

Karte S. 318 (☎934 39 17 09; www.cafesantelmo.com; Carrer de Buenos Aires 60; ⏲Mo–Fr 9–14.30, Sa & So 9–15.30 Uhr; Ⓜ Diagonal) In der engen Bar ist angenehm viel los. Durch die großen Fenster am Carrer de Casanova können die Gäste die Passanten und den Verkehr in der nahen Avinguda Diagonal beobachten, auch deshalb macht es Spaß, hier den Abend mit ein paar Drinks einzuläuten. Einige der Top-Bars und Clubs finden sich gleich vis-à-vis auf der anderen Seite der Avinguda Diagonal.

DACKSY — SCHWULENBAR

Karte S. 322 (☎93 217 50 72; Carrer del Consell de Cent 247; ⏲ So–Do 13–2, Fr & Sa 13–3 Uhr; Ⓜ Universitat) Die feschen Barkeeper in dieser coolen Lounge mitten im schwulen Eixample verstehen ihr Handwerk, wenn es darum geht, durch Mixen, Schütteln und Umrühren das Herz der Gäste zu erobern. Ein guter Start in den Abend also oder ein netter Abschluss für den Fall, dass im Abendprogramm kein Clubbing vorgesehen ist.

LA CHAPELLE — SCHWULENCLUB

Karte S. 322 (☎93 453 30 76; Carrer de Muntaner 67; ⏲Mo–Do 18–2, Fr & Sa 18–3 Uhr; Ⓜ Universitat) Die typische Eixample-Bar ist ein langer Schlauch mit weiß gekachelten Wänden und verströmt den Charme eines Krankenhauses der 1930er-Jahre. Hier findet man weit mehr Kruzifixe und Nischen als in jeder normalen Kapelle! Der entspannte Schwulentreff heißt auch alle anderen Gäste herzlich willkommen – mit oder ohne Waschbrettbauch.

MEDITERRÁNEO — BAR

Karte S. 322 (☎678 211253; Carrer de Balmes 129; ⏲23–3 Uhr; Ⓜ Diagonal) Die großartige (aber ziemlich verrauchte) Kneipe lockt vor allem Studenten an. Die bestellen sich ein Bier, knabbern die kostenlosen Nüsse und unterhalten sich an einem der winzigen Tischchen und warten darauf, dass die nächsten Musiker sich für ihren Liveauftritt bereit machen. Einige der jungen Künstler sind übrigens wirklich gut.

MILANO — COCKTAILBAR

Karte S. 322 (www.camparimilano.com; Ronda de la Universitat 35; ⏲12–2.30 Uhr; Ⓜ Catalunya) Wer die Treppen zur Cocktailbar hinuntersteigt, ahnt nicht, was ihn erwartet. In der weitläufigen Bar trifft sich ein lustiges Völkchen, das es sich an den Tischen bequem macht oder rechts am geschwungenen Tresen thront und munter zecht.

MUSEUM SCHWULENBAR

Karte S. 318 (Carrer de Sepúlveda 178; ⏲18.30–3 Uhr; Ⓜ Universitat) Die Einrichtung dieser Bar lässt sich am besten mit abgedrehtem Kitsch beschreiben: Lüster gesellen sich zu Pseudo-Renaissance-Skulpturen und Pop-Design. Die Drinks werden an einem Tresen mit Bühnenbeleuchtung serviert, ab 1.30 Uhr nachts kommen die Gäste wegen des Gedränges kaum noch dazu, etwas nachzubestellen. Twinks und Muskelprotze geben sich ein Stelldichein in dieser Schwulenbar, die ein guter Einstieg in eine lange Nacht ist. Auch ins Metro ist es nicht weit.

PLATA BAR BAR

Karte S. 322 (☎93 452 46 36; Carrer del Consell de Cent 235; ⏲20–3 Uhr; Ⓜ Universitat) Die Sitzplätze der Eckterrasse dieser weitläufigen Bar locken jede Menge Burschen an, die hier auf ihrer abendlichen Kneipentour durch die Schwulenlokale ziehen. Innen stehen am Tresen und an den hohen Tischen Barhocker aus Metall, die Musik schlägt einen weiten Bogen von Tanzbarem bis Trance, und die Kellner zaubern hinter den Kandelabern an der Bar ihre Drinks.

PREMIER BAR

Karte S. 322 (Carrer de Provença 236; ⏲Mo–Do 18–2.30, Fr & Sa 18–3 Uhr; FGC Provença) Die flippige kleine Weinbar unter französischer Leitung bietet eine relativ knappe Weinkarte (überwiegend französischer Provenienz), aber auch ein Moritz oder einen Mojito. Die Gäste haben die Wahl zwischen der Bar, Sesseln oder dem Zwischengeschoss. Später am Abend sorgt ein DJ für gute Stimmung.

PUNTO BCN SCHWULENBAR

Karte S. 322 (☎93 453 61 23; www.arenadisco.com; Carrer de Muntaner 63–65; ⏲18–3 Uhr; Ⓜ Universitat) Ein guter alter Klassiker: Die große Bar erstreckt sich über zwei Etagen, das Publikum ist zwischen 20 und 50 Jahre alt, manchmal aber auch ganz offensichtlich älter. Am Freitag- und Samstagabend wird es meist brechend voll. Wer vorhat, die ganze Nacht durchzufeiern, kann die Schwulenbar auch als netten Zwischenstopp am frühen Abend ins Programm einbauen.

QUILOMBO BAR

Karte S. 322 (☎93 439 54 06; Carrer d'Aribau 149; ⏲Juni–Sept. tgl., Okt.–Mai Mi–So 19–2.30 Uhr; FGC Provença) Manche Konzepte gehen einfach auf – dieser Laden boomt schon seit den 1970er-Jahren. Das „Geheimrezept“: Man dekoriere das Hinterzimmer mit ein paar Gitarren, stelle jede Menge Stühle und Tische dazu und serviere ziemlich billige Fertig-Mojitos und Plastikschalen mit Nüssen – den Rest erledigen die Gäste selbst. Das Volk strömt in Scharen herbei und macht ordentlich *quilombo* (Wirbel).

AIRE LESBENBAR

Karte S. 322 (☎93 487 83 42; www.arenadisco.com; Carrer de València 236; ⏲Do–Sa 23–3 Uhr; Ⓜ Passeig de Gràcia) Das Lokal ist vor allem bei Lesben beliebt. Die Tanzfläche ist groß, meist legt ein DJ Musik auf – die Palette reicht von den Hits der 1980er- und '90er-Jahre bis zu Techno. Ungeschriebenes Gesetz ist, dass nur die männlichen Freunde der Mädels hereindürfen, in der Praxis ist das Publikum dann aber doch recht gemischt. Am Donnerstagabend geht bei Livemusik oft richtig die Post ab.

ARENA CLASSIC CLUB

Karte S. 322 (☎93 487 83 42; www.arenadisco.com; Carrer de la Diputació 233; Eintritt 6–12 €; ⏲Fr & Sa 0.30–6.30 Uhr; Ⓜ Passeig de Gràcia) Der Club befindet sich gleich um die Ecke vom Arena Madre, ist aber etwas ruhiger als sein Pendant. Auch das Publikum ist meist nicht so schwul dominiert. Gespielt wird vor allem kommerzieller House.

ARENA MADRE SCHWULENCLUB

Karte S. 322 (☎93 487 83 42; www.arenadisco.com; Carrer de Balmes 32; Eintritt 6–12 €; ⏲0.30–5.30 Uhr; Ⓜ Passeig de Gràcia) Das Arena Madre ist beim hitzigen Jungvolk beliebt und eine der Top-Adressen für Schwule, die jemanden aufreißen wollen. Am Montag lohnt sich der Besuch wegen der Stripshows, am Mittwoch kommen die Drag Queens. Gespielt wird die übliche Mischung aus Disko und Latin, damit auch anständig mit dem Hintern gewackelt werden kann. Heteros sind willkommen, aber in der Minderheit.

CITY HALL CLUB

Karte S. 322 (☎93 238 07 22; www.grupo-ottozutz.com; Rambla de Catalunya 2–4; Eintritt 12 €; ⏲Mo–Do 0–5, Fr & Sa 0–6 Uhr; Ⓜ Catalunya) Ein Korridor führt zur Tanzfläche des Clubs in einem ehemaligen Theater. Hier sind House und Electro-Sound zu hören, auch eine recht futuristisch anmutende Session mit topaktuellem Funk – *Get Funkd!* heißt sie und findet donnerstags statt. Jeden Dienstag- und Mittwochabend steht hier Electro-House auf dem Programm, am Donnertag legen verschiedene Gast-DJs auf. Hinter der Tanzfläche lädt eine Terrasse zum Chillen ein.

LA BASE SCHWULENCLUB

Karte S. 318 (Carrer de Casanova 201; ⌚Mo–Fr 22–3, Sa & So 0–5 Uhr; Ⓜ Hospital Clínic) Die einschlägige Schwulenbar plus Club hat so ziemlich für jeden etwas zu bieten: Nude Nights, Rude Nights, Leather-Cruising-Abende und Dark Rooms. Und Musik gibt's auch!

METRO SCHWULENCLUB

Karte S. 318 (☎93 323 52 27; www.metrodiscobcn.com; Carrer de Sepúlveda 185; ⌚Mo 1–5, So & Di–Do 0–5, Fr & Sa 0–6 Uhr; Ⓜ Universitat) Das Metro lockt mit seinen zwei Tanzflächen, drei Bars und dem wirklich sehr, sehr dunklen Dark Room ein legeres, schwules Publikum an. Vielleicht findet sogar eine Show oder Party statt – von Modeschauen bis zu Bingoabenden (donnerstags) mit teilweise interessanten Preisen ist so ziemlich alles geboten. Am Mittwochabend steht eine Live-Sexshow auf dem Programm.

OPIUM CINEMA CLUB

Karte S. 322 (☎93 414 63 62; www.opiumcinema.com; Carrer de París 193–197; ⌚Di–Do 21–2.30, Fr & Sa 21–3 Uhr; Ⓜ Diagonal) Rot-, Rosé- und Gelbtöne sind die dominanten Farben in dem tollen ehemaligen Kino. Hier treffen sich die Schönen aller Altersklassen, um an der rechteckigen Bar in der Mitte etwas zu trinken, ein bisschen zu tanzen und einander in Augenschein zu nehmen. Manche Gäste kommen auch früher, um noch einen Happen zu essen. Der Mittwochabend ist für R&B und brasilianische Musik reserviert.

ROXY BLUE CLUB

Karte S. 322 (☎93 272 66 97; www.roxyblue.es; Carrer del Consell de Cent 294; ⌚Mi & Do 0–5, Fr & Sa 0–6 Uhr; Ⓜ Passeig de Gràcia) In diesem Miniclub auf zwei Ebenen dominiert tatsächlich die Farbe Blau. Die Musikpalette reicht von Beats aus New York bis hin zur brasilianischen Nacht (sonntags). Am Wochenende drängt ein Publikum aus jungen Gästen um die 20 in den Club. Wenn sie genug getanzt haben, ruhen sie sich auf hochlehnigen Ledersesseln aus oder erkunden die verschiedenen Bars.

La Dreta de l'Eixample

LES GENS QUE J'AIME BAR

Karte S. 322 (Carrer de València 286; ⌚So–Do 18–2.30, Fr & Sa 18–3 Uhr; Ⓜ Passeig de Gràcia) Die intime Kellerbar ist ein Relikt aus den 1960er-Jahren und funktioniert nach einem einfachen Rezept: cooler Jazz als Hintergrundmusik, nur ein Minimum an Beleuchtung (dank diverser Flohmarktlampen) sowie ein gemütliches Sammelsurium an roten Samtsesseln, die sich um winzige dunkle Tischchen gruppieren.

CAFÈ DEL CENTRE CAFÉ

Karte S. 322 (☎93 488 11 01; Carrer de Girona 69; ⌚Mo–Fr 8.30–24 Uhr; Ⓜ Girona) Das 1873 gegründete Café vermittelt ein Lebensgefühl wie vor hundert Jahren. Die Holzbar zieht sich auf der rechten Seite entlang und blickt auf eine Handvoll Marmortischchen und dunkle Holzstühle. Trotz der melancholischen Stimmung füllt sich das Café am Abend.

GARAJE HERMÉTICO BAR

Karte S. 322 (Avinguda Diagonal 440; ⌚23–4 Uhr; Ⓜ Diagonal) Rauch hängt in der Luft, es wird Billard gespielt, die Stimmung erinnert an die Welt des Rock 'n' Roll. Hier treffen sich zu spätester Stunde all jene, denen der Sinn nicht nach Disko steht, sondern eher nach dem einen oder anderen Drink – und zwar um eine Uhrzeit, zu der die meisten anderen Kneipen in Barcelona längst dichtgemacht haben. Auch nach 3 Uhr ist hier noch viel los.

NEW CHAPS SCHWULENBAR

Karte S. 322 (☎93 215 53 65; www.newchaps.com; Avinguda Diagonal 365; ⌚So–Do 21–3, Fr & Sa 21–3.30 Uhr; Ⓜ Diagonal) Lederfreaks gehen auf der Tanzfläche schon mal auf Tuchfühlung; im Dark Room unten (vorbei an den recht dunklen Toiletten im Kellergewölbe) geht's dann so richtig zur Sache. Das New Chaps ist eine klassische Schnauzer-Schwulenbar mit Porno-Einschlag.

DBOY SCHWULENCLUB

Karte S. 322 (☎93 453 05 10; Ronda de Sant Pere 19–21; ⌚Sa 0–6 Uhr; Ⓜ Urquinaona) Laserbeleuchtung in Pink und knackige junge Burschen in Scharen – so präsentiert sich einer der größten Tanzclubs am Samstagabend, in dem die Nacht hindurch vor allem zu E-Musik getanzt wird. Anstatt um 6 Uhr morgens endlich heimzugehen, starten hier viele erst so richtig in den fortgeschrittenen „Abend". Der Laden hat sehr wählerische Türsteher – also beim Styling nicht sparen!

UNTERHALTUNG

BEL-LUNA JAZZ CLUB JAZZ

Karte S. 322 (☎93 302 22 21; www.bel-luna.com; Rambla de Catalunya 5; Eintritt 5–15 €; ⏲So–Do 21–2, Fr & Sa 21–3 Uhr; Ⓜ Catalunya) Das Restaurant mit Bar und Club im Untergeschoss ist vielleicht nicht die attraktivste Location, bietet aber sieben Tage die Woche ein komplettes Jazzprogramm mit bekannten und noch nicht so bekannten Musikern aus dem In- und Ausland. Auch ein Abendessen ist hier möglich, wirklich zu empfehlen ist es aber nicht. Nach dem letzten Auftritt verwandelt sich das Lokal in eine Art „Vorclub" mit Musik aus den 1980er- und 1990er-Jahren.

DIETRICH GAY TEATRO CAFÉ CABARET

Karte S. 322 (☎93 451 77 07; Carrer del Consell de Cent 255; ⏲22.30–3 Uhr; Ⓜ Universitat) Um 1 Uhr ist in dem kabarettartigen Club, der sich Marlene Dietrich verschrieben hat, Showtime mit mindestens einer Drag-Queen-Gala pro Nacht. Die dominante Musikrichtung ist Soft House; ein Garten im Innenhof ist ebenfalls vorhanden. Zwischen den Vorstellungen heizen Gogo-Boys heftig ein.

L'AUDITORI KLASSISCHE MUSIK

Karte S. 318 (☎93 247 93 00; www.auditori.org; Carrer de Lepant 150; Eintritt 10–60 €; ⏲Kartenverkauf Mo–Sa 15–21 Uhr; Ⓜ Monumental) Barcelonas moderner, von Rafael Moneo entworfener Treffpunkt für Liebhaber klassischer Musik bietet ein breites Programm an Orchester-, Kammer-, sakraler und anderer Musik. Das Auditori wirkt von außen auf manchen hässlich (es gibt sogar Leute, die bezeichnen das Gebäude sogar als einen Haufen Schrott), doch die Innenräume sind wirklich wunderbar gestaltet. L'Auditori ist die Heimatbühne des Orquestra Simfònica de Barcelona i Nacional de Catalunya.

PALAU ROBERT KLASSISCHE MUSIK

Karte S. 322 (☎93 238 40 00; www.gencat.cat/palaurobert; Passeig de Gràcia 107; Eintritt 4 €; Ⓜ Diagonal) Einmal im Monat gibt es ein Konzert im idyllischen Garten hinter dem schönen Gebäude oder in der Haupthalle. Die Konzerte finden meist mittwochs gegen 20 Uhr statt. Da die Anzahl der Plätze begrenzt ist, müssen sich Zuhörer am Nachmittag (zwischen 17 und 19 Uhr) oder am Vormittag des Veranstaltungstages (zwischen 10 und 12 Uhr) eine Karte sichern.

TEATRE NACIONAL DE CATALUNYA DARSTELLENDE KÜNSTE

Karte S. 318 (☎93 306 57 00; www.tnc.cat; Plaça de les Arts 1; Eintritt 12–32 €; ⏲Kartenverkauf Mi–Fr 15–19, Sa 15–20.30, So 15–17 Uhr & 1 Std. vor Veranstaltungsbeginn; Ⓜ Glòries oder Monumental) Ricard Bofills ultra-neoklassizistisches Theater mit einem hellen, luftigen Foyer bietet eine breite Palette an Vorstellungen, vor allem Schauspiel (von *König Lear* auf Katalanisch bis zu Aufführungen von Fura dels Baus), gelegentlich auch Tanz und andere Darbietungen.

TEATRE TÍVOLI THEATER

Karte S. 322 (☎902 332211; www.grupbalana.com; Carrer de Casp 8–12; Eintritt 20–50 €; ⏲Kartenverkauf 17 Uhr bis Veranstaltungsbeginn; Ⓜ Catalunya) Das prächtige alte Theater mit drei Logenrängen und einer weitläufigen Bühne bietet Schauspiel und Musicals; oft stehen die Stücke nur ein paar Wochen auf dem Spielplan.

MÉLIÈS CINEMES KINO

Karte S. 322 (☎93 451 00 51; www.cinesmelies.net; Carrer de Villarroel 102; Eintritt 3–5 €; Ⓜ Urgell) Das gemütliche Kino mit zwei Vorführräumen hat sich auf alte Filmklassiker aus Hollywood und Europa spezialisiert.

RENOIR FLORIDABLANCA KINO

Karte S. 318 (☎93 426 33 37; www.cinesrenoir.com; Carrer de Floridablanca 135; Ⓜ Sant Antoni) Mit seinen sieben Vorführräumen gehört das Renoir Floridablanca zu einer kleineren Kette von Filmkunstkinos, in denen hochwertige Streifen auf Spanisch gezeigt werden. Das Kino liegt ganz praktisch gleich hinter El Raval – nach dem Film ist damit für ausreichend Unterhaltung gesorgt.

SHOPPEN

Die meisten Nobelgeschäfte Barcelonas liegen im Zentrum des Eixample, insbesondere entlang des Passeig de Gràcia, der Rambla de Catalunya und der angrenzenden Straßen. Dazwischen mischt sich eine erstaunlich vielseitige Auswahl an Fachgeschäften.

VINÇON
HAUSHALTSWAREN

Karte S. 322 (☎93 215 60 50; www.vincon.com; Passeig de Gràcia 96; ⏲Mo–Sa 10–20.30 Uhr; Ⓜ Diagonal) Vinçon, eine Ikone unter Barcelonas Läden für Wohndesign, führt die tollsten Möbel und Haushaltswaren (besonders Lampen), egal ob einheimisch oder international. Eigentlich ist das gar nicht so erstaunlich, denn das 1899 errichtete Gebäude gehörte dem Modernisme-Künstler Ramon Casas. Die Möbel sind oben, wo die Terrasse auch noch einen tollen Blick auf La Pedrera bietet.

ELS ENCANTS VELLS
FLOHMARKT

Karte S. 318 (Fira de Bellcaire; ☎93 246 30 30; www.encantsbcn.com; Plaça de les Glòries Catalanes; ⏲Mo, Mi, Fr & Sa 7–18 Uhr; Ⓜ Glòries) Der Flohmarkt (übersetzt: „alter Zauber") ist auch unter dem Namen Fira de Bellcaire bekannt und der größte seiner Art in Barcelona. Seinen heutigen Standort hat er bereits seit 1928: Damals zog er von der Avinguda de Mistral nahe der Plaça d'Espanya hierher. Von antiken Möbeln bis zu Secondhandkleidung findet man hier alles. Zwischen viel Plunder lässt sich auch das eine oder andere Schnäppchen *(ganga)* auftreiben.

Die beste Zeit für einen Bummel sind der Montag, der Mittwoch und der Freitag: Zwischen 7 und 9 Uhr finden dann die Auktionen statt. Seit Jahren wird über eine Verlegung des Flohmarkts diskutiert, bei Redaktionsschluss war er immer noch an seinem Stammplatz an der Nordseite der Plaça de les Glòries Catalanes.

EL BULEVARD DELS ANTIQUARIS
ANTIQUITÄTEN

Karte S. 322 (☎93 215 44 99; www.bulevarddelsantiquaris.com; Passeig de Gràcia 55–57; ⏲Mo–Sa 10.30–20.30 Uhr; Ⓜ Passeig de Gràcia) Über 70 Geschäfte (die meisten haben von 11–14 und 17–20.30 Uhr geöffnet) befinden sich unter einem Dach über den Arkaden des Bulevard Rosa. Hier gibt's alles von alten Porzellanpuppen über edles Kristall, antike Möbel aus Asien und französische Antiquitäten bis zu afrikanischer und sonstiger Ethnokunst und Schmuck.

XAMPANY
CAVA

Karte S. 322 (☎610 845011; Carrer de València 200; ⏲Mo–Fr 16.30–22, Sa 10–14 Uhr; Ⓜ Passeig de Gràcia) Seit 1981 versorgt diese „Kathedrale des Cava" Barcelonas Einwohner mit der guten Brause. Es ist eine wahre Wunderhöhle – an den Wänden des schummrigen Lokals stapeln sich die Schaumweinflaschen mit Cava bis zur Decke.

CASA DEL LLIBRE
BÜCHER

Karte S. 322 (☎902 026407; www.casadellibro.com; Passeig de Gràcia 62; ⏲Mo–Sa 9.30–21.30 Uhr; Ⓜ Passeig de Gràcia) Das „Haus des Buches" ist eine gut sortierte Buchhandlung mit einer ziemlich großen Abteilung für fremdsprachige Literatur. Die Website bietet ein umfassendes Angebot an spanischer Literatur.

COME IN
BÜCHER

Karte S. 322 (☎93 453 12 04; www.libreriainglesa.com; Carrer de Balmes 129bis; Ⓜ Diagonal) Englischlehrer und alle, die die neuesten Krimis auf Englisch lesen oder die Sprache Shakespeares lernen möchten, sind hier richtig. In der großen englischsprachigen Buchhandlung finden sich auch einige Bücher in anderen Fremdsprachen.

LAIE
BÜCHER

Karte S. 322 (☎93 318 17 39; www.laie.es; Carrer de Pau Claris 85; ⏲Mo–Fr 10–21, Sa 10.30–21 Uhr; Ⓜ Catalunya oder Urquinaona) Laie bietet Romane und Bücher über Architektur, Kunst und Film in englischer, französischer, spanischer (kastilischer) und katalanischer Sprache. Noch besser ist allerdings das Café im Obergeschoss, das dazu einlädt, in den neu erworbenen Büchern oder den ausliegenden Zeitungen zu schmökern.

CACAO SAMPAKA
ESSEN

Karte S. 322 (☎93 272 08 33; www.cacaosampaka.com; Carrer del Consell de Cent 292; ⏲Mo–Sa 9–21 Uhr; Ⓜ Passeig de Gràcia) Schokoladenjunkies wähnen sich hier im Himmel. Der Laden bietet eine Vielzahl an Schokoprodukten, die Bar lockt mit einer traditionellen *xocolata calenta* (heiße Schokolade) und köstlichen, selbst gemachten Schokoladenkuchen, Gebäck, Eiscreme und Pralinen sowie Sandwiches.

NORMA COMICS
BÜCHER

Karte S. 318 (☎93 244 84 23; www.normacomics.com; Passeig de Sant Joan 7–9; Ⓜ Arc de Triomf) Spaniens größter Comicladen bietet eine riesige Auswahl an spanischen und internationalen Comics. Hier trifft und findet sich alles – von *Tim und Struppi* bis zu den verrücktesten Science-Fiction- und Sexcomics. Dazu kommen Armeen von Superhelden und anderen Charakteren aus der Welt der Phantasie. Kinder zwischen neun und 99 finden hier immer noch ein neues Heft für ihre Sammlung.

EL CORTE INGLÉS
KAUFHAUS

Karte S. 322 (☎902 400222; www.elcorteingles.es; Plaça de Catalunya 14; Ⓜ Catalunya) Der „englische Hof" ist Spaniens Vorzeigekaufhaus. Hier gibt's alles, was das Herz begehrt – von Computern über Sofakissen bis hin zu Haute Couture und Haushaltswaren. Im obersten Stock befindet sich ein Restaurant, das durch seine Aussicht besticht. Filialen der Kaufhauskette finden sich u. a. am **Portal de l'Àngel 19–21** (Karte S. 304), an der **Avinguda Diagonal 617** (Karte S. 326) und der **Avinguda Diagonal 471–473** (Karte S. 318) in der Nähe der Plaça de Francesc Macià.

CUBIÑA
HAUSHALTSWAREN

Karte S. 322 (☎93 476 57 21; www.cubinya.es; Carrer de Mallorca 291; Ⓜ Verdaguer) Selbst wer sich nicht für Innenarchitektur interessiert, sollte diesen riesigen Tempel für Möbel, Lampen und Einrichtungsgegenstände besuchen – schon allein das Gebäude von Domènech i Montaner lohnt den Besuch! Die Fassade ist mit faszinierenden schmiedeeisernen Verzierungen geschmückt, innen beeindrucken Decken und Holzarbeiten sowie Steinsäulen und Fenster. Ach ja, und dann gibt's hier auch noch Möbel.

ADOLFO DOMÍNGUEZ
MODE

Karte S. 322 (☎93 487 41 70; www.adolfodominguezshop.com; Passeig de Gràcia 32; Ⓜ Passeig de Gràcia) Einer der Stars am spanischen Prêt-à-porter-Modehimmel. Hier findet sich klassische Kleidung aus hervorragenden Materialien – vom rauschenden Ballkleid bis zur piekfeinen Kindermode. Die Modelle sind überwiegend konservativ und elegant, gewagte Outfits sind eher selten.

ANTONIO MIRÓ
MODE

Karte S. 322 (☎93 487 06 70; www.antoniomiro.es; Carrer del Consell de Cent 349; ⏲Mo–Sa 10–20 Uhr; Ⓜ Passeig de Gràcia) Antonio Miró ist einer der Könige der Haute Couture in Barcelona. Der Eingang zu seinem schicken Laden mit dunklem Holzfußboden erinnert an die Rezeption eines hippen Hotels. Miró verarbeitet luftige Naturstoffe zu schicker, tragbarer Männer- und Frauenmode. Besonders toll sind seine umwerfenden Abendkleider und die eleganten Anzüge. Einfach nur ein T-Shirt von Antonio Miró zu kaufen, ist natürlich auch möglich.

RUND UM DIE UHR EINKAUFEN

Hunger um 4 Uhr früh? Oder vergessen, die Zeitung am Kiosk um die Ecke zu kaufen? Und was ist mit Einkaufen am Sonntag? **Open 25** (Karte S. 322; www.open25.es; Carrer de Còrsega 241; Ⓜ Diagonal) ist das einzige Geschäft in Barcelona, das rund um die Uhr geöffnet hat. Hier gibt's alles, was man braucht – von Snacks und Schokolade bis zu Zeitungen und bunten Magazinen.

ARMAND BASI
MODE

Karte S. 322 (☎93 215 14 21; www.armandbasi.com; Passeig de Gràcia 49; ⏲Mo–Sa 10–20 Uhr; Ⓜ Passeig de Gràcia) Der lokale Stardesigner Basi entwirft seine schlanke, klassische Mode für die 30- bis 40-Jährigen. Die Anzüge beeindrucken auch ohne Krawatte und eignen sich, ebenso wie die Kleider, perfekt für ein Dinner oder einen Drink in den angesagtesten Lokalen der Stadt. Dazu kommen lässige Hemden, Hosen, Tops und Kleider. Lederjacken und Schuhe runden das Bild ab.

GI JOE
MODE

Karte S. 318 (☎93 329 96 52; Ronda de Sant Antoni 49; Ⓜ Liceu) Das Geschäft mit Armeelagerbeständen (das beste in der Stadt) ist erst kürzlich an diese neue Adresse gezogen. Hier gibt es die beliebten Khakikosen, aber auch T-Shirts mit modischem Army-Touch. Und für den passenden Look bekommt man auch ein Pistolenhalfter, eine Gasmaske oder sogar einen himmelblauen UN-Helm.

LOEWE
MODE

Karte S. 322 (☎93 216 04 00; www.loewe.com; Passeig de Gràcia 35; ⏲Mo–Sa 10–20.30 Uhr; Ⓜ Passeig de Gràcia) Loewe, gegründet 1846, gehört zu den ältesten und führenden

ABSTECHER

OUTLETS

La Roca Village (☎93 842 39 39; www.larocavillage.com; ⏱Mo–Do 11–20.30, Fr 11–21, Sa 10–22 Uhr), ein ganzes Shopping-Dorf außerhalb der Stadt, hält jede Menge Mode zu Schnäppchenpreisen bereit. Eine endlose Reihe an spanischen und internationalen Modeboutiquen verkauft Kleidung, Schuhe, Accessoires und Designerartikel für den Haushalt, mit Preisnachlässen von bis zu 60 % (behaupten zumindest die Händler).

Zu erreichen ist das Dorf über die gebührenpflichtige AP-7 Richtung Norden, Ausfahrt 12 (Cardedeu), dann der Ausschilderung nach La Roca folgen. Das Busunternehmen **Sagalés** (☎902 130014; www.sagales.com) bietet einen Shuttleservice ab der Station Plaça de Catalunya an (hin & zurück 12 €; 40 Min.; Mai–Sept. Mo–Sa, Okt.–April Mo, Fr & Sa 10, 16 & 18 Uhr). Eine Alternative ist der langsamere Bus der gleichen Gesellschaft ab der Station Fabra i Puig (einfach 2,90 €; Mo–Fr max. 4-mal tgl., keine Fahrten im August). Ansonsten geht's auch mit dem *rodalies* nach Granollers und von dort weiter mit dem Shuttle (nur Mo–Fr) oder einem Taxi.

Modegeschäften Spaniens. Es hat sich auf luxuriöse Lederwaren (Schuhe, Accessoires und Reisetaschen) spezialisiert, führt aber auch Parfüms, Sonnenbrillen, Manschettenknöpfe, Seidentücher und Schmuck. Die Filiale im Modernisme-Gebäude Casa Lleó Morera besteht schon seit 1943.

PURIFICACIÓN GARCÍA — MODE

Karte S. 322 (☎93 487 72 92; www.purificaciongarcia.es; Passeig de Gràcia 21; ⏱Mo–Sa 10–20.30 Uhr; Ⓜ Passeig de Gràcia) Señora García präsentiert in ihrem großzügigen, zweigeschossigen Eckgeschäft eine riesige Auswahl an Kleidung. Ihre Kollektionen sind ebenso außergewöhnlich wie das Gebäude. Es gibt Strickjacken für Frauen und Krawatten für Männer, leichte Sommerkleider und auch Jeans.

FLORISTERÍA NAVARRO — BLUMEN

Karte S. 322 (☎93 457 40 99; www.floristeriasnavarro.com; Carrer de València 320; ⏱24 Std.; Ⓜ Diagonal) Man weiß nie, wann man Blumen braucht – zum Beispiel eine langstielige Rose für die neue Eroberung? Kein Problem: Dieser Blumenladen hat immer geöffnet!

JOAN MURRIÀ — ESSEN

Karte S. 322 (☎93 215 57 89; www.murria.cat; Carrer de Roger de Llúria 85; Ⓜ Passeig de Gràcia) Der katalanische Maler und Grafiker Ramon Casas (1866–1932) entwarf die hundert Jahre alte Modernisme-Reklametafel, die das Feinschmeckerparadies schmückt. Seit damals strömen Gourmets hierher, um Köstlichkeiten aus Katalonien und der ganzen Welt zu kaufen.

NOSOTRAOS — SCHWULEN- & LESBENSZENE

Karte S. 322 (☎93 451 51 34; http://nosotras.cat; Carrer de Casanova 56; Ⓜ Urgell) Das gut sortierte Geschäft im Herzen von „Gaixample" bietet alles Mögliche von Kalendern für Lesben und T-Shirts bis hin zu Büchern.

BAGUÉS — SCHMUCK

Karte S. 322 (☎93 216 01 74; www.bagues.com; Passeig de Gràcia 41; Ⓜ Passeig de Gràcia) Den Juwelier gibt es seit dem 19. Jh., sein Angebot passt zur modernistischen Casa Amatller, in der er sich befindet. Auch einige klassische Schmuckstücke aus der Werkstatt der Familie Bagués sind im verspielten Modernisme-Stil gestaltet.

SERGIO ARANDA — SCHMUCK

Karte S. 322 (☎93 451 44 04; www.sergioaranda.com; Carrer de València 201; Ⓜ Diagonal) Aranda, der in der Schweiz ausgebildet wurde, stellt ausgefallene Schmuckstücke her, dazu gehört auch eine Linie mit Schmuck aus antiken Münzen. Außerdem fertigt er Perlenketten und andere originelle Stücke für Kunden, die klassischen, aber dennoch einzigartigen Schmuck suchen.

REGIA — PARFÜM

Karte S. 322 (☎93 216 01 21; www.regia.es; Passeig de Gràcia 39; ⏱Mo–Fr 9.30–20.30, Sa 10.30–20.30 Uhr; Ⓜ Passeig de Gràcia) Regia wurde 1928 gegründet und ist eine der besten Parfümerien Barcelonas. Hier findet man nicht nur die bekannten Marken, sondern auch ein privates Parfümmuseum (S. 146) im hinteren Teil des Geschäfts. Neben Parfüms verkauft Regia alle Arten von Cremes, Lotionen und Eau de Cologne sowie eine eigene Linie mit Badeprodukten.

CAMPER SCHUHE

Karte S. 322 (☎93 215 63 90; www.camper.com; Carrer de València 249; Ⓜ Passeig de Gràcia) Was als einfaches mallorquinisches Familienunternehmen begann (die Insel hat eine lange Schuhmachertradition), ist jetzt eine der berühmtesten Schuhmarken Spaniens. Camper-Schuhe – mal praktisch, mal modern – sind bekannt für ihre solide Verarbeitung und werden weltweit verkauft. Allein in Barcelona gibt es acht Filialen.

FARRUTX SCHUHE

Karte S. 322 (☎93 215 06 85; www.farrutx.es; Carrer de Rosselló 218; Ⓜ Diagonal) Auch Farrutx stammt aus Mallorca und bietet exklusive Damenschuhe. Im Sommer locken seine hochhackigen Sandalen, im Winter die schicken Stiefel. Es gibt passende Taschen und Lederjacken und sogar eine kleine Auswahl an Herrenschuhen.

SPORT & AKTIVITÄTEN

ANTILLA BCN ESCUELA DE BAILE TANZKURSE

Karte S. 322 (☎610 900558, 93 451 45 64; www.antillasalsa.com; Carrer d'Aragó 141; 10 x 1 Std. 120 €; Ⓜ Urgell) Dieser Club ist die *salsateca* der Stadt. Die Gäste lieben den kubanischen *son*, Merengue, Salsa und was sonst noch alles an Latinorhythmen gespielt wird. Wenn „mann“ sich bei lateinamerikanischen Tänzen nicht sicher auf dem Parkett fühlt, wird er sich hier vielleicht nicht wirklich wohlfühlen. Frauen haben dafür gute Aussichten auf eine kostenlose Tanzstunde. Ihre Männer können ja später nochmal wiederkommen und bezahlten Tanzunterricht nehmen.

BABYLON IDIOMAS SPRACHKURSE

Karte S. 322 (☎93 467 36 36; www.babylon-idiomas.com; Carrer del Bruc 65; Ⓜ Girona) Die kleine Sprachschule bietet einen hohen Grad an Flexibilität – hier kann man sich wahlweise für eine Woche oder gleich für einen sechsmonatigen Spanisch-Intensivkurs einschreiben. Für die Schule spricht die Klassengröße: Maximal acht Schüler werden pro Klasse unterrichtet. Eine Woche (30 Std. plus 5 Std. Kultur) kostet 260 €.

BARCELONA TURISME STADTFÜHRUNGEN

Karte S. 322 (☎93 285 38 34; www.barcelonaturisme.com; Plaça de Catalunya 17-S; Ⓜ Catalunya) Die Oficina d'Informació de Turisme de Barcelona organisiert Stadtführungen. Eine erkundet das **Barri Gòtic** (Erw./Kind 14/5 €; ⌚Englisch tgl. 9.30 Uhr; eine weitere folgt den Spuren von **Picasso** (Erw./Kind 20/7 €; ⌚Di, Do & So Englisch 15 Uhr) und endet beim Museu Picasso (der Eintritt ist im Preis inbegriffen). Ein dritter Stadtspaziergang führt zu den architektonischen Höhepunkten des **Modernisme** (Erw./Kind 14/5 €; ⌚Okt.–Mai Fr & Sa Englisch 16, Juni–Sept. Fr & Sa 18 Uhr). Ebenfalls im Angebot ist eine **Gourmettour** (Erw./Kind 20/7 €; ⌚Fr & Sa Englisch 10, Sa 10.30 Spanisch & Katalanisch 10.30 Uhr), die traditionelle Adressen für feines Essen in der Altstadt besucht (Kostproben inbegriffen).

Gràcia & Park Güell

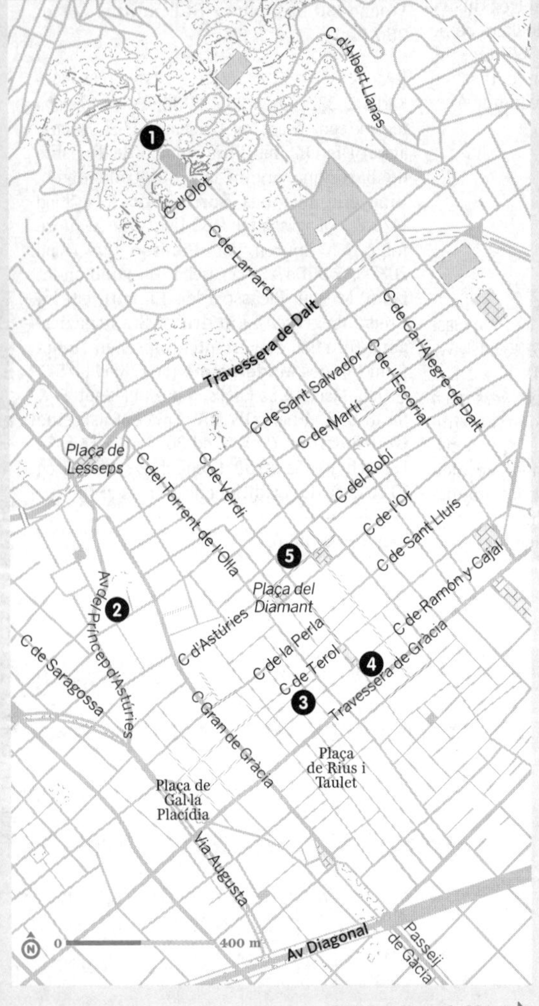

Highlights

❶ Auf verschlungenen Pfaden durch den **Park Güell** (S. 166) schlendern, surreale Skulpturen, Mosaiken und Säulen entdecken und auf einem der sonnigen Plätze rasten

❷ Die wirbelnden Muster an der Fassade der **Casa Vicens** (S. 168), Gaudís erster Auftragsarbeit, in Augenschein nehmen

❸ Bei einem Spaziergang durch **Gràcia** (S. 169) auf einem der vielen Plätze die Sonne genießen

❹ Bei **La Nena** (S. 170) mit den Einheimischen im Schokokadenrausch schwelgen

❺ Sich in der **Casa Portuguesa** (S. 174) mit portugiesischen Delikatessen und Wein eindecken

Details s. Karte S. 324

Rundgang: Gràcia & Park Güell

Das nördlich des Eixample gelegene Gràcia war urprünglich eine eigenständige Ortschaft und ein industriell geprägter Bezirk, der für sein liberales Gedankengut bekannt war. 1897 wurde es (zur Empörung seiner Einwohner) eingemeindet. Das Viertel hat bis heute einen sehr eigenen Charakter, der zwischen schick und heruntergekommen changiert. Hier leben Künstler, Lokalpromis, junge Familien und ziemlich viele Obdachlose.

Gràcia erkennt man vor allem an seinem Labyrinth aus schmalen Gässchen. Das Herz des Viertels befindet sich zwischen Carrer de Còrsega und Avinguda Diagonal im Süden, Via Augusta und Avinguda del Príncep d'Astúries im Westen, Carrer de Sardenya im Osten und Travessera de Dalt im Norden. Offiziell geht Gràcia noch weiter und umfasst das Wohngebiet im Tal Vallcarca, das sich an den Park Güell schmiegt.

Einen Tag in dieser Gegend beginnt man am besten mit einem Spaziergang durch den Park Güell, um dann ins Zentrum von Gràcia vorzudringen. Dort ist die Atmosphäre in den schmalen Straßen und auf den kleinen Plätzen besonders schön. Der Carrer de Verdi mit wunderbaren Cafés, Bars und Läden ist sehr belebt; die Plaça del Sol hat viele coole Bars, aber leider auch oft jede Menge grölende Betrunkene; die Plaça de la Vila de Gràcia (ehemals de Rius i Taulet) ist mit Cafés und Restaurants gesprenkelt; die Plaça de la Revolucio de Setembre de 1868 ist ein familienfreundlicher Platz mit Spielplatz und Eisdiele; und schließlich gibt's noch die nette Plaça de la Virreina mit Cafés und Läden.

Gràcia ist zu jeder Tageszeit schön: Die Plätze bieten den idealen Rahmen für ein relaxtes Frühstück oder Mittagessen. Abends füllen sie sich mit Jugendlichen.

Lokalkolorit

➡ **Märkte** Einheimische kaufen ihr Obst und Gemüse auf dem Mercat de la Llibertat (S. 168).

➡ **Einzelhändler** Am schattigen Carrer de Verdi zeigt sich, was Gràcia auszeichnet: Boutiquen und Lebensmittelläden.

➡ **Gourmet-Tapas** Die Bars von Gràcia haben teils tolles Essen, besonders gut ist das Sureny (S. 170).

Anfahrt

➡ **U-Bahn** Die Linie 3 (U-Bahnhof Fontana) hält auf halber Höhe des Carrer Gran de Gràcia.

➡ **Zu Fuß** Die schönste Art, das Viertel zu erreichen, ist von der Plaça de Catalunya den Passeig de Gràcia entlangzuschlendern, was allerdings eine Dreiviertelstunde dauert.

Top-Tipp

Die Atmosphäre in Gràcia lässt sich besonders gut in einem Café oder Restaurant auf einem der vielen Plätze aufsaugen. Wer nach Sonnenuntergang kommt, kann zusehen, wie das Viertel nach getaner Arbeit allmählich zum Leben erwacht.

Gut essen

➡ Botafumeiro (S. 170)
➡ Sureny (S. 170)
➡ O'Gràcia! (S. 170)
➡ La Nena (S.170)

Mehr dazu S. 168 ➡

Schön ausgehen

➡ La Cigale (S. 172)
➡ Raïm (S. 172)
➡ Le Journal (S. 173)

Mehr dazu S. 172 ➡

Unterhaltung

➡ Heliogàbal (S. 173)
➡ Elèctric Bar (S. 174)
➡ Sala Beckett (S. 174)

Mehr dazu S. 173 

HIGHLIGHTS
PARK GÜELL

Der Park Güell liegt nördlich von Gràcia und etwa 4 km von der Plaça de Catalunya entfernt. Hier hat sich Gaudí als Landschaftsgärtner versucht. Angesichts seiner ausgeprägten Faszination für natürliche Formen war er hier ganz in seinem Element. Herausgekommen ist ein eigenartiger, bezaubernder Ort, an dem künstlich geschaffene Formen fast natürlicher aussehen als die Natur selbst.

Der Stadtpark

Der Park Güell entstand ursprünglich im Jahr 1900, als Graf Eusebi Güell den bewaldeten Hügel El Carmel (damals außerhalb von Barcelona) kaufte. Von ihm erhielt Gaudí den Auftrag, inmitten einer Kunstlandschaft eine Kleinstadt für Reiche zu schaffen. Das Projekt war leider kommerziell ein Flop und wurde 1914 endgültig aufgegeben. Bis dahin hatte Gaudí allerdings bereits mit seiner ganz eigenen Handschrift Treppen, einen Platz, zwei Torhäuser sowie Straßen und Wege mit einer Gesamtlänge von 3 km angelegt. 1922 kaufte die Stadt das Gelände zur Nutzung als öffentlicher Park. 2004 wurde er zum Unesco-Weltkulturerbe erklärt.

Gleich hinter dem Haupteingang am Carrer d'Olot liegt das neu eingerichtete Centre d'Interpretació, erkennbar an den beiden Hänsel-und-Gretel-Torhäusern. Untergebracht ist das Zentrum im Pavelló de Consergeria, einem typisch kurvigen ehemaligen Pförtnerhaus, in dem heute eine Ausstellung zu Gaudís Bauweise und zur Geschichte des Parks zu sehen ist. Der Ausblick vom obersten Stock ist wunderbar.

NICHT VERSÄUMEN

- Im Centre d'Interpretació mehr über Gaudís Bauweise erfahren
- Die Sala Hipóstila mit dem Steinwald
- Die Casa-Museu Gaudí, das Wohnhaus des Künstlers

PRAKTISCH & KONKRET

- ☎93 413 24 00
- Carrer d'Olot 7
- Eintritt frei
- ⌚Juni–Sept. 10–21 Uhr, April, Mai & Okt. 10–20 Uhr, März & Nov. 10–17 Uhr, Dez.–Feb. 10–18 Uhr
- 🚌24, Ⓜ Lesseps oder Vallcarca

Sala Hipóstila (der Dorische Tempel)

Die Stufen vom Eingang werden von einem Salamandermosaik bewacht (viele Souvenirläden in der Innenstadt verkaufen Kopien) und führen zur Sala Hipóstila (auch bekannt als Dorischer Tempel). Dieser Wald aus 88 Steinsäulen (von denen einige schief sind, als würde sie das Gewicht der Zeit nach unten drücken) sollte ursprünglich als Markt dienen. Nach links geht eine gebogene Galerie ab, deren verdrehte Steinsäulen und Dach den Eindruck eines Kreuzgangs unter Baumwurzeln vermitteln – ein Motiv, das sich im Park mehrfach wiederholt.

Auf der Sala Hipóstila ist eine weite Freifläche, um die sich die Banc de Trencadís, eine gekachelte Bank, schlängelt. Sie stammt vom Reißbrett des Architekten Josep Maria Jujol (1879–1949), einem von Gaudís engsten Kollegen.

Wie immer bei Gaudí steckt mehr dahinter, als auf den ersten Blick zu erkennen. Die riesige Plattform war nämlich als Auffangbecken für das Regenwasser gedacht, das den Hügel herabrinnt. Das Wasser wird dann durch eine Schicht Stein und Sand gefiltert, bevor es im inneren der Säulen in einen unterirdischen Speicher läuft.

Casa-Museu Gaudí

Rechts vom Eingang steht ein Haus mit Turm, die Casa-Museu Gaudí, in dem Gaudí fast die letzten 20 Jahre seines Lebens verbrachte (1906–1926). Darin sind von ihm selbst entworfene Möbel (u. a. Gegenstände, die einst in La Pedrera, Casa Batlló und Casa Calvet standen) sowie andere Erinnerungsstücke zu sehen. Das Haus wurde 1904 von Francesc Berenguer i Mestres als Prototyp für die rund 60 weiteren geplanten Häuser erbaut.

Ein großer Teil des Parks ist noch heute von Wald bedeckt, den aber Wege durchziehen. Den schönsten Ausblick bietet der mit einem Gipfelkreuz geschmückte Turó del Calvari im südwestlichen Eck.

ANFAHRT

Vom U-Bahnhof Lesseps aus ist der Park ausgeschildert. Von der Haltestelle Vallcarca aus ist der Weg etwas kürzer und aufgrund der Rolltreppen bergauf weniger anstrengend. Die Buslinie 24 hält an einem Eingang in der Nähe des oberen Parkendes.

Der Park ist derart beliebt (im Laufe des Jahres kommen etwa 4 Mio. Besucher, davon 86 % Touristen), dass erwogen wird, den Zugang einzuschränken, um den Schaden, den der Massenandrang verursacht, zu begrenzen. Die idyllischen Winkel sind für Fotografen derart unwiderstehlich, dass sie einander bei viel Betrieb gegenseitig im Bild stehen.

GAUDÍ ABSEITS VOM RUMMEL

Wie jeder Freiberufler arbeitete Gaudí überall, wo er Arbeit bekam; sein bedeutendster Förderer war aber Eusebi Güell. Große Projekte finanzierte die wohlhabende Bourgeoisie, doch nahm Gaudí auch kleinere Arbeiten an. Ein Beispiel ist die Casa Vicens (s. unten) in Gràcia. Dem **Col.legi de les Teresianes** (Karte S. 326; ☎93 212 33 54; Carrer de Ganduxer 85–105; FGC Tres Torres) drückte er 1889 seinen Stempel auf. Teile des von ihm entworfenen Flügels sind zwar von außen rechts durch das Eingangstor zu sehen, doch das ungewöhnlichste Element bleibt verborgen: der kühne, parabolförmige Bogengang im Inneren. Leider kann die Schule nicht mehr besichtigt werden. Gaudí-Fans interessieren sich vielleicht auch für **Bellesguard** (Karte S. 326; Carrer de Bellesguard; FGC Avinguda Tibidabo, 60), ein Privathaus, das er 1909 am Standort des uralten Palasts des katalanischen Königs Martí I baute. Bereits der Blick von der Straße erlaubt eine gute Vorstellung vom Anwesen. Die burgartige Wirkung wird durch wuchtige Steinmauern, reichlich Schmiedeeisen und eine hohe Turmspitze verstärkt. Gaudí ließ auch die für ihn typischen verspielten Mosaike und farbenfrohen Fliesen einbauen

SEHENSWERTES

PARK GÜELL — PARK

Siehe S. 166.

GRATIS MERCAT DE LA LLIBERTAT — MARKT

Karte S. 324 (☎93 217 09 95; Plaça de la Llibertat; Mo–Fr 8–20.30, Sa 8–15 Uhr; FGC Gràcia) Der „Freiheitsmarkt" wurde in den 1870er-Jahren unter Verwendung von viel Schmiedeeisen gebaut und 1893 mit einem Dach versehen. Er ist im für Gràcia typischen Stil des Modernisme gehalten. 2009 nahm ihm eine Rundumerneuerung leider einiges von seinem nostalgischen Charme, aber sein Symbolcharakter für das Viertel Gràcia blieb erhalten. Auf dem lebhaften Markt werden alle erdenklichen, frischen Lebensmittel verkauft. Den Umbau von 1893 verantwortete Gaudís langjähriger Assistent, Francesc Berenguer i Mestres (1866–1914).

FUNDACIÓ FOTO COLECTANIA — GALERIE

Karte S. 324 (☎93 217 16 26; www.colectania.es; Carrer de Julián Romea 6; Eintritt 3 €; Mo–Sa 11–14 & 17–20.30 Uhr, Aug. geschl.; FGC Gràcia) Liebhaber der Fotografie sollten sich die neueste Ausstellung nicht entgehen lassen – drei große Ausstellungen sind es pro Jahr. Wer die büroähnlichen Räume im Erdgeschoss durchquert hat, gelangt zum Aufgang zu den zwei Ausstellungsetagen. Zu sehen sind teilweise Meisterfotografien ab den 1950er-Jahren aus der stiftungseigenen Sammlung, meist jedoch Wechselausstellungen.

CASA VICENS — ARCHITEKTUR

(www.casavicens.es; Carrer de les Carolines 22; FGC Plaça Molina) Die kantige, 1888 mit Ecktürmen versehene Casa Vicens war einer von Gaudís ersten Aufträgen. Das Privathaus, das nicht zur Besichtigung freigegeben ist und bei Redaktionsschluss zum Verkauf stand, versteckt sich westlich von Gràcias Hauptstraße. Es ist über und über mit Keramik verziert. Wie so oft ließ sich Gaudí auch hier von vergangenen Zeiten inspirieren. In diesem Fall war es das Erbe der Backsteinarchitektur, die typisch für den Mudéjar-Stil ist, den man häufig in diesem Teil Spaniens sieht. Die Mudéjar-Architektur geht auf jene Araber und Berber zurück, die nach der Reconquista durch die Christen in Spanien bleiben durften.

ESSEN

Das lebhafte Viertel bietet überall verführerische Möglichkeiten – von der einfachen Tapasbar bis zu Meeresfrüchten der Spitzenklasse –, eine verlockender als die andere. In Gràcia haben sich viele Lokale mit nahöstlicher Küche etabliert, auch ein paar Griechen, die sich recht gut halten. Daneben genießen klassische katalanische Tavernen das Ansehen vieler Stammgäste. Um den Park Güell herum sind allerdings keine interessanten Lokale zu verzeichnen.

BOTAFUMEIRO — MEERESFRÜCHTE €€

Karte S. 324 (☎93 218 42 30; www.botafumeiro.es; Carrer Gran de Gràcia 81; Gerichte 15–25 €; 13–1 Uhr; M Fontana) Dieser Tempel galicischer Meeresfrüchte und anderer Köst-

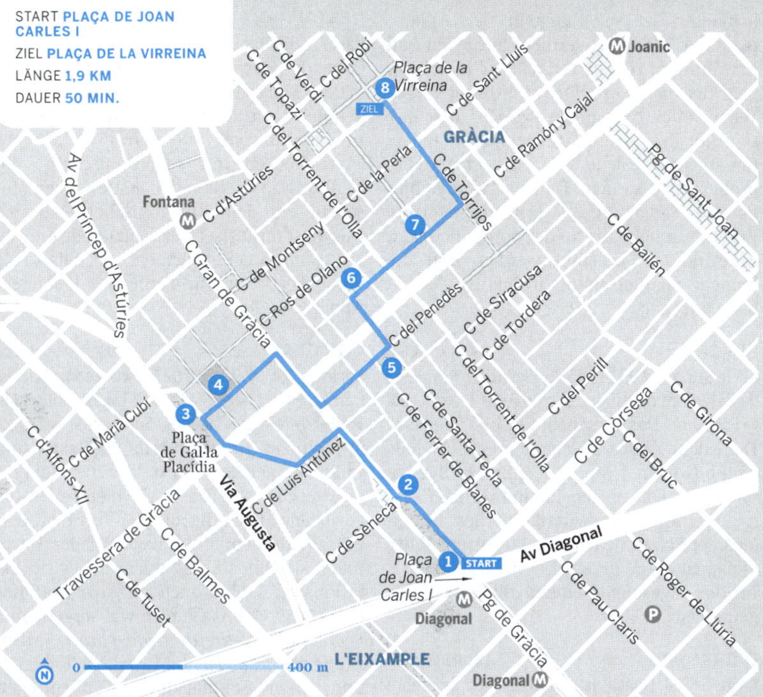

Spaziergang

Plätze in Gràcia

Der Obelisk auf der **1 Plaça de Joan Carles I** ehrt Spaniens derzeitigen König Juan Carlos für die Niederschlagung eines Staatsstreichs im Februar 1981. Zu Zeiten der Franco-Diktatur hieß die Straße, die diesen Platz kreuzt, Avenida de Francisco Franco. Einheimische nannten sie aber „La Diagonal“, ein Name, der erhalten blieb.

Dort, wo der Carrer Gran de Gràcia ins eigentliche Gràcia hineinführt, erhebt sich das Hotel **2 Casa Fuster** (S. 231), ein eindrucksvoller Modernisme-Bau.

Der Name der **3 Plaça de Gal.la Placidia** erinnert an den kurzen Aufenthalt der designierten römischen Regentin Galla Placidia in Spanien. Im 5. Jh. n. Chr. wurde sie als Gefangene und Gemahlin des Westgotenkönigs Athaulf hierher verschleppt.

Die **4 Plaça de la Llibertat** (Platz der Freiheit) ist die Adresse des lebhaften gleichnamigen Modernisme-Marktes. Der Entwurf stammt vom Reißbrett eines Kollegen von Gaudí, Francesc Berenguer.

Die beliebte **5 Plaça de la Vila de Gràcia** war bis vor drei Jahren nach dem Bürgermeister Francesc Rius i Taulet benannt, unter dem Gràcia ein Stadtteil Barcelonas wurde. Seine Stirnseite beherrscht das von Berenguer entworfene Bezirksrathaus. Der Torre del Rellotge in der Mitte galt lange als Symbol der Agitation republikanischer Kräfte.

Die in Sommernächten sehr belebte **6 Plaça del Sol** (Sonnenplatz) ist von Bars und Restaurants gesäumt und vielleicht der wildeste von Gràcias vielen Plätzen.

Die **7 Plaça de la Revolució de Setembre de 1868** erinnert an den Sturz der Königin Isabel II – ein viel bejubeltes Ereignis in dieser Arbeiterhochburg.

Auf der Fußgängern vorbehaltenen **8 Plaça de la Virreina** locken Terrassen und Schatten spendende Bäume. Beherrscht wird sie von der Església de Sant Joan aus dem 17. Jh., die Anarchisten in der Setmana Tràgica 1909 zum größten Teil zerstörten. Von Berenguer wieder aufgebaut, wurde sie im Bürgerkrieg abermals beschädigt.

lichkeiten ist seit Langem der Anlaufplatz der VIPs und verdient auf jeden Fall Erwähnung. Wer sparen will, sollte sich ein paar der *medias raciones* (mittlerer Tapas-Teller) oder die *safata especial del Mar Cantàbric* (Meeresfrüchteplatte) teilen, um so verschiedene Meeresfrüchtegerichte probieren zu können. Daneben werden hier *percebes* angeboten – seltsam geformte Entenmuscheln, die an der nordgalicischen Atlantikküste geerntet werden, und die manche Spanier als die ultimative Delikatesse ansehen.

SURENY — KATALANISCH €

Karte S. 324 (☎93 213 75 56; Plaça de la Revolució de Setembre de 1868; Gerichte 8–10 €; ⏲Di–So; Ⓜ Fontana) Das Erscheinungsbild täuscht: Die Köche dieses unscheinbaren Ecklokals bieten Gourmet-Tapas, u. a. hervorragende *vieiras* (Jakobsmuscheln) und *secreto ibérico*, ein besonders würziges Stück Braten (aus der Schweineachsel geschnitten, daher vielleicht die „Würze"). Der Preis von 9,90 € für das Tagesmenü – *menú del día* – ist angemessen.

O'GRÀCIA! — MEDITERRAN €€

Karte S. 324 (Plaça de la Revolució de Setembre de 1868, 15; Gerichte 10–12 €; ⏲Di–Sa; Ⓜ Fontana) Das beliebte Mittagslokal bietet für bescheidene 10,50 € ein hervorragendes *menú del día:* einen *arròs negre de sepia* (schwarzer Tintenfischreis) als Vorspeise, gefolgt von einer kleineren Auswahl an Fleisch- und Fischgerichten mit Gemüsebeilagen. Die Portionen sind anständig und gut präsentiert; der Service ist aufmerksam. Ein etwas ausgefeilteres Degustationsmenü kostet 24,50 €.

LA NENA — CAFÉ €

Karte S. 324 (☎93 285 14 76; Carrer de Ramon i Cajal 36; ⏲ Mo–Sa 9–14 & 16–22, So & Feiertage 10–22 Uhr; Ⓜ Fontana) Der bezaubernd chaotische Laden gehört einem französischen Team und widmet sich mit Hingabe dem *suïssos* (dicke heiße Schokolade), der mit einem Teller reichhaltiger, hausgemachter Schlagsahne und *melindros* (Löffelbiskuit), einem feinen Nachtisch oder sogar einem der wenigen herzhaften Gerichte (z. B. Crêpes) genossen wird. Überall im Lokal liegen Bücher, während sich der hintere Bereich ganz den Kids verschreibt, für die Spielzeug, Bücher und eine Tafel samt Kreide zur freien Verfügung stehen. Ideal für Familien!

RESTAURANT ROIG ROBÍ — KATALANISCH €€

Karte S. 324 (☎93 218 92 22; www.roigrobi.com; Carrer de Sèneca 20; Gerichte 15–20 €; ⏲Mo–Fr mittags & abends, Sa abends; Ⓜ Diagonal) Ein Tempel der traditionellen Küche: Die *textures de carxofes amb vieires a la plantxa* (Artischocken mit Jakobsmuscheln vom Grill) etwa verleihen den erstklassigen Muscheln ein delikates Artischockenaroma. Das Restaurant serviert auch mehrere Gerichte mit Meeresfrüchten und Reis sowie halbe Portionen für Leute mit kleinerem Appetit.

CON GRACIA — FUSIONSKÜCHE €€€

Karte S. 324 (☎93 238 02 01; www.congracia.es; Carrer de Martínez de la Rosa 8; Tagesmenüs 59 €; ⏲Di–Fr mittags & abends, Sa abends; Ⓜ Diagonal) Winzig (für höchstens 20 Gäste) und versteckt gelegen, wird hier Originalität großgeschrieben. Die Küche bietet eine ausgewogene Mischung aus mediterraner Kost mit asiatischem Einschlag. Auf der Karte findet sich ein ständig wechselndes Degustationsmenü, aber auch ein ganz „traditionelles" (59 €) mit Gängen wie *sopa de foie y miso con aceite de trufa blanca* (Misosuppe mit *foie gras* und weißem Trüffelöl) und einem schmackhaften chilenischen Seebarsch. Mittags ist das Lokal nur für Gruppen geöffnet. Eine Reservierung ist notwendig.

IPAR-TXOKO — BASKISCH €€€

Karte S. 324 (☎93 218 19 54; Carrer de Mozart 22; Gerichte 40–50 €; ⏲Sept.–Juli Di–Sa; Ⓜ Diagonal) Eine freundliche, traditionelle Atmosphäre durchdringt dieses baskische Restaurant. Schwere Balken stützen die katalanischen Gewölbe, während die Bar (es gibt auch Tapas) von grünen Säulen getragen wird. Der in Getxo geborene Mikel kocht auf traditionell nordspanische Art: üppiges *chuletón* (T-Bone-Steak für zwei Personen – einfach riesig!) oder eine bescheidenere *tortilla de bacalao* (dickes Omelette mit gesalzenem Kabeljau).

Dann gibt's noch Kuriositäten wie die *kokotxas de merluza,* herzförmige Stücke aus dem Hals eines Seehechts. Die Weinkarte haut einen um, aber Mikel hilft gern bei der Auswahl – auch auf Englisch.

BILBAO — SPANISCH €€

Karte S. 324 (☎93 458 96 24; Carrer del Perill 33; Gerichte 10–15 €; ⏲Mo–Sa; Ⓜ Diagonal) Von außen sieht es nicht besonders aus, aber das Bilbao ist ein zeitloser Klassiker, bei dem für den Abend immer reserviert werden muss. Der hintere Speiseraum mit Flaschenregalen entlang den Wänden, soliden Holztischen und gelblichem Licht erinnert an eine Taverne auf dem Land. Neben einigen Fischgerichten gibt's hauptsächlich Fleisch. Zu einem *chuletón* (T-Bone-Steak) wird guter spanischer Landwein kredenzt.

TIBET
KATALANISCH €€€

(☎93 284 50 45; Carrer de Ramiro de Maetzu 34; Gerichte 35 €; ⊙Mo & Mi–Sa mittags & abends, So mittags; 🚌24 oder 39, Ⓜ Alfons X) Mit seiner ziemlich rustikalen Einrichtung hat das katalanische Lokal unweit des Park Güell so viel mit Tibet gemeinsam wie der Autor dieses Buchs mit der Mongolei. Seit 50 Jahren werden dort gegrilltes Fleisch und Schnecken aufgetischt; sie sind die Spezialität des Hauses.

CAL BOTER
KATALANISCH €

Karte S. 324 (☎93 458 84 62; Carrer de Tordera 62; Gerichte 10 €; ⊙Di–So; Ⓜ Jaume I) Das klassische Restaurant zieht vor allem Familien und lautstarke Gruppen an. Zur Auswahl stehen *cargols a la llauna* (Schnecken vom Blech), *filet de bou a la crema de foie* (zartes Rindfleisch in Orange-Gänseleber-Soße) und weitere katalanische Spezialitäten wie die seltsame „Berg-und Meer"-Kombination *bolets i gambes* (Pilze mit Krabben). Das *menú del día* (nur Di–Fr mittags) kostet erfreulicherweise nur 9,80 €.

ENVALIRA
KATALANISCH €

Karte S. 324 (Plaça del Sol 13; Gerichte 8 €; ⊙Di–Sa mittags & abends, So mittags; Ⓜ Fontana) Umgeben von coolen Kneipen, libanesischen Restaurants und Grunge-Bars, fällt der Eingang zu diesem Relikt aus einer anderen Epoche kaum auf. Hinter ein paar Tischen an der Bar geht's vorbei in den winzigen Speiseraum, wo die Einrichtung noch original aus den 1950er-Jahren zu stammen scheint. Routinierte Kellner servieren alle Arten von Meeresfrüchten und Reisgerichten – von *arròs a la milanesa* (herzhaftem Reis mit Hühnchen, Schweinefleisch und einem leichten Käsegratin) bis hin zu *bullit de lluç* (gekochtem Seehecht mit Gewürzreis und einer Handvoll Muscheln).

LAC MAJÙR
ITALIENISCH €€€

Karte S. 324 (☎93 285 15 03; Carrer de Tordera 33; Gerichte 25 €; ⊙Mo–Sa; Ⓜ Verdaguer) Das gemütliche kleine Stück Nordwestitalien bietet schmackhafte Hausmannskost. Spezialität des Hauses sind z. B. Gnocchi und *trofie* – kleine gerollte Nudeln, die oft mit ligurischer Pestosoße serviert werden. Hier werden sie auch mit Mascarpone und Schinken zubereitet. Danach gibt's den Klassiker *saltimbocca alla romana* (Kalbfleischschnitzel, gedünstet in Schinken, Salbei und süßem Marsala-Wein).

LA PANXA DEL BISBE
TAPAS €€€

Karte S. 324 (☎93 213 70 49; www.lapanxadelbisbe.com; Carrer de Rabassa 37; Gerichte 25 €; ⊙Di–Sa; Ⓜ Jaume I) Gedämpftes Licht und eine coole, junge Atmosphäre zeichnen „den Bauch des Bischofs" aus. Im Angebot sind Gourmet-Tapas, dazu gute Weine wie der Albariño-Weißwein aus Galicien – und das für erstaunlich wenig Geld.

EL GLOP
KATALANISCH €€€

Karte S. 324 (☎93 213 70 58; www.tavernaelglop.com; Carrer de Sant Lluís 24; Gerichte 25 €; Ⓜ Jaume I) Ein lärmendes Lokal in traditionellem katalanischen Dekor mit bunten Tischdecken und deftiger Küche. Das Erfolgsrezept sind solide Portionen einfacher Gerichte wie *bistec a la brasa* (gegrilltes Steak) nach einer Vorspeise wie *albergínies farcides* (gefüllte Auberginen) oder im Winter *calçots* (Frühlingszwiebeln). Empfehlenswert ist auch *tocinillo*, ein Karamelldessert. Für Spätesser gut zu wissen: Das Lokal ist bis ein Uhr morgens geöffnet.

LA LLAR DE FOC
KATALANISCH €€

Karte S. 324 (☎93 284 10 25; Carrer de Ramón i Cajal 13; Gerichte 20 €; Ⓜ Fontana) Der „Kamin" ist unschlagbar, wenn es darum geht, herzhaft und gut für wenig Geld zu essen. Das Mittagsmenü kostet bescheidene 9 €, dazu gehören ein gemischter Salat oder *empanadita* (eine dicke Scheibe Thunfischpastete), gefolgt von Hähnchen in leichter Currysoße oder *costellas* (Spareribs). Bei den Desserts empfiehlt sich der Flan, denn das Eis ist meist nur am Stiel zu haben.

HIMALI
NEPALESISCH €€

Karte S. 324 (☎93 285 15 68; Carrer de Milà i Fontanals 60; Menüs 15–20 €; ⊙Di–So; 🖉; Ⓜ Jaume I) Geräumig und einfach, mit ruppigem Service und Papiersets, ist dies der richtige Ort für erschwingliche nepalesische Küche und vegetarische Gerichte. Das vegetarische Menü gibt's für 14,95 €, die Fleischvariante für 16,95 €. Fleischesser können gemischte Grillgerichte mit Reis und *naan* oder köstliches *kukhurako fila* (Backhähnchen in Walnusssoße) genießen. Die Hauptgerichte kosten 8–10 €.

NOU CANDANCHÚ TAPAS €

Karte S. 324 (☎93 237 73 62; Plaça de la Vila de Gràcia 9; Gerichte 5–7 €; ⏲Mi–Mo; Ⓜ Fontana) Das Nou Candanchú ist wohl das lebhafteste Lokal am Platz und aus vielerlei Gründen beliebt. Viele Leute sitzen einfach gerne auf der Sonnenterrasse und genießen ein paar Drinks, dazu vielleicht eine der gigantischen *entrepans* (gefüllte Teigtaschen), für die das Lokal berühmt ist. Eine kleinere Auswahl Tapas und ganz ordentliche Grillgerichte sind ebenfalls zu haben.

EL ROURE TAPAS €

Karte S. 324 (☎93 218 73 87; Carrer de la Riera de Sant Miquel 51; Gerichte 7–9 €; ⏲Mo–Sa; Ⓜ Fontana) An der Bar dieses traditionellen Lokals genießen Einheimische eine reichliche Auswahl an Tapas, die mit ein paar kalten Estrellas hinuntergespült werden. Die *bunyols de bacallà* sind unwiderstehlich leckere Kabeljaubällchen im Teigmantel. Das Lokal ist meist brechend voll.

VRENELI CAFÉ €

Karte S. 324 (☎93 217 61 01; Plaça de la Vila de Gràcia 8; ⏲ Di–Fr 8–21, Sa & So 9–21 Uhr; Kuchen ab 3 €; Ⓜ Fontana) Wenn es draußen kalt und grau ist, dann ist diese schmale Bar mit ihrer leisen Musik der ideale Ort, um sich bei Kaffee und Bananen- oder Karottenkuchen aufzuwärmen.

CANTINA MACHITO MEXIKANISCH €

Karte S. 324 (☎93 217 34 14; www.cantinamachito.com; Carrer Torrijos 47; Gerichte 8–11 €; ⏲13–16, 19–1.30 Uhr; Ⓜ Fontana oder Joanic) In dieser schattigen Straße in Torrijos füllt sich das farbenfrohe Machito (das sich scheinbar komplett Frida Kahlo verschrieben hat) schnell mit Einheimischen. Auch draußen kann man bis spät in die Nacht wunderbar essen und trinken. Alle mexikanischen Standards wie *quesadillas*, *tacos* und *enchiladas* sind im Programm; hervorragend ist aber auch das wunderbar erfrischende Eiswasser mit Honig/Limetten- oder Pfefferminz/Fruchtaroma.

MONTY CAFÉ CAFÉ, ITALIENISCH €€

Karte S. 324 (☎93 368 28 82; www.montycafe.com; Carrer de la Riera de Sant Miquel 29; Gerichte 6–19 €; ⏲Mo & Di 8–22, Mi & Do 8–24, Fr & Sa 8–2 Uhr; 📶; Ⓜ Diagonal) Das entspannte Café unter italienischer Leitung hat einen Terracottaboden, Kunst an den Wänden, klassische Tische mit Marmorplatten und diverse alte Sofas an einer Seite sowie eine Bar im hinteren Bereich. Super sind hier der Kaffee sowie die ausführliche Tee- und Cocktailkarte, und an Essen ist alles von Pasta bis Bruschetta zu haben. Der ideale Ort, um mit dem Laptop herumzuhängen.

AUSGEHEN & NACHTLEBEN

Gràcia ist ein recht unkonventionelles, entspanntes Viertel und in vielerlei Hinsicht eine Welt für sich. Hier trifft man auf lautstarke junge Biertrinker, aber das Viertel bietet auch ein paar hippe Musikbars und einige der großen Clubs der Stadt.

LA CIGALE BAR

Karte S. 324 (☎93 457 58 23; http://poesialacigale.blogspot.co.uk; Carrer de Tordera 50; ⏲So–Do 18–2.30, Fr & Sa 18–3 Uhr; Ⓜ Jaume I) Ein sehr angenehmes Ambiente, um ganz in Ruhe einen Cocktail zu schlürfen (oder vor 22 Uhr auch zwei für 8 €). Die Gäste können sich wahlweise an die verzinkte Bar stellen, es sich in einem Sessel an einem der winzigen Tischchen bequem machen oder auch in die obere Etage gehen. Die Musik erklingt gedämpft, die Gespräche sind lebhaft, und die Aussichten, Charlie Chaplin in voller Aktion in einem Stummfilm auf einem der Flachbildschirme flimmern zu sehen, stehen gut. Die Gerichte aus dem Wok sind übrigens sehr lecker.

Die Inhaber, zwei Brüder, betreiben auch das **La Fourmi** (Karte S. 324; ☎93 213 30 52; Carrer de Milà i Fontanals 58; Ⓜ Jaume I) gleich um die Ecke. Das Lokal ist genauso nett und bereits zur Frühstückszeit geöffnet.

RAÏM BAR

Karte S. 324 (www.raimbcn.com; Carrer del Progrés 48; ⏲20–2.30 Uhr; Ⓜ Diagonal) Die Wände des Raïm sind mit Schwarz-Weiß-Fotos von Kubanern und Kuba vollgepflastert. Die müden alten Holzstühle an den Marmortischen wirken ebenfalls wie aus einer anderen Epoche, dafür hängen prunkvolle alte Spiegel in Holzrahmen an der Wand. Solche alten Tavernen sind sogar in Spanien mittlerweile eine Seltenheit.

LE JOURNAL BAR

Karte S. 324 (☎93 218 04 13; Carrer de Francisco Giner 36; ⏲So–Do 18–2.30, Fr & Sa 18–3 Uhr; Ⓜ Fontana) Studenten gefällt besonders die konspirative Stimmung in der engen Kellerbar. Die Wände und Decken sind mit Zeitungen vollgepflastert – daher kommt auch der Name des Lokals. Die Gäste lümmeln sich in den alten Sesseln und lesen die überholten Schlagzeilen. Wer es etwas persönlicher mag, geht nach oben in die rückwärtige Galerie, wo sich vor allem Raucher aufhalten.

ALFA BAR

Karte S. 324 (☎93 415 18 24; Carrer Gran de Gràcia 36; ⏲Do–Sa 23–3.30 Uhr; Ⓜ Diagonal) Anhänger guter, alter Rockmusik werden von dieser unveränderlichen Bar mit Minidisko begeistert sein – das Alfa ist ein Klassiker in Gràcia. Von der Decke baumeln Schallplatten, als wollten sie die Gäste daran erinnern, dass die Musik überwiegend aus einer Zeit vor der CD stammt, nämlich aus den 1960er- bis 80er-Jahren (wobei sich hin und wieder durchaus mal ein modernerer Interpret einschleicht). Die Gäste schwingen sich auf einen Barhocker, um etwas zu trinken und zu quatschen, oder bevölkern zwischendurch die einfache Tanzfläche. Ganz hinten ist noch eine zweite Bar.

BAR CANIGÓ BAR

Karte S. 324 (☎93 213 30 49; Carrer de Verdi 2; ⏲Mo–Do 17–2, Fr & Sa 17–3 Uhr; Ⓜ Fontana) Die stets gut besuchte und gemütliche Eckkneipe an der Plaça de la Revolució de Setembre de 1868 ist im Winter besonders einladend. Es macht großen Spaß, hier einfach an einem der wackeligen alten Marmortischchen ein Estrella zu trinken. Außerdem wartet noch ein Billardtisch auf Spieler.

LA BAIGNOIRE WEINBAR

Karte S. 324 (Carrer de Verdi 6; ⏲So–Do 19–2.30, Fr & Sa 19–3 Uhr; Ⓜ Fontana) Die winzige, einladende Weinbar ist immer brechend voll. Am besten schnappt man sich einen Hocker an einem der hohen Tische und bestellt sich ein gutes Glas Wein (Bier und Cocktails gibt's natürlich auch). Es ist der ideale Ort, um nach einem Besuch im nahe gelegenen Kino Verdi einen Film zu bequatschen.

MUSICAL MARIA BAR

Karte S. 324 (Carrer de Maria 5; ⏲21–3 Uhr; Ⓜ Diagonal) Seit ihrer Eröffnung Ende der 1970er-Jahre hat sich in dieser lebhaften Bar nicht einmal die Musik geändert. Wem der Sinn nach Rock 'n' Roll steht, der hört sich hier die alten Hits an und kippt dazu ein paar Bierchen. Im Hinterzimmer steht ein Billardtisch. Die Kneipe hat so ziemlich alle Sorten des Estrella-Damm-Biers auf Lager.

NOISE I ART BAR

Karte S. 324 (☎93 217 50 01; Carrer de Topazi 26; ⏲Di & Mi 18–2.30, Do–Sa 19–3, So 18–1.30 Uhr; Ⓜ Fontana) Die Retro-Kneipe lädt zu einer Zeitreise in die 1970/80er-Jahre ein. Rot, Grün und andere Primärfarben bestimmen die Einrichtung der Bar, in der womöglich gerade ein Musikvideo von Boney M flimmert. In der runden roten Lounge kann man an einem der rot beleuchteten Tische vor raumhohen Fenstern eine Kleinigkeit essen – serviert wird das Essen auf einer alten LP. Der Daiquiri ist vielleicht nicht gerade der beste der Stadt, aber mit Sicherheit der größte!

SABOR A CUBA BAR

Karte S. 324 (Carrer de Francisco Giner 32; ⏲Mo–Do 22–2.30, Fr & Sa 22–3 Uhr; Ⓜ Diagonal) Der charismatische, in Havanna geborene Angelito führt diese Bar schon seit 1992 – mit dem immer noch gleichen *ron y son* (Rum und Son-Musik). So überrascht es nicht, dass sich hier vor allem ein buntes Volk von Kubanern und Freunden der Karibikinsel trifft, um Mojitos zu schlürfen und in der winzig kleinen, netten Bar das Tanzbein zu schwingen.

SOL SOLER BAR

Karte S. 324 (☎93 217 44 40; Plaça del Sol 21–22; ⏲12–1 Uhr; Ⓜ Fontana) Die nette Bar mit altem Kachelfußboden, Holzvertäfelung und kleinen Marmortischen ist ideal für ein frühes Bier, ein Glas Rotwein und eine gepflegte Unterhaltung. Wer zeitig kommt, kann das WLAN nutzen (bis 18.30 Uhr), an der Bar lassen sich ein paar Snacks bestellen (die Chicken Wings sind köstlich!).

☆ UNTERHALTUNG

HELIOGÀBAL LIVEMUSIK

Karte S. 324 (www.heliogabal.com; Carrer de Ramón i Cajal 80; ⏲So–Do 21–2, Fr & Sa 21–3 Uhr; Ⓜ Jaume I) Die kleine Bar bietet ein spannendes Kulturprogramm – was genau angesagt ist, weiß aber meist keiner so genau. Die eklektische Livemusik hält angenehme Überraschungen bereit: Auf Jazzgruppen folgen häufig offene Jam-Sessions, aber auch experimentelle Musik aller Art ist hier zu hören. Viele der Künstler stammen aus Spanien, aber auch internationale Musiker lassen sich sehen und vor allem hören.

ELÈCTRIC BAR LIVEMUSIK

Karte S. 324 (www.electricbarcelona.com; Travessera de Gràcia 233; So–Do 19–2, Fr & Sa 19–3 Uhr; Jaume I) In der langen und etwas schmuddeligen Bar beginnen zwischen 22–23 Uhr die Konzerte. Im Allgemeinen treten einheimische Gruppen auf, denen es Spaß macht, dem dankbaren Publikum Jazz, Blues, Funk, Bossa Nova und alle möglichen anderen Musikstile auf der kleinen Bühne zu bieten. Die Bands sind oft innovativ und echt amüsant, auch deshalb wird's hier oft recht voll.

SALA BECKETT THEATER

Karte S. 324 (93 284 53 12; www.salabeckett.com; Carrer de Ca l'Alegre de Dalt 55; Kartenverkauf Mo–Fr 10–14 & 16–20 Uhr & 1 Std. vor Veranstaltungsbeginn; Jaume I) Die Sala Beckett ist eine der bedeutendsten Alternativbühnen der Stadt. Sie ist klein, aber fein, und scheut auch nicht vor brisanten aktuellen Stoffen zurück. Das Programm ist eine unkonventionelle Mischung aus einheimischen Produktionen und ausländischen Schauspielen.

TEATRENEU THEATER

Karte S. 324 (93 285 37 12; www.teatreneu.com; Carrer de Terol 26; Kartenverkauf 1 Std. vor Veranstaltungsbeginn; Fontana oder Joanic) Das Theater mit einer quirligen Bar unten zur Straße hin hat den Mut, sich mit verschiedensten Genres zu beschäftigen. Das Spektrum reicht von Monologen bis zu Gesellschaftskomödien. Neben dem eigentlichen Theater gibt's noch zwei kleinere Bühnen im Stil von Zimmertheatern, in denen weniger aufwendige Produktionen aufgeführt werden. Zusätzlich werden Filme gezeigt.

CASABLANCA KAPLAN KINO

Karte S. 324 (93 218 43 45; Passeig de Gràcia 115; Diagonal) Ein eher kleines, beliebtes Kino mit drei Sälen; die Filme sind immer in der Originalversion zu sehen.

VERDI KINO

Karte S. 324 (93 238 79 90; www.cines-verdi.com; Carrer de Verdi 32; Fontana) Das beliebte Kino für Filme in der Originalfassung liegt im Herzen von Gràcia. So kann man bequem vor oder nach dem Film noch etwas essen oder trinken gehen.

VERDI PARK KINO

Karte S. 324 (93 238 79 90; www.cines-verdi.com; Carrer de Torrijos 49; Fontana) Das Schwesterkino des Verdi liegt nur einen Block entfernt und ist ebenfalls ein Programmkino.

SHOPPEN

Ein Bummel durch die engen Gassen von Gràcia birgt immer Überraschungen, meist in Form von winzigen Läden mit tollen Klamotten und Schmuck. Da ihre Lebensdauer meist kurz ist, weiß man nie, was einen erwartet. Jede Menge interessante Klamottenläden gibt's am Carrer de Verdi.

A CASA PORTUGUESA ESSEN

Karte S. 324 (933 68 35 28; www.acasaportuguesa.com, in Spanisch; Carrer de Verdi 58; Di–Fr 17–22, Sa & So 11–15 & 17–22 Uhr; Fontana) Hier gibt's die besten portugiesischen *pastéis de Belém* (Vanillecremetörtchen) in ganz Barcelona. Aufgrund der drakonischen Restaurantgesetzgebung in Gràcia ist A Casa Portuguesa aber leider in ein Stehlokal umgewandelt worden. Man kann zwar den Wein probieren und eine Weile herumstehen, aber im Sitzen essen und trinken geht hier nicht mehr.

Doch Abhilfe ist in Sicht: Zum Zeitpunkt der Recherche waren die Inhaber gerade dabei, am Carrer d'Aragò 111 ein Bistro zu eröffnen. Dort soll es dann die ganze Palette von portugiesischem Essen und Wein sowie ein *menú del día* mit typisch portugiesischen Gerichten geben. Bis dieser Reiseführer im Regal steht, müsste der neue Laden bereits eröffnet sein. In dieser Zweigstelle in Gràcia kann man sich jedoch mit Käse, kleinen Pasteten und süßen Teilchen eindecken und auf dem nächsten Platz ein Picknick machen.

NOSTÀLGIC FOTOGRAFIE

Karte S. 324 (933 68 57 57; www.nostalgic.es; Carrer de Goya 18; tgl. 11–14 & 17–21 Uhr;

Mo vormittags geschl.; ⓂFontana) Der wunderbare Laden mit Backsteinwänden und Holzmöbeln ist auf alle Arten moderner wie alter Fotoausrüstung spezialisiert. Hier gibt's Kamerataschen und Stative für Digitalkameras sowie die unvermeidliche Palette an Lomo-Kameras in all ihren witzigen Variationen. Darüber hinaus ist auch eine anständige Sammlung von Fotografiebüchern zu haben.

HIBERNIAN — BÜCHER

Karte S. 324 (☎93 217 47 96; Carrer de Montseny 17; ⌚Mo 16–20.30, Di–Sa 10.30–20.30 Uhr; ⓂFontana) Barcelonas größtes englisches Antiquariat hat Tausende von Titeln zu allen möglichen Themen, vom Kochbuch bis zum Kinderbuchklassiker.

ÉRASE UNA VEZ — MODE

Karte S. 324 (☎93 217 29 77; Carrer de Goya 7; ⓂFontana) „Es war einmal" ist der Name dieser phantasievollen Boutique, die jede Frau zur Prinzessin macht. Sie bietet Damenmode – fast ausschließlich Abendkleider für alle Geschmäcker und Anlässe –, aber auch Brautmode. Die zum Teil sehr prächtigen Kreationen stammen von einheimischen Designern wie Llamazares y de Delgado und Zazo & Brull.

SPORT & AKTIVITÄTEN

AQUA URBAN SPA — WELLNESS

Karte S. 324 (☎93 238 41 60; www.aquaurbanspa.com; Carrer Gran de Gràcia 7; 75 Min. 65–99 €; ⌚Mo–Fr 9–21.30, Sa 9–20.30 Uhr; ⓂDiagonal) Hier lässt sich alles behandeln – angefangen beim Stress bis hin zu müden Beinen (besonders hilfreich bei ausdauernden Besichtigungstouren!). Das Spa bietet außerdem einen eher kleinen Pool sowie einen Bereich mit Duschen, dazu heiße Dampfbäder, wohltuende römische Bäder und eine ganze Reihe von Schönheitsbehandlungen.

FLOTARIUM — FLOTARIUM

Karte S. 324 (☎93 217 36 37; www.flotarium.com; Plaça de Narcís Oller 3; 1 Std. 35 €; ⌚tgl. 10–22 Uhr; ⓂDiagonal) In der Schwerelosigkeit schmilzt der Stress wie Eis in der Sonne. Jedes Flotarium – eine Art kleine, mit Wasser gefüllte Raumkapsel – befindet sich in einem eigenen Raum mit Dusche, Handtüchern und Shampoo. Dank der hohen Konzentration an Bittersalzen können die Gäste hier wie im Toten Meer auf dem Wasser treiben.

Camp Nou, Pedralbes & Zona Alta

SANT GERVASI | TIBIDABO | SARRIÀ | PEDRALBES | ZONA UNIVERSITÀRIA

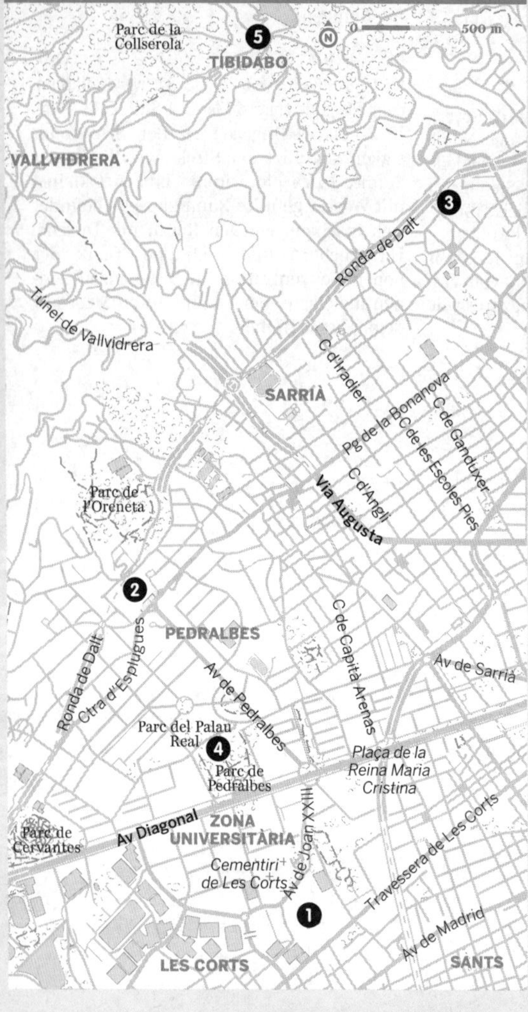

Details s. Karte S. 326 und S. 328

Highlights

❶ Im Multimediamuseum von **Camp Nou** (S. 178), Heimat des FC Barcelona, dem legendären Club huldigen, oder (noch besser) ein Spiel live erleben

❷ Das **Museu-Monestir de Pedralbes** (S. 179) mit seinem Kreuzgang aus dem 14. Jh. und wunderschönen Fresken besuchen

❸ Im **CosmoCaixa** (S. 183) die Evolution der Erde im Zeitraffer durchlaufen

❹ Im faszinierenden **Palau Reial de Pedralbes** (S. 180) Keramikschätze aus 1000 Jahren entdecken

❺ Per Tram und Seilbahn auf den **Tibidabo** (S. 182) fahren, um den schönen Ausblick und den altmodischen Themenpark zu genießen

Rundgang: Camp Nou, Pedralbes & Zona Alta

Auf dem weiten Areal nördlich des Eixample und westlich von Gràcia befinden sich einige Sehenswürdigkeiten, die aber nur wenige Touristen anziehen. Der nördliche Bereich der Zona Alta („Hohen Zone") wird von den Collserola-Hügeln umschlossen, die ein beliebtes Ziel für Outdoorfreaks sind. Der wilde Parc de Collserola lockt Radler und Wanderer an. Zudem liegen hier ein paar historische Attraktionen – ideal für alle, die Barcelona abseits der touristischen Trampelpfade erleben möchten.

Den höchsten Punkt der Stadt, den nahe gelegenen Tibidabo (512 m), krönt der Temple del Sagrat Cor. Die Anfahrt mit Tram und Seilbahn ist bereits der halbe Spaß.

Zu den herausragenden Sehenswürdigkeiten im vornehmen Stadtviertel Pedralbes gehören u. a. ein stimmungsvolles Kloster und der Palau Reial de Pedralbes.

Im Süden liegt Camp Nou, das heilige Spielfeld des FC Barça, einer der besten Fußballmannschaften der Welt.

Sarrià, ein entzückendes Viertel im Nordosten mit mittelalterlichen Bauten, winzigen Plätzen, Läden, Restaurants und Bars, ist ideal, wenn man das authentische (und relativ touristenfreie) Gesicht Barcelonas sehen will.

Die Nachteile sind der weite Weg vom Zentrum und die Entfernungen zwischen den Sehenswürdigkeiten. Neben Sarrià lohnt es, auch Sant Gervasi zu Fuß zu erkunden, wo es eine Reihe guter Restaurants und Bars gibt. Geografisch (und thematisch) liegt es nahe bei Gràcia.

Lokalkolorit

➡ **Outdooraktivitäten** Mountainbiken im riesigen, hügeligen Naturschutzgebiet des Parc de Collserola (S. 181).

➡ **Nachtleben** Zum Aufwärmen in die Bars um den Carrer de Muntaner, danach zu Otto Zutz (S. 186).

➡ **Dörflicher Charme** Durch die malerischen Gässchen von Sarrià bummeln, mit Kuchenpause beim Foix de Sarrià (S. 184) und Tapas in der Bar Tomàs (S. 184).

Anfahrt

➡ **U-Bahn** Linie 3 fährt an den Jardins del Laberint d'Horta (Mundet), am Camp Nou und am Palau Reial de Pedralbes (Palau Reial) vorbei.

➡ **Zug** Die Züge der FGC haben günstige Bahnhöfe für den Tibidabo und den Parc de Collserola.

➡ **Straßenbahn** Die *Tramvia Blau* fährt von der Haltestelle Avinguda de Tibidabo zur Plaça del Doctor Andreu.

➡ **Seilbahn** Der *Funicular del Tibidabo* verkehrt zwischen Plaça del Doctor Andreu und Plaça del Doctor Tibidabo, der *Funicular de Vallvidrera* zwischen Peu del Funicular und Vallvidrera Superior.

Top-Tipp

Wer am meisten von seinem Besuch haben will, kommt am besten am Wochenende: Samstag und Sonntag sind die einzigen Tage, an denen die Pavellons Güell im Palau Reial de Pedralbes besichtigt werden können. Zweimal täglich gibt's eine englischsprachige Führung. Das Wochenende ist auch die beste Zeit, um eine Straßenbahn zum Tibidabo zu nehmen.

Gut essen

➡ Via Veneto (S. 182)

➡ La Molina (S. 183)

➡ Hofman (S. 183)

➡ La Balsa (S. 184)

➡ El Asador de Aranda (S. 184)

Mehr dazu S. 182 ➡

Schön ausgehen

➡ Mirablau (S. 184)

➡ Elephant (S. 185)

➡ Marcel (S. 185)

Mehr dazu S. 184 ➡

Die schönsten Parks & Gärten

➡ Parc de Collserola (S. 181)

➡ Jardins del Laberint d'Horta (S. 182)

➡ Parc de la Creueta del Coll (S. 180)

Mehr dazu S. 180 ➡

HIGHLIGHTS
CAMP NOU

Einer der meistbesuchten Orte in Barcelona ist das Stadion Camp Nou (katalanisch für „Neues Feld"), wo der legendäre Futbol Club Barça zu Hause ist. Fußballfans, die keine Möglichkeit haben, ein Spiel zu sehen, können mithilfe der Multimedia-Exponate und einer Führung des Museums trotzdem eine Ahnung von der Hochspannung im Stadion bekommen.

Museu del Futbol Club Barcelona

Das **Museum** (☎93 496 36 00; www.fcbarcelona.es; Carrer d'Aristides Maillol; Erw./Kind 8,50/6,80 €; ⏲Mitte April–Mitte Okt. Mo–Sa 10–20, So & Feiertage 10–14.30 Uhr, Mitte Okt.–Mitte April Mo–Sa 10–18.30, So & Feiertage 10–14.30 Uhr; Ⓜ Collblanc) gibt mit modernsten Hitech-Mitteln einen Einblick in den Verein: Über riesige Touchscreens erfahren Besucher mehr über die weniger bekannten Seiten des legendären Teams.

Das Beste am Museum sind die Fotoabteilung, die Tor-Videos und der Ausblick über das Stadion. Ausgestellt sind auch die (in mindestens einem Fall tatsächlich) goldenen Stiefel der großen Torjäger der Vergangenheit, neben Informationen zu den prominentesten Exspielern von Barça.

Das Stadion

Schon der Blick über Camp Nou ist eine Erfahrung. Das 1957 erbaute und für die Weltmeisterschaft 1982 vergrößerte Stadion ist mit einem Fassungsvermögen von 99 000 Zuschauern weltweit eines der größten. Auch der Verein hält mit 173 000 Mitgliedern den Weltrekord. Die Führung geht durch die Ankleide der Spieler und den Tunnel hinaus aufs Spielfeld und endet auf der Präsidententribüne. Besucher sehen auch das Fernsehstudio, den Presseraum und die Reporterkabinen. Für den Besuch sollte man 2½ Stunden rechnen.

NICHT VERSÄUMEN

- Das aufpeitschende Barça-Lied, bevor die Mannschaft das Spielfeld betritt
- Die Filme von Barças besten Toren im Museum
- Eine Stadionführung

PRAKTISCH & KONKRET

- Karte S. 326
- ☎93 496 36 00
- www.fcbarcelona.com
- Carrer d'Aristides Maillol
- Erw./Kind 22/17 €
- ⏲Mo–Sa 10–20, So 10–14.30 Uhr
- Ⓜ Palau Reial

HIGHLIGHTS
MUSEU-MONESTIR DE PEDRALBES

Das friedliche alte Kloster ist seit 1983 für die Öffentlichkeit zugänglich. Das hiesige Museum widmet sich dem Klosterleben (die letzten verbliebenen Nonnen wohnen heute nebenan in moderneren Räumlichkeiten). Es steckt voller architektonischer Schätze und gewährt einen faszinierenden Einblick in vergangene Jahrhunderte. Das Kloster, einst völlig abgeschieden, steht in einem noch immer himmlisch ruhigen Winkel von Barcelona am Anfang der lebhaften Avinguda de Pedralbes.

Kreuzgang & Kapelle

Das architektonische Highlight ist der große elegante, dreistöckige Kreuzgang. Dieses Juwel der katalanischen Gotik wurde im frühen 14. Jh. gebaut. Rechts herum erreichen Besucher als Erstes die Capella de Sant Miquel. Die 1346 entstandenen **Wandmalereien** stammen von Ferrer Bassá, einem der frühesten in Katalonien dokumentierten Maler.

Refektorium und Schlafsaal

Auf dem Weg durchs Erdgeschoss vermitteln Refektorium, Klosterküche, Vorratskammern und ein Nachbau des Krankensaals einen Eindruck vom klösterlichen Leben. Lustig war das gemeinsame Essen im Refektorium angesichts der vielen **Ermahnungen** wie *Silentium* (Ruhe) oder *Audi Tacens* (Höre schweigend zu) an den Wänden sicher nicht.

Der große Saal im Obergeschoss war einst der *dormidor* (Schlafsaal), wo die winzigen, dicht an dicht aufgereihten Schlafzellen der Nonnen lagen. Der längst ausgeräumte Saal beherbergt heute eine bescheidene Sammlung sakraler Kunst, darunter gotische Devotionalien und einige Möbel.

NICHT VERSÄUMEN

- Die Wandmalereien von Ferrer Bassá
- Der dreistöckige gotische Kreuzgang
- Die Ermahnungen an den Wänden des Refektoriums

PRAKTISCH & KONKRET

- Karte S. 326
- 93 256 34 34
- www.museuhistoria.bcn.cat
- Baixada del Monestir 9
- Erw./Kind 7/5 €
- Di–Sa 10–17, So 10–20 Uhr
- FGC Reina Elisenda, 22, 63, 64 oder 75

SEHENSWERTES

CAMP NOU STADION

Siehe S. 178.

MUSEU-MONESTIR DE PEDRALBES KLOSTER

Siehe S. 179.

PALAU REIAL DE PEDRALBES SCHLOSS

Karte S. 326 (☎93 256 34 65; Avinguda Diagonal 686; alle Sammlungen Erw./Student & Sen. 5/3 €, 1. So im Monat & So 15–18 Uhr frei; ⏲Museen Di–So 10–18, Feiertage 10–15, Park tgl. 10–18 Uhr; ⓂPalau Reial) An der Avinguda Diagonal liegt gegenüber vom Hauptcampus der Universitat de Barcelona der Eingang zum **Parc del Palau Reial**. Darin befindet sich der Palau Reial de Pedralbes, ein Bau aus dem frühen 20. Jh. Er gehörte der Familie Eusebi Güells, der ein wichtiger Auftraggeber Gaudís war. 1926 übereignete sie das Bauwerk der Stadt, die es als königliche Residenz nutzte. Zu den Übernachtungsgästen zählten König Alfonso XIII, der Präsident von Katalonien und General Franco.

Der Palast beherbergt drei Museen, von denen zwei zusammengefasst wurden und nur vorübergehend hier untergebracht sind.

Das **Museu de Ceràmica** (Karte S. 326 www.museuceramica.bcn.es) zeigt eine sehenswerte Sammlung spanischer Keramik vom 10.–19. Jh. sowie Werke von Picasso und Miró. Spanien verdankt seine große Tradition in der Keramikherstellung den Mauren und hat deren Erbe weiter verfeinert. Im Museum lassen sich außergewöhnliche Arbeiten – Kacheln, Porzellan u. Ä. – aus einigen der berühmtesten spanischen Keramikzentren des Landes, darunter Talavera de la Reina in Kastilien, La Mancha, Manises und Paterna in Valencia sowie Teruel in Aragón, miteinander vergleichen.

Das **Museu de les Arts Decoratives** im 1. Stock gegenüber vom Museu de Ceràmica präsentiert eine vielseitige Sammlung von Möbeln, Zierrat und Nippes, die bis in die Romanik zurückreicht. Im **Museu Tèxtil i d'Indumentària** (www.museutextil.bcn.es) in der 2. Etage werden über 4000 Exponate gezeigt, von koptischen Stoffen aus dem 4. Jh. bis hin zu einheimischen Stickereien des 20. Jhs. Kernstück der Sammlung ist Kleidung ab dem 16. Jh. bis in die 1930er-Jahre. Beide Sammlungen werden die Grundausstattung des neuen Designmuseums **Disseny Hub** (www.dhub-bcn.cat) bilden, das 2013 an der Plaça de les Glòries Catalanes eröffnet werden soll.

Gleich gegenüber an der Avinguda de Pedralbes stehen Stallungen und Pförtnerhäuschen, die Gaudí für das Anwesen der Familie Güell – damals Finca Güell genannt – entwarf. Diese **Pavellons Güell** (☎93 317 76 52; www.rutadelmodernisme.com; Führung Erw./Sen. & Kind unter 18 J. 6/3 €; ⏲Fr–Mo Englisch 10.15 & 12.15, Katalanisch 11.15, Spanisch 13.15 Uhr) wurden Mitte der 1880er-Jahre errichtet, als Gaudí zutiefst beeindruckt von der islamischen Architektur war. Außerhalb der Besuchszeiten lässt sich zumindest Gaudís schmiedeeisernes Drachentor bewundern.

PARC DE LA CREUETA DEL COLL PARK

(☎93 413 24 00; www.bcn.cat/parcsijardins; Passeig de la Mare de Déu del Coll 77; ⏲10 Uhr–Sonnenuntergang; ⓂPenitents) Mittelpunkt

INSIDERWISSEN

EIN BUMMEL DURCH DAS HISTORISCHE SARRIÀ

Die Altstadt von Sarrià ist eine weitgehend zur Fußgängerzone umfunktionierte Oase des Friedens – und das, obwohl sie sich auf der Ostseite an die lärmende Via Augusta schmiegt. Sarrià wurde wahrscheinlich im 13. Jh. gegründet und erst 1921 eingemeindet. Hauptachse des Stadtteils ist der schmale, gewundene **Carrer Major de Sarrià**, der sich heute als Mix aus Alt und Neu mit einer Reihe lässiger Läden und Restaurants präsentiert. Sein oberes Ende bildet die **Plaça de Sarrià** (von der aus der Passeig de la Reina Elisenda de Montcada nach Westen zum mittelalterlichen Monestir de Pedralbes verläuft). Ein Muss ist der Besuch der exklusiven Konditorei Foix de Sarrià (S. 184). Auf dem Weg bergab führt ein lohnender Abstecher an der **Plaça del Consell de la Vila** und der **Plaça de Sant Vicenç de Sarrià** vorbei über den Carrer de Rocaberti zum **Monestir de Santa Isabel** mit seinem neugotischen Kreuzgang. 1886 für Klarissinnen errichtet, deren Orden sich im 16. Jh. zunächst in El Raval niedergelassen hatte, wurde das Kloster im Bürgerkrieg aufgegeben und als Luftschutzbunker genutzt.

INSIDERWISSEN

TIBIDABO: GARTEN DER LÜSTE

Das nördliche Ende der Stadt überragt der bewaldete Gipfel des Tibidabo, mit 512 m der höchste Berg der Serra de Collserola. Neben dem wunderschönen Ausblick bietet der Tibidabo einen 8000 ha großen, altmodischen Themenpark, einen Funkturm mit Aussichtsplattform sowie eine riesige Kirche, deren schiere Größe sie über weite Teile der Stadt gut sichtbar macht. Tibidabo verdankt seinen Namen der biblischen Geschichte über die Versuchung Christi. Demnach brachte der Teufel ihn an einen hoch gelegenen Ort, wo er ihm sagte (auf Latein): *Haec omnia tibi dabo si cadens adoraberis me* (dies alles gebe ich dir, wenn du dich vor mir niederwirfst und mich anbetest).

Kirche und Themenpark erreicht man mit den Zügen der FGC (Haltestelle Tibidabo). Von dort aus fährt die *Tramvia Blau* an extravaganten Modernisme-Villen vorbei zur Plaça del Doctor Andreu (einfach/hin & zurück 3/4,70 €, 30 Min.). An der Plaça liegt die Talstation der Tibidabo-Seilbahn (hin & zurück 7,50 €, 5 Min.). Die erste fährt etwa um 10 Uhr, die letzte kurz nachdem der Parc d'Atraccions schließt.

Eine Alternative ist die Buslinie T2 (der „Tibibus"), der zwischen Plaça de Catalunya und Plaça de Tibidabo verkehrt (2,80 €, 30 Min.).

Wer zum Parc de Collserola möchte, nimmt am besten einen FGC-Zug bis Baixador de Vallvidrera oder steigt eine Haltestelle früher am Peu del Funicular aus und fährt mit der Seilbahn hoch. Die Buslinie 111 verkehrt zwischen Tibidabo und Vallvidrera (Haltestelle vor dem Torre de Collserola).

Parc de Collserola

Barcelonins (Bewohner Barcelonas) müssen nicht weit fahren, um einen Ausflug in eine ländliche Idylle zu machen. Der riesige **Parc de Collserola** (☎93 280 35 52; www.parcnaturalcollserola.cat; Carretera de l'Església 92; ⏰Centre d'Informació 9.30–15 Uhr; 🚆FGC Peu del Funicular, Baixador de Vallvidrera) in den Hügeln eignet sich wunderbar zum Wandern und Radfahren und hat auch jede Menge Imbissbuden und Snackbars für den kleinen Hunger zwischendurch. Einen Wegeplan bietet das parkeigene Centre d'Informació.

Neben der Natur ist die Hauptattraktion des Parks das riesige Museu-Casa Verdaguer, das man 100 m vom Informationszentrum entfernt findet. In diesem erstaunlich gut erhaltenen Landhaus aus dem 18. Jh. lebte Kataloniens berühmter Dichter Jacint Verdaguer während seiner letzten Lebensjahre bis zu seinem Tod am 10. Juli 1902.

Temple del Sagrat Cor

Über der Bergstation des Funicular thront der **Temple del Sagrat Cor** (Kirche des Heiligen Herzens; ☎93 417 56 86; Plaça de Tibidabo; Eintritt frei, Aufzug 2 €; ⏰8–19, Aufzug 10–19 Uhr). Er ist Barcelonas Antwort auf Sacré Coeur in Paris. Das 1902–1961 in einem Stilmix mit Elementen des Modernisme errichtete Gotteshaus ist mindestens ebenso auffällig wie die Kirche in Paris und wird von Ästheten noch heftiger attackiert. Tatsächlich besteht es aus zwei aufeinander gesetzten Kirchen, wobei die obere von einer gigantischen Christusstatue gekrönt wird. Ein Aufzug bringt Besucher auf das windige Dach mit einem tollen Panoramablick über die Stadt.

Parc d'Atraccions

Die meisten *barcelonins* suchen am Tibidabo den Kick im **Themenpark** (☎93 211 79 42; www.tibidabo.cat; Plaça de Tibidabo 3–4; Erw./Kind 25,20/9 €; ⏰Jan.–Feb. geschl.), dessen Eingang in der Nähe der Bergstation ist. Er bietet sowohl Hochgeschwindigkeitsfahrten und ein 4D-Kino als auch altmodische Freuden wie eine alte Dampflok und das Museu d'Autòmats, eine Sammlung automatisierter Puppen – die ältesten aus dem Jahr 1880.

Torre de Collserola

Der 288 m hohe **Torre de Collserola** (Funkturm; Karte S. 326; ☎93 406 93 54; www.torredecollserola.com; Carretera de Vallvidrera al Tibidabo; Erw./Kind 5/3 €; ⏰Juli & Aug. 12–14 & 15.15–20 Uhr, Sept.–Juni Sa, So & Feiertage 12–14 & 15.15–18 Uhr, Jan. & Feb. geschl.; Funicular de Vallvidrera, 🚌111) wurde von Norman Foster entworfen und 1992 fertiggestellt. Von der Aussichtsplattform auf 115 m hat man einen königlichen Ausblick, der bei guter Fernsicht bis 70 km weit reicht.

ABSTECHER

JARDINS DEL LABERINT D'HORTA

Im ausgehenden 18. Jh. legte Antoni Desvalls, Marquès d'Alfarras i de Llupià, den sorgfältig gestalteten **Park** (☎93 413 24 00; Passeig del Castanyers 1; Erw./Student 2,20/1,40 €, Mi & So frei; ⌚10 Uhr–Sonnenuntergang; Ⓜ Mundet) als Familienrefugium an. Erst in den 1970er-Jahren wurde er für die Öffentlichkeit geöffnet. In den vergangenen Jahren fanden hier elegante Feste und Theateraufführungen statt. Heute sind die Jardins del Laberint d'Horta eine Art Museumspark.

Den Namen verdanken die Gärten ihrem Mittelpunkt, einem Labyrinth. Andere Wege führen an einem hübschen, künstlichen Sees *(estany)* entlang, vorbei an Wasserfällen, einem Pavillon und einem Pseudo-Friedhof. Letzterer entsprang dem „Romantizismus" des 19. Jhs., der sich in einer leidenschaftlichen Todessehnsucht erging. Heute wirkt das eher befremdlich.

Das Labyrinth in der Mitte des kühlen Parks, der zwischen den modernen Apartmenthäusern und Schnellstraßen irgendwie verloren wirkt, kann ziemlich frustrieren: Die Strecke vom unteren Ende zum Mittelpunkt und weiter in Richtung der Teiche und des klassizistischen Pavillons stellt Kinder vor eine echte Herausforderung.

Im Park wurden einige Szenen des Kinofilms *Das Parfum* nach dem Roman von Patrick Süskind gedreht.

Zum Park geht's vom U-Bahnhof Mundet über die rechte Treppe nach oben, dort rechts und schließlich links die Hauptstraße entlang; linker Hand befinden sich Fußballplätze. Die erste Straße links führt dann bergauf zu den Gärten (ca. 5 Min. Gehzeit).

dieses schattigen, öffentlichen Parks unweit des Park Güell ist ein erfrischender Pool mit angenehm natürlichen Kurven. Schwimmbecken, Schaukeln, Duschen und eine Snackbar sind an heißen Sommertagen beliebte Ziele für Familien, werden aber kaum von Fremden besucht. Der Park ist das ganze Jahr über geöffnet; nur der Pool schließt außerhalb der Sommermonate.

Angelegt ist der Park im tiefen Krater eines ehemaligen Steinbruchs. Auf einer Seite hängt eine riesengroße Zementskulptur von Eduardo Chillida: *Elogio del Agua* (Lobpreisung des Wassers). Von den Wanderwegen entlang der höher gelegenen Parkbereiche eröffnen sich schöne Ausblicke auf die Stadt und hinüber zum Tibidabo. Vom U-Bahnhof Penitents läuft man eine Viertelstunde; der Eingang befindet sich am Carrer Mare de Déu del Coll.

OBSERVATORI FABRA STERNWARTE

Karte S. 326 (☎93 431 21 39; www.fabra.cat; Carretera del Observatori; Eintritt 10 €; FGC Avinguda Tibidabo, dann Tramvia Blau) Die 1904 im Stil des Modernisme erbaute Sternwarte dient heute noch der wissenschaftlichen Forschung. Besucher können an bestimmten Abenden durch das große alte Teleskop die Sterne beobachten. Die Führungen finden auf Katalanisch oder Spanisch statt und müssen reserviert werden. Von Mitte Juni bis Mitte September haben Besucher bei den nächtlichen *Sopars amb Estrelles* (Abendessen unter Sternen) die Gelegenheit, ein Abendessen unter freiem Himmel mit einer Besichtigung des Hauses, einem Blick durchs Teleskop und einem Vortrag über das Universum (in katalanischer Sprache) zu verbinden. Die Veranstaltung beginnt um 20.30 Uhr und kostet 67 € pro Person. Am besten ist das Observatorium per Taxi erreichbar.

ESSEN

Einige der besten Lokale der Stadt sind in der Zona Alta verstreut, vom Tibidabo über Sant Gervasi (bis hinunter zur Avinguda Diagonal, westlich von Gràcia) bis nach Pedralbes. Sie pflegen eine Vielzahl von Kochtraditionen in guter Qualität und verbergen sich oft in stillen Wohnstraßen, weit weg von jeder Touristenattraktion. Die Zona Alta bietet ein kulinarisches und, von wenigen namhaften Ausnahmen abgesehen, echt katalanisches Erlebnis.

Sant Gervasi

VIA VENETO KATALANISCH **€€**

Karte S. 328 (☎93 200 72 44; www.viavenetorestaurant.com; Carrer de Ganduxer 10; Hauptgerichte 30–46 €; ⌚Mo–Fr mittags & abends,

Sa abends, Aug. geschl.; FGC La Bonanova) Dalí besuchte das High-Society-Restaurant regelmäßig, nachdem es 1967 eröffnet wurde. Die an Art déco erinnernden Details (man beachte etwa die ovalen Spiegel), orangerosa Tischdecken, Lederstühle und das Silberbesteck gefallen wohl eher konservativen Gästen, doch der Künstler kam in erster Linie wegen des Essens. Die Betonung liegt auf katalanischer Küche: Leckerbissen wie Spanferkel oder Loup de Mer in der Salzkruste mit schwarzem Reis und Schwertmuscheln.

LA MOLINA KATALANISCH €€

Karte S. 326 (93 417 11 24; Passeig de Sant Gervasi 65; Hauptgerichte 9–16 €; Mo–Fr 13–0.30, Sa & So 11–17 Uhr; FGC Avinguda Tibidabo) Auf den ersten Blick sieht das La Molina aus wie jede andere Tapasbar: Tische auf dem Gehsteig, eine nichtssagende Bar im vorderen Bereich. Wer aber bis ins Hinterzimmer vordringt, findet einen der großen katalanischen Restaurantgeheimtipps dieses Viertels. Die Gerichte werden mit größter Sorgfalt zubereitet und wunderschön serviert. Dabei kommen köstliche Zusammenstellungen wie Foie gras mit Entenei und *parmentier* (Auflauf aus Kartoffelpüree und Hackfleisch), Reis mit Seeigel und Tintenfisch oder Thunfisch-*tataki* mit Mango und Avocado auf den Tisch.

HOFMANN MEDITERRAN €€€

Karte S. 328 (93 218 71 65; www.hofmann-bcn.com; Carrer de Granada del Penedès 14–16; Hauptgericht 45 €, 3-Gänge-Mittagsmenü 47 €; Mo–Fr mittags & abends; FGC Gràcia) Hier kochen die Schüler der berühmten Kochschule mit ihren Lehrern. Es werden meist elegante Variationen klassischer Mittelmeergerichte gereicht. Die Desserts sind so hervorragend, dass einige Leute lieber eine Vorspeise und zwei Desserts genießen und dafür den Hauptgang ausfallen lassen.

FLASH FLASH SPANISCH €

Karte S. 328 (93 237 09 90; Carrer de la Granada del Penedès 25; Hauptgerichte 8–12 €; 13–1.30 Uhr; M Gracia) Die schwarz-weißen Wandgemälde und komplett weiße Inneneinrichtung des Flash Flash haben eine au-

HIGHLIGHTS COSMOCAIXA

Kinder und Junggebliebene finden hier einige faszinierende Exponate. Das Museum gehört deshalb auch zu den meistbesuchten der Stadt. Die größte Attraktion ist der 1 km² große Nachbau eines **Amazonas-Urwalds** (Bosc Inundat). Über 100 Spezies der im Amazonas heimischen Flora und Fauna (darunter Anakondas, bunte giftige Frösche und Kaimane) bevölkern dieses einzigartige lebendige Diorama. Besucher können sogar tropische Regengüsse erleben. Ein anderes aufsehenerregendes Exponat, die Mur Geològic, besteht aus sieben großen Felsbrocken, die zusammen 90 Tonnen wiegen und eine eindrucksvolle **geologische Mauer** bilden.

Diese und andere Dauerausstellungen im fünften Tiefgeschoss – ein Großteil des Museums ist unterirdisch angelegt – decken viele spannende Wissenschaftsbereiche ab. Die Bandbreite reicht von Fossilien bis zur Physik und vom Alphabet bis zum Weltraum. Spezialabteilungen wie das **Planetari** (Planetarium) sind nur im Rahmen einer Führung zugänglich. Die meisten sind interaktiv gestaltet, wenden sich an Kinder und kosten 2/1,50 € pro Erw./Kind. Das Planetarium wurde so umgebaut, dass auch Seh- und Hörbehinderte es nutzen können.

Die ausgedehnte Plaça de la Ciència vor dem Museum lädt mit ihrem kleinen, mediterranen Garten zum Spazieren ein.

NICHT VERSÄUMEN

- Ein tropischer Sturm im Amazonas
- Die geologische Mauer
- Das Planetari

PRAKTISCH & KONKRET

- Museu de la Ciència
- Karte S. 326
- 93 212 60 50
- www.fundacio.lacaixa.es
- Carrer de Isaac Newton 26
- Erw./Kind 3/2 €
- Di–So 10–20 Uhr
- 60, FGC Avinguda Tibidabo

genzwinkernd-kitschige Pop-Art-Ästhetik, die an das Eröffnungsjahr (1969) erinnert. Spezialität des Hauses sind luftige *tortillas* (Omelettes) in über 50 Variationen sowie riesige Hamburger ohne Brötchen.

LIADÍSIMO CAFÉ €

(Carrer de Guillem Tell 23–25; Hauptgerichte 5–7 €; ⌚Mo–Fr 7.30–21, Sa 8.30–21 Uhr; Ⓜ St Gervasi oder Molina) Das fröhliche, einladende Café hat eine kunstsinnige Seele mit wechselnder Malerei an den Wänden, skurrilen Lampen und Filmen, die den ganzen Tag ohne Ton an die Tapete der hinteren Wand projiziert werden. Außerdem ist der üppige Garten eine entspannte Umgebung für die frischen Säfte und Smoothies, süßen und herzhaften Crêpes, Pasta, gegrillten *panini* und den guten Kaffee.

Tibidabo

LA BALSA MEDITERRAN €€€

Karte S. 326 (☎93 211 50 48; www.labalsarestaurant.com; Carrer de la Infanta Isabel 4; Hauptgerichte 18–24 €; ⌚Di–So mittags, Mo–Sa abends, Aug. nur 21–24 Uhr; 🚆FGC Avinguda Tibidabo) Mit seinen hohen Räumen und den duftenden Gärten um die Terrasse herum verspricht La Balsa ein Spitzenerlebnis eleganter Esskultur. Das Angebot wird ständig erneuert und umfasst eine Mischung aus traditioneller katalanischer Küche und schrägen Einfällen. Vor dem Essen bietet sich ein Cocktail an der Bar an.

EL ASADOR DE ARANDA SPANISCH €€€

Karte S. 326 (☎93 417 01 15; www.asadordearanda.com; Av del Tibidabo 31; Hauptgerichte 20–22 €; ⌚So abends geschl.; 🚆FGC Avinguda Tibidabo) El Asador de Aranda hat sich in einem auffälligen Jugendstilbau mit Buntglasfenstern, maurisch inspirierten Backsteinbögen und verzierten Decken eingenistet – ein wunderbarer Ort für ein Essen nach dem Besuch auf dem Tibidabo. Es gibt eine schöne Auswahl an Tapas-Tellern für mehrere Personen, Spezialität des Hauses ist jedoch Fleisch (Lamm, Spareribs und Rind), ganz wunderbar gegart im Holzofen.

Sarrià

BAR TOMÀS TAPAS €

Karte S. 326 (☎93 203 10 77; Carrer Major de Sarrià 49; Tapas 3–5 €; ⌚Do–Di 12–22 Uhr; 🚆FGC Sarrià) Viele *barcelonins* behaupten seit Langem, dass hier die besten *patatas bravas* (Kartoffelstücke in leicht pikanter Tomatensoße) aufgetischt werden, mit einer Spezialvariante der traditionellen Sauce. Die Bar sieht etwas ungehobelt aus, was aber die gut betuchte Klientel aus Sarrià nicht davon abhält, besonders an Wochenenden mittags in Scharen einzufallen.

ABSTECHER

CAN TRAVI NOU KATALANISCH €€€

(☎93 428 03 01; www.gruptravi.com; Carrer de Jorge Manrique 8; Hauptgerichte 20–28 €; ⌚Mo–Sa mittags & abends, So mittags; Ⓟ; Ⓜ Montbau) Über zwei Stockwerke verteilen sich die vielen Speisesäle dieses ausufernden Herrenhauses aus dem 18. Jh. Die warmen Farben, die Standuhr und eine gediegen rustikale Stimmung verlocken zu einer Orgie katalanischer Gaumenfreuden.

FOIX DE SARRIÀ PASTELERÍA €

Karte S. 326 (☎93 203 04 73; www.foixdesarria.com; Plaça de Sarrià 12–13; Nachtisch 2–5 €; ⌚8–20 Uhr; 🚆FGC Reina Elisenda) Bereits seit 1886 werden in dieser exklusiven Patisserie exquisite Süßspeisen verkauft, die man mitnehmen oder mit Tee, Kaffee oder heißer Schokolade gleich im Café verzehren kann.

AUSGEHEN & NACHTLEBEN

Nördlich der Avinguda Diagonal geben die *pijos* – das von Papa und Mama gesponserte Jungvolk – den Ton an. Egal, ob man nun die Bars im Carrer de Marià Cubí und Umgebung oder die Clubs rund um den Carrer d'Aribau oder Tibidabo ausprobiert: Man kann sich in jedem Fall schon mal seelisch auf ein Designervölkchen mit Dauerbräune einstellen, das im Z3 oder im Geländewagen vorfährt. Aber was soll's? Der hübsche Anblick entschädigt für das versnobte Getue.

Sarrià & Tibidabo

MIRABLAU BAR

Karte S. 326 (Plaça del Doctor Andreu; ⌚So–Do 11–4.30 Uhr, Fr & Sa 11–5 Uhr; 🚆FGC Avinguda Tibidabo, dann 🚋Tramvia Blau) In dem Panorama-Restaurant mit Balkon genießen die Gäste einen schönen Blick über die ganze Stadt bis zum Tibidabo. Oder sie gesellen sich unten zu den Tanzwütigen auf die winzige Tanzfläche. Im Sommer besteht zudem die Möglichkeit, auf einer noch kleineren Terrasse Luft zu schnappen.

CAFFÈ SAN MARCO CAFÉ

Karte S. 326 (☎93 280 29 73; Carrer de Pedro de la Creu 15; ⏲9–21.30 Uhr; FGC Reina Elisenda) Hier wird exzellenter Kaffee serviert – und zwar in einem bezaubernden Ambiente, das zum Entspannen und Zeitunglesen einlädt.

Pedralbes & Zona Universitària

ELEPHANT CLUB

Karte S. 326 (☎93 334 02 58; www.elephantbcn.com; Passeig dels Tillers 1; ⏲Do 11.30–4, Fr & Sa 11.30–5 Uhr; M Palau Reial) Wer hier reinkommt, hat das Gefühl, zu einer privaten Fantasyparty in Beverly Hills eingeladen zu sein. Models (und solche, die es werden wollen) gesellen sich zu makellos gestylten Burschen, die ganz sicher nicht mit dem Taxi hergefahren sind. Die große, zeltartige Tanzfläche ist die Hauptattraktion, aber die Gäste schlendern im Sommer auch gern zwischen den diversen Bars im Garten herum.

UP AND DOWN CLUB CLUB

Karte S. 326 (☎93 448 61 15; http://upanddownbarcelona.com; Avinguda del Doctor Marañón 17; Eintritt 15 €; ⏲Do–Sa 23.30–5.30 Uhr; M Palau Reial) Der futuristische Club ersetzt den von Ibiza inspirierten, ehemaligen Renner, das Pachá, und ist einer der angesagtesten Szenetreffs der Stadt. Der Hauptbereich im Erdgeschoss ist gigantisch und mit einer Bühne sowie separaten VIP-Lounges bestückt. Im Obergeschoss präsentiert sich die Lounge als intimere Location mit schummriger Beleuchtung und schwarzen, sitzsackartigen Sesseln.

Sant Gervasi

MARCEL BAR

Karte S. 328 (☎93 209 89 48; Carrer de Santaló 42; ⏲Mo–Do 10–2, Fr & Sa 10–3 Uhr; FGC Muntaner) Das Marcel ist ein Klassiker. Die Bar verströmt mit ihrer Holzvertäfelung, dem gekachelten schwarz-weißen Schachbrettboden und den hohen Fenstern ein anheimelnd stilvolles Flair. Zu essen gibt's ein paar Snacks und Tapas. Viel Platz bietet die Bar nicht, auch deshalb stehen die Gäste bis draußen auf den Gehsteig.

BERLIN BAR

Karte S. 328 (Carrer de Muntaner 240; ⏲Mo–Do 10–2 Uhr, Fr & Sa 10–3 Uhr; M Diagonal oder Hospital Clínic) Von der eleganten Eckbar bietet sich ein interessanter Blick auf die Avinguda Diagonal. Im Erdgeschoss steht ein Schwung Tische draußen, drinnen sind Designer-Lounges. Der Service ist oft etwas schleppend, dennoch ist die Bar ein netter Auftakt in eine lange Nacht. Ein Sammelsurium von Gästen aller Altersgruppen und Ausrichtungen strömt herbei. Viele ziehen danach weiter ins Luz de Gas, das praktisch nebenan ist.

BOCAYMA BAR

Karte S. 328 (☎93 430 28 38; Carrer de l'Avenir 50; ⏲Di & Mi 23–2, Do–Sa 23–3 Uhr; FGC Muntaner) Im Bocayma beginnt der Abend

ABSTECHER

ABTAUCHEN

Jungs und Mädels schwingen sich in heißen Sommernächten auf ihre Motorräder, um zu einem der besten Outdoor-Clubs der Stadt zu brettern – oder besser gesagt außerhalb der Stadt, denn der Club befindet sich im benachbarten L'Hospitalet de Llobregat. Allein schon der Name **Liquid** (☎670 221209; www.liquidbcn.com; Carrer de Manuel Azaña 21–23, Complex Esportiu Hospitalet Nord; ⏲Juni–Sept.; M Zona Universitaria) lässt ahnen, was hier angesagt ist: viel Flüssiges. Rund um ein von Palmen bestandenes Inselchen liegt ein von unten angestrahlter blauer Wassergraben, der allerdings überraschend wenige Leute dazu verlockt, bei einer durchtanzten Nacht in diesem Megaclub mal kurz ins Nass abzutauchen. DJs aus dem In- und Ausland heizen der bunten Gästeschar aus der ganzen Stadt auf den verschiedenen Tanzflächen innen wie auch am Pool mächtig ein.

recht ruhig, wenn die Stammgäste sich an den niedrigen Tischen im hinteren Bereich des Lokals treffen. Zwei dezent beleuchtete Bars versorgen die gut aussehenden 20- und 30-jährigen mit Drinks. Nach 1 Uhr morgens wird die Musik aufgedreht, und die Nachtschwärmer kommen auf Touren, um dann in einem der Clubs in der Nähe weiterzufeiern. Das Bocayma hat länger offen als offiziell angegeben.

BUBBLIC BAR BAR

Karte S. 328 (☎93 414 54 01; www.bubblicbar.com; Carrer de Marià Cubí 183; ⏲Di & Mi 23–2, Do–Sa 23–3 Uhr; FGC Muntaner) Das Bubblic befindet sich mitten im Geschehen der Zona Alta. Ob oben in der engen Lounge mit einladender Sommerterrasse oder unten, wo sich mehrere Bars an den Tanzflächen entlang ziehen. Die DJs legen eine gute Mischung von Rock und Pop bis zu House und Trance auf – da ist für jeden was dabei.

OTTO ZUTZ CLUB

Karte S. 328 (www.ottozutz.com; Carrer de Lincoln 15; Eintritt 15 €; ⏲Di–Sa 0–6 Uhr; FGC Gràcia) In dem Tanzschuppen über drei Etagen feiern schick gestylte Leute, die selten die dreißig überschritten haben. Im Erdgeschoss wird zu House abgetanzt, in den oberen Stockwerken sind Funk und Soul angesagt. Die DJs kommen aus der Partyszene von Ibiza. Die oberste Etage ist den VIPs vorbehalten, wobei allerdings irgendwann die Barrieren fallen und alles sich vereint. Freitags und samstags stehen Hip-Hop, R&B und Funk im Erdgeschoss sowie House im 1. Stock auf dem Programm.

SALA BECOOL CLUB

Karte S. 328 (☎93 362 04 13; www.salabecool.com; Plaça de Joan Llongueras 5; Eintritt 10–15 €; ⏲Do–So 0–6 Uhr; 27, 32, 59, 66, 67 oder 68) Electro ist das Leitmotiv in dem mittelgroßen Club, den eine gigantische Discokugel am Ende der Bühne dominiert. Dort finden am frühen Abend (ab 21 Uhr) auch manchmal Konzerte statt. In einem zweiten Bereich, dem Redrum, geht es bei überwiegend Indie-Musik geruhsamer zu.

SUTTON THE CLUB CLUB

Karte S. 328 (www.thesuttonclub.com; Carrer de Tuset 13; Eintritt 15 €; ⏲Mi–Do 0–5, Fr & Sa 0–6, So 22.30–4 Uhr; M Diagonal) In der klassischen Disko wird die Tanzfläche mit Mainstream-Musik beschallt, in einer Bar an der Seite läuft House, und fürs Auge ist ebenfalls viel geboten. Der Club lockt jede Menge Volk aus den umliegenden Bars an, die im Lauf des Abends ganz zwangsläufig mal hereinschauen. Die Haupttanzfläche erinnert an einen brodelnden Kessel. Die Gäste sind meist schick – alle anderen kommen auch nicht an den Türstehern vorbei.

LUZ DE GAS CLUB

Karte S. 328 (☎93 209 77 11; www.luzdegas.com; Carrer de Muntaner 246; Eintritt bis zu 20 €; ⏲11.30–6 Uhr; M Diagonal, dann 6, 7, 15, 27, 32, 33, 34, 58 oder 64) An mehreren Abenden pro Woche bietet der Club in einem prächtigen ehemaligen Theater Konzerte; auf dem Programm stehen Soul, Country, Salsa, Rock, Jazz und Pop. Die Gäste können sich in den (relativ schummrig beleuchteten) Bars aufhalten oder sich ins Gewühl stürzen und vor der großen Bühne abtanzen. Oft fühlt man sich an die guten, alten Rockkonzerte erinnert. Gegen 2 Uhr morgens verwandelt sich das Lokal in einen Club, der ein schick gekleidetes Publikum mit – je nach Wochentag – ganz unterschiedlichem Musikgeschmack anzieht. In der Sala B, einem Club, der nur am Freitag- und Samstagabend öffnet, wird es immer ziemlich heiß und stickig.

☆ UNTERHALTUNG

BIKINI LIVEMUSIK

Karte S. 328 (☎93 322 08 00; www.bikinibcn.com; Avinguda Diagonal 547; Eintritt 10–20 €; ⏲Mi–Sa 0–6 Uhr; 6, 7, 33, 34, 63, 67 oder 68, M Entença) Der große alte Star des Nachtlebens von Barcelona ist schon seit den düstersten Tagen der Franco-Ära im Geschäft. Hier wird je nach Wochentag und gewähltem Ambiente jede nur denkbare Musikrichtung gespielt – von Latin und brasilianischen Rhythmen bis zu Diskohits der 1980er-Jahre. Regelmäßig treten renommierte Künstler aus dem In- und Ausland und den unterschiedlichsten Genres auf. Die Vorstellungen beginnen in der Regel zwischen 20 und 22 Uhr; getanzt wird allerdings erst ab Mitternacht.

RENOIR-LES CORTS KINO

Karte S. 326 (☎93 490 55 10; www.cinesrenoir.com; Carrer de Eugeni d'Ors 12; M Maria Cristina oder Les Corts) Das Kino mit sechs Sälen liegt etwas außerhalb des Zentrums von Barcelona. Die Filme werden in der Originalfassung gezeigt.

SHOPPEN

Wer in Barcelona etwas auf sich hält, kauft eher im Eixample ein, obwohl die Zona Alta mit vielen kleinen, trendigen Boutiquen aufwartet. Der Passeig de la Bonanova lohnt z. B. einen Besuch. Das Viertel liegt vielleicht ein bisschen abseits der üblichen Touristenroute, bietet sich aber als nette Abwechslung durchaus an.

BEA BEA — MODE

Karte S. 328 (☎93 414 29 55; Carrer de Calvet 39; FGC Muntaner) Die Damenboutique an einer Straße voller kleiner Boutiquen hat für jedes Alter und jeden Geschmack etwas zu bieten. Junge, lässige Mode hängt hier neben klassischen Röcken und Jacken und sonstiger Kleidung für die Frau von Welt.

SIETE BESOS — MODE

Karte S. 328 (☎93 200 67 34; Carrer d'Amigó 55; FGC Muntaner) Ein netter Laden zwischen vielen größeren, auffälligeren Geschäften. Die „Sieben Küsse" bieten freche, originelle Mode, die aber nie wie aus dem Secondhandladen aussieht. Flotte Kleider kämpfen ebenso um die Gunst der Käuferinnen wie Hosen oder Tops. Die Preise sind akzeptabel, besonders wenn man bedenkt, in welchem Teil von Barcelona das Geschäft liegt.

FC BOTIGA — SOUVENIRS

(☎93 492 31 11; http://shop.fcbarcelona.com; Carrer de Arístides Maillol; Mo–Sa 10–21 Uhr; M Collblanc) Hier liegt das irdische Paradies wahrer Fußballfans! Das Geschäft im Fußballmuseum am Camp-Nou-Stadion bietet Fußbälle, Trikots, Schals, Socken, Geldbeutel, Taschen, Turnschuhe, iPhone-Hül-len – eigentlich alles – und das natürlich mit den berühmten rot-blauen Insignien des FC Barça. Filialen gibt's in der ganzen Stadt, u. a. im Maremàgnum und am Carrer de Jaume I 18 (S. 87).

SPORT & AKTIVITÄTEN

CAMP NOU — FUSSBALL

Karte S. 326 (☎902 189 900; www.fcbarcelona.com; Carrer d'Aristides Maillol; Tickets 19–265 €; Kartenverkauf Mo–Sa 10–19.45, So 10–14.15 Uhr, an Spieltagen 11 Uhr bis zum Anpfiff; M Palau Reial oder Collblanc) Ein Fußballspiel des FC Barça im riesigen Stadion von Camp Nou ist ein wirklich einmaliges Erlebnis. Tickets gibt's am Kartenschalter des Stadions selbst sowie in den Läden der Ketten FNAC und Carrefour und an den Geldautomaten der Servicaixa.

EINE ÜBERDOSIS SCHOKOLADE

Schon seit dem 16. Jh. hat Spanien Kakao aus seinen südamerikanischen Kolonien importiert, und die Patissiers in Barcelona geben sich bis heute allergrößte Mühe, daraus etwas wirklich Großartiges zu machen. Die Stadt liebt Schokolade so sehr, dass es sogar ein Museum dafür gibt. Die klassischen Händler arbeiten schon lange mit *granjas* (Milchbars) und ähnlichen Läden zusammen und bieten dort ihre dickflüssige heiße Schokolade an. Seit den 1980er-Jahren haben sich einige Chocolatiers dazugesellt, deren Kreativität grenzenlos zu sein scheint. Schokosüchtige sollten sich die folgenden Adressen merken:

- **Enric Rovira** (Karte S. 328; ☎93 419 25 47; www.enricrovira.com; Avinguda de Josep Tarradellas 113; Mo–Sa, Aug geschl.; M Entença)
- **Oriol Balaguer** (Karte S. 328; ☎93 201 18 46; www.oriolbalaguer.com; Plaça de Sant Gregori Taumaturg 2; FGC La Bonanova)
- **Pastisseria Natcha** (Karte S. 328; ☎93 430 10 70; www.natcha.cat; Avinguda de Sarrià 45; M Hospital Clínic)
- **Richart** (Karte S. 328; ☎93 202 02 40; www.richart.com; Carrer de Muntaner 463; Mo–Sa; FGC La Bonanova)

RITUELS D'ORIENT WELLNESS

Karte S. 328 (☎93 419 14 72; www.rituelsdorient.com; Carrer de Loreto 50; nur Bad 28 €; ⏰nur Frauen Di 13–21, Mi 10.30–20, Fr 13–22 Uhr, gemischt Do 13–22, Fr 16–22, Sa 10.30–20 Uhr; Ⓜ Hospital Clínic) Wie der Name schon vermuten lässt, versetzt das Rituels d'Orient seine Besucher in eine Welt aus Tausendundeiner Nacht: Dunkles Holz, geschnitzte Fenstergitter, Kerzen und ein auf uralt getrimmtes Gemäuer geben ein wunderbares Ambiente für luxuriöse *hammam*-Besuche, Massagen, Peeling und andere Behandlungen ab.

Montjuïc

MONJUÏC | SANTS | EL POBLE SEC

Highlights

❶ Ein Tag im **Museu Nacional d'Art de Catalunya (MNAC)** (S. 190) mit der romanischen Abteilung, der weltweit bedeutendsten Sammlung frühmittelalterlicher Kunst, atemberaubenden gotischen Kunstwerken und zwei privaten Sammlungen verbringen.

❷ Die von Josep Lluís Sert entworfene **Fundació Joan Miró** (S. 196) begutachten, die Werke von Barcelonas bekanntestem Künstler des 20. Jhs. zeigt

❸ Dem **CaixaForum** (S. 197), der führenden Kunsthalle der in Barcelona beheimateten Bank mit einer umfangreichen internationalen Sammlung, einen Besuch abstatten

❹ Der abendlichen Vorführung der **Font Màgica** (S. 198) beiwohnen, wenn der Springbrunnen zum Leben erwacht

❺ Der Montjuïc von der **Seilbahn** (S. 198) aus der Vogelperspektive betrachten

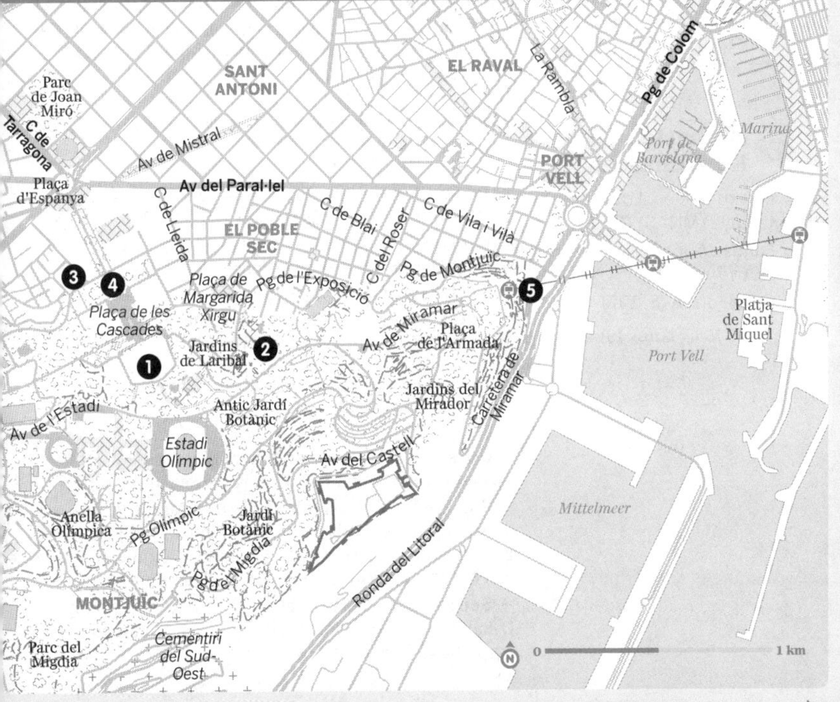

Details s. Karte S. 330

Top-Tipp

Ein besonderer Tipp ist die Seilbahnfahrt zum Montjuïc und über den Gipfel. Die kurze Fahrt ist wunderbar still und bietet einen Ausblick über den grünen Hügel und ganz Barcelona.

Gut essen

- Tickets (S. 202)
- Quimet i Quimet (S. 202)
- Xemei (S. 202)
- Restaurant Evo (S. 202)
- Barramòn (S. 202)

Mehr dazu S. 202

Schön ausgehen

- La Caseta del Migdia (S. 205)
- Terrrazza (S. 205)
- Tinta Roja (S. 205)
- Barcelona Rouge (S. 205)

Mehr dazu S. 205

Die besten Kunstmuseen

- Museu Nacional d'Art de Catalunya (MNAC) (S. 191)
- Fundació Joan Miró (S. 196)
- CaixaForum (S. 197)

Mehr dazu S. 191

Rundgang: Montjuïc

Auf dem Montjuïc finden sich mit dem CaixaForum, dem MNAC und der Fundació Joan Miró einige der besten Kunstsammlungen der Stadt. Daneben sind hier mehrere kleinere Museen und ausgefallene Sehenswürdigkeiten angesiedelt, wie das Poble Espanyol, das Castell de Montjuïc und Mies van der Rohes neu aufgebauter Deutscher Pavillon von 1929. Auch die Bauten der Olympischen Spiele von 1992 sind größtenteils hier. Abends lohnt ein Besuch besonders wegen des Spektakels an der Font Màgica, aber auch mehrere Theater und Clubs liegen in der Gegend. Zusammen mit einer Reihe von Gärten reicht das locker für ein paar ausgefüllte Tage.

Fußgänger gelangen über die Plaça d'Espanya zum Hügel. Aus dieser Richtung wird der Aufstieg durch eine Reihe von Rolltreppen auf der Westseite des Palau Nacional bis zur Avinguda de l'Estadi erleichtert. Die spektakuläre Alternative ist die Fahrt mit der Seilbahn ab Barceloneta, die einen wunderschönen Ausblick auf den grünen Berg erlaubt.

Der betriebsame Kreisverkehr der Plaça d'Espanya markiert die Grenze zwischen Montjuïc und dem *barri* (Stadtviertel) Sants – ein Muss für alle, die den normalen Alltag des untouristischen Barcelona erleben wollen.

An der schrägen Nordflanke des Montjuïc liegt das Arbeiterviertel El Poble Sec. Es bietet nur wenige Sehenswürdigkeiten, dafür verstecken sich hier interessante Bars und Restaurants, die besonders an warmen Abenden zum Draußensitzen einladen. Die Avinguda del Paral.lel war bis in die 1960er-Jahre hinein in Barcelona das Zentrum des Nachtlebens.

Lokalkolorit

- **Treffs** Essen wie die Einheimischen geht am besten am Carrer de Blai. Im Barramòn (S. 202) gibt's kanarische Tapas.
- **Nachtleben** Nach einem Konzert im Sala Apolo lockt das Nachtleben in der Avinguda del Paral.lel.
- **Natur** Auf einem Bummel durch die Gärten des Montjuïc trifft man viele Einheimische.

Anreise & unterwegs vor Ort

- **U-Bahn** Die Linie 3 durchquert El Poble Sec und hält an den U-Bahnhöfen Espanya, Poble Sec und Paral.lel.
- **Bus** Die Buslinie 55 führt über die Plaça de Catalunya durch die Stadt bis zur Seilbahnstation Estació Parc Montjuïc. Die Linie 193 (Parc de Montjuïc) fährt von der Plaça d'Espanya zum Castell de Montjuïc.
- **Seilbahn** Mit der U-Bahn (Linie 2 oder 3) bis zum U-Bahnhof Paral.lel fahren, dann mit der Seilbahn bis zur Estació Parc Montjuïc.

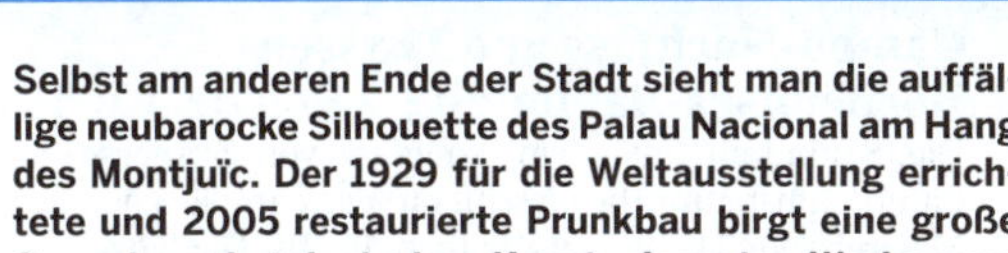

HIGHLIGHTS

MUSEU NACIONAL D'ART DE CATALUNYA

Selbst am anderen Ende der Stadt sieht man die auffällige neubarocke Silhouette des Palau Nacional am Hang des Montjuïc. Der 1929 für die Weltausstellung errichtete und 2005 restaurierte Prunkbau birgt eine große Sammlung katalanischer Kunst, darunter Werke vom frühen Mittelalter bis ins 20. Jh.

Die romanischen Meisterwerke

Der eigentliche Höhepunkt ist die romanische Abteilung, die als weltweit bedeutendste Sammlung frühmittelalterlicher Kunst gilt. Sie zeigt Fresken, Holzschnitzereien und bemalte Altarfronten (als Flachrelief bearbeitete Holztafeln; Vorläufer der weitaus feiner ausgeführten Tafelbilder jüngerer Kirchen), die Anfang des 20. Jhs. aus nordkatalanischen Kirchen hierher gebracht wurden. Zu sehen sind auch einige nachgebildete Kirchenräume, in denen die Fresken an originalgetreuer Stelle (z. T. sogar an den Originalwänden) ihren Platz fanden. Manche der Fresken sind noch erstaunlich komplett (einschließlich der Farben), von anderen blieben nur Fragmente erhalten.

Zwei Fresken ragen besonders heraus: Eines befindet sich im Àmbit V (Saal 5) und zeigt Christus als Weltenherrscher (um 1123). Wie in der Apokalypse beschrieben, thront Christus auf einem Regenbogen, die Welt zu seinen Füßen, in der Hand ein aufgeschlagenes Buch, in dem zu lesen steht: *Ego Sum Lux Mundi* (Ich bin das Licht der Welt). Umgeben ist Christus von den vier Evangelisten. Die Darstellung wurde einst Stück für Stück aus der Apsis der Església de Sant Climent de Taüll im Nordwesten Kataloniens abgelöst. Aus der Apsis der benachbarten Kirche Església

NICHT VERSÄUMEN

- Die romanischen Fresken
- Gotische Kunstwerke
- Cambò-Nachlass und Thyssen-Bornemisza-Sammlung
- Inneneinrichtung des Modernisme

PRAKTISCH & KONKRET

- Karte S. 330
- ☎93 622 03 76
- www.mnac.es
- Mirador del Palau Nacional
- Erw./Sen. & Kind unter 15 J./Student 10 €/frei/7 €, 1. So im Monat frei
- ⌚Di–Sa 10–19, So & Feiertage 10–14.30, Bücherei Mo–Fr 10–18, Sa 10–14.30 Uhr, Ⓜ Espanya

DIE FRESKEN-ENTFERNER

Mit italienischen Restauratoren, den Gebrüdern Stefanoni, erreichte die Kunst des *strappo* (das Abnehmen von Wandfresken) zu Beginn des 20. Jhs. Katalonien. Die Brüder deckten die Fresken mit Stoff ab, der mit einem aus Knorpel gewonnenen Leim benetzt war und an den Fresken festklebte. Sobald das Material getrocknet war, konnte man es mitsamt dem Fresko abnehmen und einrollen. Drei Jahre lang zogen die Stefanoni-Brüder durch die Pyrenäen, nahmen in zahlreichen Kirchen und Kapellen Fresken ab und schickten ihre Stoffrollen nach Barcelona. Dort wurden sie schließlich wieder auf Wänden oder in nachgebauten Altarnischen angebracht und quasi in situ präsentiert.

Das Museu Nacional d'Art de Catalunya zeigt nur etwa 20 % seiner Bestände. Die Räume, in denen der Rest eingelagert ist, können seit 2010 im Rahmen einer Führung besichtigt werden (5 €). Da schon die Fülle der ausgestellten Exponate im Museum erschlagend ist, empfiehlt es sich, für die Magazine einen weiteren Tag einzuplanen.

de Santa Maria de Taüll und aus derselben Zeit stammen die Fresken im Àmbit VII (Saal 7) – hier zeigt die zentrale Darstellung die Jungfrau Maria mit dem Christuskind. Dass diese Bilder mehr als reine Dekoration sind, wird jedem klar, der sich in einen Durchschnittsbürger des Mittelalters hineinversetzt: Er war ungebildet und gottesfürchtig und schlug sich nur mühselig durchs Leben. Darstellungen wie diese hier vermittelten ihm die wichtigsten Akteure sowie die Grundlagen der Glaubenslehre.

Die gotische Sammlung

Gegenüber der romanischen Sammlung im Erdgeschoss befindet sich die gotische Abteilung. Hier sind Gemälde der katalanischen Gotik und Werke aus anderen spanischen und Mittelmeerregionen ausgestellt. Interessant sind vor allem die Arbeiten von Bernat Martorell in Àmbit 32 und Jaume Huguet in Àmbit 34. Martorells Werke beschäftigen sich u. a. mit dem Martyrium von Sant Vincent und Santa Llúcia. Besonders eindrucksvoll ist die Detailtiefe in Huguets *Consagració de Sant Agustí*, das den hl. Augustinus als Bischof zeigt.

Cambò-Nachlass und Thyssen-Bornemisza-Sammlung

Die Sammlung aus dem Nachlass von Francesc Cambò umspannt die Geschichte der europäischen Malerei vom 14. bis zum frühen 19. Jh. Die Thyssen-Bornemisza-Sammlung ist eine Leihgabe des Museo Thyssen-Bornemisza in Madrid; sie vereint europäische Gemälde und Plastiken aus dem 13. bis 18. Jh. Highlight dieser Sammlung ist Fra Angelicos *Mare de Déu de la Humilitat* (Madonna der Demut), während der Cambò-Nachlass wunderbare Werke der venezianischen Renaissancemeister Vernonese, Tizian und Canaletto sowie Rubens und sogar des Engländers Gainsborough enthält und gekrönt wird von einigen Gemälden Francisco de Goyas.

Moderne katalanische Kunst

Eine Etage höher zeigt das Museum moderne katalanische Kunst aus dem Besitz von Carmen Thyssen-Bornemisza. Die Sammlung ist eher durchwachsen, lohnend sind aber die Modernisme-Malereien von Ramon Casas (Àmbit 71) und Santiago Rusiñol (Àmbit 72) sowie des 2012 verstorbenen Antoni Tàpies. Ebenfalls zu sehen sind Möbel und andere Einrichtungsgegenstände des Modernisme, darunter eine Wandmalerei von Ramon Casas, die den Künstler Pere Romeu auf einem Tandem zeigt und einst die Wand im Restaurant Els Quatre Gats zierte.

Nach der Besichtigung lädt das Museumsrestaurant zur Entspannung mit herrlichem Blick auf die Plaça d'Espanya ein.

MUSEU NACIONAL D'ART DE CATALUNYA

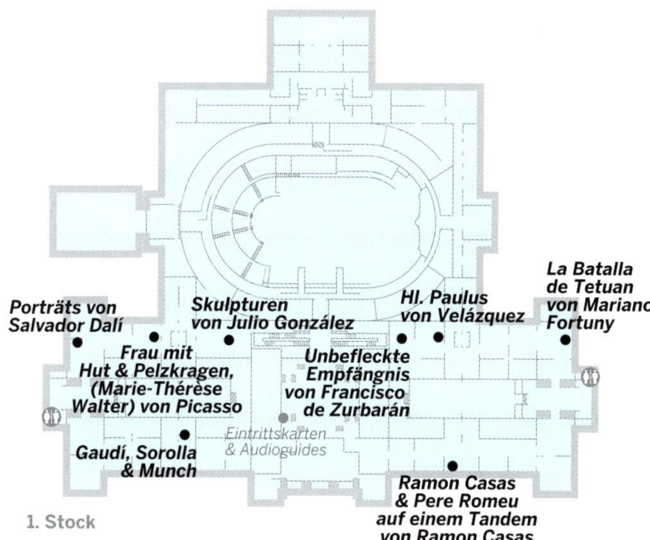

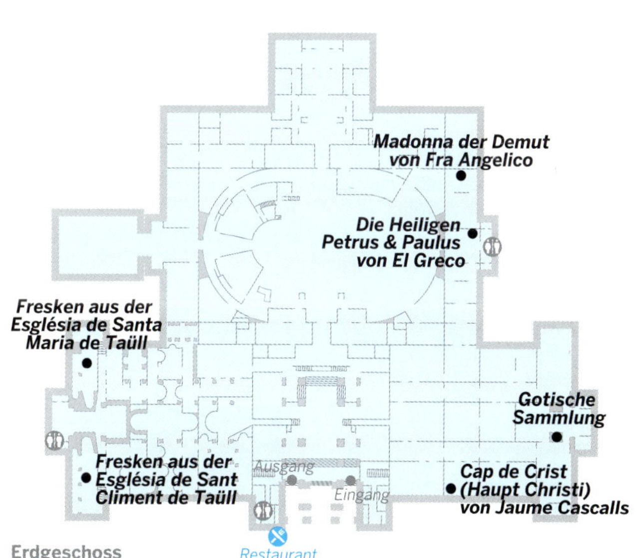

EIN TAG AUF DEM MONTJUÏC

Der Montjuïc ist eine wundervolle grüne Lunge oberhalb der Stadt. Inmitten von Gärten liegen bedeutende Kunstmuseen, eine Festung und das Olympiastadion. Die Hauptattraktionen lassen sich an einem gut gefüllten Tag erkunden.

Vom U-Bahnhof Espanya begibt man sich zum **CaixaForum** 1 , wo sehr gute kostenlose Ausstellungen zu sehen sind. Der nahe **Pavelló Mies van der Rohe** 2 ist ein schönes Beispiel für die moderne Architektur der 1920er-Jahre. Weiter oben ist die Sammlung romanischer Kunst im **Museu Nacional d'Art de Catalunya** 3 ein echtes Muss und das dortige Restaurant gut für eine Mittagspause. Auf Rolltreppen gelangt man weiter den Berg hinauf zum **Estadi Olímpic** 4 , einer der Spielstätten von 1992. Östlich liegt die **Fundació Joan Miró** 5 . Mit antiken Relikten wartet das **Museu d'Arqueologia de Catalunya** 6 auf. Danach bietet sich eine Ruhepause in den stillen **Jardins de Mossèn Cinto Verdaguer** 7 an, den schönsten am Berg, bevor es mit der Seilbahn zum **Castell de Montjuïc** 8 geht. Wer den richtigen Tag erwischt, kann den Ausflug mit der Licht-und-Ton-Schau an der wunderbar kitschigen **Font Màgica** 9 abrunden, gefolgt von Drinks und Tanz in einem der Open-Air-Läden im **Poble Espanyol** 10 .

TOP-TIPPS

Tolle Ausblicke Wer von Barceloneta mit dem Transbordador Aeri auf den Montjuïc fährt, genießt einen Blick aus der Vogelperspektive. Weitere schöne Ausblicke bieten sich von der Seilbahn Telefèric de Montjuïc hinauf zur Festung.

Sommervergnügen Im Castell de Montjuïc gibt's im Sommer Freiluftkino und Konzerte (siehe http://salamontjuic.org).

Bunte Blüten Besonders farbenfroh und erfrischend präsentieren sich die Jardins de Mossèn Cinto Verdaguer mit ihren vielen Tulpen und Wasserpflanzen.

JEAN-PIERRE LESCOURRET

CaixaForum
Die ehemalige Fabrik und Kaserne, ein Entwurf des Architekten Josep Puig i Cadafalch, ist ein wunderbares Werk des Modernisme.

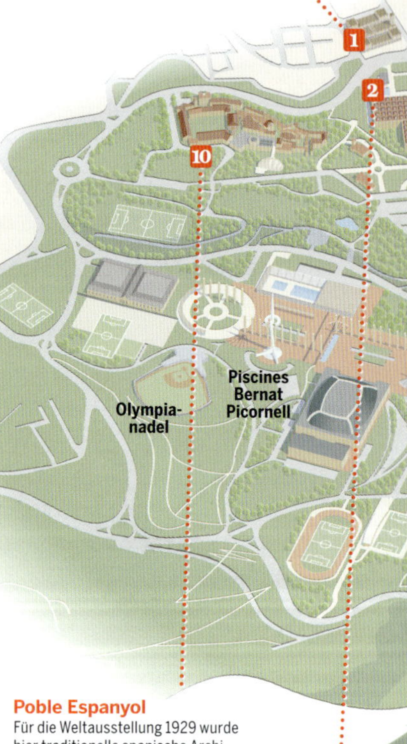

Poble Espanyol
Für die Weltausstellung 1929 wurde hier traditionelle spanische Architektur nachgebaut. Kunst ist in der Fundació Fran Daurel zu sehen.

NEIL SETCHFIELD

Pavelló Mies van der Rohe
Der bedeutende deutsche Architekt Ludwig Mies van der Rohe entwarf für die Weltausstellung 1929 den avantgardistischen Deutschen Pavillon.

KRZYSZTOF DYDYNSKI

La Font Màgica

Im Sommer erwacht der Springbrunnen mit einer 15-minütigen Ton-und-Licht-Schau zum Leben: Dann schießt das Wasser in glühenden Farben wie in einem brodelnden Hexenkessel in die Luft.

TRAVELPIX/ALAMY

Museu Nacional d'Art de Catalunya

Das Museum beeindruckt mit seiner Sammlung romanischer Kunst und dem Wandgemälde von Christus als Weltenherrscher aus dem 12. Jh., das aus der Apsis einer Kapelle in Nordwestkatalonien gerettet wurde.

9

3

6

Museu Etnològic

Teatre Grec

5

7

Museu Olímpic i de l'Esport

4

Estadi Olímpic

Jardí Botànic

8

Jardins de Mossèn Cinto Verdaguer

Castell de Montjuïc

Von der Festung aus dem 17. Jh., lange ein Symbol der Unterdrückung, bieten sich weite Ausblicke auf das Meer und die Stadt.

Fundació Joan Miró

Hier werden neben großformatigen Werken in der Sala Joan Prats und der Sala Pilar Juncosa auch weniger bekannte frühe Arbeiten Mirós gezeigt.

Museu d'Arqueologia de Catalunya

Eines der herausragenden Werke in dem Museum, das die antike Geschichte Kataloniens und seiner Nachbarregionen vorstellt, ist das römische Mosaik mit einer Darstellung der Drei Grazien.

BAB/IMAGEBROCKER

BAB/IMAGEBROCKER

HIGHLIGHTS
FUNDACIÓ JOAN MIRÓ

Joan Miró, der wohl bekannteste Künstler Barcelonas im 20. Jh., vermachte die Kunststiftung 1971 seiner Heimatstadt. Sein Freund Josep Lluís Sert, der auch Mirós mallorquinische Werkstatt geplant hatte, entwarf die hellen Räume für die spektakulären Exponate, die von Mirós frühen Skizzen bis zu den Gemälden seiner späten Jahre reichen.

Serts Tempel für die Kunst Mirós

Serts weißer Tempel für den spanischen Großmeister Miró gilt weltweit als eines der bemerkenswertesten Museumsgebäude. Er entwarf den Bau, nachdem er während der Franco-Ära viele Jahre als Leiter der Designschule der Harvard-Universität (USA) im Exil verbracht hatte. Die Stiftung inmitten der grünen Berglandschaft besitzt die größte Sammlung von Mirós Werken. Dazu zählen etwa 220 Gemälde, 180 Skulpturen, einige Textilarbeiten und über 8000 Zeichnungen aus allen Lebensphasen. Gezeigt wird immer nur ein kleiner Ausschnitt der Sammlung.

Die Sammlung

Die Ausstellung vermittelt einen Eindruck von der künstlerischen Entwicklung Joan Mirós. Die ersten beiden Räume 11 und 12 zeigen verschiedene Arbeiten von ihm, darunter einen riesigen Wandteppich in Primärfarben, dem Markenzeichen des Künstlers. Von Raum 13 (Espai 13) im Erdgeschoss gelangen Besucher die Treppe hinunter in einen kleinen Raum, der Wechselausstellungen vorbehalten ist. Darauf folgt seltsamerweise Raum 16, die Sala Joan Prats, in der unter der Überschrift „Die frühen Jahre, Paris und Surrealismus“ frühe Arbeiten bis 1931 ausgestellt sind. Der junge Miró entfernt sich hier unter dem Einfluss surrealistischer Ideen von seinem relativen Realismus (ein gutes Beispiel ist das Gemälde *Ermita de Sant Joan d'Horta*, 1917) und entwickelt seinen eigenen, einzigartigen Stil aus Primärfarben und Bildsymbolen wie Mond, Frau und Vogel.

Diese Entwicklung setzt sich eine Treppe höher in der Sala Pilar Juncosa (Raum 17) fort. Die hier ausgestellten Werke stammen aus den Jahren 1932–55, der surrealistischen Phase. Die Säle 18 und 19 im 1. Stock zeigen Meisterwerke aus den Jahren 1956–83. In Raum 20 beeindrucken Malereien auf Papier. Raum 21 ist der Privatsammlung Katsuka vorbehalten, in der einige von Mirós Werken aus der Zeit von 1914 bis in die 1970er-Jahre versammelt sind. Der Saal 22 rundet die Ausstellung mit großformatigen Gemälden und Bronzeplastiken aus den 1960er- und 1970er-Jahren ab. Unterwegs kommen Besucher an Alexander Calders *Quecksilberspringbrunnen* vorbei, ein wiederaufgebautes Werk, das ursprünglich 1937 für die Pariser Weltausstellung entworfen wurde.

Im Untergeschoss befinden sich die Räume 14 und 15: Die *Homenatge a Joan Miró* (Hommage an Joan Miró) feiert den Künstler mit Fotografien, einem 15-minütigen Video über sein Leben sowie Arbeiten einiger Zeitgenossen, wie Henry Moore und Antoni Tàpies.

Mirós persönliche Büchersammlung ist in der Museumsbibliothek zu sehen.

Der Garten

An der Ostseite des Museums liegt der Jardí de les Escultures, ein kleiner Garten mit diversen modernen Skulpturen. Der Garten eignet sich perfekt, um nach einem anstrengenden Tag im Museum bei einem Picknick auszuspannen.

NICHT VERSÄUMEN

- Serts Architektur
- Die Meisterwerke in den Sälen 18 & 19
- Mirós Übergang zum Surrealismus in Saal 16
- Der schöne Garten

PRAKTISCH & KONKRET

- Karte S. 330
- www.bcn.fjmiro.es
- Plaça de Neptu
- Erw./Sen. & Kind 10/7 €
- Di, Mi, Fr & Sa 10–20, Do 10–21.30, So & Feiertage 10–14.30 Uhr
- 50, 55, 193, M Paral.lel

SEHENSWERTES

MUSEU NACIONAL D'ART DE CATALUNYA (MNAC) MUSEUM

Siehe S. 191.

FUNDACIÓ JOAN MIRÓ MUSEUM

Siehe S. 196.

CAIXAFORUM GALERIE

Karte S. 330 (www.fundacio.lacaixa.es; Avinguda de Francesc Ferrer i Guàrdia 6–8; Erw./Student & Kind 3/2 €, 1. Sonntag im Monat frei; ⌚Di–Fr & So 10–20, Sa 10–22 Uhr; Ⓜ Espanya) Die Bausparkasse La Caixa rühmt sich zu Recht, Förderer der Kunst (und Besitzer zahlloser Kunstwerke) zu sein. Ihr besonderes Interesse gilt dabei zeitgenössischen Werken. Der wichtigste Ausstellungsraum von Caixa in der Stadt beherbergt einen Teil der umfangreichen Sammlung der Bank mit Werken aus allen Teilen der Welt.

Untergebracht sind sie in der umfassend renovierten, ehemaligen Fabrik Fàbrica Casaramona. Der Backsteinbau ist ein meisterhaftes Werk des Modernisme-Architekten Puig i Cadafalch. Von 1940–1993 war hier die Erste Schwadron der berittenen Polizei (mit 120 Pferden) untergebracht.

Heute befinden sich hier große Ausstellungsräume. Ab und an werden einige der 800 Werke moderner und zeitgenössischer Kunst aus der hauseigenen Sammlung gezeigt. Meist jedoch ziehen viel beachtete internationale Ausstellungen die Aufmerksamkeit der Besucher an.

Den Innenhof, in dem früher die Polizeipferde getränkt wurden, schmückt ein Baum aus Stahl des japanischen Architekten Arata Isozaki. Ab und zu, vor allem in den wärmeren Monaten, werden im Museum Musikabende veranstaltet.

GRATIS CASTELL DE MONTJUÏC FESTUNG, GÄRTEN

Karte S. 330 (⌚April–Sept. Di–So 9–21 Uhr, Okt.–März Di–So 9–19 Uhr; Ⓜ Telefèric) Das imposante Kastell Montjuïc beherrscht den Montjuïc-Hügel im Südosten und bietet Besuchern ein herrliches Mittelmeerpanorama. In ihrer heutigen Form stammt die Festung aus der Zeit Ende des 17. und Anfang des 18. Jhs. Den größten Teil ihrer düsteren Geschichte bewachte sie die Stadt, zudem diente sie als Gefängnis für politische Gefangene und als Hinrichtungsstätte.

Hier wurden Ende des 19. Jhs. Anarchisten, während des Bürgerkriegs Faschisten und danach Republikaner exekutiert – zu den bekanntesten zählte 1940 Lluís Companys. Das Netz aus Gräben und Mauern um die Festung unterstreicht die strategische Lage der Festung über Stadt und Hafen.

Bis 2009 beherbergte der Bau ein etwas verstaubtes Militärmuseum, das geschlossen wurde, als das Verteidigungsmuseum die Burg nach endlosen Verhandlungen schließlich der Stadt übergab. Die Geschütze, die früher im zentralen Hof standen, wurden entfernt; nur einige der zur Seeseite gerichteten Kanonen verblieben an Ort und Stelle.

In den kommenden Jahren soll in der Festung ein internationales Friedenszentrum entstehen. Eine Ausstellung wird außerdem die Geschichte des Kastells nachvollziehen. Auch ein museumspädagogisches Zentrum zum Thema Montjuïc ist geplant. Bis dies alles realisiert sein wird, ist eine bescheidene Ausstellung in der Bastion gleich rechts vom Eingang zu sehen: **Barcelona Té Castell** („Barcelona hat eine Burg") beleuchtet Ausschnitte der Geschichte der Stadt und stellt Pläne für die Zukunft vor. Man kann nur hoffen, dass bei der Umsetzung dieser Projekte die Grabsteine des ehemaligen jüdischen Friedhofs am Montjuïc, die teils aus dem 11. Jh. stammen, einen angemessenen Ausstellungsort erhalten werden. Im Militärmuseum wurden sie bislang in einem düsteren Raum gezeigt.

Derzeit lohnt vor allem das Panorama von der Burg über die umliegende Region, das Meer, den Hafen und die Stadt den Abstecher auf die Festung.

Samstag und Sonntag werden kostenlose Führungen durch die Burg auf Katalanisch und Spanisch angeboten (11.30 Uhr Katalanisch, 13 Uhr Spanisch). Gruppenführungen, auch auf Englisch und Französisch (65–80 €), können ebenfalls organisiert werden.

Entlang der dem Meer zugewandten Seite der Festung verläuft der luftige Wanderweg **Camí del Mar** mit schönen Ausblicken auf Stadt und Meer. Weiter bergab und oberhalb des donnernden Verkehrs der Hauptstraße nach Tarragona zeigen die **Jardins de Mossèn Costa i Llobera** (Karte S. 330; Eintritt frei; ⌚10 Uhr–Sonnenuntergang) eine sehr gute Sammlung von Tropen- und Wüstenpflanzen, darunter einen richtigen Kaktuswald. Unweit der Telefèric-/Seilbahn-Station Estació Parc Montjuïc befinden sich die hübschen **Jardins de Mossèn Cinto de Verdaguer**. Die am Hang gelegenen, üppigen Gärten wurden mit zahl-

MAR I MUNTANYA: MEER UND GEBIRGE

Der schnellste Weg vom Strand zum Berg führt über den **Transbordador Aeri** (Karte S. 330; www.telefericodebarcelona.com; Av de Miramar, Jardins de Miramar; einfach/hin & zurück 10/15 €; ⌚11–19 Uhr; 🚌50 & 153), die Seilbahn, die zwischen Torre de Sant Sebastiá in La Barceloneta und der Haltestelle Miramar auf dem Montjuïc verkehrt (nur Mitte Juni–Mitte September). Von der Estació Parc Montjuïc fährt die Seilbahn Telefèric de Montjuïc über den Aussichtspunkt Mirador zum Castell de Montjuïc.

reichen Wasserpflanzen und über 80 000 Zwiebelgewächsen bepflanzt, darunter Tulpen, Narzissen, Krokusse und verschiedene Dahlienarten. Viele Sorten müssen jedes Jahr neu gesetzt werden. Im Wasser blühen u. a. Lotus und Seerosen.

Von den **Jardins del Mirador** gegenüber der Station Mirador des Transbordador Aeri (Telefèric) eröffnet sich ein toller Ausblick über den Hafen von Barcelona. Ein Stück weiter bergab bedeckt der reizende Landschaftsgarten **Jardins de Joan Brossa** (Karte S. 330; Eintritt frei; ⌚10 Uhr–Sonnenuntergang) das Gelände eines ehemaligen Vergnügungsparks nahe der **Plaça de la Sardana** (Karte S. 330). Im Garten finden sich viele mediterrane Spezies wie Zypressen und Pinien sowie einige Palmenarten. Es gibt Spielplätze, Themenwanderwege und schöne Ausblicke über die Stadt.

ESTADI OLÍMPIC — STADION

Karte S. 330 (Avinguda de l'Estadi; ⌚10–18 Uhr; 🚌50, 61 oder 193) Das Estadi Olímpic war während der Olympischen Spiele von Barcelona das wichtigste Stadion. Wer die Spiele im Fernsehen gesehen hat, wird sich vielleicht wundern, dass die Zuschauerränge nur 65 000 Menschen fassen. Erstaunlich klein ist auch die olympische Fackel, die bei der Eröffnungszeremonie so spektakulär mit Pfeil und Bogen in Brand gesetzt wurde. Erstmals eröffnet wurde das Stadion 1929, bevor es für die Spiele 1992 restauriert wurde.

MUSEU OLÍMPIC I DE L'ESPORT — MUSEUM

Karte S. 330 (www.museuolimpicbcn.com; Avinguda de l'Estadi 60; Erw./Student 4/2,50 €; ⌚10–20 Uhr; 🚌50, 61 oder 193) Das Museu Olímpic i de L'Esport ist ein mit Informationen gespicktes, interaktives Museum, das sich der Geschichte des Sports und der Olympischen Spiele widmet. Von der Kasse geht es zunächst eine Rampe entlang ins Untergeschoss, vorbei an Exponaten zur Sportgeschichte, die hier mit der Antike beginnt.

FONT MÀGICA — SPRINGBRUNNEN

Karte S. 330 (Avinguda de la Reina Maria Cristina; ⌚Okt.–Ende Juni 19–21 Uhr, Ende Juni–Sept. Do–So 21–11.30 Uhr alle 30 Min.; Ⓜ Espanya) La Font Màgica ist einer von mehreren Springbrunnen, die sich von der Avinguda de la Reina Maria Cristina den Hügel hinauf bis zur eindrucksvollen Fassade des Palau Nacional staffeln. In einer einzigartigen Show erscheint der Brunnen wie ein brodelndes Feuer oder ein mystischer, bunt leuchtender Hexenkessel.

Erstaunlich, dass eine für die Weltausstellung 1929 konzipierte Idee durch die Olympischen Spiele 1992 erneut zum Besuchermagneten wurde. Mit einem Tusch erwacht der Magische Springbrunnen zu einem Fest von Musik, Licht und Wasser. Vor allem an heißen Sommerabenden zieht das 15-minütige und sich mehrmals am Abend wiederholende Spektakel Scharen von Zuschauern an. Am letzten Abend des Festes de la Mercè im September beschließt ein Feuerwerk die spektakuläre Vorstellung.

POBLE ESPANYOL — TOURISTENZENTRUM, KUNSTHANDWERK

Karte S. 330 (www.poble-espanyol.com; Avinguda de Francesc Ferrer i Guàrdia; Erw./Kind 9,50/5,60 €; ⌚Mo 9–20, Di–Do 9–2, Fr 9–4, Sa 9–5, So 9–24 Uhr; 🚌50, 61 oder 193, Ⓜ Espanya) Willkommen in Spanien – in ganz Spanien! Das „Spanische Dorf“ ist ein kitschiger Treff für Souvenirjäger und zugleich ein bezauberndes Bilderbuch spanischer Architektur. Aufgebaut wurde es für die Präsentation spanischer Handwerkskunst auf der Weltausstellung 1929. In wenigen Stunden bummeln Besucher hier von Andalusien auf die Balearen und besichtigen dabei erstaunlich originalgetreue Nachbildungen typischer Bauwerke aus allen Regionen des Landes.

Den Eingang markiert ein mittelalterliches Turmtor aus Ávila. Darin befindet sich rechter Hand ein Informationsbüro, in dem es einen kostenlosen Lageplan gibt. Die Plaza Mayor (Stadtplatz) vor dem Tor, auf der im Sommer manchmal Konzerte stattfinden, säumen hauptsächlich Häuser aus Kastilien und Aragón. Ein Stück weiter bummelt man durch ein andalusisches *barrio*, dann eine Straße aus dem Baskenland entlang, durch galicische und katalanische Stadtviertel und trifft ganz im Osten schließlich auf ein Dominikanerkloster. In den Häusern residieren Restaurants, Cafés, Bars, Kunsthandwerksläden, Werkstätten (beispielsweise von Glasbläsern) und Souvenirshops.

Aufmerksamkeit verdient die **Fundació Fran Daurel** (Karte S. 330; www.fundaciofrandaurel.com; Eintritt frei; ⌚10–19 Uhr) mit ihrer erlesenen Sammlung von 300 Kunstwerken. Die Skulpturen, Drucke, Keramik und Tapisserien stammen von modernen Künstlern wie Picasso und Miró sowie zeitgenössischen Künstlern wie Miquel Barceló. Im Skulpturengarten der Stiftung, der ebenfalls im Poble Espanyol unweit des Montblanc-Tores liegt, werden 27 Exponate gezeigt. Wechselnde Ausstellungen erweitern das Angebot.

Nachts beleben Restaurants, Bars und vor allem Diskotheken das Dorf.

Kindergruppen können am Joc del Sarró teilnehmen. Von Erwachsenen begleitet, suchen die Kinder im *poble* nach Antworten auf Fragen aus einem Quiz, das jede Gruppe vorab erhält. Das Angebot gibt's auch in englischer Sprache.

PAVELLÓ MIES VAN DER ROHE — ARCHITEKTUR

Karte S. 330 (☎93 423 40 16; www.miesbcn.com; Avinguda de Francesc Ferrer i Guàrdia; Erw./Kind unter 18 J./Student 4,75 €/frei/2,60 €; ⌚10–20 Uhr, Sa 10 Uhr kostenlose Führung; Ⓜ Espanya) Der Pavelló Mies van der Rohe ist in seiner ganzen Schlichtheit nicht nur atemberaubend schön, sondern auch ein äußerst starkes Symbol der Moderne. Das Bauwerk ist schon oft studiert und interpretiert worden und diente mehreren Architektengenerationen als Inspiration.

Das 1929 von Ludwig Mies van der Rohe (1886–1969) als Pavelló Alemany (Deutscher Pavillon) für die Weltausstellung in Paris entworfene Gebäude wurde nach der Ausstellung entfernt und 1980 neu aufgebaut, nachdem es immer wieder als eines der wichtigsten Werke moderner Architektur genannt worden war. Wie für Mies van der Rohes originelle Materialwahl typisch, besteht der Pavelló aus Glas, Stahl und Marmor, deren visuelle Strenge und Präzision er bewunderte und die er als Inbegriff von Modernität betrachtete.

Ebenfalls für den Pavillon entwarf er den berühmten Barcelona-Stuhl, ein Klassiker, der Designbewussten weltweit nach wie vor als Einrichtungs-Muss gilt. Sehenswert ist auch die Kopie der eleganten Statue *Der Morgen* des Berliner Bildhauers Georg Kolbe (1877–1947) im Außenbereich.

MUSEU D'ARQUEOLOGIA DE CATALUNYA (MAC) — MUSEUM

Karte S. 330 (Archäologisches Museum; www.mac.cat; Passeig de Santa Madrona 39–41; Erw./Student 3/2,10 €; ⌚Di–Sa 9.30–19, So 10–14.30 Uhr; 🚌55 oder 193) Das Archäologische Museum residiert im ehemaligen Pavillon für grafische Kunst der Weltausstellung von 1929. Gezeigt werden Exponate aus Katalonien und anderen Teilen Spaniens. Die Bandbreite der Ausstellungsstücke reicht von nachgebildeten Schädeln von Prä-Neandertalern über bezaubernde karthagische Colliers bis hin zu juwelenbesetzten Kreuzen der Ostgoten.

Die Säle X–XIII präsentieren anschaulich die Kultur der Balearen. Die griechisch-römische Stadt Empúries (Emporion) an der Costa Brava wird in Saal XIV und XVII vorgestellt. Die römischen Funde in der 1. Etage stammen vorrangig von Grabungen in und um Barcelona. Das schönste Exponat ist das Mosaik *Les Tres Gràcies* (Die drei Grazien), das im 18. Jh. unweit der Plaça de Sant Jaume entdeckt wurde. Der letzte Ausstellungsraum beschäftigt sich mit der Spätzeit des Römischen Reiches, unter anderem mit einer wunderschönen, goldenen Scheibe, auf der Medusa abgebildet ist. Das Museum ist im Laufe der vergangenen Jahre nach und nach renoviert worden und zeigt sich heute in modernerem Design, ergänzt durch interaktive Exponate.

MUSEU ETNOLÒGIC — MUSEUM

Karte S. 330 (www.museuetnologic.bcn.cat; Passeig de Santa Madrona 16–22; Erw./Sen. & Stu-

WAS LÄUFT AUF DEM BERG?

Die aktuellen Wechselausstellungen der wichtigsten Kunstzentren auf dem Montjuïc (Museu Nacional d'Art de Catalunya, CaixaForum und Fundació Joan Miró) sind auf der Website **ArtMontjuïc** (www.artmontjuic.cat) aufgeführt.

ABSTECHER

COLÒNIA GÜELL

Neben der Sagrada Família arbeitete Gaudí an einem weiteren letzten, großen Projekt: einem sozialutopischen Wohnviertel für die Textilarbeiter seines Magnaten und Förderers Eusebi Güell in Santa Coloma de Cervelló außerhalb Barcelonas. Gaudís Hauptaufgabe bestand im Bau der Kirche für die Kolonie **Colònia Güell** (☎93 630 58 07; www.coloniaguellbarcelona.com; Carrer de Claudi Güell 6; Erw./Student 8/6,60 €; ⏲ Mo–Fr 10–17, Sa & So 10–15 Uhr; FGC-Linie S4, S7, S8 oder S33). Die Arbeiten wurden 1908 aufgenommen, aber bereits acht Jahre später eingestellt, weil das Projekt im Sande verlief. Gaudí hatte bis dahin nur die Krypta fertiggestellt, die bis heute als Kirche genutzt wird.

Diese Krypta ist ein Schlüsselwerk Gaudís, das verdeutlicht, was der Meister mit seinem Magnum Opus, der Sagrada Família, im Sinn hatte. Die überwiegend aus Ziegelsteinen bestehenden Säulen, die das Rippengewölbe tragen, stehen zum Teil in einem auffallend schrägen Winkel. Das Ganze erinnert entfernt an einen versteinerten Wald, in dem sich einige Bäume zur Seite neigen. Diesen Eindruck hat Gaudí einerseits gewollt, andererseits war er auch statisch bedingt. Der Architekt berechnete den Neigungswinkel der Säulen so, dass die Last der Decke und der Druck des Gewölbes auf den Boden abgeleitet wurden, wodurch zusätzliche Pfeiler oder Strebebögen als Hilfsmittel überflüssig waren. Vergleichbare Berechnungen stellte er schon bei der Planung der Sagrada Família an, deren von der Gotik inspirierte Konstruktion ihre mittelalterlichen Vorbilder weit überragen sollte, aber ohne einen einzigen Stützpfeiler zu brauchen. Gaudís Handschrift zeigt sich auch in den weichen Linien des Krypta-Gestühls. Auch die Farben der Buntglasfensterrosen lassen erkennen, aus welcher Ära der Bau stammt.

Unweit der Kirche stehen die hübschen, für die Fabrikarbeiter errichteten Backsteinhäuser, die noch heute bewohnt sind. Der nahe Industriekomplex im Stil des Modernisme besteht aus 23 Fabrikgebäuden, die seit den 1970er-Jahren leer standen und zu Beginn des 21. Jhs. renoviert und mit Läden und Büros wiederbelebt wurden.

Anschaulich erzählt eine Ausstellung in fünf Räumen mit audiovisuellem und interaktivem Material die Geschichte und den Alltag dieser Industriekolonie und von Gaudís Kirche.

dent 3,50/1,75 €; ⏲Di–Sa 12–20, So 11–15 Uhr; 55) Barcelonas Ethnologisches Museum zeigt in seiner ausgefallenen Dauerausstellung anhand von Alltags- und Kultobjekten, wie verschiedene Völker lebten. Zum Zeitpunkt der Recherche war das gesamte Museum zwecks Renovierung geschlossen. Das Datum der Wiedereröffnung wird auf der Website veröffentlicht werden.

Vor der Renovierung begann der Museumsrundgang mit einem allgemeinen Blick auf die Ethnologie in der Abteilung Orígens (Ursprung). Danach ging es in die katalanische Pyrenäenregion, wo u. a. traditionelle Instrumente und historische Aufnahmen althergebrachter Tänze gezeigt wurden. Die dem zentralspanischen Salamanca gewidmete Abteilung beschäftigte sich mit einer heute nahezu verschwundenen ländlichen Gesellschaft. Weitere Sammlungen führten nach Japan und in das zu Pakistan und Afghanistan gehörende Nuristan, nach Marokko, Äthiopien, Australien, Papua-Neuguinea und nach Nord- und Südamerika (mit besonderem Schwerpunkt auf der Amazonasregion in Ecuador). Das Museum stellt normalerweise nur einen kleinen Teil seiner Sammlungen aus, jeweils mit Fokus auf verschiedenen Ländern. Gleiches gilt für die Wechselausstellungen.

JARDÍ BOTÀNIC — GÄRTEN

Karte S. 330 (www.jardibotanic.bcn.es; Carrer del Doctor Font i Quer 2; Erw./Student 3,50/1,70 €; ⏲10–20 Uhr; 50, 61 oder 193) Der botanische Garten umfasst 40 000 Pflanzen und 1500 Spezies, die in Regionen mit mediterranem Klima vorkommen. Dazu zählen das östliche Mittelmeer, Spanien mit den Balearen und Kanaren, Nordafrika, Australien, Kalifornien, Chile und Südafrika.

Der Garten wird ständig erweitert; erklärtes Ziel ist es, die Zahl von 4000 Arten zu erreichen.

PLAÇA D'ESPANYA & UMGEBUNG PLATZ, STADTVIERTEL

(MEspanya) Wahrzeichen der verkehrsreichen Plaça d'Espanya sind die „venezianischen" Türme, die entfernt an den Campanile auf Venedigs Markusplatz erinnern. Der Knotenpunkt mehrerer großer Durchfahrtsstraßen wurde 1929 für die Weltausstellung gebaut.

Die nördliche Seite des Platzes wird von der Fassade der ehemaligen Stierkampfarena Plaça de Braus Las Arenes beherrscht. Der 1900 errichtete Bau war früher eine von drei Arenen der Stadt und wurde kürzlich von Richard Rogers zu einem Einkaufs- und Unterhaltungskomplex umgebaut. Die Dachterrasse im 4. Stock bietet einen schönen Ausblick über die Stadt.

Hinter der Arena erstreckt sich der in den 1980er-Jahren angelegte **Parc de Joan Miró** (Karte S. 330). Sehenswert ist Mirós phallische Skulptur **Dona i Ocell** (Frau und Vogel) in der Westecke. Die Einheimischen nennen den Park, der abgesehen von Mirós Kunstwerk völlig uninteressant ist, auch Parc de l'Escorxador (Schlachthaus-Park): Angesichts der Stierkampfarena überrascht es nicht, dass sich hier einst ein Schlachthaus befand.

Einige Blocks nach Westen, unmittelbar südlich der Estació Sants, liegt der seltsame **Parc de l'Espanya Industrial** (Karte S. 330; Carrer de Sant Antoni, Sants; 10 Uhr–Sonnenuntergang; Estació Sants). Teiche, kleine Wasserfälle, Grünflächen, Bäume, Kinderschaukeln, eine Bar und merkwürdige Lichtmasten, die an Suchscheinwerfer aus einem Science-Fiction-Gefangenenlager erinnern, sorgen für eine ziemlich skurrile Stimmung.

CEMENTIRI DEL SUD-OEST FRIEDHOF

(8–18 Uhr; 193) Auf dem Hügel südlich der Anella Olímpica erstreckt sich ein weitläufiger Friedhof, der Cementiri del Sud-Oest (Cementiri Nou). Er wurde 1883 eröffnet und zieht sich den südlichen Hang hinunter. In seinen architektonisch aufwendigen Grabstätten ruhen die Mitglieder reicher Familien, während sich der Rest der Bevölkerung mit schlichten Grabnischen begnügen muss. Hier haben zahlreiche berühmte katalanische Künstler und Politiker ihre letzte Ruhe gefunden.

Unter anderem liegen hier Joan Miró, Carmen Amaya (eine gefeierte Flamencotänzerin aus La Barceloneta), Jacint Verdaguer (Priester und Dichter des 19. Jhs.; ihm vor allem wird die „Wiedergeburt" der katalanischen Literatur zugeschrieben), Francesc Macià und Lluís Companys (Präsidenten Kataloniens; Companys wurde von Francos Spießgesellen 1940 im Castell de Montjuïc hingerichtet), Ildefons Cerdà (Planer des Eixample) und Joan Gamper (alias Hans Gamper, Gründer des FC Barcelona). Viele Opfer, denen das Franco-Regime noch nach dem Spanischen Bürgerkrieg das Leben nahm, wurden hier anonym begraben – die letzten 1974. Von der Haltestelle der Buslinie 193 liegt der Friedhof etwa 800 m südwestlich (Fußweg); die Buslinie 38 (Abfahrt von der Plaça de Catalunya) hält in der Nähe des Eingangs.

MUHBA REFUGI 307 HISTORISCHE STÄTTE

Karte S. 330 (93 256 21 22; www.museuhistoria.bcn.cat; Carrer Nou de la Rambla 169; Eintritt inkl. Führung 3 €; Sa & So 11–14 Uhr; MParal.lel) Dieser Bunker stammt aus dem Spanischen Bürgerkrieg und ist heute Teil des Museu d'Història de Barcelona (MUHBA). Während des Bürgerkriegs war Barcelona die am heftigsten bombardierte Stadt des Landes; deshalb besaß sie über 1300 Schutzkeller. Mit dem Bau dieses Schutzraums unterhalb des Montjuïc begannen Bürger im März 1937. Innerhalb von zwei Jahren wurde das Tunnelnetz auf eine Länge von 200 m erweitert und konnte 2000 Menschen aufnehmen. Übernachten durfte man hier nicht, denn wenn keine Bomben fielen, wurde an der Vergrößerung der Anlage gearbeitet. Die Tunnel waren schmal und gewunden; Tonnengewölbe leiteten das Gewicht über dem Schutzraum auf die aus Lehmziegeln gemauerten Wände ab. Da Lehm porös ist, fingen die Ziegel die Schockwellen der Bombardierung auf, ohne zu brechen. Ein Kalkverputz verhinderte das Eindringen von Feuchtigkeit, und weiße Farbe milderte klaustrophobische Gefühle. Viele Einwohner von Poble Sec überlebten hier unten.

Nach dem Ende des Bürgerkriegs ließ Franco einige Erweiterungen anlegen, weil er damit liebäugelte, an Hitlers Seite in den Zweiten Weltkrieg einzutreten. Als er diesen Plan wieder fallen ließ, wurden das Refugio 307 und weitere Schutzräume weitgehend aufgegeben. Als die Spanier in den 1940er- und '50er-Jahren unter Hungersnöten und Rationierungen litten, zogen Familien aus Granada ein. Sie wohnten lieber in den Schutzräumen als in den Bretterbuden, die in der gesamten Region von armen Migranten aus Südspanien errichtet worden waren. Später züchtete ein umtriebiger Unternehmer hier sogar Pilze für den Schwarzmarkt.

Bei der halbstündigen Führung werden diese und weitere Geschichten erzählt (englisch- und französischsprachige Führungen müssen vorab gebucht werden).

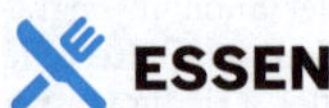

ESSEN

Montjuïc ist von Parks und Gärten geprägt und daher arm an guten Lokalen. Im unprätentiösen Stadtteil El Poble Sec dagegen finden sich allerlei historische Tavernen, die katalanische Klassiker anbieten, und sogar eine Handvoll smarter, poppiger Lokale. In Sants ist das Angebot bescheidener, doch gibt's auch hier ein paar erwähnenswerte Adressen.

El Poble Sec

LP TIPP TICKETS — KATALANISCH €€

Karte S. 318 (www.ticketsbar.es; Avinguda del Parallel 164; Tapas ab 4–12 €; tgl. mittags & abends; M Paral.lel) Dieses Lokal ist buchstäblich ein brandheißes Ticket ins Feinschmeckerparadies. Die neue Tapasbar gehört Ferran Adrià (bekannt aus dem legendären El Bulli) und dessen Bruder. Im Gegensatz zum El Bulli ist der Laden jedoch für Normalsterbliche erschwinglich – vorausgesetzt, man bekommt einen Tisch (Reservierung zwei Monate im Voraus und ausschließlich online).

Das moderne, recht extravagante Dekor spielt mit Themen aus Zirkus und Theater, während beim Essen einige Favoriten aus dem El Bulli übernommen wurden – etwa das *air baguette* (Luftbaguette), dessen Kruste mit Iberico-Schinken gespickt ist, oder der leicht abgedrehte *cotton candy tree* (Zuckerwattebaum), bei dem in Zuckerwatte eingebettete Früchte in Form eines kleinen Gebüschs serviert werden. Etwas ernsthafter präsentiert sich die Meeresfrüchtebar mit Austern, Thunfischbauch und delikater Fischhaut. Hinter einem Vorhang im hinteren Bereich ist die Bar 41°, wo Cocktails mit der speziellen Adrià-Note gereicht werden: Den Eiswürfeln wird vor dem Einfrieren der Sauerstoff entzogen, sodass sie wie Diamanten funkeln.

QUIMET I QUIMET — TAPAS €€

Karte S. 330 (Carrer del Poeta Cabanyes 25; Tapas 3–11 €; Mo–Fr mittags & abends; Sa 12–18 Uhr; M Paral.lel) Quimet i Quimet ist ein Familienbetrieb, der von einer Generation an die nächste vererbt wird. Obwohl ziemlich quetschig, ist diese von Flaschenregalen umgebene Bar mit ihren Stehplätzen ein kulinarisches Highlight. Das Personal hinter der Bar berät die Gäste gerne über die Vielzahl an Tapas und den passenden Wein dazu.

XEMEI — ITALIENISCH €€

Karte S. 330 (93 553 51 40; Passeig de l'Exposició 85; Hauptgerichte 10–20 €; Mi–Mo; M Paral.lel) Xemei („Zwillinge" auf Venezianisch, da die Inhaber Zwillinge aus der Lagunenstadt sind) ist ein verzaubertes Stück Venedig in Barcelona. Begleitet von sanfter Jazzmusik, genießen die Gäste Vorspeisen wie gemischte *cicheti* (Tapas mit venezianischen Meeresfrüchten), gefolgt von *bigoi in salsa veneziana* (dicken Spaghetti in Anchovy-Zwiebel-Soße).

BARRAMÒN — KANARISCH €

Karte S. 330 (934 42 30 80; www.barramon.es; Carrer de Blai 28; Hauptgerichte 6–14 €; M Paral.lel) Die tolle kleine Bar am lebhaften Carrer de Blai serviert kanarisches Essen und ist gleichzeitig richtig cool. Gute Tipps

ABSTECHER

ÜBER DEN WOLKEN

Das Restaurant hat seine Räume im Hotel Hesperia Tower in L'Hospitalet de Llobregat, 105 m über dem Boden. Unter der transparenten, UFO-artigen Kuppel des **Restaurant Evo** (93 413 50 30; www.evorestaurante.com; Avinguda Gran Via, 144, L'Hospitalet de Llobregat,; Mittagsmenü Mo–Fr 38 & 70 €, Hauptgericht 31–54 €, Degustationsmenü 146 €; Mo–Sa 10–24 Uhr; M Hospital de Bellvitge, 46, 94 & 95, FGC Bellvitge) erwartet die Besucher ein 5-Sterne-Gourmeterlebnis, das buchstäblich unter den Sternen stattfindet. Einer stammt von Michelin. Höhepunkt ist die Präsentation der mediterranen Gerichte (z. B. *consomé de faisà amb els seus raviolis de foie i tòfona negra* – Fasanen-Consommé mit Entenleber-Ravioli und schwarzen Trüffeln).

Spaziergang

Ausblicke & Gärten auf dem Montjuïc

Das 1 **Castell de Montjuïc** selbst war zwar lange ein Synonym für Unterdrückung, aber heute stellt der schöne Ausblick über Stadt und Meer die dunkle Vergangenheit in den Schatten. Der Telefèric ist perfekt, um hinzugelangen.

Ein kurzer Spaziergang die Straße oder den parallel verlaufenden Fußweg Camí del Mar hinunter führt zu den 2 **Jardins del Mirador**, einem weiteren schönen Aussichtspunkt über Barcelona und die Küste. Der Garten ist ein idealer Ort für eine Ruhepause auf der Parkbank oder einen kleinen Imbiss.

Weiter bergab ziehen sich die 3 **Jardins de Joan Brossa** den Hang hinunter. Der Eingang befindet sich links unterhalb der Plaça de la Sardana, auf der eine Skulptur Menschen bei der Sardana, dem klassischen katalanischen Volkstanz, zeigt. Eingerahmt von mediterranen Bäumen und Pflanzen ist die Aussicht über die Stadt von hier aus besonders reizvoll.

Wenn man die Jardins de Joan Brossa auf der anderen (westlichen) Seite verlässt und den Camí Baix del Castell überquert, trifft man auf die sorgfältig angelegten 4 **Jardins de Mossèn Cinto Verdaguer**. Die Gartenanlage bietet einen schönen Rahmen für einen entspannten Bummel zwischen zahllosen Zwiebelgewächsen und Seerosen.

Die 5 **Jardins de Laribal** hinter der Fundació Joan Miró bestehen aus Gartenterrassen, die durch Fußwege und Treppen miteinander verbunden sind. Die hübsch angelegten Kanäle entlang einiger der Treppen sind von Granadas maurischem Palast Alhambra inspiriert.

Ein Snack im Café des 6 **Centre Gestor del Parc de Montjuïc** ersetzt zum Schluss die verbrannten Kalorien.

sind *Ropa Vieja* (eine viel schmackhaftere Version des gleichnamigen kubanischen Gerichts), ein wunderbarer Eintopf aus Kichererbsen und geschnetzeltem Schweinefleisch, *papas arrugadas* (in Salzlake gekochte neue Kartoffeln mit einer pikanten Soße) und *almogrote* (ein eingelegter Käse mit Olivenöl, Knoblauch und roter Paprika).

LA TOMAQUERA KATALANISCH €

Karte S. 330 (☎93 441 85 18; Carrer de Margarit 5; Hauptgerichte 7 €; ⏲Di–Sa mittags & abends; Ⓜ Poble Sec) Die Kellner rufen Bestellungen aus, während sie durchs Lokal fegen und Weinkaraffen auf lange Holztische geknallt werden. Reservieren geht nicht: Wer zuerst kommt, mahlt zuerst (Warteschlangen sind die Regel). Die Spezialität des Hauses sind Schnecken, es gibt aber auch herzhafte Fleischgerichte und gelegentlich Meeresfrüchte wie die *cassola de cigales* (Krebspfännchen). Nur Barzahlung.

ROSAL 34 TAPAS €€

Karte S. 330 (☎93 324 90 46; www.rosal34.com; Carrer del Roser 34; Hauptgerichte 15–20 €; ⏲Di–Sa mittags & abends; Ⓜ Poble Sec) Nackte Ziegel- und Steinwände und eine geschwungene Bar sowie gedämpfter Lounge-Sound bilden die Kulisse für eine besondere Gourmet-Erfahrung. Zwei Degustationsmenüs stehen zur Auswahl (48/60 €); die Karte bietet aber auch Überraschungen wie *saltejat de xipironets de platja amb trompeta de la mort i ou escalfat* (kleine Strandtintenfische sautiert mit Pilzen und Ei).

TAVERNA CAN MARGARIT KATALANISCH €€

Karte S. 330 (Carrer de la Concòrdia 21; Hauptgerichte 8–10 €; ⏲Mo–Sa abends; Ⓜ Poble Sec) Seit Jahrzehnten wird in diesem ehemaligen Weingeschäft inmitten alter Weinfässer das Abendessen an oft laute Gruppen ausgegeben. Es wird traditionell katalanisch gekocht, z. B. *conejo a la jumillana* (gebackenes Kaninchen mit Knoblauch, Zwiebeln, Lorbeer, Rosmarin, Minze, Thymian und Oregano).

LA BELLA NAPOLI PIZZA €

Karte S. 330 (☎93 442 50 56; www.bellanapoli.net; Carrer de Margarit 14; Pizza 7–21 €; ⏲tgl. mittags & abends; Ⓜ Paral.lel) Pizzerien gibt's überall in Barcelona, doch hier wird der Teigfladen so wie in Neapel zubereitet! Das ganze Lokal verströmt neapolitanische Atmosphäre, auch die Kellner stammen meistens aus der Hafenstadt und haben die typische kesse Lippe, mit der über das Essen, die Gäste und den Rest der Welt philosophiert wird. Die Pizzas sind unübertrefflich gut – egal, ob es sich um die einfache Margherita oder die himmlische Variante mit schwarzen Trüffeln handelt.

RESTAURANT ELCHE SPANISCH €€

Karte S. 330 (☎93 441 30 89; Carrer de Vila i Vilà 71; Hauptgerichte 10–12 €; ⏲mittags & abends; Ⓜ Paral.lel) Die Tische verteilen sich über zwei Stockwerke, Bedienung und Einrichtung verströmen ein altmodisches Flair und auf der Speisekarte stehen seit den 1960er-Jahren mit die beste Paella (in verschiedenen Variationen) und *fideuá* (sehr ähnlich, nur mit Vermicelli statt Reis) von ganz Barcelona.

Monjuïc

MIRAMAR MEDITERRAN, ASIATISCH €€

Karte S. 330 (☎93 443 66 27; www.club-miramar.es; Carretera de Miramar 40; Hauptgericht 10–15 €, 3-Gänge-Mittagsmenü 19,50 €; ⏲Di–Sa mittags & abends, So mittags; 🚌50 & 193) Das Restaurant bietet verschiedene Terrassen und einen coolen Designer-Essbereich, die Hauptattraktion ist der Blick über Barcelonas Küstenlinie. Oberhalb der Seilbahnstation Transbordador Aeri gelegen, serviert das Lokal sowohl Kaffee als auch elegante Mahlzeiten mit kreativem katalanischem und mediterranem Einschlag und viele asiatische Gerichte.

Sants

ZARAUTZ BASKISCH €

Karte S. 330 (☎93 325 28 13; Carrer de l'Elisi 13; Hauptgerichte 10 €; ⏲Sept.–Juli Mo–Sa 8–23.30 Uhr; Ⓜ Tarragona) Nur einen Katzensprung vom Bahnhof entfernt, hat hier von früh bis spät eine Bar mit vorzüglichen Tapas geöffnet. Das Restaurant offeriert sättigende Mahlzeiten wie *carpaccio de bou amb formatge Idiazábal* (Rinder-Carpaccio mit scharfem baskischem Käse). Der Eigentümer ist Spezialist für Desserts, die man sich nicht entgehen lassen sollte. Das Lokal sieht etwas heruntergekommen aus, was jedoch wahrlich niemanden von einem Besuch abhalten sollte.

AUSGEHEN & NACHTLEBEN

Ein paar recht ausgefallene Bars im Poble Sec (wörtlich: „trockener Ort“!) bieten sich als Auftakt vor den Clubbesuchen in der abgefahrenen Phantasiewelt des Poble Espanyol an. Aber auch einige Clubs am unteren Ende der Avinguda del Paral.lel sind einen Besuch wert.

El Poble Sec

LP TIPP LA CASETA DEL MIGDIA — BAR

Karte S. 330 (617 956572, 93 301 91 77; www.lacaseta.org; Mirador del Migdia; Juni–Sept. Do–Sa 18–2.30, So 12–1 Uhr, Okt.–Mai Sa & So 12–19 Uhr; M Paral.lel) Die Mühe, die es kostet, die einfache *chiringuito* zu besuchen, lohnt sich. Tagsüber genießt man bei einem Bier oder Kaffee den Blick übers Meer. Bei Sonnenuntergang verändert sich die Stimmung, wenn Lounge-Musik – von Samba bis Funk – zu den Hängematten hinüber weht.

Zwei Wege führen hin: Entweder nimmt man unterhalb der Mauern des Montjuïc den Trampelpfad oder man wählt den Passeig del Migdia aus – auf die Schilder zum **Mirador del Migdia** (Karte S. 330) achten.

TINTA ROJA — BAR

Karte S. 330 (Carrer de la Creu dels Molers 17; Do 20.30–2, Fr & Sa 20.30–3 Uhr; M Poble Sec) Ein Labyrinth aus Ecken und Winkeln mit Möbeln, die vom Flohmarkt stammen könnten, dazu schummrige Beleuchtung in Rot, Lila und Gelb. Die beschauliche Bar „Rote Tinte“ ist ein lauschiges Plätzchen, um etwas zu trinken und ab und zu eine Show im Hinterraum zu verfolgen – vom Schauspieler bis zum Akrobaten ist hier alles zu sehen. Niemand weiß so genau, was beim Besuch der einstigen *vaqueria* auf ihn zukommt. Früher standen hinter dem Haus noch Kühe herum, und vorn wurde die Milch verkauft.

BARCELONA ROUGE — BAR

Karte S. 330 (93 442 49 85; Carrer del Poeta Cabanyes 21; Di–Do 23–2, Fr & Sa 23–3 Uhr; ; M Poble Sec) Das Erste, was einem bei dieser bordellroten Lounge-Cocktailbar in den Sinn kommt, ist: Dekadenz. Hier dudeln zur Untermalung Acid Jazz, Drum 'n' Bass und andere sanfte Klänge. Die Wände sind mit Bildern in wuchtigen Rahmen, schummrigen Lampen und Spiegeln vollgepflastert, kein Stuhl sieht wie der andere aus. Am besten hält man sich an die ganz normalen Getränke, denn die Cocktails zu 10 € klingen zwar berauschend, sind jedoch etwas wässrig.

GRAN BODEGA SALTÓ — BAR

Karte S. 330 (http://bodegasalto.net; Carrer de Blesa 36; Mi–Sa 19–3, So 12–2; M Paral.lel) Schon an den aufgereihten Fässern lässt sich erkennen, dass diese Bar früher eine Weinhandlung war. Seit hier einiges psychedelisch umgestaltet wurde – mit ein paar seltsamen Lampen, kleinen Figuren und alten Bierreklamen aus China –, lockt die Gran Bodega Saltó ein äußerst gemischtes Barpublikum an. Man sieht reichlich Tatoos und Irokesenschnitte, die Stimmung ist entspannt und freundlich.

Monjuïc

TERRRAZZA — CLUB

Karte S. 330 (www.laterrrazza.com; Avinguda de Francesc Ferrer i Guàrdia; Eintritt 10–20 €; Do 0–5, Fr & Sa 0–6 Uhr; M Espanya) Das Terrrazza gilt im Sommer als eine der Top-Tanzlocations. Hier fallen jede Menge Schickimickis, einheimische und auswärtige, ein, die im Poble-Espanyol-Komplex Musik und Cocktails zum Teil unter freiem Himmel genießen können.

ONE — CLUB

Karte S. 330 (www.theonebarcelona.com; Avinguda de Francesc Ferrer i Guàrdia; Eintritt 18 €; Fr & Sa 0–6 Uhr; M Espanya) Ein Klassiker unter den Clubs im Phantasieland des Poble Espanyol. Die Haupttanzfläche lockt mit den hippsten Lichteffekten und Videoleinwänden. Shuttlebusse fahren von der Plaça de Catalunya und der Plaça d'Espanya zwischen 24 und 3.30 Uhr hin, zurück in die Innenstadt geht's zwischen 5 und 6.30 Uhr.

UNTERHALTUNG

SALA APOLO — LIVEMUSIK

Karte S. 330 (93 441 40 01; www.sala-apolo.com; Carrer Nou de la Rambla 113; Eintritt 6–12 €; Fr & Sa 0.30–6, So–Do 0–5 Uhr; M Paral.lel) In dem schönen alten Theater mit viel rotem Samt fühlt man sich wie in einer Filmkulisse für eine Tanzszene mit Eliot Ness. Montags und dienstags kommen hartgesottene Tanzwütige voll auf ihre Kosten. Am frühen Abend finden in der Regel Konzerte statt, wobei die Musik verschiedene Stile abdeckt. Mal treten einheimische Gruppen auf, mal internationale Künstler. Am Mittwochabend ist in der (kleineren) Sala 2 Rumba angesagt.

SANT JORDI CLUB LIVEMUSIK

Karte S. 330 (Passeig Olimpic 5–7; 🚌50, 55, 193) Der Konzertsaal, der gleich neben dem **Palau Sant Jordi** (Karte S. 330) liegt, bietet mehr als 4500 Personen Platz und wird sehr gern für richtig große Auftritte genutzt. Welche Konzerte in dem Saal gerade auf dem Programm stehen, verraten die Veranstaltungstipps in den aktuellen Tageszeitungen, den Flyern und Zeitschriften, wie beispielsweise der *Guía del Ocio*. Die Eintrittspreise und Anfangszeiten gestalten sich bei jedem Konzert anders.

TEATRE LLIURE THEATER

Karte S. 330 (☎93 289 27 70; www.teatrelliure.com; Plaça de Margarida Xirgu 1; Eintritt 13–26 €; ⏲Kartenverkauf 17–20 Uhr; Ⓜ Espanya) Das „Freie Theater" befindet sich im herrlichen Palau de l'Agricultura am Montjuïc (gegenüber dem Museu d'Arqueologia) und umfasst zwei moderne Bühnen: den Espai Lliure und die Sala Fabià Puigserver. Gezeigt wird hier eine gute Mischung aus niveauvollem Drama (meist auf Katalanisch), zeitgenössischem Tanz und Musik.

TEATRE VICTÒRIA THEATER

Karte S. 330 (☎93 329 91 89; www.teatrevictoria.com; Avinguda del Paral.lel 67–69; Eintritt 15–45 €; ⏲Kartenverkauf 17 Uhr bis Veranstaltungsbeginn; Ⓜ Paral.lel) Das moderne und äußerlich eher unscheinbare Theater befindet sich in einer Gegend, die einst als der Broadway von Barcelona galt. Hier werden viele Ballettstücke gezeigt, außerdem zeitgenössischer Tanz und sogar Flamenco.

Ausflugsziele rund um Barcelona

Girona S. 208

Eine tolle Kathedrale, ein Labyrinth aus engen Kopfsteinpflastergassen und das schönste mittelalterliche jüdische Viertel Kataloniens machen den Charme dieser Stadt am Fluss aus.

Figueres S. 211

Das Teatre-Museu Dalí ist eine Pilgerstätte für alle Dalí-Jünger sowie die letzte Ruhestätte des Meisters.

Montserrat S. 214

Das Bergkloster ist die wichtigste religiöse Stätte Kataloniens; sie wartet mit dem ältesten Chor Europas und wunderbaren Wanderwegen auf.

Sitges S. 216

Im schönsten Badeort der Costa Daurada erwarten Besucher einige ausgezeichnete Strände, ein tolles Nachtleben und ein ausgelassener Karneval.

Tarragona S. 218

Die sonnige Hafenstadt mit schönem mittelalterlichem Kern bietet die größten römischen Ruinen Spaniens und eine Unmenge verlockender Restaurants.

Girona

Rundgang

Die Hauptattraktion von Girona ist seine Altstadt, eine enge Ansammlung alter Arkadenhäuser, stattlicher Kirchen und steiler Kopfsteinpflasterstraßen. Die allerwichtigste Sehenswürdigkeit der Stadt, die Kathedrale, erreicht man, indem man am trägen Río Onyar entlangspaziert oder über die mittelalterlichen Stadtmauern geht. Danach bietet sich ein Besuch im jüdischen Viertel El Call mit dem ausgezeichneten Museu d'Història dels Jueus de Girona an. In den Straßen der Umgebung hat man unter den vielen Restaurants die Qual der Wahl.

Nach dem Mittagessen kann man weitere Sehenswürdigkeiten in der Altstadt erkunden wie zum Beispiel die wunderbar erhaltenen Banys Àrabs oder den schönen Kreuzgang und die Grünanlage des Monestir de Sant Pere de Galligant. Schließlich kann man den Tag in einer der Bars an der Plaça Independencia ausklingen lassen.

Das Beste

- **Sehenswert** La Catedral (S. 208)
- **Essen** El Celler de Can Roca (S. 210)
- **Ausgehen** Lola Cafe (S. 211)

Top-Tipp

Die besten Ausblicke auf die Stadt bieten sich von den mittelalterlichen Stadtmauern Gironas; sie sind gegenüber den Banys Àrabs oder in der Nähe der Plaça Catalunya zugänglich.

MUSEUMSPASS

Die **GironaMuseus-Karte** (www.gironamuseus.cat) gilt für die fünf wichtigsten Museen Gironas. Im ersten Museum zahlt man den vollen Eintrittspreis, in den anderen erhält man 50 % Ermäßigung. Die Karte ist sechs Monate gültig.

Anfahrt

- **Auto** Autobahn AP-7 via Granollers.
- **Zug** Mindestens 20 Züge pro Tag ab Barcelonas Bahnhof Sants (ab 9,70 €, bis 1½ Std.).

Gut zu wissen

- **Ortsvorwahl** 972
- **Lage** 85 km nordöstlich von Barcelona
- **Touristeninformation** (☎972 22 65 75; www.girona.cat/turisme; Rambla de la Llibertat 1; ⏲Mo–Fr 9–20, Sa 9–14 & 16–20, So 9–14 Uhr)

SEHENSWERTES

LA CATEDRAL KIRCHE

(www.catedraldegirona.org; Plaça de la Catedral; Museum Erw./Kind 5/1,20 €, So frei; ⏲April–Okt. 10–20 Uhr, Nov.–März 10–19 Uhr) Die Wirkung der Barockfassade wird noch gesteigert, indem sich die Kirche am Ende einer majestätischen Treppe mit 86 Stufen oberhalb der Plaça de la Catedral erhebt. Der schöne romanische **Kreuzgang** stammt zwar aus dem 12. Jh., doch der größte Teil des

Girona

Sehenswertes (S. 208)
1 Banys Àrabs ... C2
2 Catedral ... C2
3 Església de Sant Feliu ... C2
4 Monestir de Sant Pere de Galligants ... C2
Museu Arqueològic ... (siehe 4)
5 Museu d'Art ... C3
6 Museu del Cinema ... B5
7 Museu d'Història de la Ciutat ... C3
8 Museu d'Història dels Jueus de Girona ... C3

Essen (S. 211)
9 +Cub ... B6
10 L'Alqueria ... B6

Ausgehen & Nachtleben (S. 211)
11 Lola Cafe ... C3

Schlafen (S. 211)
12 Bed & Breakfast Bells Oficis ... B5
13 Casa Cúndaro ... C3

Gebäudes ist im Verlauf der Jahrhunderte wiederholt umgebaut worden; so hat es etwa das zweitbreiteste Langschiff (23 m) aller christlichen Kirchen. Das **Museum** der Kathedrale beherbergt mehrere sakrale Schätze wie den meisterhaften romanischen *Tapís de la Creació* (Schöpfungs-Wandteppich) und eine mozarabische illuminierte Beatus-Handschrift von 975.

LP TIPP **MUSEU D'HISTÒRIA DELS JUEUS DE GIRONA** MUSEUM

(Carrer de la Força 8; Erw./Kind 2 €/frei; ⌚Museu d'Història dels Jueus de Girona Juli & Aug. Mo–Sa

Girona

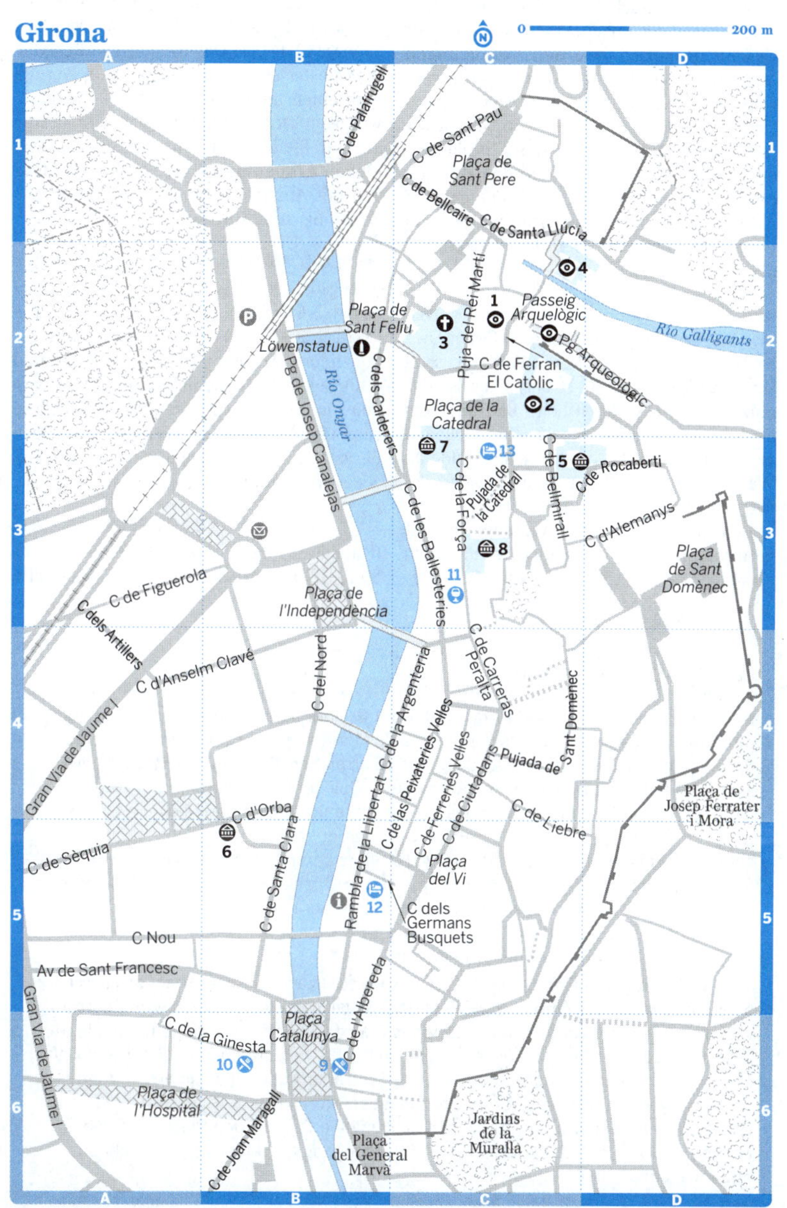

10–20, So 10–14 Uhr, sonst kürzer) Das restaurierte Centre Bonstruc ća Porta, benannt nach der glanzvollsten Persönlichkeit des jüdischen Girona, einem Kabbalisten und Mystiker des 13. Jhs., beherbergt das hervorragende Museu d'Història dels Jueus de Girona. Stolz präsentiert es das jüdische Erbe der Stadt, schreckt jedoch auch nicht vor den weniger angenehmen Aspekten der Geschichte zurück wie den Verfolgungen durch die Inquisition und den Zwangsbekehrungen. Weitere gute Ausstellungen widmen sich dem Beitrag der Juden von Girona zur Astronomie und Medizin des Mittelalters, der Synagoge, dem Alltag und den Ritualen der jüdischen Gemeinde. Die bedeutendsten Ausstellungsstücke sind Grabplatten und Originaldokumente über die Vertreibung der Juden aus Spanien.

BANYS ÀRABS — BADEHAUS

(www.banysarabs.org; Carrer de Ferran Catòlic; Erw./Kind 2/1 €; ⌚April–Sept. Mo–Sa 10–19 Uhr, sonst kürzer, So & Feiertage 10–14 Uhr) Dies ist das einzige entdeckte öffentliche Bad aus dem christlichen Spanien des 12. Jhs. Vielleicht als Reaktion auf die muslimische Freude an Wasser und Reinlichkeit (und aufgrund des verbreiteten Glaubens, dass Wasser Krankheiten in sich trage) galt Waschen fast als gotteslästerlich. Zu den Bädern gehören ein *apodyterium* (Umkleideraum), ein *frigidarium* und *tepidarium* (mit kaltem bzw. warmem Wasser) sowie ein *caldarium* (eine Art Sauna).

MONESTIR DE SANT PERE DE GALLIGANTS — KLOSTER

(www.mac.cat/cat/Seus/Girona; Carrer de Santa Llúcia; Erw./Sen. & Kind/16–18 J. 2,30 €/frei/1,61 €; ⌚Juni–Sept. Di–Sa 10.30–13.30 & 16–19 Uhr, Okt.–Mai Di–Sa 10–14 & 16–18 Uhr, ganzjährig So & Feiertage 10–14 Uhr) Das romanische Benediktinerkloster aus dem 11. und 12. Jh. verfügt über einen hübschen Kreuzgang mit merkwürdigen Tieren und mythischen Kreaturen an den Pfeilern. Im Kloster residiert das **Museu Arqueològic** (Erw./Sen. & Kind 2,30 €/frei) mit Ausstellungen über prähistorische Zeiten bis zum Mittelalter.

MUSEU D'HISTÒRIA DE LA CIUTAT — MUSEUM

(www.girona.cat; Carrer de la Força 27; Erw./Stud./Kind 4/2 €/frei; ⌚Di–Sa 10–14 & 17–19, So & Feiertage 10–14 Uhr) Das fesselnde und gut konzipierte Museum erzählt die lange und eindrucksvolle Geschichte der Stadt von den römischen Ursprüngen über die Belagerung Gironas durch napoleonische Truppen bis zur Tradition des katalanischen Volkstanzes Sardana und zu zeitgenössischer Kunst.

GRATIS ESGLÉSIA DE SANT FELIU — KIRCHE

(Plaça de Sant Feliu; ⌚Mo–Sa 9.30–14 & 16–19, So 10–12 Uhr) An der Plaça de Sant Feliu

ABSTECHER

IM DREI-STERNE-HIMMEL

➡ Ursprünglich war es eine einfache Bar mit Grillrestaurant auf einem Felsen hoch über dem kargen Mittelmeerstrand von Cala Montjoi und nur über einen unbefestigten Weg von Roses (6 km westlich) aus zu erreichen. Dann wurde **El Bulli** (www.elbulli.com) dank Starkoch Ferran Adrià, dem „Dalí der Gastronomie", der traditionelle Aromen auf sehr untraditionelle Weise präsentierte, mit drei Michelin-Sternen und fünfmal mit dem Titel „Bestes Restaurant der Welt" ausgezeichnet. Zwar schloss Adrià die Pforten des El Bulli 2011, um (wahrscheinlich 2014) die El-Bulli-Stiftung zu eröffnen, eine Akademie für fortschrittliches Kochen. Doch Gourmets brauchen nicht zu verzweifeln: Katalonien hat immer noch drei Restaurants mit drei Michelin-Sternen, darunter das beliebte El Celler de Can Roca, das schnell die Stellung des El Bulli eingenommen hat.

➡ **El Celler de Can Roca** (☎972 22 21 57; www.cellercanroca.com; Carrer Can Sunyer 48; 5-/9-Gänge-Menüs 130/160 €; ⌚Di–Sa mittags & abends), 2 km westlich vom Zentrum von Girona in einem umgebauten Landhaus, wird von drei Brüdern geführt – Joan, Josep und Jordi –, die sich der „emotionalen Küche" verschrieben haben: Sie wollen mit ihrer stets wechselnden Karte mit mediterraner Küche glückliche Kindheitserinnerungen heraufbeschwören. Der Stil ist sehr verspielt, z. B. beim „trockenen Gambini", bei dem in einem trockenen Martini eine Garnele den Platz der Olive einnimmt, und die Preise für die fünf- bzw. neungängigen Menüs sind durchaus angemessen.

SCHLAFEN IN GIRONA

➡ **Casa Cúndaro** (☎972 22 35 83; www.casacundaro.com; Pujada de la Catedral 9; DZ 60–80 €; 📶) Mittelalterliches jüdisches Haus mit fünf großen Zimmern und vier Apartments für Selbstversorger, allesamt mit nackten Original-Steinwänden und modernem Luxus wie Satelliten-TV. Tolle Lage bei der Kathedrale.

➡ **Bed & Breakfast Bells Oficis** (☎972 22 81 70; www.bellsoficis.com; Carrer dels Germans Busquets 2; Zi. mit Frühstück 40–85 €; ❄📶) Sechs sehr beliebte Zimmer in einem Gebäude aus dem 19. Jh. Einige verfügen im Bad über ungewöhnliche Kieselsteinkunst; andere haben kein eigenes Bad, und einige bieten Ausblicke auf die Straße.

steht die zweitgrößte Kirche der Stadt Girona mit einer Hauptfassade aus dem 17. Jh. und ihrem Wahrzeichen, dem Turm. Das Kirchenschiff weist noch romanische Bögen aus dem 13. Jh. auf, die oberen Teile stammen aus der Zeit der Gotik (14. bis 16. Jh.), der Turm schließlich ist barock. Die nördlichste Kapelle schmückt eine hervorragende Steinskulptur im Stil der katalanischen Gotik, Aloi de Montbrais **Crist Jacent**, eine liegende Christusfigur aus Alabaster.

MUSEU D'ART GALERIE

(www.museuart.com; Plaça de la Catedral 12; Eintritt 2 €; ⌚März–Sept. Di–Sa 10–19 Uhr, Okt.–Feb. bis 18 Uhr, ganzjährig So & Feiertage 10–14 Uhr) Die Sammlung des Museu d'Art umfasst rund 8500 Kunstwerke aus der Region Girona, von romanischen Holzschnitzereien und Buntglastischen bis zu modernistischen Skulpturen des aus Olot stammenden Miquel Blay und Gemälden aus dem frühen 20. Jh. von Francesc Vayreda.

MUSEU DEL CINEMA MUSEUM

(www.museudelcinema.org; Carrer de Sèquia 1; Erw./Kind 5 €/frei; ⌚Juli & Aug. 10–20 Uhr, sonst kürzer & Mo geschl.) In der Casa de les Aigües residiert das einzige Filmmuseum Spaniens. Die Sammlung Tomás Mallol (ein Regisseur aus Girona) umfasst nicht nur Ausstellungen zur Geschichte des Films von den Gebrüdern Lumière bis heute, sondern auch Gegenstände zum Anfassen für Schattenspiele, die Erzeugung von optischen Illusionen u. Ä. – toll für Kinder!

ESSEN & AUSGEHEN

L'ALQUERIA KATALANISCH €€

(☎972 22 18 82; www.restaurantalqueria.com; Carrer de la Ginesta 8; Hauptgerichte 18–22 €; ⌚Mi–Sa mittags & abends, Di & So nur mittags) Die schicke minimalistische *arrocería* (Restaurant, das auf Reisgerichte spezialisiert ist) serviert den besten *arrós negre* (in Tintenfischsud gekochten Reis) und *arrós a la Catalan* (katalanische Paella, im Tontopf ohne Safran gekocht) in der Stadt, außerdem rund 20 weitere hervorragend zubereitete Reisgerichte. Fürs Abendessen reservieren!

+CUB TAPAS €

(Plaça Catalunya; 3 Tapas 10,40 €; ⌚tgl. mittags, Mo–Sa abends; 🖉) Sehr zentral gelegene Café-Bar mit überaus freundlichem Service, innovativen Tapas – von Blutwurst mit Pistazien bis zu Salat mit Sorbet aus schwarzen Feigen –, frischen Obstsäften, Shakes und La-Moska-Bier aus einer Kleinbrauerei in Girona.

LOLA CAFE BAR

(Carrer de la Força 7; ⌚18–3 Uhr) Die Bar sorgt mitten im mittelalterlichen Girona mit gelegentlichen Salsa- und Rumba-Konzerten für sinnliches Latino-Flair und ist besonders verlockend, wenn man eine Schwäche für Caipirinhas und Mojitos hat.

Figueres

Rundgang

Wer das unvergleichliche Teatre-Museu Dalí besuchen möchte, sollte sich früh auf die Socken machen – es ist das zweitbeliebteste Museum Spaniens und schon am Vormittag fallen die Touristen von der Costa Brava busweise ein. Auf jeden Fall sollte man hier den ganzen Vormittag verbringen und sich alles anschauen, von der Außenanlage bis zu den bizarren Dekorationen und Dalís einzigartigen Werken. Danach lockt gleich außerhalb der Stadt mit die beste Küche der Region, oder man isst in der Nähe des Museums etwas auf die Schnelle.

Aber Figueres hat noch mehr zu bieten als Dalí, sodass sich für Leute mit etwas Durchhaltevermögen nachmittags noch ein paar andere Sehenswürdigkeiten anbieten: das riesige Castell de Sant Ferran und die beiden unterhaltsamen Museen im Zentrum.

Das Beste

- **Sehenswert** Teatre-Museu Dalí (S. 213)
- **Essen** El Motel (S. 214)
- **Ausgehen** Sidrería Txot's (S. 214)

Top-Tipp

Das Teatre-Museu Dalí besucht man am besten nicht am Wochenende oder an einem Feiertag. Im Frühjahr und Frühsommer sollte man gleich zur Öffnungszeit da sein und vielleicht vorher in Figueres übernachten.

Anfahrt

- **Auto** Autobahn AP-7 via Granollers und Girona.
- **Zug** Mindestens 18 Züge täglich vom Bahnhof Sants in Barcelona via Girona (9,40–12,80 €, 1½–2¼ Std.).

Gut zu wissen

- **Ortsvorwahl** 972
- **Lage** 139 km nordöstlich von Barcelona
- **Touristeninformation** (☎972 50 31 55; www.figueresciutat.com; Plaça del Sol; ⌚Juli–Sept. Mo–Sa 9–20, So 10–14 Uhr, sonst kürzer)

ABSTECHER

IM DALÍ-DELIRIUM

Dalí wurde 1904 in Figueres geboren, doch führte ihn seine Karriere als Künstler nach Madrid, Barcelona, Paris und in die USA. Seinen Wurzeln ist er aber immer treu geblieben, und so hat er an mehreren Orten in Katalonien seine Spuren hinterlassen, vor allem in seinem Küstendomizil in Portlligat und seinem „Schloss" im Hinterland, Castell de Púbol.

Portlligat liegt 1,25 km nördlich von Cadaqués und ist ein winziger Fischerort an einer ruhigen, bezaubernden Bucht. Dalí verbrachte zwischen 1930 und 1982 mehr als die Hälfte seines Erwachsenenlebens in einer ehemaligen Fischerhütte, die aber inzwischen zum **Casa-Museu Salvador Dalí** (☎972 25 10 15; www.salvador-dali.org; Erw./Kind 11 €/frei; ⌚nur n. V.) angewachsen ist, einem Komplex aus urigen Zimmern, engen Fluren und Terrassen, mit einer bizarren Einrichtung, die Dalís Charakter entspricht. Freiwillig war er allerdings nicht hierhergekommen. Sein Vater hatte ihm verboten, sein Elternhaus in Cadaqués wieder zu betreten, nachdem Dalí in Paris eine Zeichnung von Sacré Cœur präsentiert hatte, auf die er geschrieben hatte: *Parfois je crache par plaisir sur le portrait de ma mère* (Manchmal spucke ich aus Spaß auf das Bild meiner Mutter). Das verzieh ihm sein Vater nie.

Das **Castell de Púbol** (www.salvador-dali.org; Plaça de Gala Dalí; Erw./Stud. & Sen. 8/5 €; ⌚Mitte Juni–Mitte Sept. tgl. 10–20 Uhr, sonst kürzer) steht im Dorf La Pera, unmittelbar südlich der C-66 zwischen Girona und Palafrugell. Das Herrenhaus im Stil der Gotik und Renaissance kaufte Dalí 1968 für seine Frau Gala, die hier bis zu ihrem Tod 1982 im Alter von 88 Jahren lebte. Ein untröstlicher Dalí zog nach ihrem Tod selbst in die Burg ein, wurde von Freunden jedoch 1984 zum Auszug bewegt, nachdem er einen Brand verursacht hatte. Obwohl das Anwesen größtenteils nach Galas Geschmack eingerichtet war, finden sich auch Dinge, die eindeutig auf Dalí hinweisen: Im labyrinthartigen Garten stehen Statuen von Elefanten mit Giraffenbeinen, unter einem durchsichtigen Tisch ist ein Pferd zu sehen und in der Krypta blickt eine ausgestopfte Giraffe auf Galas Grab.

Das Castell de Púbol ist von Girona leicht mit den Bussen Richtung Palafrugell zu erreichen (2,50 €; 40 Min.). Man steigt an der C-66 an der zweiten Haltestelle in La Pera aus und geht dann 2 km zu Fuß zur Burg. Nach Portlligat nimmt man von Figueres (5,30 €, 1 Std., 3- bis 7-mal tgl.) oder Girona (3,50 €, 1 ¾ Std., 2- bis 3-mal tgl.) einen Sarfa-Bus Richtung Cadaqués.

HIGHLIGHTS TEATRE-MUSEU DALÍ

Das rote burgähnliche Gebäude mit den für Dalí typischen riesigen Eiern, den stilisierten Statuen und den gipsüberzogenen Croissants ist eine wirklich passende letzte Ruhestätte für den Meister des Surrealismus; am Eingang wachen mittelalterliche Ritterrüstungen mit Baguettes auf dem Kopf.

Innen steht im Erdgeschoss in einem halbrunden Garten das **Taxi Plujós** (Regnerisches Taxi). Es besteht aus einem alten Cadillac; nach Einwurf einer Münze wird der Fahrer des Autos komplett mit Wasser übergossen. Die **Sala de Peixateries** (Saal der Fischgeschäfte) beherbergt eine Sammlung von Dalís Ölgemälden, darunter sein berühmtes **Autoretrat Tou amb Tall de Bacon Fregit** (Selbstporträt mit gebratenem Speck). Unterhalb der früheren Bühne des Theaters befindet sich die Krypta mit Dalís schlichtem Grab im „spirituellen Zentrum Europas", wie er selbst beschieden sagte.

Im gesamten Gebäude ist die Präsenz von Dalís Frau und lebenslanger Muse Gala zu spüren, von **Gala Mirando el Mar Mediterráneo** (Gala aufs Mittelmeer blickend) auf Ebene 2, das von Weitem wie ein Porträt von Abraham Lincoln aussieht, bis zur klassischen **Leda Atómica** (Atomare Leda).

Nicht versäumen

- Das schrullige Äußere des Museums
- Taxi Plujós
- Gala Mirando el Mar Mediterráneo

Praktisch & Konkret

- www.salvador-dali.org
- Plaça de Gala i Salvador Dalí 5
- Erw./Kind 12 €/frei
- ⌚Juli–Sept. 9–20 Uhr, März–Juni & Okt. 9.30–18 Uhr, sonst kürzer

SEHENSWERTES

CASTELL DE SANT FERRAN FESTUNG

(www.lesfortalesescatalanes.info; Eintritt 6 €; ⌚Ostern & Juli–Mitte Sept. 10.30–20 Uhr, Mitte Sept.–Okt. & April–Juni 10.30–18 Uhr, sonst bis 15 Uhr) Von der auf einem Hügel 1 km nordwestlich des Zentrums gelegenen, uneinnehmbar wirkenden Festung aus dem 18. Jh., der größten Europas, bieten sich weite Ausblicke über die Ebene. Die 1750 zur Abwehr französischer Eindringlinge erbaute Festung bot Platz für 16 000 Soldaten, wurde aber schließlich doch von den Franzosen eingenommen – 1794 und 1808. Während des Spanischen Bürgerkriegs trat die republikanische Regierung, nachdem sie aus Barcelona geflüchtet war, hier in einem Verlies am 8. Februar 1939 zum letzten Mal zusammen. Die gewaltigen Stallungen vermitteln einen Eindruck davon, wie groß die auf der Festung untergebrachte Kavallerie während der Blütezeit der Anlage gewesen ist. Ein Spaziergang außen um die Festung herum dauert etwa eine Dreiviertelstunde.

MUSEU DEL JOGUET MUSEUM

(www.mjc.cat; Carrer de Sant Pere 1; Erw./Kind 5,80 €/frei; ⌚Juni–Sept. Mo–Sa 10–19, So 11–18 Uhr, sonst kürzer) Das einzige Spielzeugmuseum Spaniens bietet über 3500 Spielzeuge aus allen Epochen, von den ersten Brettspielen mit bunten Steinchen und „Ball in den Becher" – ein zeitloser Klassiker! – bis zu raffinierten Puppenhäusern, Puppen aus den 1920er-Jahren mit unheimlichem Gesichtsausdruck, Spielzeugautos und religiösen Prozessionen mit winzigen Figuren aus Katalonien und Valencia. Absolut faszinierend, und das nicht nur für Kinder!

MUSEU DE L'EMPORDÁ MUSEUM

(www.museuemporda.org; La Rambla 2; Erw./Kind 2 €/frei; ⌚Mai–Okt. Di–Sa 11–20 Uhr, Nov.–April Di–Sa 11–19 Uhr, ganzjährig So & Feiertage 11–14 Uhr) In diesem Museum findet sich neben griechischen, römischen und mittelalterlichen archäologischen Funden auch eine recht große Sammlung von Kunst vorwiegend katalanischer Künstler, einige Werke sind jedoch vom Madrider Prado ausgeliehen. Mit einem Ticket des Teatre-Museu Dalí ist der Eintritt frei.

ESSEN & AUSGEHEN

LP TIPP **EL MOTEL** KATALANISCH €€€

(☎972 50 05 62; www.elmotel.cat; Avinguda Salvador Dalí I Doménech 170, Hotel Empordá; Degustationsmenüs 35–55 €, EZ/DZ ab 93/109 €; ⏲mittags & abends) Jaume Subirós, Küchenchef und Eigentümer dieses Restaurants im Hotel Empordá an einer verkehrsreichen Straße 1 km nördlich des Zentrums, gilt gemeinhin als derjenige, der den Übergang von der traditionellen katalanischen Hausmannskost zur heutigen verfeinerten, innovativen Küche schaffte. Schon seit Jahrzehnten zieht es die Gourmets hierher, um Gerichte wie Seeigel aus Cadaqués, Kabeljau mit Trüffeln und Kalbsbäckchen in Rotwein zu probieren.

SIDRERÍA TXOT'S BASKISCH €€

(www.sidreriatxots.com; Avinguda Salvadór Dalí 114; Hauptgerichte 12–20 €; ⏲mittags & abends) Wer auf einem der Holzstühle Platz nimmt, kann dabei zusehen, wie der Cidre aus einiger Entfernung direkt vom Fass ins Glas gezapft wird, und sich dann Wurst, Käse und Salate oder Gerichte wie Chorizo in Cidre oder L'Escala-Sardellen auf Toast schmecken lassen.

SCHLAFEN IN FIGUERES

➡ **Hotel Durán** (☎972 50 12 50; www.hotelduran.com; Carrer de Lasauca 5; EZ/DZ ab 74/89 €; P ❄ 📶) In dem Hotel von der Mitte des 19. Jhs. zu übernachten passt gut zum Thema Dalí, da der Meister und seine Frau hier gerne vorbeischauten. Die Zimmer sind modern und mit ihrer sanften Farbgestaltung in Beige, Braun und Weiß eher unspektakulär, das Restaurant hingegen ist wie ein königlicher Bankettsaal, mit exzellentem Service und einem phantastischen Mittagsmenü für 20 €, bei dem köstliche Leckereien wie scharf angebratenes Thunfischsteak und Kaninchenlende serviert werden.

➡ **Mas Pau** (☎972 54 61 54; www.maspau.com; Avinyonet de Puigventós; EZ/DZ ab 80/100 €; P ❄ 📶) Dieses reizende *masia* (Bauernhaus) aus dem 16. Jh. hat gediegene Zimmer und ein mit einem Michelin-Stern ausgezeichnetes Restaurant, das eine saisonale Karte bietet; der Schwerpunkt liegt auf frischen Zutaten aus der Region.

Montserrat

Rundgang

Der Klosterkomplex selbst ist zwar überschaubar, doch sollte man für den Ausflug hierher einen ganzen Tag einplanen, wenn man noch eine wunderbare Bergwanderung unternehmen möchte. Am besten fährt man mit der ersten *cremallera* (Zahnradbahn) oder Seilbahn hoch auf den Berg und beginnt mit der Erkundung des Klosterkomplexes, stattet der Jungfrau Maria einen Besuch ab und danach dem lohnenden Museu de Montserrat. Anschließend kann man in der Cafeteria ein frühes Mittagessen einnehmen. Je nach Jahreszeit singt in der Basilika vielleicht der älteste Knabenchor Europas (S. 216).

Danach fährt man mit den Bahnen oder geht zu Fuß hinunter zur Santa Cova – der Stelle, an der die Jungfrau von Montserrat ursprünglich gefunden wurde – oder hoch zum Gipfel des Sant Jeroni mit einem tollen Ausblick aufs Tal.

Das Beste

➡ **Sehenswert** Monestir de Montserrat (S. 215)

➡ **Essen** Hotel Abat Cisneros (S. 216)

➡ **Spaziergang** Sant Jeroni (S. 215)

Top-Tipp

Um allein mit der Jungfrau von Montserrat zu kommunizieren und die Stille der Berge zu genießen, bietet sich eine Übernachtung hier oben an: Dann ist man zur Öffnungszeit um 7 Uhr in der Kapelle.

Anfahrt

➡ **Zug, Zahnradbahn & Seilbahn** Die von der **FGC** (www.fgc.net) betriebenen Züge der Linie R5 verkehren ab 8.36 Uhr stündlich vom Bahnhof Plaça d'Espanya (52–56 Min.). An der Haltestelle Montserrat Aeri besteht Anschluss an die **Seilbahn** (☎93 835 00 05; www.aeridemontserrat.com,

HIGHLIGHTS
MONESTIR DE MONTSERRAT

Das Kloster, nach Santiago de Compostela die zweitwichtigste Pilgerstätte Spaniens, wurde im 9. Jh. gegründet und 1025 erweitert. Es erinnert an eine Marienerscheinung, die Schäfer auf dem Berg hatten. Im 12. Jh. wurde hier das Bildnis der Schwarzen Jungfrau entdeckt, der Legende nach vom hl. Lukas angefertigt und vom hl. Petrus in den Bergen vor den Mauren versteckt. Von nah und fern strömen Pilger hierher, um die Jungfrau von Montserrat anzubeten, die liebevoll **La Moreneta** („die kleine Braune") genannt wird. Seit 1881 ist sie die Schutzpatronin Kataloniens, und insbesondere frisch vermählte Paare ersuchen ihren Segen. Der FC Barcelona widmet ihr seine Siege und während des Bürgerkriegs wurde sie von Franco angebetet.

Das zweiteilige **Museu de Montserrat** (Plaça de Santa Maria; Erw./Stud. 6,50/5,50 €; ⏲10–18 Uhr) verfügt über eine ausgezeichnete Sammlung mit allem Möglichen von ägyptischen Mumien und gotischen Altarbildern bis hin zu Kunst von El Greco, Monet, Degas und Picasso sowie moderner Kunst und einigen russischen Ikonen aus dem 14. Jh. Von der Plaça de Santa Maria betritt man den Hof der **Basilica** (Eintritt 5 €; ⏲7.30–20 Uhr) aus dem 16. Jh. Von hier führen Treppen zum schmalen Schrein **Cambril de la Mare de Déu** (⏲7–10.30 & 12–18.30 Uhr) mit der Moreneta.

Nicht versäumen

➡ La-Moreneta-Schrein

➡ Gesang der Montserrat-Chorknaben in der Basilika

➡ Wanderung zum Gipfel des Sant Jeroni

Praktisch & Konkret

➡ www.abadiamontserrat.net

➡ ⏲9–18 Uhr

einfach/hin & zurück 5/7,90 €, 17 Min., März–Okt. 9.40–19 Uhr, Nov.–Feb. Mo–Sa 10.10–17.45, So & Feiertage 10.10–18.45 Uhr) und in Monistrol de Montserrat an die Zahnradbahn **Cremallera** (☎90 231 20 20; www.cremallerademontserrat.com, einfach/hin & zurück 6/9 €, 5 Min.).

Gut zu wissen

➡ **Ortsvorwahl** 938

➡ **Lage** 50 km nordwestlich von Barcelona

➡ **Touristeninformation** (☎938 77 77 01; www.montserratvisita.com; ⏲Mo–Fr 9–17.45, Sa & So bis 18.45 Uhr)

SEHENSWERTES

SANT JERONI BERG

Der Berg oberhalb des Klosters lässt sich dank einem Netz von Wegen erkunden, die zu den Gipfeln und zu 13 malerisch verfallenen Einsiedeleien führen. Die ersten 250 Höhenmeter vom Kloster überbrückt die **Sant-Joan-Seilbahn** (einfach/hin & zurück 5,05/8 €; ⏲10–18.50 Uhr alle 20 Min., Jan. & Feb. geschl.). Wer lieber zu Fuß geht: Auf der Straße, die an der Talstation der Seilbahn entlangführt, gelangt man in etwa einer Stunde zur Bergstation der Bahn (3 km).

Von dort ist es ein 20-minütiger (ausgeschilderter) Spaziergang zur **Sant-Joan-Kapelle** mit schönen Blicken Richtung Westen. Interessanter ist jedoch die einstündige Wanderung Richtung Nordwesten zum höchsten Gipfel von Montserrat, dem Sant

MEHR KLOSTER FÜRS GELD

Das **Tot-Montserrat-Ticket** ab der Plaça d'Espanya umfasst Zug, *Cremallera*, Museum, Seilbahnen, ein dreigängiges Mittagessen in der Cafeteria und die audiovisuelle Show und kostet 39,95 €. Wer bei seinem Besuch am Montserrat alles mitnehmen möchte, spart so insgesamt ein paar Euro.

Jeroni, dessen Nordwand atemberaubend steil in die Tiefe stürzt.

SANTA COVA

(einfach/hin & zurück 2/3,20 €; ⌚10–17.30 Uhr alle 20 Min.) Zur Kapelle an der Stelle, an der das heilige Abbild der Jungfrau Maria gefunden wurde – zurzeit ist hier eine Nachbildung der Moreneta zu sehen –, fährt die **Santa-Cova-Seilbahn** (einfach/hin & zurück 2/3,20 €; ⌚10–17.30 Uhr alle 20 Min.) oder man geht einfach zu Fuß hinunter und folgt dann dem schwindelerregenden Bergpfad, von dem sich fabelhafte Ausblicke aufs Tal darunter eröffnen.

ESSEN

CAFETERIA

FASTFOOD €

(Mahlzeiten 15–20 €; ⌚Mittagessen 12–16 Uhr) Die zentral gelegene Selbstbedienungs-Cafeteria bietet neben belegten Broten auch größere Gerichte wie *calamares a la romana* (frittierte Tintenfischringe), Frikadellen, Hamburger – die üblichen Verdächtigen.

☆ UNTERHALTUNG

MONTSERRAT-KNABENCHOR

(www.escolania.cat; ⌚Darbietungen Ende Aug.–Ende Juni Mo–Fr 13, So 12 Uhr) Escolania, die älteste Musikschule Europas, unterhält einen Knabenchor, der täglich in der Basilika singt – ein seltenes (und kurzes) Vergnügen; gewöhnlich bringt er *Virolai* zu Gehör, geschrieben vom katalanischen Nationaldichter Jacint Verdaguer. Die 40 bis 50 *escolanets* im Alter von 10 bis 14 Jahren besuchen das Internat in Montserrat. Die Aufnahme in den Chor erfolgt nach einer zweijährigen Auswahlphase. Die aktuellen Zeiten der Darbietungen (die sich ändern können) stehen auf der Webseite.

SCHLAFEN IN MONTSERRAT

➡ **Hotel Abat Cisneros** (☎93 877 77 01; EZ/DZ 60/104 €; P ❄) Das einzige Hotel im Klosterkomplex bietet moderne, gemütliche Zimmer, teils mit Ausblick auf die Plaça de Santa Maria. Außerdem gibt's hier ein gutes Restaurant mit kreativer katalanischer Küche (Mahlzeiten 36 €).

Sitges

Rundgang

Sitges eignet sich perfekt für einen Promenadenbummel und zum Faulenzen in der Sonne. Bei gutem Wetter sind die zentralen Strände daher voll. Glücklicherweise herrscht aber ein gutes Angebot an Stränden; wer möchte, kann am hiesigen FKK-Strand auch nackt baden. Nach dem Bad in Sonne und Meer sucht man sich in der Nähe ein nettes Fischrestaurant.

Wer sich für moderne Kunst und den Modernisme interessiert: Das Museu Cau Ferrat (S. 217) lohnt ebenso einen Besuch wie die Fundació Stämpfli Museu d'Art Contemporani (S. 217; nur Freitag bis Sonntag geöffnet). Anschließend kann man sich in einer Tapasbar im Zentrum einen Nachmittagsdrink genehmigen. Wer später noch weiterfeiern möchte, kann dies in einem der vielen Clubs am Stadtrand tun.

Das Beste

- ➡ **Sehenswert** Strände (S. 217)
- ➡ **Essen** eF & Gi (S. 217)
- ➡ **Ausgehen** Sweet Pachá (S. 218)

Top-Tipp

Wer wissen möchte, welches die derzeit angesagtesten Nightlife-Hotspots für Schwule sind, sollte das Parrots Hotel (S. 217) ansteuern. Wer zum einwöchigen Carnaval im Februar/März nach Sitges kommt, sollte auf jeden Fall rechtzeitig im Voraus buchen.

Anfahrt

➡ **Auto** Die beste Straße von Barcelona ist die mautpflichtige C-32. Die C-31, die hinter Castelldefels auf die C-32 trifft, ist landschaftlich schöner, aber oft sehr befahren und man kommt nur langsam voran.

➡ **Zug** Zwischen 6 und 22 Uhr fahren pro Stunde vier *rodalies* der Linie R2 von Barcelonas Passeig de Gràcia und der Estació Sants nach Sitges (3,60 €, 27–46 Min. je nach Zahl der Stopps).

Gut zu wissen

- **Ortsvorwahl** 938
- **Lage** 32 km südwestlich von Barcelona
- **Touristeninformation** (938 11 06 11; Passeig de la Ribera; 10–14 & 16–20 Uhr)

SEHENSWERTES

FUNDACIÓ STÄMPFLI MUSEU D'ART CONTEMPORANI GALERIE

(www.fundacio-stampfli.org; Plaća Ajuntament; Erw. 3,50 €; Fr & Sa 9.30–14 & 16–19, So 10–15 Uhr) Die ausgezeichnete neue Kunstgalerie mit Schwerpunkt auf der Kunst des 20. Jhs. ab den 1960er-Jahren eröffnete Ende 2010. Die Gemälde und Skulpturen von Künstlern aus der ganzen Welt sind auf zwei renovierte historische Gebäude verteilt, darunter Arbeiten von Richard „Buddy" di Rosa, Oliver Mosset und Takis.

PLATJAS STRÄNDE

Sitges bietet insgesamt zwölf Strände: Der Hauptstrand mit der schönen Uferpromenade **Passeig Maritim** und *chiringuitos* (Strandbars) ist durch Wellenbrecher in neun unterschiedlich benannte Abschnitte unterteilt. Weitere Strände sind Sant Sebastiá, Balmins und D'Aiguadolç östlich der Landzunge mit einer Reihe von Museen und der auffallenden **Església de Sant Bartomeu i Santa Tecla**. Früher war Bassa Rodona der offizielle Schwulenstrand, heute jedoch verteilen sich die schwulen Sonnenanbeter ziemlich gleichmäßig auf alle Strände; Balmins ist eine geschützte Bucht, die v. a. FKKler anlockt.

MUSEU CAU FERRAT MUSEUM

(Carrer de Fonollar) Das weiß getünchte Haus wurde in den 1890er-Jahren vom Künstler Santiago Rusiñol – einem Pionier der Jugendstilbewegung, dessen Statue am Hauptstrand steht – als Wohnhaus und Atelier erbaut. Drinnen befinden sich neben seiner eigenen Kunst auch Werke von Zeitgenossen, z. B. von seinem Freund Picasso, sowie ein paar El Grecos. Bezaubernd ist das Innere des Hauses mit seinen wunderschön gekachelten Wänden und weiten Bögen. Das Museum wurde zur Zeit der Niederschrift gerade renoviert, sollte aber inzwischen wieder geöffnet haben.

ESSEN & AUSGEHEN

EF & GI INTERNATIONAL €€

(www.efgirestaurant.com; Carrer Major 33; Mahlzeiten 35–50 €; Mitte Jan.–Mitte Dez. Di–Sa abends) Fabio und Greg (eF & Gi) haben keine Angst vor Experimenten und das Ergebnis kann sich wirklich sehen lassen: Auf der vorwiegend mediterranen Karte mit asiatischem

SCHLAFEN IN SITGES

- **Parrots Hotel** (93 894 13 50; www.parrots-group.com; Calle Joán Torrida 16; EZ/DZ ab 96/106 € in der Hochsaison;) Das strahlend blaue Schwulenhotel ist nur schwer zu übersehen; die ultramodernen Zimmer haben alle Kabel-TV und Klimaanlage (toll im Sommer!), von den Balkonen kann man sich das Treiben vorm Hotel anschauen und es gibt auch eine Sauna.
- **Hotel Romàntic** (93 894 83 75; www.hotelromantic.com; Carrer de Sant Isidre 33; EZ/DZ ab 70/100 € in der Hochsaison;) Die drei benachbarten Villen aus dem 19. Jh. präsentieren sich in sinnlichem modernistischem Stil und bieten einen schattigen Innenhof zum Essen und freundlichen Service. Die Zimmer sind allerdings eher klein und könnten eine Auffrischung vertragen. Gleich um die Ecke befindet sich das reizende Schwesterhotel, das **Hotel de la Renaixença** (93 894 06 43; www.hotelromantic.com; Carrer d'Illa de Cuba 45; EZ/DZ ab 70/100 € in der Hochsaison), das ein besseres Preis-Leistungs-Verhältnis bietet.
- **Pensió Maricel** (93 894 36 27; www.milisa.com; Carrer d'En Tacó 13; DZ 60–70 € in der Hochsaison) Die Pension in einer schmalen Gasse nicht weit vom Strand ist eine der billigsten Unterkünfte am Ort. Die zehn einfachen Zimmer sind sauber und spartanisch. Einige Zimmer haben so gut wie gar keinen Ausblick, von anderen kann man das Meer erspähen, wenn man sich aus dem Fenster lehnt.

Einschlag stehen Köstlichkeiten wie Rind mit Zitronengras und Kaffernlimette vom Holzkohlengrill oder Thunfisch mit Erdnuss-Oliven-Kruste und Mango-Chutney. Auch die Desserts sind klasse.

EL POU TAPAS €€

(www.elpoudesitges.com; Carrer de Sant Pau 5; Mahlzeiten 30 €; ⌚Mi–Mo mittags & abends) Die winzigen Wagyu-Burger in diesem freundlichen Gourmet-Tapaslokal sind absolut himmlisch und auch der Rest des Angebots steht dem in kaum etwas nach. Neben traditionellen Tapas gibt's Gerichte wie *mojama* (gesalzener getrockneter Thunfisch) mit Mandeln oder gebratene Auberginen mit Zuckerrohrsirup. Umwerfend sind die Fleischklöße mit Tintenfisch.

SWEET PACHÁ CLUB CLUB

(www.sweetpacha.com; Avinguda Port d'Aiguadolç 9) Die weißen Lederstühle eignen sich perfekt für eine Cocktail-Pause vom Tanzen. Wer es ruhiger mag, für den gibt's auch ein gutes Fischrestaurant. Der Club liegt direkt bei der Aiguadolç Marina, 1,2 km östlich vom Museu Maricel del Mar an der Küste entlang.

L'ATLÀNTIDA CLUB CLUB

(www.clubatlantida.com; Platja de Les Coves; ⌚Fr & Sa, Juni–Sept. außerdem zwei weitere Abende in der Woche) Nachtclub am Wasser im Ibiza-Stil mit großer Tanzfläche unter freiem Himmel, etwa 3,5 km westlich vom Zentrum.

Tarragona

Rundgang

Da es im Museu d'Història de Tarragona schon im Laufe des Vormittags sehr voll wird, beginnt man den Besuch am besten mit dem Amfiteatre Romà und der Stätte Pretori i Circ Romans oder mit dem ausgezeichneten Museu Nacional Arqueològic de Tarragona. Anschließend geht's zur Kathedrale und dann zum Mittagessen in eines der vielen Gourmetrestaurants in der Nähe.

Die römischen Stätten liegen recht weit auseinander; am Nachmittag nimmt man daher am besten ein Taxi zur Necròpolis Paleocristians und besucht anschließend den eindrucksvollen Aquädukt Pont del Diable. Oder man hebt sich – besonders, wenn man die Tarrago!na Card hat – die restlichen römischen Ruinen für den nächsten Vormittag auf und gönnt sich stattdessen einen ruhigen Bummel über den Passeig Arqueològic Muralles, einen Weg zwischen den mittelalterlichen Stadtmauern, um danach im Fischerviertel Serallo Meeresfrüchte zu schlemmen.

Das Beste

- **Sehenswert** Museu d'Història de Tarragona (S. 219)
- **Essen** Arcs Restaurant (S. 220)
- **Ausgehen** El Candil (S. 220)

Top-Tipp

Die 48 Stunden gültige Tarrago!na Card, die für 15 € in der Touristeninformation erhältlich ist, erlaubt freien Zutritt zu allen Museen der Stadt und bietet Ermäßigungen in ausgewählten Restaurants und Geschäften.

Anfahrt

- **Auto** Auf der Mautstraße C-32 geht es entlang der Küste via Castelldefels; die Alternative ist die AP-7 (hierfür folgt man der Avinguda Diagonal stadtauswärts Richtung Westen).
- **Zug** Mehr als 40 Nahverkehrs- und Fernzüge fahren pro Tag vom bzw. zum Bahnhof Estació Sants in Barcelona (ab 5,70–6,40 € für Regionalzüge und ab 19,80 € für schnelle Fernzüge; 55 Min. bis 1¾ Std.).

Gut zu wissen

- **Ortsvorwahl** 977
- **Lage** 96 km südwestlich von Barcelona
- **Touristeninformation** (☎977 25 07 95; www.tarragonaturisme.es; Carrer Major 39; ⌚Juli–Sept. Mo–Sa 10–21, So 10–14 Uhr, Okt.–Juni Mo–Sa 10–14 & 16–19, So & Feiertage 10–14 Uhr)

SEHENSWERTES

MUSEU NACIONAL ARQUEOLÒGIC DE TARRAGONA MUSEUM

(www.mnat.es; Plaça del Rei 5; Erw./Kind 3,50 €/frei; ⌚Juni–Sept. Di–Sa 10–20, So & Feiertage 10–14 Uhr, sonst kürzer) Das ausgezeichnete

Museum wird dem kulturellen und materiellen Reichtum des römischen Tarraco sehr gut gerecht. In der Mosaiksammlung lassen sich die wechselnden Trends nachverfolgen, von den einfachen schwarz-weißen Designs bis zu den komplexen farbigen Schöpfungen; ein Highlight ist das große, fast vollständig erhaltene *Mosaic de Peixos de la Pineda* mit Fischen und anderen Meerestieren. In der Abteilung zur Alltagskunst werden u. a. antike Fruchtbarkeitshilfen ausgestellt, darunter ein übergroßer steinerner Penis – Symbol des Gottes Priapus.

Mit dem Ticket hat man auch Zutritt zum Museum bei der **Necròpolis Paleocristians** (www.mnat.cat; Avinguda de Ramón i Cajal 80; ⌚Juni–Sept. Di–Sa 9–20.30, So 10–14 Uhr, sonst kürzer), einer weitläufigen römisch-christlichen Totenstadt mit über 2000 Grabstätten. Zwar kann man sich die Gräber nur durch den Zaun anschauen, dafür sind im Museum interessante Grabbeigaben und Sarkophage zu sehen.

LA CATEDRAL KIRCHE

(Pla de la Seu; Erw./Kind 4/1,40 €; ⌚Juni–Mitte Okt. Mo–Sa 10–19 Uhr, sonst kürzer) Die Kathedrale von Tarragona wird schon seit geraumer Zeit umfassend restauriert und daher war ein großer Teil der Kirche zur Zeit der Niederschrift nicht zugänglich; das sollte sich aber inzwischen geändert haben. Dank der langen Bauzeit von 1171 bis 1331 weist die Kirche sowohl romanische als auch gotische Elemente auf, so auch in der Hauptfassade am Pla de la Seu. Das festungsartige Äußere lässt auf die Angst vor den Mauren schließen.

Der Kreuzgang wartet mit gotischen Gewölben und romanischen Kapitellen auf; eines der Kapitelle zeigt Ratten, die das Begräbnis einer Katze zelebrieren – bis die Katze wieder zum Leben erwacht! Dies ist eine Lektion über scheinbar ruhende Leidenschaften, die sich irgendwann doch wieder manifestieren können. Die vom Kreuzgang abzweigenden Räume beherbergen das

HIGHLIGHTS MUSEU D'HISTÒRIA DE TARRAGONA

Die Bezeichnung „Museum" ist etwas irreführend, da es sich hier um vier separate römische Stätten handelt, welche seit dem Jahr 2000 zusammen ein Unesco-Weltkulturerbe bilden.

Los geht's mit der Erkundung der Stätte **Pretori i Circ Romans** (Plaça del Rei). Dazu gehören Teile der Gewölbe des römischen Zirkus, wo einst Wagenrennen stattfanden, die am Pretori-Turm an der Plaça de Rei endeten.

Nicht weit vom Strand liegt das Kronjuwel unter den römischen Stätten Tarragonas, das **Amfiteatre Romà** (Plaça d'Arce Ochotorena; ⌚Ostern–Sept. Di–Sa 9–21, So 9–15 Uhr, Okt.–Ostern Di–Sa 9–17, So & Feiertage 10–15 Uhr). Ein Großteil des Amphitheaters wurde abgebaut, da mit den Steinen der Hafen befestigt wurde; was man heute sieht, ist also zum Teil ein Nachbau.

Die Nordwesthälfte des **Fòrum Romà** (Carrer del Cardenal Cervantes) nahm eine Gerichtsbasilika ein (in der rechtliche Dispute verhandelt wurden); von hier zog sich das restliche Forum bergab Richtung Südwesten. Die Stätte ist über eine Fußgängerbrücke mit einer weiteren Ausgrabungsstätte, die ein Stück römischer Straße umfasst, verbunden.

Der sogenannte **Pont del Diable** (Teufelsbrücke) ist eigentlich der Aqüeducte de les Ferreres aus römischer Zeit, ein Traum aller Bewässerungsingenieure. Zu seinen Glanzzeiten versorgte er über 200 000 Menschen mit Wasser aus dem Ríu Gayo.

Nicht versäumen

- Pretori i Circ Romans
- Amfiteatre Romà
- Pont del Diable, die Teufelsbrücke

Praktisch & Konkret

- www.museutgn.com
- Erw./Kind pro Stätte 3 €/frei, alle MHT-Stätten 10 €/frei
- ⌚Ostern–Sept. tgl. 9–21 Uhr, sonst kürzer

Museu Diocesà; zur umfassenden Sammlung des Museums gehören etwa römische Haarnadeln sowie einige hübsche bunte Holzschnitzarbeiten der das Christuskind stillenden Jungfrau Maria aus dem 12. bis 14. Jh.

In der Kathedrale befindet sich der Arm der hl. Thekla, der Schutzpatronin von Tarragona. Der marmorne Hauptaltar aus dem 13. Jh. zeigt Szenen aus dem Leben der Heiligen.

PASSEIG ARQUEOLÒGIC MURALLES — HISTORISCHE STÄTTE

(3 €; ⏲Ostern–Okt. Di–Sa 9–21, So 9–15 Uhr, sonst kürzer) Der Passeig Arqueològic ist ein ruhiger Spazierweg entlang eines Teils der alten Stadtbegrenzung und verläuft zwischen zwei Stadtmauern. Die innere Anlage ist hauptsächlich römischen Ursprungs und stammt aus dem 3. Jh. v. Chr., während die äußere 1709 von den Briten im Spanischen Erbfolgekrieg erbaut wurde. Faszinierend sind auch die riesigen von den Iberern errichteten Tore; vom Tor rechts vom Eingang kann man auf die Festungsmauern klettern und weite Ausblicke auf die Stadt genießen. Der Weg beginnt am Portal del Roser an der Avenida Catalunya.

ESSEN & AUSGEHEN

LP TIPP ARCS RESTAURANT — MEDITERRAN €€

(☎977 21 80 40; www.restaurantarcs.com; Carrer Misser Sitges 13; Menü 23 €; ⏲Di–Sa mittags & abends) In einem durch bunte zeitgenössische Kunst aufgelockerten mittelalterlichen Gewölbe werden wunderbare Varianten mediterraner Gerichte serviert, von *tartar de atún* (Thunfisch-Carpaccio) und der tollen Kürbissuppe mit *morcilla* (Blutwurst) und Ziegenkäse bis zum geschmacksintensivsten *salmorejo* (ein dicker, herzhafter Gazpacho) außerhalb Andalusiens.

AQ — KATALANISCH €€

(☎977 21 59 54; www.aq-restaurant.com; Carrer de les Coques 7; Menüs ab 18 €; ⏲Di–Sa mittags & abends) Das Aq ist ein lebhaftes Designerlokal mit markanten Farbkontrasten (Tischdecken in Schwarz, Zitronengelb und Crème), klarer Einrichtungslinie und faszinierenden Varianten traditioneller Küche, wie z. B. *ventresca de tonyina amb ceba caramelitzada, tomàquet, formatge de cabra i olives* (Thunfischbauch mit karamellisierten Zwiebeln, Tomaten, Ziegenkäse und Oliven).

EL VARADERO — MEERESFRÜCHTE €

(Carrer de Trafalgar 13; raciones 7–9 €; ⏲mittags & abends) Das El Varadero ist ein informelles, bei Einheimischen beliebtes Lokal, in dem einfache, aber köstliche Meeresfrüchte zubereitet werden wie *tigres* (gefüllte, panierte und gebratene Muscheln), *ostrón* (große Auster) und *cigalas a la plancha* (gegrillte Scampi).

EL CANDIL — CAFÉ €

(Plaça de la Font 13; heiße Schokolade 3 €; ⏲11–15 & 17–24 Uhr) In der höhlenartigen Café-Bar stehen über 30 verschiedene Sorten heißer Schokolade sowie eine gute Auswahl an Bier und Cava auf der Karte.

SCHLAFEN IN TARRAGONA

➡ **Hotel Plaça de la Font** (☎977 24 61 34; www.hotelpdelafont.com; Plaça de la Font 26; EZ/DZ 55/70 €; ❄) Einfache, blitzsaubere Zimmer mit Blick auf eine belebte Terrasse in sehr zentraler Lage direkt an der beliebten Plaça de la Font.

Schlafen

Barcelona wartet mit einem hervorragenden Angebot an Unterkünften auf, darunter Luxusherbergen, kleine Boutiquehotels und verschiedenste Mittelklasse- und Budgetunterkünfte. Besucher der Stadt können in historischen Vierteln, in Meeresnähe oder auch in Szenevierteln voller Restaurants und Bars nächtigen.

Hotels

Hotels gibt es in Barcelona in allen möglichen Formen. Am unteren Ende unterscheiden sie sich nur wenig von den besseren *pensiones* und *hostales*, und von dort geht es durch alle Preislagen bis hoch zum Fünf-Sterne-Luxus. Merkmale, die man im Auge behalten sollte, sind z. B. ein Pool und eine Lounge auf dem Dach, Ausblicke (entweder aufs Meer oder auf die Stadt – La Sagrada Família, Montjuïc, Barri Gòtic) und die Nähe zu den bedeutenden Sehenswürdigkeiten. Wer 100 € bis 140 € pro Nacht investiert, hat in einer Vielzahl von Vierteln eine umfassende Auswahl an guten Doppelzimmern. Die Luxuskategorie beginnt bei etwa 250 € für ein Doppelzimmer, aber selbst 500 € wird man ohne Probleme los.

Pensiones & Hostales

Je nach Saison kostet ein Bett in einer Jugendherberge nur 15 € bis 25 €. Wer nicht gern in Schlafsälen nächtigt, aber auf seine Reisekasse achten muss, sollte es in den zahlreichen *pensiones* und *hostales* (Budgethotels) versuchen, kleinen Hotels in Familienbesitz. Manche von ihnen sind etwas schmuddelig, andere makellos sauber. Ein einfaches Einzel- bzw. Doppelzimmer *(individual/doble)* kostet mindestens 35 € bzw. 55 €, meist ohne eigenes Bad.

Einige Häuser, vor allem im unteren Preissegment, vermieten auch Drei- oder Vierbettzimmer. Wer ein Doppelbett (anstelle von zwei Einzelbetten) möchte, fragt nach einem *llit/cama matrimonial* (Katalanisch/Spanisch). Wer besonders wenig Geld zur Verfügung hat, sollte sich die Billigoptionen auf www.barcelona30.com anschauen.

Mietwohnungen & -zimmer

Eine für kurze Zeit gemietete Wohnung kann eine gemütliche (und manchmal deutlich günstigere) Alternative zum Hotel sein. Diese Ferienwohnungen kosten für zwei Personen pro Nacht etwa 80 € bis 100 €. Bei vier Personen muss man mit 160 € pro Nacht rechnen.

Eine der besten Optionen ist Air BnB (www.airbnb.com). Über das Portal kann man auch einzelne Zimmer mieten – eine tolle Gelegenheit, Einheimische und/oder andere Reisende kennenzulernen. Der Durchschnittspreis für ein Zimmer liegt bei 30 € bis 60 €.

Weitere Wohnungsvermittlungen sind:

- Oh-Barcelona (www.oh-barcelona.com)
- Aparteasy (www.aparteasy.com)
- Feel at Home Barcelona.com (www.feelathomebarcelona.com)
- Barcelona On Line (www.barcelona-on-line.es)
- Friendly Rentals (www.friendlyrentals.com)
- Lodging Barcelona (www.lodgingbarcelona.com)
- Rent a Flat in Barcelona (www.rentaflatinbarcelona.com)
- MH Apartments (www.mhapartments.com)

Wer im Urlaub Wohnungen tauschen möchte, findet auf www.loquo.com viele einschlägige Anzeigen. Eine große Auswahl an Unterkünften in allen Preislagen findet sich auf http://hotels.lonelyplanet.com.

Reisende mit Behinderung

Unter www.accessiblebarcelona.com findet man behindertengerechte Unterkünfte.

GUT ZU WISSEN

Preise
Die Preise gelten für ein Doppelzimmer in der Hauptsaison. Falls nicht anders angegeben, verfügen die Zimmer über ein eigenes Bad.

€	unter 75 €
€€	75–200 €
€€€	über 200 €

Steuer
Auf Unterkünfte wird eine Mehrwertsteuer (IVA auf Spanisch) von 8 % fällig. Seit November 2012 erhebt die Stadt außerdem eine Übernachtungssteuer von 0,75 € pro Nacht.

Saisonpreise
Einige Hotels, vor allem günstige, berechnen ganzjährig dieselben Preise. Andere unterscheiden zwischen *temporada alta*, *media* und *baja* (Hoch-, Zwischen- und Nebensaison). Letztere reicht etwa von November bis Ostern, mit Ausnahme der Weihnachts- und Neujahrszeit.

Reservierung
Vor allem zu Ostern, Weihnachten und Neujahr sowie zu Messezeiten, sollte man vorab eine Unterkunft reservieren. Das ist nicht nur sicherer, sondern oft auch günstiger. Vor Ort vermittelt die Touristeninformation an der Plaça de Catalunya (S. 81) Zimmer.

Ein- & Auschecken
Einchecken können Gäste meist ab etwa 14 oder 15 Uhr. Wer erst spätabends eintrudelt, sollte das immer vorab mit der Rezeption klären. Auschecken muss man gewöhnlich bis 12 Uhr.

Top-Tipps

Hotel Neri (S. 224) Schönes altes Hotel in ruhiger Lage im Barri Gòtic.

Casa Camper (S. 225) Stilvolle Unterkunft in El Raval mit Vinçon-Möbeln und Hängematten.

Hotel Arts Barcelona (S. 227) Ultramodernes Hochhaus am Wasser mit jedem erdenklichen Komfort.

W Barcelona (S. 227) Luxushotel am Wasser mit traumhaftem Ausblick und hübschem palmengesäumtem Pool.

Hotel Casa Fuster (S. 231) Noble Zimmer in einem Jugendstilhaus in Gràcia.

Hotel Omm (S. 229) Phantastisches, dalíeskes Hotel mit „abblätternder" Fassade.

Preiskategorien

€
Hostal Campi (S. 224)

Alberg Hostel Itaca (S. 225)

Hostel Mambo Tango (S. 233)

Pensió 2000 (S. 227)

Hotel Marina Folch (S. 228)

€€
El Jardí (S. 224)

Barceló Raval (S. 225)

Hotel San Agustín (S. 225)

Hotel Banys Orientals (S. 226)

Hotel Constanza (S. 230)

Hotel Praktik (S. 228)

€€€
Hotel 1898 (S. 224)

Hotel Majèstic (S. 228)

Hotel Rey Juan Carlos I (S. 232)

Mit Aussicht

Hotel Arts Barcelona (S. 227)

W Barcelona (S. 227)

Hotel Rey Juan Carlos I (S. 232)

Eurostars Grand Marina Hotel (S. 227)

Hotel 54 (S. 227)

Hotel Colón (S. 224)

Mit Pool

Comtes De Barcelona (S. 229)

Hotel Arts Barcelona (S. 227)

Hotel Majèstic (S. 228)

Hotel Rey Juan Carlos (S. 232)

Eurostars Grand Marina Hotel (S. 227)

Mit Stil

Barceló Raval (S. 225)

Hotel Banys Orientals (S. 226)

Hotel Sixtytwo (S. 229)

Hotel Axel (S. 231)

Chic & Basic (S. 226)

Wohin zum Schlafen?

Stadtviertel	Pro	Kontra
La Rambla & Barri Gòtic	Tolle Lage in der Nähe wichtiger Sehenswürdigkeiten; perfekt für Erkundungen zu Fuß; gutes Nachtleben und gute Restaurants	Sehr touristisch; laut; einige Zimmer sind klein und haben keine Fenster
El Raval	Zentral, mit gutem Nachtleben und Zugang zu Sehenswürdigkeiten; Künstlerflair mit nur wenigen Touristen	Kann laut sein; teilweise zwielichtig und verlottert; viele Absteigen, die man besser meidet; spät am Abend für Spaziergänger unsicher
La Ribera	Tolle Restaurantszene und gut für Erkundungen der Gegend; zentral; Top-Sehenswürdigkeiten wie Museu Picasso und Palau de la Música Catalana	Kann laut sein; sehr voll; touristisch
Barceloneta & die Uferpromenade	Ausgezeichnete Fischrestaurants; lockere Stimmung; schneller Zugang zu Promenade und Stränden	Nur wenige Unterkünfte; außerhalb von Barceloneta kann man weit ab vom Schuss sein; besser für Geschäftsreisende
Eixample	Großes Angebot an Unterkünften in allen Preislagen; nahe bei den Jugendstil-Attraktionen; gute Restaurants und gutes Nachtleben; das beste Schwulenviertel („Gaixample")	Kann wegen des vielen Verkehrs laut sein; nicht so gut für Fußgänger; ein bisschen weit von der Altstadt
Gràcia	Junge Szene mit munteren Restaurants und Bars	Weit von der Altstadt; wenige herkömmliche Unterkünfte, aber viele zu mietende Zimmer
Zona Alta	Teils gutes Nachtleben und gute Restaurants	Sehr weit ab vom Schuss; großes Gebiet, erfordert häufiges Fahren mit der U-Bahn; eher für Geschäftsreisende
Montjuïc, Sants & El Poble Sec	Bei den Museen und Gärten auf dem Montjuïc; tolle Erkundungsmöglichkeiten in El Poble Sec; Unterkünfte in El Poble Sec liegen auch gut für El Raval	Etwas abgelegen; um den Bahnhof El Sants etwas rau

La Rambla & Barri Gòtic

Die Straßen von La Rambla sind dicht mit Hotels, *pensiones* und Absteigen besetzt, und im Labyrinth des Barri Gòtic finden sich zahllose weitere. Der Carrer de Ferran besitzt viele beliebte, aber meist enge und laute Unterkünfte, die überdies recht nah an einer Reihe pseudo-irischer Pubs liegen. Viele der kleineren Häuser sind nichts Besonderes und wenden sich primär an ein zuweilen ungehobeltes Partypublikum. Es gibt aber auch einige echte Schmuckstücke.

HOTEL NERI DESIGNHOTEL €€€

Karte S. 304 (☎93 304 06 55; www.hotelneri.com; Carrer de Sant Sever 5; DZ ab 270 €; ❄@📶; Ⓜ Liceu) Das Luxushotel liegt in einem geschmackvoll umgebauten jahrhundertealten Gebäude, an dessen Rückseite sich die ruhige Plaça de Sant Felip Neri befindet. Der helle Sandstein und das viele Holz verleihen dem Haus eine angenehme Atmosphäre. Die Zimmer sind mit modernster Technik wie Plasma-TV und Infrarotlicht in den Designerbädern ausgestattet. Bettdecken und Kopfkissen kann sich der Gast individuell zusammenstellen. Die Dachterrasse bietet die Möglichkeit zum Sonnenbaden.

HOTEL 1898 HOTEL €€€

Karte S. 304 (☎93 552 95 52; www.hotel1898.com; La Rambla 109; DZ 230–350 €; ❄@📶🏊; Ⓜ Liceu) Die ehemalige Compañía de Tabacos Filipinas (Philippinische Tabakgesellschaft) ist als Luxushotel wiederauferstanden, einschließlich der idyllischen Dachbar La Isabala. Einige Zimmer sind eher klein, aber die Luxuszimmer und Suiten verfügen jeweils über eigene Terrassen. Alle Zimmer verbinden modernen Komfort mit Eleganz – erkennbar beispielsweise an den Parkettböden und am geschmackvollen Mobiliar. Einige der Suiten haben Zugang zu einem eigenen Schwimmbad, während alle übrigen Gäste den Außenpool nutzen können.

HOTEL COLÓN HOTEL €€

Karte S. 304 (☎93 301 14 04; www.hotelcolon.es; Avinguda de la Catedral 7; EZ/DZ ab 110/170 €; ❄@; Ⓜ Jaume I) Die privilegierte Lage gegenüber der Kathedrale verleiht dem Hotel seinen ganz besonderen Reiz. Die elegante Unterkunft hält ein breites Spektrum an Zimmern bereit – von bescheidenen Einzel- bis zu hellen Doppelzimmern und Suiten. Die Ausstattung ist sehr unterschiedlich (von schlichten Holzböden bis zu Teppichen), und die Doppelzimmer mit Terrasse sind geradezu umwerfend (kosten aber auch ca. 300 €).

HOTEL CONTINENTAL HOTEL €€

Karte S. 304 (☎93 301 25 70; www.hotelcontinental.com; La Rambla 138; EZ/DZ ab 92/102 €; ❄📶; Ⓜ Catalunya) Es fällt leicht, sich hier in das Jahr 1937 zurückzuversetzen, als George Orwell während des Spanischen Bürgerkriegs von der Front zurückkehrte und in Barcelona erbitterter Parteienstreit herrschte. Die Zimmer im Continental sind verwohnt und recht spartanisch, verfügen aber über romantische Details wie Deckenventilatoren, Messingbetten und Bettbezüge mit Rüschen. Ein Zimmer mit einem kleinen Balkon mit Blick auf die Rambla kostet 20 € mehr.

EL JARDÍ HOTEL €€

Karte S. 304 (☎93 301 59 00; www.eljardi-barcelona.com; Plaça de Sant Josep Oriol 1; DZ 65–120 €; ❄📶; Ⓜ Liceu) Das „Garten-Hotel" hat zwar keinen Garten, aber dafür eine Reihe kleiner Doppelzimmer mit Balkon zu einem der schönsten Plätze der Stadt. Wenn man eines dieser Zimmer bekommen kann, dann lohnt sich das Treppensteigen. Wenn nur noch Zimmer ohne Aussicht frei sind, sollte man besser woanders suchen.

HOTEL RACÓ DEL PI BOUTIQUEHOTEL €€

Karte S. 304 (☎93 342 61 90; www.hotelh10racodelpi.com; Carrer del Pi 7; DZ 100–198 €; ❄@📶; Ⓜ Liceu) Das Hotel wurde auf stilvolle Weise in ein historisches Gebäude im Barri Gòtic gepflanzt und bietet 37 Zimmer mit dunklen Holzbalken, Parkettböden und Bädern mit bunten Mosaiken sowie kompletten Lärmschutz. In den modernen Zimmern mit heller Farbgestaltung setzen marineblaue Decken und hier und da ein Kunstdruck Farbakzente. Erstklassige Lage!

HOSTAL CAMPI HOSTAL €

Karte S. 304 (☎93 301 35 45; www.hostalcampi.com; Carrer de la Canuda 4; EZ/DZ ohne Bad 35/60 €, DZ mit Bad 70 €; @📶; Ⓜ Catalunya) Eine klasse Budget-Unterkunft, die vor allem junge Rucksacktouristen anzieht. Die besten Zimmer in dem freundlichen, zentral gelegenen *hostal* sind die sehr geräumigen, hellen und sauberen Doppelzimmer mit eigenem Bad. Unmittelbar neben der

Rambla sind die Gäste in diesem Haus aus dem späten 18. Jh. dennoch weitgehend vor Straßenlärm geschützt.

ALBERG HOSTEL ITACA HOSTEL €

Karte S. 304 (☎93 301 97 51; www.itacahostel.com; Carrer de Ripoll 21; B 11–26 €, DZ 60 €; @📶; Ⓜ Jaume I) Eine helle, ruhige Herberge in der Nähe der Kathedrale. Das Itaca besitzt geräumige Dorms (mit sechs, acht oder zwölf Betten) in hellen Frühlingsfarben und mit Parkettböden sowie zwei Doppelzimmer. In der Nähe gibt's außerdem zwei Wohnungen für sechs Personen (120 € pro Nacht). Es herrscht eine gute Stimmung, gibt aber kaum Gemeinschaftsbereiche, lediglich eine winzige Café-Lounge am Eingang.

REGENCIA COLÓN HOTEL €€

Karte S. 304 (☎93 318 98 58; www.hotelregencia colon.com; Carrer de Sagristans 13; DZ 80–135 €; 📶; Ⓜ Jaume I) Das effiziente, moderne sechsstöckige Hotel ist zwar nicht so schick wie das Schwesterhotel um die Ecke (das Hotel Colón), wartet jedoch mit sauberen, recht großen Zimmern mit angenehmer Farbgestaltung, zumeist in Pastelltönen, auf. Die Duschen sind gut und das WLAN funktioniert zuverlässig. Wie auch anderswo im Barri Gòtic kann der Lärm von der Straße ein Problem darstellen, aber die Lage nur Schritte von der Kathedrale entfernt ist hervorragend.

BONIC B&B €€

Karte S. 304 (☎62 605 34 34; www.bonic-barce lona.com; Carrer de Josep Anselm Clavé 9; EZ 55 €, DZ 90–95 €; ❄@📶; Ⓜ Drassanes) Das Bonic ist ein kleines, gemütliches B&B mit acht Zimmern in verschiedenen Stilen, mit Holz- oder Kachelböden, hohen Decken und schöner Ausstattung. Mehrere Zimmer sind farbenfroh gestaltet, andere haben keine Fenster nach draußen. Da sich alle Gäste drei Badezimmer teilen, ist die Höchstzahl der Gäste auf sechs oder sieben pro Nacht begrenzt; Freundesgruppen können aber auch die ganze Unterkunft buchen.

El Raval

Ein ziemlich aufregendes Stadtviertel, in dem die Post abgeht. Bei den Unterkünften gibt's eine große Bandbreite, von schäbigen Absteigen bis zu den neuesten Designhotels. Hostels und günstige Hotels sind jedoch bei Weitem in der Überzahl.

CASA CAMPER DESIGNHOTEL €€€

Karte S. 308 (☎93 342 62 80; www.casacamper. com; Carrer d'Elisabets 11; EZ/DZ 240/270 €; ❄@; Ⓜ Liceu) Das große Foyer wirkt wie der Eingangsbereich eines Museums für moderne Kunst. Eine echte Überraschung sind die in Rot, Schwarz und Weiß gehaltenen Zimmer. Sie verfügen alle über einen Schlaf- und Badebereich, wo man gleich in seine Camper-Hausschuhe schlüpfen, sich am Mobiliar von Vinçon aus Barcelona erfreuen und sich die hängenden Gärten vor dem Fenster anschauen möchte. Auf der anderen Seite des Flurs befindet sich ein eigenes Wohnzimmer mit Balkon, TV und Hängematte. Schön ist auch der weite Blick auf die Stadt von der Dachterrasse aus.

WHOTELLS APARTMENTS €€

Karte S. 308 (☎93 443 08 34; www.whotells.com; Carrer de Joaquín Costa 28; Apt. ab 180 €; ❄@📶; Ⓜ Universitat) Die sehr komfortablen Apartments sind mit Muji-Möbeln eingerichtet und bieten Platz für vier bis sechs Personen. Hier fühlt man sich wie zu Hause. In der Küche können gleich die Lebensmittel vom nahe gelegenen Markt La Boqueria verarbeitet werden. Wer zu müde ist, lümmelt sich vor den LCD-Fernseher. Die Betreiber haben auch Apartments im Eixample und in Barceloneta im Angebot. Die Preise schwanken sehr – je nach Nachfrage.

BARCELÓ RAVAL DESIGNHOTEL €€

Karte S. 308 (☎93 320 14 90; www.barcelo raval.com; Rambla del Raval 17–21; DZ 160–230 €; ❄@; Ⓜ Liceu) Der ovale Turm des Designhotels zeugt von den Bemühungen der Stadtverwaltung, das Viertel El Raval ins 21. Jh. zu katapultieren. Die Dachterrasse bietet eine grandiose Aussicht und die B-Lounge Bar/Restaurant ist der Treffpunkt der Stadt, wenn es um Essen oder Cocktails geht. Die schicken Zimmer bieten viel Weiß mit zitronengrünen oder rubinroten Tupfern, Nespresso-Maschine und Dock für den iPod.

HOTEL SAN AGUSTÍN HOTEL €€

Karte S. 308 (☎93 318 16 58; www.hotelsa.com; Plaça de Sant Agustí 3; Zi. 80–180 €; ❄@📶; Ⓜ Liceu) Das Klostergebäude aus dem 18. Jh. eröffnete 1840 als Hotel. Es ist damit das älteste der Stadt. Die Lage ist perfekt – an einem hübschen Platz nur einen kurzen Fußweg von der Rambla entfernt. Die Zimmer sind prächtig, in den meisten Fällen geräumig und lichtdurchflutet. Besonders nett sind die Doppelzimmer unterm Dach mit Schrägen und einer Vogelperspektive auf die Stadt.

HOTEL ESPAÑA HOTEL €€

Karte S. 308 (93 318 17 58; www.hotelespanya.com; Carrer de Sant Pau 9–11; EZ 100 €, DZ 125–155 €; ; Liceu) Das Hotel ist bekannt für seine exzentrischen Restaurants im Modernisme-Stil, die der Architekt Domènech i Montaner zusammen mit dem Bildhauer Eusebi Arnau und dem Maler Ramon Casas schuf. Das Hotel bietet saubere, schnörkellose Zimmer in einem Haus, das immer noch historischen Charme versprüht. In den 1920er-Jahren war es besonders bei Stierkämpfern beliebt.

HOSTAL CHIC & BASIC HOSTEL €€

Karte S. 308 (93 302 51 83; www.chicandbasic.com; Carrer de Tallers 82; EZ 80 €, DZ 103–124 €; @; Universitat) Die Einrichtung dieses Hauses ist überwiegend in Weiß gehalten. Der knallorangefarbene Kühlschrank in der Gemeinschaftsküche und im Aufenthaltsraum ist eine der wenigen Ausnahmen. Auch die Zimmerausstattung – vom Fußboden bis zur Bettwäsche – präsentiert sich lilienweiß. Nützlich sind der Plasma-Fernseher und die Möglichkeit, den iPod an das Soundsystem anzuschließen. Die Straße kann mitunter laut werden.

HOSTAL GAT RAVAL HOSTEL €

Karte S. 308 (93 481 66 70; www.gataccommodation.com; Carrer de Joaquín Costa 44; EZ/DZ ohne Bad 63/82 €; @; Universitat) Das hippe *hostal* im 2. Stock an einer mit Bars besetzten Gasse weist ein erbsengrünes und zitronengelbes Dekor auf. In dieser Gegend tummeln sich vor allem Einheimische und Studentencliquen. Die individuellen Zimmer sind nett und sicher, aber nur wenige haben ein eigenes Bad. Das Personal betreibt auch das teurere **Hostal Gat Xino** (Karte S. 308; 93 324 88 33; www.gataccommodation.com; Carrer de l'Hospital 149–155; EZ/DZ 80/115 €, Suite mit Terrasse 140 €; @; Liceu) in der Nähe.

HOTEL PENINSULAR HOTEL €

Karte S. 308 (93 302 31 38; www.hpeninsular.com; Carrer de Sant Pau 34; EZ/DZ 55/78 €; @; Liceu) Eine wahre Oase am Rand des nicht ganz ungefährlichen Barri Xinès. Das ehemalige Kloster (das durch einen Tunnel mit der Església de Sant Agustí verbunden war) lockt mit einem großen Atrium voller Pflanzen. Die 60 einfachen Zimmer haben einen Fliesenboden und sind weiß gestrichen. Sie sind meist geräumig und gut in Schuss.

La Ribera

Am Rande des betriebsamen Viertels El Born gibt's gleich mehrere gute Hotels. Gleichzeitig residieren Spitzenhotels in den manchmal recht bombastischen Bauten an der lauten Via Laietana.

CHIC & BASIC DESIGNHOTEL €€

Karte S. 312 (93 295 46 52; www.chicandbasic.com; Carrer de la Princesa 50; EZ 96 €, DZ 132–192 €; @; Jaume I) Dies ist ein sehr cooles Hotel, mit 31 makellos weißen Zimmern und Lichtervorhängen, die ihre Farbe ändern und so ständig eine neue Stimmung im Zimmer schaffen. Dazu kommen hohe Decken und große Betten. Viele der ursprünglichen Merkmale des alten Gebäudes, etwa die Marmortreppe, wurden erhalten. Chic & Basic unterhalten außerdem ein *hostal* in El Raval (S. 312).

HOTEL BANYS ORIENTALS BOUTIQUEHOTEL €€

Karte S. 312 (93 268 84 60; www.hotelbanysorientals.com; Carrer de l'Argenteria 37; EZ/DZ 88/105 €, Suite 130 €; @; Jaume I) Dieser Publikumsmagnet muss weit im Voraus gebucht werden. Kalte Blau- und Aquamarintöne, kombiniert mit dunklen Böden, verleihen dem geradlinigen Boutiquehotel einen verhaltenen Charme. Alle Zimmer sind eher klein und blicken auf die Straße oder auf Hinterhöfe und Seitengassen. In zwei Nebengebäuden gibt's geräumige Suiten.

GRAND HOTEL CENTRAL DESIGNHOTEL €€

Karte S. 312 (93 295 79 00; www.grandhotelcentral.com; Via Laietana 30; DZ 235 €; @; Jaume I) Das Designhotel mit sehr effektivem Lärmschutz in seinen mindestens 21 m2 großen Zimmern und einem Pool auf dem Dach ist eines der luxuriösesten Häuser an der Via Laietana. Die Zimmer sind sehr stilvoll eingerichtet, besitzen hohe Decken, gedämpfte Farben (Beige, Braun und Cremefarben), dunkle Holzböden und eine raffinierte Beleuchtung.

PENSIÓN FRANCIA HOSTEL €

Karte S. 312 (93 319 03 76; www.pensionfrancia-barcelona.com; Carrer de Rere Palau 4; EZ/DZ 32/48 €; ; Barceloneta) Der heimelige Duft frisch gewaschener Wäsche durchweht dieses urige kleine Hostel in toller Lage nicht weit vom Meer, vom Ciutadella-Park und vom Nachtleben in El Born. Die elf einfachen Zimmer sind blitzsauber und recht schnörkellos. In die Zimmer mit Balkon strömt viel natürliches Licht und dank der Lage in einer Gasse abseits der großen Straßen ist es recht ruhig.

PENSIÓ 2000 PENSIÓN €
Karte S. 312 (☎93 310 74 66; www.pensio2000.com; Carrer de Sant Peremés Alt 6; EZ/DZ mit Bad 60/80 €; @; M Urquinaona) Der Familienbetrieb liegt im 1. Stock gegenüber dem prachtvollen Palau de la Música Catalana. Seine sieben ausreichend großen Doppelzimmer (die auch als Einzelzimmer belegt werden können) besitzen allesamt Böden mit Mosaikfliesen. Zwei verfügen über ein eigenes Bad. Das Frühstück wird im kleinen Innenhof serviert.

Barceloneta & die Uferpromenade

In der Gegend von Port Vell und La Barceloneta finden sich nur einige wenige Unterkünfte in Meeresnähe. Das Spektrum reicht dafür von der lauten Jugendherberge bis zu Fünf-Sterne-Hotels, von denen eines sicherlich das Zeug hat, ein Wahrzeichen an der Uferpromenade zu werden. Schon seit vielen Jahren ist das wundervoll gelegene Hotel Arts Barcelona das Haus schlechthin, um in Barcelona zu logieren. Heute machen ihm einige turmartige Hotels im Fòrum-Viertel Konkurrenz, die sich allerdings vor allem an Geschäftsleute richten und deshalb günstiger sind.

W BARCELONA LUXUSHOTEL €€€
Karte S. 314 (☎93 295 28 00; www.w-barcelona.com; Plaça de la Rosa del Vents 1; Zi. ab 310 €; P ❄ @ 📶 🏊; 🚌17, 39, 57 oder 64, M Barceloneta) In dem segelförmigen Glasturm in traumhafter Lage am Rand eines Strandes befinden sich 473 Zimmer und Suiten, die neue Standards setzen. Hier gibt's Luxus pur mit Fitnesscenter, riesigem Pool (mit Bar) und Spa. Im 2. Stock lockt das exquisite Restaurant Bravo von Carles Abellán, zum Cocktail geht's dann nach ganz oben in die Eclipse Bar.

HOTEL ARTS BARCELONA LUXUSHOTEL €€€
Karte S. 316 (☎93 221 10 00; www.hotelartsbarcelona.com; Carrer de la Marina 19–21; Zi. ab 480 €; P ❄ @ 📶 🏊; M Ciutadella Vila Olímpica) Diese Unterkunft in einem Hochhaus, das über dem Port Olímpic thront, ist Barcelonas angesagtestes Hotel. Die gut 450 Zimmer bieten einen unschlagbaren Blick. Die Preise variieren je nach Größe, Lage und Jahreszeit. Das Angebot des Hauses reicht von einladenden Wellnesseinrichtungen bis zum großartigen Restaurant Arola unter der Leitung des mit einem Michelin-Stern ausgezeichneten Sergi Arola.

EUROSTARS GRAND MARINA HOTEL HOTEL €€
Karte S. 314 (☎902 932424; www.grandmarinahotel.com; Moll de Barcelona; Zi. 240–350 €; ❄ @ 📶 🏊; M Drassanes) Das im World Trade Center untergebrachte Grand Marina bietet maritimes Flair bis in die Zimmer hinein. Diese verfügen nicht nur über poliertes Holz, sondern auch über Badewannen mit Massagestrahl. Einige der auf beiden Seiten des Gebäudes gelegenen Zimmer haben einen tollen Blick auf Stadt, Hafen und Meer. Der Außenpool und das Fitnesscenter auf dem Dach bieten ähnlich großartige Ausblicke.

MARINA VIEW B&B €€
Karte S. 314 (☎678 854456; www.marinaviewbcn.com; Passeig de Colom; DZ mit/ohne Ausblick 139/116 €, 3BZ 165/136 €; ❄ 📶; M Drassanes) Das B&B unter irischer Leitung in toller Lage nicht weit von der Altstadt und dem Meer bietet sechs luftige, behaglich eingerichtete Zimmer, einige mit kleinem Balkon und sonnigem Blick auf den Yachthafen. Der Empfang ist ehrlich herzlich und Betreiber Paddy hat jede Menge Tipps zu Restaurants in der Umgebung und zur Stadt im Allgemeinen parat. Vorher anrufen!

HOTEL DEL MAR HOTEL €€
Karte S. 314 (☎93 319 30 47; www.gargallo-hotels.com; Pla del Palau 19; EZ/DZ 113/130 €; ❄ @ 📶; M Barceloneta) Das hübsch modernisierte Seehotel liegt strategisch günstig zwischen Port Vell und El Born. Einige Zimmer in dem historischen Gebäude besitzen Balkone mit Blick aufs Wasser. Gäste logieren hier in einer ruhigen Umgebung, sind aber in zehn Minuten am Strand und inmitten der Fischrestaurants von La Barceloneta oder im Trubel von El Born.

HOTEL 54 HOTEL €€
Karte S. 314 (☎93 225 00 54; www.hotel54barceloneta.com; Passeig de Joan de Borbó 54; EZ/DZ

140/150 €; ; Barceloneta) Das Hotel lebt vor allem von seiner Lage. Die modernen Zimmer mit dunklen Fliesen und Designerbädern sind besonders wegen des Blicks auf die Marina und den Sonnenuntergang beliebt. Von anderen Zimmern sieht man auf die Straßen von La Barceloneta. Die Dachterrasse bietet ebenfalls eine tolle Aussicht über den Hafen.

HOTEL MARINA FOLCH HOTEL €

Karte S. 314 (93 310 37 09; www.hotelmarinafolchbcn.com; Carrer del Mar 16; EZ/DZ/3BZ 45/65/85 €; ; Barceloneta) Eine einfache Unterkunft über einem stets sehr belebten Fischrestaurant. Das Hotel besteht nur aus einem kleinen Einzelzimmer und neun Doppelzimmern unterschiedlicher Größe und Qualität. Die begehrtesten Zimmer haben kleine Balkone mit Blick auf die Marina. Die Zimmer sind sehr einfach, aber gepflegt, die Lage nur ein paar Minuten vom Strand entfernt hat einiges für sich.

EQUITY POINT SEA HOSTEL HOSTEL €

Karte S. 314 (93 231 20 45; www.equity-point.com; Plaça del Mar 1–4; B 19–28 €; ; 17, 39, 57 oder 64, Barceloneta) Diese beliebte Herberge für Rucksacktouristen liegt direkt am Strand in einem ziemlich hässlichen Hochhaus. Die Zimmer sind einfach, eng und laut, es gibt aber mit Sicherheit keine, die näher am Strand sind. Hier werden u. a. Fahrradtouren organisiert (und Räder verliehen). Schließfächer, Bettwäsche und Handtücher werden extra berechnet.

HOTEL ME HOTEL €€

Karte S. 316 (902 144440; www.me-barcelona.com; Carrer de Pere IV 272–286; Zi. 185–255 €; ; Poblenou) Der gewagte schlanke Turm wurde von Dominique Perrault entworfen und besteht aus zwei filigranen Glasplatten. Das Hotel liegt an Jean Nouvels Parc del Centre del Poblenou und bietet Designerzimmer in Weiß, Cremefarben und Rot. Die Zimmer haben unterschiedliche Größen und Ausstattung und bieten Aussicht auf die Stadt oder das Meer. Im 6. Stock liegt der Angels & Kings Club, wo es manchmal ziemlich hoch hergeht.

POBLENOU BED & BREAKFAST HOTEL €€

Karte S. 316 (93 221 26 01; www.hostalpoblenou.com; Carrer del Taulat 30; EZ 60 €, DZ 80–120 €; ; Llacuna) In dem bunten Arbeiterviertel nahe am Strand, das sich allmählich zum In-Viertel mit schicken Lofts entwickelt, ist richtig viel los. Das Hotel befindet sich in einem Haus aus den 1930er-Jahren mit hohen Decken und wunderbar gefliesten Fußböden. Die Handvoll Zimmer in hellen, frischen Farben sind allesamt unterschiedlich, bieten bequeme Betten und manche sogar einen kleinen Balkon.

Eixample

Es überrascht eigentlich nicht, dass diese weitläufige Bastion des Bürgertums über das breiteste Spektrum an Hotels aller Klassen verfügt. Im hiesigen Straßennetz sind einige der klassischen Häuser der Stadt sowie zahlreiche ordentliche Hotels des mittleren Preissegments zu finden.

HOTEL PRAKTIK HOTEL €€

Karte S. 322 (93 343 66 90; www.hotelpraktikrambla.com; Rambla de Catalunya 27; Zi. 80–170 €; ; Passeig de Gràcia) In dem Schmuckstück im Modernisme-Stil versteckt sich ein wundervolles kleines Boutiquehotel. Die hohen Decken und alten Kachelböden blieben erhalten, neu hinzu kamen in den 43 Zimmern raffinierte Beleuchtung, moderne Kunst und interessante Keramik. Eine klimatisierte Leseecke und eine gemütliche Terrasse sind weitere Pluspunkte, ebenso die zentrale Lage an einer baumbestandenen Promenade.

HOTEL MAJESTIC HOTEL €€€

Karte S. 322 (93 488 17 17; www.hotelmajestic.es; Passeig de Gràcia 68; DZ ab 410 €; ; Passeig de Gràcia) Das riesige, zentral gelegene Haus besitzt den Charme großer europäischer Hotels. Der Pool auf dem Dach ist ideal zum Entspannen und bietet eine großartige Aussicht. Außerdem gibt's einen Wellnessbereich mit Fitnessraum. Die Standardzimmer (keine Einzelzimmer) sind eher klein, aber gemütlich und bieten Marmorbäder.

MANDARIN ORIENTAL DESIGNHOTEL €€€

Karte S. 322 (93 151 88 88; www.mandarinoriental.com; Passeig de Gràcia 38; DZ ab 375 €; ; Passeig de Gràcia) Das beeindruckende ehemalige Bankgebäude bietet 98 Zimmer in modernem Design mit asiatischem Touch. Klare Linien, reichlich Weiß und gedämpfte Farben dominieren. Viele Standardzimmer (alle mindestens 32 m² groß) bieten komfortable Badewannen; sämtliche Zimmer haben entweder Blick auf den Passeig de Gràcia oder in einen hübsch gestalteten Garten im Innenhof.

HOTEL OMM DESIGNHOTEL €€€

Karte S. 322 (☎93 445 40 00; www.hotelomm.es; Carrer de Rosselló 265; DZ ab 360 €; P❄@≋; MDiagonal) Die Designfreude schlägt sich in diesem Hotel sogar in den verrückten Balkonen nieder, die sich wie Hautfetzen von der glänzenden Hotelfassade zu schälen scheinen. Dalí hätte so etwas sicher gefallen. Im Foyer öffnet sich eine große, minimalistische und sehr beliebte Bar. In den ultramodernen, in mehrere Kategorien unterteilten Zimmern dominieren helle, klare Farbtöne.

HOTEL HISPANOS SIETE SUIZA HOTEL €€€

Karte S. 318 (☎93 208 20 51; www.hispanos7suiza.com; Carrer de Sicilia 255; Zi. für 2–5 Pers. 200–260 €; P❄@; MSagrada Família) Eine wirklich originelle Unterkunft in unmittelbarer Nähe des architektonischen Super-Highlights mit Namen La Sagrada Família. Es geht an sieben echten Hispano-Suiza-Wagen vorbei zu einer der Wohnungen, die über zwei Doppelzimmer mit separatem Bad (mit Superduschen!), ein Wohnzimmer, Küche, Waschmaschine mit Trockner und eine Terrasse verfügen.

COMTES DE BARCELONA HOTEL €€

Karte S. 322 (☎93 445 00 00; www.condesdebarcelona.com; Passeig de Gràcia 73–75; EZ/DZ 177/260 €; P❄@≋; MPasseig de Gràcia) Die eine – und attraktivere – Hälfte des Comtes (Condes) de Barcelona ist in der modernistischen Casa Enric Batlló aus den 1890er-Jahren untergebracht. Auf der anderen Straßenseite steht die jüngere Ergänzung. Beide Gebäude zeichnen sich durch klare Designlinien, Hartholzböden, Jugendstil-Details und luxuriöse Zimmer aus. Der Pool auf dem Dach ist ein besonders schöner Ort, um sich nach einem anstrengenden Besichtigungstag zu entspannen.

HOTEL SIXTYTWO DESIGNHOTEL €€

Karte S. 322 (☎93 272 41 80; www.sixtytwohotel.com/en; Passeig de Gràcia 62; DZ 170–265 €; P❄@; MPasseig de Gràcia) Das moderne Designhotel (in einem Gebäude aus den 1930er-Jahren) protzt in den Zimmern mit Bang & Olufsen-TVs und gedämpfter Beleuchtung über den breiten Betten. Das Hotel bietet einen hübschen japanischen Garten zum Entspannen im Innenhof und sogar eine Massage auf dem Zimmer. Alle Zimmer wurden schick ausgestattet (in den Bädern stehen Produkte des Mailänder Modehauses Etro). Die schönsten Zimmer (zugleich natürlich die teuersten) warten mit einem Balkon oder einer kleinen Terrasse auf.

FIVE ROOMS BOUTIQUEHOTEL €€

Karte S. 322 (☎93 342 78 80; www.thefiverooms.com; Carrer de Pau Claris 72; EZ/DZ ab 115/135 €, Apt. ab 175 €; ❄@; MUrquinaona) Die Wohnung im 1. Stock an der Grenze zwischen Eixample und altem Stadtzentrum verfügt tatsächlich nur über fünf Zimmer (Standardzimmer und Suiten). Jedes ist anders, aber alle haben große, solide Betten, unverputzte Backsteinwände, restaurierte Mosaikfliesen und ein minimalistisches Dekor. Außerdem stehen zwei Apartments zur Verfügung.

ST. MORITZ HOTEL HOTEL €€

Karte S. 322 (☎93 481 73 50; www.hcchotels.com; Carrer de la Diputació 262bis; EZ/DZ 180/195 €; P❄@; MPasseig de Gràcia) Dieses gehobene Hotel befindet sich in einem Gebäude aus dem späten 19. Jh. Es bietet 91 gut ausgestattete Zimmer, ein elegantes Restaurant, eine Terrassenbar und einen kleinen Fitnessraum. Einige der größeren Zimmer, mit Marmorbädern, verfügen sogar über einen eigenen Heimtrainer. Gäste können auch im kleinen Terrassengarten speisen.

SUITES AVENUE APARTMENTS €€

Karte S. 322 (☎93 487 41 59; www.derbyhotels.es; Passeig de Gràcia 83; Apt. ab 192 €; P❄@≋; MDiagonal) Das Apart-Hotel vermietet schicke kleine Apartments, alle mit eigener Küche und Zugang zu einer Terrasse. Hinter der kühnen Fassade des japanischen Architekten Toyo Ito verbergen sich außerdem ein Fitnessraum sowie ein Pool (und ein kleines Museum mit hinduistischer und buddhistischer Kunst).

HOTEL ASTORIA HOTEL €€

Karte S. 322 (☎93 209 83 11; www.derbyhotels.es; Carrer de Paris 203; EZ/DZ ab 130/140 €; P❄@≋; MDiagonal) Das 3-Sterne-Hotel liegt nur einen kurzen Fußweg vom Passeig de Gràcia entfernt und ist damit ideal für lange Nächte in den Restaurants, Bars und Clubs am benachbarten Carrer d'Aribau. Die Zimmer sind sehr unterschiedlich. Das Hotel umfasst einen kleinen Fitnessraum und Gemälde des berühmten katalanischen Malers Ricard Opisso.

HOTEL CONSTANZA BOUTIQUEHOTEL €€

Karte S. 322 (☎93 270 19 10; www.hotelconstanza.com; Carrer del Bruc 33; EZ/DZ 130/150 €; ❄@; Ⓜ Girona oder Urquinaona) Dieses wirklich schöne Hotel hat schon viele Besucher Barcelonas beeindruckt, nicht zuletzt durch sein Design und kleine Details wie Blumen im Bad. Suiten und Studios sind ebenfalls zu haben. Eine Terrasse mit Blick über die Dächer des Eixample lädt zum Entspannen ein.

MARKET HOTEL BOUTIQUEHOTEL €€

Karte S. 318 (☎93 325 12 05; www.forkandpillow.com; Passatge de Sant Antoni Abad 10; EZ 110 €, DZ 120–130 €, Suite 145 €; ❄@; Ⓜ Sant Antoni) Ein Hotel mit schlichtem Schick, in attraktiver Lage in einem renovierten Gebäude in einer schmalen Gasse unmittelbar nördlich des prächtigen alten Marktes Sant Antoni untergebracht. (Der Markt war zum Zeitpunkt der Recherche wegen Renovierung geschlossen.) Das Zimmerdekor ist eine angenehme Mischung aus Weiß, dunklen Brauntönen, hellem Holz und Rot.

HOTEL D'UXELLES HOTEL €€

Karte S. 322 (☎93 265 25 60; http://hostalduxelleshotelbarcelona.priorguest.com; Gran Via de les Corts Catalanes 688; EZ/DZ 90/109 €; ❄@; Ⓜ Tetuan) Die unterschiedlich gestalteten Zimmer wirken auf angenehme Weise einfach. Gusseiserne Bettgestelle sind mit fließenden Stoffen geschmückt; die Bäder haben eine gewisse andalusische Note. Einige Zimmer besitzen kleine Terrassen (16 € Aufpreis). Da die Gran Via recht laut ist, sind die Zimmer nach hinten die bessere Wahl.

HOSTAL GOYA HOSTAL €€

Karte S. 322 (☎93 302 25 65; www.hostalgoya.com; Carrer de Pau Claris 74; EZ 70 €, DZ 96–113 €; ❄; Ⓜ Passeig de Gràcia) Das Goya ist ein bezahlbares Juwel im angesagten Teil des Eixample. Die individuell gestalteten Zimmer begeistern durch helle Farben. In den meisten Bädern sind die ursprünglichen Mosaikböden noch erhalten und werden durch modernes Design ergänzt. Die teureren Doppelzimmer haben zudem einen Balkon.

HOSTAL CENTRAL HOSTAL €€

Karte S. 322 (☎93 245 19 81; www.hostalcentralbarcelona.com; Carrer de la Disputació 346; EZ/DZ/3BZ 50/85/106 €; ❄📶; Ⓜ Tetuan) In dem schönen Gebäude aus dem frühen 20. Jh. befinden sich 13 renovierte Zimmer (die meisten mit eigenem Bad). Sie sind nicht übermäßig groß, aber dafür einladend und sauber.

HOSTAL OLIVA HOSTAL €€

Karte S. 322 (☎93 488 01 62; www.hostaloliva.com; Passeig de Gràcia 32; EZ/DZ ohne Bad 38/66 €, DZ mit Bad 85 €; ❄📶; Ⓜ Passeig de Gràcia) Ein romantischer alter Fahrstuhl fährt hinauf zu diesem *hostal* im 4. Stock, einer günstigen und zuverlässigen Adresse in einem der teuersten Stadtviertel von Barcelona. Einige der Einzelzimmer sind kaum groß genug für ein Bett; die Doppelzimmer sind jedoch geräumig, hell und luftig (manche bieten geflieste Böden, andere Parkett und dunkle alte Schränke).

FASHION HOUSE B&B €€

Karte S. 322 (☎637 904044; www.bcnfashionhouse.com; Carrer del Bruc 13; EZ/DZ/3BZ ohne Bad 55/80/125 €; Ⓜ Urquinaona) Der Name ist albern, aber diese für den Eixample typische Wohnung im 1. Stock enthält acht stilvoll ausgestattete Zimmer unterschiedlicher Größe mit 4,50 m hohen Decken, Parkettböden und, bei einigen Zimmern, einem kleinen Balkon zur Straße. Die Bäder, jeweils eins für zwei Zimmer, liegen am breiten Flur.

HOSTAL CÈNTRIC HOSTAL €€

Karte S. 318 (☎93 426 75 73; www.hostalcentric.com; Carrer de Casanova 13; EZ 47–72 €, DZ 65–99 €; ❄@; Ⓜ Urgell) Dieses *hostal* in guter zentraler Lage unmittelbar außerhalb der Altstadt vermietet einfache Zimmer mit Gemeinschaftsbad, aber auch renovierte Zimmer mit Bad und Klimaanlage. Preislich dazwischen liegen etwas ältere Zimmer mit Bad, aber ohne Klimaanlage.

SOMNIO HOSTEL HOSTEL €€

Karte S. 322 (☎93 272 53 08; www.somniohostels.com; Carrer de la Diputació 251; B 25 €, EZ/DZ ohne Bad 44/78 €, DZ mit Bad 87 €; 🚭❄@📶; Ⓜ Passeig de Gràcia) Ein frisches, ruhiges Hostel mit zehn Zimmern (davon zwei Sechsbettzimmer) in freundlichem Blau-Weiß. Das Somnio liegt sehr bequem im Zentrum des Eixample, nur einen kurzen Fußweg von der Altstadt entfernt. Die Unterkunft im 2. Stock bietet Rainshower-Duschen und komfortable Matratzen.

HOSTAL MUNTANER HOSTAL €

Karte S. 318 (☎93 410 94 74; www.hostalmuntaner.com; Carrer de Muntaner 175; EZ/DZ

40/75 €, EZ/DZ ohne Bad 25/40 €; P ❄; M Hospital Clínic) Die Unterkunft liegt in einem belebten Wohnviertel fünf Häuserblocks vom Passeig de Gràcia und Diagonal entfernt und in der Nähe zahlreicher Restaurants und Bars (die findet man vor allem an dem nur einen Block entfernten Carrer d'Aribau). Die einfachen Zimmer sind komfortabel und hell. Nach vorne hinaus stört allerdings der Verkehrslärm – ein Zimmer weiter hinten im Haus garantiert dagegen Ruhe.

Gràcia

Ein Aufenthalt in Gràcia etwas abseits der Touristengegenden vermittelt einen authentischen Eindruck von Barcelona. All die Angebote für Touristen sind rasch mit der U-Bahn zu erreichen, während das Leben in den Restaurants und Bars in Gràcia seinen ganz eigenen Reiz hat.

HOTEL CASA FUSTER — DESIGNHOTEL €€€

Karte S. 324 (☎93 255 30 00, 902 202345; www.hotelcasafuster.com; Passeig de Gràcia 132; EZ/DZ ab 300/330 €; P ⊖ ❄ @ ᯤ ≋; M Diagonal) Die prächtige Jugendstilvilla (1908 bis 1911 erbaut) ist eines der luxuriösesten Hotels der Stadt. Schon die Standardzimmer sind feudal, wenn auch ein wenig klein. Die ursprüngliche Ausstattung ist restauriert worden, ohne Kosten zu scheuen. Hinzu kamen Badewannen mit Massagestrahl, Plasma-Fernseher und riesige Betten. Die Dachterrasse mit Pool bietet eine phantastische Aussicht. Im Café Vienés, einst Treffpunkt von Barcelonas Intellektuellen, finden tolle Jazzabende statt.

APARTHOTEL SILVER — HOTEL €€

(☎93 218 91 00; www.hotelsilver.com; Carrer de Bretón de los Herreros 26; EZ/DZ 99/123 €; ❄ @ ᯤ; M Fontana) Hier gibt's nicht weniger als fünf Zimmertypen, von kleinen, einfachen bis hin zu sehr geräumigen „Superior"-Zimmern. Zu empfehlen sind eindeutig die besseren Zimmer. Alle verfügen über eine Kitchenette, einige auch über Terrasse oder Balkon. Außerdem gibt's einen kleinen Garten. Bei Buchungen übers Internet locken Ermäßigungen.

UNTERKÜNFTE FÜR SCHWULE & LESBEN

Barcelona besitzt einige ausgezeichnete Unterkünfte für homosexuelle Reisende, eine davon im Herzen der Altstadt und recht einfach gehalten, die andere ein schickes Designhotel im Herzen von „Gaixample". Bei der Hotelsuche hilft **Gay Apartments Barcelona** (www.gayapartmentbarcelona.com).

➡ **Hotel Axel** (Karte S. 322; ☎93 323 93 93; www.axelhotels.com; Carrer d'Aribau 33; Zi. ab 142 €; ❄ @ ᯤ ≋; M Universitat) Das in der Modebranche und bei Homosexuellen beliebte Axel liegt in einem schicken renovierten Eckhaus und bietet in seinen 105 Designerzimmern modernes Flair. Plasma-Fernseher, helle Farben und (in den Doppelzimmern) riesige Betten sind nur einige der Vorzüge. Das Hotel wurde 2010 komplett renoviert. Auf dem Dach gibt's einen Pool, dazu kommen eine Sauna und ein Wellnessbad. Die Skybar auf dem Dach schenkt von Mai bis September Cocktails aus.

➡ **Hotel California** (Karte S. 304; ☎93 317 77 66; www.hotelcaliforniabcn.com; Carrer d'en Rauric 14; EZ/DZ 70/120 €; ❄ @ ᯤ; M Liceu) Das (schwulen-)freundliche zentrale Hotel vermietet 31 einfache, aber tadellos saubere Zimmer in hellen, neutralen Farben mit Satelliten-TV und großen Betten. Die Doppelverglasung sorgt für ungestörten Schlaf, und für den günstigen Preis bieten die Zimmer erstaunlich viel Komfort (z. B. Föhn). Im lebhaften Frühstücksraum lernt man Leute kennen, und es gibt einen 24-Stunden-Zimmerservice.

➡ **Casa de Billy Barcelona** (Karte S. 322; ☎93 426 30 48; www.casabillybarcelona.com; Gran Via de les Corts Catalanes 420; DZ 70–120 €; @; M Rocafort) Die interessante, schwulenfreundliche Unterkunft befindet sich in einer großzügigen Wohnung, nur einen Steinwurf von den Bars von Gaixample entfernt. Die Zimmer sind in einem extravaganten Art-déco-Stil gehalten, Küchenbenutzung ist selbstverständlich. Mindestaufenthalt zwei Nächte.

Zona Alta

Weil das Wohngebiet für die meisten Barcelona-Touristen etwas weit ab vom Schuss liegt, zieht es eher Geschäftsreisende an. Wer aber nicht unbedingt im Zentrum des touristischen Geschehens wohnen muss, sollte diese Gegend durchaus in Betracht ziehen.

ABAC BARCELONA LUXUSHOTEL €€€

Karte S. 326 (☎93 319 66 01; www.abacbarcelona.com; Avinguda Tibidabo 1; DZ ab 280 €; ❄@📶🏊; FGC Avinguda Tibidabo) Dieser superschicke Neuling in Barcelonas Hotelszene überzeugt durch seine schön ausgestatteten Zimmer mit Bang & Olufsen-Fernsehern, Rainshower-Duschen, Whirlpoolwannen sowie wunderschöner Bettwäsche. Hinzu kommen noch ein hübsches Spa und eines der besten Restaurants der Stadt, ausgezeichnet mit zwei Michelin-Sternen.

HOTEL REY JUAN CARLOS I HOTEL €€

Karte S. 326 (☎93 364 40 40; www.hrjuancarlos.com; Avinguda Diagonal 661–671; DZ ab 130 €; P❄@📶🏊; MZona Universitària) Die Glastürme des luxuriösen Mega-Hotels wirken wie Leuchttürme am südwestlichen Eingang der Stadt. Die über 430 Zimmer sind sehr geräumig und bieten fast alle einen großartigen Ausblick. Das Hotel verfügt über einen großen Garten, der früher zu dem Bauernhof gehörte, der bis weit ins 20. Jh. an dieser Stelle stand. Da die U-Bahn in der Nähe hält, gelangen die Hotelgäste in etwa 20 Minuten ins Zentrum Barcelonas.

HOTEL TURÓ DE VILANA DESIGNHOTEL €€

Karte S. 326 (☎93 434 03 63; www.turodevilana.com; Carrer de Vilana 7; EZ/DZ ab 87/97 €; ❄@📶; FGC Les Tres Torres, 🚌64) Das Designhotel im reizenden Wohnviertel Sarrià lockt mit Hartholzböden, warmen Farben, Marmorbädern und viel Sonnenlicht in seinen 20 Zimmern. In der unmittelbaren Nachbarschaft ist nicht besonders viel los. Für Gäste, die gerne bequem ins Stadtzentrum (und auch wieder heraus) kommen, ist das Hotel aber eine gute Wahl.

HOTEL ANGLÍ HOTEL €€

Karte S. 326 (☎93 206 99 44; www.eurostarshotels.com; Carrer d'Anglí 60; DZ ab 135 €; ❄@📶🏊; Sarrià) Das Hotel Anglí ist ein komfortables, von Glas geprägtes dreistöckiges Businesshotel. Sein halb durchsichtiger Turm wird nachts in unterschiedlichen Farben beleuchtet. Große, feste Betten stehen in Zimmern, deren raumhohe Fenster und zahlreiche Spiegel zu dem vorherrschenden Eindruck von Helligkeit beitragen. Das Frühstücksbüfett ist gut, und vom Pool auf dem Dach haben die Gäste einen schönen Blick auf die Sierra de Collserola.

HOTEL MEDIUM PRISMA HOTEL €

Karte S. 328 (☎93 439 42 07; www.mediumhoteles.com; Avinguda Josep Tarradellas 119; DZ ab 70 €; ❄📶; MEntença) Das Medium Plasma gehört zu einer spanischen Billighotelkette und erfreut mit hilfsbereitem Personal und sauberen, gepflegten Zimmern, die allerdings etwas klein und hellhörig sind. Das Hotel liegt an einem verkehrsreichen Boulevard mit ein paar recht guten Restaurants in der Nähe. Zum nächsten U-Bahnhof sind es zehn Minuten zu Fuß.

HOTEL CONFORTGOLF HOTEL €€

Karte S. 328 (☎93 238 68 28; www.bestwestern.es; Travessera de Gràcia 72; EZ/DZ 90/120 €; ❄@📶; FGC Gràcia) Das kleine 36-Zimmer-Hotel der Best-Western-Kette bietet neben freundlichem, effizientem Personal auch ein paar ungewöhnliche Dinge wie einen kleinen Golfplatz auf dem Dach. Es liegt zwar nicht sehr zentral, dafür gibt's in der Nähe einige Bars und Restaurants. Die Zimmer sind nicht besonders originell, aber sauber, modern und geräumig.

ALBERG MARE DE DÉU DE MONTSERRAT HOSTEL €

(☎93 210 51 51; www.xanascat.cat; Passeig de la Mare de Déu del Coll 41–51; B 22 €; @; 🚌28 oder 92, MVallcarca) Die Jugendherberge mit 167 Betten liegt 4 km nördlich vom Stadtzentrum Barcelonas entfernt. Das Hauptgebäude ist ein prächtiges ehemaliges Herrenhaus mit einem Foyer im Mudéjar-Stil. Die meisten Zimmer sind für sechs Personen ausgelegt. Die Gemeinschaftseinrichtungen wirken großzügig und gemütlich. Die Website enthält Informationen über alle Jugendherbergen in Barcelona und Katalonien.

Montjuïc, Sants & El Poble Sec

Der Montjuïc und die umliegenden Vororte sind gut für Leute mit schmalerem Geldbeutel. An oder in der Nähe der zu El Poble

Sec gehörenden Seite der Avinguda del Paral.lel sowie in der Nähe des Bahnhofs in Sants gibt's gleich mehrere brauchbare Unterkünfte.

OHOTEL AC MIRAMAR HOTEL €€€

Karte S. 330 (☎902 292293, 93 281 16 00; www.ac-hotels.com; Plaça de Carlos Ibáñez 3; Zi. 330–495 €; ; 50) Das einzige Hotel auf dem Hügel ist ein Fünf-Sterne-Designhotel. Der in Barcelona ansässige Architekt Oscar Tusquets verwandelte die Hülle eines Gebäudes, das für die Weltausstellung 1929 erbaut wurde und von 1959 bis 1983 die Hauptverwaltung des spanischen Fernsehens beherbergte, in ein olivgrünes Hotel, in dem alle Zimmer breite Balkone mit Hafen-, Stadt- oder Parkblick haben. Die modernen Zimmer sind neutral in Braun-, Creme- und Beigetönen gehalten.

URBAN SUITES HOTEL, APARTMENTS €€

Karte S. 330 (☎93 201 51 64; www.theurbansuites.com; Carrer de Sant Nicolau 1–3; Suite ab 170 €; P@; M Sants Estació) Das moderne Haus mit 16 Suiten und vier Apartments richtet sich vornehmlich an Messebesucher und -aussteller und bietet ein bequemes und komfortables Heim in der Fremde. Die Apartments haben ein Schlafzimmer, ein Wohnzimmer mit DVD-Player und kostenlosem WLAN sowie eine Küche – alles ist also auch sehr familienfreundlich. Die Preise schwanken je nach Nachfrage allerdings extrem.

MELON DISTRICT HOSTEL €

Karte S. 330 (☎93 329 96 67; www.melondistrict.com; Avinguda del Paral.lel 101; EZ 55–65 €, DZ 60–70 €; P@; M Paral.lel) Das blendend weiße, brandneue Studentenwohnheim bietet sowohl Einzelübernachtungen als auch Unterkünfte für einen einjährigen Aufenthalt an. Es zieht vor allem Erasmus- und andere internationale Studenten an. Die grünen Plastikstühle sind die einzigen Gegenstände in den Zimmern, die nicht weiß sind. Es gibt Gemeinschaftsräume und -küchen, ein Café und einen Waschsalon.

HOSTEL MAMBO TANGO HOSTEL €

Karte S. 330 (☎93 442 51 64; www.hostelmambotango.com; Carrer del Poeta Cabanyes 23; B 26 €; @; M Paral.lel) Das ziemlich muntere internationale Hostel besitzt einfache Schlafsäle (für sechs bis zehn Personen) und eine freundliche, aber auch etwas chaotische Atmosphäre. Die verrückten Farben in den Bädern passen zu diesem Charakter. Die Gäste bekommen gute Tipps für Unternehmungen und Besichtigungen in Barcelona.

Barcelona verstehen

Barcelona aktuell

Keine Frage – Barcelona steht vor enormen Herausforderungen. Fallende Immobilienpreise, immer mehr Zwangsvollstreckungen und eine möglicherweise drohende Zahlungsunfähigkeit beherrschen die Schlagzeilen, während gleichzeitig fortwährend Massenproteste gegen die Sparmaßnahmen stattfinden. Trotzdem zieht Barcelona nach wie vor Besucherscharen an; der Tourismus macht 15 % des Wirtschaftsvolumens der Stadt aus. Und gleichzeitig leistet Barcelona – die Stadt, die Gaudí, Miró und Picasso inspirierte – weiterhin Innovatives auf den Gebieten der Stadtplanung, Architektur und Nachhaltigkeit.

Wirtschaftliche Probleme

2012 verfiel die spanische Wirtschaft zum zweiten Mal in nur drei Jahren in eine Rezession. Die Arbeitslosigkeit in Barcelona ist auf über 20 % gestiegen – die gesamtspanische Quote liegt bei fast 24 %. Die verordneten Sparmaßnahmen (Haushaltskürzungen, Steuererhöhungen und Einfrieren der Bezüge der öffentlichen Bediensteten) haben die Lage für viele noch verschärft.

Wut über die Arbeitsmarktreformen und drastischen Kürzungen führten im ganzen Land zu Streiks. 2012 demonstrierten Zehntausende auf den Straßen Barcelonas, Millionen im ganzen Land. Besonders die Zukunftsaussichten der unter 25-Jährigen, von denen die Hälfte keine Arbeit hat, sehen eher düster aus.

Stadtplanung

Durch die Finanzkrise sind einige Projekte wie Norman Fosters atemberaubender 250-Milionen-€-Umbau des Fußballstadions Camp Nou ins Stocken geraten. Am U-Bahn-Ausbau hielt die Stadt jedoch fest. Es gibt Pläne für neue Stationen und Linien, darunter eine zum Flughafen. Auch die Zugänglichkeit der Stadt für Behinderte soll weiter verbessert werden.

Neubauten wie die Filmoteca de Catalunya mit Ausstellungsflächen und Kinos haben den Ruf der Stadt als Mekka der Künste weiter gestärkt. Das Filmarchiv ist eines in einer Reihe von größeren Kulturprojekten (wie Richard Meiers Macba und das hypermoderne CCCB), die zur Wiederbelebung von El Raval beigetragen haben. Andere wichtige Maßnahmen in diesem einst heruntergekommenen Viertel waren die Wiedereröffnung des Palau Güell und der Umbau des Museu Marítim.

Draußen in Poble Nou plant die Stadt durch den Bau eines Designmuseums ein neues Innovationszentrum; dazu kommen andere Neubauten und jede Menge Grünflächen. Dies geschieht im Rahmen eines

Top-Filme

Alles über meine Mutter (Regie Pedro Almodóvar, 1999) Einer der beliebtesten Filme Almodóvars strotzt vor Verwicklungen und schwarzem Humor; u. a. treten transsexuelle Prostituierte und rehäugige Nonnen auf.

Vicky Cristina Barcelona (Regie Woody Allen, 2008) Woody Allen unterzieht Barcelona der *Manhattan*-Behandlung und präsentiert eine Stadt von ungeheurer Schönheit und voller Neurosen.

L'Auberge Espagnol – Barcelona für ein Jahr (Regie Cédric Klapisch, 2002) Warmherzig erzählte Geschichte des Erwachsenwerdens über mehrere Austauschstudenten in Barcelona.

Barcelona (Regie Whit Stillman, 1994) Spritzig-witzige romantische Komödie über zwei Amerikaner, die am Ende des Kalten Krieges in Barcelona leben.

Top-Bücher

Barcelona. Stadt der Wunder (Robert Hughes, 1992) Geistreiche und leidenschaftliche Studie über 2000 Jahre Stadtgeschichte.

Der Schatten des Windes (Carlos Ruiz Zafón, 2001) Spannender Roman, der im Barcelona der Zeit nach dem Bürgerkrieg spielt.

Mein Katalonien (George Orwell, 1938) Klassischer Bericht über den Beginn des Spanischen Bürgerkriegs längerfristigen Plans zur Umwandlung des einstigen Industriegebiets Poble Nou in einen Firmenpark für Hightech-Unternehmen. Das 22@ *(vint-i-dos arroba)* genannte 200 ha große Gebiet hat sich tatsächlich schon zu einem Zentrum für Innovation und Design entwickelt. Einige der besten Neubauten der Stadt entstehen hier, wie Zaha Hadids Torre Espiral.

Nachhaltigkeitsinitiativen

Der erste Smart City Expo and World Congress fand 2011 in Barcelona statt. Hier wurde über Stadtplanung, die Umwelt und eine Reihe weiterer städtischer Probleme diskutiert, die immer drängender werden. Barcelona wurde als Austragungsort gewählt, da es hier intelligente Strategien zur Stadtentwicklung gab und gibt. Seit 2000 müssen alle neuen Gebäude der Stadt ihr Warmwasser mit Sonnenenergie aufbereiten. Die riesige Fotovoltaikanlage beim Parc del Fòrum ist die größte aller europäischen Städte. Außerdem verkündete die Stadt, bis 2020 die Energiegewinnung aus Windkraft zu verfünffachen.

Dank dem 2007 ins Leben gerufenen Fahrradleihsystem Bicing hat der Autoverkehr in der Stadt abgenommen. Rund 120 000 Menschen nutzen heute das Leihsystem – weit mehr als noch vor ein paar Jahren. Aber die Stadt möchte ihre CO_2-Bilanz noch weiter verbessern, z. B. durch Elektrofahrzeuge: Über 200 Ladestationen sind inzwischen installiert worden.

Rauchen und Stierkampf verboten

Auch dadurch wird die Luft ein bisschen besser: 2011 trat das strenge spanische Nichtrauchergesetz in Kraft. In Kneipen, Restaurants und Nachtclubs herrscht jetzt ebenso Rauchverbot wie im Stadion Camp Nou. Und 2010 verbot Katalonien als erste Region auf dem spanischen Festland den Stierkampf.

Eine katalanische Nation

Die regionale Identität Kataloniens spielt eine wichtige Rolle in der spanischen Politik, besonders da in der katalanischen Öffentlichkeit der Eindruck vorherrscht, dass Katalonien in starkem Maße zum Staatshaushalt beiträgt, aber im Gegenzug nur ein kleines Stückchen vom Kuchen abbekommt. Vielleicht aus Zorn darüber hielt Barcelona 2011 ein symbolisches Referendum zur Frage der katalanischen Unabhängigkeit ab. Nur etwas über 20 % der Stimmberechtigten beteiligten sich, von denen sich aber 90 % für die Unabhängigkeit aussprachen.

Kulinarisches Neuland

Barcelona lässt auf dem Gebiet des Kochens seinem Pioniergeist weiterhin freien Lauf. Ferran Adrià, der Meister der Molekularküche, hat in der Stadt ein neues Restaurant eröffnet. Essen, Kultur, Design: All das boomt in Barcelona – trotz der Wirtschaftslage.

Einwohner pro km²

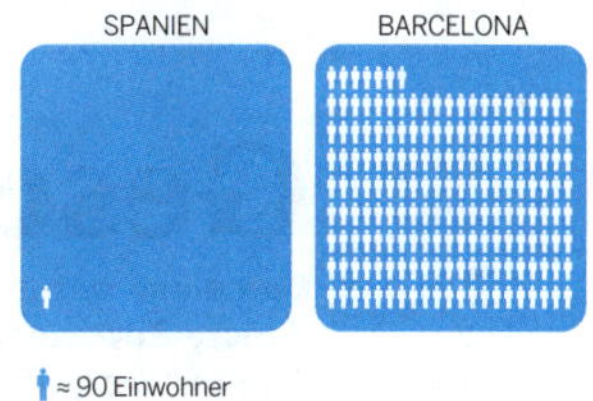

Religionszugehörigkeit

(% der Bevölkerung)

Von 100 Einwohnern in Barcelona sind …

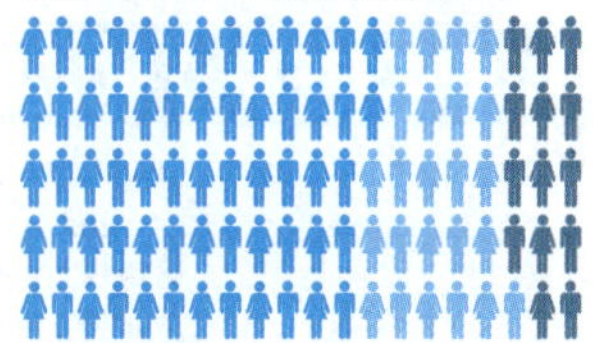

Geschichte

Barcelona hat im Verlauf seiner 2000-jährigen Geschichte verschiedenste Zuwanderungen und Eroberungen erlebt, darunter durch die Römer, Westgoten, Franken und später Katalanen. Der Stadt ist es mal besser, mal schlechter ergangen, von der goldenen Ära der Corts Catalanes (einem frühen Parlament) im 14. Jh. bis zu den schwarzen Tagen des Bürgerkriegs und der Franco-Zeit. Barcelona hat stets viel Wert auf seine Unabhängigkeit gelegt, was die Stadt oft in Konflikt mit dem Königreich Kastilien brachte. Dieser Gegensatz setzt sich bis heute fort und drückt sich in einem Verlangen nach mehr Autonomie, zum Teil sogar nach Unabhängigkeit, von Spanien aus.

ALTE STÄMME, RÖMER, WESTGOTEN & FRANKEN

Als Erste betraten wahrscheinlich Steinzeitstämme aus den Pyrenäen die Szene, gefolgt viel später – im 3. Jh. v. Chr. – von den iberischen Laetanern, die auf dem heutigen Montjuïc eine Siedlung errichteten. Von ihnen ist nur wenig bekannt, man weiß aber z. B., dass sie ihre eigenen Münzen prägten. Die dokumentierte Geschichte der Stadt beginnt eigentlich erst mit den Römern, als während der Herrschaft von Kaiser Augustus die Siedlung Barcino (das spätere Barcelona) gegründet wurde.

1991 wurden im Carrer de Sant Pau in El Raval die Überreste von 25 Leichen von etwa 4000 v. Chr. gefunden. Damals war ein großer Teil von El Raval eine Bucht und auf dem Hügel (Mont Tàber) neben der Plaça de Sant Jaume gab es vielleicht eine jungsteinzeitliche Siedlung.

Der Kern der römischen Siedlung lag auf dem Gebiet der späteren mittelalterlichen Stadt, dem heutigen Barri Gòtic. Auf dem Mont Tàber wurde ein Tempel errichtet. Nach den Überresten der Stadtmauer, nach Säulen und Gräbern zu urteilen, entwickelte sich Barcino zu einer lebendigen, geschäftigen Provinzstadt. Wie der gallorömische Poet Ausonius beschreibt, herrschte Wohlstand in Barcino, der vor allem auf der Landwirtschaft im Hinterland und dem Fischfang basierte. Austern standen in jener Zeit regelmäßig auf dem römischen Speiseplan. Wein, Olivenöl und *garum* (eine ziemlich salzige Fischpaste, das Lieblingsgewürz der Römer) wurden in Hülle und Fülle produziert und konsumiert.

Als das Römische Reich zerbrach, bekam auch Hispania (wie die Römer die Iberische Halbinsel nannten) die Folgen zu spüren. Es ist kein Zufall, dass die meisten erhaltenen römischen Relikte nur bis ins 4. Jh. zurückreichen. Gleich zu Anfang brachten Germanen, später dann romanisierte

ZEITACHSE

4000 v. Chr.

Jaspis-Werkzeuge, die rund um den Carrer del Paradís entdeckt wurden, weisen darauf hin, dass an der Stelle der heutigen Plaça de Sant Jaume eine neolithische Siedlung existierte.

218 v. Chr.

Um die Nachschubwege des karthagischen Feldherrn Hannibal abzuschneiden landen bei Empúries römische Truppen, gründen Tarraco (Tarragona) und kontrollieren die katalanische Küste.

ca. 15 v. Chr.

Augustus verleiht der Stadt Barcino, die möglicherweise unter seiner Herrschaft gegründet wurde, den etwas langatmigen Namen Colonia Julia Augusta Faventia Paterna Barcino.

Westgoten und andere Völker Tod und Zerstörung in die Stadt. In der Folgezeit zogen Eroberer in mehreren riesigen Wellen über ganz Spanien hinweg.

711 landeten arabische Truppen unter dem Heerführer Tariq bei Gibraltar (arabisch für „Berg des Tariq"). Ohne größeren Widerstand brachten sie fast die ganze Halbinsel in ihre Gewalt und marschierten bis nach Frankreich. Erst bei Poitiers konnten die Franken unter Karl Martell das arabische Heer aufhalten.

Die Mauren besetzten zwar Barcelona, schienen auf diese Eroberung jedoch keinen besonderen Wert zu legen. In arabischen Chroniken wird die Stadt zwar erwähnt, aber die Mauren konzentrierten sich schon bald auf den Ausbau ihrer weiter südlich gelegenen Verteidigungslinie am Riu Ebro.

801 befreite Ludwig der Fromme, der spätere fränkische Herrscher, die Stadt. Barcelona war nun Grenzstadt in den Spanischen Marken, einer labilen Pufferzone südlich der Pyrenäen, die Ludwig von den *comtes* (Grafen) regieren ließ.

EIN HAARIGER BEGINN

Die Spanische Mark stand unter fränkischer Herrschaft, doch die wahre Macht lag in den Händen lokaler Potentaten. Einer dieser Herrscher hieß Guifré el Pelós (Wilfried der Haarige). Sein Beiname bezog sich übrigens nicht etwa auf seinen Bartwuchs, sondern auf seine ungewöhnliche Körperbehaarung. 878 gewannen er und sein Bruder die Kontrolle über fast alle katalanischen Grafschaften, wodurch Guifré zum Volkshelden avancierte. Für die Katalanen ist der stark behaarte Mann der „Vater der Nation" (sofern man Katalonien als Nation bezeichnen kann). Er begründete eine knapp fünf Jahrhunderte währende Dynastie, die sich fast völlig unabhängig von den Kriegen der Reconquista auf der restlichen Iberischen Halbinsel entwickelte.

Die erste Schutzpatronin Barcelonas, Santa Eulàlia (290–304), starb während der Christenverfolgungen unter Kaiser Diokletian den Märtyrertod. Ihren Tod führten 13 Arten der Folter herbei (eine für jedes ihre Lebensjahre), u. a. wurde sie in einem mit Glas gefüllten Fass herumgerollt, ihr wurden die Brüste abgeschnitten und sie wurde gekreuzigt. Auf einigen Gemälden ist sie mit einem Tablett in der Hand dargestellt, auf dem ihre abgeschnittenen Brüste liegen.

EINE HEIRATSALLIANZ & DIE KRONE ARAGÓN

Die Grafen von Barcelona dehnten ihr Territorium Schritt für Schritt Richtung Süden aus. 1137 heiratete Ramon Berenguer IV. Petronilla, Thronerbin im benachbarten Aragón; so entstand ein neuer Staat und wurde die Grundlage für das Goldene Zeitalter Kataloniens gelegt.

In den folgenden Jahrhunderten entwickelte sich Katalonien zu einer bedeutenden Handelsmacht. Den Mauren wurden Valencia und die Balearen abgenommen und später kamen weiter entfernte Territorien hinzu wie Sardinien, Sizilien und Teile von Griechenland.

415 n. Chr.

Unter dem Westgotenkönig Athaulf, der die geraubte römische Kaiserin Galla Placidia geheiratet hat, wird Barcino zur Hauptstadt des Westgotenreiches, was sie mit Unterbrechungen bis ins 6. Jh. bleibt.

718

Nur sieben Jahre, nachdem muslimische Araber- und Berberstämme von Gibraltar aus in Südspanien eingedrungen sind, gelangen sie unter Tariq auch nach Barcelona und schließlich bis nach Frankreich.

801

Nach jahrelanger Belagerung erobert der Sohn von Karl dem Großen und spätere Frankenkönig Ludwig der Fromme Barcelona zurück und macht es zur Hauptstadt der Mark Spanien.

878

Der letzte vom zerfallenden Frankenreich ernannte Graf, Wilfried der Haarige, festigt seine Macht in ganz Katalonien und begründet eine lange währende Dynastie, die in Barcelona ihre Hauptstadt hat.

EIN ERSTES PARLAMENT

Obwohl sie schon viel früher auftraten, wurden die Katalanen, die ursprünglich aus den Ebenen und Bergen nördlich von Barcelona stammten, erst im 12. Jh. erstmals erwähnt. Ihre Sprache ist eng mit der südfranzösischen *langue d'oc* verwandt, die sich aus dem Vulgärlatein entwickelte. Einziger überlebender Nachfahre dieser Sprache ist Provenzalisch.

Im Jahr 1249 genehmigte Jaume I. eine Versammlung von Bürgervertretern – also die erste Ratsversammlung –, die die königliche Verwaltung beraten sollte. Allmählich entwickelte sich die Idee weiter, bis 1274 der *Consell dels Cent Jurats* (Rat der Hundert) entstand. Fünf von diesem Rat gewählte *consellers* (Ratsherren) führten von nun an die Geschäfte der Stadt.

1283 traten erstmals die Corts Catalanes zusammen. Diesem gesetzgebenden Rat für Katalonien gehörten Vertreter des Adels, des Klerus und der wohlhabenden Kaufleute an. Gedacht war an ein Gegengewicht zum königlichen Machtapparat. Der Sitz der Corts Catalanes war und ist der Palau de la Generalitat.

Dem Reichtum der Bürger, insbesondere der Kaufleute, verdankt Barcelona die großen gotischen Bauwerke, von denen viele heute noch das Stadtbild schmücken. Im späten 13. und frühen 14. Jh. entstanden innerhalb der Stadtgrenzen die Kathedrale, die Capella Reial de Santa Àgata und die Kirchen Santa Maria del Pi und Santa Maria del Mar. König Pere III. (1336–1387) schuf später die atemberaubenden Reials Drassanes (Königliche Werften) und erweiterte die Stadtmauern, um im Westen die Vorstadt El Raval einzubeziehen.

NIEDERGANG & KASTILISCHE DOMINANZ

Der Legende nach wurde Barcelona von Herkules gegründet. Diverse Versionen sprechen alle von neun *barcas* (Booten), von denen eins im Sturm von den anderen wegtreibt und von Herkules an eine Stelle an der Küste manövriert wird, wo er eine Stadt gründet, die er Barca Nona („neuntes Boot") nennt.

Die Mühen zur Sicherung seiner Vormachtstellung zwangen Katalonien langsam in die Knie. Die Seeschlachten mit den Genuesen, der erbitterte Widerstand der Sarden, der Aufstieg des Osmanischen Reiches und der Rückgang des Goldhandels leerten die Staatskasse. Der Handel kollabierte. Der sogenannte Schwarze Tod – die Pest – und Hungersnöte dezimierten im 14. Jh. Kataloniens Bewohner um die Hälfte. Und Barcelonas jüdische Bevölkerung wurde 1391 durch ein Pogrom dezimiert.

Als Martí I., der letzte Sohn aus Guifré el Pelós' Dynastie, 1410 ohne Erben starb, begann der Stern Barcelonas zu verblassen, da Katalonien de facto Teil von Kastilien unter Ferdinand von Aragón und Isabella von Kastilien wurde.

Völlig verarmt und empört über die ständig wachsenden Forderungen der Krone führte Katalonien von 1640 bis 1652 Krieg gegen den spanischen Zentralstaat: den Guerra dels Segadors (Krieg der Schnitter). Dabei erklärte Katalonien sich selbst zur „Unabhängigen Republik unter dem Protektorat von Frankreich". Während dieses Krieges wurden ganze Landstriche und Städte verwüstet – doch zum Schluss musste Barcelona sich unterwerfen.

985

Al-Mansur wütet auf katalanischem Gebiet und verwüstet Barcelona in einer Blitzaktion. Viele Einwohner werden als Sklaven nach Córdoba verschleppt.

1060

Rund 200 Jahre vor der Magna Carta bestätigt Graf Ramon Berenguer I. die „Usatges de Barcelona", nach denen alle freien Männer vor dem Gesetz gleich sind.

1137

Graf Ramon Berenguer IV. wird mit der einjährigen Prinzessin Petronilla, Tochter des Königs von Aragón, verlobt. Auf diese Weise entsteht ein neues Königreich namens „Krone von Aragón".

1225–29

Mit 18 Jahren wird Jaume I. König des neuen Reichs und erobert vier Jahre später das muslimische Mallorca. Weitere Eroberungen bringen ihm den Ehrennamen El Conquerido („der Eroberer") ein.

TRAGÖDIE IN EL CALL

Die engen mittelalterlichen Gassen von El Call im Barri Gòtic beherbergten einst eine blühende jüdische Gemeinde. Schon im 2. Jh. n. Chr. kamen Juden ins römische Barcino und trugen später in erheblichem Maße zum Reichtum der Stadt bei. Katalanische Juden arbeiteten als Händler, Gelehrte, Kartografen und Lehrer. Im 11. Jh. lebten rund 4000 Juden in El Call.

Trotz ihres Beitrags zum Wohlergehen der Stadt schwappte im 13. Jh. eine Welle des Antisemitismus durch Katalonien (wie auch durch andere Teile Europas). 1243 ließ Jaume I. El Call vom Rest der Stadt isolieren; alle Juden mussten ein Abzeichen tragen, das sie als Juden auswies. Als in den 1330er-Jahren Hungersnöte ausbrachen, 1348 gefolgt von der Pest, starben Tausende. Viele Bewohner der Stadt gaben den Juden die Schuld am Schwarzen Tod; sie wurden beschuldigt, die Brunnen vergiftet und Babys geopfert zu haben. Hunderte Juden wurden gefoltert, um Geständnisse zu erzwingen. Auch in den folgenden Jahrzehnten setzten sich die Verfolgungen fort.

Seinen Höhepunkt erreichte der Judenhass 1391, als eine aufgebrachte Menge durch El Call tobte, Privathäuser plünderte und zerstörte und Hunderte Juden ermordete – vielleicht sogar bis zu 1000. Davon erholte sich El Call nie wieder und die meisten verbliebenen Juden flohen aus der Stadt. Die Reste des kläglichen jüdischen Lebens wurden dann endgültig 1492 beseitigt, als die Krone alle Juden per Edikt des Landes verwies.

SPANISCHER ERBFOLGEKRIEG

Obwohl Katalonien am Ende des 17. Jhs. nur eingeschränkt unabhängig war, verschlechterte sich die Lage an der Wende zum 18. Jh. noch: Im Spanischen Erbfolgekrieg stellte sich Katalonien auf die falsche Seite. Nach 18-monatiger Belagerung gelang es den Truppen des Bourbonenkönigs Philipp V. schließlich, Barcelona, das Erzherzog Karl von Österreich stützte, am 11. September 1714 einzunehmen, und Katalonien wurde Teil eines kastilischen Einheitsstaats.

Aus Wut über den – aus seiner Sicht – Verrat der Katalanen schaffte Philipp die Generalitat ab und ließ einen ganzen Bezirk des mittelalterlichen Barcelona dem Erdboden gleichmachen, um zur Überwachung der Stadt eine riesige Festung zu bauen, die Ciutadella. Außerdem verbot er das Schreiben und Unterrichten auf Katalanisch.

Laut Überlieferung entstand die rot-gelb-gestreifte katalanische Fahne, als König Ludwig der Fromme während einer Schlacht vier Finger in die Wunde des sterbenden Wilfried des Haarigen tauchte und dann mit den blutigen Fingern über Wilfrieds Schild strich. Dass Ludwig starb, lange bevor Wilfried geboren wurde – geschenkt!

NEUER AUFSCHWUNG

Nach dem ersten Schock arrangierten sich Barcelona und seine bourbonischen Herrscher miteinander. Der große Durchbruch kam 1778, als das Handelsverbot mit den spanischen Kolonien aufgehoben wurde.

1249

Jaume I. genehmigt eine erste Versammlung von Bürgervertretern als Beratungsorgan für die königliche Verwaltung.

1283

Zum ersten Mal treten die Corts Catalanes, eine gesetzgebende Versammlung für Katalonien, zusammen und beginnen, die Macht des Königtums im Interesse des Adels und der Kaufleute zu beschneiden.

1323

Katalanische Truppen landen in Sardinien und beginnen mit der Eroberung der Insel, die sich bis 1409 hinzieht. In Eleonora de Arborea, einer Art sardischer Jeanne d'Arc, finden sie ihre erbittertste Gegnerin.

1348

Eine Pestepidemie kostet mehr als ein Viertel der Einwohner von Barcelona das Leben. Es folgen weitere Epidemien, eine Heuschreckenplage im Jahr 1358 und ein Erdbeben im Jahr 1373.

In Barcelona selbst kam der Aufschwung langsam, aber stetig voran. Kleine Manufakturen brachten Arbeitsplätze und erwirtschafteten Gewinne. Für die ständig wachsende Zahl an Arbeitern baute Barcelona das am Reißbrett entworfene Viertel La Barceloneta.

Vor der industriellen Revolution, die vor allem durch den Baumwollhandel mit Amerika in Gang kam, musste nicht nur Barcelona, sondern ganz Spanien zunächst noch ein tiefes Tal durchschreiten. Von 1793 bis 1795 griffen Truppen der blutjungen französischen Republik Spanien an, waren aber nur begrenzt erfolgreich. Doch 1808 nahm Napoleon Spanien ins Visier und für Barcelona, Katalonien und den Rest des Landes begann eine schwere Zeit. Sie endete erst 1814, als die Franzosen die Iberische Halbinsel endlich verließen.

In den 1830er-Jahren erlebte Barcelona eine Blütezeit, die fast bis zum Ende des Jahrhunderts anhielt. Die Wein-, Kork- und Eisenindustrie entwickelte sich. Und ab Mitte der 1830er-Jahre liefen Dampfschiffe vom Stapel. 1848 nahm Spaniens erste Eisenbahnlinie zwischen Barcelona und Mataró den Betrieb auf.

In den Tagen der Feudalherrschaft war das Rechtswesen ziemlich brachial. Ein Gesetz von 1060 sah vor: „Was die Frauen betrifft, so lass die Herrscher die Gerichtsbarkeit ausüben durch das Abschneiden der Nase, Lippen, Ohren und Brüste ... und, wenn nötig, sollen sie auf dem Scheiterhaufen verbrannt werden."

UMGESTALTUNG IM GROSSEN STIL

Die Industrialisierung brachte nicht jedem Wohlstand und Wohlbefinden. Ganz im Gegenteil, die Arbeiterklasse lebte in immer beengteren, katastrophalen Verhältnissen. Schlechte Ernährung, miserable sanitäre Anlagen und häufige Krankheiten prägten den Alltag der Menschen in den Arbeitervierteln. Es kam deshalb zu Tumulten und Aufständen, die ohne Zögern niedergeschlagen wurden. Den Aufständischen von 1842 brachte das Bombardement von der Festung auf dem Montjuïc eine blutige Niederlage bei.

1869 setzte Barcelona seine Stadterweiterungspläne in die Tat um. Ildefons Cerdà entwarf den Eixample (die Erweiterung) mit einem Gitternetz aus Straßen, Gärten und Parks. Das Viertel schließt sich direkt an die Altstadt an (es beginnt an der Plaça de Catalunya). Damals war der Plan revolutionär, denn bis zu dem Zeitpunkt war es verboten, das Areal zwischen Barcelona und Gràcia zu bebauen, da es sich um Militärgelände handelte. Das Bebauungsverbot war der Grund für die hohe Konzentration von Fabriken im Stadtgebiet (vor allem in Barceloneta) und in den umliegenden Städtchen wie Gràcia, Sant Martí, Sants und Sant Andreu (all diese Orte hat die Stadt schon lange „geschluckt").

Insbesondere der Eixample entwickelte sich zu einem Viertel der Wohlhabenden, wo Grundstücks- und Immobilienspekulanten offen ihren Geschäften nachgingen. Ihnen fielen vor allem die ursprünglich geplanten Parks zum Opfer. Das wohlhabende Bürgertum zahlte viel Geld für noble, repräsentative Wohnhäuser, viele davon entstanden im Stil des Modernisme.

1383

Nach rund 50 Jahren Bautätigkeit erhebt sich über La Ribera die gewaltige Kirche Santa Maria del Mar, eines von vielen gotischen Architekturjuwelen des 14. Jhs.

1387

Während der Herrschaft Juans I. findet in Barcelona der erste urkundlich bestätigte Stierkampf der Stadt statt. An Popularität gewinnt der Stierkampf allerdings erst im 19. Jh.

1391

Das jüdische Viertel von Barcelona, El Call, wird vom Mob zerstört. Viele Juden kommen ums Leben oder fliehen.

1469

Isabella, die kastilische Thronerbin, heiratet den aragonischen Thronfolger Ferdinand. Katalonien muss sich Kastilien de facto unterwerfen.

Barcelonas Höhenflug ließ sich anscheinend nicht stoppen. 1888 war die Stadt Schauplatz der Weltausstellung. Die Ausstellung zog über zwei Millionen Besucher an, doch erlangte sie weder die internationale Aufmerksamkeit noch den finanziellen Erfolg, den man sich von ihr erhofft hatte.

Gegen Ende des Jahrhunderts zeichnete sich immerhin ein modernes Stadtbild in Barcelona ab, z. B. mit der Rambla de Catalunya und der Avinguda del Paral.lel, die beide 1888 angelegt wurden. Auch der Arc de Triomf und das Kolumbusdenkmal Mirador de Colom fallen in diese Zeit (obwohl Kolumbus mit Barcelona nicht viel zu tun hatte und die Stadt kaum Triumphe feiern konnte!).

DIE WIEDERGEBURT KATALONIENS

In der zweiten Hälfte des 19. Jhs. lief das Leben in Barcelona relativ ruhig und friedlich ab, doch von einer verschlafenen Politik konnte in dieser Zeit wahrlich keine Rede sein. Die relative Gelassenheit und der wachsende Wohlstand ebneten den Weg für das Wiederaufleben katalanischen Gedankenguts.

Die sogenannte *Renaixença* (Renaissance) spiegelte das neu erwachte Selbstbewusstsein Barcelonas und seiner Einwohner wider. Der Blick richtete sich sowohl in die Vergangenheit als auch in die Zukunft. Politiker wie Akademiker beschäftigten sich mit ehemaligen katalanischen Institutionen und Rechtssystemen und forderten deren Wiederbelebung. Mittel- und Oberschicht entdeckten die katalanische Sprache neu; eine zeitgenössische katalanische Literatur entstand.

1892 forderte die *Unió Catalanista* (Katalanische Union) in einem Dokument, der *Bases de Manresa*, die Wiedereinsetzung der Corts Catalans. 1906 formierte sich die *Solidaritat Catalana* (Katalanische Solidarität, eine Nationalbewegung). Sie zog eine heterogene Schar von Katalanen an, die sich keineswegs alle als Nationalisten fühlten.

Ihren vielleicht dynamischsten Ausdruck fand die katalanische Renaissance in der Welt der Kunst. In Barcelona entwickelte sich der Modernisme, die katalanische Form des Jugendstils. Während das restliche Spanien stagnierte, bildete Barcelona den Nährboden für eine hochkreative Avantgarde, die einen engen Kontakt zu Paris pflegte. Der junge Picasso begann hier seine Weltkarriere und verbrachte anregende Stunden in der Künstlerkneipe Els Quatre Gats.

Ein ziemlich böses Erwachen folgte dem kurzen, unsinnigen Krieg, den Spanien 1898 mit den USA führte. Dabei verlor das Land nicht nur seine gesamte Kriegsflotte, sondern auch seine letzten Kolonien (Kuba, Puerto Rico und die Philippinen). Der Verlust der Kolonien fügte Barcelonas Wirtschaft schweren Schaden zu.

Viele gotische Meisterwerke entstanden in der Mitte des 14. Jhs., einer Zeit großer Leiden in Barcelona. Als 1333 die Weizenernte ausfiel, starben bei der daraus resultierenden Hungersnot 10 000 Menschen – ein Viertel der Stadtbevölkerung. In den 1340er-Jahren suchte die Pest die Stadt heim; unter den vielen Opfern waren auch vier der fünf Stadträte.

1478

Isabella und Ferdinand, die Reyes Católicos (Katholischen Könige), begründen die Spanische Inquisition, der bis zu ihrem Ende 1834 Tausende zum Opfer fallen.

1640–52

Weil sie kastilische Truppen einquartieren müssen, erklären sich katalanische Bauern im Dreißigjährigen Krieg unabhängig unter französischem Protektorat. Spanien schlägt sie nieder.

Denkmal zur Belagerung von Barcelona

1714

Nach der Kapitulation gegenüber dem Bourbonenkönig Philipp V. am 11. September, verliert Barcelona seine Unabhängigkeit vollends.

CHAOS

Barcelonas Proletariat wuchs rasch immer weiter an. Die Einwohnerzahl betrug im Jahr 1800 rund 115 000 und erreichte hundert Jahre später über 500 000, 1930 überschritt sie die Million. Anfang des 19. Jhs. verzeichnete die Stadt eine gewaltige Zuwanderung von armen Bewohnern aus den ländlichen Gegenden Kataloniens und anderen spanischen Regionen. Bei einer solchen Entwicklung waren Unruhen fast schon vorprogrammiert.

Die Stadt erlebte Anarchisten, Republikaner, bürgerliche Unruhestifter, Gangster, die Polizeigewalt und angeheuerte *pistoleros* (Auftragskiller). Ein Anarchist warf in den 1890er-Jahren eine Bombe am Liceu (dem Opernhaus der Stadt), die 20 Menschen tötete. Anarchisten wurden auch für die *Setmana Tràgica* (die „tragische Woche") im Juli 1909 verantwortlich gemacht. Sie hatten die Einberufung von Reservisten, die spanische Truppen in Marokko unterstützen sollten, zum Anlass genommen, 70 kirchliche Gebäude zu demolieren. Als Vergeltungsmaßnahme wurden zahlreiche Arbeiter mitten auf der Straße erschossen.

Barcelona spielte schon immer eine Vorreiterrolle: Hier erschien die erste gedruckte Tageszeitung Spaniens, gab es das erste Kino, das erste öffentliche Telefon und die erste Flugverbindung (nach Mallorca). Außerdem entstand hier die zweite Stadtbahn der Welt – nur London war schneller.

In der Zeit nach dem Ersten Weltkrieg fasste das Gewerkschaftswesen Fuß. Die anarchosyndikalistische *Confederación Nacional del Trabajo* (CNT; Nationale Union der Arbeit) zählte 80 % der Arbeiter Barcelonas zu ihren Mitgliedern. Während der Streikwellen von 1919 und 1920 heuerten manche Unternehmer Killer an, um Gewerkschaftsführer zu eliminieren. Der Diktator General Miguel Primo de Rivera, der eine vom König geduldete einjährige Zwischenregierung führte, lehnte den bürgerlichen katalanischen Nationalismus genauso vehement ab wie den Radikalismus der Arbeiterklasse. So verbot er in den 1920er-Jahren die CNT und ließ sogar den FC Barcelona (ein Symbol für das katalanische Nationalbewusstsein) schließen. Immerhin half er, die zweite Weltausstellung nach Barcelona zu bringen, die 1929 auf dem Montjuïc ihre Tore öffnete.

Riveras Repressionen förderten den Zusammenschluss radikaler Elemente in Katalonien; 1930 musste der Diktator zurücktreten. In der Zeit, in der sich Spaniens Zweite Republik formierte, proklamierte die ERC (*Esquerra Republicana de Catalunya;* Republikanische Linke Kataloniens) die „Katalanische Republik in der Iberischen Föderation". Wortführer waren Francesc Macià und Lluís Companys, die Chefs der ECR. Madrid zwang die ECR, die Einheit Spaniens anzuerkennen, doch nach dem Wahlsieg der Volksfront bei den nationalen Wahlen im Februar 1936 erlangte Katalonien für kurze Zeit eine echte Autonomie. Companys ließ – als Präsident der Generalitat – Landreformen durchführen und plante sogar, in Barcelona eine Art „Gegen-Olympiade" zu den Olympischen Spielen von 1936 in Berlin zu veranstalten.

1770

Ein Sturm richtet schwere Schäden in Barcelona an, u. a. zerstört er 200 der 1500 Gaslaternen in der Stadt.

1808

In der Schlacht von Bruc besiegen katalanische Truppen die napoleonische Armee, dennoch bleiben Barcelona, Figueres und die Küste bis 1814 unter der Herrschaft Napoleons.

1869

Ildefons Cerdà entwirft den Eixample (die Erweiterung) mit schachbrettartig angelegten Straßen und breiten Boulevards. Hier entstehen zahlreiche modernistische Gebäude.

1873

Antoni Gaudí, 21 Jahre alt und seit 1869 in Barcelona ansässig, schreibt sich an der Architekturhochschule ein, an der er fünf Jahre später seinen Abschluss erwirbt.

EIN KATALANISCHES U-BOOT

Sie hätte den Gang der Geschichte ändern können – die V2 der spanischen Flotte, eine Geheimwaffe aus dem späten 19. Jh. Narcis Monturiol i Estarriol (1819–85), Verleger und Universalgelehrter, war schon immer fasziniert vom Meer. 1859 ließ er in Barcelona ein hölzernes, fischähnliches U-Boot vom Stapel, das *Ictíneo*. Sauerstoffprobleme ließen zwar nur kurze Tauchgänge zu, aber Monturiol wurde durch seine Konstruktion schlagartig in ganz Spanien berühmt. Allerdings wurde ihm für sein Projekt keinerlei finanzielle Unterstützung zuteil.

Nichtsdestotrotz arbeitete er unbeirrt weiter an seiner Neuentwicklung *Ictíneo II*, obwohl er sich damit in horrende Schulden stürzte. Dieses Nachfolgemodell war 17 m lang, die Schiffsschraube war dampfbetrieben und Monturiol hatte inzwischen ein System für die Sauerstoffversorgung entwickelt. 1864 wurde das Boot erfolgreich getestet, aber die finanzielle Unterstützung blieb weiterhin aus. Vier Jahre später musste Monturiol seine Erfindung verschrotten. Wenn Spanien 1898 bei der militärischen Konfrontation mit der US-Navy vor Kuba und den Philippinen über einige dieser U-Boote verfügt hätte, wäre der Spanisch-Amerikanische Krieg möglicherweise etwas anders verlaufen.

Doch die politischen Entwicklungen überstürzten sich und gerieten bald vollkommen aus dem Ruder. In ganz Spanien blies die Linke wie die Rechte entschlossen zum Showdown.

DER BÜRGERKRIEG

Am 17. Juli 1936 löste eine Militärrevolte in Marokko den Spanischen Bürgerkrieg aus. Die Garnison in Barcelona versuchte, die Stadt für General Franco einzunehmen, doch Anarchisten und die Polizei, die loyal zur Regierung stand, verhinderten dies.

Francos Truppen eroberten schnell den größten Teil des südlichen und westlichen Spanien, auch Galicien und Navarra im Norden fielen ihm zu. Der Großteil des Ostens und des industrialisierten Nordens hielt zu Madrid. Anfängliche rasche Vorstöße auf Madrid verliefen im Sand, und beide Seiten gewöhnten sich in drei langen Jahren an ein Leben im Chaos.

Fast ein Jahr herrschten in Barcelona Anarchisten und die trotzkistischen Milizen des *Partido Obrero de Unificación Marxista* (POUM; Vereinigte Marxistische Arbeiterpartei) – Companys war nur dem Namen nach Präsident. Fabrikbesitzer und Franco-Anhänger mussten aus der Stadt fliehen. Die Gewerkschaften übernahmen Fabriken und den öffentlichen Dienst; in Hotels und Herrenhäusern richteten sie

Filme, die im Spanien Francos spielen

Pans Labyrinth (2006)

Der Geist des Bienenstocks (1973)

Willkommen, Mr. Marshall! (1952)

Las 13 Rosas (Die 13 Rosen; 2007)

1888

Bei der ersten Weltausstellung in Spanien stellt Barcelona im Parc de la Ciutadella die prächtigen Errungenschaften des Modernisme zur Schau.

NEIL SETCHFIELD / LONELY PLANET IMAGES ©

Arc de Triomf

1895

Pablo Picasso kommt 13-jährig mit seiner Familie nach Barcelona. Sein Vater ist Kunstlehrer und bekommt eine Stelle an der Escola de Belles Artes, in die Picasso als Schüler eintritt.

1898

Spanien verliert im Spanisch-Amerikanischen Krieg seine gesamte Flotte und seine letzten Kolonien Kuba, Puerto Rico und die Philippinen – ein schwerer Schlag für die Wirtschaft Barcelonas.

Krankenhäuser und Schulen ein. Jeder trug Arbeitskleidung, Bars und Cafés gehörten dem Kollektiv, Straßenbahnen und Taxis leuchteten in Rot und Schwarz (den Farben der Anarchisten), und keiner beachtete mehr Einbahnstraßen, weil sie als Teil des verhassten alten Systems galten.

Zu den Anarchisten zählten die verschiedensten Gruppierungen, von sanften Idealisten bis zu Hardlinern, die Todeslisten aufstellten, Femegerichte abhielten, Priester, Mönche und Nonnen erschossen (über 1200 Geistliche wurden in der Provinz Barcelona während des Bürgerkriegs getötet) und Kirchen niederbrannten und zerstörten: Deshalb wirken viele der Kirchen Barcelonas im Inneren heute so kahl. Die Anarchisten wiederum mussten nach einer mörderischen Schlacht mit 1500 Toten im Mai 1937 den Kommunisten weichen, die von Stalin aus Moskau gelenkt wurden.

Im Herbst 1937 wurde Barcelona zur republikanischen Hauptstadt erklärt, aber die Niederlage der republikanischen Truppen in der Schlacht am Ebro in Südkatalonien im Sommer 1938 machte Barcelona nahezu wehrlos. Der republikanische Widerstand bröckelte, teils aus Erschöpfung, teils wegen interner Streitigkeiten. 1938 nahmen katalanische Nationalisten separate Verhandlungen mit Francos Falange auf. Die Letzten, die den Widerstand in Barcelona aufrechterhielten, waren jene 2000 Kämpfer der 5. Brigade, die lange Zeit heldenhaft in Madrid gekämpft hatte. Am 25. Januar 1939 fiel Barcelona in die Hand Francos.

Bücher zur Geschichte Barcelonas

Barcelona, Stadt der Wunder (Robert Hughes)

Barcelona – A Thousand Years of the City's Past (Felipe Fernández Armesto)

Barcelona – Eine Stadt erfindet die Moderne (Eduardo und Cristina Mendoza)

Mein Katalonien (George Orwell)

Huldigung an Barcelona (Colm Tóibín)

BESATZUNG

Das erste Jahr der Besetzung war zunächst eine merkwürdige Übergangsphase, ehe die Unterdrückung voll einsetzte. Nur zwei Wochen nach dem Fall der Stadt hatte bereits ein Dutzend Kinos wieder geöffnet und im Monat darauf wurden Hollywood-Komödien im Wechsel mit nationalistischen Propagandafilmen gezeigt. Die Menschen wurden sogar dazu ermuntert, den katalanischen Nationaltanz Sardana öffentlich zu tanzen – eine scheinheilige Großzügigkeit der neuen Herren, um sich bei möglichst vielen Bewohnern von Barcelona beliebt zu machen.

Andererseits bot die Stadt ein Bild der Erschöpfung. Zwar funktionierte das U-Bahnnetz noch, aber es gab keinen Busverkehr, weil alle Busse an der Front eingesetzt wurden. So gut wie alle Tiere im städtischen Zoo waren entweder verhungert oder verletzt. Jahrelang kam es ständig zu Stromausfällen.

Juli 1909

Nachdem für Kämpfe in Marokko Reservisten einberufen werden, brechen in Barcelona Unruhen aus und städtisches Eigentum wird zerstört. In der *Setmana Tràgica* sterben über 100 Menschen.

1914

Im April wird unter Enric Prat de la Riba die Mancomunitat de Catalunya gebildet, ein erster schüchterner Versuch der katalanischen Selbstverwaltung, die sich allerdings auf Verwaltungsaufgaben beschränkt.

1929

Zum zweiten Mal richtet die Stadt Barcelona eine Weltausstellung aus.

Juli 1936

Von Marokko aus entfesselt Franco den Bürgerkrieg. General Goded versucht, Barcelona unter Francos Herrschaft zu bringen, wird aber von linken Truppen, loyaler Polizei und Arbeitern besiegt.

BOMBEN AUF BARCELONA

Benito Mussolini, dem übermächtigen Waffenbruder von General Franco, war es vollkommen egal, dass es in Barcelona kaum militärische Ziele außer dem Hafen und dem Bahnhof gab und dass Barcelona sich zur offenen Stadt erklärt hatte, um Zerstörungen zu verhindern.

In einer Art Probelauf für all das Grauen, das später in ganz Europa wüten sollte, unternahmen auf Mallorca stationierte italienische Jagdbomber Luftangriffe auf die weitgehend schutzlose Stadt, später gemeinsam mit den gefürchteten deutschen JU87-Stukas. Der Bombenterror dauerte vom 16. März 1937 bis zum 24. Januar 1938, einen Tag, bevor Francos Truppen in Barcelona einmarschierten. Angeordnet hatte Mussolini die Luftangriffe teils mit, teils aber auch ohne die Zustimmung Francos, weil dieser befürchtete, Luftangriffe auf die Zivilbevölkerung könnten seiner Popularität schaden. Tatsächlich untersagte Franco im März 1938 Luftangriffe auf städtische Gebiete, nachdem bei vorhergehenden Angriffen auf Barcelona fast 1000 Menschen ums Leben gekommen waren. Mussolini zeigte sich davon unbeeindruckt. Bei Kriegsende waren insgesamt 3000 Tote, 7000 Verletzte und 1800 zerstörte Gebäude zu beklagen.

In einer Rundfunkrede am 18. Juni, als die „Schlacht um England" begann, erklärte Winston Churchill: „Ich unterschätze nicht die Schwere der Prüfung, die auf uns zukommt, aber ich bin überzeugt, dass unsere Landsleute dem ebenso standhalten werden wie die tapferen Männer Barcelonas." Nicht gesprochen hatte er allerdings von all den Frauen und Kindern, die es am schlimmsten traf.

1940, als der Zweite Weltkrieg bereits überall in Europa wütete, hatte sich das Franco-Regime einigermaßen stabilisiert und für viele Katalanen brachen finstere Zeiten an. Katalanische Franco-Anhänger trieben massenweise Menschen zusammen, um sie standrechtlich zu erschießen. Die Zahl dieser Opfer wird auf 35 000 geschätzt. Zur gleichen Zeit kämpften republikanische Widerstandsgruppen in den Pyrenäen noch eine Weile gegen die Falange. Im August 1940 wurde Lluís Companys von der Gestapo in Frankreich verhaftet, an das Franco-Regime ausgeliefert und am 15. Oktober auf dem Montjuïc erschossen. Er soll gestorben sein mit dem Ruf: „Visca Catalunya!" (Es lebe Katalonien!)

All die Erschießungen setzten sich bis in die 1950er-Jahre hinein fort. Die meisten Einwohner Barcelonas versuchten, sich der Situation anzupassen, andere nutzten sie zum eigenen Vorteil, zum Beispiel, indem sie Wohnungen der geflüchteten „Roten" besetzten. Zahlreiche Spekulanten und Unternehmer arrangierten sich aber auch bestens mit Franco und verdienten sich goldene Nasen, während die meisten Menschen in dieser Zeit ums blanke Überleben kämpften.

März 1938

Bei dreitägigen Bombenangriffen durch italienische Kampfflugzeuge aus Mallorca werden in Barcelona 979 Menschen getötet und 1500 verletzt.

1939

Am 26. Januar rücken die ersten Truppen Francos, unterstützt von italienischen Panzern, vom Tibidabo aus in Barcelona ein und ziehen die Avinguda Diagonal entlang. Tausende fliehen.

1940

Hitlers Handlanger und Oberbefehlshaber der SS, Heinrich Himmler, besucht Barcelona, wohnt im Hotel Ritz und genießt eine Folkloreshow im Poble Espanyol, wo ihm seine Geldbörse gestohlen wird

1957

Der Franquist Josep Maria de Porcioles wird Oberbürgermeister Barcelonas und bleibt bis 1973 im Amt. Er ist für einen fragwürdigen städtebaulichen Wandel verantwortlich.

DAS LEBEN UNTER FRANCO

Schon 1938 hatte Franco die Generalitat abgeschafft. Nach Companys Tod wurde Josep Irla Chef der katalanischen Exilregierung in Mexiko; ihm folgte 1954 der charismatische Josep Tarradellas, der Franco überlebte.

Franco setzte sein Programm um, allem einen kastilischen Stempel aufzudrücken. Katalanisch verbannte er aus allen Bereichen des öffentlichen Lebens. Auf Orts- und Straßenschildern mussten die Namen in Spanisch (Kastilisch) stehen. Ab Mitte der 1940er-Jahre durften zwar Bücher in katalanischer Sprache erscheinen, doch im gesamten Bildungsbereich sowie im Radio, Fernsehen und in der Presse war Katalanisch strikt verboten.

In Barcelona übernahm der Franquist Josep Maria de Porcioles 1957 das Amt des Bürgermeisters, das er bis 1973 behielt. Kurz nach seinem Amtsantritt setzte er eine neue Verfügung in Kraft. Diese erweiterte die Macht des Bürgermeisters und die Befugnisse der Stadt, über eine Erhöhung sowie die Verwendung von Steuern und über die Stadtplanung selbstständig zu entscheiden. Das Bebauungsverbot in den angrenzenden (militärischen) Sperrzonen hob Porcioles schon recht bald auf. Auch so monströse Betonkästen wie die Gebäude der Stadtverwaltung an der Plaça de Sant Miquel im Viertel Barri Gòtic hat der Bürgermeister zu verantworten. Porcioles' Amtszeit war für Barcelona im wahrsten Sinne des Wortes eine graue Zeit.

Historische Stätten

Museu d'Història de Barcelona (S. 74)

Museu d'Història de Catalunya (S. 123)

Via Sepulcral Romana (S. 78)

Museu Marítim (S. 121)

In den 1950er-Jahren drückte sich der Widerstand gegen Franco nur noch in friedlichen Protesten und Streiks aus. 1960 sang eine Menschenmenge in Anwesenheit von Franco in der Konzerthalle Palau de la Música Catalana eine verbotene katalanische Hymne. Zu den Anführern der Aktion gehörte ein junger katholischer Banker: Jordi Pujol, der später in der Zeit nach Franco noch eine bedeutende Rolle spielen sollte. Für seine „Mittäterschaft" am verbotenen Gesang wanderte er für kurze Zeit ins Gefängnis.

Unter Franco siedelten sich in den 1950er- und 1960er-Jahren 1,5 Mio. Zuwanderer aus den armen Gegenden Spaniens in Katalonien an (davon 750 000 allein in Barcelona). Sie kamen hauptsächlich aus Andalusien, der Extremadura und dem Nordwesten des Landes, um Arbeit zu suchen. Doch viele von ihnen lebten auch in der neuen Heimat unter schrecklichen Bedingungen. Manche Zuwanderer lernten Katalanisch und integrierten sich voll in ihre neue Umgebung. Die meisten zog es allerdings in Spanisch sprechende „Ghettos" in den Arbeitervierteln der Stadt und den neuen Vierteln am Stadtrand. Noch heute sind Lebensweise und Sprache in diesen Bezirken insgesamt eher andalusisch als katalanisch geprägt. Katalanische Nationalisten interpre-

1977

Zwei Jahre nach dem Tod Francos setzt König Juan Carlos die katalanische Generalitat wieder ein.

1980

Der katalanische Nationalist Jordi Pujol wird zum Präsidenten des wiedereingeführten katalanischen Regionalparlaments gewählt und leitet das Parteienbündnis CiU (Convergència i Unió).

1992

Als Austragungsort der Olympischen Sommerspiele rückt Barcelona in den Blickpunkt der Weltöffentlichkeit. Bei der Vorbereitung wird fast die ganze Stadt „renoviert".

2010

Nach dem Sieg bei der Fußball-Europameisterschaft 2008 gewinnt Spanien auch die WM in Südafrika und damit den ersten WM-Titel seiner Geschichte.

tierten die andalusische Zuwandererwelle denn auch als eine bewusst von oben gesteuerte Immigration und als Francos letzten Versuch, die sich allmählich wieder festigende katalanische Identität auf diesem Wege zu unterminieren.

ES GEHT AUFWÄRTS

Zwei Jahre nach Francos Tod (1975) reiste Josep Tarradellas nach Madrid, um mit den zuständigen Regierungsvertretern die Autonomie Kataloniens auszuhandeln. 18 Tage später setzte König Juan Carlos die Generalitat wieder ein und erkannte Josep Tarradellas als deren Präsidenten an. 20 Jahre, nachdem er unter Franco im Gefängnis saß, wurde Pujol 1980 bei den ersten freien Regionalwahlen seit dem Bürgerkrieg zum Präsidenten Kataloniens gewählt. Als kluger Gegenspieler der Zentralgewalt in Madrid führte er über ein Vierteljahrhundert lang einen zähen Kampf, um für Katalonien größere fiskalische und politische Autonomie zu erstreiten. Voller Engagement förderte er außerdem die „Wiedergeburt des Katalanischen in jeder Hinsicht" – mit unterschiedlichem Erfolg.

Von den politischen Entwicklungen einmal abgesehen, bildeten die erfolgreichen Olympischen Spiele von 1992 für Barcelona das wichtigste Ereignis der Nach-Franco-Ära. Die unter dem sozialistischen Bürgermeister Pasqual Maragall geplanten Spiele wirkten wie eine Art Befreiungsschlag. Die Sportstätten auf dem Montjuïc, wo die wichtigsten Wettbewerbe liefen, trugen enorm zur Belebung des Berges bei. Die einst unglaublich schäbige Hafenfront bekam eine radikale Schönheitskur verpasst, Promenaden, Strände, Yachthäfen, Vergnügungszentren, Restaurants und neue Wohnhäuser verliehen Barcelonas Küste ein vollkommen neues Gesicht.

Zur Jahrtausendwende investierte Barcelona weiter in die Stadterneuerung, mit ambitionierten Projekten wie der Hightechzone 22@ im einstigen Industriebezirk El Poblenou, der Erschließung eines neuen Messegeländes zwischen Stadt und Flughafen und dem glitzernden Diagonal-Mar-Projekt am Wasser um den Parc del Fòrum herum an der Nordostspitze der Stadt.

In Barcelona hätte 1936 beinahe die Olimpíada Popular (Volksolympiade) stattgefunden, eine Alternative zu den Spielen im faschistischen Deutschland. Rund 6000 Athleten aus 23 Ländern meldeten sich an. Doch vor dem Beginn der Spiele brach der Bürgerkrieg aus. Einige Sportler, die schon angekommen waren, blieben vor Ort und schlossen sich den Milizen an, um die Republik zu verteidigen.

KATALONIEN & SPANIEN

Puyol amtierte bis 2003, dann trat er zurück und überließ dem ehemaligen sozialistischen Bürgermeister von Barcelona, Pasqual Maragall, das Feld. Als Maragalls wichtigste Leistung gilt, dass er eine Übereinkunft zwischen den verschiedenen Parteien hinsichtlich eines neuen

Januar 2012

Nach einer Parlamentsentscheidung von 2010 ist in Katalonien als erster Region auf dem spanischen Festland nun der Stierkampf verboten. (Auf den Kanaren ist er schon seit 1991 untersagt.)

März 2012

Angesichts einer landesweiten Arbeitslosenquote von 23 % demonstrieren in Barcelona und anderen Städten Tausende gegen die Sparmaßnahmen und Steuererhöhungen der Regierung.

2026

In diesem Jahr, in dem sich der Tod ihres Schöpfers Gaudí (1852–1926) zum hundertsten Mal jährt, soll die Sagrada Família fertiggestellt werden – 140 Jahre nach Baubeginn.

Sagrada Família

Autonomiestatuts *(Estatut)* erreichte. Nach dem Tod Francos hatte die spanische Regierung bestimmte Rechte an die Regionen abgetreten, die zum Zeichen für ihre neue Rolle den Titel *comunidades autónomas* erhielten. In einem Referendum im Jahr 2006 segneten die Katalanen das neue Autonomiestatut ab, doch nach ein paar Monaten brachte die konservative Partei, Partido Popular, die eine „Balkanisierung", ein Auseinanderbrechen Spaniens fürchtete, beim Verfassungsgericht eine Beschwerde gegen das Statut ein, da es den Regionen zu viel Autonomie zugestehe.

Nach vier Jahren zäher Verhandlungen fällte das Gericht 2010 ein Urteil, das 14 der Artikel des Statuts für verfassungswidrig erklärte; dazu zählten Punkte wie Sprache, Steuern, Justiz und die Selbstbeschreibung als „Nation". Die Katalanen gingen in Massen auf die Straße, um gegen das Urteil zu protestieren, das allgemein als weitere Belastung für das Verhältnis zwischen Barcelona und Madrid betrachtet wurde.

Gotische Architektur

Einen ersten großen Bauboom erlebte Barcelona im Spätmittelalter, als die großartigen gotischen Kirchen, Paläste und Werften der Stadt gebaut wurden. Die gotische Altstadt gehört bis heute zu den flächenmäßig größten in ganz Europa. Die meisten dieser Meisterwerke liegen in der Ciutat Vella, aber auch außerhalb der Altstadt finden sich einige Schätze wie etwa das Museu-Monestir de Pedralbes in Sarrià.

HISTORISCHE WURZELN

Der Baustil, der dem Himmel entgegenstrebt, nahm seinen Ausgang im Frankreich des 12. Jhs. und verbreitete sich in ganz Europa. Zur gleichen Zeit nahm Jaume I Valencia ein und Mallorca und Ibiza wurden annektiert. In Barcelona entwickelte sich eine blühende Kaufmannsgilde mit weitreichenden Handelsbeziehungen. So deckte der stetig wachsende Reichtum der Stadt die enormen Kosten für den Bau der neuen imposanten Monumente.

Zum wahrscheinlich größten Bauboom kam es unter Pere III (1319–1387), was insofern etwas merkwürdig ist, als seine Regierungszeit in eine ausgesprochen schwierige Periode fiel. Denn Mitte des 14. Jhs. wurde Barcelona von einer Reihe von Katastrophen heimgesucht: Hungersnöten, verheerenden Seuchen und Pogromen.

All das scheint den Regenten nicht beeindruckt zu haben: Er baute oder begann zumindest mit dem Bau der Kathedrale, der Drassanes, der Llotja-Börse, des Saló del Tinell, der Casa de la Ciutat (das heutige Rathaus) und zahlreicher anderer, weniger imposanter Gebäude, aber auch Teilen der Stadtmauer. Ende des 14. Jhs. wurden die Kirchen Santa Maria del Pi und Santa Maria del Mar vollendet.

Gotische Meisterwerke

La Catedral (Barri Gòtic)

Església de Santa Maria del Mar (La Ribera)

Església de Santa Maria del Pi (Barri Gòtic)

Saló del Tinell (im Museu d'Història de Barcelona, Barri Gòtic)

Drassanes (Museu Marítim, Barceloneta)

ARCHITEKTONISCHE MERKMALE

Der Architekturstil spiegelt die Entwicklung der Bautechniken wider. Der Einsatz von Strebepfeilern, Schwibbögen und Rippengewölben bei der Deckengestaltung ermöglichte es den Baumeistern, luftigere und wesentlich hellere Bauwerke zu errichten als jemals zuvor. Die Spitzbögen wurden zum Baustandard und große Fensterrosetten ließen mehr Licht ins riesige Kircheninnere.

Wer bedenkt, in welch dürftigen Unterkünften die damaligen Bauarbeiter lebten und welch primitive Baustoffe ihnen zur Verfügung standen, bekommt eine Vorstellung davon, welche Ehrfurcht diese Kirchen nach ihrer Fertigstellung den Menschen eingeflößt haben müssen. Entsprechend lang war die Bauzeit. Es dauerte über 160 Jahre – ein typischer Zeitrahmen –, bis die Kathedrale fertiggestellt war, wobei die Kirchenfassade sogar erst im 19. Jh. hinzukam. Ihre Rivalin, die Església de Santa Maria del Mar, wurde dagegen in der Rekordzeit von nur 59 Jahren erbaut.

OH, DIESE GOTIK!

Die hoch aufragenden gotischen Bauten des mittelalterlichen Europa rufen bei ihren modernen Betrachtern Ehrfurcht und Bewunderung hervor. Im 16. Jh., als Renaissancekünstler und -architekten sich von den klaren Linien der klassischen Antike inspirieren ließen, erschien ihnen das Gotische dagegen grob und plump und so barbarisch wie die Goten selbst, jene germanischen Volksstämme, die Jahrhunderte zuvor in Europa gewütet hatten. Die Bezeichnung „gotisch" war geradezu beleidigend, und diese abfällige Haltung verbreitete sich bald auf dem gesamten Kontinent. In Barcelona stülpten Architekten einigen im gotischen Stil erbauten Privathäusern später ein barockes Kleid über. Aber zum Glück ließen die Barceloner den größten Teil ihrer gotischen Bauwerke unangetastet. Erst im 19. Jh. entdeckte man den Wert dieses außergewöhnlichen Erbes, und dann gleich mit solcher Begeisterung, dass es besonders in einigen nordeuropäischen Ländern zu einem regelrechten Bauboom im neugotischen Stil kam.

DIE KATALANISCHE GOTIK

Die Entwicklung der katalanischen Gotik verlief nicht parallel zur Gotik Nordeuropas. Hier im Süden wurde mit Verzierungen wesentlich sparsamer umgegangen und das entscheidende Merkmal ist, dass die Kirchen hier breiter angelegt und weniger hoch sind. Während nordeuropäische Kathedralen förmlich in den Himmel ragen, gehen die Bauwerke der katalanischen Gotik eher in die Breite und dehnen die Gewölbe somit bis zum Äußersten aus.

Der Saló del Tinell mit den 15 m weit gespannten Rundbögen, die die Decke tragen (sie zählen zu den größten, die je ohne Verstärkung gebaut wurden), ist ein perfektes Beispiel für die Gotik in Katalonien, ebenso wie die Drassanes, Barcelonas mittelalterliche Werften, die heute das Museu Marítim beherbergen. Auch bei ihren Kirchen entschieden sich die Katalanen für eine massivere Form und eine stärkere Betonung der Breite – die Església de Santa Maria del Mar und die Església de Santa Maria del Pi vermitteln eine gute Vorstellung davon.

Eine weitere deutliche Abweichung von der Gotik nördlich der Pyrenäen ist der Verzicht auf spitze Türme und Fialen. Glockentürme enden meist in einem flachen Dach. Ausnahmen bestätigen die Regel: So erinnert die Hauptfassade der Kathedrale von Barcelona mit ihren drei reich verzierten Türmen ein wenig an die Kathedrale von Chartres oder den Kölner Dom. Allerdings wurde der mittelalterlichen Konstruktion im 19. Jh. ein Anbau hinzugefügt.

Der Bauboom in Barcelona beruhte auf dem gewaltigen katalanischen Handelsimperium des 14. Jhs. Alle möglichen Güter wurden mit Sardinien, Flandern, Nordafrika und anderen Orten gehandelt und einen Großteil des Handels wickelten die katalanischen Juden ab. Die späteren Pogrome, die Inquisition und die Vertreibung der Juden aus Spanien hatten katastrophale wirtschaftliche Folgen und trugen dazu bei, dass Barcelona bald am Hungertuch nagte.

SPÄTGOTIK

In Barcelona blieb der gotische Baustil deutlich länger die vorherrschende Stilrichtung als in anderen europäischen Städten. Anfang des 15. Jhs. verfügte die Generalitat noch immer über kein würdiges Tagungsgebäude, und so machte sich der Architekt Safont an die Arbeit, um das heutige Parlamentsgebäude an der Plaça de Sant Jaume zu errichten. Selbst die Umbauten ein Jahrhundert später erfolgten weitgehend im gotischen Baustil, nur durchsetzt von einigen Renaissance-Elementen (wobei die Fassadengestaltung an der Plaça de Sant Jaume wenig überzeugt).

Der Carrer de Montcada in La Ribera war das Ergebnis einer noch vom Spätmittelalter geprägten Stadtplanung. Im 15. und 16. Jh. wurden dort Stadthäuser der Oberschicht erbaut. Viele davon beherbergen heute Museen und Kunstgalerien. Wirken sie von außen meist abweisend und unschön, tut sich im Inneren eine ganz andere Welt auf – mit hübsch gestalteten Innenhöfen und reich verzierten Außentreppen, die später im Barockstil umgestaltet wurden.

Antoni Gaudí & der Modernisme

Der Beitrag Barcelonas zur Architekturgeschichte ist der Modernisme, eine extravagante katalanische Schöpfung des späten 19. und frühen 20. Jhs. Den Modernisme verkörpert besonders das visionäre Schaffen von Antoni Gaudí, dem großen Architekten. Seine dynamischen und äußerst phantasievollen Meisterwerke – darunter eine Kirche, die zum Wahrzeichen Barcelonas wurde – zieren zusammen mit den Werken von Josep Puig i Cadafalch und Lluís Domènech i Montaner die Stadt.

EINE LEERE LEINWAND

In den 1850er-Jahren herrschten in den engen Straßen der Ciutat Vella, der Altstadt von Barcelona, durch Industrialisierung und rasantes Bevölkerungswachstum katastrophal beengte Wohnverhältnisse. Es war also Zeit, die mittelalterlichen Stadtmauern zu schleifen und die Stadt zu vergrößern. 1869 wurde der Architekt Ildefons Cerdà auserkoren, einen neuen Stadtteil zu entwerfen, der L'Eixample (die Erweiterung) heißen sollte.

Auf der Grundlage eines symmetrischen Straßengitters plante er breite Boulevards und Wohnviertel mit jeder Menge Grünflächen. Wegen der grassierenden Bodenspekulation in dieser Zeit setzten sich die Stadtplaner jedoch über diesen letzten Aspekt der Planungen hinweg. Da man quasi eine leere Leinwand vor sich hatte und viele wohlhabende Bürger der Stadt ihr neues Haus selbst planen wollten, waren Architekten stark gefragt. Womit die Stadtplaner allerdings nicht rechneten, war der Schöpfergeist dieser Architekten.

ANTONI GAUDÍ

Den Weg wies Antoni Gaudí, der in Reus geboren wurde. Viele seiner Vorfahren waren Kupferschmiede, und so machte auch er eine Ausbildung zum Schmied. Als Kind war er häufig krank und litt u. a. an Rheuma. Er wurde schon früh zum Vegetarier. Als Student war er nicht gerade vielversprechend. Als er 1878 sein Architekturdiplom erhielt, soll der Schulleiter gesagt haben: „Niemand weiß, ob wir dieses Diplom einem Verrückten oder einem Genie verliehen haben. Es wird sich herausstellen."

Das Buch der Natur

Als junger Mann war Gaudí am glücklichsten, wenn er draußen in der freien Natur war, und er entwickelte eine Faszination für die Pflanzen, Tiere und die Landschaft vor seiner Tür. Diese tiefe Bewunderung für die Natur sollte einen starken Einfluss auf seine Entwürfe haben. „Dieser Baum ist mein Lehrer", sagte er einmal. „Alles kommt aus dem Buch der Natur." In seinem Werk versuchte er die Harmonie, die er in der Natur beobachtete, nachzubilden, und so mied er gerade Linien und bevorzugte kurvige und organische Formen.

Meisterwerke des Modernisme

La Pedrera (S. 143) (Eixample)

La Sagrada Família (S. 138) (Eixample)

Palau de la Música Catalana (S. 108) (La Ribera)

Casa Batlló (S. 144) (Eixample)

Palau Güell (S. 95) (El Raval)

Casa Amatller (S. 145) (Eixample)

Hospital de la Santa Creu i de Sant Pau (S. 147) (Eixample)

Die Spirale einer Nautilusmuschel zeigt sich in den Details der Treppen und Decken, geschlossene Blumenblüten in Schornsteinen und Dachornamenten, während gewellte Bögen an Höhlen erinnern, überlappende Dachpfannen die Schuppen eines Gürteltiers nachahmen und fließende Wände den Wellen auf dem Meer ähneln. Baumäste, Spinnweben, Stalaktiten, Bienenwaben, Seesterne, Pilze, glitzernde Käferflügel und viele andere Elemente aus der Natur waren Teil von Gaudís Formensprache.

Gänzlich unbeeindruckt von der Sagrada Família zeigte sich der britische Schriftsteller George Orwell, der den Kirchenbau als „eines der hässlichsten Gebäude der Welt" beschrieb. Orwell hielt sich während des Spanischen Bürgerkriegs in Barcelona auf und schrieb später: „Ich denke, es zeugt vom schlechten Geschmack der Anarchisten, dass sie die Kirche nicht in die Luft sprengten."

GEORGE ORWELL

Katholik & Katalane

Gaudí war ein gläubiger Katholik und ein katalanischer Nationalist. Er ließ sich nicht nur von der Natur inspirieren, sondern auch von den großartigen mittelalterlichen Kirchen Kataloniens, und er war stolz darauf, die Baumaterialien zu verwenden, die das Land hergab: Lehm, Stein und Holz. Im Unterschied zur Überschwänglichkeit seiner Bauten führte Gaudí ein einfaches Leben und war sich auch nicht zu schade, an Türen zu klopfen und um Geld für den Bau der Sagrada Família zu betteln.

Als Gaudí immer experimentierfreudiger wurde, erschien er zunehmend als einsamer Wolf. Im fortgeschrittenen Alter wurde er fast ausschließlich von seinen festen religiösen Überzeugungen angetrieben. Einen großen Teil seiner zweiten Lebenshälfte widmete er dem Wahrzeichen der Stadt, der unfertigen Sagrada Família. Er starb 1926: Bei seinem täglichen Spaziergang zur Kirche Sant Felip Neri wurde er von einer Straßenbahn erfasst. Da er zerrissene Kleidung trug und außer einer Orangenschale nichts bei sich hatte, wurde der Verletzte anfänglich für einen Bettler gehalten und zu einem Krankenhaus in der Nähe gebracht, wo er auf einer Armenstation landete und zwei Tage später verstarb. Seiner Beisetzung wohnten Tausende bei. Sein Leichnam wurde in einer knapp 1 km langen Prozession zur Sagrada Família gebracht, wo er in der Krypta bestattet wurde.

So wie die Arbeiten an der Sagrada Família fortdauern, ist auch Gaudís Geschichte noch lange nicht zu Ende. Im März 2000 beschloss der Vatikan, den Antrag auf seine Heiligsprechung zu prüfen, und schon heute kommen Pilger in die Krypta der Kirche, um ihm Ehre zu erweisen. Einer der wichtigsten Bildhauer, die an der Kirche arbeiten, der Japaner Etsuro Sotoo, trat aufgrund seiner Leidenschaft für Gaudí zum Katholizismus über.

Gaudís Werke

Gaudís Werk ist ein leidenschaftlicher Aufruf zur kraftvollen Bewegung, jedoch oft mit einer traumhaften oder surrealen Note. Das private Wohnhaus Casa Batlló ist ein gutes Beispiel dafür: Alles erscheint als Aufruhr des unnatürlichen Natürlichen – oder des natürlichen Unnatürlichen. Nicht nur sind alle geraden Linien vollkommen verschwunden, sondern auch die Übergänge zwischen Realem und Irrealem, Nüchternem und Trunkenem, Strengem und Spielerischem erscheinen verschwommen. Je nachdem, wie man die Fassade anschaut, sieht man vielleicht den hl. Georg (einen der Schutzpatrone der Stadt), wie er einen Drachen tötet, einen großartigen, schillernden Fisch (ein Symbol der Völker des Mittelmeers) oder Elemente eines ausgelassenen Karnevalsumzugs.

Besonders viel Spaß scheint Gaudí an Dächern gehabt zu haben. Beim Palau Güell schuf er als Schornsteine alle möglichen phantastischen bunten Gebilde aus Kacheln, die überdimensionalen blütenähnlichen Bäumen ähneln und direkt aus *Alice im Wunderland* stammen könnten.

La Sagrada Família

Gaudís Meisterwerk ist die Sagrada Família, mit deren Bau 1882 begonnen wurde. In ihr sind viele der Ideen zu erkennen, die Gaudí über die Jahre entwickelte. Die gewaltigen Ausmaße der Kirche erinnern an die Pracht der gotischen Kathedralen Kataloniens, während die organischen Elemente vom Streben nach Harmonie mit der Natur zeugen.

Die Fassade der Geburt Christi, die einzige, die Gaudí zu Lebzeiten fertigstellte, weist Dutzende von Pflanzenarten auf; zwei der Hauptsäulen werden von Schildkröten getragen. Drinnen neigen sich gewaltige schraubenartige Säulen in dynamischen Winkeln wie große Baumstämme, verästeln sich oben und bilden ein Blätterdach. Die prächtigen Buntglasfenster erzeugen ein Lichtspiel mit lebendigen Farben – feurigen Rot- und Goldtönen und tiefen Blau- und Grüntönen; andere Fenster sind durchsichtig und symbolisieren so Reinheit.

Die Kirche steckt voller Symbole, die auf greifbare Weise Gaudís Glauben verkörpern: Die 18 Glockentürme symbolisieren Jesus, die Jungfrau Maria, die vier Evangelisten und die zwölf Apostel. Die drei Fassaden befassen sich mit Leben, Tod und Auferstehung Christi. Auch die Lage der Kirche ist eindrucksvoll: Die Fassade der Geburt Christi blickt nach Osten, wo die Sonne aufgeht; die Fassade der Passion Christi blickt nach Westen, wo die Sonne untergeht.

Die ungewöhnlichen kriegerähnlichen Schornsteine der Pedrera sollen die Kostümbildner von George Lucas inspiriert haben, die die Figur des Darth Vader und die imperialen Sturmtruppen nach diesen außergewöhnlichen Formen schufen.

GEORGE LUCAS

DOMÈNECH I MONTANER

Lluís Domènech i Montaner (1849–1923) steht zwar im Schatten Gaudís, war aber dennoch einer der großen Meister des Modernisme. Er war ein weitgereister Intellektueller mit Kenntnissen auf allen möglichen Gebieten, von Mineralogie bis zu mittelalterlicher Heraldik. Er war Architekturprofessor, produktiver Schriftsteller und nationalistischer Politiker. Die Frage nach der katalanischen Identität und der Schaffung einer katalanischen Architektur füllten ihn voll und ganz aus. Insgesamt schuf er über ein Dutzend große Bauten.

Eines seiner Meisterwerke ist der überschwängliche Palau de la Música Catalana. Die Fassade schmücken fein gearbeitete gotische Fenster, Blumenmuster (Domènech i Montaner befasste sich auch mit Botanik) und Skulpturen von Figuren aus der katalanischen Volkskultur und der Musik, aber auch von ganz gewöhnlichen Bewohnern der Stadt. Der Konzertsaal überwältigt Besucher mit feinen blumenüberzogenen Kolonnaden, glitzernden Buntglaswänden und -decken und einem Bühnenportal voller Skulpturen, die auf verschiedene Musikwerke anspielen.

Sein anderes großes Meisterwerk ist das Hospital de la Santa Creu i de Sant Pau mit glitzernden Mosaiken an der Fassade und einem Buntglasoberlicht, das das Vestibül mit goldenem Licht erfüllt (wie Matisse glaubte auch Domènech i Montaner an die therapeutische Wirkung von Farben). Der Blumenschmuck, die vielen Skulpturen und die fein gearbeiteten Kuppeln zeugen von einem bemerkenswerten Sinn für Schönheit.

PUIG I CADAFALCH

Wie Domènech i Montaner war auch Josep Puig i Cadafalch (1867–1956) ein Universalgenie: Er war Archäologe, Experte für romanische Kunst und einer der bekanntesten Architekten Kataloniens. Als Politiker und späterer Präsident der Mancomunitat de Catalunya war er eine der bedeutendsten Persönlichkeiten der katalanischen Nationalbewegung.

MODERNISME & KATALANISCHE IDENTITÄT

Der Modernisme in Barcelona stand freilich nicht allein. In England und Frankreich trat er unter dem Namen Art nouveau auf, in Italien als Lo Stile Liberty, in Deutschland als Jugendstil und in Österreich als Sezession. Die ihnen gemeinsame Vitalität lässt sich als modern, neu, freiheitlich und jugendlich zusammenfassen. Ein weiteres gemeinsames Element war die Sinnlichkeit, die Bewegung, Leichtigkeit und Lebendigkeit mit einschloss. Von dieser Strömung wurden Malerei, Bildhauerei, Kunstgewerbe und Architektur erfasst. Die leitmotivische Grundeinstellung war zum Teil beeinflusst von Prinzipien der japanischen Kunst.

Die Bezeichnung Modernisme ist allerdings etwas irreführend, da sie meist als „raus mit dem Alten, rein mit dem Neuen" interpretiert wird. Aber das ist weit entfernt von der Realität. Beginnend mit Gaudí hat sich der Modernisme stets an der Vergangenheit orientiert – sei es an der Gotik, der islamischen Tradition oder der Renaissance. Und zu finden gab es da eine ganz Menge. Dort, wo der Modernisme am verspieltesten wirkt, ironisiert er die Regeln und Formen dieser ganz unterschiedlichen Architektur- und Kunststile auf intelligente Weise, um daraus einen spannenden neuen Stilmix zu schaffen.

Auch die politische Dimension des Modernisme war von Bedeutung: Er entwickelte sich zu einem Mittel, um eine katalanische Identität auszudrücken. Im restlichen Spanien fand der Modernisme kaum Anklang; wo das dennoch der Fall war, waren zumeist katalanische Architekten beteiligt.

Rund 2000 Gebäude in Barcelona und in ganz Katalonien tragen zumindest Züge des Modernisme. Von luxuriösen Wohnanlagen bis zu Kirchen, von Krankenhäusern bis zu Fabriken wurde alles im Modernisme-Stil gestaltet. Allerdings ist der Modernisme im Grunde zu vielseitig, um ihn als einheitlichen „Stil" zu definieren.

Eines seiner vielen modernistischen Juwele ist die Casa Amatller, die einen dramatischen Gegensatz zu Gaudís benachbarter Casa Batlló bildet. Hier gibt es sehr wohl gerade Linien wie auch ausländische Einflüsse (die Giebel sind an niederländische Vorbilder angelehnt). Dazu kommen noch die spielerischen pseudogotischen Skulpturen. Insgesamt schuf Puig i Cadafalch hier ein Haus von eindrucksvoller Schönheit und Schöpferkraft.

Zu den anderen wichtigen Werken von Puig i Cadafalch gehört die Casa Martí (besser bekannt als Els Quatre Gats), eines der ersten Gebäude im Stil des Modernisme in der Stadt (von 1896), mit gotischen Fenstern und originellen schmiedeeisernen Skulpturen. Auch auf dem Gebiet des Industriedesigns war er erfolgreich tätig, wie die Fàbrica Casaramona beweist, ein beeindruckendes Backsteingebäude, das mehr an eine mittelalterliche Festung als an eine Fabrik erinnert. Heute beherbergt es das ausgezeichnete Museum CaixaForum.

Die Mosaiktechnik *trencadís* wurde vor sehr langer Zeit von den Arabern erfunden, aber Gaudí war der erste Architekt, der sie wiederbelebte. Dabei werden aus Keramikfliesen oder Fragmenten zerbrochener Töpfer- oder Glaswaren auf Dächern, Decken, Schornsteinen, Bänken, Skulpturen und allen möglichen anderen Oberflächen mosaikartige Deckschichten geschaffen.

MATERIAL & DEKO

Die Architekten des Modernisme vertrauten auf die Fähigkeiten von Handwerkern, deren Namen heute vergessen sind. Damals gab es zum Beispiel noch keinen Betonguss. Man verwendete stattdessen Ziegelsteine, Stahl- und Eisenrahmen, Buntglas und Keramikfliesen. In der Tat war es weitgehend das Dekor, bei dem sich der Modernisme am überschwänglichsten präsentierte.

Die für diese Arbeiten erforderlichen Handwerker waren die Nachkommen der Gildemeister vergangener Jahrhunderte und hatten ein enormes Wissen darüber angesammelt, was mit den vorhandenen Materialien möglich war und was nicht. Geschmiedetes Eisen und geschmiedeter Stahl waren neu, aber das Erlernen der Fertigkeiten im Umgang damit ähnelte der Art und Weise, wie man mit traditionelleren Materialien umging. Besonders Gaudí baute auf diese alten Fertigkeiten und veranstaltete selbst Workshops, um sie vor dem Vergessen zu bewahren.

Eisen wurde in dieser Zeit zu einem bevorzugten Baumaterial. Nirgendwo sonst ist das besser zu sehen als bei den neu erbauten Markthallen, wie zum Beispiel dem Mercat de la Boqueria, Mercat de Sant Antoni und Mercat de la Llibertat. Ihre großartigen Hallendächer sorgten nicht nur für genügend Schatten auf den darunter ausliegenden Waren, sondern waren auch eine Art Symbol für die Dynamik Barcelonas und den Erfolg der neuen Baustoffe.

Einer der bekanntesten Handwerker, die auf den Baustellen der Architekten des Modernisme arbeiteten, war der in Rom ausgebildete Bildhauer Eusebi Arnau (1864–1934). Er war u. a. am Hospital de la Santa Creu i de Sant Pau, am Palau de la Música Catalana und an der Casa Amatller beteiligt.

Zeitgenössische Architektur

Barcelonas jüngste architektonische Revolution begann in den 1980er-Jahren. Die damalige Ernennung Oriol Bohigas' (geb. 1925) zum Leiter des Stadtplanungsbüros durch die regierende Sozialistische Partei läutete einen Neuanfang ein. Die Stadt begann ihre größte Phase der Erneuerung seit der aufregenden Erschließung des Eixample.

Zeitgenössische Architektur

Torre Agbar (S. 124) (Barceloneta)

Teatre Nacional de Catalunya (S. 159) (Eixample)

Mercat de Santa Caterina (S. 110) (La Ribera)

W Barcelona (S. 227) (Barceloneta)

Santos Porta Fira Hotel (Llobregat)

Edificio Fòrum (Plaça de Llevant)

Les Arenes (Plaça d'Espanya)

BARCELONA SEIT DEN OLYMPISCHEN SPIELEN

Die größten städtebaulichen Neuerungen der letzten hundert Jahre geschahen im Vorfeld der Olympischen Spiele von 1992, als über 150 Architekten an fast 300 Gebäuden und Designprojekten arbeiteten. Dabei wurde die Stadt teilweise komplett umgekrempelt, etwa durch den Bau großer Stadtautobahnen oder die Sanierung ganzer heruntergekommener Stadtviertel. Die Stadtverwaltung nutzte für diese Projekte auf clevere Weise staatliche Gelder, die sonst niemals bewilligt worden wären. Mehrere Kilometer Ödland am Meer, darunter auch der Port Vell, wurden in blitzsaubere neue Strände umgewandelt – plötzlich verfügte Barcelona über erstklassige Grundstücke und Immobilien am Wasser. Die Aufgabe, Montjuïc aufzuwerten, begann mit der Umgestaltung des Olympiastadions und der Schaffung von Wahrzeichen wie Santiago Calatravas berühmtem Torre Calatrava.

Nach 1992 entstanden weitere herausragende Gebäude an strategischen Stellen, meist mit dem Hintergedanken, dadurch die jeweilige Umgebung mit mehr Leben zu füllen. Eines der markantesten dieser Vorhaben war das strahlend weiße Museu d'Art Contemporani de Barcelona (Macba), das 1995 eröffnete. Es wurde von Richard Meier entworfen und umfasst die für den amerikanischen Architekten typischen Elemente – den geometrischen Minimalismus, die durchgehende Nutzung von Weiß zusammen mit Glas und Stahl – und wird in Architekturkreisen nach wie vor heiß diskutiert. „Meiers Gebäude war schlecht für die Kunst, schlecht beleuchtet und hatte räumlich kaum einen Zusammenhalt", schrieb Kunstkritiker Robert Hughes.

Insgesamt begeisterter wurde das 1996 eröffnete Teatre Nacional de Catalunya aufgenommen, ein herrlicher Stilmix aus Neoklassizismus und Moderne. Mit seinen 26 Säulen, einem einzigen Giebeldach und einer großen Eingangstreppe hat es die Form eines griechischen Tempels, doch seine gläserne Hülle verleiht ihm Helligkeit und Offenheit.

Henry Cobbs World Trade Center, das an der Spitze eines Kais in Port Vell aufs Wasser hinausragt, wurde von Ricardo Bofills neuem Hotel W Barcelona in den Schatten gestellt. Dessen segelartige Front, blickt vom südlichen Ende des Strands von La Barceloneta aufs Meer.

Eines der größten Projekte der letzten zehn Jahre ist Diagonal Mar. In der Nordostecke der Stadt entstand auf einer Brache am Meer ein ganzes neues Viertel. Wohnblocks, Bürotürme am Wasser und Fünf-

KUNST IM ÖFFENTLICHEN RAUM

Auf den Straßen Barcelonas sind eine ganze Reihe von Skulpturen zu bewundern, zum Beispiel Mirós 1983 entstandene *Dona i Ocell* in dem Park, der dem Künstler gewidmet ist, oder *Peix* (Fisch), Frank Gehrys glänzender, bronzefarbener kopfloser Fisch gegenüber dem Port Olímpic. Auf halbem Weg die Rambla hinunter trifft man an der Plaça de la Boqueria auf Mirós *Mosaïc de Miró*.

Picasso hat an der Fassade des Col.legi Arquitectes gegenüber der Kathedrale im Barri Gòtic seine Signatur hinterlassen. Andere Skulpturen im öffentlichen Raum sind der *Barcelona Head* von Roy Lichtenstein am unteren Ende der Via Laietana und Fernando Boteros *El Gat* auf der Rambla del Raval.

In Barceloneta steht Rebecca Horns Hommage an die alten Hütten, die hier früher am Wasser standen. Der scheinbar wackelige Stapel heißt denn auch *Homenatge a la Barceloneta* (Hommage an La Barceloneta, 1992). Etwas weiter südlich befindet sich die *Homenatge als Nedadors* (Hommage an die Schwimmer, 2003) von Alfredo Lanz, eine komplexe Metallskulptur von Schwimmern und Tauchern.

1983 schuf Antoni Tàpies am Passeig de Picasso seine *Homenatge a Picasso*, einen mit Sperrmüll gefüllten Glaskubus in einem Teich. Antoni Llenas *David i Goliat*, eine massive Skulptur aus Eisenröhren und -blech im Parc de les Cascades nahe den zwei Hochhäusern des Port Olímpic, sieht aus wie ein von Halloween inspirierter zerknitterter Drachen. Ein Stück weiter, in der Avinguda d'Icària, stehen die sogenannten *Pergoles*, recht merkwürdige verdrehte Metallkonstruktionen des Architekten Enric Miralles.

Und wer oder was sitzt da nachdenklich am Ende der Rambla de Catalunya? Die Skulptur eines denkenden Bullen, ein Werk von Josep Granyer, heißt einfach *Meditatió*. Was Rodin wohl davon gehalten hätte?

Eines der besten Beispiele für verschrobene öffentliche Kunst in Barcelona ist Xavier Mariscals *Gamba* (Garnele – sieht aber eher wie eine Languste aus) am Passeig de Colom. Sie wurde 1987 auf dem Dach der Bar Gambrinus installiert und ist seither eine Art Symbol für die Meeresfrüchte-Küche der Stadt.

Sterne-Hotels – darunter das auffallende Hotel Me (fertiggestellt 2008) von Dominique Perrault – prägen den neuen Bezirk. Das über dem Boden schwebende blaue dreieckige Edifici Fòrum der Schweizer Architekten Herzog & de Meuron ist das bemerkenswerteste Gebäude hier, zusammen mit einer riesigen Fotovoltaikanlage, die das Viertel zum Teil mit Strom versorgt. Ein großer Bereich des Viertels wurde 2004 fertiggestellt, doch entstehen ständig weitere Neubauten.

Der wichtigste Neuling in der Skyline entstand im Jahr 2005. Der glitzernde gurkenförmige Torre Agbar, ein Werk des französischen Architekten Jean Nouvel, steht für das Bestreben der Stadt, die Hightechzone 22@ Wirklichkeit werden zu lassen.

Im Südwesten, Richtung Flughafen, wird das neue Messegelände Fira M2 entlang der Gran Via de les Corts Catalanes nun von roten „zweieiigen" Zwillingstürmen geprägt, von denen einer das Hotel Santos Porta Fira beherbergt und der andere Büros. Entworfen wurden die Türme vom japanischen Stararchitekten und Gaudí-Fan Toyo Ito.

Im Herzen von La Ribera sorgt der brandneue Mercat de Santa Caterina für eine erfrischende Atmosphäre. Mit ihrem gewellten Keramikdach und ihrer röhrenförmigen Struktur ist die Markthalle ein beeindruckendes Gebäude. Gestaltet wurde sie von Enric Miralles (1955–2000), der leider früh verstarb. Miralles' Edifici de Gas Natural, ein 100 m hoher Glasturm in Wassernähe in La Barceloneta, beeindruckt durch seine spiegelartige Oberfläche und die merkwürdig herausragenden Nachbargebäude, die aussehen, als seien sie riesige Glasfelsen, die aus der Seite des Hauptturms herausbrechen.

Niemand sehnt sich nach den Tagen vor den Olympischen Spielen zurück, als der gesamte Küstenstreifen ein gefährliches und verseuchtes Ödland war. Einige Alteingesessene vermissen jedoch die alten wackeligen Restaurantschuppen, die auf Stelzen über dem Wasser standen und völlig schnörkellose, aber köstliche Fischgerichte servierten.

DAS BARCELONA VON MORGEN

Nach wie vor werden in der Stadt große Bauvorhaben umgesetzt, wenngleich das Ganze durch die anhaltende Wirtschaftskrise etwas ins Stocken geraten ist. Die Umgestaltung der Plaça de les Glòries Catalanes und ihrer Umgebung ist eines der jüngsten Projekte. Damit soll dem gesamten Viertel neues Leben eingehaucht werden, sodass es auch für Touristen attraktiv wird. Dazu führt das Architekturbüro MBM (Martorell, Bohigas & Mackey) eine Reihe von Projekten aus: So wird eine hässliche Hochstraße abgerissen, größere Durchgangsstraßen werden unter die Erde verlegt und es entstehen neue Parks und ein unterirdischer Bahnhof. Zentrum des Ganzen wird das Disseny Hub (ein Designmuseum), ein anspruchsvoller umweltfreundlicher Bau mit Metallverkleidung. Das leicht futuristische Gebäude wird wie ein Amboss über die neue Grünanlage und den kleinen See ragen. Weiter östlich wird der im Bau befindliche dynamische Spiralturm von Zaha Hadid die Skyline der Stadt noch futuristischer wirken lassen; die hypermoderne Architektur soll der weiteren Erschließung des Viertels 22@ dienlich sein.

Im Areal Diagonal Mar/Fòrum schreiten die Arbeiten zügig voran. Der markanteste Neubau, ein 24-stöckiger, verwegen schmal geschnittener Wolkenkratzer, dient als neuer Hauptsitz der nationalen Telefongesellschaft Telefónia. Entworfen von Enric Massip-Bosch, ist der Bau als Torre ZeroZero bekannt. Kurz nach Fertigstellung wurde er mit dem renommierten LEAF-Preis des Leading European Architects Forum als bestes kommerzielles Gebäude ausgezeichnet.

Etwas weiter vom Stadtzentrum entfernt befindet sich das lang vernachlässigte Viertel La Sagrera. Hier soll die Gestaltung eines großen Verkehrsknotenpunkts für U-Bahn, Busse und den Hochgeschwindigkeitszug AVE aus Madrid durch ein charakteristisches Gebäude von Frank Gehry vervollständigt werden. Die fünf verdrehten Türme aus Glas und Stahl sollen sich zum großen Teil selbst mit Sonnenenergie versorgen. Wenn er fertig ist, wird Sagrera der größte Bahnhof Spaniens sein.

STADT-ERNEUERUNG

Der bedeutende britische Architekt und Stadtplaner Richard Rogers erklärte im Jahr 2000, dass Barcelona „weltweit die vielleicht erfolgreichste Stadt auf dem Gebiet der Stadterneuerung" sei.

Richard Rogers verwandelte die ehemalige Stierkampfarena Las Arenas auf der Plaça d'Espanya in einen einzigartigen, kreisförmigen Freizeitkomplex, der 2011 eröffnet wurde und Geschäfte, Kinos und vieles mehr beherbergt. Die maurisch wirkende Fassade aus dem 19. Jh. blieb erhalten. Schön ist auch das Dach mit Blick auf die offene Promenade mit Cafés und Restaurants.

Aufgrund der Wirtschaftskrise wurden einige extravagante Projekte vorerst auf Eis gelegt. Der neue Barça-Präsident stoppte Norman Fosters atemberaubenden Umbau des Camp Nou. Foster, der in der Vergangenheit eher gedämpfte Farben bevorzugte, „hat begonnen, Gebäude zu entwerfen, als ob er LSD genommen hätte", schrieb Tom Dyckhoff in der Londoner *Times*. Der Umbau, der aus dem Stadion eine bunte, im Dunkeln glühende Torte gemacht hätte, ist auf unbestimmte Zeit verschoben.

Musik & Tanz

Barcelonas lebendige Musik- und Tanzszene ist sowohl von traditionellen als auch modernen Künstlern geprägt worden. Von der in den dunklen Jahren der Diktatur entstandenen *Nova Cançó* bis zur katalanischen Form der Rumba und den Rockballaden der 1970er- und 1980er-Jahre, hat sich die Musikkultur der Stadt stets weiterentwickelt. Die heutigen Bands sind weiter damit beschäftigt, die Genregrenzen aufzuweichen, indem sie Rhythmen aus aller Welt miteinander verschmelzen. Auf dem Gebiet des Tanzes überrascht die Popularität des Flamenco; und auch der alte Volkstanz *Sardana* erfreut sich einer kleinen, aber wachsenden Anhängerschaft.

ZEITGENÖSSISCHE MUSIK

Nova Cançó

Seltsamerweise war es wahrscheinlich die Unterdrückung durch das Franco-Regime, die das Entstehen einer lebendigen katalanischen Musikszene förderte. In jenen dunklen Zeiten, in den 1950er-Jahren, wurde nämlich die Musikströmung der *Nova Cançó* (Neues Lied) geboren, um der Unterdrückung der katalanischen Sprache auf musikalische Weise zu begegnen. Auch wenn es kaum möglich war, im Rundfunk dafür Sendezeiten zu bekommen, schafften einige katalanische Musiker es dennoch, in ganz Spanien groß herauszukommen. Einer davon war der in Valencia geborene Raimon.

In Katalonien fast noch beliebter war und ist der an Bob Dylan erinnernde Sänger und Songwriter Lluis Llach wegen seiner mehr oder weniger regimekritischen Songs. Eine weitere katalanische Musiklegende ist Joan Manuel Serrat, dessen Musik mittlerweile in Buenos Aires ebenso gern gehört wird wie in Barcelona. Er stammt aus dem Viertel Poble Sec und singt seine poetischen Songs auf Katalanisch und Spanisch. Plattenerfolge sind dem eingefleischten Katalanen aber nicht wichtiger als seine Überzeugungen – 1968 weigerte er sich zum Beispiel, beim Grand Prix Eurovision für Spanien anzutreten, weil er dort nicht auf Katalanisch singen durfte. Zur Strafe galt für ihn anschließend in Spanien lange Zeit ein Bühnenverbot.

Zur selben Zeit, als die Sänger der *Nova Cançó* das Franco-Regime ins Visier nahmen, klagten Volkssänger in Lateinamerika ihre eigenen korrupten Militärdiktaturen an. Lieder legendärer Künstler wie Victor Jara aus Chile, Mercedes Sosa aus Argentinien und Chico Buarque aus Brasilien vereinten die Menschen im Kampf gegen die Unterdrückung.

SEHNSUCHT NACH KUBA

Die älteste musikalische Tradition, die zu einem gewissen Grad in Katalonien überlebt hat, ist die der *havaneres*. Es sind nostalgische und melancholische Lieder, die im 19. Jh. in Kuba lebende Katalanen zurück in ihre Heimat brachten. Selbst nachdem Spanien seine Kolonie Kuba 1898 verloren hatte, blieb die *havanera*-Tradition (eine Mischung aus kubanischen und europäischen Rhythmen) erhalten. Ein Erlebnis ganz besonderer Art ist auch heute noch die *Cantada d'Havaneres* (www.havanerescalella.cat, auf Katalanisch), ein Abendkonzert, das jedes Jahr Anfang Juli in Calella de Palafrugell an der Costa Brava stattfindet. Ansonsten gibt es entlang der Küste oder auch in Barcelona selbst immer wieder ähnliche Veranstaltungen, allerdings ohne feste Termine.

DIE RÜCKKEHR DER RUMBA

In den 1950er-Jahren entstand unter den *gitanos* (spanische Roma) in den Bars von Gràcia und im Barri Gòtic ein neuer Sound, eine Mischung aus Flamenco, Salsa und anderen lateinamerikanischen Klängen. Einer der Begründer der Rumba Catalana war Antonio González, bekannt unter dem Namen El Pescaílla. Der in Matarò geborene *gitano* Peret machte diese für Barcelona typische Musikform dann einem breiteren Publikum bekannt, schließlich auch im Ausland. Ende der 1970er-Jahre jedoch ging der katalanischen Rumba vorübergehend die Luft aus: Peret wurde religiös, und El Pescaílla lebte im Schatten seiner Frau, der Flamenco-Tänzerin Lola Flores, in Madrid. Aber der in Buenos Aires geborene Javier Patricio „Gato" Pérez entdeckte die Rumba 1977 neu und verlieh ihr seine eigene Note mit einigen populären Platten wie zum Beispiel *Atalaya*. Danach, Anfang der 1980er-Jahre, schien die Rumba erneut am Ende. Aber weit gefehlt! Seit einigen Jahren ist der Tanz in Barcelona wieder in: Neue Rumba-Bands wie z. B. Papawa, Barrio Negro and El Tío Carlos haben sich formiert. Andere Bands mixen Rumba mit anderen Stilen wie Reggae oder Ragga.

Rock Català

Seit den 1980er-Jahren hat sich eine Barcelona-typische Art von Rock entwickelt, der *Rock Català*. Er unterscheidet sich zwar nicht groß vom Rock anderswo, aber gesungen wird er auf Katalanisch. Zu den beliebtesten Bands der letzten Jahre gehören die Gruppen Sau, Els Pets, Lax'n Busto und Obrint Pas aus Valencia.

Die Pinker Tones sind ein Duo aus Barcelona, das sich recht schnell mit seinem elektronischen Mix aus Tanz- und Filmmusik einen internationalen Namen gemacht hat. Eine weitere Band aus Barcelona mit internationalen Ambitionen ist Macaco, die in verschiedenen Sprachen singt (u. a. Katalanisch, Spanisch, Englisch und Portugiesisch) und in ihren Rockhymnen Latino-Rhythmen mit Electronica zusammenbringt. Wenn Einheimische vom „Raval Sound" (der nach dem immer noch etwas heruntergekommenen Altstadtbezirk benannt wurde) reden, meinen sie normalerweise genau diesen unverwechselbaren Sound.

In ganz Spanien noch erfolgreicher ist die Gruppe Estopa, ein Rock-Duo aus Cornellà, einer Vorstadt von Barcelona. Die Gitarre spielenden Brüder singen spanischen Rock, manchmal mit Flamenco-Anklängen. Pastora nennt sich ein Trio aus Barcelona, das mit Erfolg eine eigene Variante spanischer Popmusik spielt und dabei elektronische und akustische Klänge mischt.

Der im Stadtteil Sabadell geborene Albert Pla ist einer der umstrittensten Liedermacher in Spanien. Seine Musik und seine Texte changieren zwischen Rock, Bühne und Film; er gilt als eine Art Multitalent.

Eine noch experimenteller ausgerichtete Band ist Cabo San Roque aus El Raval mit gewaltigen Klangteppichen, kräftigen Rhythmen und mechanischen Akzenten, wobei sie bei ihren avantgardistischen Performances oft unkonventionelle Instrumente à la John Cage einsetzen. Bei einem Auftritt teilte sich die fünfköpfige Band die Bühne mit einer polyphonen Waschmaschine, die mittels einer Fahrradkette angetrieben wurde.

Ein weiterer wichtiger Name in der Szene von El Raval ist 08001 – nach der Postleitzahl des Bezirks. Das sich stets wandelnde Kollektiv bringt Musiker aus aller Welt zusammen und vereint so die ungewöhnlichsten Klänge von Hip-Hop, Flamenco, Reggae und Rock bis zu Musik aus Marokko, Westafrika, der Karibik und von anderswo.

Top-Alben

Techari, Ojos de Brujo

Verges 50, Lluís Llach

Wild Animals, Pinker Tones

Voràgine, 08001

Rey de la Rumba, Peret

La Diferencia, Albert Pla

X Anniversarium, Estopa

KLASSIK, OPER & BAROCK

Spaniens Beitrag zur Welt der klassischen Musik war eher bescheiden, aber Katalonien hat immerhin einige herausragende Komponisten hervorgebracht. Der bekannteste ist der in Camprodon geborene Isaac Albéniz (1860–1909), ein begabter Pianist, der später zum Komponisten wurde. Sein bekanntestes Werk ist der *Iberia*-Zyklus.

Montserrat Caballé stammt aus Barcelona und ist noch immer eine der berühmtesten Sopranistinnen der Welt. Sie wurde 1933 in Gràcia geboren und gab ihr internationales Debüt 1956 in Basel. Ihr erstes großes Konzert in Spanien fand 1960 im Gran Teatre del Liceu statt. 1965 erlebte sie mit einem frenetisch bejubelten Konzert in der New Yorker Carnegie Hall ihren internationalen Durchbruch. Gelegentlich tritt sie zusammen mit ihrer Tochter Montserrat Martí auf, die ebenfalls Sopranistin ist. Ähnlich berühmt war vor ihr auch die katalanische Sopranistin Victoria de los Ángeles (1923–2005). Und natürlich muss an dieser Stelle auch einer der „Großen Drei" erwähnt werden: der in Katalonien geborene Tenor Josep (José) Carreras.

Jordi Savall fiel die Aufgabe zu, ein musikalisches Erbe wiederzuentdecken, das es schon vor den großen Klassikern gab. Er und seine Frau, die Sopranistin Montserrat Figueras, haben nämlich zusammen mit Künstlern aus anderen Ländern musikalische Schätze des Mittelalters, der Renaissance und des Barock ausgegraben. 1987 gründete Savall die Capella Reial de Catalunya und nur zwei Jahre später das Barockorchester Le Concert des Nations. Gelegentlich treten diese Ensembles in der Església de Santa Maria del Mar und anderswo auf.

TANZ

Flamenco

Wer glaubt, die Leidenschaft für den Flamenco sei auf Südspanien beschränkt, irrt. Denn die *gitanos* leben eigentlich fast überall in Spanien und einige der großen Flamenco-Tänzer stammen direkt aus Katalonien. *Gitanos* gab es hier also schon lange, bevor viele von ihnen in den 1960er-Jahren massenhaft aus dem spanischen Süden zuwanderten und in Katalonien eine Flamenco-Bar nach der anderen eröffnete.

Eine der größten *bailaoras* (Flamenco-Tänzerinnen) aller Zeiten, Carmen Amaya (1913–1963), wurde sogar in Barcelona geboren – dort, wo heute Port Olímpic liegt. Vor dem Bürgerkrieg tanzte sie zu den Gitarrenklängen ihres Vaters in den Straßen und Bars der Rambla.

Sehr zum Kummer von Flamenco-Puristen in Südspanien haben nicht wenige der heutigen Flamenco-Stars zumindest ihre Ausbildung in einer der Flamenco-Schulen Barcelonas genossen, darunter die Tänzer Antonio Canales und Joaquín Cortés. Weitere katalanische Flamenco-Stars sind die *cantaores* (Sänger) Juan Cortés Duquende und Miguel Poveda, der aus Badalona stammt. 2006 brachte er sogar ein Album auf Katalanisch mit dem Titel *Desglaç* heraus. Eine weitere interessante Flamenco-Künstlerin ist Ginesa Ortega Cortes (geb. 1967), die in Frankreich geboren wurde. Sie singt einerseits sehr traditionell, liebt aber auch Experimente. So hat sie beispielsweise in ihrem 2002 erschienenen Album *Por los Espejos del Agua* Flamenco und Reggae miteinander verknüpft und auch Lieder von Joan Manuel Serrat und Billie Holliday im Flamenco-Stil gesungen.

Eine nicht minder aufregende, 1996 in Barcelona gegründete Musikgruppe, die sich jeder Definition entzieht, ist Ojos de Brujo (Hexeraugen), eine Combo aus sieben Männern und einer Frau, die einen Mix aus Flamenco, Rumba, Rap, Ragga und elektronischer Musik produziert.

PAU CASALS

Pau (Pablo) Casals (1876–1973) war einer der größten Cellisten des 20. Jhs. Er lebte im Exil in Südfrankreich und erklärte, er wolle nicht mehr öffentlich auftreten, solange das Franco-Regime von den demokratischen Staaten des Westens toleriert werde. 1958 wurde er für den Friedensnobelpreis vorgeschlagen.

Sardana

Der katalanische Tanz schlechthin ist die Sardana, deren Ursprünge in der nördlichen katalanischen Region Empordà liegen. Verglichen mit dem Flamenco ist der Tanz zweifellos eher nüchtern, unterscheidet sich aber nicht allzu sehr von anderen mediterranen Volkstänzen.

Bei diesem Tanz halten sich die im Kreis aufgestellten Tänzer an den Händen und warten zunächst darauf, dass die etwa zehn Musiker zu spielen beginnen. Das Startzeichen gibt die *flabiol,* eine kleine Holzflöte. Sobald die anderen Musiker einsetzen, beginnt der Tanz – eine Reihe von Tanzschritten nach rechts, einer zurück, und dann das Ganze nach links. Allmählich werden die Klänge der Musik schneller und feuriger, die Tanzschritte komplizierter, die Sprünge höher, und die Tänzer reißen die Arme in die Höhe. Dann kehren sie zum Ausgangsrhythmus zurück und fahren darin fort. Wenn sich Neulinge einreihen wollen, wird ihnen bereitwillig Platz gemacht, während der Tanz zwanglos weitergeht.

Katalanische Küche

Die Küche Barcelonas wartet mit erstklassigen Köchen, phantasievollen Rezepten und frischen Zutaten vom Land und aus dem Meer auf. Katalanische Spitzenköche wie Ferran Adrià und Carles Abellán sind weltbekannt und haben die Haute Cuisine verändert, doch in den Tapasbars und Gaststätten der Stadt können Gäste auch klassische katalanische Gaumenfreuden genießen.

KULINARISCHE WURZELN

Die Römer bauten in der Kleinstadt Barcino nicht nur gerade Straßen, einen großen Tempel und eine funktionierende Kanalisation, sie richteten sich auch nach ihren Essgewohnheiten ein, und dazu gehörten grundsätzlich Oliven und Trauben. Zum Glück hat ihre Vorliebe für *garum* (eine Art Fischpaste, die auf langen Seereisen haltbar war) das Ende des Imperiums nicht überlebt.

Die jahrhundertelange maurische Besetzung schlug sich in der Verwendung von Gewürzen wie Safran und Kreuzkümmel und bei den Desserts in den vielen honiggetränkten Süßigkeiten, Mandeln und Früchten nieder. Weitere Quellen kulinarischer Inspiration boten Kolonialwaren aus Südamerika, wie Kartoffeln, Tomaten und natürlich Schokolade.

Literatur

Ein Tag im elBulli (Ferran Adrià)

Katalanisch kochen. Gerichte und ihre Geschichte (Torsten Eßer)

Tapas favoritas. Die 101 besten Rezepte aus Spaniens Tapas-Bars (Fiona Dunlop)

EIN LAND DER IMMIGRANTEN

Barcelona zieht seit Langem Migranten an, zunächst aus Spanien und seit den 1990er-Jahren aus aller Welt. Daher ist die Stadt voll mit galicischen Fischrestaurants, baskischen Tapasbars und seit rund 20 Jahren auch exotischen Lokalen. Zwar waren preisgünstige, freundliche Chinarestaurants schon längst etabliert, doch ließen sich vor 1990 die Japaner, Thais oder Inder an einer Hand abzählen. Heute ist das ganz anders. Plötzlich gibt es überall Pizzerien, Sushi-Restaurants, Tandoori-Tafeln, Thai-Imbisse, koreanische Lokale und Dönerbuden. Seit Beginn dieses Jahrhunderts hat sich die Anzahl an nicht spanischen Restaurants vervierfacht.

Wenn der Kellner *pijama* vorschlägt, dann ist das keine Aufforderung, nach Hause und ins Bett zu gehen, sondern die Empfehlung, eines der berüchtigtsten Desserts der Landesküche zu kosten. Es besteht aus Pfirsichscheiben, einem Klecks Flan, zwei Kugeln Eiscreme (etwa Erdbeere und Vanille) und einem Sahnehäubchen mit Schokoladenverzierung!

DAS KATALANISCHE FÜLLHORN

Die katalanische Küche basiert auf einer breiten Palette von Zutaten und Traditionen. Manche Gerichte werden bezeichnenderweise mit *mar i muntanya* (Meer und Berg, eine Mischung aus Meeresfrüchten und Fleisch) betitelt. Die Menschen von Barcelona liebten schon immer, was sich Essbares vor ihren Küsten tummelte (in römischen Annalen liest man, dass die fetten Austern der Gegend damals fester Bestandteil der Ernährung waren), während im katalanischen Hinterland, besonders in den Pyrenäen, recht deftig gekocht wird. Mit kräftigen Wintereintöpfen und einer Vorliebe für verschiedene Würste, Schwein und Wild trägt die ländliche

Tradition Kataloniens viel zu Gerichten auf spanischen Tellern bei. Die Katalanen fügen diesem Grundstock noch verschiedene Soßen hinzu und verweisen damit auf den Einfluss der Franzosen.

Die Grundlagen

Die Grundnahrungsmittel sind recht einfach: Brot und Olivenöl – und viel Knoblauch. Kein Katalane würde eine Mahlzeit ohne Brot essen, und Olivenöl findet seinen Weg in fast alle Rezepte. Dem Katalanen ist das Konzept von Butterbrot unverständlich, wo doch *pa amb tomàquet/pan con tomate* (Brotscheiben, die mit Tomate, Olivenöl, Knoblauch und Salz eingerieben werden) so viel besser schmecken!

Es gibt viele heimische Arten von Olivenöl, aber eines der besten ist Borges, das seit 1896 in Tàrrega in der Provinz Lleida hergestellt wird. Gewürze glänzen dagegen eher durch Abwesenheit. Wenn etwas als *picante* (scharf) bezeichnet wird, kann ohne Weiteres davon ausgegangen werden, dass es nur etwas schärfer als mild ist.

Fisch & Meeresfrüchte

Fisch und Meeresfrüchte stellen natürlich wichtige Bestandteile der regionalen Küche dar. Nur ein geringer Teil des in Katalonien konsumierten Fischs wird vor Ort gefangen: Was auf den Teller kommt, stammt überwiegend aus dem Golf von Biskaya, aus Frankreich, Großbritannien oder gar Südafrika (hier insbesondere Kabeljau). Während 1996 nur etwa 15 % aller auf dem Großmarkt (Mercebarna) von Barcelona verkauften Waren importiert wurden, kam 2011 schon über die Hälfte aller Fische aus dem Ausland.

VEGETARIER

Vegetarier und besonders Veganer haben es in Spanien zum Teil recht schwer, aber in Barcelona schaffen viele neue vegetarische Restaurants endlich Abhilfe. Bei herkömmlichen Salaten (wie z. B. *amanida catalana*) ist jedoch Vorsicht geboten, da sie nicht selten Schinken oder Thunfisch enthalten.

Reis als Basis

Die Hauptzutat zur Paella, Reis, wird nicht weit von der Stadtgrenze entfernt angebaut, nämlich im Delta de l'Ebre im südlichen Katalonien, und kommt oft zum Einsatz. Die Reisgerichte in Barcelona mit Fisch aus dem Mittelmeer und Fleisch von den nahen Bergen zählen zu den besten Spaniens – nur denen aus Valencia können sie nicht das Wasser reichen.

Pilze sammeln

Bolets (Waldpilze) sind eine wahre Passion – im Herbst verschwinden die Katalanen im Wald, um sie zu suchen. Die großen, fleischigen *rovellons* (Edelreizker) sind besonders beliebt. *Trompetas de la muerte* (Totentrompeten) gibt es im Sommer und Herbst, und sie sind eine Delikatesse. Bei einem Besuch im Oktober auf dem Boqueria-Markt im Zentrum von Barcelona lassen sich noch weitere Sorten entdecken.

Käseherstellung

Katalanischer Käse wird hauptsächlich in La Seu d'Urgell, der Cerdanya und der Region Pallars im Nordwesten hergestellt. Obwohl einige traditionelle Käsesorten selten werden, kann man auf Bauernmärkten und in Feinkostläden immer noch Produkte wie *formatge de tupí* (Ziegenkäse in Olivenöl) kaufen.

Italienisch beeinflusste Gerichte

Die katalanische Version von Pizza heißt *coca* und hat meist eine längliche Form wie eine breite Zunge. Es gibt mehrere Variationen, sowohl herzhafte als auch süße. Herzhafte sind mit Tomaten, Zwiebeln, Paprika und manchmal Sardinen belegt. Die süße Version wird oft mit Mandeln gebacken. Sie ist beliebter und Teil vieler Feste wie z. B. des Dìa de Sant Joan im Juni. Außerdem lieben die Katalanen Pasta, und *canelons* (ähnlich den italienischen Cannelloni) kommen oft auf den Tisch.

Tapas

Statt eine Mahlzeit im Sitzen einzunehmen, bevorzugen einige Einheimische *tapear* oder *ir de tapeo* (von Tapasbar zu Tapasbar ziehen, auch *picar* oder *pica-pica* genannt). Dabei stehen die Gäste locker in Bars herum und suchen sich etwas aus dem Angebot herzhafter Leckerbissen aus. Ob man nun die ganze Zeit in einer Bar bleibt oder weiterzieht, überall wird getrunken und schnabuliert bis zum Abwinken.

Ursprünglich scheinen Tapas vom Brauch herzustammen, Getränke mit einem Deckel *(tapa)* zu servieren, vielleicht um lästige Fliegen abzuhalten. Eine *tapa* war vielleicht ein Stück Brot, und später wurde es als normal angesehen, etwas auf das Brot zu geben – möglichst etwas Salziges, um den Durst anzuregen. Einige Bars servieren heute noch kostenlos ein paar Oliven oder Cracker mit dem Bier, aber da Tapas eigentlich eine südspanische Tradition sind, ist das in Barcelona eher selten. Hier wird normalerweise für alles bezahlt.

Seit Mitte der 1990er-Jahre ist die Anzahl baskischer Tapasbars in die Höhe geschossen.

NUEVA COCINA ESPAÑOLA

Avantgardistische Köche haben Katalonien auf der ganzen Welt mit ihrem kulinarischen Schöpfergeist, ihrem Engagement für das Essen als Kunst und ihren verrückten Interpretationen traditioneller regionaler Küche berühmt gemacht. Was als kleines Experiment begann, löste eine Essensrevolution aus, zunächst in Spanien, dann auch in den anderen wichtigen gastronomischen Zentren der Welt.

Einer der Großväter der *nueva cocina española* ist der äußerst erfinderische katalanische Koch Ferran Adrià, der Ende der 1980er- und in den 1990er-Jahren mit neuen Methoden der Essenszubereitung experimentierte. Er verwandelte Flüssigkeiten und feste Speisen in Schäume, schuf aus klassischen Zutaten „Eiscreme" mit Hilfe von flüssigem Stickstoff, unterzog Speisen der Gefriertrocknung, um aus ihnen konzentrierte Pulverversionen herzustellen, und nutzte die Methode der Sphärifikation, um ungewöhnliche und künstlerische Formen zu schaffen. Dieses alchemistische Kochen wurde später als Molekularküche bezeichnet und löste eine Welle der Neuerungen aus, da immer mehr Köche Adriàs Techniken studierten und eigene Erfindungen einbrachten.

Egal, wie man das Ganze nennt – Adrià beschreibt seine Technik als „Dekonstruktion" –, wichtig ist v. a. Kreativität. Die Köche der *nueva cocina* möchten schmackhafte Gerichte schaffen, die auch zum Denken anregen. Dies ist Kochen als echte Kunst: Alles, was einem vertraut erscheint, wird in etwas wundersames Neues und manchmal völlig Surreales verwandelt. Ein Beispiel für diese Dekonstruktion ist die Verwandlung der klassischen *tortilla española* (spanisches Omelett). Man nehme die drei Zutaten – Eier, Kartoffeln und Zwiebeln – und bereite alle drei separat zu, wobei man ihre traditionelle Konsistenz verändert. Die Kartoffeln werden in einen Schaum verwandelt, die Zwiebeln püriert, und aus den Eiern macht man eine Mousse-ähnliche Zabaglione. Dann werden die drei Komponenten übereinander geschichtet mit frittierten Kartoffelstückchen garniert. Das Ganze wird in einem Sherryglas serviert – und fertig ist eine radikal neue Version der *tortilla española*.

Die Gäste müssen sich vielleicht einstellen auf: Olivenöl-„Kaviar", warme Eiscreme, eine Piña Colada aus Kokosschaum, dehydrierte Ananas und Rum-Gel, serviert auf einem Löffel, sphärische Oliven (Olivenpüree und Kräuter, die eine merkwürdige Nachbildung echter Oliven abgeben), „Schnee" aus Gazpacho mit Sardellen oder in Spaghetti verwandelten gelierten Parmesan.

Das El Bulli, das vielen bis zu seiner Schließung 2011 als eines der besten Restaurants der Welt galt, führte die Welt in die *nueva cocina española* ein. Doch trotz der hohen Preise (die Festpreismenüs kosteten 270 € pro Person) rentierte sich das Restaurant nie. Gewinne wurden allein durch El-Bulli-Produkte und Vorträge von Koch Ferran Adrià erzielt.

EL BULLI

Spanischer Wein & Cava

Spanien ist das Land der Weintrinker, und so wird *vi/vino* (Wein) zu allen Mahlzeiten getrunken, vom Frühstück einmal abgesehen! Spanischer Wein – ob nun *blanc/blanco* (weiß), *negre/tinto* (rot) oder *rosat/rosado* (rosé) – hat es durchaus in sich, was zum Teil auf das Klima, aber auch auf die unterschiedlichen Reben sowie die Keltermethoden zurückzuführen ist. Lange wurde unter dem Motto „Quantität vor Qualität" gekeltert, heute ist aber Qualität das entscheidende Merkmal. Wie in anderen weinproduzierenden EU-Ländern ist generell zwischen zwei Kategorien zu unterscheiden: Tafelwein und Qualitätswein.

Gelegentlich wird man gefragt, ob man gern einen *chupito* hätte, um eine Mahlzeit abzurunden. Dabei handelt es sich um einen kleinen Verdauungsschnaps oder Likör. Beliebte und erfrischende spanische *chupitos* sind *licor de manzana verde* (grüner Apfellikör) und *licor de melocotón* (Pfirsichlikör), Obstbrände mit rund 20 % Alkohol, die eisgekühlt getrunken werden.

TAFELWEINE

Im unteren Preissegment findet man alles vom einfachen *vi de taula/vino de mesa* (Tafelwein) bis zum *vi de la terra/vino de la tierra,* einem Mittelklassewein aus einem offiziell anerkannten Weinbaugebiet. Eine durchaus trinkbare Flasche Wein ist im Supermarkt oder in der Weinhandlung für rund 5 € erhältlich. In manchen alten Weinhandlungen kann man die mitgebrachte Flasche aus dem Riesenfass frisch auffüllen lassen, aber solche Läden sind inzwischen im Aussterben begriffen. Mit besagten 5 € kommt man in einem Restaurant allerdings nicht weit. Vom *vi/vino de la casa* (Hauswein) einmal abgesehen, der im Allgemeinen mittags in einer Halbliter- oder Literkaraffe bestellt wird, kostet eine anständige Flasche Wein hier im Schnitt 10–15 €, ein edlerer Tropfen erheblich mehr. Es ist in Restaurants und Bars in der Regel auch möglich, Wein pro *copa* (Glas) zu ordern; die Auswahl ist dann allerdings nicht ganz so groß.

QUALITÄTSWEINE

Nicht überall erhältlich in den Bars ist *calimocho,* eine Mischung aus Billigrotwein aus dem Tetrapak und Cola. *Calimocho* ist das Lieblingsgetränk vieler armer Studenten, wenn sie ordentlich feiern wollen.

Wenn eine Region bestimmte – strenge – Standards erfüllt, bekommt sie den Status D.O. *(denominación de origen)* verliehen. Wirklich hervorragenden Weinregionen wird der Status D.O.C. *(denominación de origen calificada)* zugesprochen. In Katalonien gibt es derzeit zwölf D.O. (sogenannte *apelaciones*), darunter eine regionale (D.O. Catalunya; www.do-catalunya.com) und eine allgemeine für Cava. Einige der D.O. umfassen kaum mehr als ein paar Weinberge. Diese Klassifizierungen sind allerdings nicht immer ein Garant für Qualität; viele Kenner spanischen Weins vertrauen mehr auf den Namen und den Ruf eines bestimmten Winzers oder auch einer bestimmten Region als auf die D.O.C.-Bezeichnungen.

WEINREGIONEN

Die meisten der D.O.-Weine in Katalonien werden aus Trauben gekeltert, die aus dem Gebiet Penedès kommen. Dort werden alljährlich 2 Mio. Hektoliter Wein auf den Markt gebracht. Die anderen D.O.-Weinbaugebiete,

GUT GEBRANNT

Viele Unternehmer in Katalonien verdienten ab Ende des 18. Jhs. mit den Zuckerrohrplantagen auf Kuba und in anderen Kolonien Lateinamerikas ihr gutes Geld. Wen wundert es da, dass die Unternehmer auch an einem der „Abfallprodukte" Geschmack fanden? Die Rede ist vom *rom/ron*, dem Rum. 1818 errichtete die Spirituosenfirma Pujol in Katalonien eine Rumdestillerie. Seitdem zählt der Ron Pujol zu den wichtigsten einheimischen Marken in Sachen „süßes Feuerwasser". Die Firma stellt verschiedene Rumsorten her, zusätzlich aber auch Drinks auf Rumbasis, beispielsweise den klassischen Ron Pujol (42 % Alkohol), Pujol & Grau (38 %; ein weniger hochprozentiger weißer Rum) und Ron 1818, der auf einem Originalrezept von den Antillen basiert. Dem brasilianischen *cachaça* ähnelt Cana Pujol (50 %). Doch der beste katalanische Drink, der besonders bei Sommerfesten hoch im Kurs steht, ist der *rom cremat* (entflammter Rum), eine süße Mixtur mit Zimt und Zitronenschalen, die dann flambiert wird.

die sich bis ins entfernte Empordà-Gebiet um Figueres im Norden sowie die Terra Alta rund um Gandesa im Südwesten erstrecken, bringen es miteinander etwa auf die Hälfte der Produktion des Penedès. Die Weine aus der Region El Priorat – in der Regel recht schwere, dunkle Rotweine – haben mittlerweile den D.O.C.-Status zuerkannt bekommen; eine Ehre, die ansonsten nur dem Rioja zuteil wurde, und zwar bereits 1926. Die Tropfen aus dem benachbarten Gebiet Montsant sind in der Regel ebenso gut (oder zumindest fast) und erheblich günstiger.

Doch auch außerhalb des Penedès warten genügend edle Tropfen. Raïmat im D.O.-Gebiet Costers del Segre (Provinz Lleida) keltert hervorragende Rotweine und auch einige bemerkenswerte Weißweine. Gute, kräftige Weine kommen aus der Umgebung von Tarragona. Einige süffig-frische Weine werden im Norden in der Weinregion Empordà produziert.

Die meisten in Katalonien angebauten Rebsorten kommen ursprünglich von der Iberischen Halbinsel, darunter Macabeo, Garnacha und Xarel.lo (für Weißweine) sowie Garnacha Negra, Monastrell und Ull de Llebre (Hasenauge) als rote Sorten. Ausländische Rebsorten – Chardonnay, Riesling, Chenin Blanc, Cabernet Sauvignon, Merlot und Pinot Noir – sind ebenfalls geläufig.

CAVA

In der Weinregion Penedès wird größtenteils Weißwein produziert. Der bekannteste Tropfen ist Cava, die katalanische Version von Champagner. Die beiden großen Markennamen in Sachen Schaumwein sind Freixenet und Codorníu. Kenner sind allerdings von beiden nicht übermäßig begeistert; sie ziehen Produkte kleinerer Winzer vor. Der klangvollste Name in Sachen Penedès-Wein ist Miguel Torres; einer seiner renommiertesten Roten ist der *Sangre de Toro.*

SANGRIA

Sangria ist ein Punsch aus Rotwein und Früchten – meist mit Zitronen, Orangen und Zimt –, der manchmal auch mit einem Schuss Brandy angereichert wird. Das Getränk ist erfrischend und süffig, kann allerdings üble Kopfschmerzen verursachen. Die Ursprünge dieses Punschs reichen in die Tage zurück, als die Qualität der Weine nicht gerade berauschend war und der essigsaure Geschmack durchaus etwas Süße vertragen konnte. Eine andere Variante ist *sangría de cava,* im Prinzip das gleiche Getränk, das in diesem Fall jedoch mit Schaumwein zubereitet wird. *Tinto de verano* (Sommerrotwein) ist eine Mischung aus Wein und Casera, einer bekannten Marke leichter Limonaden *(gaseosas)*. Damit lässt sich saurer Tafelwein süßen und gleichzeitig vermeiden, dass man sich beim Mittagessen schon einen Kater einhandelt. Wie der Name vermuten lässt, ist *tinto de verano* vor allem im Sommer ein beliebtes Erfrischungsgetränk.

WELCHER WEIN PASST ZU WELCHEN SPEISEN?

➡ Der Schaumwein Cava ist extrem vielseitig und passt gut zu den verschiedensten Tapas, besonders Muscheln, Krabben, Krebsen und anderen Meeresfrüchten. Ein anderes gutes Tröpfchen zu Tapas ist der leichte, etwas fruchtige Albarino aus Nordwestspanien.

➡ In baskischen Tapasbars trinkt man v. a. Txacolí, einen leicht moussierenden trockenen Weißwein aus dem Baskenland und anderen nördlichen Provinzen. Er passt hervorragend zu leichteren Fischhäppchen wie Sardellen.

➡ Katalanische Rosés (die hier *rosats* heißen) sind in der Regel dunkler und etwas schwerer als andere spanische Rosés. Sie passen gut zu Schwein, Meeresfrüchten und Paellas.

➡ Aus Katalonien kommen auch einige ausgezeichnete Rotweine, besonders aus den D.O.-Regionen Priorat und Montsant. Diese komplexen und vollmundigen Weine passen gut zu Fleisch – besonders Wurst und Schweinebraten – sowie zu gehaltvolleren Meeresfrüchtegerichten.

Praktische Informationen

Verkehrsmittel & -wege

ANREISE

Die meisten Barcelona-Besucher kommen am Flughafen El Prat an. Einige Billigfluglinien fliegen die Flughäfen Girona-Costa Brava und Reus an.

Der Flug von Deutschland, Österreich und der Schweiz nach Barcelona dauert rund zwei bis drei Stunden.

Die Anreise mit der Bahn ist zwar teurer, aber sicher auch romantischer als ein Flug. Der Nachtzug *trenhotel* braucht von Paris nach Barcelona zwölf Stunden. Fernzüge kommen an der Estació Sants an, etwa 2,5 km westlich der Rambla.

Überlandbusse steuern die Estació del Nord an.

Günstige Flugtickets findet man z. B. über folgende Websites:

- ➡ www.ebookers.de
- ➡ www.expedia.de
- ➡ www.fliegen-ist-schoener.de
- ➡ www.mcflight.de
- ➡ www.megaflieger.de
- ➡ www.traveltopia.de

Flüge, Touren und Bahntickets können online auf lonelyplanet.com/bookings gebucht werden.

Flughafen El Prat

Barcelonas **Flughafen El Prat** (☎902 404704; www.aena.es) liegt 17 km südwestlich der Plaça de Catalunya in El Prat de Llobregat. Der Flughafen hat zwei Hauptterminals – den neu errichteten Terminal T1 und den älteren Terminal T2. Dieser teilt sich in die drei Terminalbereiche A, B und C.

Im Terminal T1 befindet sich im 1. Stock die Hauptankunftshalle, sie ist unterteilt in separate Bereiche für Ankömmlinge aus Schengen-Staaten, Einreisende aus Nicht-EU-Ländern und Einreisende auf der Strecke Madrid–Barcelona. Alle Boardingbereiche liegen im 1. und 3. Stock.

Die **Haupttouristeninformation** (🕘9–21 Uhr) befindet sich im Erdgeschoss im Terminal 2B; weitere Schalter gibt es im Erdgeschoss von Terminal 2A und im Terminal 1. Alle Büros haben dieselben Öffnungszeiten. Schließfächer (in drei Größen) befinden sich im 1. Stock von Terminal 1 und bei der Parkgarage gegenüber von Terminal 2B. Das Fundbüro befindet sich in den Ankunftsbereichen von Terminal 1, Terminal 2A und Terminal 2B.

Bus

Der **A1 Aerobús** (☎93 415 60 20; www.aerobusbcn.com; einfach 5,75 €/hin & zurück 9,95 €, Fahrzeit 30–40 Min.) fährt von 6.10 bis 1.05 Uhr alle 5–10 Minuten vom Terminal 1 zur Plaça de Catalunya. Auf der Strecke liegen die Plaça d'Espanya, die Gran Via de les Corts Catalanes (Ecke Carrer del Comte d'Urgell) und die Plaça de la Universitat. In umgekehrter Richtung fahren die Busse an der Plaça de Catalunya zwischen 5.30 und 0.30 Uhr ab und halten unterwegs an der Ecke Carrer de Sepúlveda/Carrer del Comte d'Urgell sowie an der Plaça d'Espanya.

Der A2 Aerobús fährt zwischen 6 und 1 Uhr vom Terminal 2 (mit Zwischenstopps in den Bereichen A, B und C), in der Regel alle 10–20 Minuten. Die Strecke ist identisch mit der des A1 Aerobús.

Die Bustickets kauft man entweder im Bus selbst oder an der Bushaltestelle. Die deutlich langsameren örtlichen Busse (z. B. Nr. 46 und der Nachtbus N17 von/zur Plaça de Catalunya) fahren ebenfalls an den Terminals 1 und 2 vorbei.

Mon-Bus (www.monbus.cat) bietet reguläre Busse vom Terminal 1 (nur von dort!) nach Sitges (2,90 €). In Sitges beginnt die Fahrt in umgekehrter Richtung in der Avinguda de Vilanova 14. Die Fahrt dauert 35 Minuten, der Bus verkehrt stündlich.

Alsa (☎902 422242; www.alsa.es) betreibt den Aerobús Rápid, der mehrmals täglich vom Flughafen Barcelona in verschiedene Städte, u. a. nach Girona, Figueres, Lleida, Reus und Tarragona, fährt. Die Fahrpreise liegen für die einfache Fahrt/hin & zurück bei 7,66/14,55 € nach Tarragona; die Fahrt nach Lleida kostet einfach/hin & zurück 26,60/47,90 €.

Plana (☎977 35 44 45; www.empresaplana.es) unterhält Busse zwischen dem Flug-

REISEN & KLIMAWANDEL

Jede Form des Reisens, die auf Brennstoff auf Kohlenstoffbasis beruht, erzeugt CO_2, die Hauptursache des von Menschen verursachten Klimawandels. Modernes Reisen ist von Flugzeugen abhängig, die vielleicht pro Kilometer und Person weniger Kraftstoff als die meisten Autos verbrauchen, aber sehr viel weitere Strecken zurücklegen. Auch die hohen Luftschichten, in die Flugzeuge Treibhausgase (auch CO_2) und Schadstoffe ausstoßen, spielen eine wichtige Rolle beim Klimawandel. Viele Websites bieten „Emissionsrechner", mit denen Reisende die CO_2-Emissionen ihrer Reise ausrechnen und die Auswirkung dieser Treibhausgase mit einem Beitrag für klimafreundliche Projekte in der ganzen Welt ausgleichen können. Lonely Planet gleicht die CO_2-Bilanz aller Reisen der Mitarbeiter und Autoren aus.

hafen und Reus. Sie halten unterwegs in Tarragona, Port Aventura und weiteren Orten an der Südwestküste.

Zug

Die Linie R2 Nord der Bahngesellschaft Renfe verkehrt alle 30 Minuten vom Flughafen (5.42–23.38 Uhr) mit mehreren Zwischenstopps zum Hauptbahnhof Estació Sants und zum Passeig de Gràcia im Zentrum, danach verlässt sie die Stadt Richtung Nordwesten. Der erste Zug startet um 5.08 Uhr, der letzte um 23.07 Uhr am Passeig de Gràcia, um rund 5 Minuten später die Estació Sants zu erreichen. Die Fahrt zwischen Flughafen und Passeig de Gràcia dauert 25 Minuten. Das einfache Ticket kostet 3,60 € (es sei denn, man hat ein Mehrfahrtenticket für Barcelonas öffentlichen Nahverkehr).

Der Bahnhof des Flughafens liegt fünf Minuten zu Fuß vom Terminal 2 entfernt. Regelmäßig fahren Shuttlebusse zwischen dem Bahnhof und den Terminals 2 und 1 hin und her – für die Fahrt sollte man zusätzliche 15–20 Minuten einkalkulieren.

Taxi

Ein Taxi von einem der Terminals ins Stadtzentrum (Fahrzeit rund 30 Min.) kostet 20–26 €. Die Preise sind innen in den Fahrzeugen angeschlagen. Vorsichtshalber sollte man überprüfen, ob das Taxameter eingeschaltet wurde.

Flughafen Girona-Costa Brava

Der **Flughafen Girona-Costa Brava** (☎902 404704; www.aena.es) liegt 12 km südlich von Girona und 92 km nordöstlich von Barcelona. Die Touristeninformation, Geldautomaten und das Fundbüro befinden sich im Erdgeschoss.

➡ **Zug** (www.renfe.com) Es gibt regelmäßige Verbindungen zwischen Girona und Barcelona (7,50–10 €, ca. 1½ Std.).

➡ **Bus Sagalés** (☎902 130014; www.sagales.com) schickt stündlich Busse vom Flughafen Girona-Costa Brava zum Hauptbahnhof/Busbahnhof von Girona (2,60 €; 30 Min.); die Abfahrtszeiten richten sich nach den Ankunftszeiten der Flüge. Der gleiche Anbieter betreibt auch den **Barcelona Bus** (☎902 130014; www.barcelonabus.com) vom Flughafen zum Busbahnhof **Estació del Nord** (☎902 260606; www.barcelonanord.com; Carrer d'Ali Bei 80; Ⓜ Arc de Triomf) in Barcelona und zurück (einfach/hin & zurück 15/25 €, 70 Min.). Wer flexibler sein will und bereit ist, dafür auch zu zahlen, kann sich das Angebot auf www.resorthoppa.com anschauen. Minibusse der Firma fahren vom Flughafen zu Zielen in der Region und natürlich auch nach Barcelona.

➡ **Taxi** Eine Taxifahrt vom Flughafen ins Zentrum von Girona kostet 20–26 €. Nach Barcelona zahlt man etwa 140 €.

Flughafen Reus

Der **Flughafen Reus** (☎902 404704; www.aena.es) liegt 13 km westlich von Tarragona und 108 km südwestlich von Barcelona. Die Touristeninformation und der Schalter für die Suche nach verloren gegangenem Gepäck befinden sich im Hauptterminal.

➡ **Bus** Busse von **Hispano-Igualadina** (☎902 292900; www.igualadina.net; Estació Sants & Plaça de la Reina Maria Cristina) pendeln zwischen dem Flughafen Reus und der **Estació d'Autobusos de Sants** (Carrer de Viriat; Sants Estació) und zwar je nach Flugplan (einfach/hin & zurück 14,50/25 €, 2 Std.). Bus Nr. 50 fährt ins Zentrum von Reus (2,40 €, 20 Min.), andere Busse fahren in die umliegenden Küstenorte.

Estació Sants

Der Hauptbahnhof der Stadt ist die **Estació Sants** (Plaça dels Països Catalans; Ⓜ Sants Estació) 2,5 km westlich der Rambla. Hier kommen auch die Nachtzüge aus Paris, Genf, Mailand und Zürich an. Vom Bahnhof ist es nur eine kurze U-Bahnfahrt zur Ciutat Vella oder in den Eixample.

Im Bahnhof befinden sich eine Touristeninformation, ein Telefon- und Faxbüro, Wechselstuben (⌚8–22 Uhr), Geldautomaten und Schließfächer.

Estació del Nord

Überlandbusse fahren von der **Estació del Nord** (☎902 260606; www.barcelonanord.com; Carrer d'Ali Bei 80; Ⓜ Arc de Triomf) ab. Die Vielzahl der Busunternehmen, die die verschiedenen Landesteile ansteuern, ist zunächst verwirrend. Die meisten sind unter dem Dach der **Alsa** (☎902 422242; www.alsa.es) zusammengefasst. Wegen weiterer Busgesellschaften sollten Reisende am Busbahnhof nachfragen. Es gibt regelmäßige Verbindungen nach Madrid, Valencia und Zaragoza (20 oder mehr Fahrten pro Tag), aber auch mehrmals täglich Fahrten zu entfernten Zielen wie Burgos, Santiago de Compostela und Sevilla.

Eurolines (www.eurolines.es), das mit örtlichen Busunternehmen in ganz Europa zusammenarbeitet, ist der wichtigste internationale Fernreiseanbieter; auf der Homepage finden sich Links zu den nationalen Busunternehmen. Die Busse von Eurolines fahren von der Estació del Nord und der Estació d'Autobusos de Sants in der Nähe der Estació Sants in Barcelona zu Zielen in ganz Europa und sogar nach Marokko. Ein weiterer Fernreiseanbieter ist **Linebús** (www.linebus.com).

UNTERWEGS VOR ORT

Besucher haben in Barcelona jede Menge Möglichkeiten, sich in der Stadt zu bewegen. Die meisten Ziele sind mit der ausgezeichneten U-Bahn zu erreichen und die Lücken werden durch Busse und Straßenbahnen geschlossen. Spätabends sind Taxis die beste Option.

U-Bahn

Das Netz der nutzerfreundlichen **TMB Metro** (Karte s. Cityplan; ☎010; www.tmb.net) besteht aus elf durchnummerierten und farbkodierten Linien. Die Züge fahren von Sonntag bis Donnerstag sowie an Feiertagen von 5 Uhr früh bis Mitternacht, freitags und an Tagen vor Feiertagen von 5 bis 2 Uhr früh und samstags rund um die Uhr.

Das U-Bahnnetz wird an mehreren Stellen weiter ausgebaut. So sollen die Linien 9 und 10 schließlich (frühestens 2014) bis zum Flughafen führen.

Ferrocarrils de la Generalitat de Catalunya (FGC; ☎93 205 15 15; www.fgc.net) betreibt Vorortzüge, aber auch mehrere praktische Stadtlinien. Alle Linien, die von der Plaça de Catalunya nach Norden fahren, halten am Carrer de Provença und der Station Gràcia. Eine der Linien (L7) fährt bis zum Tibidabo, eine andere (L6 zur Reina Elisenda) hält in unmittelbarer Nähe vom Monestir de Pedralbes. Die meisten Züge von der Plaça de Catalunya fahren über Barcelona hinaus nach Sant Cugat, Sabadell und Terrassa. Andere FGC-Linien starten von der Plaça d'Espanya Richtung Westen. Die Linie nach Manresa ist praktisch für einen Besuch im Kloster Montserrat.

Je nach Linie verkehren die Züge Sonntag bis Donnerstag von etwa 5 Uhr (1 bis 2 Fahrten vor 6 Uhr) bis 23/24 Uhr und freitags und samstags von 5 bis etwa 1 Uhr.

Bus

Alle paar Minuten fahren die Busse von **Transports Metropolitans de Barcelona** (TMB; ☎010; www.tmb.net) auf den wichtigsten Strecken der Stadt. Die ersten starten zwischen 5 und 6.30 Uhr und fahren abends bis zwischen 22 und 23 Uhr. Viele Strecken kreuzen sich an der Plaça de Catalunya und/oder der Plaça de la Universitat. Nach 23 Uhr sind – weniger häufig – die gelben *nitbusos* (Nachtbusse) bis 3 oder 5 Uhr früh unterwegs. Alle *nitbus*-Linien passieren die Plaça de Catalunya, in der Regel alle 30 bis 45 Minuten.

Taxi

Taxifahrer verlangen 2,05 € Grundgebühr und 0,93 € pro Kilometer (von 20 bis 8 Uhr und am Wochenende 1,18 € pro Kilometer). Für Fahrten zum Flughafen werden zusätzlich 3,10 € verlangt, für Gepäckstücke über 55 cm x 35 cm x 35 cm 1 € extra. Eine Taxifahrt vom Bahnhof Estació Sants zur Plaça de Catalunya (rund 3 km) kostet ca. 11 €. **Taxis** (☎93 225 00 00) können telefonisch bestellt oder an der Straße angehalten werden. Für die telefonische Bestellung werden zusätzlich 3,40 € (nachts und an Wochenenden 4,20 €) fällig. In vielen Taxis ist die Bezahlung per Kreditkarte möglich. Wer eine örtliche Festnetznummer angibt, kann für die Reservierung den Online-Dienst T033 Ràdio Taxi (www.radiotaxi033.com, auf Spanisch) nutzen. Ebenfalls online buchen kann man über die Seite www.catalunyataxi.com. Allgemeine Infos bietet die Hotline ☎010.

Taxi Amic (☎93 420 80 88; www.taxi-amic-adaptat.com) hat sich auf Taxifahrten für Behinderte und auf Sondertransporte spezialisiert (z. B. den Transport von sperrigeren Gepäckstücken). Die Fahrten sollten allerdings mindestens 24 Stunden im Voraus gebucht werden.

Frauen, die lieber mit Taxifahrerinnen fahren wollen, können ein Taxi bei **Línea Rosa** (☎93 330 07 00) bestellen.

FAHRKARTEN & TARGETES

U-Bahn, FGC-Züge, *Rodalies/Cercanías* (von Renfe betriebene Regionalzüge) und Busse sind allesamt in einem nach Zonen gegliederten einheitlichen Tarifsystem zusammengefasst. Ein Einzelticket für alle Verkehrsmittel in der Zone 1 kostet 2 €.

Targetes (Mehrfahrtenkarten) werden an allen U-Bahnhöfen im Stadtzentrum verkauft. Die unten aufgeführten Preise gelten für Erwachsene in der Zone 1 (Kinder unter 4 Jahren fahren gratis):

➡ Targeta T-10 (9,25 €) – 10 Fahrten (jedes Ticket ist 1¼ Std. gültig) mit der U-Bahn, Bussen, FGC-Zügen und *Rodalies*. Zwischen U-Bahn, FGC, *Rodalies* und Bussen kann beliebig gewechselt werden.

➡ Targeta T-DIA (6,95 €) – unbegrenzte Anzahl an Fahrten für einen Tag mit allen Verkehrsmitteln.

➡ 2-/3-/4-/5-Tage-Tickets (12,80/18,50/23,50/28 €) – unbegrenzte Anzahl an Fahrten mit allen Verkehrsmitteln außer dem Aerobús; die Tickets werden in den U-Bahnhöfen und Touristeninformationen verkauft.

➡ T-Mes (50 €) – 30 Tage lang dürfen alle öffentlichen Verkehrsmittel beliebig oft genutzt werden.

➡ Targeta T-50/30 (37 €) – 50 Fahrten innerhalb von 30 Tagen; gültig in allen Verkehrsmitteln.

➡ T-Trimestre (135 €) – beliebig viele Fahrten an 90 Tagen in allen Verkehrsmitteln.

Straßenbahn

TMB (☎902 193275; www.trambcn.com) unterhält auch drei Straßenbahnlinien (T1, T2 und T3), die von der Plaça de Francesc Macià in die Vororte des Großraums Barcelona fahren und von daher für ausländische Besucher eher uninteressant sind. Die Straßenbahnlinie T4 fährt hinter dem Zoo (in der Nähe des U-Bahnhofs Ciutadella Vila Olímpica) nach Sant Adrià, und zwar über Glòries und das Fòrum. Die Linie T5 fährt von Glòries nach Badalona (Haltestelle Gorg). Die Linie T6 verkehrt zwischen Badalona (Haltestelle Gorg) und Sant Adrià. Alle Nahverkehrspässe gelten auch auf diesen Linien. Eine landschaftlich reizvolle Möglichkeit ist die *Tramvia Blau* (blaue Straßenbahn), die zum Fuß des Tibidabo fährt.

Fahrrad

Barcelona hat mittlerweile über 180 km Fahrradwege gebaut, sodass Besucher die Stadt auf sehr umweltfreundliche Art erkunden können. Ein Radweg entlang der Küste führt z. B. vom Port Olímpic Richtung Nordosten bis nach Riu Besòs. Landschaftlich schöne Strecken bietet außerdem der Park von Collserola.

An Werktagen dürfen Räder mit Ausnahme der Hauptverkehrszeiten zwischen 7 und 9.30 und 17 und 20.30 Uhr in der U-Bahn mitgenommen werden. An Wochenenden und in den Ferien sowie im Juli und August gibt es keinerlei Einschränkungen. Auch in den Zügen von FGC sind Räder zugelassen, in den *Rodalies* von Renfe sind Räder von 10 bis 15 Uhr (Mo–Fr) und an Wochenenden und Feiertagen rund um die Uhr erlaubt.

Mieträder

Zahlreiche Firmen in der Stadt verleihen Fahrräder (sowie verschiedene andere Fahrzeuge, die mit Fahrrädern verwandt sind – vom Tandem bis zum dreirädrigen Gefährt).

➡ **BarcelonaBiking.com** (Karte S. 304; ☎656 356300; www.barcelonabiking.com; Baixada de Sant Miquel 6; Std./24 Std. 5/15 €; ⏲10–20 Uhr; Ⓜ Jaume I oder Liceu)

➡ **Barnabike** (Karte S. 314; ☎93 269 02 04; www.barnabike.com; Carrer del Pas de Sota la Muralla 3; 2 Std./24 Std. 6/15 €; ⏲10–21.30 Uhr; Ⓜ Barceloneta)

➡ **Biciclot** (Karte S. 314; ☎93 221 97 78; www.biciclot.net; Passeig Marítim de la Barceloneta 33; Std./Tag 5,50/18 €; ⏲ Mo–Fr 11–18, Sa & So 10–20 Uhr; Ⓜ Ciutadella Vila Olímpica)

➡ **Bike Rental Barcelona** (Karte S. 304; ☎666 057655; www.bikerentalbarcelona.com; Carrer d'en Rauric 20; 3 Std./24 Std. ab 9/16 €; ⏲10–20 Uhr; Ⓜ Jaume I)

➡ **My Beautiful Parking** (Karte S. 304; ☎93 304 15 80; www.mybeautifulparking.com; Carrer de Cervantes 5; 2 Std./24 Std. 6/15 €; ⏲10–20 Uhr; Ⓜ Jaume I oder Liceu)

➡ **Un Cotxe Menys** (☎93 268 21 05; www.bicicletabarcelona.com; Carrer de l'Esparteria 3; Std./Tag/Woche 5/15/55 €; ⏲Ostern–Nov. 9–19 Uhr, Dez.–Ostern 11–14 Uhr; Ⓜ Jaume I)

Auto & Motorrad

Angesichts der guten öffentlichen Verkehrsmittel und der hohen Parkgebühren in der Stadt ergibt es wenig Sinn, mit dem Auto in Barcelona herumzufahren, aber vielleicht möchte man ein Auto für einen Ausflug mieten.

Mietwagen

Avis, Europcar, National/Atesa und Hertz haben Schalter am Flughafen El Prat, an der Estació Sants und der Estació del Nord. Mietwagenfirmen in Barcelona findet man unter folgenden Adressen:

Avis (☎902 110 275; www.avis.com; Carrer de Còrsega 293–295; Ⓜ Diagonal)

Cooltra (Karte S. 314; ☎93 221 40 70; www.cooltra.com; Passeig de Joan de Borbó 80–84; Ⓜ Barceloneta) Motorroller kann man hier für rund 35 € (plus Versicherung) mieten. Auf Wunsch werden auch Motorroller-Touren organisiert.

Europcar (☎93 302 05 43; www.europcar.com; Gran Via de les Corts Catalanes 680; Ⓜ Girona)

Hertz (☎93 419 61 56; www.hertz.com; Carrer del Viriat 45; Ⓜ Sants)

MondoRent (Karte S. 314; ☎93 295 32 68; www.mondorent.com; Passeig de Joan de Borbó 80–84; Ⓜ Barceloneta) Vermietet Motorroller zu ähnlichen Konditionen wie Cooltra.

National/Atesa (☎93 323 07 01; www.atesa.es; Carrer de Muntaner 45; Ⓜ Universitat)

Vanguard (☎93 439 38 80; www.vanguardrent.com; Carrer de Viladomat 297; Ⓜ Entença) Hier bekommt man alles: vom Fiat 600 bis zu einem Alfa Romeo, aber auch Motorroller.

GEFÜHRTE TOUREN

Barcelona hält ein umfassendes Angebot an geführten Touren bereit, ob zu Fuß oder mit dem Bus, Fahrrad oder Motorroller (S. 30). Bootsrundfahrten beginnen täglich am Hafen (S. 131).

Hubschrauberrundflüge

BCN Skytour (☎93 224 07 10; www.cathelicopters.com; Heliport, Passeig de l'Escullera; 5 Min./35 Min. Flug p. P. 50/300 €; ⏲10–19 Uhr; Ⓜ Drassanes oder Paral.lel) bietet die Möglichkeit, die Stadt aus der Vogelperspektive anzuschauen. Der 35-minütige Rundflug für 300 €/Pers. führt auch nach Montserrat. Fünfminütige Kurzflüge kosten 50 € pro Person. Zum Startpunkt kommt man am besten mit dem Taxi.

Allgemeine Informationen

Einreise

Spanien ist eins der 25 Unterzeichnerländer des Schengener Abkommens. Bürger der EU und Schweizer können mit ihrem Personalausweis einreisen. Nicht-EU-Staatsbürger, die ihren Wohnsitz in einem Schengen-Land haben, brauchen für den Besuch eines anderen Schengen-Lands ebenfalls kein Visum.

Ermäßigungen

Die **ISIC** (International Student Identity Card; www.isic.org) und die **European Youth Card** (www.euro26.org) werden von den meisten nationalen Studentenorganisationen ausgegeben; sie berechtigen zu ermäßigten Eintrittspreisen bei manchen Sehenswürdigkeiten. Studenten bezahlen generell nur etwas mehr als den halben Preis, Gleiches gilt für Kinder unter zwölf Jahren und Senioren über 65 Jahren mit Nachweis.

Auch das **Bus-Turístic-Ticket** (☎93 285 38 32; www.barcelonaturisme.com; Tagesticket Erw./Kind 24/14 €; ⌚9–20 Uhr) garantiert in einigen Museen ermäßigten Eintritt.

Mit dem **Articket** (www.articketbcn.org) lassen sich die folgenden bedeutenden Sehenswürdigkeiten für einen Gesamtpreis von 30 € besuchen – das Ticket ist sechs Monate gültig. Erhältlich ist es in den Touristeninformationen an der Plaça de Catalunya, der Plaça de Sant Jaume und am Bahnhof Sants (S. 281).

- Museu Picasso
- Museu Nacional d'Art de Catalunya (MNAC)
- Macba (Museu d'Art Contemporani de Barcelona)
- Fundació Antoni Tàpies
- Centre de Cultura Contemporània de Barcelona (CCCB)
- Fundació Joan Miró
- La Pedrera

Einen etwas anderen Schwerpunkt setzt das **Arqueoticket**, das für all jene Besucher gedacht ist, die sich besonders für Archäologie und Geschichte interessieren. Verkauft wird das Ticket (14 €) in den beteiligten Museen und den Touristeninformationen. Freien Zutritt hat man damit u. a. zum:

- Museu Marítim
- Museu d'Història de la Ciutat
- Museu d'Arqueologia de Catalunya (MAC)
- Museu Egipci
- Museu Barbier-Mueller d'Art Pre-Colombí

Wer in kurzer Zeit möglichst viel sehen möchte, für den ist die **Barcelona Card** (www.barcelonacard.com) interessant: Sie kostet 29/35/40/47 € (etwas weniger für Kinder zwischen 4 und 12 Jahren) und ist 2/3/4/5 Tage gültig. Mit der Karte fährt man kostenlos in den öffentlichen Verkehrsmitteln (bzw. spart 20 % beim Aerobús), erhält in vielen Museen und Sehenswürdigkeiten einen (bis zu 30 %) ermäßigten oder sogar freien Eintritt und etwas günstigere Preise in einigen Läden, Restaurants und Bars. Die Karte kann man online oder in den Touristeninformationen kaufen – online ist sie 10 % günstiger.

Die **Ruta del Modernisme** (S. 33) ermöglicht Liebhabern des Modernisme ermäßigten Eintritt in die entsprechenden Sehenswürdigkeiten.

PRAKTISCH & KONKRET

- Währung: Euro (€)
- Rauchen: verboten in Restaurants und Bars

Frauen unterwegs

An einen einsamen Strandabschnitt sollte man sich als Frau besser nicht allein begeben und nachts sind leergefegte Straßen ebenfalls nicht zu empfehlen. Trampen sollte „frau" weder allein noch zu zweit!

„Oben ohne" ist an katalanischen Stränden und an Pools gestattet. Was an Barcelonas Stränden und in den Ferienanlagen der Küste kaum die Gemüter erregt, ist dagegen im Hinterland Kataloniens ein absolutes Tabu: Hier

FEIERTAGE

- **Neujahr** (Any Nou/Año Nuevo) 1. Januar
- **Epiphanias/Heilige Drei Könige** (Epifanía oder El Dia dels Reis/Día de los Reyes Magos) 6. Januar
- **Karfreitag** (Divendres Sant/Viernes Santo) März/April
- **Ostermontag** (Dilluns de Pasqua Florida) März/April
- **Tag der Arbeit** (Dia del Treball/Fiesta del Trabajo) 1. Mai
- **Pfingstmontag** (Dilluns de Pasqua Granda) Mai/Juni
- **Fest Johannes des Täufers** (Dia de Sant Joan/Día de San Juan Bautista) 24. Juni
- **Mariä Himmelfahrt** (L'Assumpció/La Asunción) 15. August
- **Katalanischer Nationalfeiertag** (Diada Nacional de Catalunya) 11. September
- **Festes de la Mercè** 24. September
- **Spanischer Nationalfeiertag** (Festa de la Hispanitat/Día de la Hispanidad) 12. Oktober
- **Allerheiligen** (Dia de Tots Sants/Día de Todos los Santos) 1. November
- **Verfassungstag** (Día de la Constitución) 6. Dezember
- **Mariä Empfängnis** (La Immaculada Concepció/La Inmaculada Concepción) 8. Dezember
- **Weihnachten** (Nadal/Navidad) 25. Dezember
- **2. Weihnachtstag/Stefanstag** (El Dia de Sant Esteve) 26. Dezember

ist man in dieser Hinsicht eher konservativ.

Ca la Dona (☎93 412 71 61; www.caladona.org; Carrer de Casp 38; Ⓜ Catalunya) Das Zentrum der feministischen Bewegung Kataloniens, Ca la Dona (Heimat der Frauen), ist die Dachorganisation verschiedener Frauenvereinigungen.

Centre Francesca Bonnemaison (☎93 268 42 18; www.bonnemaison-ccd.org; Carrer de Sant Pere Més Baix 7; Ⓜ Urquinaona) Ein Kulturzentrum für Frauen, das Ausstellungen, Theaterproduktionen und sonstige Kulturveranstaltungen organisiert.

Institut Català de la Dona (☎93 495 16 00; www.gencat.net/icdona; Plaça de Pere Coromines 1; Ⓜ Liceu) Hier können Frauen sich über Heirat, Scheidung, Vergewaltigung, Mobbing und Ähnliches informieren. Die Notfall-Hotline im Falle einer Vergewaltigung ist die ☎90 090 01 20.

Geld

Geldautomaten

Natürlich gibt's in Barcelona jede Menge Banken, von denen viele über Geldautomaten verfügen. Zahlreiche Geldautomaten finden sich auch um die Plaça de Catalunya, die Plaça de Sant Jaume (im Barri Gòtic) und die Rambla.

Kreditkarten

Die am weitesten verbreiteten Karten sind Visa und MasterCard, aber auch Maestro- und Cirrus-EC-Karten werden in vielen Hotels, Restaurants und Läden akzeptiert. Im Falle eines Verlusts oder Diebstahls lassen sich Kreditkarten über folgende Nummern in Spanien umgehend sperren:

Amex (☎902 375637)
Diners Club (☎900 801331)
MasterCard (☎900 971231)
Visa (☎900 991124)

Reiseschecks & Geldkarten

Reiseschecks einzulösen ist erheblich unpraktischer als einfach mit der EC-Karte am Automaten Geld abzuheben. Es gibt sie aber immer noch – Schecks von Amex und Visa sind am üblichsten. Bei Verlust sollte man umgehend die rund um die Uhr besetzten **kostenlosen Notfallnummern** (für Amex ☎900 810029, für Visa ☎900 948978) anrufen.

Einige Banken und Sparkassen bieten auch Prepaid-Geldkarten. Vor der Abreise lädt man einen gewünschten Betrag auf die Karte und kann damit an Geldautomaten Bargeld abheben und in vielen Restaurants und Geschäften bezahlen.

Internetzugang

Barcelona ist gut ausgestattet mit Internetcentern. Einige bieten Studententarife und verkaufen Prepaid-Karten, mit denen man mehrere Stunden zu ermäßigten Preisen an die Rechner darf. Auch viele *Locutorios* (öffentliche Telefonläden) bieten einen Internetzugang.

Bornet (Carrer de Barra Ferro 3; 1 Std./10 Std. 2,80/20 €; ⌚Mo–Fr 10–23, Sa, So & Feiertage 14–23 Uhr; Ⓜ Jaume I) Cooles kleines Internetcafé mit Kunstgalerie.

Internet MSN (Carrer del Penedès 1; 0,02 € pro Min.; ⌚10–24 Uhr; Ⓜ Fontana)

Medizinische Versorgung

Ausländer haben im medizinischen Notfall in den öffentlichen Krankenhäusern die gleichen Rechte wie Spanier. EU-Bürger müssen dafür die European Health Insurance Card (Europäische Gesundheitskarte) vorweisen und die Kosten eventuell vorstrecken.

Nicht-EU-Bürger müssen für die medizinische Behandlung zahlen, einige Reiseversicherungen schließen aber eine Kostenerstattung im medizinischen Notfall mit ein.

Bei kleinen gesundheitlichen Problemen hilft oft schon der Gang in die *farmàcia* (Apotheke), die viele rezeptfreie Medikamente verkauft.

Die Konsulate in der Stadt helfen auf Wunsch bei der Vermittlung von Ärzten, die Deutsch sprechen.

Hier die Adressen zweier Krankenhäuser:

Hospital Clínic i Provincial (Carrer de Villarroel 170; Ⓜ Hospital Clínic)

Hospital Dos de Maig (Carrer del Dos de Maig 301; Ⓜ Sant Pau–Dos de Maig)

Einige rund um die Uhr geöffnete Apotheken:

Farmàcia Castells Soler (Passeig de Gràcia 90; Ⓜ Diagonal)

Farmàcia Clapés (La Rambla 98; Ⓜ Liceu)

Farmàcia Torres (www.farmaciaabierta24h.com; Carrer d'Aribau 62; FGC Provença)

WLAN-HOTSPOTS

Viele Hotels bieten ihren Gästen WLAN, wenngleich nicht immer kostenlos. Auch die Anzahl an Bars und Restaurants, die ihren Gästen einen Internetzugang per WLAN zur Verfügung stellen, wächst stetig – man erkennt sie am schwarzweißen WLAN-Zeichen. Einrichtungen mit WLAN sind in diesem Buch mit dem Symbol 📶 gekennzeichnet.

Notfall

Die wichtigsten Notrufnummern:

EU-Standard-Notfallnummer (☎112)

Feuerwehr (Bombers; ☎080, 085)

Guàrdia Urbana (Städtische Polizei; ☎092; La Rambla 43; Ⓜ Liceu)

Katalanische Polizei (Mossos d'Esquadra; ☎088)

Krankenwagen (☎061)

Policía Nacional (Nationalpolizei; ☎ 091)

Öffnungszeiten

Öffnungszeiten sind in diesem Reiseführer nur dann angegeben, wenn sie von den folgenden Zeiten abweichen.

- **Restaurants** mittags 13–16, abends 20.30–24 Uhr
- **Geschäfte** Mo–Sa 10–14 & 16–20 Uhr
- **Kaufhäuser** Mo–Sa 10–22 Uhr
- **Bars** 18–2 Uhr
- **Clubs** Do–Sa 0–6 Uhr
- **Banken** Mo–Fr 8.30–14 Uhr, einige auch Do 16–19 oder Sa 9–13 Uhr
- **Museen und Galerien** Die Öffnungszeiten variieren stark, liegen in der Regel jedoch zwischen 10 und 20 Uhr (manche schließen mittags von ca. 14–16 Uhr). Viele Museen und Galerien sind montags ganztägig und sonntags ab 14 Uhr geschlossen.

Post

Correos lautet der Name der spanischen Post. Barcelonas **Hauptpost** (Plaça d'Antoni López; ⌚Mo–Fr 8.30–21.30, Sa 8.30–14 Uhr; Ⓜ Jaume I) befindet sich gleich gegenüber dem Nordostende des Port Vell an der Plaça d'Antoni López. Eine ebenfalls ganz praktische **Postfiliale** (Carrer d'Aragó 282; ⌚Mo–Fr 8.30–20.30, Sa 9.30–13 Uhr; Ⓜ Passeig de Gràcia) liegt nicht weit vom Passeig de Gràcia am Carrer d'Aragó 282. Viele weitere Zweigstellen haben Montag bis Freitag von 8.30 bis 14.30 Uhr geöffnet, samstags von 9.30 bis 13 Uhr.

Segells/sellos (Briefmarken) werden auch in den meisten *estancos* (Tabakläden) der Stadt verkauft.

Reisen mit Behinderung

Einige Hotels und öffentliche Einrichtungen verfügen über Rollstuhlzugänge. Alle Busse der Stadt besitzen rollstuhlgerechte Einstiegsbereiche, und eine wachsende Zahl an U-Bahnhöfen ist (zumindest theoretisch) mit einem Rollstuhl zugänglich (in der Regel über einen Lift; allerdings gab es Klagen, dass diese eigentlich nur für Eltern mit Kinderwagen tauglich seien). Die Linien 2, 9, 10 und 11 wurden inzwischen komplett behindertengerecht umgebaut. Fertig sind außerdem die Mehrzahl der Bahnhöfe der Linie 1. Insgesamt sind etwa 80 % aller Haltestellen inzwischen umgebaut – um welche es sich genau handelt, kann man im Internet unter www.tmb.cat/en/transport-accessible nachschauen. Die Fahrkartenschalter der U-Bahnhöfe wurden ebenfalls für Behinderte umgerüstet und sind mittels Brailleschrift auch für Blinde zugänglich.

Mehrere Taxiunternehmen haben ihre Fahrzeuge behindertengerecht umgerüstet, darunter **Taxi Amic** (☎93 420 80 88; www.taxi-amic-adaptat.com), **Gestverd** (☎93 303 09 09) und **T033 Ràdio Taxi** (☎93 303 09 09).

Die meisten Straßenkreuzungen im Zentrum sind inzwischen ebenfalls rollstuhlgerecht umgebaut worden.

Weitere Informationen über die Bemühungen der Stadt, Barcelona behindertenfreundlicher und barrierefreier zu gestalten, finden sich im mehrsprachigen *Accessible Barcelona Guide* (www.barcelona-access.com).

ONCE (☎93 325 92 00; Carrer de Sepúlveda 1; Ⓜ Plaça d'Espanya) ist eine landesweit tätige Organisation für Sehbehinderte, die mit Infos wie etwa Adressen von Restaurants mit Speisekarten in Brailleschrift hilft.

Sicherheit

Man kann es gar nicht oft genug betonen: Neuankömmlinge in Barcelona sollten auf der Hut sein! Diebstahl ist ein ernsthaftes Problem, vor allem im Stadtzentrum, in öffentlichen Verkehrsmitteln und rund um die Hauptsehenswürdigkeiten. Wer bestohlen wird, sollte den Vorfall umgehend der Nationalpolizei melden. Nur selten wird man seinen Besitz zurückerhalten, die formale Anzeige, die *denuncia*, ist aber wichtig für die Meldung bei der heimischen Versicherung. Wer sich nicht in die endlosen Schlangen bei der *comisaría* (Polizeistation) einreihen will, kann die Anzeige auch telefonisch in mehreren Sprachen (☎90 210 21 12) erledigen. Am nächsten Tag geht man dann zu einer Polizeiwache in der Nähe und holt sich dort den Bericht ab, den man unterschreiben muss. Ein Verzeichnis der Polizeiwachen findet man auf www.policia.es unter „Denuncias". Eine gut zu erreichende, aber viel besuchte **Polizeiwache** (☎088; Carrer Nou de la Rambla 80; Ⓜ Paral.lel) liegt in der Nähe der Rambla; alternativ kann man den Verlust online auf der Seite www.policia.es/denuncias melden. Eine weitere Anlaufstelle ist die **Guàrdia Urbana** (Städtische Polizei; ☎092; La Rambla 43; Ⓜ Liceu).

Steuern & Rückerstattungen

Die Mehrwertsteuer oder IVA (*impuesto sobre el valor añadido*, ausgesprochen „Ihba") beträgt 8 % und wird auf den Übernachtungspreis und die Restaurantrechnung aufgeschlagen, in der Regel (aber nicht immer) ist sie im angegebenen Preis schon enthalten. Für viele sonstige Artikel gilt ein IVA-Satz von 18 % (der MWSt-Satz soll 2013 auf 20 % steigen). Mehrwertsteuerfreie Artikel findet man in den Duty-Free-Läden am Flughafen.

Schweizer und andere Nicht-EU-Bürger können sich die IVA in Höhe von 18 % bei Waren ab einem Wert von 90 € zurückerstatten lassen. Voraussetzung ist lediglich, dass die Waren innerhalb von drei Monaten in ein Nicht-EU-Land ausgeführt werden. Im Laden muss man dafür nach einem Rückerstattungsformular fragen, auf dem der Einkaufspreis und die Höhe der IVA ausgewiesen sind – und zwar für jedes Produkt separat. Käufer und Verkäufer müssen ebenfalls genannt sein. Bei Vorlage der korrekt ausgefüllten Formulare erhält man vor dem Abflug aus Spanien beim Zoll die IVA zurückerstattet. Dafür muss man seinen Personalausweis bzw. Reisepass und die Boarding Card vorlegen, mit der die Ausreise aus der EU nachgewiesen werden kann. Außerdem muss man das Gepäck vorzeigen – deshalb unbedingt vor dem Aufgeben der Gepäckstücke beim Zoll vorbeischauen. Der Zollbeamte stempelt die Papiere ab, mit denen man dann bei einer Bank im Abflugbereich die IVA zurückerstattet bekommt.

Strom

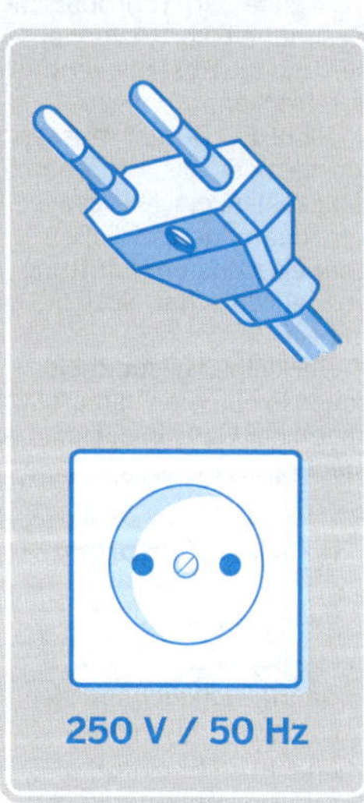

Die Stromspannung liegt wie im übrigen Kontinentaleuropa bei 220 V, 50 Hz.

Telefon

Öffentliche Telefone Die allgegenwärtigen blauen Telefone können für internationale und nationale Gespräche genutzt

TELEFONVERMITTLUNG

Internationale Vermittlung für R-Gespräche	1408
Internationale Telefonauskunft	11825
Nationale Vermittlung für innerspanische R-Gespräche (llamada por cobro revertido)	1409
Nationale Telefonauskunft	11818

werden. Bezahlt wird mit Münzen, *tarjetas telefónicas* (Telefonkarten) der nationalen Telefongesellschaft Telefónica und teilweise auch mit Kreditkarten. *Tarjetas telefónicas* sind in Postfilialen und Tabakläden erhältlich.

Telefonläden *Locutorios* (Telefonläden) bieten ebenfalls die Möglichkeit zu telefonieren. Viele dieser Läden findet man in El Raval, besonders um den Carrer de Sant Pau und den Carrer de l'Hospital herum. Vor dem Telefonieren sollte man die Tarife erfragen. Viele *Locutorios* bieten gleichzeitig Internetzugang.

Anrufe tätigen Wer von außerhalb des Landes in Barcelona anrufen will, wählt die internationale Landesvorwahl von Spanien (0034), dann die Ortsvorwahl von Barcelona (93) und schließlich die Teilnehmernummer. Von Spanien aus wählt man nach Deutschland die 0049, nach Österreich die 0043 und in die Schweiz die 0041. Anschließend folgen die jeweilige Ortsvorwahl (ohne 0) und die Teilnehmernummer.

Handy

Mobiltelefonnummern beginnen alle mit einer 6 oder 7. Telefonnummern, die mit einer 900 beginnen, sind kostenfreie Rufnummern innerhalb Spaniens. Die mit 901, 902, 903, 904 und 905 beginnenden Nummern haben unterschiedliche Bedeutungen. Eine gängige Nummer ist die 902, eine im Land weit verbreitete kostengünstige Vorwahl. Vergleichbare Nummern beginnen mit 803, 806 und 807.

Spanien verwendet GSM 900/1800 und ist damit mit den Netzen im restlichen Europa kompatibel. Im Land kann man SIM-Karten und Prepaid-Karten kaufen, die dann ins mitgebrachte eigene Handy eingelegt werden (sofern das eigene Gerät dafür freigeschaltet ist). Wer ein spanisches Handy mit Vertrag oder Prepaid-Karte erwerben will, muss dafür seinen Personalausweis vorlegen. Selbstverständlich dürfte auch das mitgebrachte eigene Mobiltelefon im fremden Netz problemlos funktionieren, allerdings gelten dann natürlich nicht die heimischen Tarife, sondern die wesentlich teureren internationalen Roaming-Gebühren.

Touristeninformation

In Barcelona gibt es mehrere Touristeninformationen. Sehr nützlich für ganz allgemeine Infos sind die Nummern 010 (mit Infos über Barcelona) und 012 (Generalitat mit Informationen über Katalonien). Mit etwas Glück erwischt man einen Mitarbeiter, der auch Englisch spricht, die meisten sprechen allerdings nur Katalanisch und/oder Spanisch. Neben den im Folgenden genannten Touristeninformationen bestehen noch Infoschalter am Busbahnhof Estació del Nord sowie am Fuß des Mirador de Colom (Portal de la Pau am hafenseitigen Ende der Rambla). In den Sommermonaten sind zusätzliche Infoschalter an diversen Punkten des Stadtzentrums geöffnet.

Plaça de Catalunya (93 285 38 34; www.barcelonaturisme.com; Untergeschoss Plaça de Catalunya 17-S; 8.30–20.30 Uhr; M Catalunya)

Plaça de Sant Jaume (93 285 38 32; Carrer de la Ciutat 2; Mo–Fr 8.30–20.30, Sa 9–19, So & Feiertage 9–14 Uhr; M Jaume I)

Estació Sants (Estació Sants; 8–20 Uhr; R Estació Sants)

Flughafen El Prat (Terminal 1: Ankunftshalle, Terminal 2B: Ankunftshalle, Terminal 2A: Ankunftshalle; 9–21 Uhr)

Informationsbüro La Rambla (www.barcelonaturisme.com; La Rambla dels Estudis 115; 8.30–20.30 Uhr; M Liceu)

Regionale Touristeninformation Palau Robert (93 238 80 91, von außerhalb Kataloniens 902 400012; www.gencat.net/probert; Passeig de Gràcia 107; Mo–Sa 10–20, So 10–14.30 Uhr) Audiovisuelle Medien, Buchladen und Filiale des Turisme Juvenil de Catalunya (für Jugendreisen).

Zeit

In Spanien gilt die mitteleuropäische Zeit, einschließlich der Umstellung auf die europäische Sommerzeit.

Sprache

Katalanisch *(català)* und Spanisch (*español*, korrekter *castellano* oder Kastilisch) sind die beiden Amtssprachen in Katalonien. Aranesisch *(aranés)*, ein Dialekt des Gascognischen, gilt zumindest im Val d'Aran ebenfalls als Amtssprache. In Barcelona hört man genauso viel Spanisch wie Katalanisch, deshalb bieten wir hier zum Einstieg ein spanisches Sprachkapitel und ein paar Brocken Katalanisch.

Die Aussprache wird kaum Probleme bereiten, da die meisten Laute des Spanischen auch in der deutschen Sprache vorkommen. Wer die farbig unterlegte Lautschrift in diesem Kapitel benutzt, wird sich leicht verständlich machen können.

Zu beachten ist, dass ch als Kehllaut (wie in Loch) gesprochen wird, s scharf wie ß, th etwa wie im englischen Wort *thing* und das r gerollt wird. In unserer Lautschrift ist die jeweils betonte Silbe kursiv gedruckt.

Wo nötig, werden maskuline und feminine Formen für die Wörter und Sätze in diesem Kapitel angegeben, getrennt durch einen Schrägstrich und beginnend mit der maskulinen Form, also *perdido/a* (m/f).

GRUNDLAGEN

Hallo/Guten Tag.	*Hola.*	*o*·la
Auf Wiedersehen.	*Adiós.*	a·*djos*
Wie geht's?	*¿Qué tal?*	ke *tal*
Danke, gut.	*Bien, gracias.*	bjen *gra*·thjas
Entschuldigung.	*Perdón.*	per·*don*
Tut mir leid.	*Lo siento.*	lo *sjen*·to

NOCH MEHR SPANISCH?

Zusätzliche Informationen zur Sprache und nützliche Wendungen gibt's im *Sprachführer Spanisch* von Lonely Planet. Er kann im Buchhandel oder online auf **shop.lonelyplanet.de** erworben werden.

Ja./Nein.	*Sí./No.*	si/no
Bitte.	*Por favor.*	por fa·*vor*
Danke.	*Gracias.*	*gra*·thjas
Gern geschehen.	*De nada.*	de *na*·da

Ich heiße ...
Me llamo ... — me *ja*·mo ...

Wie heißen Sie/heißt du?
¿Cómo se llama Usted? — *ko*·mo se *ja*·ma u·*ste*
¿Cómo te llamas? — *ko*·mo te *ja*·mas

Sprechen Sie/Sprichst du (Englisch/Deutsch)?
¿Habla (inglés)? — *a*·bla (in·*gles*)
¿Hablas (alemán)? — *a*·blas (a·le·*man*)

Ich verstehe (nicht).
Yo (no) entiendo. — jo (no) en·*tjen*·do

UNTERKUNFT

Ich möchte ein Zimmer reservieren.
Quisiera reservar una habitación. — ki·*sje*·ra re·ser·*war u*·na a·bi·ta·*thjon*

Wie viel kostet es pro Nacht/Person?
¿Cuánto cuesta por noche/persona? — *kuan*·to *kues*·ta por *no*·tsche/per·*so*·na

Ist ein Frühstück enthalten?
¿Incluye el desayuno? — in·*klu*·je el de·sa·*ju*·no

Hotel	*hotel*	o·*tel*
Pension	*pensión*	pen·*sjon*
Jugendherberge	*albergue juvenil*	al·*ber*·ge chu·we·*nil*

Ich möchte ein ... Zimmer.	*Quisiera una habitación ...*	ki·*sje*·ra *u*·na a·bi·ta·*thjon* ...
Einzel-	*individual*	in·di·wi·*dual*
Doppel	*doble*	*do*·ble

Klimaanlage	*aire acondicionado*	*ai*·re a·kon·di·thjo·*na*·do
Bad	*baño*	*ba*·njo
Fenster	*ventana*	wen·*ta*·na

SPRACHBAUKASTEN

Hier ein paar Standardsätze zum freien Kombinieren, mit denen typische Situationen auf Spanisch zu bewältigen sind:

Wann geht (der nächste Flug)?
¿Cuándo sale (el próximo vuelo)? — kuan·do sa·le (el pro·xi·mo wue·lo)

Wo ist (der Bahnhof)?
¿Dónde está (la estación)? — don·de es·ta (la es·ta·thjon)

Wo kann ich (ein Ticket kaufen)?
¿Dónde puedo (comprar un billete)? — don·de pue·do (kom·prar un bi·je·te)

Haben Sie (eine Karte)?
¿Tiene (un mapa)? — tje·ne (un ma·pa)

Gibt es hier (eine Toilette)?
¿Hay (servicios)? — ai (ser·wi·thjos)

Ich hätte gern (einen Kaffee).
Quisiera (un café). — ki·sje·ra (un ka·fe)

Ich möchte (ein Auto mieten).
Quisiera (alquilar un coche). — ki·sje·ra (al·ki·lar un ko·tsche)

Kann ich (reinkommen)?
¿Se puede (entrar)? — se pue·de (en·trar)

Können Sie (mir) bitte (helfen)?
¿Puede (ayudarme), por favor? — pue·de (a·ju·dar·me) por fa·vor

Brauche ich (einen Parkschein)?
¿Necesito (obtener un ticket)? — ne·the·si·to (ob·te·ner un·ti·ket)

WEGWEISER

Wo ist …?
¿Dónde está …? — don·de es·ta …

Wie lautet die Adresse?
¿Cuál es la dirección? — kual es la di·rek·thjon

Könnten Sie das bitte aufschreiben?
¿Puede escribirlo, por favor? — pue·de es·kri·bir·lo por fa·wor

Können Sie mir das (auf der Karte) zeigen?
¿Me lo puede indicar (en el mapa)? — me lo pue·de in·di·kar (en el ma·pa)

an der Ampel	*en el semáforo*	en el se·ma·fo·ro
an der Ecke	*en la esquina*	en la es·ki·na
gegenüber	*frente a*	fren·te a
geradeaus	*todo recto*	to·do rek·to
hinter	*detrás de*	de·tras de
links	*izquierda*	ith·kjer·da
nahe	*cerca*	ther·ka
neben	*al lado de*	al la·do de
rechts	*derecha*	de·re·tscha
vor	*enfrente de*	en·fren·te de
weit (weg)	*lejos*	le·chos

ESSEN & TRINKEN

Ich möchte einen Tisch für … reservieren	*Quisiera reservar una mesa para …*	ki·sje·ra re·ser·war u·na me·sa pa·ra …
(acht) Uhr	*las (ocho)*	las (o·tscho)
(zwei) Personen	*(dos) personas*	(dos) per·so·nas

Was empfehlen Sie?
¿Qué recomienda? — ke re·ko·mjen·da

Was ist in diesem Gericht enthalten?
¿Que lleva ese plato? — ke je·wa e·se pla·to

Ich esse kein/e/n …
No como … — no ko·mo …

Prosit!
¡Salud! — sa·lu

Das war köstlich!
¡Estaba buenísimo! — es·ta·ba bue·ni·si·mo

Bitte bringen Sie die Rechnung.
Por favor nos trae la cuenta. — por fa·wor nos tra·e la kuen·ta

Grundbegriffe

Abendessen	*cena*	the·na
Bar	*bar*	bar
Café	*café*	ka·fe
Essen	*comida*	ko·mi·da
Flasche	*botella*	bo·te·ja
Frühstück	*desayuno*	de·sa·ju·no
Gabel	*tenedor*	te·ne·dor
Glas	*vaso*	wa·so
Hauptgericht	*segundo plato*	se·gun·do pla·to
heiß (warm)	*caliente*	ka·jen·te
(zu/sehr) kalt	*(muy) frío*	(mui) fri·o
Kinderstuhl	*trona*	tro·na
Kinderteller	*menú infantil*	me·nu in·fan·til
Löffel	*cuchara*	ku·tscha·ra
Markt	*mercado*	mer·ka·do
Messer	*cuchillo*	ku·tschi·jo
mit/ohne	*con/sin*	kon/sin
Mittagessen	*comida*	ko·mi·da
Restaurant	*restaurante*	res·tau·ran·te
Schale	*bol*	bol

KATALANISCH

Die Anerkennung des Katalanischen als Amtssprache ist das Ergebnis einer Kampagne der Regionalregierung, die einsetzte, als die Provinz Ende der 1970er-Jahre die Autonomie errungen hatte. Vor der Niederlage in der Schlacht von Muret im Jahr 1213 erstreckte sich das Gebiet Kataloniens bis weit nach Südfrankreich hinein, über das ganze Roussillon und bis in die Provence. In all diesen Regionen, im heutigen Catalunya und in Andorra wurde einst Katalanisch gesprochen oder zumindest verstanden. In den folgenden Jahrhunderten drang das Katalanische südlich bis nach Valencia, westlich nach Aragón und östlich auf die Balearen vor. Die Sprache erreichte sogar Sizilien und Neapel; die sardische Hafenstadt Alghero ist noch immer ein Außenposten des Katalanischen. In Spanien wird Katalanisch von bis zu 10 Millionen Menschen geprochen.

In Barcelona hört man heute ebenso viel Spanisch wie Katalanisch. Auch stehen die Chancen gar nicht schlecht, auf jemanden zu treffen, der Englisch spricht. In der Provinz außerhalb der Stadt sollten Reisende sich aber nicht wundern, wenn ihre spanischen Fragen auf Katalanisch beantwortet werden. Allerdings wird man auch feststellen, dass die meisten Katalanen bereitwillig ins Spanische wechseln, wenn sie merken, dass sie es mit einem Ausländer zu tun haben. Wer versucht, ein paar Brocken Katalanisch einzubauen, wird aber sicher auf großes Wohlwollen treffen.

Hallo/Guten Tag.	*Hola.*
Auf Wiedersehen.	*Adéu.*
Ja.	*Sí.*
Nein.	*No.*
Bitte.	*Sisplau./Si us plau.*
Danke (sehr).	*(Moltes) gràcies.*
Gern geschehen.	*De res.*
Entschuldigung.	*Perdoni.*
Darf ich?	*Puc?/Em permet?*
Es tut mir leid.	*Ho sento./Perdoni.*
Wie heißen Sie?	*Com et dius?* (informell)
	Com es diu? (höflich)
Ich heiße ...	*Em dic ...*
Woher kommen Sie?	*D'on ets?*
Sprechen Sie Englisch?	*Parla anglès?*
Ich verstehe.	*Ho entenc.*
Ich verstehe nicht.	*No ho entenc.*
Könnten Sie bitte Kastilisch sprechen?	*Pot parlar castellà sisplau?*
Wie sagt man ... auf Katalanisch?	*Com es diu ... en català?*
Ich suche ...	*Estic buscant ...*
Wie komme ich nach ...?	*Com puc arribar a ...?*
Biegen Sie links ab.	*Giri a mà esquerra.*
Biegen Sie rechts ab.	*Giri a mà dreta.*
nahe bei	*a prop de*
weit entfernt von	*a lluny de*

Montag	*dilluns*
Dienstag	*dimarts*
Mittwoch	*dimecres*
Donnerstag	*dijous*
Freitag	*divendres*
Samstag	*dissabte*
Sonntag	*diumenge*
1	*un/una* (m/f)
2	*dos/dues* (m/f)
3	*tres*
4	*quatre*
5	*cinc*
6	*sis*
7	*set*
8	*vuit*
9	*nou*
10	*deu*
11	*onze*
12	*dotze*
13	*tretze*
14	*catorze*
15	*quinze*
16	*setze*
17	*disset*
18	*divuit*
19	*dinou*
20	*vint*
100	*cent*

Schilder

Abierto	Geöffnet
Cerrado	Geschlossen
Entrada	Eingang
Hombres	Männer
Mujeres	Frauen
Prohibido	Verboten
Salida	Ausgang
Servicios/Aseos	Toiletten

Speisekarte (auf Englisch)	*menú (en inglés)*	un me·*nu* (en in·*gles*)
Supermarkt	*supermercado*	su·per·mer·*ka*·do
Teller	*plato*	*pla*·to
vegetarisches Gericht	*comida vegetariana*	ko·*mi*·da ve·che·ta·ri·*a*·na
Vorspeisen	*aperitivos*	a·pe·ri·*ti*·wos

Fleisch & Fisch

Ente	*pato*	*pa*·to
Garnelen	*camarones*	ka·ma·*ro*·nes
Huhn	*pollo*	*po*·jo
Hummer	*langosta*	lan·*gos*·ta
Kalbfleisch	*ternera*	ter·*ne*·ra
Lammfleisch	*cordero*	kor·*de*·ro
Pute	*pavo*	*pa*·vo
Rindfleisch	*carne de vaca*	*kar*·ne de *wa*·ka
Schweinefleisch	*cerdo*	*ther*·do
Thunfisch	*atún*	a·*tun*

Obst & Gemüse

Ananas	*piña*	*pi*·nja
Apfel	*manzana*	man·*tha*·na
Aprikose	*albaricoque*	al·ba·ri·*ko*·ke
Artischocke	*alcachofa*	al·ka·*tscho*·fa
Banane	*plátano*	*pla*·ta·no
Blattsalat	*lechuga*	le·*tschu*·ga
Bohnen	*judías*	chu·*di*·as
Champignon	*champiñón*	tscham·pi·*njon*
Erbsen	*guisantes*	gi·*san*·tes
Erdbeere	*fresa*	*fre*·sa
Gemüse	*verdura*	ver·*du*·ra
Gurke	*pepino*	pe·*pi*·no
Kartoffel	*patata*	pa·*ta*·ta
Kirsche	*cereza*	the·*re*·tha
Kohl	*col*	kol
Kürbis	*calabaza*	ka·la·*ba*·tha
Linsen	*lentejas*	len·*te*·chas
Mais	*maíz*	ma·*ith*
Mohrrübe	*zanahoria*	tha·na·o·ri·a
Nüsse	*nueces*	*nue*·thes
Obst	*fruta*	*fru*·ta
Orange	*naranja*	na·*ran*·cha
(roter/grüner) Pfeffer	*pimiento (rojo/verde)*	pi·*mjen*·to (*ro*·cho/*ver*·de)
Pfirsich	*melocotón*	me·lo·ko·*ton*
Pflaume	*ciruela*	thi·ru·e·la
Rote Bete	*remolacha*	re·mo·*la*·cha
Sellerie	*apio*	*a*·pjo
Spargel	*espárragos*	es·*pa*·ra·gos
Spinat	*espinacas*	es·pi·*na*·kas
Tomate	*tomate*	to·*ma*·te
Trauben	*uvas*	*u*·was
Wassermelone	*sandía*	san·*di*·a
Zitrone	*limón*	li·*mon*
Zwiebel	*cebolla*	the·*bo*·ja

Sonstiges

Brot	*pan*	pan
Butter	*mantequilla*	man·te·*ki*·ja
Ei	*huevo*	*ue*·wo
Essig	*vinagre*	wi·*na*·gre
Honig	*miel*	mjel
Käse	*queso*	*ke*·so
Marmelade	*mermelada*	mer·me·*la*·da
Öl	*aceite*	a·*they*·te
Pasta	*pasta*	*pas*·ta
Pfeffer	*pimienta*	pi·*mjen*·ta
Reis	*arroz*	a·*roth*
Salz	*sal*	sal
Zucker	*azúcar*	a·*thu*·kar

Getränke

Bier	*cerveza*	ther·*we*·tha
Kaffee	*café*	ka·*fe*
Milch	*leche*	*le*·tsche
Rotwein	*vino tinto*	*wi*·no *tin*·to
(Orangen-) Saft	*zumo (de naranja)*	*thu*·mo (de na·*ran*·cha)
Tee	*té*	te
(Mineral-) Wasser	*agua (mineral)*	*a*·gua (mi·ne·*ral*)
Weißwein	*vino blanco*	*wi*·no *blan*·ko

IM NOTFALL

Hilfe!	*¡Socorro!*	so·*ko*·ro
Hau ab!	*¡Vete!*	*we*·te

Rufen Sie ...!	*¡Llame a ...!*	*ja*·me a ...
einen Arzt	*un médico*	un *me*·di·ko
die Polizei	*la policía*	la po·li·*thi*·a

Ich habe mich verirrt.
Estoy perdido/a. es·*toy* per·*di*·do/a (m/f)

Ich hatte einen Unfall.
He tenido un accidente. e te·*ni*·do un ak·thi·*den*·te

Ich bin krank.
Estoy enfermo/a. es·*toy* en·*fer*·mo/a (m/f)

Es tut hier weh.
Me duele aquí. me *due*·le a·*ki*

Ich bin allergisch gegen (Antibiotika).
Soy alérgico/a a (los antibióticos). soy a·*ler*·chi·ko/a a (los an·ti·*bjo*·ti·kos) (m/f)

SHOPPEN & SERVICES

Ich möchte ... kaufen
Quisiera comprar ... ki·*sje*·ra kom·*prar* ...

Ich schau mich nur um.
Sólo estoy mirando. *so*·lo es·*toi* mi·*ran*·do

Kann ich es mal ansehen?
¿Puedo verlo? *pue*·do *wer*·lo

Es gefällt mir nicht.
No me gusta. no me *gus*·ta

Wie viel kostet das?
¿Cuánto cuesta? *kuan*·to *kues*·ta

Das ist zu teuer.
Es muy caro. es mui *ka*·ro

Können Sie mit dem Preis etwas runtergehen?
¿Podría bajar un poco el precio? po·*dri*·a ba·*char* un *po*·ko el *pre*·thjo

Da ist ein Fehler in der Rechnung.
Hay un error en la cuenta. ai un e·*ror* en la *kuen*·ta

Geldautomat	*cajero automático*	ka·*che*·ro au·to·*ma*·ti·ko
Internetcafé	*cibercafé*	thi·ber·ka·*fe*
Post	*correos*	ko·*re*·os
Touristeninformation	*oficina de turismo*	o·fi·*thi*·na de tu·*ris*·mo

ZEIT & DATUM

Wie spät ist es?
¿Qué hora es? ke o·ra es

Es ist (10) Uhr.
Son (las diez). son (las djeth)

Es ist halb (zwei).
Es (la una) y media. es (la *u*·na) i *me*·dja

Morgen	*mañana*	ma·*nja*·na
Nachmittag	*tarde*	*tar*·de
Abend	*noche*	*no*·tsche
gestern	*ayer*	a·*jer*
heute	*hoy*	oi
morgen	*mañana*	ma·*nja*·na

Montag	*lunes*	*lu*·nes
Dienstag	*martes*	*mar*·tes
Mittwoch	*miércoles*	*mjer*·ko·les
Donnerstag	*jueves*	*chue*·wes
Freitag	*viernes*	*wier*·nes
Samstag	*sábado*	*sa*·ba·do
Sonntag	*domingo*	do·*min*·go

Januar	*enero*	e·*ne*·ro
Februar	*febrero*	fe·*bre*·ro
März	*marzo*	*mar*·tho
April	*abril*	a·*bril*
Mai	*mayo*	*ma*·jo
Juni	*junio*	*chu*·njo
Juli	*julio*	*chu*·ljo
August	*agosto*	a·*gos*·to
September	*septiembre*	sep·*tjem*·bre
Oktober	*octubre*	ok·*tu*·bre
November	*noviembre*	no·*wjem*·bre
Dezember	*diciembre*	di·*thjem*·bre

VERKEHRSMITTEL

Boot	*barco*	*bar*·ko
Bus	*autobús*	au·to·*bus*
Flugzeug	*avión*	a·*wjon*
Zug	*tren*	tren

erste	*primer*	pri·*mer*
letzte	*último*	*ul*·ti·mo
nächste	*próximo*	*pro*·xi·mo

Fragewörter

Was?	*¿Qué?*	ke
Wann?	*¿Cuándo?*	*kuan*·do
Wo?	*¿Dónde?*	*don*·de
Wer?	*¿Quién?*	kjen
Warum?	*¿Por qué?*	por ke

Ich möchte nach ... fahren
Quisiera ir a ... — ki·*sje*·ra ir a ...

Wann kommt er/sie/es an/fährt er/sie/es ab?
¿A qué hora llega/sale? — a ke o·ra *je*·ga/*sa*·le

Hält er/sie/es in ...?
¿Para en ...? — *pa*·ra en ...

Können Sie mir Bescheid sagen, wenn wir in ... sind?
¿Puede avisarme cuando lleguemos a ...? — *pue*·de a·wi·*sar*·me *kuan*·do je·*ge*·mos a ...

Welche Haltestelle ist das hier?
¿Cuál es esta parada? — kual es *es*·ta pa·*ra*·da

Ich möchte hier aussteigen.
Quiero bajarme aquí. — *kje*·ro ba·*char*·me a·*ki*

eine ... Fahrkarte	*un billete de ...*	un bi·*je*·te de ...
1. Klasse	*primera clase*	pri·*me*·ra *kla*·se
2. Klasse	*segunda clase*	se·*gun*·da *kla*·se
einfach	*ida*	*i*·da
hin und zurück	*ida y vuelta*	*i*·da i *wuel*·ta

Bahnhof	*estación de trenes*	es·ta·*thjon* de *tre*·nes
Bahnsteig	*plataforma*	pla·ta·*for*·ma
Fahrplan	*horario*	o·*ra*·rio
gestrichen	*cancelado*	kan·the·*la*·do
Platz am Fenster	*asiento junto a la ventana*	a·*sjen*·to *chun*·to a la wen·*ta*·na
Platz am Gang	*asiento de pasillo*	a·*sien*·to de pa·*si*·jo
Schalter	*taquilla*	ta·*ki*·ja
verspätet	*retrasado*	re·tra·*sa*·do

Ich möchte ein ... leihen	*Quisiera alquilar ...*	ki·*sje*·ra al·*ki*·lar ...
Fahrrad	*una bicicleta*	*u*·na bi·thi·*kle*·ta
Auto	*un coche*	un *ko*·tsche
Motorrad	*una moto*	*u*·na *mo*·to

Zahlen

1	*uno*	*u*·no
2	*dos*	dos
3	*tres*	tres
4	*cuatro*	*kua*·tro
5	*cinco*	*thin*·ko
6	*seis*	seys
7	*siete*	*sje*·te
8	*ocho*	*o*·tscho
9	*nueve*	*nue*·we
10	*diez*	djeth
20	*veinte*	*veyn*·te
30	*treinta*	*treyn*·ta
40	*cuarenta*	kua·*ren*·ta
50	*cincuenta*	thin·*kuen*·ta
60	*sesenta*	se·*sen*·ta
70	*setenta*	se·*ten*·ta
80	*ochenta*	o·*tschen*·ta
90	*noventa*	no·*wen*·ta
100	*cien*	thjen
1000	*mil*	mil

Benzin	*gasolina*	ga·so·*li*·na
Diesel	*gasóleo*	ga·*so*·leo
Helm	*casco*	*kas*·ko
Mechaniker	*mecánico*	me·*ka*·ni·ko
Tankstelle	*gasolinera*	ga·so·li·*ne*·ra

(Wie lange) Kann ich hier parken?
¿(Por cuánto tiempo) Puedo aparcar aquí? — (por *kuan*·to *tjem*·po) *pue*·do a·par·*kar* a·*ki*

Das Auto ist liegen geblieben.
El coche se ha averiado. — el *ko*·tsche se a a·we·ri·*a*·do

Ich habe einen Platten.
Tengo un pinchazo. — *ten*·go un pin·*tscha*·tho

Mir ist das Benzin ausgegangen.
Me he quedado sin gasolina. — me e ke·*da*·do sin ga·so·*li*·na

GLOSSAR

Die folgenden Einträge sind in Katalanisch/Spanisch (Kastilisch) aufgeführt, wenn sie mit dem gleichen Buchstaben anfangen. Beginnen zwei Wörter mit unterschiedlichen Buchstaben oder ist nur das katalanische bzw. spanische Wort angegeben, steht (K) für Katalanisch und (S) für Spanisch. Fehlt eine solche Angabe in Klammern, ist das Wort in beiden Sprachen gleich.

ajuntament/ayuntamiento – Rathaus

artesonado (S) – Kassettendecke im Mudéjar-Stil

avinguda (K) – Chaussee

barcelonin (K) – Einwohner von Barcelona

Barcino – Römischer Name für Barcelona

barri/barrio – Stadtviertel von Barcelona

caganer (K) – „der Scheißer", eine in katalanischen Weihnachtskrippen erscheinende Figur

El Call (K) – Jüdisches Viertel in der Altstadt von Barcelona

capella/capilla – Kapelle

carrer/calle – Straße

casa – Haus

castellers (K) – „Erbauer" von Menschenpyramiden

cercanías (S) – Regionalzüge, die den Flughafen, die Vororte und einige nahe gelegene Orte bedienen

comte/conde – Graf

correfoc (K) – Auftritt Funken sprühender Teufel bei Festen; wörtlich „Feuerläufe"

església (K) – Kirche

farmàcia/farmacia – Apotheke

festa/fiesta – Fest, Feiertag oder Party

FGC (K) – Ferrocarrils de la Generalitat de Catalunya; Vorortzüge, die neben der U-Bahn in Barcelona betrieben werden

fundació/fundació – Stiftung

garum – würzige Soße aus Fischinnereien, im gesamten Römischen Reich verbreitet

gegants – riesige Figuren, die bei *festes* durch die Straßen getragen werden

Generalitat (K) – Katalanische Regionalregierung

guiri – Fremder (etwas verächtlich)

hostal – Unterkunft in 1- bis 3-Sterne-Qualität

iglesia (S) – Kirche

IVA – *impost sobre el valor afegit/impuesto sobre el valor añadido*, Mehrwertsteuer

masia – katalanisches Bauernhaus

mercat/mercado – Markt

Modernisme (K) – Kunstrichtung zu Beginn des 20. Jhs., vom Art Nouveau/Jugenstil beeinflusst, der Hauptvertreter in Katalonien war Antoni Gaudí

Modernista – ein Vertreter des Modernisme

Mudéjar (S) – ein Muslim, der im mittelalterlichen Spanien unter christlicher Herrschaft lebte; auch deren dekorativer Baustil

palau (K) – Palast

passatge (K) – Passage

pensió/pensión – Pension, 1- bis 3-Sterne-Unterkunft

plaça/plaza – Platz

platja/playa – Strand

Renaixença – Wiedererwachen des Interesses an katalanischer Literatur, Kultur und Sprache in der zweiten Hälfte des 19. Jhs.

rodalies (K) – siehe *cercanías*

saló (K) – Halle

sardana – traditioneller katalanischer Volkstanz

s/n (S) – *sin número* (ohne Nummer)

tablao – Restaurant, in dem Flamenco aufgeführt wird

teatre – Theater

terrassa/terazza – Terrasse; Open-Air-Bereich von Cafés

trencadís – Mosaikstil des Modernisme unter Verwendung zerbrochener Kacheln

turista – 2. Klasse; Economy Class

Hinter den Kulissen

WIR FREUEN UNS ÜBER EIN FEEDBACK

Post von Travellern zu bekommen ist für uns ungemein hilfreich – Kritik und Anregungen halten uns auf dem Laufenden und helfen, unsere Bücher zu verbessern. Unser reiseerfahrenes Team liest alle Zuschriften genau durch, um zu erfahren, was an unseren Reiseführern gut und was schlecht ist. Wir können solche Post zwar nicht individuell beantworten, aber jedes Feedback wird garantiert schnurstracks an die jeweiligen Autoren weitergeleitet, rechtzeitig vor der nächsten Auflage.

Wer uns schreiben will, erreicht uns unter **www.lonelyplanet.de/kontakt**.

Hinweis: Da wir Beiträge möglicherweise in Lonely Planet Produkten (Reiseführer, Websites, digitale Medien) veröffentlichen, ggf. auch in gekürzter Form, bitten wir um Mitteilung, falls ein Kommentar nicht veröffentlicht oder ein Name nicht genannt werden soll. Wer Näheres über unsere Datenschutzpolitik wissen will, erfährt das unter www.lonelyplanet.com/privacy.

DANK VON LONELY PLANET

Vielen Dank an alle Reisenden, die mit der letzten Auflage unterwegs waren und uns hilfreiche Tipps sowie interessante Anekdoten geschickt haben:

Badong Abesamis, David van Dam, Marcus Durham, Nicole Efron, Steve Groves, Vega Iodice, Gareth McGowan, Selin Tessa Ozalp, Björn Somell, Steve Tallantyre, Francis Vanoverschelde, Daniëlle Wolbers

DANK DER AUTOREN

Regis St. Louis

Ich bedanke mich für all die sehr nützlichen Hinweise von Einheimischen, in der Stadt lebenden Ausländern und Touristikmitarbeiter. Insbesondere möchte ich danken: Eric Mills, Sol Polo, Maria Asuncion Guardia, Margherita Bergamo Meneghini, Meritxell Checa Esteban und Freunden, Carine Ferry und Freunden, Laura von Runner Bean und Diego im Barri Gòtic. Mein Dank gilt ebenso meinen Lektorinnen Dora Whitaker und Angela Tinson, meiner Ko-Autorin Vesna für Tipps unterwegs und Anna für ihre tollen Ausflugstipps. Zum Schluss drücke ich ganz doll meine Familie und danke ihr für ihre immerwährende Unterstützung.

Anna Kaminski

Ich danke Pedrito und Andrea, meinen leidgeprüften Mitbewohnern; Dawn dafür, dass sie sich meinem straffen Programm ohne Murren untergeordnet hat; allen, die unterwegs für mich gekocht haben; und allen hilfsbereiten Mitarbeitern in den Touristeninformationen (besonders in Girona) sowie der Dame in dem Buchladen in Tarragona, die mir einen Straßenatlas von Katalonien beschaffte, der eine echte Seltenheit zu sein scheint. Schließlich ein großes Dankeschön an Dora für diesen Auftrag und an Regis und Vesna für all ihre harte Arbeit.

Vesna Maric

Mein Dank geht wie immer an Rafael für all die Hilfe, Unterstützung und Freude. *Hvala* meiner Mutter und Schwester fürs Babysitten. Ein großes Dankeschön gilt auch meiner reizenden Frida dafür, dass sie eine so tolle Reisende ist. Vielen Dank außerdem an Dora Whitaker und Regis St. Louis – es war mir ein Vergnügen, mit euch zu arbeiten. Mein größter Dank geht an David Carroll und das engagierte SPP-Team in Melbourne für ihre nie erlahmende Unterstützung und die mitternächtlichen E-Mails, wenn sich die moderne Technik hartnäckig unkooperativ zeigte.

QUELLENNACHWEIS

Titelfoto: Font Màgica am Abend, Palau Nacional, Montjuïc, David Noton/Alamy. Metrokarte Barcelona © Ferrocarril Metropolita de Barcelona, S.A. Tots els drets reservats. Illustrationen S. 140-141 & S. 194-195 von Javier Zarracina.

ÜBER DIESES BUCH

Dies ist die 4. deutsche Auflage des Lonely Planet Reiseführers *Barcelona*, basierend auf der 8. Auflage der englischen Ausgabe von Regis St. Louis, Anna Kaminski und Vesna Maric. Die sieben vorhergehenden englischen Ausgaben wurden von Damien Simonis verfasst. In Auftrag gegeben wurde dieser Reiseführer im Lonely Planet Büro London. An der Produktion waren folgende Personen beteiligt:

Verantwortliche Redakteurin Dora Whitaker
Leitende Redakteurin UMardi O'Connor
Leitender Kartograf Alex Leung
Leitende Layoutdesignerin Jacqui Saunders
Lektorat Barbara Delissen, Angela Tinson
Kartografie Shahara Ahmed, Adrian Persoglia
Layout Jane Hart
Lektoratsassistenz Laura Gibb, Elizabeth Harvey, Kate Morgan, Joanne Newell, Charlotte Orr
Umschlaggestaltung Naomi Parker
Bildredaktion Louise Byrnes
Illustrator Javier Zarracina
Sprache Branislava Vladisavljevic

Dank an Dan Austin, Imogen Bannister, Laura Crawford, Ryan Evans, Tobias Gattineau, Jouve India, Asha Ioculari, Sophie Marozeau, Kate McDonell, Andrea McGinniss, Annelies Mertens, Trent Paton, Averil Robertson, Silvia Rosas, Amanda Sierp, Fiona Siseman, Rob Townsend, Gerard Walker

Die Lonely Planet Story

Ein uraltes Auto, ein paar Dollar in den Hosentaschen und Abenteuerlust, mehr brauchten Tony und Maureen Wheeler nicht, als sie 1972 zu der Reise ihres Lebens aufbrachen. Diese führte sie quer durch Europa und Asien bis nach Australien. Nach mehreren Monaten kehrten sie zurück – pleite, aber glücklich –, setzten sich an ihren Küchentisch und verfassten ihren ersten Reiseführer *Across Asia on the Cheap*. Binnen einer Woche verkauften sie 1500 Bücher und Lonely Planet war geboren. Seit 2011 ist BBC Worldwide der alleinige Inhaber von Lonely Planet. Der Verlag unterhält Büros in Melbourne (Australien), London und Oakland (USA) mit über 600 Mitarbeitern und Autoren. Sie alle teilen Tonys Überzeugung, dass ein guter Reiseführer drei Dinge tun sollte: informieren, bilden und unterhalten.

DIE AUTOREN

Regis St. Louis

Hauptautor; La Rambla & Barri Gòtic; Barceloneta & der Hafen; Camp Nou, Pedralbes & Zona Alta Regis verliebte sich auf einer großen Reise durch Spanien und Portugal Ende der 1990er-Jahre in Barcelona und Katalonien. Seitdem ist er oft dorthin zurückgekehrt, hat Spanisch und ein wenig Katalanisch gelernt und sich mit der reichen Kulturgeschichte dieser wahnsinnig faszinierenden Stadt beschäftigt. Zu den schönsten Erinnerungen seiner letzten Reise zählen die ausgedehnten Mittagessen mit Freunden in Barceloneta, die Erkundung versteckter Ecken der Zona Alta, abendliche Konzerte in der Ciutat Vella und Festessen mit den vielleicht letzten *calçots* der Saison. Regis ist außerdem Autor von *Discover Barcelona* und hat an den Bänden *Spanien, Portugal* und Dutzenden weiteren Lonely Planet Titeln mitgearbeitet. Er lebt im New Yorker Stadtteil Brooklyn. Regis verfasste überwiegend die Kapitel Reiseplanung, dazu die Abschnitte Barcelona verstehen und Praktische Informationen und war auch am Kapitel Schlafen beteiligt.

Mehr über Regis auf:
lonelyplanet.com/members/regisstlouis

Anna Kaminski

Ausflugsziele Annas Liebesaffäre mit Spanien begann 2001 mit einem Spanischkurs in Santander und hat sich trotz einer schweren Salmonelleninfektion bis heute fortgesetzt, ohne an Intensität einzubüßen, weshalb sie immer wieder nach Spanien zurückgekehrt ist. Zurzeit ist Barcelona sogar ihr Zuhause. Sie hat es besonders genossen, die unglaublich vielfältige Umgebung der Stadt zu erkunden und dabei auf den Spuren ihres Lieblingskünstlers Salvador Dalí zu wandeln. Außerdem hat sie dabei mit das beste Essen in ganz Spanien probiert und so ihren Horizont erweitert – allerdings auch ihren Bauchumfang.

Vesna Maric

El Raval, La Ribera, Sagrada Família & Eixample, Gràcia & Park Güell, Montjuïc Vesan stammt ursprünglich aus Bosnien-Herzegowina. Ihre Liebe zu Spanien und allem Spanischen begann, als sie vor zehn Jahren ihren Lebensgefährten Rafael kennenlernte. Seitdem hat sie die Sprache gelernt, das Land erkundet und sich immer wieder von Neuem in Barcelona verliebt, sodass sie die Stadt besucht, wann immer es möglich ist. Sie liebt die Strände, die unglaub- lichen Lebensmittelmärkte, die Architektur, das tolle Nachtleben und die phantastische katalanische Küche. Vesna verfasste auch die Kapitel Was gibt's Neues?, Reisen mit Kindern, Unterhaltung und Shoppen sowie einen Teil des Kapitels Schlafen.

Siehe auch gesonderte Register für:
ESSEN S. 298
AUSGEHEN & NACHTLEBEN S. 299
UNTERHALTUNG S. 300
SHOPPEN S. 300
SPORT & AKTIVITÄTEN S. 300
SCHLAFEN S. 301

Register

Sehenswertes 000
Kartenverweise **000**
Fotoverweise **000**

Sehenswertes 000
Kartenverweise **000**
Fotoverweise **000**

ESSEN

AUSGEHEN & NACHTLEBEN

UNTERHALTUNG

SHOPPEN

SPORT & AKTIVITÄTEN

Sehenswertes 000
Kartenverweise **000**
Fotoverweise **000**

SCHLAFEN

Cityatlas

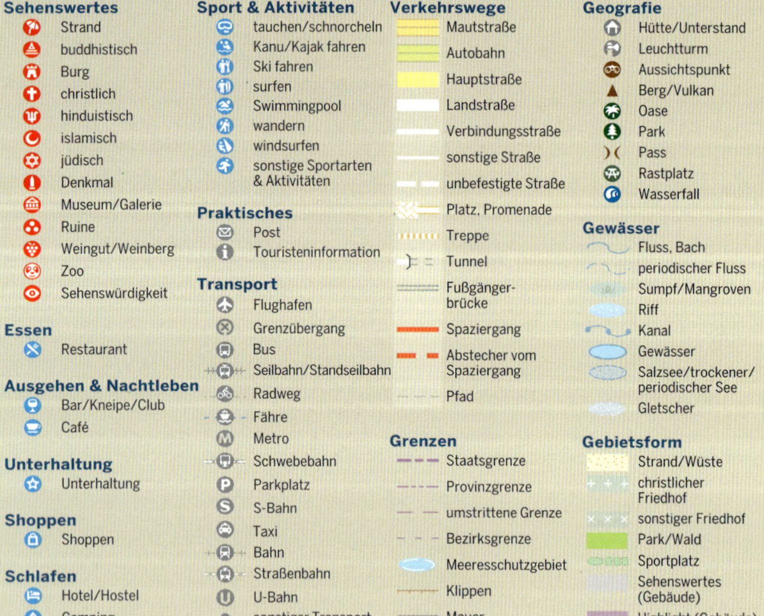
Kartenlegende
Sehenswertes
Strand
buddhistisch
Burg
christlich
hinduistisch
islamisch
jüdisch
Denkmal
Museum/Galerie
Ruine
Weingut/Weinberg
Zoo
Sehenswürdigkeit
Essen
Restaurant
Ausgehen & Nachtleben
Bar/Kneipe/Club
Café
Unterhaltung
Unterhaltung
Shoppen
Shoppen
Schlafen
Hotel/Hostel
Camping
Sport & Aktivitäten
tauchen/schnorcheln
Kanu/Kajak fahren
Ski fahren
surfen
Swimmingpool
wandern
windsurfen
sonstige Sportarten & Aktivitäten
Praktisches
Post
Touristeninformation
Transport
Flughafen
Grenzübergang
Bus
Seilbahn/Standseilbahn
Radweg
Fähre
Metro
Schwebebahn
Parkplatz
S-Bahn
Taxi
Bahn
Straßenbahn
U-Bahn
sonstiger Transport
Verkehrswege
Mautstraße
Autobahn
Hauptstraße
Landstraße
Verbindungsstraße
sonstige Straße
unbefestigte Straße
Platz, Promenade
Treppe
Tunnel
Fußgänger-brücke
Spaziergang
Abstecher vom Spaziergang
Pfad
Grenzen
Staatsgrenze
Provinzgrenze
umstrittene Grenze
Bezirksgrenze
Meeresschutzgebiet
Klippen
Mauer
Geografie
Hütte/Unterstand
Leuchtturm
Aussichtspunkt
Berg/Vulkan
Oase
Park
Pass
Rastplatz
Wasserfall
Gewässer
Fluss, Bach
periodischer Fluss
Sumpf/Mangroven
Riff
Kanal
Gewässer
Salzsee/trockener/periodischer See
Gletscher
Gebietsform
Strand/Wüste
christlicher Friedhof
sonstiger Friedhof
Park/Wald
Sportplatz
Sehenswertes (Gebäude)
Highlight (Gebäude)

KARTENINDEX

LA RAMBLA & BARRI GÒTIC

Legende auf S. 306

LA RAMBLA & BARRI GÒTIC

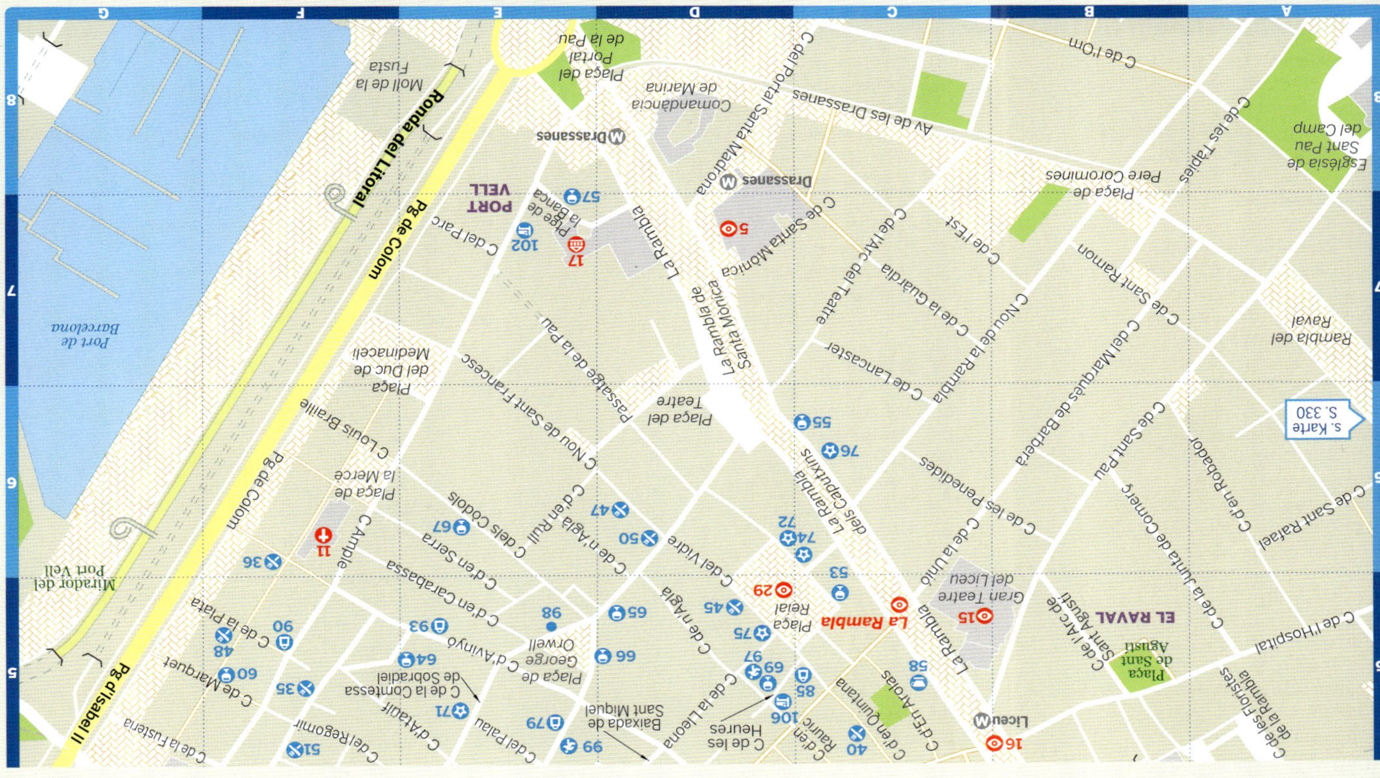

LA RAMBLA & BARRI GÒTIC *Karte auf S. 304*

Highlights **(S. 68)**
Kathedrale La Seu ... D3
La Rambla ... C5
Museu d'Història de Barcelona ... E3
Museu Frederic Marès ... D2

Sehenswertes **(S. 73)**
1 Ajuntament ... E4
2 Capella de Santa Llúcia ... D3
3 Capella Reial de Santa Àgata ... E2
4 Casa de l'Ardiaca ... D3
5 Centre d'Art Santa Mònica ... D7
Centre de la Imatge ... (siehe 23)
6 Centre d'Interpretació del Call ... D4
7 Col.legi de Arquitectes ... D2
8 Dalí ... C2
9 Domus Romana ... D4
10 Església de Betlem ... B3
11 Església de la Mercè ... F6
12 Església de Santa Maria del Pi ... C4
13 Església de Sants Just i Pastor ... E4
14 Font de Canaletes ... A2
15 Gran Teatre del Liceu ... C5
16 Mosaïc de Miró ... B5
17 Museu de Cera ... E7
18 Museu de l'Eròtica ... B4
19 Museu del Calçat ... D3
20 Museu d'Idees i Invents de Barcelona ... E4
21 Museu Diocesà ... D2
22 Palau de la Generalitat ... D3
23 Palau de la Virreina ... B4
24 Palau del Lloctinent ... E3
25 Palau Episcopal ... D3
26 Palau Moja ... B3
27 Plaça de Sant Jaume ... E4
28 Plaça de Sant Josep Oriol ... C4
29 Plaça Reial ... D5
30 Romische Mauer ... E3
31 Romische Mauer ... D2
32 Sinagoga Major ... D4
33 Temple Romà d'August ... E3
34 Via Sepulcral Romana ... B2

Essen **(S. 80)**
35 Agut ... F5
36 Bar Celta ... F6
37 Bun Bo ... C2
38 Caelum ... C3
39 Cafè de l'Acadèmia ... E3
40 Can Culleretes ... C5
41 Cerería ... D4
42 Cervecería Taller de Tapas ... C1
43 Els Quatre Gats ... C1
44 Escribà ... B4
45 Karma ... D5
46 Koy Shunka ... D1
47 La Macarena ... D6
48 La Plata ... F5
49 La Vinateria dell Call ... D4
50 Los Caracoles ... D6
51 Milk ... F5
52 Pla ... E4

Ausgehen & Nachtleben **(S. 83)**
53 Barcelona Pipa Club ... C5
54 Blondie ... B4
55 Blvd ... C6
56 Bootleg ... E4
57 Bosc de les Fades ... E7
58 Cafè de l'Òpera ... C5
59 Čaj Chai ... D3
60 Dusk ... F5
61 El Paraigua ... D4
62 La Cerveteca ... F4
63 La Clandestina ... F4
64 Manchester ... E5
65 Marula Cafè ... D5
66 Oviso ... D5
67 Polaroid ... E6
68 Salterio ... D4
69 Sinatra ... D5

Unterhaltung **(S. 85)**
70 Concert De Carilló ... D3
Gran Teatre Del Liceu ... (siehe 15)
71 Harlem Jazz Club ... E5
72 Jamboree ... D6
73 L'Ateneu ... B2
74 Sala Tarantos ... C6
75 Sidecar Factory Club ... D5

76 Tablao Cordobés ... C6

Shoppen **(S. 86)**

77 Casa Beethoven ... B4
78 Cereria Subirà ... E3
79 Cómplices ... E5
80 El Corte Inglés ... B1
81 El Ingenio ... C4
82 Espacio De Creadores ... C1
83 FC Botiga ... E3
84 Gotham ... E4
85 Herboristeria Del Rei ... C5
86 La Manual Alpargatera ... D4
87 L'Arca de l'Àvia ... C3
88 Le Boudoir ... B2
89 Obach ... D4
90 Papabubble ... F5
91 Sala Parés ... B4
92 Taller de Marionetas Travi ... C1
93 Urbana ... E5
94 Xocoa ... B3

Sport & Aktivitäten

95 Barcelona Segway Fun ... E3
96 BarcelonaBiking.com ... D4
97 Bike Rental Barcelona ... D5
98 Fat Tire Bike Tours ... E5
99 My Beautiful Parking ... E5
100 Trixi ... F4

Schlafen **(S. 224)**

101 Alberg Hostel Itaca ... D2
102 Bonic ... E7
103 El Jardí ... C4
104 Hostal Campi ... B2
105 Hotel 1898 ... A3
106 Hotel California ... D5
107 Hotel Colón ... D2
108 Hotel Continental ... A2
109 Hotel Neri ... D3
110 Hotel Racó del Pi ... C3
111 Regencia Colón ... D2

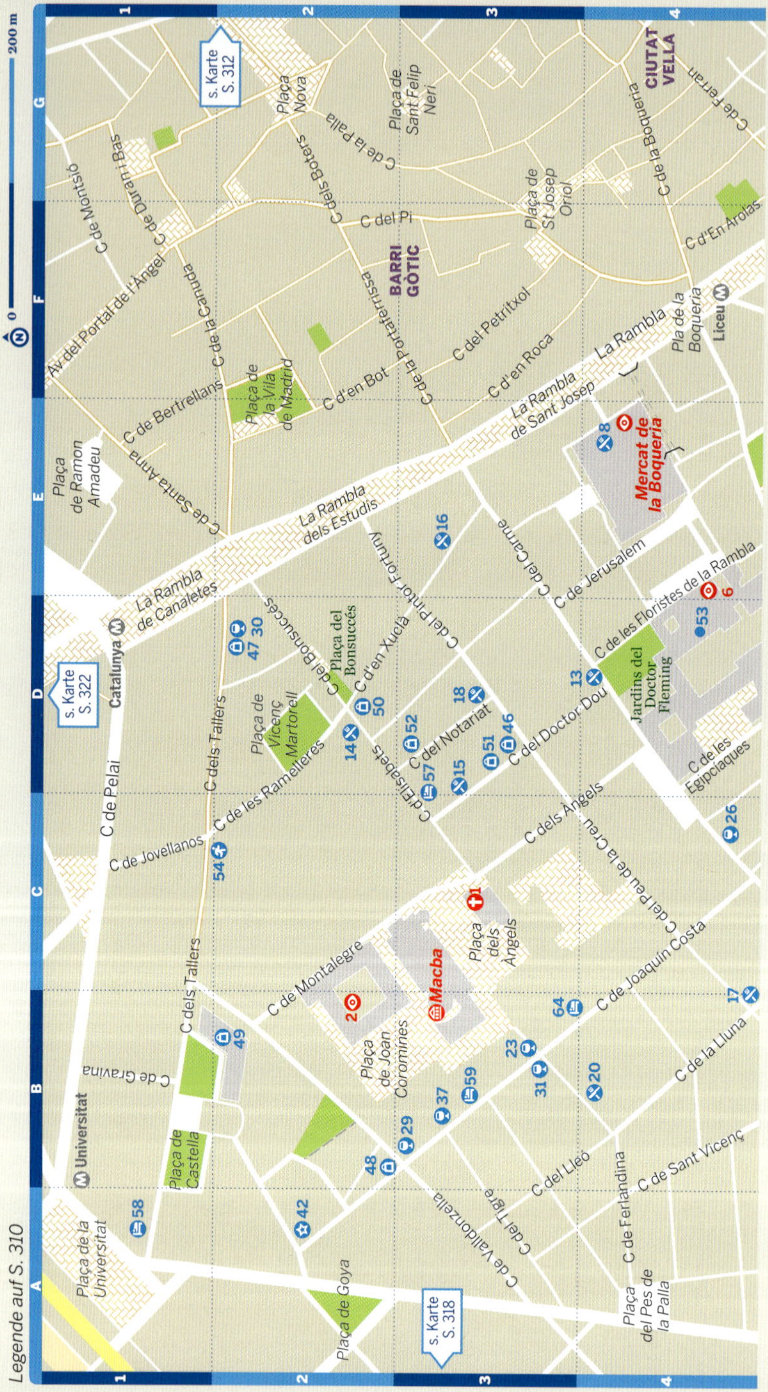

EL RAVAL

Legende auf S. 310

0 200 m

A B C D E F G
1 2 3 4

s. Karte S. 322
s. Karte S. 312
s. Karte S. 318

Plaça de la Universitat
Universitat
C de Gravina
C de Pelai
Catalunya
Plaça de Ramon Amadeu
Av del Portal de l'Àngel
C de Montsió
C de Duran i Bas
58
Plaça de Castella
C dels Tallers
C de Jovellanos
54
C dels Tallers
47 30
C de Santa Anna
C de Bertrellans
C de la Canuda
49
La Rambla de Canaletes
Plaça de Vicenç Martorell
C de les Ramelleres
Plaça de la Vila de Madrid
Plaça Nova
42
C de Montalegre
C del Bonsuccés
Plaça del Bonsuccés
C dels Boters
C de la Palla
Plaça de Goya
2
14
C d'en Xuclà
50
La Rambla dels Estudis
C d'en Bot
48
Plaça de Joan Coromines
C d'Elisabets
52
C del Pintor Fortuny
C de la Portaferrissa
BARRI GÒTIC
C del Pi
Plaça de Sant Felip Neri
29
37
Macba
57
16
C del Notariat
C de Valldonzella
59
15
18
Plaça dels Àngels
1
C del Petritxol
C del Tigre
23
51
46
C d'en Roca
Plaça de St Josep Oriol
31
C dels Àngels
C del Carme
La Rambla de Sant Josep
64
C del Doctor Dou
13
C de Jerusalem
C del Lleó
20
8
La Rambla
Plaça del Pes de la Palla
C de Ferlandina
C del Peu de la Creu
Jardins del Doctor Fleming
C de les Floristes de la Rambla
Mercat de la Boqueria
C de la Boqueria
CIUTAT VELLA
C de Sant Vicenç
C de Joaquín Costa
C de la Lluna
C de les Egipcíaques
53
6
Pla de la Boqueria
Liceu
C d'En Arolas
C de Ferran
17
26

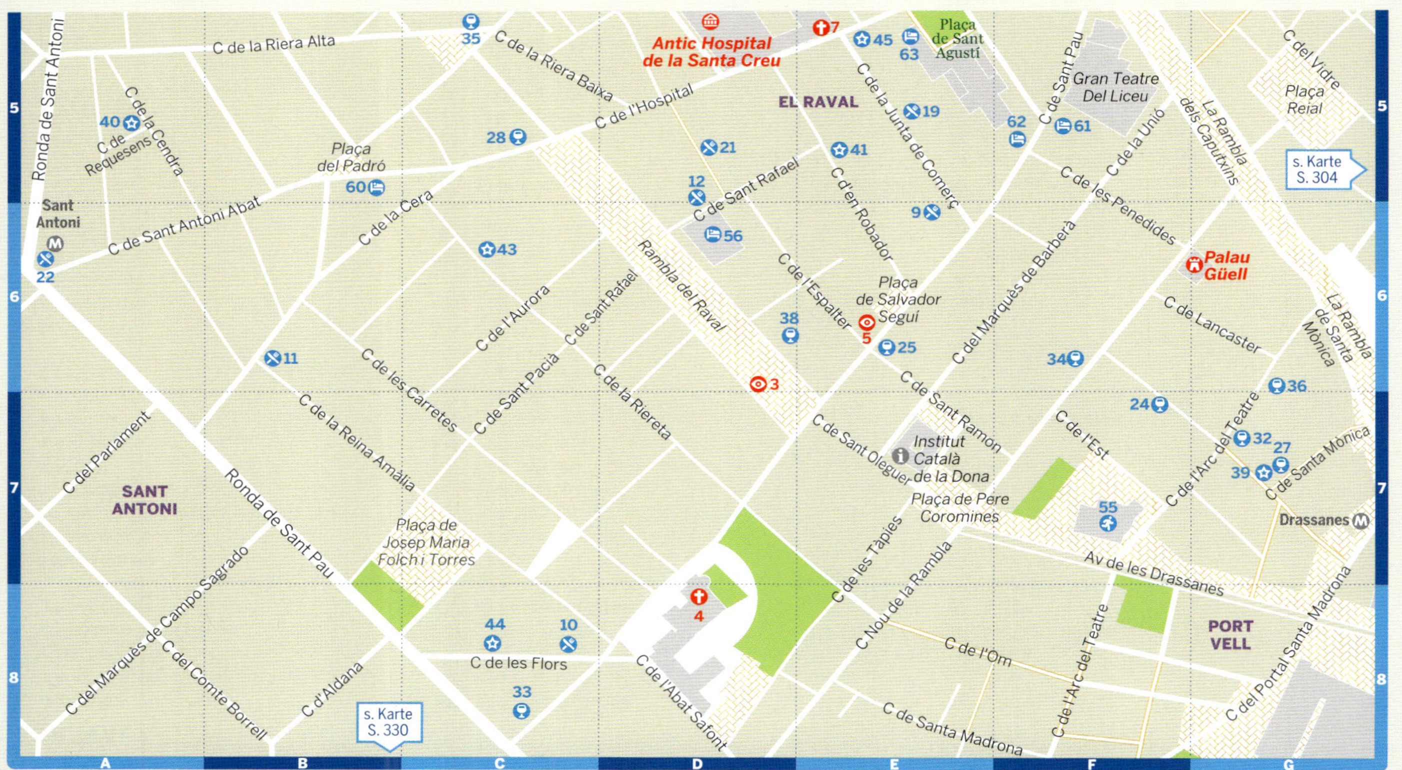
Ronda de Sant Antoni
C de la Riera Alta
C de la Riera Baixa
Antic Hospital de la Santa Creu
EL RAVAL
Plaça de Sant Agustí
C de la Cendra
C de Requesens
Plaça del Padró
C de l'Hospital
C de la Junta de Comerç
Gran Teatre Del Liceu
C de Sant Pau
C de la Unió
La Rambla dels Caputxins
C del Vidre
Plaça Reial
s. Karte S. 304
Sant Antoni
C de Sant Antoni Abat
C de la Cera
C de Sant Rafael
C d'en Robador
C de les Penedides
Palau Güell
Rambla del Raval
C de l'Espalter
Plaça de Salvador Seguí
C del Marquès de Barberà
C de Lancaster
La Rambla de Santa Mònica
C de l'Aurora
C de les Carretes
C de Sant Pacià
C de la Riereta
C de Sant Ramon
C de Sant Oleguer
Institut Català de la Dona
C de l'Est
C de l'Arc del Teatre
C de Santa Mònica
Drassanes
C del Parlament
SANT ANTONI
Ronda de Sant Pau
C de la Reina Amàlia
Plaça de Josep Maria Folch i Torres
Plaça de Pere Coromines
C de les Tàpies
Av de les Drassanes
C del Marquès de Campo Sagrado
C del Comte Borrell
C d'Aldana
C de les Flors
C de l'Abat Safont
C Nou de la Rambla
C de l'Om
C de l'Arc del Teatre
PORT VELL
C de Santa Madrona
C del Portal Santa Madrona
s. Karte S. 330

EL RAVAL *Karte auf S. 308*

Highlights **(S. 91)**

Antic Hospital de la Santa Creu ... D5
Macba ... B3
Mercat de la Boqueria ... E4
Palau Güell ... G6

Sehenswertes **(S. 94)**

1 Capella Macba ... C3
2 Centre de Cultura Contemporània de Barcelona ... B2
3 El Gat ... D6
4 Església de Sant Pau ... D8
5 Filmoteca de Catalunya ... E6
6 Institut d'Estudis Catalans ... E4
7 La Capella ... E5

Essen **(S. 94)**

8 Bar Pinotxo ... E4
9 Biblioteca ... E6
10 Ca L'Isidre ... C8
11 Can Lluís ... B6
12 Casa Leopoldo ... D5
13 Dos Trece ... D4
14 Elisabets ... D2
15 En Ville ... D3
16 Granja Viader ... E3
17 Mama i Teca ... B4
18 Olivia ... D3
19 Organic ... E5
20 Pla dels Àngels ... B4
21 Restaurant el Cafetí ... D5
22 Sesamo ... A6

Ausgehen & Nachtleben **(S. 98)**

23 33|45 ... B3
24 Bar la Concha ... F7
25 Bar Marsella ... E6
26 Bar Muy Buenas ... C4
27 Bar Pastís ... G7
28 Barraval ... C5
29 Betty Ford ... B3
30 Boadas ... D2
31 Casa Almirall ... B3
32 Kentucky ... G7
33 La Confitería ... C8
34 London Bar ... F6
35 Marmalade ... C5
36 Moog ... G6
37 Negroni ... B3
38 Zentraus ... D6

Unterhaltung **(S. 100)**

39 Cangrejo ... G7
40 Jazz Sí Club ... A5
41 Robadors 23 ... E5
42 Teatre Goya ... A2
43 Teatre Llantiol ... C6
44 Teatre Nou Tantarantana ... C8
45 Teatre Romea ... E5

Shoppen **(S. 101)**

46 Barcelona Reykjavik ... D3
47 Castelló ... D2
Costura ... (siehe 46)
48 Fantastik ... B2
49 Holala! Plaza ... B2
50 La Portorriqueña ... D2
51 Ras ... D3
52 Teranyina ... D3

Sport & Aktivitäten

53 Biblioteca de Catalunya ... D4
54 CicloTour ... C2
55 Golondrina ... F7

Schlafen **(S. 225)**

56 Barceló Raval ... D6
57 Casa Camper ... D3
58 Hostal Chic & Basic ... A1
59 Hostal Gat Raval ... B3
60 Hostal Gat Xino ... B5
61 Hotel España ... F5
62 Hotel Peninsular ... F5
63 Hotel San Agustín ... E5
64 Whotells ... B3

LA RIBERA *Karte auf S. 312*

Legende auf S. 311

LA RIBERA

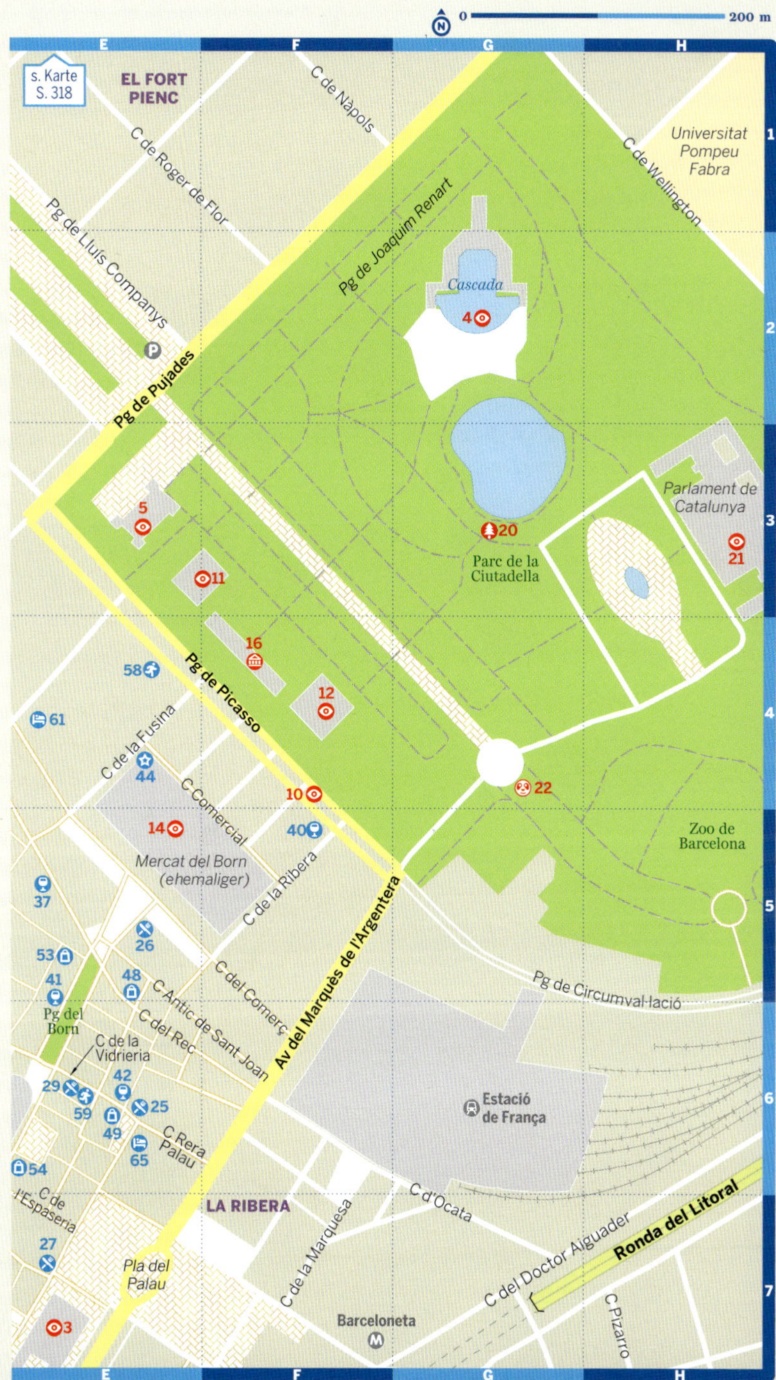
0
200 m
s. Karte S. 318
EL FORT PIENC
C de Nàpols
C de Roger de Flor
Pg de Lluís Companys
Pg de Joaquim Renart
Cascada
C de Wellington
Universitat Pompeu Fabra
LA RIBERA
Pg de Pujades
Parlament de Catalunya
Parc de la Ciutadella
Pg de Picasso
C de la Fusina
C Comercial
Mercat del Born (ehemaliger)
C de la Ribera
Zoo de Barcelona
Av del Marquès de l'Argentera
C del Comerç
C Antic de Sant Joan
C del Rec
Pg del Born
C de la Vidrieria
Pg de Circumval·lació
Estació de França
C Rera Palau
C de l'Espaseria
LA RIBERA
C d'Ocata
C de la Marquesa
C del Doctor Aiguader
Ronda del Litoral
Pla del Palau
C Pizarro
Barceloneta

PORT VELL & BARCELONETA

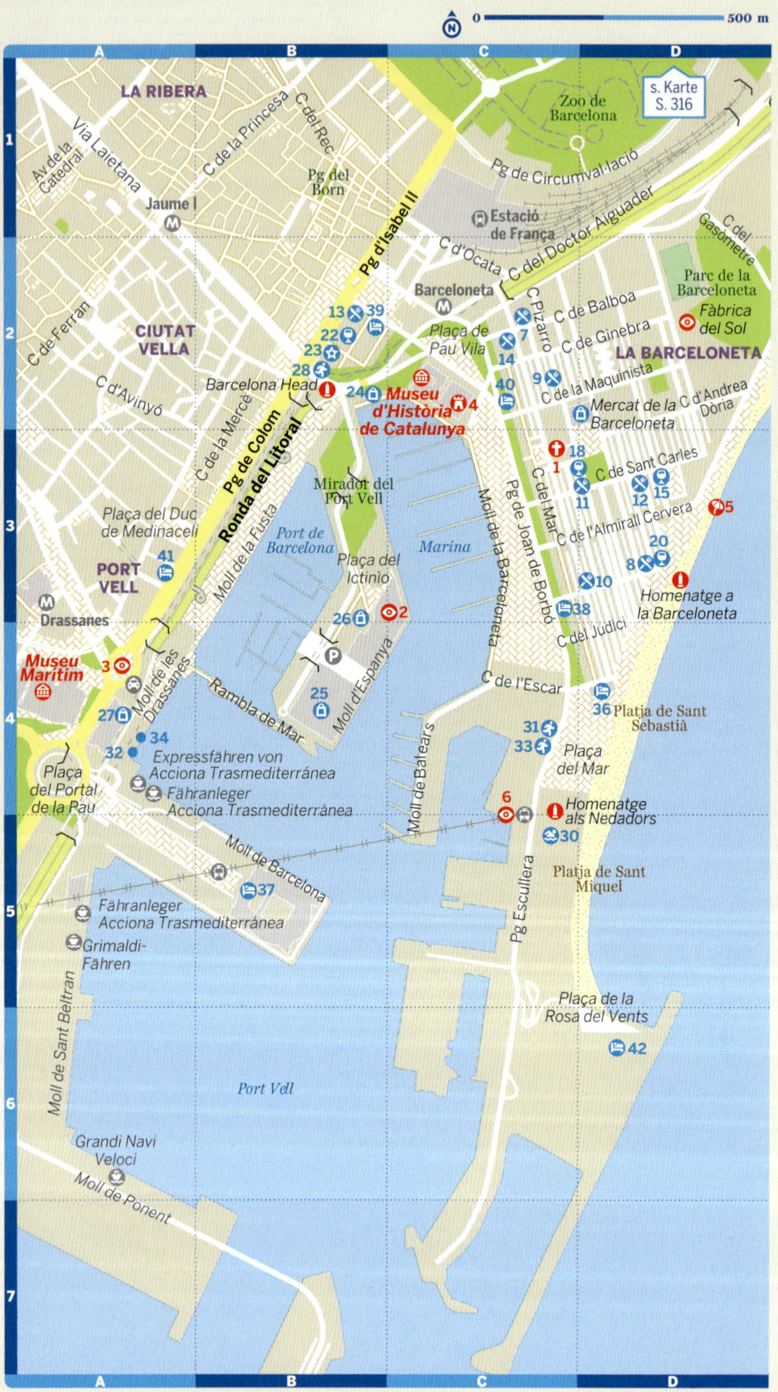

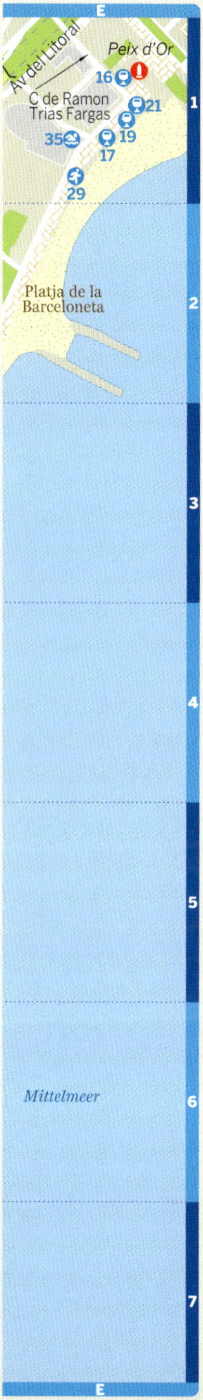

E
Av del Litoral
Peix d'Or
16
21
C de Ramon Trias Fargas
35
19
17
29
Platja de la Barceloneta
Mittelmeer
1
2
3
4
5
6
7
E

Highlights (S. 121)
- Museu d'Història de Catalunya C2
- Museu Marítim A4

Sehenswertes (S. 122)
- 1 Església de Sant Miquel del Port C3
- 2 L'Aquàrium C3
- 3 Mirador de Colom A4
- 4 Palau de Mar C2
- 5 Platja de Sant Sebastià D3
- 6 Transbordador Aeri C5

Essen (S. 125)
- 7 Bitácora C2
- 8 Can Majó D3
- 9 Can Maño C2
- 10 Can Ros D3
- 11 La Cova Fumada D3
- 12 Maians D3
- 13 Restaurant 7 Portes B2
- Torre d'Alta Mar .... (siehe 6)
- 14 Vaso de Oro C2

Ausgehen & Nachtleben (S. 128)
- 15 Absenta D3
- Bar Leo .... (siehe 15)
- 16 Catwalk E1
- 17 CDLC E1
- 18 Ké? C3
- 19 Opium Mar E1
- 20 Santa Marta D3
- 21 Shôko E1
- 22 Xampanyeria Can Paixano B2

Unterhaltung (S. 129)
- 23 Monasterio B2

Shoppen (S. 130)
- 24 Feria de Artesanía del Palau de Mar B2
- 25 Maremàgnum B4
- 26 Mercado de Pintores B3
- 27 Port Antic A4

Sport & Aktivitäten (S. 130)
- Barcelona Scooter... (siehe 31)
- 28 Barnabike B2
- 29 Biciclot E1
- 30 Club Natació Atlètic-Barcelona C5
- 31 Cooltra C4
- 32 Las Golondrinas A4
- 33 MondoRent C4
- 34 Orsom A4
- 35 Poliesportiu Marítim E1

Schlafen (S. 227)
- 36 Equity Point Sea Hostel D4
- 37 Eurostars Grand Marina Hotel B5
- 38 Hotel 54 .... C3
- 39 Hotel del Mar B2
- 40 Hotel Marina Folch C2
- 41 Marina View A3
- 42 W Barcelona D6

PORT OLIMPIC, EL POBLENOU & EL FÒRUM

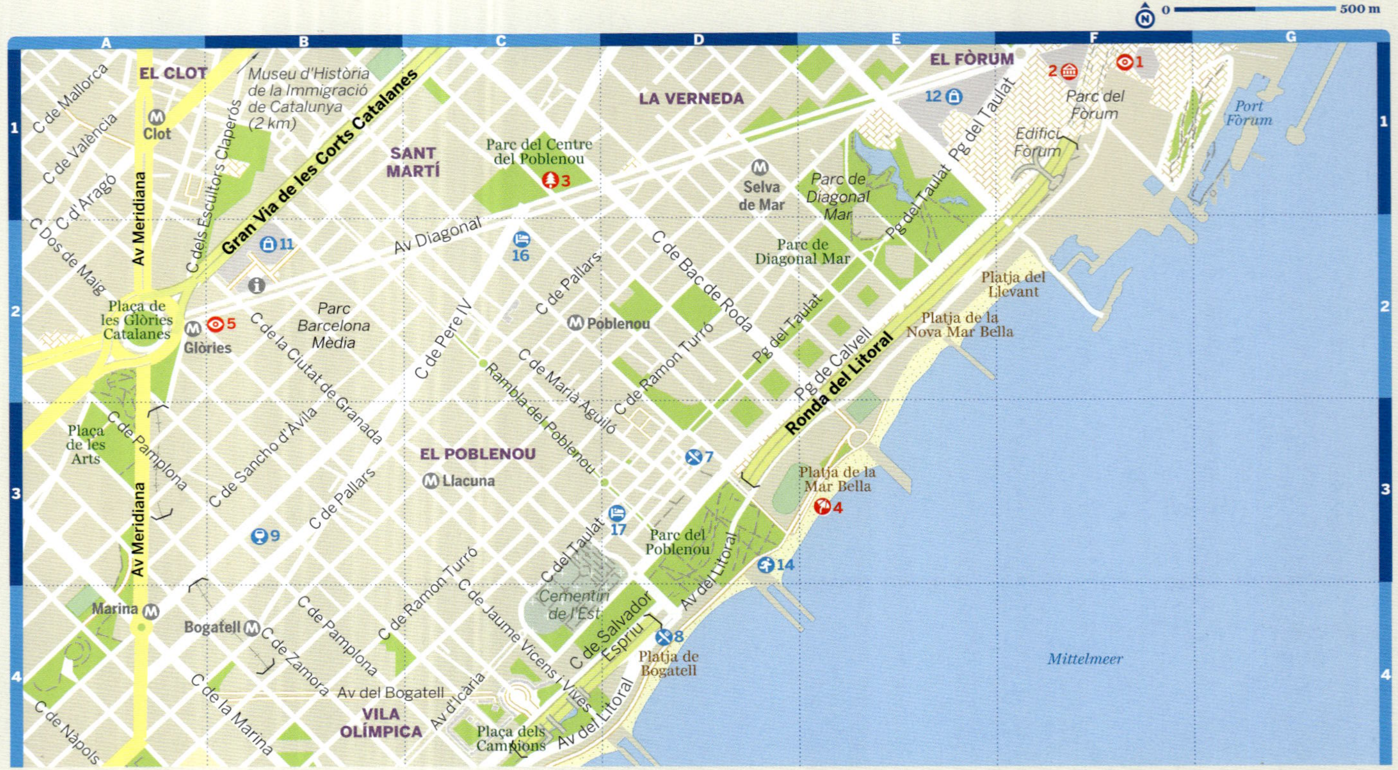

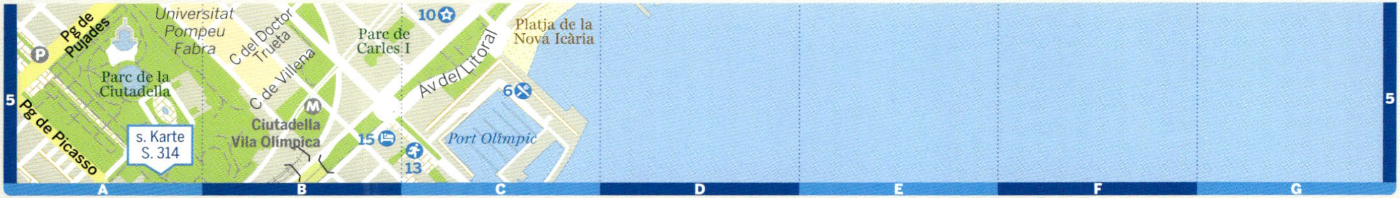

Sehenswertes **(S. 122)**

1 El Fòrum F1
2 Museu Blau F1
3 Parc del Centre del Poblenou C1
4 Platjas E3
5 Torre Agbar B2

Essen **(S. 128)**

6 El Cangrejo Loco C5
7 Els Pescadors D3
8 Xiringuito D'Escribà D4

Ausgehen & Nachtleben **(S. 129)**

9 Razzmatazz B3

Unterhaltung **(S. 130)**

10 Yelmo Cines Icària C5

Shoppen **(S. 130)**

11 Centre Comercial de les Glòries B2
12 Centre Comercial Diagonal Mar E1

Sport & Aktivitäten **(S. 131)**

13 Barcelona By Bike C5
14 Base Nautica Municipal D3

Schlafen **(S. 227)**

15 Hotel Arts Barcelona B5
16 Hotel Me C2
17 Poblenou Bed & Breakfast D3

Legende auf S. 320

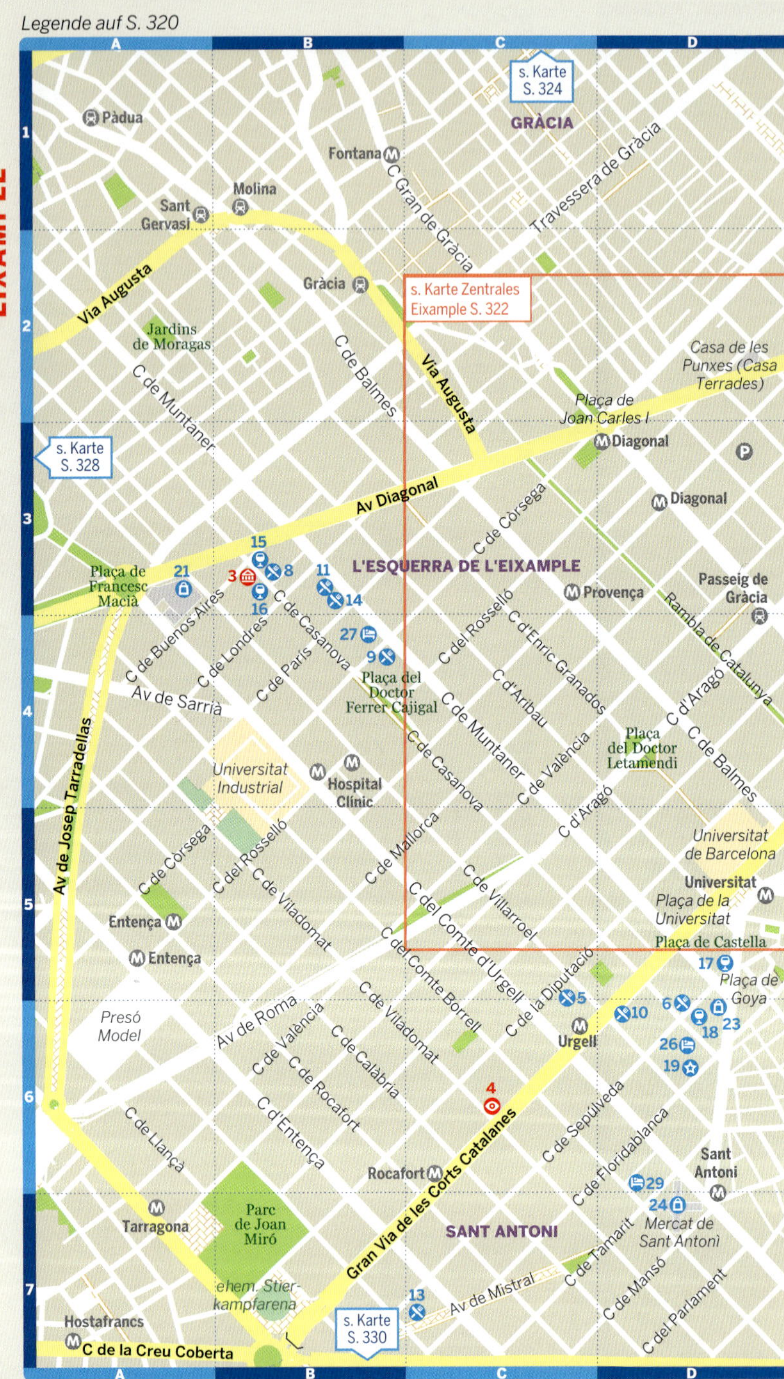

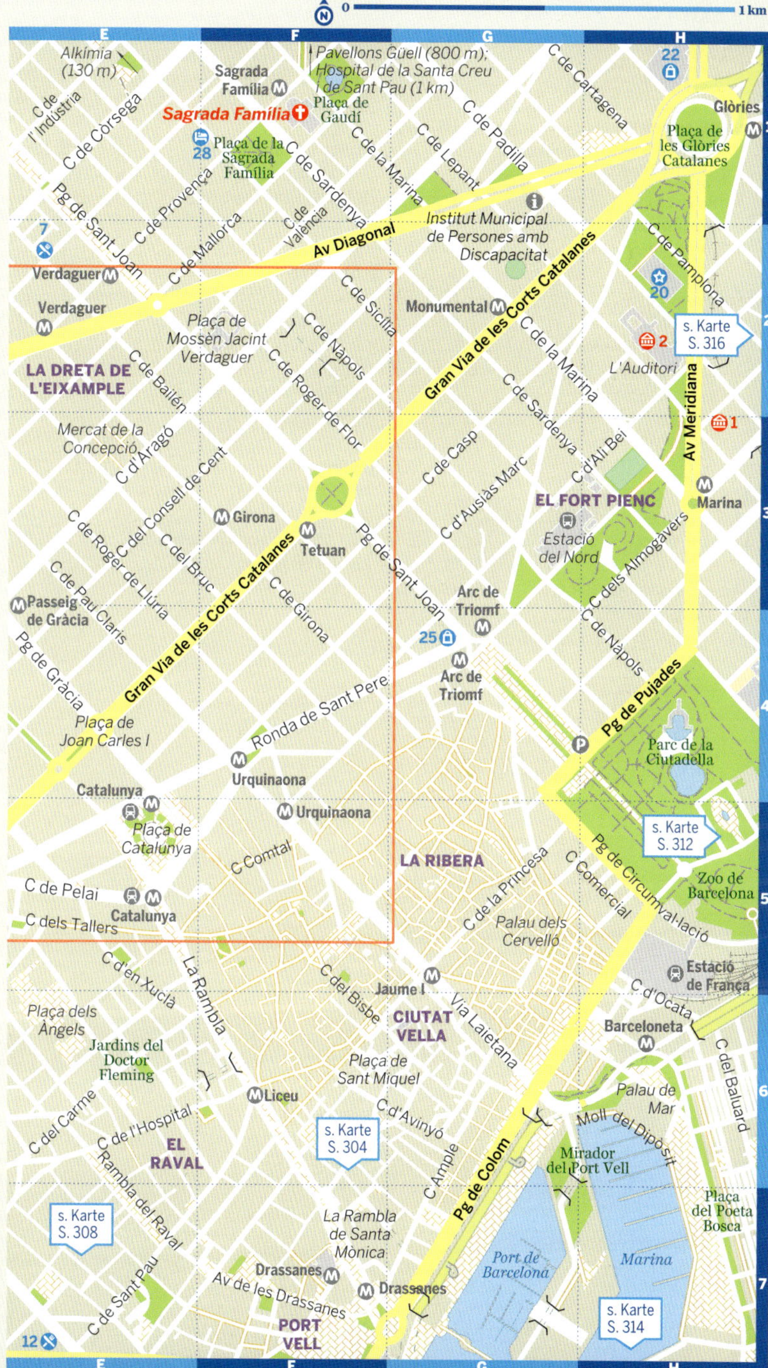

Alkimia (130 m)
Sagrada Família
Pavellons Güell (800 m); Hospital de la Santa Creu i de Sant Pau (1 km)
Plaça de Gaudí
Sagrada Família
Plaça de la Sagrada Família
28
22
Glòries
Plaça de les Glòries Catalanes
C de l'Indústria
C de Còrsega
C de Provença
C de Mallorca
C de València
C de Sardenya
C de la Marina
C de Lepant
C de Padilla
C de Cartagena
Pg de Sant Joan
7
Av Diagonal
Institut Municipal de Persones amb Discapacitat
Verdaguer
Verdaguer
Plaça de Mossèn Jacint Verdaguer
C de Sicília
C de Nàpols
C de Roger de Flor
Monumental
Gran Via de les Corts Catalanes
C de Pamplona
20
s. Karte S. 316
2
L'Auditori
LA DRETA DE L'EIXAMPLE
C de Bailèn
C de la Marina
C de Sardenya
Av Meridiana
1
Mercat de la Concepció
C d'Aragó
C del Consell de Cent
C de Casp
C d'Ausiàs Marc
C d'Alí Bei
Marina
EL FORT PIENC
Estació del Nord
Girona
Tetuan
C de Roger de Llúria
C del Bruc
Pg de Sant Joan
C dels Almogàvers
C de Pau Claris
Passeig de Gràcia
C de Girona
Arc de Triomf
C de Nàpols
25
Arc de Triomf
Pg de Gràcia
Gran Via de les Corts Catalanes
Ronda de Sant Pere
Pg de Pujades
Plaça de Joan Carles I
Parc de la Ciutadella
Urquinaona
Catalunya
Urquinaona
Plaça de Catalunya
s. Karte S. 312
C Comtal
LA RIBERA
C de la Princesa
C Comercial
Pg de Circumval·lació
Zoo de Barcelona
C de Pelai
Catalunya
C dels Tallers
Palau dels Cervelló
C d'en Xuclà
La Rambla
C del Bisbe
Jaume I
Estació de França
C d'Ocata
Plaça dels Àngels
CIUTAT VELLA
Via Laietana
Barceloneta
Jardins del Doctor Fleming
Plaça de Sant Miquel
C del Baluard
Palau de Mar
Liceu
C d'Avinyó
Moll del Dipòsit
C del Carme
C de l'Hospital
EL RAVAL
s. Karte S. 304
Mirador del Port Vell
C Ample
Pg de Colom
Rambla del Raval
s. Karte S. 308
La Rambla de Santa Mònica
Plaça del Poeta Bosca
Port de Barcelona
Marina
C de Sant Pau
Drassanes
Drassanes
Av de les Drassanes
s. Karte S. 314
12
PORT VELL
0
1 km
E
F
G
H
1
2
3
4
5
6
7

EIXAMPLE *Karte auf S. 318*

ZENTRALER EIXAMPLE *Karte auf S. 322*

Highlights (S. 143)
Casa Batlló D4
La Pedrera C3

Sehenswertes (S. 145)
1 Casa Amatller D4
2 Casa de les Punxes D1
3 Casa Lleó Morera E4
4 Església de la Puríssima Concepció i Assumpció de Nostra Senyora E3
5 Església de les Saleses G1
6 Fundació Antoni Tàpies D4
7 Fundació Joan Brossa D2
8 Fundació Suñol C2
9 Fundación Francisco Godia D5
10 Museu del Modernisme Català D5
Museu del Perfum (siehe 84)
11 Museu Egipci D3
12 Palau del Baró Quadras C2
13 Palau Montaner D3
14 Universitat de Barcelona D6

Essen (S. 150)
15 Alba Granados B5
16 Casa Alfonso G5
17 Casa Amalia F2
18 Casa Calvet G5
19 Cata 1.81 B5
20 Cerveseria Catalana C4
21 Cinc Sentits C6
22 Crusto C5
23 De Tapa Madre E2
24 El Rincón Maya B5
25 Embat E2
26 Fastvínic D5
27 Koyuki A4
28 La Bodegueta Provença C3
29 Mauri C3
30 Noti F4
31 Patagonia F5
Speakeasy (siehe 44)
32 Taktika Berri B6
33 Tapaç 24 E5

Ausgehen & Nachtleben (S. 155)
34 Aire C5
35 Arena Classic D6
36 Arena Madre D6
37 Átame C6
38 Bacon Bear B7
39 Cafè Del Centre F3
40 City Hall E6
41 Cosmo D6
42 Dacksy B7
43 Dboy G5
44 Dry Martini A4
45 Garaje Hermético C2
46 La Chapelle B6
47 La Fira A5
48 Les Gens Que J'Aime D3
49 Mediterráneo B4
50 Milano E6
51 Monvínic D6
52 New Chaps D2
53 Opium Cinema A3
54 Plata Bar B7
55 Premier B4
56 Punto Bcn B6
57 Quilombo A4
58 Roxy Blue D5

Unterhaltung (S. 159)
59 Bel-Luna Jazz Club E6
60 Buda Barcelona F5
61 Dietrich Gay Teatro Café C6
62 Méliès Cinemes B7
63 Palau Robert C2
64 Teatre Tívoli F6

Shoppen (S. 160)
65 Adolfo Domínguez E5
66 Antonio Miró D5
67 Armand Basi D4
68 Bagués E4
69 Cacao Sampaka D5
70 Camper D4
71 Casa Del Llibre D4
Come In (siehe 49)
72 Cubiña E2
73 El Bulevard dels Antiquaris D4
74 El Corte Inglés F6
75 Farrutx B3
76 Floristería Navarro E3
77 Joan Murrià E3
78 Laie F5
Loewe (siehe 3)
79 Mercat de l'Abaceria Central D6
80 Mercat del Ninot A6
81 Nosotraos C7
82 Open 25 A4
83 Purificación García E5
84 Regia D4
85 Sergio Aranda C5
86 Vinçon C3
87 Xampany B6

Sport & Aktivitäten (S. 163)
88 Antilla BCN Escuela de Baile A7
89 Babylon Idiomas F3
90 Stadtrundgänge von Barcelona Turisme F6
91 Silom Spa E3

Schlafen (S. 228)
92 Casa de Billy Barcelona C4
93 Comtes De Barcelona C3
94 Fashion House G5
95 Five Rooms G5
96 Hostal Central H2
97 Hostal Goya G5
98 Hostal Oliva E5
99 Hotel Astoria A3
100 Hotel Axel C6
101 Hotel Constanza G4
102 Hotel D'Uxelles G4
103 Hotel Majèstic D3
104 Hotel Omm C2
105 Hotel Praktik E5
106 Hotel Sixtytwo D4
107 Mandarin Oriental E4
108 Somnio Hostel D5
109 St. Moritz Hotel E5
110 Suites Avenue C3

Legende auf S. 321

ZENTRALER EIXAMPLE

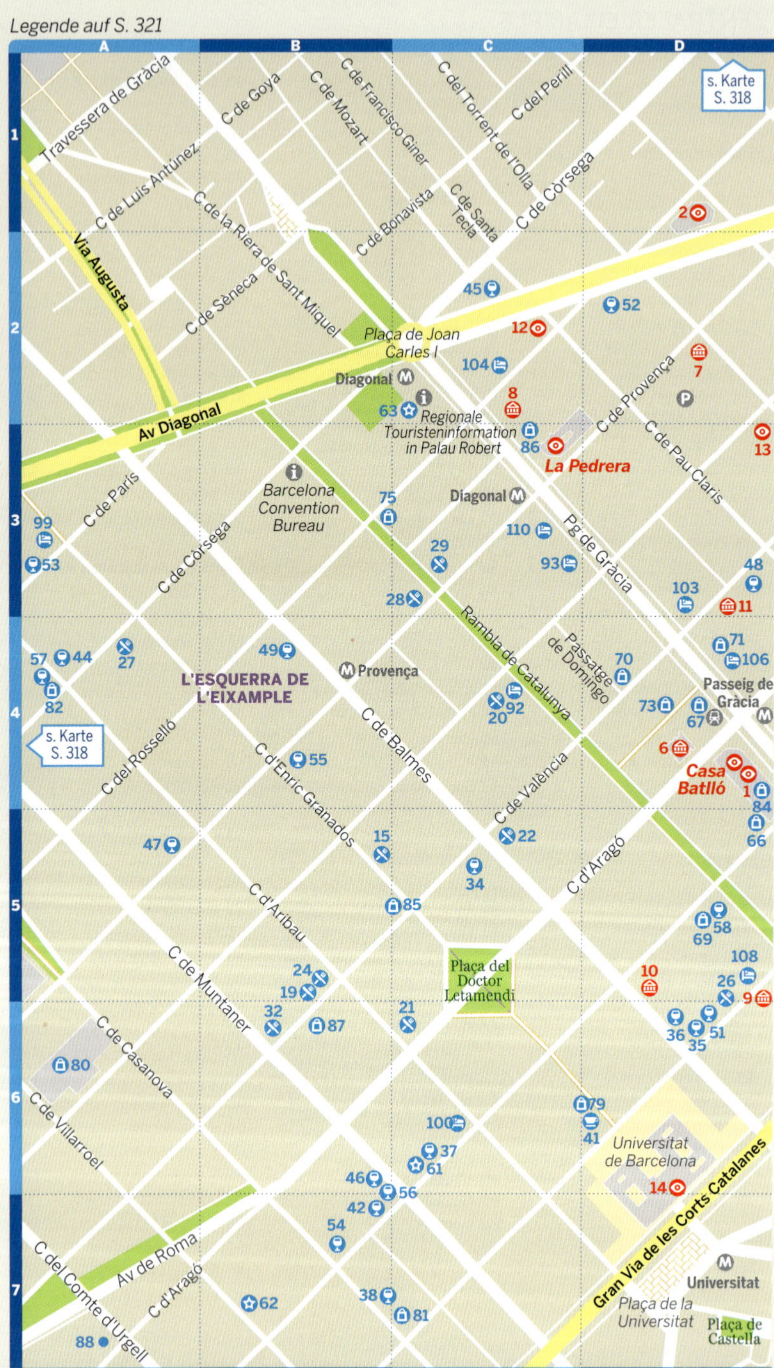

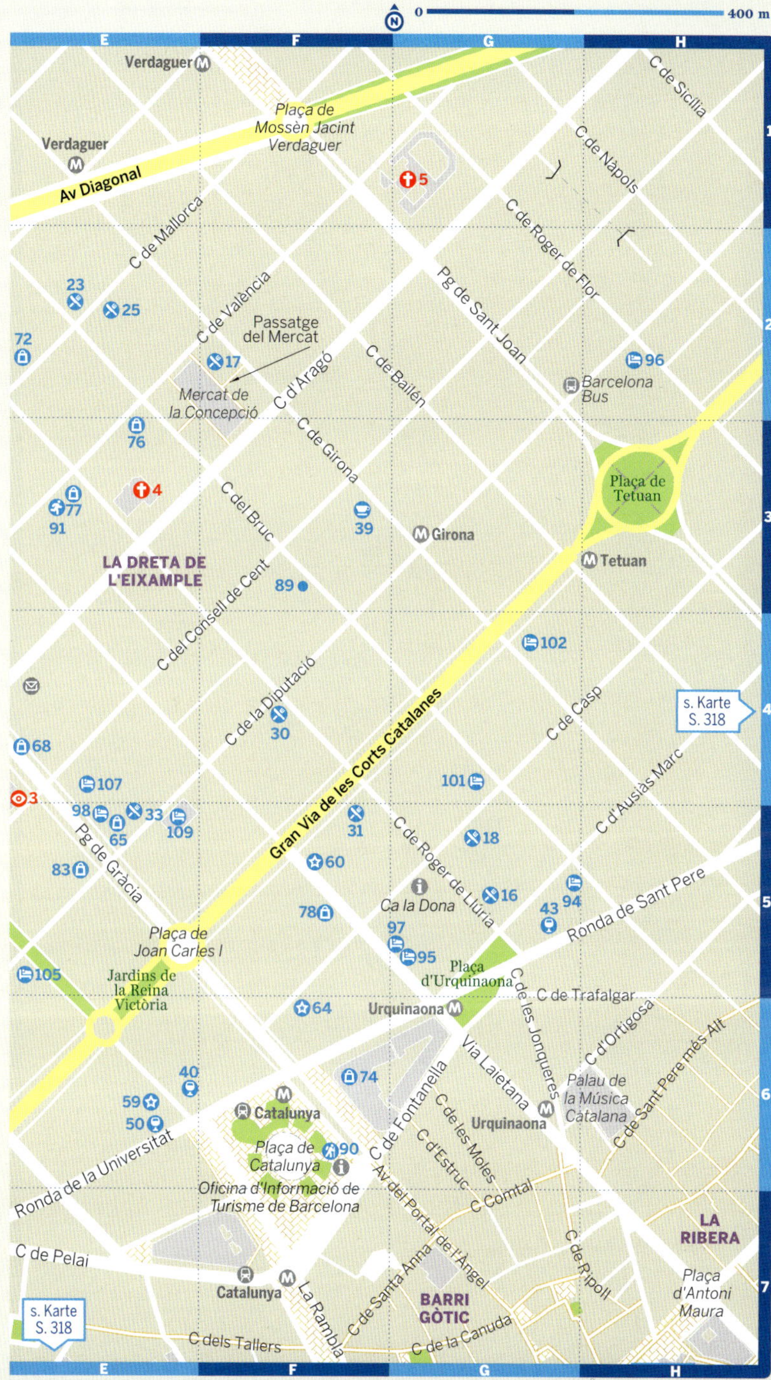

ZENTRALER EIXAMPLE
0
400 m
E
F
G
H
1
2
3
4
5
6
7
Verdaguer
Verdaguer
Av Diagonal
Plaça de Mossèn Jacint Verdaguer
C de Sicília
C de Nàpols
C de Roger de Flor
Pg de Sant Joan
C de Mallorca
C de València
Passatge del Mercat
Mercat de la Concepció
C d'Aragó
C de Bailèn
C de Girona
C del Bruc
Barcelona Bus
Plaça de Tetuan
Girona
Tetuan
LA DRETA DE L'EIXAMPLE
C del Consell de Cent
C de la Diputació
Gran Via de les Corts Catalanes
C de Casp
s. Karte S. 318
C d'Ausiàs Marc
C de Roger de Llúria
Ca la Dona
Ronda de Sant Pere
Pg de Gràcia
Plaça de Joan Carles I
Jardins de la Reina Victòria
Plaça d'Urquinaona
C de les Jonqueres
C de Trafalgar
Urquinaona
C d'Ortigosa
Via Laietana
C de Sant Pere més Alt
Palau de la Música Catalana
C de Fontanella
C de les Moles
C d'Estruc
Urquinaona
Catalunya
Plaça de Catalunya
Oficina d'Informació de Turisme de Barcelona
Ronda de la Universitat
C Comtal
Av del Portal de l'Àngel
LA RIBERA
C de Ripoll
C de Pelai
Catalunya
La Rambla
C de Santa Anna
BARRI GÒTIC
Plaça d'Antoni Maura
s. Karte S. 318
C dels Tallers
C de la Canuda

Legende auf S. 325

GRÀCIA

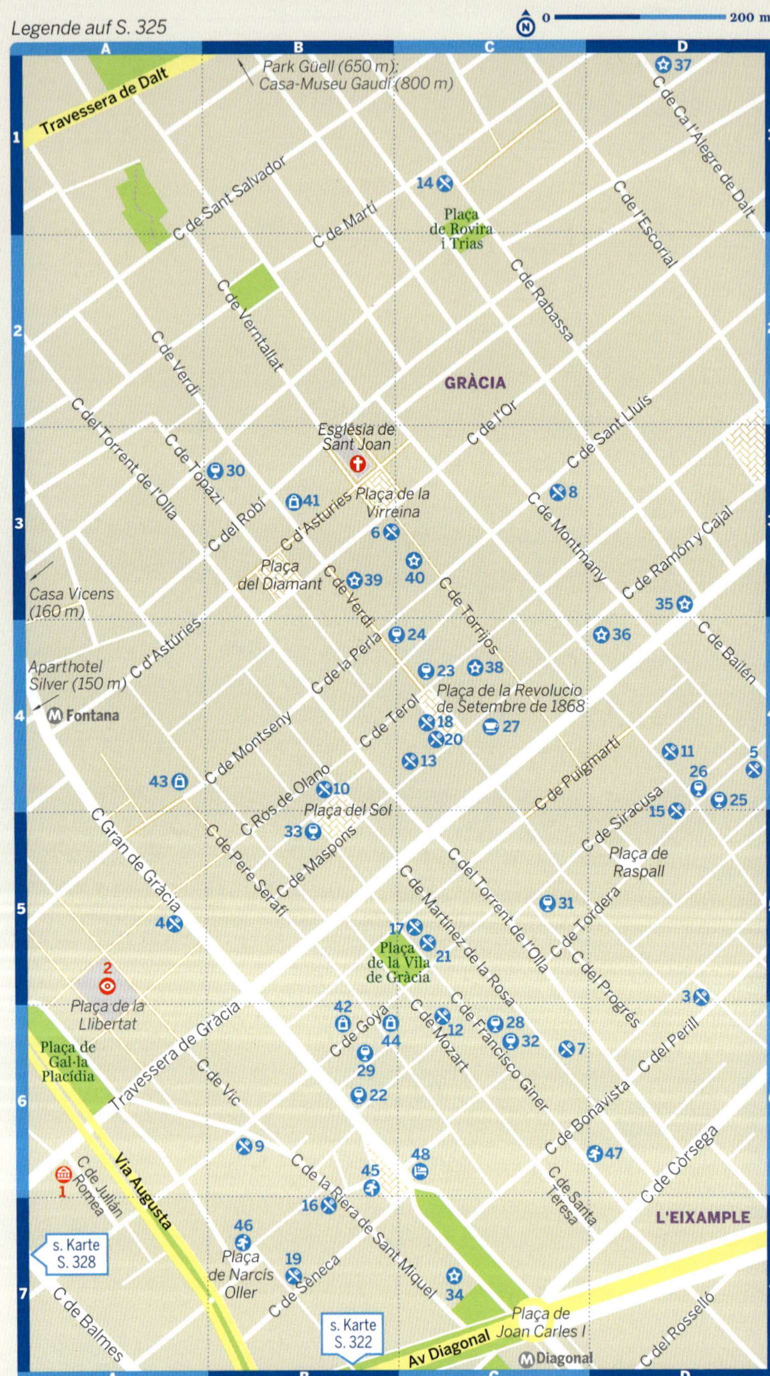

GRÀCIA *Karte auf S. 324*

Sehenswertes (S. 168)
1 Fundació Foto Colectania A6
2 Mercat de la Llibertat A5

Essen (S. 168)
3 Bilbao D5
4 Botafumeiro A5
5 Cal Boter D4
6 Cantina Machito B3
7 Con Gracia C6
8 El Glop C3
9 El Roure B6
10 Envalira B4
11 Himali D4
12 Ipar-Txoko C6
13 La Llar De Foc C4
14 La Panxa Del Bisbe C1
15 Lac Majùr D5
16 Monty Café B7
17 Nou Candanchú C5
18 O'Gràcia! C4
19 Restaurant Roig Robí B7
20 Sureny C4
21 Vreneli C5

Ausgehen & Nachtleben (S. 172)
22 Alfa B6
23 Bar Canigó C4
24 La Baignoire C4
25 La Cigale D4
26 La Fourmi D4
27 La Nena C4
28 Le Journal C6
29 Musical Maria B6
30 Noise i Art B3
31 Raïm C5
32 Sabor A Cuba C6
33 Sol Soler B5

Unterhaltung (S. 173)
34 Casablanca Kaplan C7
35 Elèctric Bar D3
36 Heliogàbal D4
37 Sala Beckett D1
38 Teatreneu C4
39 Verdi B3
40 Verdi Park C3

Shoppen (S. 174)
41 A Casa Portuguesa B3
42 Érase una Vez B6
43 Hibernian A4
Mercat de la Llibertat .... (siehe 2)
44 Nostàlgic B6

Sport & Aktivitäten (S. 175)
45 Aqua Urban Spa B6
46 Flotarium B7
47 Terra Diversions D6

Schlafen (S. 231)
48 Hotel Casa Fuster C6

ZONA ALTA

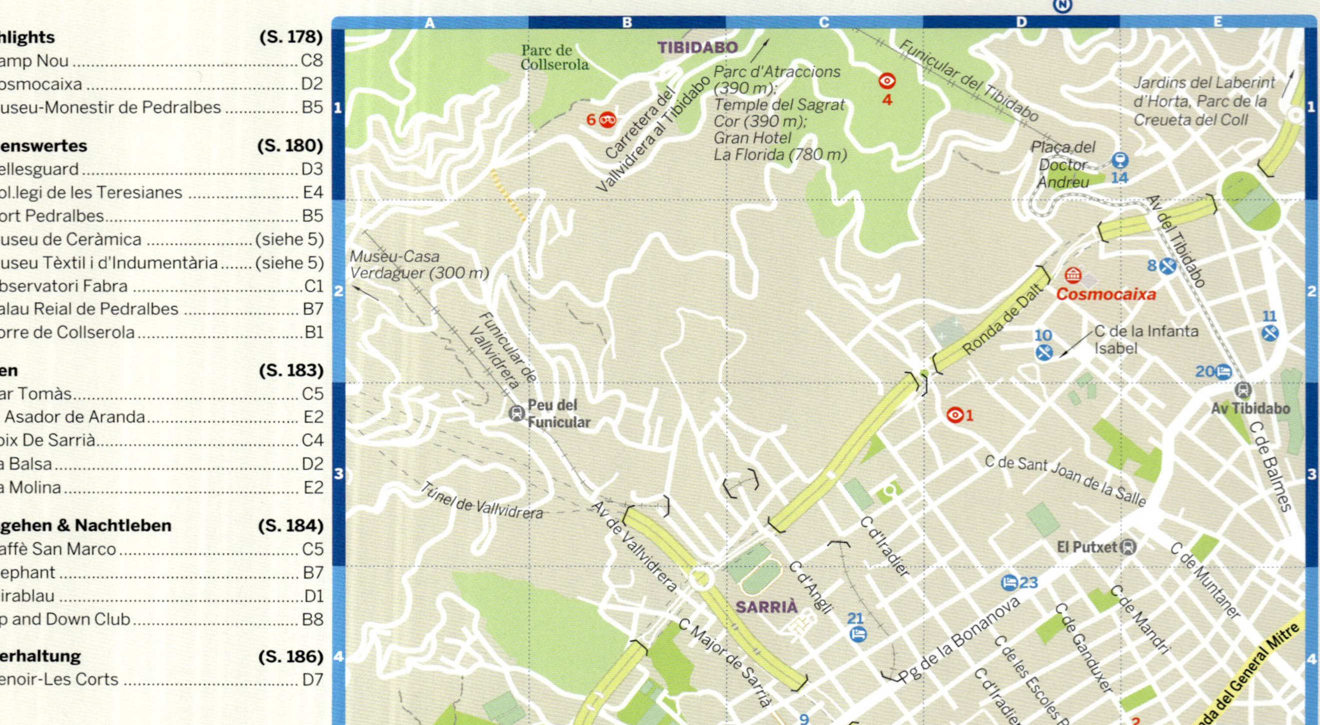

0
500 m
A
B
C
D
E
1
2
3
4
Parc de Collserola
TIBIDABO
Carretera de Vallvidrera al Tibidabo
Parc d'Atraccions (390 m); Temple del Sagrat Cor (390 m); Gran Hotel La Florida (780 m)
Funicular del Tibidabo
Jardins del Laberint d'Horta, Parc de la Creueta del Coll
Plaça del Doctor Andreu
Av del Tibidabo
Cosmocaixa
Ronda de Dalt
C de la Infanta Isabel
Av Tibidabo
C de Balmes
Museu-Casa Verdaguer (300 m)
Funicular de Vallvidrera
Peu del Funicular
Túnel de Vallvidrera
Av de Vallvidrera
C de Sant Joan de la Salle
El Putxet
C d'Iradier
C d'Anglí
SARRIÀ
C Major de Sarrià
Pg de la Bonanova
C de les Escoles Pies
C de Ganduxer
C de Mandri
C de Muntaner
Ronda del General Mitre

ZONA ALTA

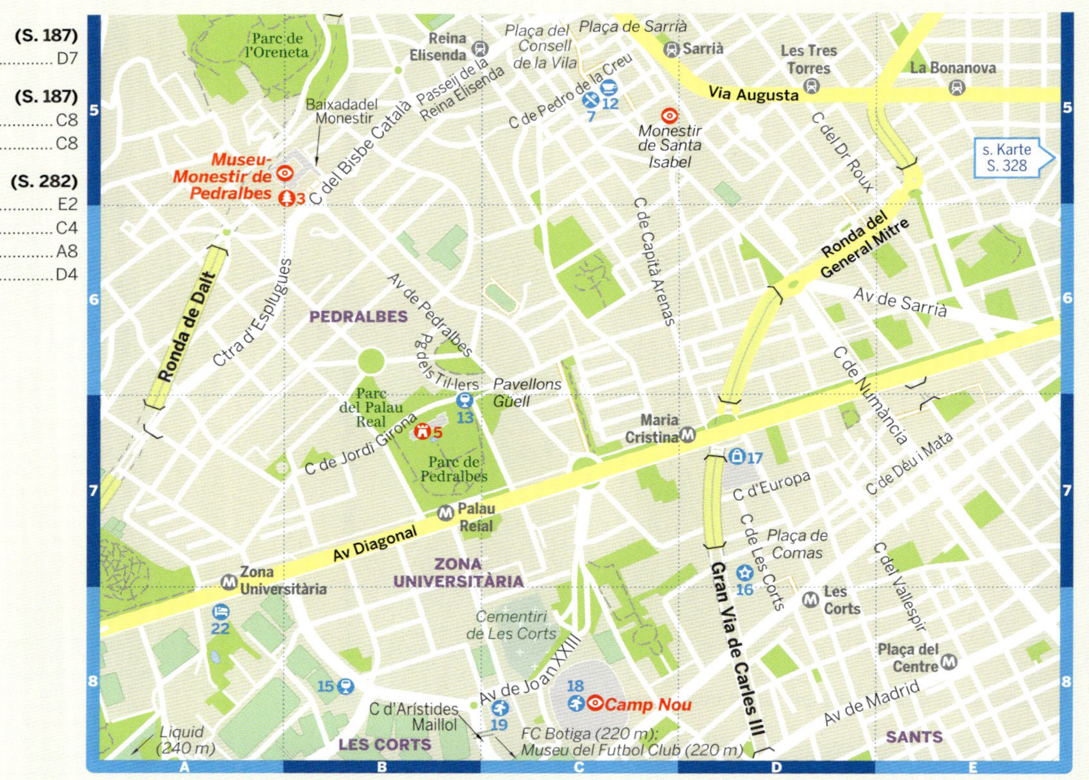

Parc de l'Oreneta
Reina Elisenda
Plaça del Consell de la Vila
Plaça de Sarrià
Sarrià
Les Tres Torres
La Bonanova
Via Augusta
Baixada del Monestir
Passeig de la Reina Elisenda
C de Pedro de la Creu
12
7
Monestir de Santa Isabel
C del Dr Roux
s. Karte S. 328
Museu-Monestir de Pedralbes
3
C del Bisbe Català
Ronda del General Mitre
C de Capità Arenas
Ronda de Dalt
Ctra d'Esplugues
PEDRALBES
Av de Pedralbes
Pg dels Til·lers
Pavellons Güell
Av de Sarrià
C de Numància
Parc del Palau Real
13
5
Maria Cristina
C de Jordi Girona
Parc de Pedralbes
17
C d'Europa
C de Déu i Mata
Palau Reial
Av Diagonal
Plaça de Comas
C de Les Corts
Zona Universitària
ZONA UNIVERSITÀRIA
16
Les Corts
C del Vallespir
Gran Via de Carles III
22
Cementiri de Les Corts
Plaça del Centre
15
Av de Joan XXIII
18
Camp Nou
C d'Arístides Maillol
19
Av de Madrid
Liquid (240 m)
LES CORTS
FC Botiga (220 m); Museu del Futbol Club (220 m)
SANTS
A
B
C
D
E
5
6
7
8

Essen (S. 182)

- 1 Flash Flash D2
- 2 Hofmann D2
- 3 Via Veneto A3

Ausgehen & Nachtleben (S. 185)

- 4 Berlin C3
- 5 Bocayma C2
- 6 Bubblic Bar C2
- 7 Luz De Gas C3
- 8 Marcel ....
- 9 Otto Zutz C1
- 10 Sala Becool B3
- 11 Sutton The Club D2

Unterhaltung (S. 186)

- 12 Bikini A4

Shoppen (S. 187)

- 13 Bea Bea B2
- 14 Enric Rovira B4
- 15 L'Illa Diagonal A4
- 16 Oriol Balaguer A3
- 17 Pastisseria Natcha B4
- 18 Richart A1
- 19 Siete Besos B2

Sport & Aktivitäten (S. 188)

- 20 Rituels d'Orient B3

Schlafen (S. 282)

- 21 Hotel Confort Golf D2
- 22 Hotel Medium Prisma B4

MONTJUÏC, SANTS & EL POBLE SEC *Karte auf S. 330*

Legende auf S. 329

MONTJUÏC, SANTS & EL POBLE SEC
0
500 m
s. Karte S. 318
s. Karte S. 308
s. Karte S. 304
EL RAVAL
SANT ANTONI
EL POBLE SEC
MONTJUÏC
Sant Antoni
Poble Sec
Paral·lel
Estació Parc Montjuïc
Estació Mirador
Estació del Port
Miramar
Castell
Fundació Joan Miró
Touristen-information
Terminus-Bus (50, 55 & 61)
C del Comte d'Urgell
C de la Riera Alta
Plaça del Padró
C de l'Hospital
C d'en Robador
Rambla del Raval
C de Viladomat
C de Sepúlveda
C de Floridablanca
C del Comte Borrell
Ronda de Sant Pau
C de la Cera
C de la Riereta
C de Sant Pau
C de Tamarit
C de Rocafort
C de Mansó
C del Parlament
C del Marquès de Campo Sagrado
C de la Reina Amàlia
C de les Flors
C d'Aldana
C de les Tàpies
C Nou de la Rambla
Parc de les Tres Xemeneies
C de Ricart
C de la Bòbila
C de Margarit
C de Tapioles
C de Blai
C de Piquer
C de Cabanes
C de Vila i Vilà
Plaça del Sortidor
C de Salvà
C del Roser
C de Blesa
Pg de Montjuïc
C de la França Xica
C de Radas
C d'Anníbal
Pg de l'Exposició
Plaça de Margarida Xirgu
Pg de la Font Trobada
Jardins de Miramar
Av de Miramar
Plaça de la Sardana
Plaça de l'Armada
Jardí de les Escultures
Jardins de Joan Brossa (Eingang)
Jardins de Joan Brossa
Jardins de Mossèn Costa i Llobera
Jardins de Laribal
Plaça de Neptu
Pg de Santa Madrona
Jardins de Mossèn Cinto de Verdaguer
Jardins de Joan Maragall
C dels Tres Pins
C del Doctor Font i Quer
Camí Baix del Castell
C de Montjuïc
Jardins del Mirador
Carretera de Miramar
Estadi Olímpic
Pg del Migdia
Av del Castell
C de la Cartoixa
Pg Olímpic
Camí del Mar
Jardí Botànic
Ronda del Litoral
Pg de Can Tunis
Pg de l'Agrícola
Cementiri del Sud-Oest
Mirador del Migdia
Mittelmeer

Lonely Planet Publications
Locked Bag 1, Footscray,
Melbourne, Victoria 3011,
Australia

Verlag der deutschen Ausgabe:
MAIRDUMONT, Marco-Polo-Str. 1, 73760 Ostfildern,
www.mairdumont.com, lonelyplanet@mairdumont.com

Chefredakteurin deutsche Ausgabe: Birgit Borowski

Redaktion: Bintang Buchservice GmbH, www.bintang-berlin.de
Übersetzung: Petra Dubilski, Katharina Grimm, Gunter Mühl
An früheren Auflagen haben mitgewirkt: Dr. Dagmar Ahrens-Thiele, Dr. Birgit Beile-Meister, Mayela Gerhardt, Marion Gieseke, Dr. Martin Goch, Christiane Gsänger, Dr. Ulrike Jamin, Christel Klink, Raphaela Moczynski, Uli Nickel, Dr. Thomas Pago, Dorothea Raspe, Jutta Ressel, Daniela Schetar, Cristoforo Scheeger, Jürgen Scheunemann, Kathrin Schnellbächer, Beatrix Thunich, Dr. Heinz Vestner, Renate Weinberger
Lektorat: Jessika Zollickhofer
Satz: Gritta Deutschmann, Anja Krapat
Technischer Support: Typopoint, Ostfildern/Kemnat

Barcelona
4. deutsche Auflage März 2013,
übersetzt von *Barcelona, 8th edition*, November 2012
Lonely Planet Publications Pty

Printed in China